앞으로 22일告의 보도指針

① 論難현상보다 앞질러
　　보도하지말것

② 22일 궐기들의 조반 어느 개인의
　　私見이나 推測보도하지말고
　　'녹의 의 동식발표, 견해 활동들
　　을 보도할것??

③ 敎皇 敎權,은 대통령의 고육
　　친선이요 이어... "촉촉이나
　　期待·희망,, 을 보도하지말것

④ 金大中 사리이나 단독술門 不可

문화공보부로부터 받은 '보도지침'을 받아 적어 보관했던 '보도지침' 원본의 사진.
'취재보도 불가(不可)' '일절 보도 불가' 등의 말이 보인다.

보도지침

1986 그리고 2016

보도지침
1986 그리고 2016

민주언론시민연합 엮음

두레

『보도지침 1986 그리고 2016』 발간을 추천하는 말

"1986년의 '보도지침 사건'은 '불낸 자가 119 신고자를 잡아간' 명작이었다. 그래서인지 그 희극은 단막극으로 끝나지 않았다. 역대 반민주 정권 아래서 '보도지침'은 비겁한 진화를 거듭했고, 민주언론은 구조적 퇴행을 강요당했다. 30년 전의 그 사건을 지금 와서 반추하고 '다시 보기'할 절실한 이유가 여기에 있다. 이 책은 '반민주'를 투시하는 내시경이자 우리 모두의 각성제이며, 반드시 지켜야 할 처방전이 아닐 수 없다."

— 한승헌(보도지침 폭로 사건 변호인)

"30년 전 양심적인 언론인들이 '보도지침'을 폭로하고 옥고를 치르는 등 큰 수난을 당했다. 지금도 그늘진 곳에 숨은 새로운 형태의 보도지침이 신문과 방송의 편집 및 편성에 음양으로 작용하고 있는 것이 숨길 수 없는 사실이다. 박근혜판 보도지침의 주모자들은 2016년 가을부터 서울의 한복판을 밝힌 촛불시위 앞에 단죄의 날을 기다리고 있지 아니한가. 30년 전의 양심적인 언론인과 1700만 촛불시민들은 마침내 국민주권의 원리를 공유하고 있는 셈이다."

— 임재경(언론인)

"'거짓말을 하지 마라!' 하늘의 이 금령은 '진실을 보도하라!'는 언론의 길잡이입니다. 일제와 미군정, 그리고 이승만, 박정희, 전두환, 이명박, 박근혜 등 역대 독재권력은 모두 거짓의 화신이었습니다. 오직 진실을 보도하기 위해 이 거짓 국가 공권력과 맞서 싸우며 많은 의로운 언론인들이 모진 탄압을 받고 감옥에 갇히고 심지어 목숨까지 잃었습니다. 이 책이 바로 그 증언집입니다. 이 책을 통해 거짓 권력을 척결하고 '거짓 언론'을 정화해 '참 언론인'이 존중받는 계기가 되기를 바라며 기도합니다."

— 함세웅(천주교정의구현전국사제단, 보도지침 폭로 기자회견 참여)

"'있는 것을 없는 것처럼, 없는 것을 있는 것처럼……' 권력이 사건이나 사실, 사태를 정반대로 규정하거나 둔갑시켜 상황을 호도하고 여론을 조작하는 전형적인 수법이다. 보도지침이 폭로된 30년 전만 해도 권력의 언론통제는 이처럼 무지막지했다. 이런 억압 속에 언론의 바른 구실과 언론인의 양심은 스러지고 국민의 소리는 질식했다.

이제 '있는 것을 지우고 없는 것을 만들어 내는' 노골적인 세론 조작이 설 자리를 잃자 다시 '큰 것을 작은 것처럼, 작은 것을 큰 것처럼' 꾸며 나라 안팎에서 부딪치는 온갖 삶의 환경을 왜곡하는 정치·경제 권력의 작용이 더욱 기승을 부리고 있다. 『보도지침 1986 그리고 2016』은 권력 쪽의 이런 치밀하고 교묘한 작용의 실상을 드러내 분석함으로써 국민은 권력과 언론 간의 유착과 길항관계를 명확하게 인식하는 데, 언론은 국민의 소리와 민족의 양심을 대변하는 올바른 길로 나아가는 데 힘이 될 것이다."

— 홍수원(『말』 보도지침 특별호 제작 · 편집)

"1986년의 '보도지침' 사건은 두 가지 역사적 의미가 있다. 첫째는 언론장악과 통제가 불의한 권력의 일방적인 작용이 아니라 권력과 언론 내부 부역세력의 합작이라는 사실을 생생한 내부 문건을 통해 폭로했다는 점이다. 둘째는 그런 불의한 권력과의 치열한 법정투쟁에서 권력과 제도언론의 반민족·반민주·반민중성을 폭로하고 참다운 민주·민중언론의 건설 필요성을 역설했다는 점이다. 이 책은 '보도지침' 사건의 전말을 이 두 측면에서 충실하게 기록, 해설하고 있어 우리나라 민주언론운동 이해에서 필수불가결한 텍스트라 할 만하다.

이 책은 또한 이명박·박근혜 정권의 언론통제정책을 기본적으로 '신보도지침' 또는 '진화한 보도지침'의 관점에서 분석하고 있다. 이는 오늘날 권력과 언론 내부 부역세력이 한 몸이 돼 그들만의 세상을 유지하기 위해 유형무형의 '보도지침'에 따라 반민족·반민중·반민주적 보도행태를 되풀이하고 있는 현실에 대한 정확한 진단이다. 한국 사회에서 권력과 언론이 어떻게 '여론'을 조작·오도하는지에 관심을 가진 모든 주권적 시민들이 30년 전 '보도지침'을 면밀히 학습해야 할 또 다른 이유이기도 하다."

— 박우정(보도지침 폭로 당시 『말』 편집장, 보도지침 폭로로 1987년 옥고를 치름)

* 일러두기

1. 각주는 초판과 개정증보판을 구별하지 않았다.
2. 인명과 지명 등은 외래어 표기법을 따랐다.
3. 책은 『 』, 글이나 논문은 「 」, 신문과 잡지는 《 》, 방송 프로그램은 〈 〉, 기사 제목 등은
   ' '로 표기했다. 다만, 보도지침을 폭로한 민주언론운동협의회(이하 '언협')의 기관지
   『말』은 보도지침 폭로라는 역사적 의미를 기념해 발행 당시 사용한 『말』로 표기했다.
4. 보도지침은 단어가 가리키는 내용에 따라 구별했다. 1986년 9월 언협에서 발행한
   '『말』 보도지침 특집호 권력과 언론의 음모─권력이 언론에 보내는 비밀통신문'은
   『말』 보도지침 특집호로, 이 책의 초판은 『보도지침』으로 표기했다. 군사정부가 자행
   한 보도지침이라는 역사적 사실을 의미하는 경우에는 보도지침으로 표기했다. 단, 필
   자의 뜻에 따라 '보도지침'으로 강조하기도 했다.

지금 '보도지침'을 다시 읽어야 하는 이유

민주언론시민연합(민언련)이 보도지침 폭로 30주년을 맞아 증보판을 내기로 한 것은 지난해(2016년)였다. 적지 않은 시간이 흘렀지만 증보판이 세상에 나오게 된 것은 뜻깊은 일이다. 특히 이번 증보판은 30년 전 정치 암흑기에 있었던 언론의 수난사가 오늘에 와서도 똑같이 되풀이되고 있고, 그러기에 언론운동은 더욱 치열해져야 함을 증거하고 있다는 점에서 의미가 크다. 이 증보판에는 30여 년 전 언론의 수난사와 함께 이명박·박근혜 정권 9년 동안의 언론의 모습이 고스란히 담겨 있다.

언론통제의 역사는 1960·70년대 박정희 독재정권, 더 멀게는 일제강점기로 거슬러 올라간다. 하지만 일반 대중에게 보도지침의 구체적 실체가 드러난 것은 전두환 군사독재 시기인 1986년 9월이다. 쿠데타로 권력을 찬탈한 군부독재세력이 언론사에 보도지침을 하달해 정권의 치부를 감추고 국민을 속여 왔다는 사실이 만천하에 드러난 것이다.

당시 문화공보부 홍보조정실은 청와대, 안기부, 보안사 등의 주문을 받아 각 언론사에 '보도 가(可)', '보도 불가(不可)'의 지침을 하달했다. 보도지침에는 기사의 제목을 비롯해 내용, 지면 배치와 위치, 기사량, 사진 포함 여부 등 기사의 방향, 내용, 형식에 대한 상세한 사항들이 망라되어 있었다. 특히 정권 홍보 기사는 '크게', '눈에 띄게' 따위의 꾸밈말로 효과를 극대화했고, 방송뉴스는 분량과 순위까지 청와대와 문공부의 심의를 받아야 했다.

1986년 양심적인 언론인과 출판인, 그리고 언협의 활동가들은 의기투합해 보도지침과 참담한 언론의 실상을 세상에 폭로했다. 서슬 퍼런 폭력정권하에서도 용기 있게 보도지침을 폭로했던 언론·출판인들은 고문, 구속, 수배의 고초를 겪었고 민언련의 전신인 언협과 언협의 기관지 『말』의 편집실은 검찰의 압수수색을 받았다. 그런 고통과 위험속에서도 언론자유를 위한 투쟁을 포기하지 않았던 언론·출판인들, 그리고 그들과 함께했던 민주세력의 아름다운 연대는 지금도 간직하고 기억해야 할 소중한 역사이다.

보도지침이 폭로되면서 추악한 정권과 제도언론에 대한 국민의 불신은 더욱 고조되었다. 민심은 분노로 들끓었고, 이러한 사회적 분위기는 1987년 6·10 민주항쟁의 초석이 되었다. 그러나 민주항쟁 30주년을 맞아 오늘을 돌이켜 볼 때 언론 현실은 30년 전에 비해 한 치도 나아지지 않았다. 보도지침은 여전히 언론사 깊숙한 곳에서 악령처럼 떠돌고 있다.

이명박·박근혜 정권 9년 동안 언론통제의 방식은 더욱 교활하고 정교하며 구조화됐다. 이명박 정권은 집권하자마자 정권 앞에 언론을 줄 세우기 위해 법제도를 바꾸는 일부터 단행했다. 2009년 일사부재의 위반, 대리투표 등 온갖 불법을 자행하면서 날치기로 미디어법을 통과시켰다. 이로써 오래전부터 적폐정권과 가까웠던 수구신문들이 방송까지 거머쥐고 온갖 특혜를 누리면서 적폐정권과 한 통속이 되어버린 것이다.

이명박·박근혜 정권은 잘 훈련된 부역 언론인을 낙하산 사장으로 심어 놓고, 이들에게 '보도지침'뿐만 아니라 확실한 '경영지침'을 하달했다. 30년 전 독재정권이 방송사 밖에서 보도지침을 비밀리에 하달했던 통제 방식은 이제 방송사 안으로 들어와 노골화되어 버린 셈이다. 자리를 위해 영혼을 팔아넘긴 부역 사장들의 의리와 충성심은 종교적 신념이 되었다.

부당하고 불법적인 경영권 행사와 폭력적인 인사권 남용은 통제의 전형이었다. 방송사 구성원이든 작가든 출연자든 정권에 삐딱한 자들은 적출하여 교체하고, 정권 비판적 프로그램은 폐지했다. KBS, MBC, YTN, 연합뉴스 등 공영언론에서 2012년 이후 지금까지 이런 방식으로 교체된 취재·제작 인력은 수백 명에 달한다. 방송사 안에 자율은 완전히 사라졌다. 연예인과 문화예술인도 예외는 아니었다. 국정원은 연예인과 문화예술인들에 대한 블랙리스트를 작성해 가이드라인을 만들었고, 청와대는 일일이 보고 받고 지시했다.

공영방송의 부역 사장들은 방송의 공정성이나 신뢰도는커녕 경쟁력에도 관심이 없다. 시청자의 입에서 "안 보면 그만"이라는 말이 공공연히 나오고, 취재진들이 취재 현장에서 쫓겨나도 부역자들은 관심 밖이다. 2008년 광우병 쇠고기 파동 때 촛불시민들이 외쳤던 "힘내라 MBC"의 구호는 지금 "엠○신 없어도 된다"로 바뀌었다. 그렇게 해서 공영방송이 사라지면 방송은 수구언론들의 텃밭이 될 것이 명약관화하다.

권부가 보도지침을 직접 하달하는 일도 정례화됐다. 그것은 김영한 전 민정수석의 비망록, 김시곤 전 KBS 보도국장의 증언, 국정원 문건, 청와대 수석비서관 회의 문건 등에서 여실히 증명되었다. 광우병, 4대강, 한미 FTA, 한진중공업 사태, 국정원 부정선거, 세월호, 백남기 농민, 역사교과서, 사드 도입 등에 이르기까지 이명박·박근혜 정권에서 일어났던 민감하고 중대한 의제들에서 방송보도는 어김없이 권부의 의지를 그대로 반영했다. 청와대 비서실장 주재의 수석비서관 회의는 직접통제의 본거지였다. 이들은 방송사 메인뉴스의 의제와 보도순서를 직접 정해 주었다. 기사의 용어와 표현, 화면에도 세심하게 지침을 내렸다. 그 때마다 '톤 다운', '드라이하게' 등의 지침 등이 맹위를 떨쳤다. 2009년 '용산 참사'는 '용산 사건'으로, 백남기 농민을 살해했던 '물대포'는 '물줄기'로 표기된 것 등은 모두 이 지침이 빚은 결과들이다.

언론의 생명은 자유와 독립에 있다. 누군가의 지침이나 간섭으로 언론이 통제되고 있다면 그것은 이미 언론이 아니다. 자유로운 언론을 지배할 수 있는 것은 오로지 언론인의 양심과 시대정신이어야 한다. 그런 의미에서 언론인들의 책임은 가볍지 않다. 우리는 이러한 역사의 반복을 목도하면서 낡아 빠진 이념과 수구의 선전수단으로 전락한 언론 적폐를 어떻게 청산할 것인가를 고민해야 하는 현실에 직면해 있다.

아무쪼록 보도지침 증보판이 언론인, 언론운동가, 그리고 일반 시민대중들에게 많이 읽히기를 바라면서 이 땅의 언론 적폐를 청산하는 데 밀알이 되기를 바란다.

2017년 11월

이완기(민주언론시민연합 상임대표)

『보도지침 1986 그리고 2016』 증보판에 부쳐

'보도지침'이 세상에 알려진 지도 벌써 30년이 흘렀다. 전두환 독재정권이 정권 안보를 위해 시시콜콜하게 언론의 보도를 구체적으로 지시하고 통제한 증거물인 보도지침은 당시 전두환 정권의 반민주·반민족·반민중적 성격을 적나라하게 드러냈다. 30년이 지난 현재 다시 들여다보아도 등 뒤에 소름이 돋게 한다. 당시에는 어땠을까 충분히 짐작이 간다. 역사는 반복된다고 했던가. 이젠 역사의 기록으로 남아 있어야 할 보도지침을 다시 세상에 내놓는 것은 당시의 악몽이 되살아나고 있기 때문이다. '이명박근혜' 정권의 언론장악으로 수많은 해직언론인들이 직장을 잃고 길거리에서 방황해야 했고, 공영방송은 철저하게 권력의 손아귀에 들어갔다. 과거의 보도지침은 박근혜 정권 들어서는 '신보도지침'이라는 이름의 새로운 언론통제수단으로 반복되고 있다.

1987년 6·10 시민항쟁 직전에 폭로된 보도지침 사건은 당시 수많은 시민의 분노를 촉발한 것으로 평가된다. 보도지침이 수록된 『말』지 특집호는 날개 돋친 듯 팔려 나갔고 복제에 복제를 거듭해 널리 보급됐다. 해외에서도 영어로 번역돼 전두환 정권을 웃음거리로 만들었다. 국내에서는 철저하게 보도가 통제되었지만, 해외 교포 언론들은 신문에 보도지침을 연재하기도 했다. 앰네스티 인터내셔널 등 인권단체는 물론, 미국 국회 상원에서도 항의 편지가 청와대로 날아들었다. 구속 수감된 피고인들을 위한 청원운동 및 언론인 시위도 잇따랐다. 국내에서도 내로라하는 인권변호사들이 총동원돼 변론에 나섰고, 구속자들의 석방을 요구하는 집회 시위가 연이어 열렸다. 곧이어 박종철 사망 사건 등이 촉발되어 국내에서는 민주항쟁으로 번졌고 마침내 민주화를 위한 거보를 내딛게 되었다.

이에 힘입어 재판은 국내외의 높은 관심을 이끌었고 1심에서 선고 유예와 집행유예로 풀려났다. 무료 변론도 마다치 않고 무죄를 끌어내기 위해 밤낮으로 골몰해 주신 변호인들의 노고가 가장 커다란 도움이 되었다. 물론 구속자들의 석방을 위해 성원을 보내 주신 민주시민의 후원이 있었기 때문에 가능한 일이었을 것이다. 1심 재판은 피고인들이 구속된 지 6개월이 채 못 되어 마무리되었다. 아직도 변호인들과 동료들, 그리고 민주시민의 환대를 잊을 수 없다. 그러나 검찰의 항소로 재판은 끝없이 이어졌다. 대법원에서 무죄를 확정판결 받을 때까지 8년여를 더 기다려야 했다. 그동안 정권은 두 차례나 바뀌었다. 6·10 시민항쟁으로 독재정권이 무너지고 노태우 정권을 지나 김영삼 정부에 들어서서야 완전히 족쇄가 풀린 것이다.

『보도지침』 초판은 1심 재판이 마무리될 때까지의 기록이다. 이후 8년여에 걸친 항소심과 상고심의 기록은 담지 못했다. 항소심은 말 그대로 '늘려 조지기'의 연속이었다. 구속돼 재판을 받아 본 '빵잽이들' 사이에 은어로 떠돌던 '6조지' 중에서, 판사들은 무조건 시일을 끌고 본다는 말에서 나온 것이다. 항소심은 거의 7년 가까이 걸렸다. 그동안 재판부와 공판검사들도 수차례 바뀌었다. 새로운 증인들도 많이 등장했다. 이효성 교수를 비롯하여 주한 외국인 특파원 등이 증인으로 나서 보도지침이 '국내외의 관행'이라는 공소사실을 반박했다. 그러나 상세한 항소심 기록은 남아 있지 않다. 항소심에서 무죄 판결을 받은 이후 검찰의 상고로 대법원으로 올라갔다. 대법정에서 앉아 있던 피고인 3명이 대법관의 "검찰의 상고를 기각한다"라는 한마디 판결에 환호했던 기억은 아직도 남아 있다.

그동안 잊지 못할 기억은 변론을 맡아 주셨던 변호사 몇 분이 유명을 달리하였다는 점이다. 조영래 변호사를 필두로 황인철 변호사, 신기하 변호사 등 세 분이 세상을 떠났다. 조준희 변호사도 이후 우리 곁을 떠났다. 지금도 이분들에 대한 추모의 감정을 숨길 수 없다. 재판정에서 확고한 신념과 법리로 검찰의 공소사실을 반박하던 쩌렁쩌렁한 목소리가 들리는 것 같다. 1심 재판 때 증인으로 피고인들을 격려하고 용기를 '찬양'해 주셨던 두 분 원로 언론인들도 이제는 뵙기 어렵게 됐다. 송건호, 박권상 두 분 원로 언론인은 우리와 작별을 고했다. 또 하나 기억해야 할 일은 보도지침 사건의 '주범' 격인 김태홍 선배가 우리 곁에 없다는 사실이다. 김 선배는 그동안 국회로 진출하여 의원을 지냈지만, 몇 해 전 작고하여 광주 망월동 묘역에 묻혔다. 특집호로 명성을 날렸던 『말』지도 이제는 정간 상태다.

보도지침의 강제성에 대한 증언은 민주정부가 수립된 이후 나왔다. 전두환 정권 당시 편집국장을 지냈던 김성우 선배와 이채주 선배는 저서를 통해 당시의 상황을 전했다. 보도지침을 위반할 경우 혹독한 보복이 뒤따랐다는 것이다. 1985년 3월 김대중·김영삼의 만남을 3단 이하로 보도하라는 보도지침을 깨고《한국일보》가 6단 크기로 보도한 이후 문공부 홍보조정실장이 신문사를 찾아와 회장을 만나고 갔고, 편집국장이 경질됐다. 중공 폭격기 불시착 사건의 엠바고를 깬《동아일보》편집국장은 중앙정보부에 끌려가 모진 고문을 당했다. 보도지침 재판 당시 검찰이 '국내외의 관행'이자 단순한 '보도협조사항'이라는 공소사실이 얼마나 허구였나를 증명하는 것이다. 만약 재판부가 이러한 공소사실을 인정했더라면 얼마나 웃음거리가 되었을까를 상상하면 공연스레 헛웃음이 나온다.

전두환 정권의 언론통제 실상도 만천하에 드러났다. 1988년 이른바 '5공 청산' 청문회에서는 언론사 통폐합, 언론인 강제 해직, 보도지침 등 독재정권의 언론학살을 규명하는 청문회가 열렸다. 당시 청문회에는 허문도는 물론, 이상재 등 언론학살을 기획하고 실행에 옮겼던 주역들은 물론, 각 언론사 사주들도 청문회에 출석했다. 'K 공작' 언론학살을 기획했던 문서들도 줄줄이 공개됐다. 이른바 '보도지침 3총사'로 불렸던 본인과 김태홍 선배와 신홍범 선배도 함께 증인으로 출석해 보도지침의 실상을 증언했다. 그런데도 당시 재판부는 피고인들의 손을 들어 주지 않았다. 결국, 전두환의 후계자였던 노태우 정권을 지나 문민정부를 표방한 김영삼 정부에 들어서서야 무죄 선고가 내려질 수 있었다. 독재정권 당시 제도언론으로 비난받았던 언론은 권력기관으로 변모했다. 본인은 1997년 신문사를 떠나 언론개혁시민연대라는 시민단체를 결성해 언론 시민운동가로 변신했다.

보도지침은 전두환 정권 시절에만 시행됐던 것은 아니다. 민주화 이후 과거 박정희 독재정권 시절의 보도지침 메모가 공개됐다. 박정희 정권 시절 보도지침은 주로 중앙정보부에서 시달됐다. 《신아일보》 정치부장이었던 김희진 씨는 1995년 『유신체제와 언론통제 ― 암울했던 시대 중앙일간지 정치부장의 육필메모 분석』을 통해 1975년 1월부터 1976년 12월까지 중앙정보부에서 시달한 보도지침을 기록했다. 《미디어오늘》은 1996년 1월 3일 자 및 10일 자에 1975년 5월 16일부터 1979년 11월 20일까지 중앙정보부, 문화공보부와 각 부처 공보관이 TBC(동양방송)에 시달한 보도지침 기록 장부를 보도했다. 유신정권 말기《경남일보》기자로 근무했던 이수기 씨는 2002년 저서 『보도지침과 신문의 이해』에서 1979년 3월 10일부터 1980년 11월 24일까지 중앙정보부와 계엄사가 시달한 보도지침을 공개했다.

보도지침 사건이 발생한 지 30년째 되는 지난해에는 이 사건을 모티프로 한 연극이 공연돼 시선을 끌었다. 프로듀서 이성모 씨가 제작한 연극 〈보도지침〉은 오세혁 극본, 변정주 연출로 9월 2일부터 10월 12일까지 대학로 수현재 시어터에서 공연됐다. 연극은 보도지침 사건에서 모티프를 가져왔지만, 실제 사건과는 다르게 각색된 팩션이었다. 연극 '보도지침'은 프로듀서와 연출을 바꿔 2017년 4월 21일부터 6월 11일까지 재공연을 했다. 연출은 작가인 오세혁이 겸했다. 출연자들도 대부분 바뀌어 배우 봉태규가 주연 김주혁을 연기했다. 첫 공연 때는 보도지침 사건 대표변론을 맡았던 한승헌 변호사를 비롯하여 본인도 참여하여 자문을 했다. 마침 30주년을 맞아 한국언론학회와 한국방송학회, 언론정보학회가 공동으로 기념 세미나를 열기도 했다.

잘 알려졌지만, 보도지침 폭로 사건은 단순히 피고인 3명이 주역은 아니다. 구속됐다가 풀려난 박우정 선배를 비롯한 『말』 특집호 제작진, 임재경 선배를 비롯한 민주언론운동협의회 임원과 활동가들, 그리고 구속자들의 석방을 위해 노력한 가족과 민주인사들이 있다. 특히 보도지침 폭로 기자회견을 주도한 김정남 선배와 이젠 고인이 되신 김승훈 신부 등 천주교정의구현전국사제단, 동아자유언론수호투쟁위원회와 조선자유언론수호투쟁위원회 선배 언론인들의 노고가 없었으면 이뤄질 수 없었을지도 모른다. 이 자리를 빌려 다시 한번 이들의 헌신에 대해 고개 숙여 감사를 드린다.

김주언(보도지침 폭로 주역, 전《한국일보》기자)

초판 발간사

나라의 민주화와 참된 언론을 열망하면서 이 땅의 민주언론운동을 격려, 지원해 주신 국민 여러분께,

인간의 기본권인 언론의 자유와 정의를 위해 스스로 변호인단을 구성하여 법정에서 열렬히 싸워 주신 고영구·김상철·박원순·신기하·이상수·조영래·조준희·한승헌·함정호·홍성우·황인철 변호사님께(가나다 순),

'가톨릭자유언론상'의 시상을 통해 수난의 민주언론운동을 격려해 주신 한국 천주교회의 김수한 추기경님께,

우리와 더불어 '보도지침'을 폭로함으로써 민주언론운동을 함께 전개해 주신 천주교정의구현전국사제단과 김승훈·함세웅 신부님께,

'보도지침' 관련 구속자 석방운동과 농성투쟁을 통해 민주언론운동에 동참해 주신 '자유실천문인협의회'(현 민족문학작가회의), '민중문화운동연합', '한국출판문화운동협의회', '민족미술협의회', '민주화실천가족운동협의회'께,

'보도지침 관련 구속자의 석방 및 자유언론 수호를 위한 범국민서명운동'을 통해 민주언론을 몸으로 실천해 주신 '천주교정의구현전국사제단', '전국목회자정의평화실천협의회', '명동성당청년단체 연합'과 서명에 참여해 주신 수많은 민주인사들께,

서울 주재 외국 특파원으로서 한국의 언론자유를 위해 온갖 위험을 무릅쓰고 결연히 법정의 증언대에 서 줄 것을 허락해 주신 ≪파이스턴이코노믹리뷰≫지의 서울 특파원 존 맥베드 기자와 미국 ABC 방송의 마이클 웽거트 기자께,

　수많은 곤란을 무릅쓰면서 학문적 양심에 입각하여 용기 있게 서적 감정의견서를 재판부에 보내 주신 박명진 교수, 반성완 교수, 임현진 교수, 차인석 교수께,

　인류의 보편적인 선(善)인 언론의 자유를 위해 국경을 초월한 연대운동과 석방운동을 전개해 주신 '앰네스티 인터내셔널', '국제출판자유위원회', '언론인보호위원회(CPJ)', 미국·캐나다 '출판자유위원회'와 그 관계자 여러분, 바버라 복서 미국 하원의원을 비롯한 48명의 미국의회 의원들에게, 그리고 그 밖에 여러 방법으로 온갖 지원을 베풀어 주신 국내외의 수많은 인사들께,

　깊은 감사와 존경을 담아
　이 책을 드린다.

민주언론운동협의회

초판 머리말

'보도지침'에 관한 자료집을 엮어 한 권의 책으로 내게 된 것을 진심으로 기쁘게 생각한다. 우리나라 언론 제작에 권력기관이 관여하게 된 것은 5·16 군사쿠데타 후 1963년 한일회담을 앞두고 협상 반대를 봉쇄하는 한편 회담을 성공시키겠다는 다분히 정치적 성격이 강한 언론통제였다.

박 정권의 권력위기가 심화되면서 그들은 72년 이른바 '유신'체제를 선포하고 신문 제작에 대한 관여를 본격적으로 시작했다. 그들의 이 같은 제작 관여에 저항하여 언론의 자유와 독립을 위해 싸운 사건이 75년 봄 대량 기자해고로 나타났다.

1980년 쿠데타로 전두환 정권이 들어서기는 했으나 이미 군사통치의 위기가 더욱 심화되어 보통 수단으로는 정권유지가 어렵게 되자 전 정권은 이른바 '홍보조정실'을 설치하여 제작에 대한 관여를 본격적으로 시작했다. 이런 점에서 80년대는 우리나라 언론사의 암흑기라고도 할 수 있겠다. 그러나 언론기업들은 권언복합체를 이루고 언론통제가 이미 제도화의 단계에까지 이르러 이때부터 언론은 어느덧 '제도언론'이라 지칭받게 되었다.

80년대의 언론통제는 비단 정치적 범위에 머물지 않고 집권층의 시시콜콜한 일상 사항에 이르기까지 가령 '크게 돋보이게 보도'하라는 따위에 이르기까지 제작에 대한 관여를 강화하였다.

그러나 제도언론 측에서는, 자유민주사회를 표방하는 사회에서는 도저히 상상조차 할 수 없는 이런 통제에 아무런 저항 없이 유유낙낙 순종하여 점차 국민 대중의 한국 언론에 대한 불신과 불만을 높여 갔다.

참다못해 재야 언론단체인 민주언론운동협의회(언협)가 이 사실을 세상에 폭로하였고 여기에 정보를 제공한 《한국일보》의 김주언 기자와 언협 사무국장 김태홍 씨, 언협 간부 신홍범 씨가 옥고를 치르게 되었다. 세상에 공개된 이른바 '보도지침'을 폭로한 이 『말』특집호는 사회에 엄청난 충격을 주었다. 국내에서는 여전히 엄중한 언론통제로 제대로 알려지지 않았으나 국제적으로는 큰 파문을 던지고 용기 있는 이들 3인에 대한 재판 과정도 국제사회에 크게 보도되었다.

3인은 권력의 재판을 받았다. 그러나 역사는 반드시 이들을 재판한 권력에 대한 심판을 할 것이며, 역사 앞에 누가 진정 떳떳하고 역사의 승리자가 될 것인가를 보여 줄 것이다.

책에 수록된 내용은 10개월간에 가까운 '보도지침'의 내용과 여기에 관련 재판을 받은 3인의 전·현직 언론인의 재판 기록이다. 기록을 보면 재판에 임하는 관계자들의 태도가 잘 나타나 있다. 형을 주장하는 권력 측과 재판을 받는 피고 언론인들의 태도가 얼마나 대조적인가를 발견하게 될 것이다. 진정 누가 재판을 받아야 하며 누가 재판자가 되어야 하는가를 보여 주고 있다.

90년의 결코 짧지 않은 한국 언론사에 길이 빛날 이 재판 기록은 분명 한국 언론을 위한 자랑스러운 기록이 될 것이다. 이 기록으로 한국 언론은 자유를 누릴 자격이 있고 결코 노예 민족이 아니라는 것을 보여 주고 있다.

나는 '보도지침'에 관한 자료가 하나의 책이 되어 세상에 공개되는 것을 한 언론인으로서 진심으로 기뻐해 마지않는다. 물론 이 자료집을 칭찬해 달라고 부탁하지는 않는다. 다만 이 나라의 민주화에 관심이 있는 인사라면 그가 학생이든 언론 관계 학자이든 일반 근로자이든 일반 지식인이든 간에 상관없이 누구나 한번 읽어 주기 바란다. 민주화란 이같이 힘든 투쟁의 소산이며 권력자는 민주주의를 결코 거저 주지 않는다는 것을 아울러 생각해 주기 바란다.

송건호(민주언론운동협의회 초대 의장)

| 차례 |

3부 '보도지침' 사건 재판 기록

4부 『말』 특집호: '보도지침' 원문

5부 부록

1부
한국 언론과
'보도지침' 1986

'보도지침' 사건의 의미

1. 서론

얼마 전(1987년 2월 18일) ≪한국일보≫는 서울대학교 사회과학연구소
와 공동으로 '사회조사 — 전환점 87의 선택'이라는 여론조사를 실시
하여 이를 연재하고 있다.

　그 두 번째 주제가 정치발전인데, "앞으로 우리나라의 정치발전을
위해 우선 필요한 것이 무엇이라고 생각하는가? 두 가지만 고르시
오."라는 항목이 있었다. 그에 대해 국민들은 그 우선순위를,

　1. 언론자유　　　　　　　　　25.4%

　2. 인권보장　　　　　　　　　15.6%

　3. 사회정의의 실현　　　　　11.9%

　4. 안보강화　　　　　　　　　9.6%

　5. 통일　　　　　　　　　　　8.8%

　6. 삼권분립(입법, 사법의 독립)　7.9%

• • • • •

엮은이의 말: 이 글은 '보도지침' 사건으로 구속된 김태홍, 신홍범, 김주언 3인의
　　변론을 위해 준비된 자료로서, 언론자유의 중요성과 민주언론운동의 정당성을
　　주장하고 있으며, '보도지침' 사건이 외교상 기밀누설로 문제가 되었지만 실제
　　로는 민주언론운동에 대한 탄압에 다름 아님을 밝히고 있다.

7. 정치의식의 함양	7.8%
8. 정당정치의 실현	7.2%
9. 공정한 분배	7.2%
10. 기타	0.3%

등의 순서로 대답하고 있다(증 1[1]).

모두(冒頭)에 굳이 이 같은 여론조사를 인용하는 것은 이 여론조사가 이 사건의 기본적인 성격을 명백히 드러내면서 바람직한 결론까지 제시하고 있기 때문이다. 이 여론조사의 결과를 놓고 서울대학교의 한완상 교수는 "정치발전에 필수적인 것으로 생각되는 삼권분립이나 정당정치의 실현, 또 그런 장치나 제도를 올바로 기능케 하는 전제라고 여겨지는 정치의식의 함양을 꼽지 않고 언론자유와 인권보장을 먼저 지적한 것은 의외"이며 "놀랍다"고 했다.

한 교수와 같은 전문가들조차 의외로 생각하고 또 놀란 것은 무엇 때문인가? 언론자유와 인권보장이, 삼권분립 등이 당연히(?) 들어앉아야 했을 자리를 대신 차지하고 있는 데 그 해답의 실마리가 있다.

많은 국민들이 언론자유를 우선 꼽았다는 것은 지금 우리 사회에서 이른바 제도언론이 담당하고 있는 언론기능에 대해 크게 불신하고 있다는 뜻이며, 동시에 그것은 체제유지적이고 기득권 보호적인 그 모든 선전과 설득, 회유 등 제도언론이 주도해 온 일체의 사회적 집단학습의 내용을 국민들이 거부하고 있다는 뜻이다.

나아가서 언론자유란 최종적으로는 국민의 알 권리라는 점에서 보면, 언론자유를 맨 먼저 꼽았다는 것은 이제 국민들이 기본 권리인 알

......
1) 이 글은 '엮은이의 말'에서 언급했듯이 '보도지침' 사건으로 구속된 김태홍, 신홍범, 김주언 3인의 변론을 위해 준비된 자료이다. 1988년 초판의 의미를 고려해 '증'이라는 표현을 삭제하지 않았다.

권리를 되찾겠다는 의지의 드러냄이며, 적극적인 권리선언이다.

인권보장이 두 번째로 주장되고 있는 것도 같은 맥락이다. 한 사회에서 이른바 인권 곧 인간의 기본권이 문제가 된다는 것은 엄밀하게 말하면 민주사회 일반이 규정하고 있는 여러 가지 시민적 제 권리는 아예 기대하지 않고 젖혀 둔 채, 최소한의 것을 요구한다는 절박한 상황을 의미하는 것이다.

예컨대 '정치발전'이라는 곡필적(曲筆的) 표현이 사태를 호도하고 있지만 오늘 우리 사회는 절박한 변혁의 요구로 충만해 가고 있는 것이다.

삼권분립이나 정당정치 같은 정치 문제도 물론 중요하다. 그러나 그것은 그 같은 제도가 한 사회의 지속성과 변화를 동시에 적절하게 수용할 때만 의미가 있는 것이다. 그러나 지금 우리 국민은 그 같은 제도적 장치에 신뢰를 두기보다는 '직접 뛰어들어 알고 싶고, 또 최소한의 것은 스스로 지켜 내야 하겠다'는 의지를 보이고 있는 것이며, 조만간 이 같은 의지가 여러 가지 형태의 변혁의 요구로 등장할 것은 자명하다 하겠다.

이 재판은 이런 점에서 변화와 그에 저항하는 시대착오적인 것과의 대립이며, 이미 우리 사회에서 광범하게 일어나고 있는 변혁 요구의 조그마한 표현에 불과하다.

뒤에 말하겠지만 실정법만이라도 올바르게 적용한다면 피고인들은 전혀 무죄이다. 다만 변화를 수용할 탄력성을 상실한 현 체제가 법의 무리한 확대에만 의존하기 때문에 결국은 자기부정을 재촉하는 것이며, 특히 최근의 무분별한 국가보안법의 남용은 그것이 사회의 건강한 발전 자체를 저해하는 낡은 허울로 변하고 있음을 보여 준다.

최근 고려대학교 배종대 교수는 ≪중앙일보≫에 게재한 글에서 "우리 법학의 창백한 모습은 박종철 고문치사 사건에서 여실히 드러났다. 이 사건은, 있기는 있으되 지켜지지 않는 법, 약자에게 강하고 강자에게 약한 우리 법(法) 문화의 이중적 도덕 기준을 증명했다"고 했다. "한국의 법, 법학이 제대로 되려면 정치가의 손에서 법을 되돌려 받아야 한다는 논의가 일고 있다"로 시작된 이 칼럼에서 배 교수는 "언제까지 잘못된 정치만을 한탄하고 있을 것인가? 이제 성년을 두 번 넘어선 우리 법학의 제3세대들은 고문을 방조, 외면한 검사, 판사를 만들어 낸 자기 책임을 고백하는 비판성과 그 해결의 실마리를 집요하게 탐구하는 창조성을 보여 주어야 할 것"이라고 강조했다. 그는 이어 "우리나라에서 법을 법답게 하고 억압하는 법에서 보호하는 법으로 변환시키려면 우리의 법률과 법 현실을 비판하는 데서부터 시작해야 한다"고 했다. 우리는 이 재판정이 이 같은 논의, 우리 법, 우리 법 문화, 법 현실이 안고 있는 문제 그 자체라는 점을 이 재판을 진행시키는 출발점으로 삼기를 다 같이 다짐할 것을 촉구하는 바이다.

흔히 매스컴의 위력이라는 말들을 하고 있는데, 사실 대중사회의 TV나 신문은 그 화면이나 지면의 테두리 속으로 인간의 인식능력이나 주지(周知)작용을 강제 수렴해서 대신 사고하고 행동하게 하는 힘이 있기 때문에 언론을 잘 조절하고 통제하기만 하면 절대 권력을 유지할 수 있으리라는 생각을 지배층에게 갖게 하는 것 같다.

또한 사람들은 으레 신문에 난 일이면, 그것이 그대로 사실이라고 믿게 되는 경향이 있다는 전제 아래 독재권력일수록 그것을 이용해서 언론을 집단학습의 도구로 삼아 온 것이 사실이다.

우리 사회의 '제도언론'은 이런 매스컴 일반론에 부가해서 다른 사회에서는 찾아보기 힘든 또 하나의 반(反)민중적인 특징을 가지고 있다. 제도언론을 대표하는 《동아일보》나 《조선일보》는 유난히 민족지라는 캐치프레이즈를 내건다.

이것은 그러나 그들이 해방 전부터 줄곧 권력의 토양 한가운데 뿌리박고, 언론이기 때문에 언론이라는 수단을 통해 철저하게 자신을 위장해서 민중 위에 군림해 온 증거 이상의 것이 되지 못한다.

일제하 한국 언론은 일제의 이른바 문화통치의 소산으로 태어나 식민지 백성과 침략자 사이를 제도적으로나 사실상으로나 완충시키고 일본식 식민통치 방식의 일부로 기능하면서 자기를 유지해 온 것은 이미 70년대 중반에 학문적으로 철저히 규명된 바 있고(증 2: 『일제하 민족언론』, 최옥자·최민지 공저), 70년대 중반의 동아, 조선자유언론수호투쟁위원회의 생성과 발전 과정에서 분명해졌으며, 간간히 이전투구를 벌이는 ≪동아일보≫와 ≪조선일보≫의 싸움(증 3: 「동아·조선의 민족지 싸움」, ≪실천문학≫ 1985년 여름호, 신홍범)에서도 누누이 입증되고 있다.

해방 후 그들은 미군의 '우호 점령'이라는 우호적 상황 아래서 사실상 유일한 토착 실질 권력으로 인정받아 그 물적·인적 영향력을 십분 활용하여 이니셔티브를 잡았다. 언론이 좌익세력과 민족세력을 배제하는 한편, 미국을 등에 업은 이승만을 끌어들여 그들의 반민족적 본질을 다시 은폐하고, 그들이 만든 체제 안에서 ≪동아일보≫를 주축으로 그 왼편에 자리 잡은 것이다.

언론이 그 자체로서 이미 권력의 실체 가운데 중요한 부분이라는 점은 그 이후에도 한국 언론의 독특한 성격으로 규정된다.

그러나 정작 오늘날 체제언론의 가장 큰 특징이 형성되는 시기는 1972년 말, 유신체제 이후이다. 5·16 군사쿠데타로 권력의 외곽을 구성하고 있던 군(軍)이 권력의 기능적 핵심으로 밀려들어 오게 되자 언론세력은 언론자유를 명분으로 자신을 최소화하면서 명맥을 유지한다.

1972년 군사정권은 이른바 유신을 강행, 영구집권을 획책하는 한편,

'중화학공업 선언'을 통해 정치, 경제, 사회, 문화의 모든 면에서 개발
독재체제를 강행한다.

≪동아≫, ≪조선≫을 비롯한 한국의 언론은 1975년 봄을 정점으로
이 개발독재 이데올로기와의 충돌을 끝내고 유신체제에 편입됨으로
써 그나마 최소한으로 지켜 오던 언론의 위치에서 벗어나 '제도언론'
으로 정착했다.

유신은 국가의 정통성을 내셔널리즘에 두는 근대국가 일반과는 대
조적으로 '근대화를 신앙으로', '반공을 국시'로 국가 총동원을 강행
한 체제였다. 사회의 모든 물적 역량은 수출 지상주의의 기치 아래 총
동원되어 허망한 극대화 숭배의 바벨탑이 쌓아 올려졌고, 그것을 추
진하고 합리화하기 위해 사회 상부구조에서도 모든 사회적 가치의 정
통성과 기존의 권위, 또 거기에 바탕을 둔 사회적 신화의 체계가 남김
없이 동원되어 유신 이데올로기에 봉사하도록 재조직되었다. 사회의
각 기능이, 또 그것을 대표하던 사람들이 그 고유한 영역에서 끌려나
와 '정치'에 '동원'된 것은 무서운 일이었다.

언론도 언론이기를 포기하고 유신 이데올로기의 홍보 부분으로서,
이미 사라진 사회의 모든 가치, 권위, 신뢰를 조작해 내는 무분별한 홍
보정치를 해 나간 것이다.

사회에 팽배한 허위의식은 바로 그 결과이며, 우리는 바로 그 허위
의식이 확대재생산을 거듭하여 사회의 도덕성과 인간성을 철저하게
마비시키고 있음을 보고 있는 것이다.

1985년 2·12 선거는 그 같은 '홍보정치'형 언론—제도언론과 그 메
커니즘이 끝내는 민중에 의해 어떻게 파탄을 맞을 것인가를 보여 준
실례이기도 했다. 지난 선거에서 체제언론은 모든 언론의 역량과 기
술을 발휘하며 국민에게 투표 행위의 틀을 미리 제시했으며, 국민들

은 늘 그래 왔듯이 언론이 조종하는 대로 생각하고 행동할 것이 기대되었다. "이번 선거의 의미는 이런 것이다"에서 시작해서, "그래서 각 정당의 의석수는 이렇게 될 것이다"에 이르기까지 일사불란하게, (제도언론은 여당지 야당지가 따로 없는 것이 특색이다. 60년대와 달리 오늘날 언론은 제도적으로 같은 내용, 같은 제목을 다른 제호 밑에 담고 있다.) 혹은 분담하고 혹은 반복해서 빈틈없이 지시했을 뿐 아니라 이치에 닿지 않고 경우에 어긋나는 선거법과 선거 관리가 실제에 무리 없이 적용되도록 짐짓 분개하기도 하고 짐짓 차분한 척하면서 판을 만들어 갔다.

그러나 완벽할 수밖에 없는 것처럼 보이던 판이 무참하게 허물어졌다. 선거의 결과를 놓고 현 정권과 민한당, 신민당, 재야 심지어 제도언론 자신까지도 경악하고 말았다. '바람' 어쩌고 하면서 호도하지만 2·12 선거의 진정한 패자 가운데 하나는 바로 제도언론이었으며, 진정한 승자는 바로 국민 자신이었다.

이 같은 민중의 승리는 앞에 인용한 여론조사에서 아직도 건재하며, 제도언론 때문에 가려져 있지만 더욱 발전해 왔음을 증명해 낸 것이다. 민주언론운동협의회는 바로 이같이 가려져 있지만 지금 더욱 발전하고 있는 새로운 흐름의 구체적 표현으로, 국민의 편에 서서 제도언론에 대해 언론투쟁을 벌이는 단체이다.

2. 한국 언론의 정통성—제도언론과 민주언론운동

1972년 10월 유신으로 1인 종신 독재체제는 완결되고 언론의 자유는 조락하게 된다. 여기서 언론자유의 성취는 결국 체제의 민주화 없이는 불가능하다는 민주언론의 단계를 맞게 된다.

70년대 들어 산업화가 급속도로 진전되면서 농촌 사회의 해체, 도시

빈민층의 급증, 값싼 노동력의 수탈은 많은 사회문제를 야기하게 된다. 1970년 근로기준법 준수를 절규한 평화시장 재단사 전태일의 분신자결, 1971년 월남에서 귀국한 노동자들의 칼 빌딩 방화 사건, 같은 해 광주대단지 주민폭동 등을 거치면서 우리 사회의 구조적 모순이 첨예하게 노정된다.

이상의 전 과정을 통해 나타난 언론의 역할은 미약하기 이를 데 없었고, 언론에 대한 사회적 불신은 깊어만 갔다. 이러한 무력감에서 벗어나고자 한 것이 70년대 중반 우리나라 언론사상 처음으로 기자들 스스로의 조직적 자유언론운동을 낳게 되고, 마침내 그것은《동아일보》,《조선일보》양대 신문 기자들의 대량 축출로 보답된다.

제도언론에 대한 기대가 더 이상 불가능하다는 것을 깨닫게 되면서 민중들은 스스로 자구수단(自救手段)을 강구함으로써 민중언론(民衆言論)이 전면에 부각된다. 민중언론은 유신 말기에 활발하였고 5·17 쿠데타 이후 한동안 잠복되었다가 또다시 민중언론의 새로운 지평을 열게 된다. 이런 와중에서 체제의 민주화가 민족분단의 극복과 표리일체라는 역사적 구조에 눈을 뜨는 민주언론의 단계에 도달한 것은 언론운동의 심화·발전을 의미하는 것이다.

그러면 70년대 이후 오늘에 이르기까지 자유언론-민주언론-민족언론-민중언론의 흐름을 사건별로 간략하게 개관해 보기로 한다.

1) 전태일의 분신자결

70년대의 언론, 더 나아가서 이 사회에 대해서 근본적인 질문을 던진 사건이 전태일(全泰壹) 분신자결 사건이었다. 1970년 11월 13일 평화시장 등 3개 시장 내 7,600여 명의 노동자들(노동청 집계)의 근로조건 개선을 외치면서 자기 몸을 불살라 자결한 전태일 사건은 사회 각계에 비상한 충격을 주었다. 전 씨가 자결한 지 사흘 뒤인 11월 16일 서울대 법대 학생 100여 명이 '민권수호학생연맹 준비위원회'를 발족, 서울대 법대 학생장(學生葬)으로 장례식을 거행하겠다고 선언하는 등 그 이후 서울 시내 각 대학생들이 정부의 경제정책과 노동정책을 비판, 규탄하는 성토대회와 데모를 벌였다. 학생들의 이와 같은 문제 제기는 곧 종교계로까지 번져 11월 25일에는 신·구교 합동으로 전태일 추도 예배가 있었다. 이러한 움직임은 전국 각지의 학생들과 종교 단체들로 확산되어 어용 노동운동에 대한 비판이 활발하게 전개되었다.

그러나 이 사건을 보도하는 언론은 전태일의 죽음을 한 젊은 노동자의 자살 사건 정도로 한두 번 짧게 보도했고, 한두 개의 신문에서 지극히 피상적으로 사설로써 다루었을 따름이었다. 서울대 법대생 1명이 한강에서 투신자살을 기도하고, 서울대 문리대생 1명이 휘발유 분신자살을 기도하다가 미수에 그쳤으며, 교회 학생들의 참회 금식 기도가 벌어지고, 각지의 노동자들의 분신자살 위협과 농성투쟁 등이 전개되는 등 전태일 사건이 던진 충격과 반향이 컸음에도 불구하고, 이미 병들고 무감각해진 언론의 신경은 시대의 양심을 시험하는 이 사건의 의미를 감지할 수 없었다. 다만《신동아》지 1971년 1월호와 3월호에서 이 사건을 르포 형식으로 비교적 자세히 다루었을 뿐, 대다수의 언론에서는 이 사건에 대한 논쟁, 해설은 고사하고 사실보도마저 제대로 처리하지 않았던 것이다.

2) 유신체제의 출현

닉슨 독트린의 천명에 이어 주한미군 철수 논의의 급진전으로 크게 당황하고 있던 한국의 집권층은 1971년 7월 17일 닉슨 미국 대통령이 다음해 5월까지 중공을 방문하기로 미·중 간에 합의가 이루어졌다고 폭탄 선언을 하게 되자 이른바 '닉슨 쇼크'에 휘말려 위기감에 빠져들었던 것 같다. 박 정권은 71년 8월 12일 남북적십자회담을 열기로 합의, 주변의 긴장완화 추세에 발맞추는 자세를 보이면서도 위수령과 비상사태 선포로 억압을 강화해 나갔던 것이다. 정부에서 프레스 카드제를 실시하고, 전국 신문사와 통신사의 지사, 지국을 대폭 정비하여 정부 각 부처의 출입기자 수와 기자실 수를 감축하는 등 과격한 언론탄압 시책을 밀고 나가도 언론계는 긴장된 내외의 추세 때문에 항의 한번 제대로 하지 못한 채 끌려만 갔다. 1972년 7월 4일 발표된 7·4 남북공동성명은 그처럼 가열한 탄압 속에서도 전 국민적인 통일의 열망을 다시 한번 확신시켜 준 중대한 민족적 전진으로 받아들여졌다. 그러나 "이처럼 통일을 갈망하는 민족의 염원을 장기 집권에 설마 악용할까" 하던 우려는 몇 달이 지나지 않아서 현실로 나타났던 것이다.

1972년 10월 17일 '특별선언'이 발표되어 국회는 해산되었고, 정당과 정치활동은 모두 정지되었으며, 헌법 기능의 정지에 따라 정지된 헌법 조항의 기능은 이른바 비상 국무회의가 수행키로 되었다. 그리고 전국 일원에는 비상계엄이 선포되었다. 10·17 특별선언은 "전쟁의 참화를 방지하고 조국을 평화적으로 통일해야겠다는 5천만 민족의 대화, 이 남북대화의 적극적인 전개와 주변 정세의 급변하는 사태에 대처하기 위한 우리의 실정에 알맞은 체제 개혁이 있어야 한다"고 역설했다. 신문협회는 "······10·17 특별선언은 국가의 진운을 가속적으로 개척하고 자유민주주의의 토양을 굳건하게 닦는 일대 혁신 조처임을 확신하고 적극 지지한다"는 성명을 각 신문의 1면에 게재했다. 또한 모든 신문과 방송은 논설과 해설을 통해 이 선언을 지지하고 나섰다.

즉, 침묵의 자유까지도 철저히 파괴됐던 것이다. '유신헌법'의 채택을 위해서 10월 23일 비상 국무회의에서 확정 공포된 '국민투표에 관한 특례법'은 반대할 수 있는 언론자유를 완벽하게 봉쇄하고 일방적으로 개헌안에 찬성할 수밖에 없도록 강요하고 있었다. 10월 27일 개헌안이 공고된 뒤 11월 21일 국민투표가 실시되기까지 신문의 많은 지면과 방송의 많은 시간은 당국에서 배급한 새 헌법안에 관한 해설기사와 할당된 연사들의 출연으로 메워졌다. 또한 10월 27일부터 12월 말까지는 모든 신문의 1면과 7면에 문공부 제정 표어가 날마다 6단 크기로 실렸다. 죽음과 같은 공포가 짓누르는 가운데 국민투표가 진행되었고, 11월 23일 소위 '유신헌법'이 확정되었다. 그리고 12월 23일, 58일 만에 비상계엄이 해제되었다.

1972년 10월 17일 이전과 그 이후의 체제는 말 그대로 '전혀 다른' 것이었다. 유신헌법에 의거해서 실시되는 통일주체국민회의 대의원 선거나 국회의원 선거는 요식 행위에 불과했다. 기자들은 까다로운 선거법에 대한 공포증으로 심층보도는커녕 겉으로 나타나는 여러 가지 현상조차 사실대로 보도할 수 없었다.

유신체제가 출범된 뒤 한동안 위축당했던 각계의 지식인들은 대학가에서 먼저 터져 나온 민주화투쟁에 발맞춰 '유신헌법 철폐를 위한 운동'을 벌이기 시작했다. 1973년 12월 24일 재야인사 30여 명이 '현행헌법 개정청원운동본부'를 구성하고 일백만인(一百萬人) 서명운동을 전개하기 시작했다.

체제에 대한 본격적인 저항운동이 이처럼 양성화되자 1973년 12월 30일 집권자는 이들 각계의 지도자들을 '불순분자'로 호칭하면서 개헌청원서명운동을 즉각 중지할 것을 경고했다. 이와 같은 경고가 있었음에도 불구하고 개헌청원서명운동은 활발하게 진행되어 갔고 언론계 안에서도 많은 호응을 받았다. 이와 같은 저항을 분쇄하기 위해서 집권자는 1974년 1월 8일 오후 대통령 긴급조치(大統領緊急措置) 1, 2호를 선포했다. 긴급조치 1호는 "1) 대한민국 헌법을 부정, 반대, 왜곡 또는 비방하는 일체의 행위, 2) 대한민국 헌법의 개정·폐지를 주장, 발의, 제안 또는 청원하는 일체의 행위, 3) 유언비어를 날조, 유포하는 일체의 행위"를 금한 것은 물론 "4) 전항 1, 2, 3에서 금한 행위를 권유, 선동, 선전하거나 방송, 보도, 출판, 기타의 방법으로 이를 타인에게 알리는 일체의 언동을 금한다"고 규정했다. 또 이 조치를 위반한 사람들은 긴급조치 1, 2호의 발동으로 개헌청원서명운동은 물론 자유언론운동도 크게 위축당하지 않을 수 없었다. 더구나 1974년 4월 3일 '전국민주청년학생총연맹' 사건과 관련, 긴급조치 4호가 선포되자 언론이 숨 쉴 틈은 완벽하게 막히게 되었다. 수많은 양심적인 인사들과 학생들이 잡혀가서 고문에 의한 허위자백으로 어마어마한 죄목에 따라 군법회의에 회부되어 사형, 무기징역 등 5년 이상의 장기형을 선고받았으나 언론에서는 당국이 발표하는 것 이외에는 아무것도 쓸 수 없었다. 이제 기자들은 언론 본연의 기능을 전혀 발휘할 수 없게 되어버린 현직을 떠나거나 아니면 언론 본연의 사명을 다하기 위해서 결사적인 자세를 취하거나, 어느 쪽인가를 선택해야 할 기로에 서지 않을 수 없었다.

3) 10·24 자유언론실천선언

1974년 1월 초순의 긴급조치 1, 2호 발동으로 개헌 논의가 완전히 금압당하고 이어 4월 초의 긴급조치 4호 발동으로 수많은 학생, 종교인, 지식인들이 '민청학련' 사건으로 투옥되자 한국 사회 전체는 한순간

칠흑 같은 밤으로 변하는 듯했다. 수많은 정치범들에게 무더기로 사형, 무기징역, 5년 이상의 장기형이 군사법정에서 선고되었고, 당황한 그들의 가족 친지들은 어쩔 바를 모르고 우왕좌왕했다. 정치인과 언론이 입을 다물고 있을 때, 신·구 기독교 지도자들이 구속자 가족들의 슬픔을 달래 주고 정치범들의 처우 문제와 석방 문제에 관심을 쏟기 시작했다. 군법회의 재판정에서는 보복을 각오한 정치범들이 자신들이 수사 과정에서 당한 무자비한 고문과 비인간적 처사를 고발했지만 신문과 방송에서는 그에 대한 보도가 한 줄, 한 마디도 나타나지 않았다. 정부는 10월 19일 각 신문사 편집국장과 방송국장을 소집, "1) 데모·연좌·퇴학 처분·휴강·개강 등 학원 내의 움직임을 일체 보도하지 말라, 2) 종교계의 민권운동을 보도하지 말라, 3) 월남(越南)에서의 반독재·반티우 운동 등에 대한 사태를 취급하지 말라, 4) 연탄 기근 문제 등 사회불안을 조성할 우려가 있는 기사를 취급하지 말아 달라"는 4개항의 '협조요청'을 해 왔다. 그렇지 않아도 긴급조치 선포 등으로 위축될 대로 위축된 언론에게 이와 같은 재갈을 물리는 처사는 관보(官報)와 관제 방송이 되라고 요구하는 것 이외의 아무것도 아니었다. 이제 지난 몇 해의 언론자유운동과 언론노조운동으로 의식과 조직을 다진 기자들은 자유언론을 위한 대회전(大會戰)을 각오하게 되었다.

1974년 10월 24일 오전 9시 15분. 전날 밤의 철야농성으로 아직 분노와 흥분의 감정을 가라앉히지 못한 기자들 앞에서 기협 동아일보 분회 집행부는 '자유언론실천선언대회'의 개시를 선포했다.

〈자유언론실천선언〉

우리는 오늘날 우리 사회가 처한 미증유의 난국을 극복할 수 있는 길이 언론의 자유로운 활동에 있음을 선언한다. 민주사회를 유지하고 자유 국가를 발전시키기 위한 기본적인 사회기능인 자유언론은 어떠한 구실로도 억압될 수 없으며 어느 누구도 간섭할 수 없는 것임을 선언한다.

우리는 교회와 대학 등 언론계 밖에서 언론의 자유 회복이 주장되고 언론의 각성이 촉구되고 있는 현실에 대해 뼈아픈 부끄러움을 느낀다. 본질적으로 자유언론은 바로 우리 언론 종사자들 자신의 실천 과제일 뿐 당국에서 허용받거나 국민 대중이 찾아다 쥐어 주는 것이 아니다. 따라서 우리는 자유언론에 역행하는 어떠한 압력에도 굴하지 않고 자유 언론 실천에 모든 노력을 다할 것을 선언하며 우리의 뜨거운 심장을 모아 다음과 같이 결의한다.

1. 신문 방송 잡지에 대한 어떠한 외부간섭도 우리의 일치된 단결로 강력히 배제한다.
2. 기관원의 출입을 엄격히 거부한다.
3. 언론인의 불법 연행을 일체 거부한다. 만약 어떠한 명목으로라도 불법 연행이 자행되는 경우 그가 귀사할 때까지 퇴근하지 않기로 한다.

기자들은 자유언론실천선언문과 결의사항을 박수로 채택하고 아울러 선언문 내용과 결의사항을 신문, 방송을 통해 보도할 것도 결의했다. 또한 신문과 방송에 보도될 때까지 제작을 보류할 것도 결의하였다. 선언문과 결의사항의 보도 문제에 대해 편집국장 송건호가 거중 조정하려 했으나, 경영진은 단연 보도할 것을 거부했으며 기자들은 제작 보류로 이에 맞섰다. 동아방송 뉴스도 신문 1판이 나오는 시각인 오후 1시부터 중단되었다. 기자들의 제작 거부로 처음으로 신문이 나오지 못한 사건이 벌어진 것이었다. '기관원 출입금지 조항'을 보도에서 삭제할 것을 끝까지 고집하던 경영진은 밤 10시 40분 '최소한 1면 3단'을 제시한 기자들의 요구를 수락한다고 통고해 왔다. 밤 11시 기자들은 서둘러 신문 제작에 들어갔다. 1974년 10월 24일 자《동아일보》가 10월 25일 오전 1시에 제작되어 나왔다. 이제 언론인 자신들에 관한 문제를 보도하기 시작한 것이었다. 바로 지난 몇 해 동안의 언론 자유수호운동이 '선언'만으로 그쳤던 사실을 뼈아프게 반성하고 자유 언론을 '실천'하겠다는 결의를 보임으로써 얻어진 결실이었다.

《동아일보》기자들의 자유언론실천선언은 곧 전국의 신문·방송·통신 기자들의 자유언론선언운동으로 번졌다.

《조선일보》기자 150여 명은 24일 밤 9시 20분경 편집국에서 모임을 갖고 '언론자유 회복을 위한 선언문'을 채택했다.

또한 22일의 사장, 편집국장의 연행 사건으로 이틀째 철야농성을 한 바 있던《한국일보》기자 130여 명은 24일 저녁 7시 30분경 사장과 편집국장의 연행 사실이 동지에 보도될 때까지 제작을 거부하기로 결의한 데 이어, 25일 새벽 "언론 부재의 현실 앞에 진실을 전달하는 사명을 다하지 못했음을 국민 앞에 부끄럽게 생각해 왔다"고 전제, "앞으로 민주언론을 사수할 것을 결연히 선언한다"는 '민주언론 수호를 위한 결의문'과 4개항의 행동지침을 채택했다.

《경향신문》, 합동통신, KBS, MBC 등 31개 신문·방송·통신 기자들이 일제히 자유언론의 기치를 들고 일어섰다. 관영방송과 정부 기관지 및 여당계 신문과 방송의 기자들까지도 한결같이 자유언론을 외치고 나선 것은 기자들에 대한 언론 내외의 억압이 얼마나 심각했는가를 반증해 주는 사태였다.

실천선언을 보도한 이후 선언 이전보다는 민주회복을 요구하는 움직임에 대한 보도가 많이 나갔지만, 마(魔)의 '1단벽(一段壁)'은 깨지지 않고 있었다. 더욱이 실천선언 당시에는 기자들의 기세에 밀려 물러섰던 경영진 측과 권력의 하수 세력들이 음으로 양으로 제동과 훼방을 가하기 시작했다. 어떤 정의로운 일에서나 그렇듯이, 자유언론실천운동이 이전처럼 '선언'에 그치지 않고 '실천운동'으로 전진하려면 실천적 조직의 뒷받침이 필수적이었다.

11월 11일 전국적으로 벌어진 가톨릭교의 인권회복 기도회에 관한 기사를 《동아일보》 기자들은 1면 머리기사 내지 사회면 머리기사로 취급해야 한다고 주장한 반면에 회사 측에서는 으레 그렇듯이 사회면 2단 정도로 취급하겠다고 했다. 전국 각 도시에서 수천, 수백 명의 신도·청년·학생·성직자들이 참가한 대규모의 종교집회 기사를 이처럼 소홀하게 다룰 수밖에 없다면 다른 기사들은 더 말할 나위도 없었다. 기자들과 회사 측의 주장이 팽팽하게 맞서 11월 12일 자 《동아일보》는 기자들의 제작 거부로 휴간했다. 13일 자에 가톨릭 교도들의 인권회복을 위한 기도회 기사는 사진이 곁들여져서 사회면 중간 머리기사로 실렸다. 이날 이후에는 지난 여러 해 동안 빛을 보지 못하던 학생들의 데모 및 성직자들의 기도회에 관한 사진들이 지면에 나오기 시작했다. 《동아일보》 14일 자 1면 머리에는 신민당 총재 김영삼의 회견 기사가 실림으로써 몇 년래의 고질적인 지면 제작 태도를 깨뜨렸으며 유신체제가 수립된 이후 금기로 되어 있던 개헌 문제를 다룬 사설도 같은 날짜에 실렸다.

4) 《동아일보》 광고탄압

이처럼 온갖 방해를 무릅쓰고 날로 지면이 쇄신되어 가자 12월 30일 경부터 전례 없는 사태가 벌어지기 시작했다. 동아일보사에 대한 대광고주들의 광고철회 사태가 일어난 것이다. 평상시의 대광고주였던 제약회사들뿐 아니라 연말연시를 맞아서 특별 광고를 예약했던 수많은 다른 대광고주들도 한결같이 "사장의 지시다. 괴로우니 더 이상 묻지 말아 달라"면서 광고동판을 회수해 갔다. 한동안《여성동아》,《신동아》등 자체 광고로 메우다가 하는 수 없이 '백지광고'가 나갔다. 이와 같은 광고탄압 사태는 일제하에서도 자유당 정권 아래서도 없었던 일이었다.

이에《동아일보》기자 200여 명은 12월 25일 긴급총회를 열어 "어떠한 압력에도 굴하지 않고 결연히 자유언론을 실천해 나가겠다"고 결의했다.

《동아일보》와 동아방송에 광고탄압이 계속되자《동아일보》에는 전혀 새로운 광고가 나타났다. 학생·지식인·종교인 심지어는 주부까지 민주회복과 언론자유 보장,《동아일보》의 건투 등을 비는 내용의 격려광고를 보내오기 시작한 것이다. 이 운동은 멀리 일본과 구미의 해외 교포에게 전해져 커다란 호응을 불러일으켰다. '천주교정의구현전국사제단'에서는 대광고주가 해약한 전면(全面) 등을 계약, 사제단의 주장 및 당시 구속 중이던 지학순 주교의 양심선언 등을 게재함으로써 민주회복을 갈구하는 국민들을 대변하여 격려광고의 방향을 제시했다.

5) 《조선일보》·《동아일보》의 기자 해고

조선일보사는 1974년 12월 18일 '편집권 침해'를 이유로 기협 부회장인 외신부 기자 백기범(白基範), 문화부 기자 신홍범(愼洪範)을 전격적으로 해고했다. 두 기자가 17일 자 4면에 실린 유정회 소속 국회의원 전재구(金在球) 집필의 "허점(虛點)을 보이지 말자"제하의 기사에 대해 1) 밖으로부터 청탁에 의해서 실렸으며, 2) 특히 결론 부분은 유신체제를 둘러싼 현재의 쟁점을 유신을 지지하는 일방적인 입장에서 보고 있으므로 부당하다는 뜻을 편집국장에게 전달한 것이 편집권을 침해했다는 것이었다.《조선일보》기자 일동은 19일 밤 공평 보도 및 해임 철회를 요구하면서 농성을 벌이다가 "두 기자를 3개월 안에 조건 없이 복직시키겠다"는 약속을 듣고 기자들의 요구가 받아들여진 것으로 간주, 20일 새벽 농성을 풀었다. 동아일보사도 12월 23일 자유언론실천특위 모임을 사내에서 갖지 말라는 명령을 어겼다고 해서 분회장 장윤환을 비롯한 분회 집행부 전원 및 실천특위 위원 등 28명에게 무더기로 감봉 및 견책 처분을 했다. 동아 분회는 23일 실천특위를 열고 이 처벌이 부당한 것임을 분명히 하고 일신상의 불이익을 붙들고 늘어지기보다는 대경대도(大經大道)의 길을 걷기로 의견을 모았다.

백기범·신홍범 두 기자에 대한 복직 약속이 3개월이 지나도 지켜지지 않자 기협 조선일보 분회는 1975년 3월 6일 임시 긴급총회를 열고 편집국장단의 인책 사퇴를 요구하는 농성을 벌였다. 사장 방우영(方又榮)은 "제작 거부를 계속할 경우 전원 파면시킬 것이며, 부·차장들만으로 신문을 제작할 것"이라고 협박했다. 농성 이틀째인 7일 회사 측은 분회장 정태기(鄭泰基)를 비롯한 집행부 5명을 전원 파면했다. 기자들은 즉시 또 다른 기자를 분회장으로 하는 제1차 임시 분회 집행부를 구성, "《조선일보》의 지령(紙齡)은 여기에서 정지되어 버렸다면서, 1) 7명 기자의 부당해고를 즉각 철회하라, 2)《조선일보》는 경영자의 신문이 아니며 오로지 민족과 민주시민의 신문임을 거듭 확인한다, 3) 우리는 현 편집국장단의 인책 사퇴와 정론지의 복귀 등 우리들의 주장이 관철될 때까지 계속 투쟁할 것을 다짐한다"는 결의문을 채택했다.

회사 측에서는 전무 겸 편집국장인 유건호(柳建鎬)가 동아일보에 찾아가 이 사건을 보도하지 말아 달라고 부탁했으나 《서울신문》을 제외한 모든 신문이 보도했고, 기독교방송과 동아방송도 보도에 합세했다.

'소수 정예'를 내세워 지난 3년 동안 수습기자 모집을 하지 않았던 조선일보 측은 기자들을 해고해 놓은 직후 기자 모집 공고를 냈다. 회사 측은 10일과 11일에 걸쳐 제1차 임시 집행부 5명 전원과 정치부 차장 이종구(李鍾求) 등 4명을 다시 파면하고 37명을 무기정직시켰다. 이로써 11일 《조선일보》에서는 파면 16명, 무기정직 37명의 부당 인사 조치가 자행되었다. 경영진은 인사조치를 발표한 뒤 11일 오전 7시 30분 편집국에서 농성 중이던 기자들을 완력으로 끌어냈다. 12일 오전 기자들은 회사 정문 앞에 모이려고 했지만 경찰의 제지로 흩어질 수밖에 없었다.

한편 조선일보사는 11일 자 1면에 해직된 기자들이 항명과 사내 질서의 문란 때문에 해직되었음에도 불구하고 기자협회를 배경으로 하여 언론자유투쟁의 희생자인 양 자처했다고 주장하고 기협 조선일보 분회의 《조선일보 분회소식》을 사내의 인화 단결과 질서를 문란케 한 '지하신문'이라고 규정하는 등 기자협회와 기협 조선일보 분회의 활동을 비난하는 내용의 광고를 실었다.

《동아일보》도 8일 악화된 경영을 이유로 기구 축소를 단행한다면서 심의실·기획부·과학부·출판부를 없애고 사원 18명을 전격 해고했다. 해임된 기자들 가운데에는 자유언론운동에 핵심적인 역할을 담당해 온 안성열, 동아노조 지부장 조학래 등이 들어 있어 경영진이 의도하는 바가 한눈에 드러났다. 이에 대해 기협 동아일보 분회는 "하루아침에 이처럼 생존권을 박탈하는 것은 무자비하고 부당하다"고 주장, 해고 조치를 즉각 철회할 것을 요구하면서 "만일 회사 측의 주장이 사실이라면 사원들의 봉급을 인하해서라도 해임된 사원들을 즉각 복직시켜 줄 것"을 요구했다. 기자들은 자신들의 건의가 받아들여질 때까지 무기한 농성에 들어가기로 결의하고 8일 밤부터 편집국에서 농성을 시작했다. 농성에 들어가기 앞서 해임의 부당성을 지적한 분회장 장윤환 및 박지동이 지시를 어기고 질서를 문란케 했다는 이유로 또 해고당했다.

그런데 이보다 앞서 2월 28일 동아일보사는 이사회 개편 이후 인사규정을 개정, 기구를 축소하거나 회사가 필요 없다고 인정할 때에는 사원을 해임할 수 있다는 규정을 마련한 바 있었다. 이 모든 인사조치의 칼자루를 들고 나선 사람이 새로 주필에 임명된 이동욱이었다.《동아일보》기자들은 12일 오전 편집국에서 긴급총회를 갖고 1) 위정자들은 자유언론 압살 망상을 중지할 것, 2) 언론 경영자들은 권력과의 야합과 결탁을 거둘 것, 3) 동료 기자들은 자유언론 실천에 용기 있게 뛰쳐나설 것 등을 촉구하는 자유언론실천백서를 채택한 데 이어, 20명이 사원 집단 해임 사태와 관련, 1) 해고된 사원들의 즉각 복직, 2) 이번 사태가 자유언론을 압살하려는 권력의 음모임을 밝히면서 대량 해임의 책임을 지고 이동욱 주필은 즉각 퇴진할 것, 3) 이 같은 요구가 관철될 때까지 신문·방송·잡지의 제작을 거부한다는 결의문을 채택했다.

이 결의문은 마찬가지로 대량 해고와 강제 축출의 고난을 겪고 있는《조선일보》기자들에 대한 동지적 성원의 표시와 함께 폐간된《기자협회보》의 복간 조치와 언론탄압의 즉각 중지를 정부에 강력히 요구했다.《동아일보》기자들은 총회에 이어 즉시 제작 거부에 들어갔다.

경영진 측은 같은 날 즉시 새로 분회장에 취임한 문화부 차장 권영자 및 부분회장 김명걸 등 17명을 무더기 해고하는 것으로 사원들의 제작 거부에 응답했다. 이날 해고된 기자들 가운데에는 동아노조운동과 자유언론실천운동의 핵심 인물들이 들어 있었다. 한편 2층 공무국을 점거한 23명의 기자들은 자유언론 압살과 무더기 해임에 항의하여 무기한 단식농성에 들어갔다. 2층 공무국의 단식 기자들을 비롯해서 3층 편집국과 4층 방송국에서 농성하는 150여 동아 사원들에게는 각계의 온정과 격려가 밀려들었다. 농성이 시작되는 날부터 재야, 성직자, 문인, 정치 지도자, 교수, 학생 등 수많은 민주시민들이 위로 방문하여 격려하고 동아 경영진에게 무더기 해임의 즉시 철회와 동아일보·동아방송의 정상화를 요구했다.

회사 측은 농성 엿새째인 17일 새벽 술 취한 보급소 직원 및 폭도들 200여 명을 동원, 농성 중이던《동아일보》·동아방송의 기자·프로듀서·아나운서·엔지니어 등 150여 명을 폭력으로 축출했다. 산소용접기, 해머, 각목, 소방호스 등을 동원하여 3시부터 6시경까지 감행된 이 강제 축출 작전에서 닷새째 단식 중이던 기자들이 마구 폭행당해 사회부 기자 정연주 등 여러 명이 다쳤다. 방송국 강제 축출 시에도 김학천 프로듀서가 행동대원들에게 무수히 구타당해 탈장과 뇌진탕 증세로 입원하기도 했다.

17일 새벽 동아일보사 주변 세종로 일대에는 정사복 경찰 수백 명이 미리 포위하고 있어 사원 축출 작전이 사전에 잘 짜인 계획에 따라서 진행되고 있음을 보여 주었다. 전날부터 심상치 않은 사태 때문에 인근의 여관에서 대기하고 있던 수많은 재야인사들과 외신 및 국내 보도진들은 통금이 해제되자 동아일보사 사옥 앞에 모여들어 미명의 처절한 폭거를 증언했다. 동아일보 사원들에 대한 강제 축출 작전이 완료되자 경찰은 동아일보 주변 일대의 모든 도로를 차단, 축출당한 사원들의 접근을 막았다. 기협 동아 분회와 동아방송 자유언론실행위원회는 17일 오전 10시 기협 사무실에서 내·외신 기자회견을 갖고 "이제 동아는 어제의 동아가 아니다. 폭력을 서슴지 않는 언론이 어찌 민족의 소리를 대변할 것인가"라고 "인간의 영원한 기본권인 자유언론은 산소용접기와 각목으로 말살될 수 없다"고 선언했다. 17일 강제 축출당할 당시 제작 거부를 하고 있던 사원은 부·차장급 13명, 편집국 및 뉴스부 65명, 출판국 23명, 방송국 51명, 기구 축소로 3월 8일 해임된 18명 중 부·차장급 5명과 기자 6명 등 모두 163명이었다. 동아일보도 조선일보가 그랬던 것처럼 사원들을 강제 축출한 뒤에 농성 사원들을 '극소수 난동분자'로 몰아붙이면서 정의구현전국사제단과 각계 인사들의 해임 사원 복직 촉구 및 사태 정상화 요구를 왜곡보도했다. 배신을 항의하는 전화가 빗발치고 격려광고 대금을 되돌려 달라는 요구가 밀려들자 회사 측은 "자유언론을 계속하겠다"는 눈가림 광고를 내서 비난의 화살을 피해 보려 했다. 아무리 자유언론을 계속하겠다고 강변해도 자유언론 기수들을 대량 해고한 사태와, 보도내용 및 논조가 변질된 것을 확인한 독자들과 청취자들의 비판으로 격려광고는 격감했고《동아일보》의 부수는 급강하했다.

《동아일보》·《조선일보》양대 지에 대한 '언론 유신(言論維新)'이 단행되는 것과 동시에 그동안 자유언론실천운동의 교량 역할을 해 온 기자협회에 대해서도 탄압의 손길이 뻗치기 시작했다. 문공부는 3월 10일 기자협회의 기관지인《기자협회보》를 폐간 조치했다. 폐간 이유는 《기자협회보》가 "신문·통신 등의 등록에 관한 법률 제3호에 정하고 있는 법정 시설기준을 갖추지 못하고 있으며, 지난 8일에는《기자협회보》제351호의 증면호를 발행했다"는 것이었다. 이유 가운데 전자의 것은 그때까지 정부가 묵인해 왔던 사항이며, 정작 이유는 증면호를 발행한 것으로 풀이되었다. 351호 증면호는 조선일보 경영진 측이 기자들을 무더기로 파면한 조치에 관한 기사를 실었던 것이다.

이처럼 한국 언론에 대한 일대 탄압이 자행되고 있는 동안, 3월 하순부터 4월 말까지 월남의 패망이 완료되고 있었다. 한국 전체가 월남 패망의 쇼크로 얼어붙어 있는 동안에 자유언론에 대한 압살과 배반극은 대단원을 맺었던 것이다. 1975년 5월 13일에는 월남 패망의 회오리 속에 긴급조치 9호가 선포되어 이 사회는 다시 기나긴 긴급조치 시대에 들어갔다. 이러니저러니 시비할 사람이 아무도 없어진 가운데 《동아일보》와 동아방송에 대한 광고해약은 7월 중순 슬그머니 풀어지고 말았다.

1975년은 외견상 유신체제가 완결된 해였다. 유신헌법에 대한 국민들의 항의가 거세어지자 마치 양보의 자세나 보이듯이 1975년 2월 12일 국민투표를 실시, 국민의 신임을 강탈한 뒤 2월 15일에는 일부 인사들을 제외하고 긴급조치 1, 4호 위반자 168명을 석방했다. 그리고 3월에 들어서면서 '언론 유신'이 대대적으로 단행되어 4월 말에는 기협 회장단의 총사퇴로 그 작업은 마무리되었다.

마치 이와 같은 국내 정치 일정에 맞추기나 하듯이 3월 말부터 악화되기 시작한 월남 사태는 4월에 들어서자 걷잡을 수 없는 와해 양상을 보여 4월 말 사이공이 함락됨으로써 30여 년에 걸친 인도지나 전쟁은 종결되었다. 월남의 몰락이 한국의 국가와 국민 생활에 미친 영향은 압도적인 것이었다. 우선 무자비하게 단행되던 언론 유신이 월남 쇼크에 밀려 합리화되고 말았으며, 그동안 꾸준히 성장해 온 민주회복 운동은 찬물을 맞고 말았다. 월남 패망에 따른 충격을 해소하기 위한 온갖 궐기대회가 연일 열리고 있는 가운데 선포된 대통령 긴급조치 9호는 이 나라에 장기적인 '긴급조치 통치 시대'의 막을 열어 놓았다.

《동아일보》·《조선일보》의 대량 해고 사태에 의해서 이른바 언론 유신이 완결됨으로써 긴급조치 9호 치하의 한국 언론은 철저한 '제도언론'의 시대로 들어갔다. 1975년 3월 이전까지는 민주회복운동이나 인권운동에 대해서 힘이 미치지 않아 보도하지 못할 때엔 '호의적인 침묵'이라도 유지할 수 있었으나, 긴급조치 시대에는 침묵이라는 소극적인 '중립'마저 용납될 수 없었다. 완전히 체제 안으로 편입된 제도언론에게 남은 길은 집권자를 적극적으로 옹호해야 할 뿐 아니라 집권자를 조금이라도 거스르는 일에 대해서는 터무니없는 왜곡과 악의적인 비방도 서슴지 말아야 하는 것이었다. 1975년의 대량 해고 사태 이후 1979년의 10·26 사태가 있기까지 있었던 주요한 사건들에 대해서 제도언론이 보여 주었던 자세가 그와 같은 양상을 그대로 입증하고 있다. 어쨌거나 1975년의 언론파동은 한국 언론의 시대를 구분하는 분수령이 되었다.

6) 민권일지 사건

1978년 10월 24일 명동 한일관에서 10·24 자유언론실천선언 4주년을 맞아 발표한 '10·24 4주년 특집', 즉 '진정한 민주·민족언론의 좌표'와 '보도되지 않은 민주·인권사건 일지'(1977년 10월~78년 10월)가 긴급조치 9호에 위반된다고 해서 대량 구속 사태를 가져왔다. '진정한 민주·민족언론의 좌표'는 '현재', '이 땅에', '우리 국민들 가운데서' 끊임없이 발생하는 사건들, 즉 일련의 대학생 데모 사건, 동일방직 사건, 수많은 양심범의 투옥 등을 제도언론이 보도하지 않고 묵살해 버리는 것은 그 자체가 범죄이며 민중의 기대를 배반하는 것이라고 밝혔다. 이어서 이 글은 재야 언론인인 자신들이야말로 "진정한 민주·민족언론인으로서 언론자유와 사실보도의 권리"를 갖고 있다고 선언하고

"자유언론을 압살하는 모든 제도와 법은 당연히 철폐되어야 한다"고 천명했다.

바로 이런 근거에서 당시 1년간 제도언론에서 전혀 보도하지 않았거나 보도했더라도 집권층의 의견을 홍보하거나 체제를 비호하는 등 왜곡보도한 사건들, 특히 전국 각 대학의 학생운동, 종교계, 노동자 그리고 여러 민권단체의 인권운동 등 모두 125건을 기사화했는데, 바로 이것이 '보도되지 않은 민권사건 일지'였다.

이 '민권일지'로 인해 10월 24일 저녁 귀가하던 총무 홍종민이 경찰에 연행된 데 이어, 이틀 뒤인 26일에는 안종필 위원장과 안성열, 박종만이 연행되었다. 위원장 등 4명의 투위 위원이 연행된 사태를 맞아 동아투위는 10월 27일 또다시 성명을 발표, "민주주의의 기본이 되는 언론의 자유를 실현하겠다는 우리의 뜻과 행동 가운데 그 어떤 대목이 탄압과 박해의 요인이 된단 말인가" 묻고 연행된 동지들의 석방을 요구했다. 그러나 경찰은 이에 아랑곳하지 않고 30일 위원장 대리 장윤환, 총무 대리 이기중, 그리고 이규만·임채정·정연주·김종철 등 6명을 또다시 차례로 연행하여 연행된 사람은 10명으로 늘어났다. 이들 가운데 위원장 안종필, 총무 홍종민, 안성열, 장윤환, 박종만, 김종철 등 6명은 11월 1일 긴급조치 9호 위반 혐의로 구속되고, 이규만, 임채정, 이기중, 정연주 등 4명은 불구속 입건되었다. 그리고 11월 17일 자《동아투위소식》을 또다시 문제 삼아 위원장 대리 이병주, 총무 대리 양한수 및 정연주 등을 연행했는데, 이 가운데 정연주를 긴급조치 9호 위반으로 구속해 구속된 투위 위원은 7명으로 늘어났다.

이듬해인 1979년 1월 9일에는 78년 송년 특집《동아투위소식》가운데 앞서 구속된 7명의 투위 위원에 대한 공소사실을 실은 것이 문제가 되어 위원장 대리 윤활식, 총무 대리 이기중 및 성유보가 연행되어 구속되었다. 이로써 10·24 민권일지 사건으로 구속된 동아투위 위원은 모두 10명이 되었다. 한편 투위 위원들의 대량 연행이 자행되고 있는 가운데 1978년 10월 25일부터 동아투위 위원들은 종로구 청진동 사무실 앞길에서 도열하여 연행, 구속 사태에 항의하고 그들의 석방을 요구하는 침묵시위를 벌였다. 이 침묵시위에는 조선투위의 동료 기자들과 많은 민주 시민들이 참여했다. 그러나 경찰은 침묵 도열 시위 16일 만인 11월 8일에 많은 기동대 병력을 동원, 도열한 동아·조선투위 위원들을 강제 해산했다.

법정에 선 동아투위 위원들은 당당하게, 자유언론의 주역답게 자유언론에 대한 소신을 피력했다.

7) 민주·민족언론 선언

동아·조선투위는 강제 축출당한 뒤 수많은 유인물을 통해서 자유언론에 대한 자신들의 신념을 토로했으며, 진실을 왜곡하고 사실을 은폐하는 제도언론의 죄상을 규탄해 왔다. 1977년 12월 30일, 2년 6개월을 복역하고 출감한 이부영과 그에 앞서 출감한 성유보를 위한 합동 환영회 겸 송년회에서 발표된 양 투위 공동 명의의 '민주·민족언론 선언'은 강제축출·생활고·취업방해·미행·감시·투옥의 간난신고 속에서 그들의 의식이 어떻게 심화·발전했는가를 집약적으로 보여 주고 있다.

"언론의 현직을 박탈당한 우리는 그동안 많은 것을 배웠다. 오랜 세월 짓눌려 온 민중의 가슴 속에 자유에의 갈망이 안으로 타들어 가 넓게 넓게 번지는 것을 본다. 그리고 우리는 참된 자유는 억압 속에서만 자라난다는 체험을 공유한다. 어둠은 곧 빛을 낳는다는 진리를 믿는 우리는 지금 이 어두운 시대의 종말을 예감한다. 그리고 우리는 한 시대의 종말은 동시에 새로운 시대의 시작이어야 한다고 다짐한다.

'민중에게 자유를 민족에게 통일을.' 이것은 누구도 어쩔 수 없는 시대의 요청이며 아무도 거역할 수 없는 역사의 방향이다. 우리는 자유를 경제발전과 바꾸지 않는다. 인간의 자유는 인간 이성의 한 부분이며 인간을 인간답게 하는 근거이다. 자유를 부정하는 정치, 이성을 부정하는 정치는 인간과 사회를 파괴할 뿐이며 종래는 자멸하고 만다. 아무리 억압의 사슬을 조이고 푸는 일을 되풀이한다 할지라도 참된 자유는 묶을 수가 없다. 억압이 있는 곳에서만 자유정신은 서로 만나 도도한 강물을 이루어 마침내 모두를 자유롭게 한다.

나라와 민족이 두 조각으로 갈라진 이래 나라 밖의 정세가 지금처럼 민족이 다시 결합하는 데 유리할 때가 없었다. 세계적으로 새로운 세력이 생겨나는가 하면 강대국 간의 관계도 다시 편성되고 있다. 우리나라를 비롯한 몇몇 후진국들이 그 경제활동을 늘릴 수 있었던 것도 이 같은 변화에 편승한 것이다.

우리는 무엇보다 이 변화를 자주적인 민족 재결합의 계기로 삼아야 한다. 통일은 우리 민족의 최고선이며 최대의 정치 과제다. 나라의 경제성장을 바다 밖에 매어 둠으로써 통일에의 열망을 식게 할 우려가 있는 경제성장, 민중의 자유를 공허한 숫자의 대가로 유보해야 한다는 경제성장은 그 맹목성 때문에 우리는 그것을 거부한다.

우리 자유언론수호투쟁위원회는 이 같은 인식에 입각하여 자유언론은 바로 민주언론, 민족언론임을 선언한다.

권력의 시녀로 타락한 현 언론의 추악한 모습을 보라. 없는 정치를 있는 것처럼, 없는 경제를 있는 것처럼, 없는 문화를 있는 것처럼, 없는 비전을 있는 것처럼 터무니없이 왜곡하고 있다. 참된 정치, 참된 경제, 참된 문화, 참된 민족의 비전을 이 사회 제자리에 돌려놓기 위해서는 무엇보다 먼저 이 '사이비 언론'을 제거해야 한다. 지난 30여 년의 인고(忍苦) 속에서 과거의 언론인이 아닌 미래의 언론인으로 성장한 우리는 오늘의 '사이비' 언론을 타도하고 민주·민족언론을 세우는 책무를 통감한다. 지금 우리는 수많은 사람들이 지배층의 농락에 의해 빼앗기고 소외되어 온 것을 본다.

오늘날 우리는 수많은 사람들이 양심의 소리를 외치다가 감옥에 끌려가고 직장에서 쫓겨나고 배움터를 박탈당한 것을 목격하며, 또한 소위 경제성장의 응달에서 병들고 찌들린 무수한 사람들의 신음과 절규를 듣는다. 민주언론은 이러한 민중의 아픔을 같이하는, 민중을 위한 민중에 의한 민중의 것이어야 한다.

따라서 우리는 한줌도 안 되는 지배자의 언론이기를 거부한다. 체제나 정권은 유한하다. 그러나 민중과 민족은 영원하다. 이 영원한 민중과 민족을 위한 언론, 즉 민주·민족언론을 우리는 지상 과제로 삼는다. 자유 언론은 어느 한 시대를 뛰어넘는 우리의 영원한 실천 과제다. 따라서 우리는 영원한 투쟁을 선언하며 영원한 승리를 확신한다."

3. '보도지침' 사건의 의미

1) 민주언론운동과 '보도지침' 사건

민주언론운동의 핵심적인 과제는 권력과 일체가 되어 정보의 생산 및 공급 독점 아래 허위의식을 대량 살포하여 우리 사회의 이성을 마비시키고 있는 제도언론과 어떻게 효과적인 투쟁을 전개하느냐에 있다.

언론기업들이 권력의 온갖 특혜와 비호 아래 방계 기업까지 거느리고 있는 것은 어제오늘이 아니다. 80년대 들어서는 언론기업 자체도 국민경제의 파탄과는 달리 유례없는 번영을 누리고 있다. 뿐만 아니라 여기에 고용된 기자들도 국내 어느 재벌기업보다도 높은 급료와 두둑한 부수입 때문에 취업전선에서 선망의 대상이 된 지 오래다. 언론산업의 호황은 민중의 표현수단을 독점하고 있는 소수의 언론기업 사이에 형성된 독점과 카르텔에 의해, 특히 광고시장에 있어서의 수요 독점에 의해 확실히 보장되고 있다. 더욱이, 국민경제 규모의 팽창과는 거꾸로 80년대 초에 권력에 의해 단행된 언론기업 통폐합 조치가 언론산업의 호황을 부채질했다.

권력은 '비호'의 대가로 권력의 소리와 의지만을 일방적으로 확산시키는 지배도구로서의 역할을 언론에 요구했고, 제도언론의 야합을 제도적으로 확인한 것이 80년대 초에 출현한 언론기본법과 홍보정책실이다. 언론기본법은 한마디로 언론의 편집권을 사실상 권력의 수중으로 넘긴 법적 조치이며, 이렇게 양도받은 편집권을 행사하는 기관이 바로 홍보정책실이다. 그리고 이 홍보정책실이 하루도 빠짐없이 각 신문사에 은밀히 '시달'하는 보도 '가이드라인'이 바로 '보도지침'이다.

따라서 민주언론운동협의회가 기관지『말』특집호를 통해 '보도지침'을 폭로한 것은 권력과 제도언론이 합작하여 축조한 허위의 성벽에 대한 결정적인 일격이며 제도언론의 정체에 대한 통렬한 고발이다.

언론인이나 관련 학계에서는 이미 비밀도 아니면서 국민들에게만 '비밀로' 해 두었던 '보도지침'이 폭로되었을 때 이를 사건화시키는 적반하장으로 나선 것은 최악의 선택이었다고 하지 않을 수 없다. '보도지침' 폭로는 그것이 사건화됨으로써 더욱 큰 파급 효과를 갖게 되었기 때문이다. 조그만 균열이 수압의 힘에 의해 댐을 허물 수 있듯이

'보도지침' 폭로가 허위의 성벽에 가한 충격은 그것의 사건화라는 과정을 통해 지금 이 순간에도 자기전개를 하고 있는 것이다. 현 정권은 경찰력에 의한 물리적 힘의 행사와 제도언론에 의한 허위 의식의 조작을 권력유지를 위한 두 개의 지주로 삼고 있다.

여기서 제도언론에 의한 허위 의식 조작을 구체적으로, 그리고 일상적으로 보장해 주는 것이 다름 아닌 '보도지침'이다. 다시 말하면 '보도지침'은 단순히 언론정책의 한 가지 사례가 아니라, 일반적인 여러 언론통제, 협조요청 등의 수단이 아니라 바로 그 차원을 뛰어넘어 가장 중요한 통치수단의 하나인 것이다. 따라서 만일 '보도지침' 폭로에 권력이 '단호한' 응징을 하지 않으면 결국 '보도지침'이 종이호랑이처럼 비쳐질 수도 있으며, 그것은 제도언론 내부의 동요를 통해 권력기반에 대한 심대한 타격으로 나타날 수도 있다는 강박관념이 그들로 하여금 빗발치는 내외의 양심적인 소리에 등을 돌린 채 '보도지침' 폭로를 사건화시키는 방향으로 몰고 가게 했다고 볼 수 있다.

민주언론운동은 이와 같이 '보도지침' 사건을 통해 제도언론의 정체를 벗기고, 권력과 언론이 야합하고 조작하고 있는 허위 의식의 기반을 붕괴시킴으로써 제도언론에 대한 투쟁을 보다 높은 차원으로 끌어올렸다. 뿐만 아니라 이 사건을 통해 언론운동이 어떻게 하여 민주화투쟁의 중요한 요소가 될 수 있는지를 체험했다고 하겠다.

2) '보도지침'의 정체

'보도지침'을 폭로했다는 이유로 언론인들을 구속한 권력은 소위 기소문이라는 것을 통해 "그 같은 언론협조사항은 문화공보부 홍보정책실이 통상 국가적 기밀사항에 해당되는 내용이라고 판단하여 언론보도에 신중을 기해 줄 것을 언론사에 요청한 경우, 그 요청을 받은 언론사는 독자적으로 판단하여 사실보도에 참고해 오는 것이 국내외 언론계의 관행으로 되어 있음에도……" 하는 말로 '보도지침'을 공식 시인하면서도 한편으로는 '보도지침'의 의미를 왜곡하고 있다. 즉, '국가적 기밀사항'에 한해 "언론사에 신중을 기해 줄 것을 요청"했으며 언론사는 "독자적으로 판단"한다는 것이다. 그러나 『말』 특집호를 주마간산 격으로 훑어본 사람이라도 이러한 말들이 얼마나 거짓된 진술인지는 쉽게 알 수 있다.

우선 "국가기밀사항에 한해"라고 했는데 '보도지침' 1986년 5월 24일자는 △이원홍 문공부 장관의 지방 연극제 치사를 1면(정치면)에 실어 줄 것과 △문익환 목사가 구속 전 AFP 기자와 회견한 "분신후보 학생 40여 명 있다"는 발언을 보도하기 바란다고 시달했는데, 이 두 사람의 발언이 국가기밀사항이 아니라는 것은 어린아이도 알 만한 사실이며, 또 국가기밀사항이라면 실어 달라는 요청은 또 무엇인가? 같은 해 5월 27일 자 '보도지침'은 △김대중 사진 싣지 말 것을 시달했는데, 그러면 사람 얼굴이 '국가기밀'인가?

다음 "언론사가 독자적으로 판단한다"고 했는데 이 또한 '보도지침'의 내용을 읽어 본 사람이면 웃을 만한 주장이다. '보도지침' 1985년 1월 22일 자는 노태우 대표 회견 관계를 ① 꼭 1면 톱기사로 쓸 것. ② 컷에는 '88년 후까지 정쟁 지양', '88올림픽 거국지원협의회 구성' 등으로 크게 뽑을 것 등을 시달했는데 이날 모든 신문은 1면 톱기사로 노태우 민정당 대표위원의 회견 기사를 일제히 싣고, 컷과 제목에 '88년까지 정쟁 지양 제의', '86~88 거국지원협의회 구성도'라고 뽑았다. 이것이 "신중을 기해 달라"는 요청에 대한 언론사의 '독자적인 판단'의 결과인가? 이러한 사례는 『말』 특집호의 페이지 페이지마다 넘쳐흐르고 있다.

3) 문화운동으로서의 언협 활동

문화운동으로서의 '민주언론운동협의회'(이하 '언협'이라 부른다)의 활동이 사회 각계의 민주화투쟁에서 중요한 일익을 담당하는 것은 이같은 제도언론과의 투쟁이 이제는 누구나 민주화의 선결조건 또는 기초로서 의심하지 않게 된 데서 명백하다. 제도언론에 대한 투쟁은 민중언론을 실천함으로써만 가능하고 민중언론을 지켜 나가는 것이 곧 제도언론에 대한 투쟁으로 통한다. 언협의 기관지 『말』은 이러한 목표와 의미를 가진 민중언론으로서 성장해 왔다.

　민중언론의 제도언론에 대한 투쟁은 제도언론으로부터 독자의 일부를 빼앗아 내자는, 이른바 양적인 성장의 추구가 아님은 물론이다. 하루에도 수백만 부씩 찍어 살포하는 제도언론 집단에 대해 몇 달에 한 번씩 그것도 겨우 수천 부를 발행하는 민중언론이 벌이는 싸움은 제도언론끼리 벌이는 소위 '독자 따먹기'의 싸움과 같을 수는 없는 것이다.

　다시 말하면 제도언론의 붕괴는 민중언론에 의해 그들의 시장이 잠식당함으로써 일어나는 것이 아니다. 제도언론은 자신의 내부에 지펴지는 불씨에 의해 자멸하게 되어 있는 것이다. 민중언론이 제도언론의 정체를 폭로하고 올바른 언론의 길을 체현하는 일은 제도언론에 가해지는 가장 강한 외부적 충격이다. 이를 통해 제도언론 종사자를 비롯한 지식인의 양심에 한 가닥 불을 지피면 이 불씨는 제도언론을 근본부터 흔들어 버리는 불길로 자라나게 될 것이다.

　민중언론이 구사할 수 있는 가장 큰 무기는 '진실'이다. 목소리의 크고 작음이 문제가 아니라 진실을 드러내느냐 덮으려 하느냐가 문제인 것이다. 거대한 양적 축적을 이룩한 허위 앞에서 이를 극복하는 길은 진실을 끝까지 고수하는 길뿐이다. 언협의 '보도지침' 폭로는 진실을 드러내어 허위의 성벽을 공격하려는 노력의 한 구체적인 모습이다.

다시 말하거니와 이 땅에는 두 부류의 언론이 있다. 권력의 '탄압'을 받는 민중언론과 권력의 '비호'를 받는 제도언론이 그것이다. 한쪽은 끊임없는 압수와 연행, 구금의 대상이지만 다른 쪽은 태평성대를 구가하는 것이 오늘의 형세이다. 그러나 한쪽은 성장해 가는 언론이지만 다른 쪽은 사멸의 길에 들어선 언론이다. 민중언론은 진리의 편에 서서 진실을 드러내고 있는 반면에 제도언론은 권력의 편에 서서 진실을 은폐하려고 헛된 노력을 하고 있기 때문이다.

4. 공소사실에 대한 반론

일반적으로 언론통제라고 하면 ① 각종 법적 통제 ② 법외적 통제 ③ 기자 면허(프레스 카드) ④ 매체 허가 ⑤ 배포 통제 ⑥ 용지 통제 ⑦ 외환 통제 ⑧ 증회 보조 ⑨ 차등 세율 ⑩ 정부 대출 ⑪ 야당 탄압 ⑫ 행정 특혜 ⑬ 취재 제한 ⑭ 윤리법규 ⑮ 자율 규제 등으로 열거할 수 있다.

그러나 지금 우리가 부딪히고 있는 문제는 이런 류의 '언론통제'가 아니다. 앞에서 누누이 전개해 온 바와 같이 현금의 언론통제는 이미 '언론에 대한 통제'가 아니라 새로이 언론이라는 기능을 변질시켜 통치수단으로 편입시켜 활동하는 데서 야기되는 문제인 것이다. 다시 말하는 본 건 홍보정책실의 '보도지침'은 정부에 의한 명실상부한 언론 편집권의 행사이며, 국가의 안전이라는 보호법익을 둘러싼 권력과 언론의 견해 차이에서 나타날 수 있는 모순 관계를(미국의 엘스버그 사건에서 볼 수 있는 바와 같은) 해소하고자 하는 절충 과정이 아니라 언론이 정부의 직접적 통치 작용의 일부분이 되어 있는 것이며, 이 점이 본 사건의 참 모습에 접근하는 관건이 된다(증: 엘스버그 사건 개요).

총 584개 항에 달하는 1985년 10월 19일부터 1986년 8월 8일까지의 '보도지침'의 항목들을 그 종류별로 분석해 보면 인권 관계(불가·억제 28, 적극 보도 장려 없음), 남북관계(불가·억제 74, 적극 보도 장려 8), 공산권 뉴스(불가·억제 38, 적극 보도 장려 없음, 이하 앞의 숫자는 불가·억제, 뒤의 숫자는 적극 보도 장려), 국회(24, 4), 개헌, 선거법 개정 등(25, 3), 대통령 관계 (12, 17), 대미관계(20, 9), 대일관계(4, 2), 보안사건(2, 1), 학원사건(49, 10), 교회, 재야 등(54, 2), 신민당 민추협 관계(72, 1), 언론, 출판 및 문공부 관계(27, 19), 정부 여당(9, 11), 필리핀(12, 0), 군사 관계(8, 0), 기타 (21, 38) 등으로 그 기간 동안 중요 이슈였던 인권, 학원, 개헌, 야당 탄압, 국회 발언, 필리핀 사태, 남북관계 등에 대한 집중적인 언론통제의 양상을 수치로써 나타내 준다.

이들 가운데 검찰이 외교상의 기밀로 분류하여 기소한 것은 후술하는 바와 같이 보호하여야 할 기밀이 아니라 총 584개 항 가운데 여타의 지침사항과 함께 독재권력의 연장과 자신의 이익을 옹호하기 위한 통치에 불가결한 언론조작의 수법임은 누누이 설명한 바와 같다.

'보도지침'이 공소장에서 주장하고 있는 바와 같이, 언론사가 독자적으로 판단하여 '사실보도'에 참고할 수 있는 언론사에 대한 협조요청인지 통치 작용의 일부인지는 '보도지침'이 반영된 실례를 살펴보면 자명하다.

1986년 6월 18일 자 '보도지침'의 일부, "북한 오진우 군사회담 제의 서한, 스트레이트기사는 1면 3단 크기로, 제목은 '3자 군사회담'으로 하지 말고, '남북한·유엔사령관 회담'으로 하며 해설기사는 간지에 실을 것"이 같은 지침에 대한 각 일간지 상의 반영 형태를 보자.

- 동아일보: 1면 3단, '한국·유엔사·북괴 군사회담을 제의', 해설기사 는 6면.
- 중앙일보: 1면 3단, '3자 군사회담 북괴제의 거부', 해설기사는 2면.
- 한국일보: 1면 3단, '남북한·유엔사 군사회담 제의', 해설기사는 10 면
- 조선일보: 1면 3단, '한·미·북괴 군사회담 제의', 해설기사는 3면.

등으로, 우리는 여기서 왜 신문이 모두 똑같아지는가 하는 국민들의 의심에 대한 해답을 얻을 수가 있는 것이다. 검찰은 공소장에서 "문공 부 홍보정책실이 통상 국가적 기밀사항에 해당하는 내용이라고 판단 하여 언론보도에 신중을 기해 줄 것을 언론사에 협조요청할 경우 그 요청을 받은 언론사는 독자적으로 판단하여 사실보도에 참고해 오는 것이 국내외 언론계의 관행으로 되어 있다"고 전제하고 있다. 그러나 이것은 일반적인 보도통제에다, 앞에서 지적한 것과 같은 세계에서 그 유례를 찾기 힘든 우리나라 제도언론의 특수성을 매몰시켜 위장한 것이며, 더구나 자유민주주의 국가에서의 보도통제가 마치 합헌적인 관행인 것처럼 왜곡한 중대한 오류를 범하고 있다.

1971년 미국의 사례를 보면, 《뉴욕타임스》와 《워싱턴포스트》가 '월 남전 정책 결정 과정사'를 발표한 데 대하여 법무성은 보도금지를 명 하는 판결을 법원에 요청함으로써 국가안보에 관련된 언론자유의 한 계에 대한 해석을 법원에 일임하고 있다. 이것은 헌법이 보장하는 기 본적 인권인 언론자유의 제한은 헌법 문제에 대한 관할권이 있는 연 방법원의 판결에 의해야 한다는 민주적인 제도에 따르고 있음을 보여 주고 있다.

그러나 이 사건에서 보는 바와 같이 우리나라의 정부는 기본적 인권

도 행정기관의 단순한 지침에 의해서 그 본질적 내용을 제한할 수 있다는 가공할 반민주적 발상과 그 실태를 공익의 보호기관인 검찰의 공소장에 한 치의 주저도 없이 표현하고 있는 것이다.

1) 외교상 기밀누설에 관하여

외교상의 기밀이란 대한민국이 외국과 비밀조약을 체결한 사실 혹은 체결하려고 하는 사실과 같이 한 국가가 외국과의 관계에 있어서 국가가 보지(保持)하여야 할 기밀을 뜻한다는 것이 학계의 통설이다.

침략과 전쟁으로 얼룩졌던 지난날의 제국주의 시대의 열강의 세력 다툼 속에서 상호견제와 경쟁의 수단이었던 공수동맹(攻守同盟) 등 비밀군사조약과 같은 2차세계대전 이전의 제국주의의 비밀외교, 비밀조약이 오늘날의 민주주의 사회에서도 정당화될 수 있는지의 여부는 다른 각도에서 더 많은 논의가 있어야 하겠지만, 기밀이란 외교관계의 전개 과정 가운데 외국에 알리지 않거나 확인시키지 않는 것이 대한민국의 이익이 되는 사항에만 국한시켜야 한다는 데에 학설은 거의 일치하고 있다. 앞에서 예를 든 1971년 미국의《뉴욕타임스》와《워싱턴포스트》양 일간지의 보도금지를 요구하는 법무성의 청구에 대하여 미국의 연방대심원은 다음과 같은 요지의 판결을 내림으로써 법무성의 청구를 기각하였다.

"국가안전을 이유로 하여 역사적인 문서인 '월남전 정책 결정 과정사'를 사전 보도금지할 수는 없다. 표현의 자유에 대한 사전억제는 그것이 어떠한 것이든 그 위헌성이 강력하게 추정된다. 국가안전이란 용어는 수정헌법 제1조에 구현되고 있는 근본법을 제한하는 데는 지나치게 광범위하고도 모호하며 일반적인 개념이기 때문에 이로써 언론의 자유를 제한할 수는 없다. 국민들에게 알려야 할 것을 알리는 대표민주정치를 희생시키면서까지 군사적·외교적 비밀을 지키는 것이 미국의 진정한 안전보장을 수호하는 것은 아니다."(Black, 대심원 판사)

"정부의 비밀은 본질적으로 반민주적이고 영속적인 관료주의적 오류이다. 공적 사건에 관한 공개토론은 국가의 건강을 위해서도 절대적으로 필요하다. 공적인 문제에는 공개적이고도 진지한 토론이 필요하다. 전시에 정부가 신병의 충원 계획, 수송일자, 병력의 수효와 배치 등에 관한 보도를 금지하는 데 대하여 의문을 갖는 사람은 없다. 현 세계 정세가 전시와 유사하다고 하더라도, 현대 병기의 파괴력 때문에 평시에도 핵전쟁을 유발할 수 있는 정보의 억제를 정당화한다는 가정을 인정하더라도 정부는 본 사건에서 문제된 문서에 기초를 둔 보도가 이상과 같은 핵전쟁을 유발할 원인이 될 것이라고 주장조차 하지 않았다. 공표가 필연적이고 직접적으로, 또 즉각적으로 항해 중인 선박에 위험을 주는 것과 같은 종류의 사건을 유발할 것이라는 정부의 주장 및 근거만이 잠정적인 보도중지명령의 발동을 정당화할 것이다."(Brennan, 대심원 판사)

국가안전과 관계된 국가기밀을 '현존하는 명확한 위험'(예컨대 항해 중인 선박의 위치를 공표함으로써 적에게 노출되는 것과 같은)을 초래할 수 있는 사람에 국한시키고, 대표민주정치의 본질인 공개적 토론의 과정을 중시하여 국민이 정책 결정에 참여할 수 있도록 정부의 정책을 공표하여야 한다는 것을 강조한 위의 판례는 정부와 언론의 관계를 균형적으로 정립시켰을 뿐만 아니라 국민의 '알 권리'에 대응하는 정부의 '알릴 의무'를 환기시켰다는 데에 그 의의는 크다 할 것이다. 따라서 이 판례는 앞으로 민주화가 이룩될 날 우리나라의 언론자유를 위해서도 훌륭한 귀감이 될 것으로 생각한다.

2) 국가모독 부분에 관하여

여기서 문제의 핵심은 국가모독 여부가 아니라 현행 헌법도 보장하고 있는 기본권인 사상의 자유의 제한에 관한 문제다. 사상의 자유는 '알 권리'와 '표현의 자유'를 내포하고 있는 것이다. 인권에 관한 세계선언 제19조도 사람은 누구나 자유롭게 자기의 의견을 가지고 방법과 국경의 제한을 받음이 없이 자유로이 이를 표현할 수 있다는 것을 명백히 선언하고 있다.

이 기본권이 제한될 수 있는 성격의 것이냐에 관한 논의는 차치하고, 제한될 수 있다고 가정하는 경우, 국가모독 등을 이유로 제한될 수 있는가 하는 문제가 제기된다. 즉, 형법 제104조 2항 1호의 "헌법에 의하여 설치된 국가기관을 모욕 또는 비방하거나 그에 관한 사실을 왜곡 또는 허위사실을 유포하거나 기타의 방법으로 대한민국의 안전, 이익 또는 위신을 해하거나 해할 우려가 있음"을 이유로 기본권을 제한할 수 있느냐의 문제다.

주지하다시피, 국가모독죄의 신설(1975. 3. 25)은 현 정권도 부정하고 있는 유신체제하에서 1인 장기 독재에 대한 비판을 원천적으로 봉쇄함을 그 취지로 하고 있으며, 비판을 통한 건전한 여론의 형성이라는 민주정치의 원리를 근본적으로 부정하는 것이다. 그것은 '알 권리'와 '표현의 자유' 보장이라는 헌법정신을 정면에서 부정하고 있는 것으로 입법례(立法例)에서 유례가 없음은 이론의 여지가 없다.

설령, 이의 효력을 인정한다 할지라도 모욕, 비방, 사실의 왜곡, 허위사실의 유포, 기타의 방법이란 지나치게 모호하여 자의적인 해석이 무한정한 개념으로서, 기본권 제한의 원리로 제시되는 '명확성의 원칙'에 반한다. 동 기본권 제한과 비교형량(比較衡量)할 보호법익이 궁극적으로 국가 존립의 기초라고 볼 때, 기자회견과 성명서 발표 행위가 국가 존립에 대하여 '명백하고도 현존하는 위험'을 야기할 우려가 있다고 볼 수 없음은 명백한 사실이다.

그리고, 공소장에서 '보도지침'의 작성·배포가 인정되고 있고, 전술한 바와 같이, 동 지침 등에 의해 언론의 자유가 근본적으로 부정되고 있는 상황에서 위의 기자회견 및 성명서 발표 행위는 '알 권리'와 '표현의 자유' 확보를 위한 자구행위(自救行爲)이자 이 기본권 행사의 표현 형태 중 하나로서 국가모독의 고의가 없음은 명백하다.

또한 여기서 헌법에 의하여 설치된 국가기관이란 헌법의 직접적인 규정에 의해 설치된 국가기관을 의미함은 판례와 학설에 의해 뒷받침되고 있으며, 공소장에서 적시하고 있는 문공부, 홍보정책실은 헌법에서 위임된 법령에 의해 설치된 기관으로서 여기에 포함되지 않음은 이론의 여지가 없으며, '정부당국'이라 함은 관련 업무를 처리하는 주무 부서를 지칭하는 것으로서 역시 여기에 포함되지 않음은 명백하다.

그리고, 이 행위로 인하여 국가의 안전, 이익을 해하거나 해할 우려가 있었다는 명백한 증거 제시가 없다. 국가적 위신이란 건전한 국민적 합의에 바탕을 둔 민주주의의 확립과 기본적 인권의 보장을 통해서만 확보될 수 있음을 역사가 증명하고 있다. 그 부정적인 예가 바로 히틀러의 제3제국과 박정희 유신독재체제를 들 수 있으며, 1980년 5월의 광주항쟁의 유혈 진압이 국가위신에 치명적인 해를 끼쳤음은 주지의 사실인 것이다. 결국, 국가적 위신을 해치고 있는 자들이란 기본권 보장을 근본적으로 부정하고 있는 현 정권인 것이다.

3) 집시법 위반 혐의에 관하여

1986년 5월 22일부터 5월 29일까지 '자유실천문인협의회'(자실), '민중문화운동협의회'(민문협), '언협' 등 세 단체가 주최한 광주민중항쟁 3주년 기념행사는 위의 세 단체의 회원 약 34명이 모여 '문익환 의장을 석방하라'는 플래카드를 걸고 필리핀 정세에 관한 초청 연사의 강연을 듣고, 구속인사 석방, 민주화운동을 탄압하는 정권의 퇴진을 요구하는 구호를 외치고 민족자주를 위협하는 외세의 배격을 주장하면서 〈투사의 노래〉 등 노래를 부르고 해산한 극히 평화적이고 또 온건한 옥내집회로 보아야 타당할 것이다. 또한 군중을 선동하여 폭력에 호소하거나 위헌적 방법으로 의사를 표명한 것이 아니므로 법은 이와 같은 집회와 집회 참가자의 의사표현을 오히려 보호하여야 한다.

4) 국가보안법 위반에 관하여

인신을 구속하기 위해 가택수색을 해서 몇 권의 책을 압수, 그 책의 내용을 문제 삼아 국가보안법 위반을 적용하는 파렴치한 관행은 이미 어제오늘의 일이 아닌 낡은 상투 수법이다. 70년대 중반 김지하는 "다락방에서 먼지를 뒤집어쓰고 있는 낡은 책들이 어떻게 북괴를 이롭게 하는가?"라고 한탄한 적이 있다. 그러나 그 후 상황은 달라져 바로 그 책들을 포함한 많은 책들이 정부의 개방정책을 계기로 시중에 쏟아져 나왔다. 그 누구라도 집에 책을 두는 습관이 있는 사람이면 국가보안법 위반 혐의를 걸 수 있게 되어 버린 이런 현실이 지금 이 자리에서 되풀이되고 있는 것이다. 출판사를 경영하는 입장에서, 혹은 관심 있는 지식인의 입장에서 공공도서관이나 시중 서점에서 구득한 서적이 문제가 된다는 것은 현대판 분서갱유 이상의 것이 아니다.

국제적으로 널리 알려져 있고 미국에서조차 소개되어 관심을 끌고 있는 볼리비아의 어느 작은 영화집단에 관한 저술을 국가안보에 결부시키는 논리는 억지다. 또한 반국가단체를 이롭게 할 목적으로『현대사실주의』(게오르크 루카치 저 – 영문판), 『역사와 계급의식』(게오르크 루카치 저, 영문판) 및 『사회학과 발전』(임마누엘 데 캇트 저, 영문판) 등 서적 3권을 구입, 소지하고 있었다고 주장하고 있으나, 게오르크 루카치 저 전기(前記) 2권의 서적은 현재 번역, 출판되어 일반 서점에서 쉽게 구입할 수 있는 서적이며, 더구나『역사와 계급의식』은 유종호(이화여대 교수)를 위원장으로 하는 '오늘의 책' 선정위원회에서 제15차 '오늘의 책' 35권 중 1권으로 선정되기까지 한 서적이며(《동아일보》, 1987년 3월 18일 자 12면), 『사회학과 발전』역시 영문서적을 취급하는 서점에서 누구나 구입할 수 있는 서적이라는 점에서 판단할 때, 이들 서적의 구입, 소지의 위법성이 의심스럽다는 점은 명백하다 할 것이며, 누구보다 많은 지식이 요구되는 신문기자인 피고인의 경우, 이들 서적의 소지는 하등 문제시되지 않을 것이다.

개방정책을 표방하며 이념 서적 출판 해금을 공언하고 있는 현 정권이 서적, 특히 시중에 유통되고 있는 서적을 문제 삼고 있다는 것은 자기모순이며, 이런 억지가 학문의 발전을 질식시킬 뿐만 아니라 왜곡시켜 극도의 사상적 혼란을 야기시키고 있는 것은 우리가 모두 우려하고 있는 바와 같다.

'보도지침' 내용 분석

고승우(언협 실행위원)

서론

알 권리는 국민의 기본권의 하나이고, 알릴 권리는 언론의 고유 기능의 일부라고 할 수 있다. 알 권리란 사회 구성원인 국민이 정치, 경제, 사회, 문화 등 사회 모든 분야의 총체적 정보에 대한 자유로운 공개와 접촉을 요구할 수 있는 권리이다. 국민은 사회의 구성, 유지에 기본적인 단위가 되고 있다는 점에서 국민의 알 권리는 원칙적으로 어떤 제약이 가해져서는 안 될 무제한적 권리의 성격을 지닌다. 한편 언론의 알릴 권리는 권리라는 성격과 함께 의무라는 성격을 지닌 복합적 특성을 지녔다 할 수 있다. 즉 알릴 권리는 언론의 보도 기능을 억제 또는 통제하려는 모든 수단·방법과의 대립관계에서 주장되는 자기 방어적 권리를 의미한다. 또한 알릴 권리는 국민의 알 권리를 충족시키도록 국민으로부터 위임받은 권리 즉 의무적 권리를 뜻한다. 전자는 알릴 권리의 소극적 측면을, 후자는 적극적 측면을 나타낸다고 볼 수 있다. 이 때문에 알릴 권리가 통제를 받는 것은 단지 언론기능의 제약에서 그치는 것이 아니라 국민의 알 권리의 침해를 의미하게 된다.

제5공화국의 언론통제정책의 상징처럼 인식되고 있는 '보도지침'

은 권력이 알 권리와 알릴 권리를 짓밟았던 수단 중의 하나였다. '보도지침'이 권력의 비밀주의와 홍보·선전정책의 도구였다는 인식이 보편화되어 있다는 것은 주지의 사실이다. 따라서 '보도지침'이 무엇을, 어떻게 규제했는가에 대한 분석을 통해 알 권리와 알릴 권리가 어떤 형태로 유린되었는가를 규명해 볼 필요가 있다.

이 글은 이 같은 취지에 따라 세계 언론사에 나타난 보도·선전들의 실상을 소개하고, 이어 '보도지침'의 역할과 위치를 제5공화국의 전반적 언론통제구조 속에서 조명해 보았다. 이어 '보도지침'의 내용을 분석, 권력의 언론규제가 어떻게 구체적으로 강요되었는가 하는 점을 통계 처리를 통해 밝혀 보았다. 끝으로 '보도지침'을 비롯한 각종 언론통제 속에 나타난 국민의 제도언론에 대한 저항운동의 확산과 민중언론 출현의 당위성을 결론 삼아 제시했다.

권력의 폭력적 탄압과 제도언론의 기만적 공범의식 속에 자행된 제5공화국 언론정책의 규명은 동일한 과오가 되풀이되어서는 안 된다는 역사적 필요성에 입각해 과학적으로 추진되어야 할 것이다. 이 글은 이 같은 노력의 중요성을 강조하기 위해 취해진 시도의 시작일 뿐임을 밝혀 둔다.

나치 독일과 일제의 보도·선전술

나치 독일[1]

나치 독일(1933~1945)은 정치이념을 실현하기 위해 조직적이고 강압

·····
1) 김경근, 『언론현상과 언론정책』, 법문사(法文社), 1986, 47~77쪽 참조.

적인 언론정책을 실시하는 과정에서 보도·선전에 관한 학문인 독일 공시학(公示學, Publizistik)의 강력한 지원을 받았다.

독일 공시학은 피전달자의 의견과 태도에 영향을 미치기 위해 수단과 방법을 가리지 않으며 윤리·도덕적 측면을 고려치 않는 이론과 방법론을 제시했다. 이 때문에 효과적 의사전달이라는 목적 달성을 위해서는 보도정책, 정치광고와 상업광고, 왜곡, 날조, 선동과 오도를 위한 허위조작, 시위, 강연, 연극, 전시, 대화, 폭력, 협박 등 모든 방법의 동원이 합리화되었다. 전달자와 피전달자 사이에 의견과 정보 교환으로 의사소통을 가능케 하는 것이 아닌 일방적 전달에 의한 복종을 강요하는 독일 공시학은 정치적 학문이며 정치적 목적에 활용되는 목적 학문이었다.

이 같은 학문적 배경으로 강화된 나치 독일의 언론정책은 국민계몽선전부 장관 파울 요제프 괴벨스에 의해 주도되었다. 그는 언론매체를 교향악단에 비유했다. 즉, 교향악단은 여러 종류의 악사들이 각자의 악기로 한 사람의 지휘봉에 따라 연주되며 이때 각 악기는 주어진 부분만 연주하되 전체의 화음을 유지, 부분적 기여를 해야 하는데 언론도 이와 마찬가지라는 것이다. 이어 그는 멜로디의 주제를 연주자나 지휘자가 임의대로 바꾸어서도 안 되며 다만 작곡가의 악상에 따라 작곡된 멜로디만 모두 충실히 연주해야 한다고 강조했다.

괴벨스가 지적한 멜로디는 나치 독일의 정치이념이고, 작곡가는 히틀러, 지휘자는 괴벨스, 지휘봉은 언론정책, 연주가는 언론인, 다양한 악기는 언론 전체를, 그리고 하모니는 외형상 통일된 의견으로 풀이되었다.

나치 독일은 언론매체가 개개의 특성을 살리면서 한 가지 통일된 정치이념을 빛내기 위한 정치적 도구로 활용되어야 할 것으로 보았으며, 이에 따라 획일화 정책을 피하면서 점진적으로 합법적인 통제 조치를 추진했다. 이에 따라 제국문화부법을 비롯한 언론, 출판, 집회 등에 대한 규제법령이 제정되고 정부기구 차원의 종합적인 언론통제기구인 국민계몽선전부가 설립되었다. 특히 신문매체의 개인 소유권은 사실상 인정되지 않고 국가 독점하에 예속되었다. 모든 언론인과 언론매체는 엄격한 국가의 통제와 감시하에 놓이게 되었다. 국가는 이들에게 정치이념 실현에 적극 봉사해 줄 것을 강요, 명령하며 또 그들을 처벌할 수 있는 법적·행정적 조치를 마련했다.

이처럼 나치 독일은 언론학자들의 지원하에 강력한 언론통제 정책을 실시했는데, 당시 나타난 대표적인 보도·선전들은 다음과 같다.

① 일방적 주장(망치기 작전): 언론매체의 보도·선전 자세와 목표는, 알리는 것이 아니라 훈련하는 것이고 선전은 대중에게 판단력을 키워주기보다 이미 결정된 사실을 일방적으로 통고하는 데 몰두해야 한다는 주장에 입각한 방법론이다. 강요와 명령과 주장으로 일관된 보도·선전내용은 일체의 반대 토론이 금지된 상황에서 효과적이었기 때문에 언론매체에는 똑같은 주장을 계속 반복하는 망치기 작전이 강요되었다.

② 단순화와 반복: 선전은 그 내용을 단순화하여 반복할 때 보다 큰 성과를 올릴 수 있다고 믿은 히틀러는 다음과 같이 주장했다. "대다수 인간들의 정신적 수용 능력은 극히 한정되어 있고 이해 능력도 작지만 대신 망각성은 매우 크다. 따라서 효과적인 선전이 되려면 선전내용을 불과 몇 개의 문제점으로 축소시켜 모든 사람이 선전의 진의를 터득할 때까지 계속해야 한다."

③ 침묵보도—선전: 나치 독일의 이해관계에 적합한 어느 특정 사건이나 내용에 대해서는 큰 관심을 표시해 모든 전달·선전수단을 통해 대대적으로 취급하는 반면 이해관계가 배치되는 경우는 문제시하지도 않고 관심도 보이지 않음으로써 여론을 조작하고 선전의 방향을 조정하는 방식이다. 변칙적인 이 방법은 특정 인물이나 역사적 사건, 사고에 대해 아무런 관심을 표시하지 않을 뿐 아니라 그들의 활동이나 변화를 사회와 격리시키거나 외면함으로써 사회적으로 망각시키기 위해 이용되었다. 나치 독일에 의해 내려진 약 5만 종류의 보도협조 사항 가운데 35% 이상이 침묵을 지키라는 지시였다.

④ 날조보도—선전: 날조는 독일 공시학의 주장에 따르면 전달자의 의도대로 피전달자의 의견과 태도를 변화시키는 데 필요한 방법의 하나이다. 나치 독일은 기자회견이라는 방식을 통해 날조를 위한 세부지침을 시달했다. 예를 들면 거물급 정치범들에 대한 보도의 경우 대중으로부터 영웅시되는 것을 막기 위해 살인자 혹은 방화범, 부패자, 정신이상자라는 명칭을 붙이도록 강요되었다. 육체적 탄압과 병행된 이 같은 정신적 탄압으로 나치 정권의 정적(政敵)들은 언론매체를 통한 사회참여가 봉쇄되었다.

⑤ 사진통제: 사진 한 장이 천 마디를 대신한다는 구호 아래 입체적 선전을 꾀하고, 현장검증을 구체화한다는 명분 아래 보도사진에 많은 비중과 가치가 부여되었다. 이에 따라 보도사진의 취급권한이 엄격히 통제되었고, 사진을 통한 사실 조작이 일원화됨으로써 대중은 사진 내용의 진부를 분간할 수 없게 되었다. 히틀러의 사진은 히틀러 본인이나 공식기관에서 허용된 것만 게재토록 강요되었다.

⑥ 보도·선전용어 규제: 날조, 기만의 도가 심화됨에 따라 이에 상응되는 보도·선전용어도 자연히 비정상적인 변화를 나타냈다. 최상급 표현이 일반화되고 사소한 업적이나 시책에 관한 보도에까지 남용되어 대중의 언어감각이 둔화되었으며, 최상급 수식어로 장식되어야 할 인물이나 사실들이 빛을 보지 못하게 되었다. 그 결과 히틀러를 우상화하고 성공적인 정치적 업적을 선전하기 위한 언어적 표현방식이 한계를 드러내 최상급 수식어로 장식된 보도용어에 통제가 가해졌다.

일본 제국주의

일제는 각종 언론탄압법, 국가기밀방위법 이외에 법규에 의하지 않는 자의적인 보도규제를 통해 알 권리와 알릴 권리를 짓밟았다. 태평양전쟁을 일으킨 후 패망 시까지 일제는 대본영의 육·해군부, 육군·해군성, 정보부 등에서 언론을 통제해 국민을 전쟁에 동원키 위한 방편으로 이용했다. 이에 따라 보도금지 사항들이 언론매체에 통보되었고, 신문·통신사와 정보국과의 정기적 회합 등을 통해 언론매체의 보도금지 또는 자숙사항이 시달되었다. 또한 보도금지 지시를 위반한 기사에 대한 지적, 경고 등이 행해졌다. 각 언론매체에서는 자체점검 부서를 두어 보도통제에 대한 대응책과 지시사항 등을 일괄 정리해 편집국 각 부서에 배포했다. 일제에 의한 보도·선전 통제 지시는 기준이 모호했다. 예를 들면 1942년 일본의 유명한 육상선수가 전사했을 때 《아사히신문》은 게재가 금지된 반면 다른 신문들은 이를 게재했다. 《아사히신문》의 항의를 받은 대본영은 《아사히신문》에게만 별도로 보도금지된 기사를 게재토록 허용했다.

일제의 언론통제는 보도금지에 큰 비중이 주어져 한국, 만주, 일본

황실, 군부를 비롯해 정치, 경제, 외교, 사고, 생활고, 군부와 관료의 부정·부패 등 국내외 전반에 걸쳐 일제에 불이익을 줄 수 있는 모든 사항에 가해졌다. 특히 일기예보는 물론 기상상태가 묘사된 기사는 엄금되었고, 공습 등으로 피해를 입은 재해민의 가족을 찾는 광고도 하루 한 건에 한해 게재가 허용되었다.

일제의 보도규제는 1945년 3월 10일 동경 대공습 이후 하루 4~5건까지 완화되었다. 일제의 언론통제 사례를 정치, 사건·사고, 경제 부문 등으로 나누어 소개하면 다음과 같다.

① 정치: 일제 의회에서의 질의응답 내용은 빈번이 의사록에서 삭제, 정정 요구되거나 보도금지에 해당됐다. 예를 들면 1942년 1월 29일 밤 정보국으로부터의 전화에 의한 '주의사항'은 다음과 같았다.

"금일 중의원 예산 총회에서 박훈금 의원의 질문에 대한 도오조오(東條) 수상 겸 육군상의 답변 중 조선 지원병 제도에 의한 지원병 수, 채용된 인원 수, 지난해와의 비교 등의 부분은 속기록에서 삭제하니 보도하지 말 것."

일제가 패망한 해인 1945년 1월의 예산국회에서 물자 부족, 물자 수송, 중국인 노동자의 일본 연행, 건물과 공장의 소개(疏開), 범죄 동향, 식량 문제, 학생 동원 등 많은 분야의 질의응답이 닥치는 대로 삭제, 보도금지되었다. 의회와 관련한 이 같은 지시는 하루 3~4건에 달했다.

심각한 쌀 부족을 인정한 정부 측 답변, 점령지에서의 상당한 인플레이션을 우려한 경제 관료의 답변, 침략 전쟁의 전투 상황에 대한 의원 질문 등 태평양 전쟁 도발 직후의 의회 관련 기사도 계속 보도금지되었다.

② 일제에 항거한 사건, 사고: 한국인 노동자의 투쟁, 화약고 폭발 등 일제에 항거했거나 일제의 이익에 배치되는 사건, 사고는 보도금지되었다. 예를 들면 1944년 12월 17일 일제의 능곡(能谷) 비행학교 출신의 한 특공대원이 출정하던 날 그의 부인이 자녀 3명과 함께 집단 투신자살한 사건은 일본인들에게 알려지지 않았다.

③ 경제 문제: 통계 숫자는 철저한 보도금지 사항이었다. 1942년 1월, 일제의 동남아 점령 지역 화폐와 일본 화폐와의 환율 조정 시 일본 화폐가 실세보다 2배 높게 평가되었는데 점령지 수탈의 비판을 막기 위해 비밀에 부쳐졌다. 물자 부족을 나타내는 가게 앞에서의 장사진에 관한 기사는 엄중한 경고의 대상이었다.

'보도지침' 분석

'보도지침'의 역할과 위치

'보도지침'은 제5공화국이 갖가지 방식으로 강제한 언론통제구조의 일부분에 지나지 않는다. '보도지침'에 대한 구체적 분석에 들어가기에 앞서 실재했던 각종 언론통제 장치를 간략히 점검, '보도지침'의 역할과 위치를 규명하는 것이 좋을 것 같다.

언론사 통폐합과 언론인의 대량 축출에서 제5공화국 언론정책의 성격이 상징적으로 드러난다. 알 권리와 알릴 권리의 박탈에 대한 국내외의 비판이 제기되었을 때마다 "절대 그런 일이 없다"고 발뺌해 온 정부의 태도에서 정책의 차원을 벗어난 윤리적 차원에서의 비뚤어진 언론관이 노출되곤 했다. 그러나 이 같은 '비판'과 '부인'의 단순 반복에 종지부를 찍는 결정적 증거로 제기된 것이 '보도지침'의 폭로였다. 지난 수년간 언론매체에 하달되어 온 권력의 보도·선전에 관한 지시사항 중의 일부가 활자화되어 만천하에 공개된 '보도지침'은 제5공화국 권력집단이 지니고 있던 폭력과 기만이라는 속성의 응집물로 평가될 수 있을지 모른다. 1986년 10월 '보도지침'이 공개된 후 열린 정기 국회에서 한 야당 의원의 질문에 답변한 문공부 장관의 발언에서 1980년대에 엄청난 사회적 낭비를 몰고 온 기만성의 실체가 감지될 수 있을 것이다. "민주언론운동협의회 명의로 발간된 '보도지침'이란 인쇄물은 무엇을 근거로 만들어졌는지 알 수 없다. '보도지침'이란 표현은 적절치 못하며 언론에 대해 이해와 협조를 구하는 선을 넘지 않고 있다."[2]

이 같은 공식적 위증에 대해 제도언론은 간략한 사실보도로 일관, 알릴 권리의 2중적 의미를 저버리는 태도를 나타냈을 뿐이다.

제5공화국의 권력계급이 행사한 언론에 대한 통제는 실정법에 의한 통제와 자의(恣意)에 의한 통제로 구별될 수 있다. 실정법에 의한 통제는 편집권을 국가안보와 관련시켜 보도를 억제하거나 언론에 대한 등록허가제를 실시하여 등록취소 또는 정간을 통제수단으로 활용하는 방법 등을 말한다.

권력의 자의에 의한 통제는 권력이 실정법에 의하지 않거나 실정법에 위배되는 데도 언론에 대한 상설통제기구를 운영한다든지 각종 권력 보조 기관에 의한 언론간섭을 유도하는 방식을 말한다. 이상과 같은 언론통제에 대해 언론 종사자가 비협조적이거나 이를 거부하는 행동을 취할 경우 체포, 구금, 해고 등의 국가 테러리즘이 동원되는 반

······
2)《동아일보》, 1986년 10월 24일.

면 권력 순응형 언론 종사자들에게는 파격적인 경제적·신분적 특혜가 제공됨으로써 전체 언론집단의 성향이 권력 복종 또는 추종의 방향으로 유인되었다. 특히 언론집단과 권력기구 간의 인사교류를 통해 언론의 종속성을 심화시키는 방식도 병행되었다. 이처럼 당근과 채찍이 동원된 권력의 조작술에 예속된 언론은 권력의 하부기관화됨으로써 반민주, 반민중적 보도 태도로 기울어져 왔다. 권력의 소리만을 되풀이하게 된 언론은 민중의 저항과 주장을 외면 또는 왜곡하면서 '폭력적인 펜'의 모습으로까지 변질되었다.

한편 언론통제의 또 다른 형태는 언론을 국영화하거나 재벌기업의 계열사화하여 합법적인 권력 하부기구 또는 상업주의적 영리추구의 역할을 최우선시하도록 원격 조정하는 것이다.

언론에 대한 권력의 제도적 탄압장치인 언론기본법과 문공부의 언론통제 실상은 어떠했는가? 먼저 언론기본법은 언론자유보다 공적 책임을 강조해 권력의 개입 가능성을 높이고 정기간행물과 언론인 자격 요건을 강화, 헌법에 명시된 기본권에 위배된다는 지적까지 받았다. 또한 정기간행물 등록취소 요건의 강화 등 반민주적 독소 조항이 포함되었고 언론기관의 존립 여부가 법원의 판결이 아닌 행정관청의 판단에 좌우됨으로써 권력의 횡포가 아무런 제약을 받지 않는 상황이 초래되었다.

한편 문공부는 매월 홍보계획서와 국민정신교육지침서를 언론매체에 배포함으로써 보도내용 및 방법까지 사전에 통제, 언론의 자주성을 원천적으로 봉쇄했다. 홍보계획서는 홍보사항을 사전에 언론매체에 통고함으로써 주요 보도내용을 통제하는 한편 신문과 방송이 사설, 해설, 기획, 특집, 좌담 등을 통해 어떻게 정부사업을 집중 홍보, 선전할 것인가에 대한 보도방법의 월별 지침서였다. 국민정신교육지침서는 주요 정치, 경제 문제에 대한 기사 게재 방향, 기사 형식 등을 지시함으로써 언론을 권력의 홍보·선전매체로 예속시키는 내용으로 채워져 있다. 문공부는 이 같은 월별 보도통제와 병행해서 매일매일 언론매체에 권력의 지시사항을 전달하는 '보도지침'을 강요해 왔다.

이상에서 살펴본 바와 같이 제5공화국이 언론통제를 위해 동원한 법적 장치, 기구, 조직은 방대하고 대단히 치밀하다. 이는 대중적 지지 기반 없이 비정상적 방법으로 집권한 세력이 언론통제를 통한 홍보·선전정책을 강화, 대중조작·대중동원 등 통치술의 효과를 높이려 한 데서 연유했음은 물론이다.

'보도지침'의 분석은 제5공화국이 행한 실정법적 또는 자의적 언론통제 전반과 연관해 착수되어야 마땅할 것이다. 그러나 우선 전체는 부분들의 복합체라는 점에서 '보도지침'의 지시유형, 지시대상 등을 통해 그 실체를 규명해 보기로 한다.

표본 추출과 분류

민주언론운동협의회가 1986년 9월 발간한 『말』특집호 '보도지침'에 수록된 1985년 10월 19일부터 1986년 8월 8일까지의 '보도지침' 전체를 모집단으로 해서 표본을 추출(抽出), 통계 처리하는 방법을 택했다. 표본 추출 방법은 1985년 10월 21일부터 1986년 8월 8일까지 매주 3회, 즉 월, 수, 금요일의 '보도지침'을 선정하는 것을 원칙으로 했다. 단 해당 요일에 '보도지침'이 없을 경우 해당 요일의 앞뒤 요일의 것을 추출해 보충했다. 그 결과 125일분의 '보도지침'이 분석대상으로 선정되었다.

'보도지침'은 형식상 1건이라 해도 지시내용 중에 여러 종류의 지시사항을 포함하고 있어 개개 규제사항을 별개의 규제 건수로 집계했다. 이에 따라 총 688건의 규제 건수로 집계되었다. 그리고 '보도지침'은, 어떤 방법으로 언론을 규제하는가에 대한 지시유형과 어떤 부문을 대상으로 하는가에 대한 지시대상으로 구분됐다. 지시유형은 보도내용 규제와 보도형식 규제로 다시 나누었다. 그러나 보도기사에 대한 내용 규제와 형식 규제는 상호 밀접히 관련되어 있다는 지적이 제기될 수 있었다. 보도내용에 대한 통제는 보도형식의 통제를 함축하고 있으며 톱기사 또는 1단기사로 취급토록 보도형식을 강제할 경우 보도내용도 자연히 규제되기 때문이다. 이 같은 상호 구별의 모호성에도 불구하고 '보도지침'의 지시사항은 보도의 내용 또는 형식을 규제하도록 구체적으로 요구하고 있어 양자를 구분했다.

보도내용 규제는 어떤 정보를 홍보·선전하거나 그 확산을 억제하려는 규제 형태로 규정지었다. 이는 다시 홍보·선전성 보도, 축소보도, 보도금지, 용어사용 불가, 사진통제 등 5개 항목으로 나뉘어졌다. 또한 보도형식 규제는 정보유통에 직·간접적 영향을 미치는 기사 형식에 대한 통제 방식으로 기사 크기, 컷·제목, 해설용 보충기사, 보도지면 지정 등 4개 항목으로 재분류되었다.

'보도지침'의 지시대상은 정치, 경제, 외교, 민주화운동 등 다방면에 걸쳐 나타나는데, 이를 9개 유형 17개 항목으로 분류했다. 유형별 분류 기준과 항목들은 다음과 같다.

① 집권세력: 제5공화국 발족 후 집권층에 대한 홍보·선전이 집중 강화된 점을 고려해 대통령과 정부·여당 등 2개 항목으로 분류했다.

② 야당: 친여 성격의 정당은 배제하고 1985년 2·12 총선과 함께 출현

한 신민당으로 국한했다.

③ 개헌 주장: 2·12 총선 이후 최대 관심사로 부각된 개헌 주장은 신민 당, 종교 및 재야단체와 인사들의 주장을 모두 포함시켰다.

④ 민주화운동: 독재 반대·타도를 주장한 민주화운동이 전 사회적으로 다양한 형태로 전개되었다. 민주화운동은 다음과 같은 3가지 형태로 분류했다. 학생운동(시위 관련 학원 문제 제기 등 포함), 종교·재야단체 및 개인 운동, 분신자살·고문 주장, 5·3 인천항쟁 등 연합시위.

⑤ 여론·언론: KBS 시청료거부운동, 언론자유 촉구, 한국 내 민주화와 관련된 외국의 여론과 언론 등이 포함되며 국내와 해외로 구분했다.

⑥ 경제: 정부 및 정부보조 연구기관 등의 발표 자료와 노동자·농민의 참담한 현실 고발을 대변한 야당 의원들의 국회 질의, 노동쟁의 등 2 개 항으로 분류했다.

⑦ 대외관계: 한·미, 한·중공, 남·북한, 기타(각종 국제기구와 국가 포함) 등 4개항으로 분류했다.

⑧ 최은희·신상옥 북한 탈출, 독립기념관 화재 사건: 한국의 정치이념 및 사회구조적 특성 등과 밀접히 관련된 상징적 사건의 성격을 나타 내면서 집중적인 보도 대상이었기에 단일 항목으로 선정했다.

⑨ 기타: 이상의 8개 항목에 포함되지 않은 '보도지침'을 한데 모았다.

국방·안보에 관한 '보도지침'은 모두 8개항에 불과해 기타에 포함시켰다(이처럼 국방·안보의 빈도수가 낮은 것은 제도언론이 국방·안보 문제의 홍보·선전성 보도에 익숙해져 별도의 지시가 필요치 않게 된 상황 때문이 아닌가 보여진다).

보도내용 통제 분석

보도내용을 규제토록 지시된 '보도지침' 사항은 466건으로 표본 조사된 전체 '보도지침' 지시사항 688건의 67.7%에 달했다. 이는 보도형식에 대한 규제 222건의 2배를 넘었다. 보도내용에 대한 규제 중 보도를 금지하거나 특정 보도용어 사용과 사진 게재를 불허한 '불가' 총계는 267건으로 전체 보도내용 규제사항 466건의 57.3%로 나타났다. 보도내용을 규제한 지시유형과 지시대상별 분석 결과는 '〈표 1〉 보도내용 규제'와 같다.

① 홍보·선전성 보도: 크게, 눈에 띄게, 적절히, 강조해서 등과 같은 주문이 붙은 경우에 해당한다.
　정부·여당이 28.1%(32건), 남북관계 18.4%(21건), 대통령 10.5%(12건), 학생운동 7.9%(9건) 등으로 홍보·선전은 집권층에 큰 비중이 두어진 것으로 나타났다. 남북관계가 2위를 차지했는데, 이는 정부당국발표, 내외통신 기사 등이 주류를 이룬다. 민주화운동과 야당의 경우 당국은 '비판적 시각'으로 크게 다뤄 줄 것을 요구하고 있다.

② 축소보도: 신중히, 조용히, 단순히, 추측하지 않고 등의 단서가 붙어 소극적, 부분적 보도가 요구된 경우이다.

야당이 17.3%(13건)로 가장 높고 학생운동이 16.0%(12건), 최은희·
신상옥 북한 탈출, 독립기념관 화재 사건이 12.0%(9건), 개헌 주장
10.7%(8건) 등의 순위를 보였다. 반정부적 주의·주장·행동에 관한 정
보로 보도가 불가피할 경우 '보도지침'은 축소 지시로 일관했다.

③ 보도 불가: 불가, 절대불가, 별도 지침이 있을 때까지 불가 등으로 보
도가 금지된 경우이다.

국내 여론·언론이 14.4%(31건), 한·중공 관계가 9.3%(20건), 분신자
살·고문 주장·연합시위 8.8%(19건) 등의 순이며, 이어 개헌 주장, 해
외 여론·언론, 최은희·신상옥 북한 탈출과 독립기념관 화재 사건이
각각 7.9%(17건)로 나타났다. 권력의 비밀주의가 적용되는 부문이 권
력 비판적 정보임이 여기에서 확연히 드러난다. 정부·여당의 경우 보
도금지 비율이 4.2%(9건)인 것은 정부 부처 간의 이견 또는 갈등 관계
에서 비롯된 것으로 보인다.

④ 용어사용 불가: '개헌서명운동 확산'을 '개헌서명운동 계속'으로,
공권력의 성폭행 사건을 '폭행 주장 관련' 또는 '성모욕 행위'로 강
제하는 등 특정 용어의 사용을 금지한 경우가 해당된다. 이 같은 용
어통제는 어떤 사건, 사고, 현상의 의미를 왜곡, 축소하려는 시도의
하나이다.

야당이 31.2%(10건)로 가장 높고, 학생운동 18.7%(6건) 등으로 나타
났다.

⑤ 사진통제: 보도사진의 전달 효과는 매우 크기 때문에 집중적인 통제
대상으로 나타난다. 특히 어떤 현상의 일부분만이 표현된 특정 장면

〈표 1〉 보도내용 규제

(단위: 건수)

지시대상 \ 지시유형		홍보·선전성 보도	축소 보도	보도 불가	용어사용 불가	사진통제 일방적 또는 조건부 게재 허용	게재 불가	총계 불가 총계	전체 총계
집권 세력	대통령	12(10.5)			1(3.1)			1(0.5)	13(2.8)
	정부·여당	32(28.1)	1(1.35)	9(4.2)	3(9.4)		1(5.0)	13(4.9)	46(9.8)
야당		7(6.1)	13(17.3)	10(4.6)	10(31.2)	2(20.0)	4(20.0)	24(9.0)	46(9.8)
개헌 주장		1(1.0)	8(10.7)	17(7.9)	2(6.3)	1(10.0)	3(15.0)	22(8.2)	32(6.9)
민주화 운동	학생운동	9(7.9)	12(16.10)	15(7.0)	6(18.7)	4(40.0)	6(30.0)	27(10.1)	52(11.1)
	종교·재야단체운동		4(5.3)	15(7.0)			1(5.0)	16(6.0)	20(4.3)
	분신자살·고문 주장·연합시위	7(6.1)	5(6.7)	19(8.8)	3(9.4)			22(8.2)	34(7.3)
여론· 언론	국내	2(1.8)	3(4.0)	31(14.4)			1(5.0)	32(12.0)	37(8.0)
	해외	2(1.8)	3(4.0)	17(7.9)	2(6.3)			19(7.1)	24(5.2)
경제	정부 공공단체	3(2.6)		1(0.5)				1(0.5)	4(0.9)
	농민·노동계 주장·노동 쟁의		1(1.35)	3(1.4)			1(5.0)	4(1.5)	5(1.0)
대외 관계	한·미	4(3.5)	1(1.35)	7(3.3)				7(2.6)	12(2.6)
	한·중공		1(1.35)	20(9.3)			2(10.0)	22(8.2)	23(4.9)
	남·북	21(18.4)	3(4.0)	13(6.0)	1(3.1)			14(5.2)	38(8.2)
	기타	3(2.6)	7(9.3)	9(4.2)		1(10.0)	1(5.0)	10(3.7)	21(4.5)
최은희·신상옥 북한탈출, 독립기념관 화재 사건		3(2.6)	9(12.0)	17(7.9)	1(3.1)	2(20.0)		18(6.7)	32(6.9)
기타		8(7.0)	4(5.3)	12(5.6)	3(9.4)			15(5.6)	27(5.8)
총계		114(100)	75(100)	215(100)	32(100)	10(100)	20(100)	267(100)	466(100)

＊불가 총계는 전체 총계에 포함된 것임.
＊괄호 안은 %.

의 보도사진을 게재토록 강요하는 것은 전체 국면의 의미를 왜곡 또
는 축소하려는 시도이다. 이에 따라 사진통제는 "반드시 사진을 실
을 것", "이러이러한 요건을 갖춘 사진만 허용됨", "사진 불가" 등 3
가지 형태로 나타났다. 전체 사진통제 빈도수(30건)에서 게재 불가가
66.7%(20건)에 달했다. 일방적 또는 조건부 게재 허용의 경우 학생운
동 40%(4건), 야당 20%(2건)로 사진이 부정적 이미지 조작에 이용되
고 있음을 나타낸다. 즉 1985년 12월 18일 민정당 연수원 점거 학생
석방과 관련된 사진은 출감 등 단순한 모습만 나오도록 하고, 1986년
3월 31일 신민당 광주 개헌 집회 시 시위 군중들이 "축 직할시 승격"
이라고 쓴 아치를 불태우는 것을 사회면에 싣도록 주문한 경우 등이
이에 해당한다.

보도내용에 대한 전체 규제사항 466건을 지시유형별 순위로 보면
보도 불가(215건)가 46.1%로 가장 높고 홍보·선전성 보도 24.5%(114
건), 축소보도 16.1%(75건), 용어사용 불가 6.9%(32건)의 순으로 나타
났다.

전체 규제사항을 지시대상별로 보면 학생운동 11.1%(52건), 야당,
정부·여당이 각각 9.8%(46건), 남북관계 8.2%(38건)의 순위이다. 보도
내용 규제 중의 불가 총계 267건 중에서 보도 불가가 80.5%(215건), 용
어사용 불가 12.0%(32건), 사진 게재 불가 7.5%(20건)이다. 불가 총계
를 지시대상별로 구분하면 국내 여론·언론이 12.0%(32건), 학생운동
10.1%(27건), 야당 9.0%(24건), 개헌 주장, 분신자살·고문 주장·연합시
위, 한·중공 관계가 각각 8.2%(22건)의 빈도수를 나타낸다.

보도내용 규제 총계와 불가 총계의 비율을 보면 한·중공 관계 부문
이 23건의 규제 총계 중 22건의 불가 총계로 95.7%라는 가장 높은 비

율을 나타냈다. 이것은 한·중공 간에 경제·스포츠 등 실질적인 교류
가 급격히 증대하고 있는데도 관련 정보가 권력에 의해 철저히 은폐
되고 있음을 나타낸다. 그 이유는 여러 가지가 있겠으나 권력층이 국
내 통치용으로 반공 이데올로기를 앞세우기 위해 취하고 있는 독선적
사고방식도 그중의 하나인 듯하다.

한·중공 관계에 이어 규제 총계 중 불가 총계의 비율이 높은 부문은
국내 여론·언론으로 86.5%(37건/32건), 종교·재야단체가 80%(20건/16
건), 해외 여론·언론 79.2%(24건/19건) 등 반정부적 주장, 행동과 관련
된 분야들이다. 이에 반해 대통령은 7.7%(13건/1건)로 최하위로 나타
나 집중적인 홍보·선전 대상이었음을 말해 주고 있다.

보도형식 통제 분석

보도형식을 규제한 지시사항은 총 222건으로 전체 '보도지침' 사항
688건의 32.3%이다. 보도형식 규제 중 불가 총계는 38건으로 전체 형
식 규제 222건의 17.1%에 불과, 보도 지면 구성에서 강요된 권력의 간
섭 형태가 다양하고 구체적인 것으로 나타났다.

보도형식을 규제한 지시유형과 지시대상별 분석 결과는 '〈표 2〉 보
도형식 규제'와 같다(보도형식 분석에서는 전체 항목 중 빈도수가 매우 높은
것이 많아 유형별 백분율 계산은 생략했다).

① 기사 크기: '보도지침'은 톱, 중톱 또는 1~4단으로 보도하도록 강제
   하고 있다. 이에 따라 톱, 눈에 띄게(중톱~4단), 1~3단 등 3개항으로
   분류했다.
   기사 크기를 지시한 총 85건 중 1~3단으로 작게 보도하도록 강제

한 경우가 64.7%(55선)로 가장 높은 반면, 톱기사를 요구한 대상은 집권세력이 66.7%(8건)로 압도적이다. 1~3단으로 강제된 대상 중 민주화운동, 야당, 개헌 주장 등 3개 분야가 63.6%(35건)를 차지했다. 특히 학생 시위는 산발적일 경우 한데 묶어 크지 않게 보도하고 학원 문제에 대한 정부·여당의 발표는 사이드 톱으로 하도록 지시하고 있다.

② 컷·제목: 독자들이 기사 내용보다 컷·제목을 먼저 읽는다는 점을 감안한 언론통제의 한 형태이다. 특별히 컷·제목을 요구한 경우, 이러이러한 점을 고려하라는 조건을 제시하거나 완전불가로 못 박는 경우 등 3가지로 분류되었다.

컷·제목의 조건부 게재 허용이 전체 46건의 73.9%(34건)로 나타났는데, 이것은 현상을 왜곡하거나 특정 부분을 부각시켜 전체 국면을 약화시키려는 의도의 결과로 보인다. 1986년 3월 3일 학생 시위 중 외대 학생과장이 얻어맞아 중태인 사건에 대해 권력은 주 제목을 "학생 폭력화" 등으로 뽑도록 주문한 것 등이 그 예이다.

③ 해설용 보충기사: 게재 불가를 지시한 사례가 전체 51건의 56.9%(29건)로 게재 지시(22건)보다 높은데, 여기에서도 정보유통 억제 경향이 강하게 나타난다. 민주화운동, 야당, 개헌 주장 등 3개 대상이 불가 총계 중 72.4%(21건)가 되어 집중적인 규제 대상이 되었음을 입증하고 있다. 그러나 해설용 보충기사 게재가 요구된 대상 중 집권세력이 45.5%(10건)를 차지해 홍보·선전의 대상이었음을 드러낸다.

해설용 보충기사에 대한 지시유형을 아래와 같이 3개항으로 재분류, 분석해 보았다.

〈표 2〉 보도형식 규제

(단위: 건수)

지시대상 \ 지시유형		기사 크기			컷·제목			해설용 보충기사		보도 지면 지정	총계(괄호 안은 불가 총계)
		톱	눈에 띄게	1~3단	게재요구	조건부게재	불가	게재요구	불가		
집권세력	대통령	3			1			3		1	8
	정부·여당	5	5	1	1	6		7		3	28
야당			2	11		6	2	4	6		31(8)
개헌 주장				7	1	2	2	1	2	4	19(4)
민주화 운동	학생운동	1	5	5		8	1	2	9	4	35(0)
	종교·재야 단체운동			6					1	4	11(1)
	분신자살· 고문주장· 연합시위			6		1	1	1	3	5	17(4)
여론·언론	국내			3			1			4	8(1)
	해외		3			1	1	1	1	7	14(2)
경제	정부· 공공단체	1				2					3
	농민·노동계 주장. 노동 쟁의			1							1
대외관계	한·미		1	2		4					7
	한·중공								1		1(1)
	남·북	1	1	5		2		1	3	4	17(3)
	기타	1		4				2		1	8
최은희·신상옥 북한 탈출, 독립기념관 화재 사건				1	1	1	1	2			5(3)
기타			1	3		1			1	3	9(1)
총계		12	18	55	3	34	9	22	29	40	222(38)

＊불가 총계는 전체 총계에 포함된 것임.
＊괄호 안은 %.

*스케치·인터뷰·뒷이야기: 어떤 상황 또는 사태의 분위기나 상황을 현
  장감 있게 전달하는 이 같은 보도형식은 해설용 보충기사에 대한 전
  체 지시사항 51건 중 47.1%(24건)를 차지했다. 그런데 24건 중 83.3%
  인 20건이 게재 불가를 강제했다.

*해설·사설: 어떤 사실을 홍보·선전하거나 배경 등 상세한 내용까
  지 설명하려 할 때 사용되는 형식인데 총 13건의 지시 중 불가가
  46.2%(6건)였다.

*박스·요지·전문: 특정 사건, 현상을 분석하거나 객관적 사실을 전달
  하는 이 같은 보도형식에 대한 총 14건의 지시 중 불가는 21.4%(3건)
  에 불과했다.
    이상에서 나타난 바와 같이 권력은 비밀주의 강행 시 스케치·인터
  뷰·뒷얘기의 보도형식을 가장 기피하는 반면, 홍보·선전의 필요 시
  박스·요지·전문의 보도형식을 선호하는 것으로 보인다. 1980년대 들
  어 보편화된 신문의 기자 방담란에 대한 지시사항이 전무한 것은 기
  자방담 형식의 전달 효과가 매우 낮기 때문인 것으로 보인다.

④ 보도 지면 지정: 권력은 기사의 성격 또는 의미를 자의적으로 규정
  지어 정치면, 사회면 또는 외신면에 싣도록 구체적으로 지시하고 있
  다. 이것은 정치적인 성격의 정보를 사회면에 싣도록 강요해 그 의미
  를 약화시키거나 눈에 잘 띄는 1면 대신 외신면 등 간지에만 싣도록
  지시, 독자의 눈에 잘 띄지 않게 하는 사례 등으로 나타난다. 민주화
  운동, 여론·언론 등 2개 분야가 전체 40건의 60.0%(24건)로 가장 많
  다. 특히 1986년 초 코라손 여사가 집권한 필리핀 대통령 선거 관련

기사는 1면에 싣지 말고 외신면에만 싣도록 지속적으로 강요하고 있다.

보도형식을 규제한 지시사항 총계 222건 중 지시유형별 순위는 기사 크기가 38.3%(85건), 해설용 보충기사가 23.0%(51건), 컷·제목이 20.7%(46건), 보도 지면 지정이 18.0%(40건)로 나타났다.

보도형식에 대한 규제를 가장 많이 받은 분야는 학생운동으로 15.8%(35건), 그다음이 야당 14.0%(31건), 정부·여당이 12.6%(28건) 등이다.

불가 총계 38건 중 학생운동이 26.3%(10건), 야당 21.1%(8건)의 순위로 나타난다. 반면 집권세력의 경우 불가 지시는 한 건도 없어 홍보·선전 대상의 특성이 잘 나타나 있다.

종합 분석

'보도지침' 분석에서 나타난 바와 같이 제5공화국의 언론통제는 정보유통의 차단(blocking)과 홍보·선전(publicity)이라는 2가지 특징으로 대별된다. 정부의 비밀주의는 사회 내의 원활한 정보유통을 차단했으며, 정부의 홍보·선전정책은 정부·국민 간 정보유통량의 과잉 현상을 초래한 것으로 보인다.

정보의 차단과 과잉이 모두 정보의 왜곡 현상을 결과한다고 할 때 그동안 끊임없이 제기되어 온 유언비어 범람의 원인이 어디에서 비롯되었는가는 자명해진다.

보도내용 규제와 보도형식 규제를 지시대상별로 총괄한 〈표 3〉을 통해 제5공화국이 중점을 둔 정책 방향 등 전반적 사항을 추정해 보기로 한다.

〈표 3〉 지시유형·지시대상 총괄표

(단위: 건수)

지시유형 / 지시대상	내용 규제		형식 규제		총계	
	불가	전체	불가	전체	불가	전체
집권세력	14(5.3)	59(12.7)		36(16.2)	14(4.6)	95(13.8)
야당	24(9.0)	46(9.9)	8(21.1)	31(14.0)	32(10.5)	77(11.2)
개헌 주장	22(8.2)	32(6.9)	4(10.5)	19(8.6)	26(8.5)	51(7.4)
민주화운동	65(24.3)	106(22.7)	15(39.5)	63(28.4)	80(26.2)	169(24.6)
여론·언론	51(19.1)	61(13.1)	3(7.9)	22(9.9)	54(17.7)	83(12.1)
경제	5(1.9)	9(1.9)		4(1.8)	5(1.7)	13(1.8)
대외관계	53(19.9)	94(20.1)	4(10.5)	33(14.9)	57(18.7)	127(18.5)
최은희·신상옥 북한 탈출, 독립기념관 화재 사건	18(6.7)	32(6.9)	3(7.9)	5(2.2)	21(6.9)	37(5.4)
기타	15(5.6)	27(5.8)	1(2.6)	9(4.0)	16(5.2)	36(5.2)
총계	267(100)	466(100)	38(100)	222(100)	305(100)	688(100)

＊내용 규제와 형식 규제의 불가 건수는 전체 내용 규제 또는 형식 규제 건수에 포함된 것임.
＊괄호 안은 %.

'보도지침'이 가장 많이 내려진 대상은 민주화운동(169건)으로 전체 688건의 24.6%, 그다음이 대외관계 18.5%(127건), 집권세력 13.8%(95건), 여론·언론 12.1%(83건), 야당 11.2%(77건), 개헌 주장 7.4%(51건) 등이다.

민주화운동이 전체 '보도지침' 빈도수에서 1위를 차지한 것은 군부독재에 대한 민중적 항거가 얼마나 치열했던가 하는 점을 웅변해 주고 있다 하겠다. 특히 대외관계가 2위로 집계된 것은 제5공화국 출발 시부터 나타난 대외관계 중시 정책과 밀접히 연관된 것으로 보인다. 제5공화국은 광주민중항쟁 유혈진압 등으로 심화된 국내 지지기반의 결여라는 취약점을 대외정책의 강화로 보완하려는 듯한 태도를 보여 왔었다. 제5공화국은 "외교는 내정의 연장이다"라는 일반적인 논리를 역행, 국가원수급의 빈번한 해외 방문·초청과 올림픽·아시안 게임 등 빈번한 각종 대규모 국제 행사·회의를 유치했다. 여기에서 중요한 사실은, 권력은 제도언론에 대한 집중적 규제를 통해 대한민국의 지도자가 세계 각국으로부터 공인받은 위대한 지도자라는 허상을 강조토록 유도했다는 점이다.

내용 및 형식 규제의 불가 총계는 305건으로 대상별로 빈도수가 가장 높은 것은 민주화운동 26.2%(80건)이고 그다음이 대외관계 18.7%(57건), 여론·언론 17.7%(54건), 야당 10.5%(32건), 개헌 주장 8.5%(26건) 등이다. 즉 전체 '보도지침' 집계에서 3위인 집권세력을 제외할 경우 그 순위는 동일하다.

내용·형식 규제에 대한 총계(688건)에서 불가 총계 305건이 차지하는 비율은 44.3%로 전반적으로 비밀주의적 성향이 돋보인다. 내용·형식 규제 총계와 불가 총계의 비율을 대상별로 보면 여론·언론이 65.1%(83건/54건), 최은희 신상옥 북한 탈출과 독립기념관 화재 사건 56.8%(37건/21건), 개헌 주장 51.0%(51건/26건), 민주화운동 47.3%(169건/80건) 등의 순서로 나타난다. 여기에서 부당한 권력이 비판적인 여론·언론에 대해 어느 정도의 부정적 태도를 지니고 있는가가 확실히 드러난다.

내용 규제의 대상별 순위는 민주화운동, 대외관계, 여론·언론, 집권세력의 순인 데 비해 형식 규제의 대상별 순위는 민주화운동, 집권세력, 대외관계, 여론·언론 등으로 나타난다. 여기에서 민주화운동은 내용·형식 면에서 집중적인 규제 대상이었음이 나타나며, 이 밖의 홍보·선전과 확산 억제 대상 간에 내용·형식 규제 면에서 상관관계가 높을 것으로 추정된다.

결론

모든 사회의 지배집단은 기득권을 유지하기 위해 가장 효과적인 통치 방법을 모색해 왔다. 특히 현대사회로 접어들어 최첨단 과학기술이 통치술에 적용되면서 사회적 통제 기능은 혁신적 변화를 거듭하고 있다. 전체 사회에 대한 엄청난 통제력은 가공할 효율성을 발휘하고 있는데, 언론 또한 그 영향력에서 벗어나지 못하는 것 같다.

지배집단의 언론통제는 그 집단의 성향에 따라 다양한 형태로 나타난다. 지배집단이 비민주적·폭력적일 때 언론통제 또한 유사한 형식을 취한다. 지배집단이 대중적 지지기반을 상실할 경우 언론은 지배집단의 하부기관의 역할을 담당하게 되어 지배논리만을 반복·강조하는 배타성을 지닌다. 이에 따라 기존의 지배질서에 대항적인 주의주장은 적대시되거나 왜곡되고 때로는 보도 대상에서 제외된다. 지배집단이 대중에게서 유리될수록 언론의 하부구조적 기능은 강조되어 대중적 신뢰를 상실해 간다. 이러한 상태에 빠진 언론은 지배집단과의 공동 운명체적 유착관계가 심화되어 반민중적 독소를 만연시킨다. '보도지침'으로 상징된 한국 언론의 일그러진 모습도 이상과 같은 맥락에서 그 실상이 확연해질 수 있을 것이다.

언론의 보도 자세에 따라 밀가루가 빵도 되고 독도 된다고 하는 말은 알릴 권리의 회복과 신장이 얼마나 중요한 것인가를 지적한 경고이다. 수많은 사회의 역사를 통해 입증된 바와 같이 알릴 권리의 진정한 형태는 언론 당사자의 적극적 노력 없이는 확보 또는 증진이 불가능하다. 특히 국민의 알 권리를 충족시켜야 한다는 의무적 권리인 알릴 권리에 대한 일차적 방어·보호 역할은 언론인에게 있다 할 것이다.

알릴 권리에 대한 권력의 탄압이 가중되고 국민의 알 권리가 손상

될 때 민중의 권리회복을 위한 저항운동이 필연적 현상으로 나타난다. '보도지침' 등으로 강화된 알 권리와 알릴 권리의 규제 속에서 나타난 80년대의 민중언론 분출 등이 바로 그것이다. 즉 제5공화국 이후 가일층 심화된 민주화 관련 정보의 차단, 권력의 홍보·선전기능의 과대 확산에 대한 국민적 저항은 여러 가지 형태로 나타났다. 특정 신문에 대한 불매운동, 방송 청취 거부, 반민중적 프로그램의 광고 상품 불매운동뿐만 아니라 민중 스스로 언론매체를 개발, 확산시키는 적극적 운동의 단계로까지 진전되었다. 학생, 청년, 농민, 노동자, 종교인 등 민주화와 민중 생존권 확립을 주장한 모든 계층에서 자신들의 주장과 운동을 확산시키기 위한 정보전달 수단을 개발해 유인물·연극·테이프·만화 등 다양한 형태로 발전시켰다. 권력의 부단한 탄압이라는 상황적 제약을 극복한 이 같은 민중언론은 새 사회를 목표로 한 새 언론의 기본 이념을 제시하는 방향타로 풀이될 수 있겠다. 특히 전국적 규모로 벌어진 공영방송 시청거부운동은 권력의 언론정책에 대한 저항권 행사라는 성격으로 나타났었다. 그것은 알 권리와 알릴 권리의 축소 또는 억압이라는 부당행위에 대한 국민 분노의 폭발이었다. 한국 사회에서 알 권리의 주장이 사회운동화한 것은 민중의 민주 역량 성숙도를 실증하는 대표적 사례라 할 수 있겠다.

'보도지침'의 비이성적 행태에서 입증된 중요한 교훈은, 언론은 특정 세력이나 집단의 전유물이 될 수 없으며, 국민의 정보매개체이기 때문에 국민에 의해 그 존재가치가 부여된다는 점일 것이다. 알 권리, 알릴 권리가 확보될 때 언론은 정부에 대한 파수꾼적인 기능을 수행할 수 있고 전체 사회의 총체적 생산성을 높여 줄 수 있다는 점은 교과서적 진실이라 하겠다.

2017년에 다시 읽은 '보도지침 내용 분석'
진화한 보도지침, 30년 전과 비슷

고승우(민주언론시민연합 이사장)

전두환 정권 시절에 출판된 『말』 보도지침 특집호는 추악한 정권의 폭력성과 기만성을 드러내 1987년 6월 항쟁의 기폭제 중 하나가 되었다. 당시 필자는 『보도지침』 출판을 위해 폭로된 보도지침 내용 분석을 담당했다. 당시 컴퓨터는 매우 귀한 전자제품이어서 개인적 소유나 사용은 불가능했고, 순전히 펜과 연필로 수작업을 해야 했다. 지금 생각하면 호랑이 담배 먹던 시절의 얘기다. 1986년 당시 『보도지침』 작업을 비밀리에 하던 중 경찰이 찾아와 누가 민주언론운동협의회(언협)에 돈을 댔는지를 캐묻기도 했다. 형사들은 필자가 근무하던 회사로 찾아오거나 근처 다방으로 불러내 구두 신문을 했다. 회사는 경찰로부터 필자가 언협의 실행위원이라는 사실을 통보받았는지 계열사로 전출하는 인사 조치를 취했고, 다른 이유도 겹치고 해서 필자는 결국 사직했다. 사직 후에 언협 『말』지 편집장을 맡아 1987년 12월 대선을 치렀다.

이번에 작업을 하면서 시대와 정권이 변하는 동안 보도지침은 간교하고 지능적으로 변신을 거듭하고 있다는 것을 확인했다. 정권은 합법·비합법·불법적인 방법으로 보도지침을 남발하고 있고, 대부분 언론은 익숙해져 버린 상황이다. 남북관계와 관련해서 국가보안법은 수십 년 동안 강요되는 보도지침이다. 국보법은 언론의 원천적이며 가장 기본적인 사상과 표현의 자유를 억압하면서 평화통일 추진을 불가능하게 만들고 있다. 국보법이라는 최악의 보도지침은 북한보다 남한 내부 토론 부재 문화와 죽기살기식 경쟁과 갈등의 씨앗이 되고 있다. 국보법 외에 수많은 보도지침이 언론을 정치와 자본 권력이 자행하는 공작의 대상으로 전락시키는 일이 일상적으로 일어나고 있다. 언론이 보도지침에 휘둘리지 않으려면 철저한 상황 파악과 자기 무장이 필요하다는 것을 새삼 확인했다. 이 원고는 1986년 당시 작업해 출판한 '『보도지침』내용 분석'을 돌아보고 30년 전과 비교해 달라진 상황을 보완하려고 했다.

독재정권의 보도지침과 '이명박근혜' 정권의 진화한 언론통제 비교

보도지침은 전두환 정권 시절 '땡전뉴스'로 상징되었던 것처럼 정치권력이 대중매체의 보도를 공작정치나 비민주적 정치에 악용하기 위해 사용한 언론통제 방식의 하나다. 보도지침은 정권에 유리한 기사는 부각하고, 그렇지 않은 기사는 축소하거나 아예 싣지 못하게 언론에 강제한 권력의 불법적인 행위다. 언론자유는 헌법에 보장된 자유로 정치·자본 권력을 감시 비판하는 것이 기본적인 책무다. 보도지침은 어떤 형식으로든 존재해서는 안 되는 반민주·반헌법적인 존재다.

보도지침은 독재정권 시절 언론을 탄압한 흉기로 인상 지워져 있다. 보도지침에 대한 정의는 민주화 공간이 비좁았던 독재정권 시절과 민주화가 상당 부분 쟁취된 상황에서는 차이가 있다. '이명박근혜' 정권과 같이 민주주의를 후퇴시킨 정치권력의 보도지침은 그 이전 정권의 그것과 다르다. 21세기 보도지침을 언론을 통제하는 모든 제도 내지 장치라고 규정할 경우, '이명박근혜' 정권이 언론을 통제하던 방식과 그 구체적 증거는 차고 넘친다. '명박어천가', '박비어천가'가 난무했던 것은 여러 각도에서 분석해야겠지만 정치권력의 악랄한 언론통제, 즉 광의의 보도지침을 수단으로 삼은 결과라는 지적을 피할 수 없다. 두 정권은 합법적 방식을 가장하거나 불법적 방식으로 생산된 보도지침으로 끊임없이 언론을 공략해 정권의 나팔수로 삼으려 시도했다는 공통점이 있다.

군부독재 시절 언론은 정권의 하부구조로 편입된 상태로 철저히 상명하복의 형식이었다. 정권이 정부기관과 행정부 내에 설치한 언론통제 기구를 통해 언론에 명령한 것이다. 오늘날 정치권력의 언론통제는 전반적으로 볼 때 과거와 그 형식은 다양화되었지만, 내용은 엇비슷하다. 정권이 언론을 통해 국민을 속이고 정권 비판세력을 겁박하면서 부당한 이득을 강탈하려는 노림수가 그것이다.

'이명박근혜' 정권의 보도지침은 다양한 방식으로 취해졌다. 그 가운데 하나가 정권이 정부기구나 공무원을 동원한 경우다. 이는 청와대나 정부기구가 언론을 상대로 소송전을 전개하는 방식과 국정원이나 군 사이버 사령부를 통해 인터넷 포털 등을 상대로 댓글부대를 가동시킨 것이 대표적이다. 청와대 홍보수석 등이 KBS 등 언론사 간부에게 전화를 걸어 수시로 정권 구미에 맞는 보도를 하도록 요구하기도 했다. 이명박 정권이 종편 TV를 다수 등장시킨 것은 자본과 족벌 언론이 결탁한 언론사를 양산해 수구세력의 영구집권을 획책한 것으로, 이는 광의의 보도지침의 영역에 포함할 수 있다.

청와대가 내려보낸 낙하산 사장을 통해 언론을 통제한 경우는 언론사 경영진으로 변신한 사장 등이 정권의 의중을 파악해 보도통제를 하기 위해 경영과 인사권을 악용하거나 이에 반대하는 언론인을 해직하는 등 부당하게 징계하는 방식으로 이루어졌다.

SNS 시대의 정보 유통은 대중매체와 함께 페이스북, 카카오톡, 유튜브 등 뉴미디어로 광범위해졌고, '이명박근혜' 정부는 이들 다양한 미디어를 통한 여론조작을 시도했다. 정치권력은 뉴미디어가 정보유통망의 발전에 따라 대중매체와 유사한 기능을 동시에 수행한다는 점에 주목했고, 국정원이나 군 사이버 부대를 가동해 정부에 유리한 정보를 생산하고 유통시켰다. 국정원 댓글팀은 인터넷 매체에서의 정보의 특성을 정확히 파악하고, 인터넷 사용자들에게 감염성이 높고 선동성이 강한 정보를 생산해 선거나 종북몰이, 정부 옹호 정보를 양산해 유통했다.

또한, 이명박 정권은 언론악법을 통해 종편을 출범시켰다. 재벌 자본과 미디어 자본의 통합을 통해 대중매체가 자본에 대한 감시 비판을 원천적으로 외면하게 만들려고 시도했다. 재벌 자본은 정경유착이 체질화되어 있는 한국 사회 현실을 볼 때 보수·수구세력의 영구집권을 가능하게 할 편파적 정보 유통 구조를 고착화시키려 한 것이다. 이는 재벌과 수구세력, 족벌 언론의 이익에 봉사하는 대중매체가 언론시장을 장악하게 하려는 목적으로 군사정부 시절부터 자행된 보도지침의 형식을 대중매체 내부에 체질화하려는 시도로 풀이된다. 한편 2016년, 박근혜·최순실 게이트 국면에서 종편은 관련 정보 제공이라는 측면에서 선전했다. 박근혜 대통령이 보수·수구세력에게 효용 가치가 상실되었고, 그 교체가 시급한 것으로 본 전체 보수세력의 판단이 일정 부분 영향을 미친 것으로 추정할 수 있다.

독재권력의 전유물이었던 보도지침은 SNS 시대가 되면서 그에 적합한 형태로 진화했고, 그것은 아예 보도지침을 내면화한 세력이 종편과 같은 대중매체를 경영하는 쪽으로 옮겨 갔다고 할 수 있다. '이명박근혜' 시절 종편과 공영방송의 관계는 제로섬 논리로 설명할 수 있다. 종편이 살려면 공영방송이 죽어야 했다. 일정 기간 공영방송은 노동조합의 역할과 사회적 연대 등으로 정권에 장악되기 어려운 체질이었다. 하지만 이명박 정부 이후 KBS와 MBC는 낙하산 사장의 반언론적 행태 속에 그 위상이 추락했다. 공영방송이 낙하산 사장 체제하에서 사회적 위상이 급락하고 종편의 경영 등이 호전된 것은 자연스러운 시장 현상이라기보다 정권 차원의 방송시장 재편 프로그램에 의한 결과로 볼 수 있다.

또한, 방송사 사장 등을 뽑는 인사를 담당하는 기구에 누구를 앉히느냐에 따라 방송내용이 정의와 진실에서 멀어지는 현상도 지난 수년간 끊임없이 확인했다. 방송사 내에서 파업과 같은 저항을 해도 해고하거나 비제작 부서로 발령을 내 제작 현장에서 배제하고 있다. 해직된 언론인들이 법원에서 부당해고 소송에서 승소해도, 방송사는 대법원 판결까지 지켜보자며 원직 복직을 거부해 언론 현장으로 돌아가지 못한다. 해직 언론인은 방송사 내부에서 '찍히면 저렇게 개인적으로 불행해진다'는 산 증거로 악용되어, 언론자유는 언론 스스로 지키는 것이 원칙이라는 불문율을 파괴하는 결과를 낳고 있다.

정치권력의 합법적 언론통제는 방송통신정책이나 심의기구, 공영방송 사장 임명 시스템 등을 통해서도 이루어진 것이다. 청와대 홍보수석이 전화를 걸어 보도에 개입하는 불법적이고 충격적인 사실이 폭로되었지만, 보도에 개입한 홍보수석은 현재까지 아무런 책임을 지지 않고 있다. 이 또한 충격적이다. 보도지침에 대한 정치권력의 인식이 전두환 시절이나 21세기나 흡사하다는 것은 이 나라 전체 민주주의의 수준이 어떠한 것인가를 웅변한다. '이명박근혜' 정권이 자행한 언론통제는 보도지침의 일상화라는 성격이 강하고, 이런 불법적인 행태가 강행되면서 병행된 것이 언론인 탄압, 즉 언론인 강제 해직과 방치, 그리고 이를 통한 다른 언론인에 대한 겁박과 순치 작업이라고 할 수 있다. 이른바 공포를 수반한 언론통제라는 방식은 박정희·전두환 시절이나 '이명박근혜' 정권이나 모두 똑같았다.

'이명박근혜' 정권은 청와대에 예속된 언론사 경영진을 통해 경영과 인사를 무기 삼아 보도부문을 통제하거나 포털 등 SNS에서의 상징 조작을 통해 여론 공작을 벌였다. 민주주의를 후퇴시킨 두 정권은 언론자유를 외치는 언론인들을 해직시키거나 그들의 복직을 외면했다. 이는 정치권력에 찍히면 저렇게 고통받는다는 것을 상징화시키는 공작정치의 한 형태라고 할 수 있다. 이명박 정권에 이어 박근혜 정권은 KBS, MBC 등 공영방송에 낙하산 사장을 내려보내고 공영방송을 제도화하는 작업을 외면하면서 부당하게 해직된 언론인들의 복직 문제 등도 나 몰라라 했다. 이것도 무언의 보도지침을 내려보내는 것과 같다. 공정하고 진실한 보도를 외면하게 만들면서 정권의 구미에 맞는 정보만을 생산토록 방송사에 지침을 주는 것과 같기 때문이다. 보도지침을 집행하는 과정에서 언론사 내부를 겁박하고 무력감을 확산시키기 위해 언론인 해직이라는 언론인 학살 방식을 자행하는 것은 과거 독재정권이나 21세기나 모두 같다. 동아·조선투위나 1980년 광주항쟁 당시 언론투쟁으로 학살당한 해직 언론인들을 내버려 두는 것은 언론인들의 정당한 투쟁을 외면하고 언론개혁을 저지하려는 공작정치적 행태였다. '이명박근혜' 정권 시절에서도 YTN과 MBC 해직 기자들에 대한 법원의 복직 판결에도 불구하고 원상회복이 이뤄지지 않는 것은 현장 언론인들을 위축시켜 공정 보도에 재갈을 물리기 위한 것이다. 정권에 저항하거나 비판하면 결국 개인적 불행으로 귀결된다는 신호로 언론인 강제 해직을 악용하는 것이다.

또한, 박근혜 정권은 문화인 블랙리스트를 만들어 표현의 자유를 탄압했다. 문화예술인들의 방송 출연 저지를 넘어 지식인들의 언론 접근을 차단했을 개연성이 충분하다. 이런 형태도 역시 사실상 보도지침이 노리는 효과를 언론사에 미친다는 공통점이 있다. 2017년 현재 한국의 언론 상황은 공영방송과 종편 문제 해결, 부역 언론의 청산, 방송통신위원회 등 방송 관련 행정기구의 정상화, 해직 언론인 원상회복 등이 시급한 과제다. 보도지침과 같은 반민주·반언론적인 후진적인 요소는 영구히 추방되어야 한다.

뉴스 유통을 장악한 포털, 이대로 괜찮은가

정치권력이 한발 물러서 직접 손을 대지 않고 자본이 대행하는 보도지침도 나타났다. 우리나라 대중매체 시장에서 정보 유통은 포털이 장악하고 있다. 이 중 네이버가 80% 전후를 차지하고 있다. 네이버가 기사를 제공받는 대중매체와 제휴하는 방식은 상당한 정도의 자본력을 지닌 신생 매체가 아니면 언론활동을 불가능하게 한다. 왜곡된 뉴스 유통 환경에서 네이버와 제휴하지 못하면 경제적 자립이 가능한 언론사로 성장·유지할 수 없다. 네이버의 제휴 조건이 그것을 가로막고 있기 때문이다. 이른바 포털이 신생 언론의 성장을 차단하는 모양새를 취하고 있다. 인터넷 시대의 신생 매체가 진보적인 경향을 띠는 경우가 많다고 할 때 네이버와 뉴스 서비스 제휴라는 관문은 중장기적으로 미래의 언론시장에 심각한 역기능을 초래할지 모른다. 포털의 뉴스 서비스 제휴라는 관문을 뚫지 못하면 결과적으로 뉴스 유통 환경에서 생존할 수 없기 때문이다. 한편, 2015년 박근혜 정권은 인터넷 신문 등록 강화를 시도하려다 미수에 그쳤는데, 이는 네이버 등 포털이라는 자본을 통한 통제강화 시도라고도 해석할 수 있다. 한국이 인터넷 강국이라지만, 지난 10여 년 동안 성공했다는 신생 인터넷 매체가 과연 몇 개인가를 헤아려 보면 포털의 역할이 선명해진다. 신생 매체의 시장 진입이 어려워지면서 조중동을 비롯한 기존 매체들이 여전히 지배적 언론으로 군림하고 있는 현실이다. 이는 포털이라는 자본이 인터넷 시대에 걸맞은 인터넷 매체의 등장을 막고 있다는 의미라고도 볼 수 있다. 그럴 뿐만 아니라 포털에서 주요 기사로 올리는 작업이 정보 유통에 결정적 역할을 하면서 뉴스 배치를 통한 여론조작이 일상적으로 일어나고 있다는 의혹이 그치지 않고 있다. 자본이 여론 다양성을 위축시키는 모양새다.

정치 심의 남발을 통한 '알릴 권리'의 침해

'이명박근혜' 정부 시절 방송통신정책 담당 기구나 방송통신심의위원회에 어떤 인물이 참여하느냐에 따라 편파적이고 불공정한 심의가 남발되기도 했다. 이는 관점에 따라 '합법의 테두리에서 벌어지는 현대판 보도지침'이라는 비판을 피하기 어렵다. 이를테면 방송 심의의 경우 '공정성' 심의를 놓고 방송의 자율성이나 독립성 등을 훼손하는 경우가 너무 많다. '공정성'이 사실상 보도지침으로 악용되는 것이다. '공정성'은 가치관이나 전문성의 정도가 십인십색인 것을 피할 수 없다. 그래서 미국은 수십 년 전에 방송심의 원칙에서 이를 폐지했다. 그러나 한국에서 '공정성'은 여전히 전가의 보도처럼 방송 자율성을 짓밟는 데 악용되고 있다.

공정성과 함께 중요하게 고려되는 또 다른 기준은 기계적 균형이다.

찬반양론 등 의견이 엇갈리는 경우 양쪽을 동등하게 취급해야 한다는 기계적 균형이 원칙인 양 적용되고 있다. 시청자는 그런 보도를 접할 경우 무엇이 진실인지 아닌지 분간하기 어렵다. 미국의 경우 기계적 균형은 선거와 같은 특수한 경우가 아니면 방송사가 자율적으로 결정하는 사항으로 되어 있다. 이는 우리도 귀담아들을 만하다. 기계적 균형을 맞추는 것은 방송뉴스가 사회현상을 중계한다는 형식이 강조되는 것과 같다. 이 때문에 '박근혜 탄핵 반대 집회'가 방송보도로 더욱 촉발된 측면도 있다. 박 전 대통령이 전 세계적인 조롱거리가 되는 정치를 했는데도 법리적으로나 상식적으로 전혀 타당성이 없는 주장과 구호가 기계적 균형이라는 원칙에 따라 텔레비전 화면에서 넘쳐나게 되었다. 시청자가 제대로 된 방송 서비스를 받아야 할 권리가 있다고 할 때 현재의 방송 심의 방식은 재검토가 필요하다. 시청자에 대한 제대로 된 서비스 제공이 방송 심의의 주요 근거가 되어야 한다.

보도지침은 20세기 이전의 국가에서 여러 형태로 존재했지만, 2차 세계대전 이후 민주주의 체제가 보편화하면서 점차 소멸했다. 그러나 한국은 1986년 보도지침 폭로를 통해 당시 전두환 정권이 폭압적으로 언론을 탄압하는 정권이라는 것을 명백하게 드러냈다. 30년 전에 보도지침을 통해 취해진 정치권력의 언론통제와 오늘날의 그것을 비교하면 씁쓸하다. SNS 시대가 되면서 보도지침의 형식과 내용이 훨씬 간교해지고 다양해지는 등 크게 진화했기 때문이다. 과거에는 정치권력 기구가 직접 보도지침 통제를 전담했는데, 오늘날에는 권력의 조종을 받는 낙하산 사장이나 댓글부대 등을 동원해 대중매체와 포털 등에서 여론을 조작하는 등 다양한 모습으로 진화했다는 사실을 확인했기 때문이다.

정치권력이 제공하는 보도자료 받아쓰기에 바쁜 정치기사

한국 언론시장은 구조적으로 보도지침과 같은 외부통제에 취약한 구조다. 전체 인구가 수도권에 과다하게 집중되어 있고 언론도 마찬가지다. 지역 언론이 창간·성장·발전하기 어렵다. 언론사는 살아남기 위해 광고 경쟁이 뛰어들 수밖에 없다. 이런 취약점을 정치·자본 권력은 교묘하게 파고든다. 이런 시스템에 젖어 버린 언론은 일상화된 보도지침과 같은 언론통제에 대해 불편해하지 않는 지경이 되어 버렸다.

박근혜 정부는 '큰 사건이 나면 다른 사건으로 덮어 버리는' 방식을 잘 활용했다. 이는 언론이 청와대 등 정치권력의 보도자료에 매달리는 구조로 인해 가능했다. 언론은 최고 권력기구인 청와대 등의 보도자료를 베끼기에 바쁘고 이를 당연시한다. 이렇게 보면 보도자료는 보도지침의 확대판과 같은 임무를 수행한다. 보도자료가 언론을 지배하는 기현상에 조중동은 물론 열악한 경영 사정으로 취재인력이 부족한 영세 언론사도 모두 동참한다. '보도자료를 베끼는 언론의 자격'을 획득하기 위해서는 청와대 기자단에 가입하는 것이 선행 조건이다. 정치권력도 기자단에 가입하지 않은 언론사는 상대하지 않는다.

정보를 독점한 정치권력이 보내는 보도자료 중에서 언론과 시민을 가장 심각하게 농락하는 것은 국정원의 북한 관련 자료다. 해방 이후 최악의 보도지침이라고 할 수 있는 국가보안법에 순치된 언론은 국정원 자료를 검증 없이 그대로 기사화하는 일을 반복한다. 그뿐만이 아니다. 국정원 자료를 근거로 '카더라 뉴스'를 양산한다. 오보로 밝혀진 뒤에도 독자나 시청자에 대한 사과는 제대로 하지 않는다.

분단국가 최악의 보도지침, 국가보안법

북한을 직접 취재하는 것이 원천적으로 불가능한 상황에서 언론은 북한 관련 정보에 목말라한다. 또한, 북한이 오보 등을 문제 삼을 걱정이 없다는 점 때문인지 국정원이 내주는 보도자료를 기사화하는 데 주저하지 않는다. 국정원 자료 가운데 일부는 시간이 지나 허위로 드러나기도 하지만 언론사는 태연하다. 독자나 시청자에게 사과 등은 거의 하지 않는다.

국정원은 북한과의 물리적·심리적 적대관계를 상정하고 가동되는 기구다. 국정원의 업무 가운데 하나는 대북 심리전도 포함된다. 대북 심리전의 한 형태로 국정원 보도자료를 통해 대중매체를 수단 삼아 벌어지고 있다. 국정원의 댓글공작의 사례에서 확인했듯 '대북' 심리전이 세금을 내는 국민을 상대로 벌어지는 것도 국보법이 존재하기 때문이다. 국민 모두가 적을 고무·찬양할 가능성이 있는 존재로 불온시하는 국보법이 수십 년 뿌리내리면서 국정원 등 권력기관의 대국민 심리전이 일상적으로 벌어지고 있다. 국보법은 사상과 표현의 자유를 억압하고 언론의 자유를 짓밟으면서 평화통일을 불가능하게 만드는 최악의 보도지침이다. 이 법은 북한을 대상으로 한다기보다 남한 내의 토론 부재 정치를 부추기고 '너 죽고 나 살기 식' 갈등을 유발하고 있다.

국보법을 일상적으로 휘두르며 악용하는 곳이 국정원이다. 국정원은 궁극적으로 북진통일을 달성하기 위해 국내 언론 등을 이용한 작전을 '보도자료'라는 이름으로 일상적으로 벌인다. '종북세력과의 투쟁'을 공언하는 국정원이 국내 언론을 대북 심리전의 수단으로 이용하고 있는 셈이다. 미국의 경우 자국민을 상대로 군이나 정부 기관이 심리전을 펴지 못하도록 규제하지만 한국에서는 그렇지 않은 것으로 보인다.

제4부인 언론은 국정원에서 제공하는 자료에 유의해야 하지만 현실이 그렇지 않다. 사상의 자유, 표현의 자유를 억압하는 국가보안법의 독기에 중독된 탓인지 언론은 북한 보도에서 마치 언론자유가 보장되고 있는 듯한 착각에 빠져 있고, 국정원의 노리개가 되는 현실에 대해서도 무감각하다. 국정원 발 보도지침이 언론에 수용되고 있는 현상은 하루빨리 시정되어야 한다.

광고, 자본에 의한 보도지침

이른바 '삼성 공화국'이라는 말은 언론사에 더욱 큰 의미로 다가온다. 자본주의 사회에서 운영되는 대중매체는 극소수의 예외를 빼면 광고 없이 생존할 수 없다는 점을 자본은 꿰뚫고 있다. 자본이 제 이익을 위해 얼마나 능소능대할 수 있는지는 박근혜 게이트와 삼성의 관계에서도 드러났다. 광고라는 명목으로 회사의 생존에 직결되는 자금을 받았을 때 그 언론이 삼성에 대해 어떻게 보도할 것인가. 자본이 언론에 제공하는 '혜택'은 보도지침 성격의, 자본에 봉사하는 정보에 대한 보도 요구를 수반한다.

한편 삼성과 친인척 관계로 연결된 JTBC의 관계는 주목해야 할 필요가 있다. 자연스럽게 삼성 자본이 JTBC에 참여했다. 하지만 JTBC는 소유와 경영을 분리한 전략에 의해, 낙하산 사장으로 망가진 공영방송은 물론 다른 종편과는 판이한 탁월한 보도 역량을 보여 주었다. 언론 권력과 자본 권력의 관계에서 '이럴 수도 있구나' 하는 사례를 JTBC가 보여 주었다. 그러나 자본은 집요하다. 이후 JTBC가 어떤 행보를 보일 것인지, JTBC의 미래를 주목할 필요가 있다.

수구·보수언론의 '체질'은 변화할 수 있을까

수구·보수언론의 체질이 어디부터 어디까지가 외부 요인이고 내부 요인인지 분명치는 않다. 보도지침이라는 외생 변수의 경우 더욱 그러하다. 그러나 권언복합과 경언유착이라는 특성이 심각한 수구·보수언론과 전체 사회와의 관계를 생각할 때 우울한 전망을 피하기 어렵다. 그것은 2017년 초 박근혜 게이트와 김정남 사건, 대선 관련 보도 등에서 분명히 드러났다.

박근혜 대통령 탄핵안 국회 가결을 전후해 수구·보수언론은 청와대의 비정상에 대한 폭로성 보도에 몰두했다. 그 모습은 마치 어떤 보도지침에 좌우되는 것이 아닌가 하는 의구심이 들 정도였다. 최순실의 국정농단이 폭로되기 전 '박비어천가'를 높이 부르던 수구·보수언론의 모습은 5공화국 시절 정치권력의 보도지침에 의해 조종되는 언론과 흡사했다. 그러다가 박 대통령과 최순실 일당의 반민주·반헌법적 범죄 혐의가 꼬리를 물고 터지자 수구·보수언론은 약속이나 한 듯 탄핵이 불가피하다는 식으로 보도해 태극기를 앞세워 탄핵 반대를 외치는 수구집단으로부터 강력한 비판이 제기됐다. 탄핵이 임박한 시점에 탄핵 반대 집회에서 '조중동이 죽어야 대한민국이 산다'는 구호가 등장한 것이다.

수구·보수언론이 약속이나 한 듯이 박 대통령 비판에 한목소리를 내면서 탄핵이 촉진된 것도 사실이다. 그러면 그렇게 된 가장 큰 원인은 무엇일까? 이는 수구·보수언론이, 박 대통령의 비리가 최순실과 그 일당만의 이익을 챙기는 식으로 진행되었고, 박 대통령은 더 이상

수구·보수세력의 이익에 보탬이 되지 않은 것으로 판단한 결과가 아닐까 싶다.

　그러나 2017년 3월, 조기 대선이 불가피해지자 수구·보수언론은 과거의 악취 풍기는 정치적 편향적 체질을 드러내기 시작했다. 김정남 사건이 터지자 조중동 등은 북한이 암살 주범이라는 보도를 양산했다. 사건 발생 초기부터 국정원이 전 세계를 향해 '북한의 암살'이라고 치고 나가자 수구·보수언론은 이를 큰 소리로 합창했다. 국정원 출신이나 탈북자들이 종편의 김정남 관련 시사프로에 단골손님으로 나온 것은 당연한 순서였다. 말레이시아 당국이 미흡한 수사 결과 발표나 결정적 증거를 내놓지 않은 상황에서 국정원이 내놓는 자료를 받아쓰는 모습을 보였다. 북한과 관련해 체질화된 보도지침이 언론을 지배했다. 수구·보수언론이 선거 때마다 앞장서 왔던 종북몰이와 친북 공세라는 구조적 체질이 되살아났고 '카더라 식' 보도가 홍수를 이뤘다.

　한편, 수구·보수언론은 사드와 관련해서 중국의 한국 관광 금지 조치가 나오자 중국에 맹공을 퍼붓는 식의 보도를 쏟아 냈다. 사드의 효능이나 유해성 여부 등이 검증되지 않았고, 미국의 미사일방어체계가 사드 배치로 보강되는 측면이 있어 중국·러시아·북한 등이 강력하게 반발하는데도 보수언론을 포함한 대부분의 국내 언론은 한미 정부의 시각에서 생산한 기사를 주로 보도하는 공통점을 보였다. 이들 언론은 중국에 대한 한국의 경제 의존도와 그로 인한 관련 기업이나 서민 경제에 대한 심각한 타격에 대해서도 중국에 책임을 떠넘기는 보도만을 쏟아 냈다. 사드의 미국의 동북아 전략 강화라는 측면이나 환경 파괴 위험성 등은 외면했다. 사드 관련 보도가 쏟아졌던 시기가 대선 기간이었다는 점을 고려해야 한다. 대선이 안보·경제 불안 속에 치러질 경우 유권자의 권리 행사에 심각한 영향을 끼친다는 우려와는 담을 쌓은 보도 태도였기 때문이다.

'이명박근혜' 시절 언론 일부에 체질화된 보도지침의 독기를 씻어 내자

박근혜 탄핵 이후 조기 대선이 가시화된 후 수구 ·보수언론은 과거의 경마 식 보도 경쟁에 몰두할 뿐 정치 민주화를 위해 국민에게 필요한 정보 생산에는 소홀히 했다. 수구·보수언론은 탄핵 반대 집회에서 주장하는 구호가 합리적인지에 대해서는 거의 문제 삼지 않았다. 대선 보도 또한, 후보 당선에 따른 득실계산에 몰두하는 보도 태도를 보였다. 촛불광장에서 제기된 정치·경제 민주화 요구를 실현하는 데 도움이 되는 보도는 찾아보기 힘들었다.

인류의 정치사를 보면 모든 사회의 지배집단은 기득권을 유지하기 위해 가장 효과적인 통치방법을 모색해 왔다. 과학기술이 발달할수록 언론을 '이용'하려는 세력은 새로운 방법론을 개발해 언론을 통제하려는 시도를 멈추지 않은 것으로 나타난다. 댓글 공작이라는 국정원의 대선 불법 개입은 포털이 언론 유통시장을 지배하는 특성을 악용한 주요 사례라고 할 수 있다.

전두환 정권 시절 보도지침을 비춰 볼 때, 지배집단의 언론통제는 그 집단의 성향에 따라 다양한 형태로 나타난다. 지배집단이 비민주적·폭력적일 때의 언론통제는 유사한 형식을 취했다. 지배집단이 대중적 지지기반이 부족할수록 언론은 지배집단의 하부기관의 역할을 담당하며 지배 논리만을 반복·강조하곤 했다. 이에 따라 기존 지배질서에 대항적인 주의 주장은 적대시되거나 왜곡되고, 때로는 아예 보도 대상에서 제외된다. 지배집단이 대중에게서 유리될수록 언론의 이러한 하부구조적 기능은 강조되어 대중적 신뢰를 상실해 간다. 이러한 상태에 빠진 언론은 지배집단과의 공동운명체적 유착 관계가 심화되어 반민중적 독소를 만연시킨다. '보도지침'으로 상징된 한국 언론의 일그러진 모습도 이상과 같은 맥락에서 그 실상이 확연해질 수 있을 것이다.

언론의 보도 자세에 따라 '밀가루가 빵도 되고 독도 된다'고 하는 말은 알릴 권리의 회복과 신장이 얼마나 중요한 것인가를 지적한 경고이다. 수많은 사회의 역사를 통해 입증된 바와 같이 알릴 권리의 진정한 형태는 언론 당사자의 적극적 노력 없이는 확보 또는 증진이 불가능하다. 특히 국민의 알 권리를 충족시켜야 한다는 의무적 권리인 알릴 권리에 대한 일차적 방어·보호 역할은 언론인에게 있다 할 것이다.

알릴 권리에 대한 권력의 탄압이 가중되고 국민의 알 권리가 손상될 때 민중의 권리 회복을 위한 저항운동이 필연적 현상으로 나타난다. '보도지침' 등으로 강화된 알 권리와 알릴 권리의 규제 속에서 나타난 1980년대의 민중언론 분출 등이 바로 그것이다. 즉 제5공화국 이후 가일층 심화된 민주화 관련 정보의 차단, 권력의 홍보·선전기능의 과대 확산에 대한 국민적 저항은 여러 형태로 나타났다. 특정 신문에 대한 불매운동, 방송 청취 거부, 반민중적 프로그램의 광고상품 불매운동, 민중 스스로 언론매체의 창간이라는 적극적 운동의 단계로까지 진전되었다.

전두환 정권 말기에는 학생, 청년, 농민, 노동자, 종교인 등 민주화와 민중 생존권 확립을 주장한 모든 계층에서 자신들의 주장과 운동을 확산시키기 위한 정보전달 수단을 개발해 유인물, 연극, 테이프, 만화 등 다양한 형태로 발전시켰다. 권력의 부당한 탄압이라는 상황적 제약을 극복한 이 같은 민중언론은 새 사회를 목표로 한 새 언론의 기본

이념을 제시하는 방향타로 풀이될 수 있다. 특히 전국적 규모로 벌어진 KBS 시청거부운동은 권력의 언론정책에 대한 저항권 행사라는 성격으로 나타났었다. 그것은 알 권리와 알릴 권리의 축소 또는 억압이라는 부당행위에 대한 국민 분노의 폭발이었다. 한국 사회에서 알 권리의 주장이 사회운동화한 것은 민중의 민주 역량 성숙도를 실증하는 대표적 사례라 할 수 있다. '보도지침'의 비이성적 행태에서 입증된 중요한 교훈은, 언론이 깨어 있어야 한다는 것이다.

촛불 광장에 수많은 시민이 자발적으로 몰리는 것은 언론이나 정치가 촛불의 갈증을 풀어 주지 못하기 때문이다. 만약 대의민주주의와 언론자유가 확립되었더라만 국정농단 사태도 벌어지지 않았을 것이고, 촛불시민이 매주 광장을 찾지 않아도 되었을 것이다. 국정농단 사태도 언론이 환경 감시 책무를 제대로 하지 않았기 때문에 벌어졌다.

언론 스스로 언론의 역할을 지키지 않을 때 전체 사회는 물론 언론 스스로를 위태롭게 만든다. 언론이 헌법에 보장된 언론자유를 지키려 해도 정치, 자본 권력은 언제나 합법을 가장하거나 불법적인 방식도 불사하며 언론에 대한 통제를 시도한다. 언론통제는 과학기술의 발달에 따라 변화하고 있다. 수준이 나날이 고도화되고 정교해지면서 기만적인 성격을 띠기도 한다. 이런 점을 언론이 치밀하게 살펴서 국민의 알 권리라는 궁극적 목표 달성을 위해 무엇을 어떻게 해야 할지를 항상 모색하고 노력해야 한다.

전체 사회도 언론이 건전해야 사회 모든 부분이 건강해진다는 점을 인식하고 그것에 맞게 행동해야 한다. 언론은 특정 세력이나 집단의 전유물이 될 수 없으며, 국민의 정보 매개체이기 때문에 국민에 의해 그 존재가치가 부여된다는 점을 모두가 인식하고 공유해야 한다. 알 권리와 알릴 권리가 확보될 때 언론은 사회 전체에 대한 파수꾼 기능을 수행할 수 있다. 오랜 독재 탄압과 민주주의에 역행하는 '이명박 근혜' 정권을 거치면서 언론 일부에 체질화되어 자각하지 못하는 보도지침의 독기를 이제는 씻어 내야 한다. 언론이 진정한 민주화와 평화통일에 기여하기 위해 거듭나야 한다. 언론이 진정한 제4부, 사회의 목탁이 되어 사회 전반에 만연해 있는 적폐 청산에 앞장서는 그날이 빨리 와야 하겠다.

2부
'이명박근혜' 정권 시절
언론통제

'이명박근혜' 정권과 언론의 잃어버린 10년

이정환(미디어오늘 사장)

방송장악의 시작, 사장 교체

"낙하산 사장 한 사람에 이렇게 무너질 줄 몰랐다." MBC에 김재철 사장이 왔을 때도 그랬고 YTN에 구본홍 사장이 왔을 때도 그랬다. 정연주 사장이 KBS에서 쫓겨나고 이병순과 김인규 사장이 왔을 때도 그랬다. 정의감 넘치는 기자와 피디들이 권력의 엄포와 압박에 이렇게 속절없이 무릎을 꿇을 거라고 누가 상상이라도 할 수 있었을까. 이명박 정부가 시작됐던 2008년, 한국 언론의 '잃어버린 10년'이 시작됐다.

미국산 쇠고기 수입 반대 촛불집회가 한창이던 2008년 봄, 서울광장에서 집회를 마친 시민들이 여의도까지 걸어서 행진하곤 했다. 시민들은 "힘내라 MBC"를 외치고 "정연주 퇴진 반대"를 외쳤다. 그랬던 MBC가 언젠가부터 '엠오신'으로 불리게 됐고 극우 프로파간다를 쏟아내면서 어버이연합으로부터 '가장 신뢰하는 언론'이라고 칭찬받는 신세가 됐다. KBS는 수신료가 아깝다는 말을 들은 지 오래고 YTN 역시 언젠가부터 존재감이 사라졌다.

'이명박근혜' 정권의 언론장악 프로세스는 세계 언론사에 길이 남을 만큼 집요하고 악랄했다. 낙하산 사장을 내려보내고 징계·해고를 남발하면서 기자와 피디들에게 위축 효과를 불어넣고 끝없이 자기검열을 하게 만들었다. 온갖 특혜를 쏟아부어 보수 성향 신문사들에 지상파 수준의 커버리지를 확보한 방송 채널을 안겨 줬고 유료방송 시장을 쥐락펴락하며 시청률을 보장해 줬다. 공영방송의 손발을 묶고 조중동에 날개를 달아 준 꼴이었다.

이명박 정부의 언론장악은 정치적 '멘토'라고 불렸던 최시중 씨를 방송통신위원회(방통위) 초대 위원장에 앉히는 것으로 시작했다. 방송시장을 시장 논리로 재편하고 공영방송의 근간을 무너뜨려 언론의 감시·비판을 무력화하는 시도였다. 방통위는 방송과 통신의 융합 환경에 대응한다는 명분으로 정보통신부와 방송위원회를 통합해 출범했으나 실제로는 막강한 이권을 배분할 권한을 쥐고 방송과 통신을 쥐락펴락하는 여론장악의 첨병으로 활동해 왔다.

이명박 정부는 집권 초기부터 KBS와 MBC를 틀어쥐기 시작했다. 정연주 KBS 사장을 강제로 끌어내린 사건은 엄청난 충격을 몰고 왔다. 퇴임 압박이 먹히지 않자 국세청을 상대로 한 세금 환급 소송에서 회사에 손해를 끼쳤다는 이유로 검찰을 내세워 배임 혐의로 기소했고 감사원이 나서서 특별감사까지 했다. 같은 이유로 2008년 8월 KBS 이사회가 정연주 사장의 해임제청안을 가결했고, 이 대통령은 정 전 사장을 전격 해임한다.

세금 환급 소송을 끝까지 가지 않고 조정으로 합의해 1,892억 원의 손해를 끼쳤다는 게 검찰의 주장이었으나 정 전 사장은 해임 1년 뒤 무죄 판결을 받는다. 애초에 법원이 제안한 조정안을 받지 않았더라도 승소했다고 보기 어렵고 내부 검토와 자문을 충분히 거쳤다는 이유에서였다. 털어서 먼지 안 나오는 사람 없다는 식의 무리한 검찰 수사였고 부당한 해임이었다. 정 전 사장은 해임 무효 소송에서도 대법원까지 가서 승소했다.

김대중 전 대통령은 지난 2000년 "공영방송 사장이 정치적 영향을 받는 게 안타까웠다"면서 대통령의 KBS 사장 임면권을 임명권으로 축소해 임기를 보장받도록 했다. 정권의 눈치를 보지 않도록 대통령이 사장을 임명할 권한을 갖되 해임(면직)할 수 있는 권한을 포기한 것이다. 정연주 사장 해임은 공영방송 사장의 임기를 보장하는 방송법을 정면으로 부정하는 횡포였다. 대통령이라고 해도 KBS 사장을 해임할 권한은 없다는 게 방송법의 취지다.

YTN에는 그해 7월 MBC 보도본부장 출신으로 이명박 대통령 대선 캠프에서 방송특보를 맡았던 구본홍 씨가 사장으로 내려왔다. YTN은 정부 지분은 없지만, 한전KDN과 마사회, 우리은행 등 공기업들이 60% 가까이 지분을 소유하고 있다. YTN 사장은 훈장과도 같은 자리였다. 노동조합이 출근 저지 투쟁을 벌였고, 구 사장은 호텔을 전전하다가 밤늦게 몰래 회사에 잠입하거나 한 번 출근하면 며칠씩 사장실에서 먹고 자면서 파행적인 경영을 계속했다.

구본홍 사장은 낙하산으로서 역할에 충실했다. 구 사장은 취임 직후 〈돌발영상〉에 강한 불만을 드러냈다. YTN 노조위원장을 지냈던 노종면 기자는 당시 상황을 이렇게 기억한다. "2009년 6월, 구 사장에게 하소연을 들었다. 노무현 전 대통령의 21년 전 국회 연설을 담은 〈돌발영상〉을 두고 '육성 나가고 기타 치는 모습이 나갔다고 안팎에서 난리다'라고 했다. 저는 그걸 청와대 외압이라고 생각했고 구 사장은 매우 곤혹스러워했다."

그해 10월 구 사장은 노종면 전국언론노동조합 YTN 지부장을 비롯해 기자 6명을 해고하고 출근 저지 투쟁에 나섰던 조합원 17명에게 중징계를 내렸다. 1992년 MBC 민주화투쟁 이후 16년 만의 대량 해고였다. 대법원은 2014년 11월에야 6명 중 3명에게만 복직 판결을 내렸다. 당초 구본홍 사장은 1심 판결 결과를 수용하겠다는 입장이었으나 이듬해 8월 자진 사퇴했고 후임 배석규 사장은 전원 해고 무효 판결에 불복해 대법원까지 끌고 갔다. 구본홍 사장의 사퇴는 YTN을 장악하지 못한 문책성 경질이었다는 관측이 지배적이었다. 전무에서 사장 직무대행을 거쳐 승진한 배석규 사장은 낙하산 인사라고 보기 어렵지만 2013년 2월 공개된 국무총리실 공직윤리지원관실 민간인 사찰 문건에 따르면 배 사장은 "정부에 대한 충성심과 YTN 개혁에 몸 바칠 각오가 돋보인다"는 평가를 받았고 YTN을 찍어 누르기 위한 적임자로 선택됐을 가능성이 크다.

MBC도 가만 내버려 두지 않았다. 〈뉴스데스크〉 앵커 출신 엄기영 사장이 그해 12월 사표를 냈던 건 청와대의 지시를 제대로 따르지 않았기 때문이라는 관측이 지배적이다. MBC 대주주인 방송문화진흥회 김우룡 당시 이사장에 따르면 이명박 정부 출범 직후부터 '큰집(청와대)'에서 엄 전 사장의 사퇴를 종용했다. "엄 사장에게 문 걸어 잠그고 이사들 사표 받아 오라고 시켰다"라고 털어놓기도 했다. 2003년 《신동아》와 한 인터뷰에서였다.

엄 전 사장이 '좌파 대청소'를 제대로 하지 못하자 그 역할이 후임 김재철 사장에게 맡겨졌다. '좌파 적출'은 이명박 정부 초기 유인촌 당시 문화체육관광부 장관이 입에 달고 다녔던 말이다. 유인촌 장관은 "이전 정권의 정치색을 가진 단체장은 스스로 물러나야 한다"면서 문화예술계 인사들의 자진 사퇴를 촉구했다. KBS에서 정연주 사장을 내몰았던 것처럼 표적 감사와 강제 해임이 곳곳에서 자행됐다.

김우룡 전 이사장의 인터뷰에 따르면 김재철 MBC 사장은 "'큰집'에 불려가 '쪼인트'를 까이고 매도 맞고" 한 뒤 "MBC 내부의 좌파

70~80%를 정리"했다. 특히 이명박 정부 초기 미국산 쇠고기 수입 반대 촛불집회가 전국적으로 확산되자 광우병 논란을 촉발시켰던 MBC와 〈PD수첩〉에 공격이 집중됐다. 김 전 이사장은 〈PD수첩〉을 "반정부 투쟁의 본산"이라고 평가하기도 했다.

김재철 사장이 청와대를 드나들면서 〈PD수첩〉 대책을 논의했다는 폭로가 나오기도 했다. MBC 노조가 만난 김 사장 운전기사의 증언에 따르면 김 사장이 2008년 청주MBC 사장 시절 세 차례 청와대에 다녀온 뒤 MBC는 사과 방송을 내보냈다. 이명박 대통령과 각별한 사이였던 김 사장이 엄기영 당시 사장을 압박했으며 그 배후에 청와대가 있다는 의혹이 제기됐다. MBC 노조는 이동관 당시 청와대 홍보수석을 '몸통'으로 지목했다.

집권 초기 100만 촛불집회에 놀란 이명박 정부는 노골적으로 언론을 틀어쥐었다. 검찰은 2009년 3월, 소환 조사에 불응하던 〈PD수첩〉 피디와 작가들을 체포했다. 정운천 당시 농림수산식품부 장관 등이 고소한 명예훼손 사건이었다. 이들은 〈PD수첩〉이 다우너 소를 광우병에 걸린 소인 것처럼 오해하도록 하는 등 미국산 쇠고기의 위험을 과장했다고 주장했다. 조능희 책임피디 등은 언론자유 침해라며 검찰 조사를 거부했으나 체포돼 불구속 기소됐다.

검찰은 MBC 본사와 제작진의 집을 압수 수색하고 김은희 작가 등의 전자우편 내용을 언론에 공개하면서 겁박했다. 수사 과정에서 무혐의 의견을 굽히지 않았던 임수빈 서울중앙지검 부장검사가 돌연 사표를 내기도 했다. 검찰 상층부의 지시 또는 정치적인 배경으로 진행된 수사라는 관측이 지배적이었다. 〈PD수첩〉 명예훼손 재판은 2011년 9월, 대법원에서 최종 무죄 판결이 났지만 오히려 MBC는 사과 방송을 내보내 거센 반발을 불러일으켰다.

노종면 YTN 노조 지부장이 체포된 것은 〈PD수첩〉 수사가 한창이 던 무렵이었다. 사장실 점거 등 업무를 방해했다는 이유로 YTN 사측 이 기자들을 고소했고 검찰이 출석 요구서를 보냈으나 답변이 없었다 는 이유로 사흘 만에 체포한 것이다. 노종면 지부장은 검찰 조사를 거 부할 의사가 없다고 항변했으나 구속영장이 발부됐고 구속적부심 끝 에 12일 만에 석방됐다. 애초에 구속 요건이 되지 않는다는 걸 알면서 도 위축 효과를 노린 것이다.

석연치 않은 출연자 하차와 프로그램 통제 강화

이명박 정부 2년 차인 2009년부터 검열과 통제가 좀 더 강화됐다. 촌 철살인의 클로징 멘트로 인기를 끌었던 신경민 MBC 〈뉴스데스크〉 앵커가 경질됐고, MBC 〈세계는 그리고 우리는〉을 진행하던 김미화 씨 하차설에 라디오 피디들이 집단 연가 투쟁을 벌이기도 했다. KBS 에서는 〈스타 골든벨〉을 진행하던 김제동 씨가 석연치 않은 이유로 교체됐고, 윤도현 씨와 김여진 씨 등 진보적 성향의 출연진들이 출연 금지당하는 일이 계속됐다.

MBC 피디들이 미디어오늘과 인터뷰에서 폭로한 바에 따르면 4대 강 사업이나 한미 자유무역협정(FTA), 한진중공업 사태, 제주 세계 7 대 자연경관 선정 논란 등은 아예 취재 허가가 나지 않거나 취재 중단 지시가 내려졌고 항의하는 피디들은 자회사로 쫓겨났다. 시청률이 안 나온다는 이유로 기획안이 쓰레기통에 버려지는 일도 많았다고 한다. 한 MBC 피디는 "정말 민감하다고 생각하는 것, 꼭 중요하다고 생각 하는 것은 방송할 수가 없었다"고 말하기도 했다.

더욱 놀랍고 참담한 것은 이런 식의 강압적인 언론탄압이 실제로 먹

혀들었다는 데 있다. 기자와 피디들은 치욕에 떨고 분노하면서도 숨죽이며 이런 시스템에 적응해 왔다. "쫓겨나고 싶지 않다는 생각에 정치적인 이슈를 포기하는 일이 많았다"는 고백은 언론의 자유와 공공성이 얼마나 외부의 압력에 취약한가를 드러내는 반증이다. 이명박 정부의 언론장악은 청와대가 임명한 낙하산 사장과 그의 눈치를 보는 국장과 팀장 선에서 이뤄졌다.

MBC에서는 〈PD수첩〉 '4대강 수심 6m의 비밀' 편이 이유 없이 방송이 보류돼 논란이 됐고, KBS에서도 '윗선'의 지시로 〈추적 60분〉 '4대강 편'의 방송이 무산됐다. 김진숙 씨가 한진중공업 크레인에 올라 고공농성을 하고 있을 때 〈PD수첩〉 피디들이 발제를 하자 "일개 회사의 노사문제에 왜 〈PD수첩〉이 가야 하느냐"라는 답변을 들었다는 증언도 나왔다. YTN에서는 박원순 서울시장 인터뷰가 알 수 없는 이유로 방송을 타지 못했다.

YTN에서는 국정원이 박원순 서울시장을 비난하는 트위터 글을 조직적으로 올린 정황을 단독취재했으나 보도국장과 편집부국장 등은 '내용이 어렵다'며 방송을 중단시킨 사건이 있었다. 유투권 YTN 기자협회 회장이 이를 문제 삼아 보도국장 신임투표를 실시하자 인사권 침해라며 감봉 1개월이라는 중징계를 내리기도 했다. 이 과정에서 국정원이 보도국 회의 내용을 미리 알고 개입한 정황이 드러나 논란이 확산됐다.

연합뉴스 기자들의 폭로는 더욱 적나라했다. 재판을 받고 있던 한명숙 당시 민주통합당 대표를 유죄로 단정 짓는 기사가 쏟아졌고, 왜곡된 편집에 항의해 '이런 기사에 내 이름을 못 넣겠다'고 반발하자 그때부터 '법조팀'이라는 크레딧을 달고 송고됐다. 노무현 전 대통령이 서거했을 때는 "TV로 생중계되는데 군이 우리가 자세히 쓸 필요가 있겠느냐"는 지시가 떨어지기도 했다. 기자들은 "톤다운"하고 "드라이하게 쓰라"는 가이드라인을 받았다.

그해 7월 한나라당은 신문의 방송 겸영을 허용하는 방송법 개정안 등 미디어 관련 법안을 날치기 통과시킨다. 방송법의 경우 정족수에 미달해 부결됐으나 재투표를 통해 통과됐다. 재투표의 법적 효력 논란과 함께 일부 의원들의 경우 대리투표가 적발되기도 했지만, 헌법재판소는 민주당의 권한쟁의 심판 청구를 기각했다. 이 법은 이듬해인 2010년 12월 조선일보와 중앙일보, 동아일보, 매일경제신문 등에 방송 진출을 허용하는 근거가 됐다.

종편은 기획 단계부터 법안 마련과 통과, 그리고 시행 단계에 이르기까지 특혜와 유착으로 점철됐다. 미디어법 통과 이후 종편 진출을 희망하는 신문사들 지면에서는 정부 비판 기사가 사라졌다. 정부는 종편 사업자 선정을 미루면서 신문사들을 통제했고, 협조에 보답이라도 하듯 종편에 아낌없는 특혜를 쏟아부었다. 지상파 수준의 커버리지를 보장하면서 종편에 광고 직접 판매와 중간광고, 간접광고 등을 허용한 것도 엄청난 특혜였다.

언론 노동자들의 저항에 징계와 해고 남발

급기야 2011년 12월 국민일보가 전면 파업에 돌입한 데 이어 이듬해 1월에는 MBC, 3월에는 KBS와 연합뉴스, YTN이 동시다발적으로 파업에 돌입했다. MBC의 170일 파업은 사상 최장기 파업으로 기록됐다. 2012년 봄과 여름은 뜨거웠다. 징계에 소송에, 레임덕으로 쇠락해가는 정권을 등에 업고 노조 집행부에 구속영장을 두 번이나 신청하는 등 사측이 갖은 패악질을 서슴지 않고 있지만 투쟁의 열기는 오히려 더욱 뜨겁게 달아올랐다.

뒤늦게 파업에 합류한 최일구 MBC 앵커가 2012년 6월, 한 언론 인터뷰에서 이런 말을 했다. "민주화 시위가 한창일 당시 MBC 로고가 새겨진 차에 타고 명동성당을 지나고 있었습니다. 누군가 '야, MBC 다!'라며 쫓아왔습니다. 차는 파손됐습니다. 그 고초를 겪은 지 25년 만입니다. 최근 FTA 반대 집회에서 후배들이 고초를 겪었다는 말을 들었습니다. 그 고초를 저는 이해합니다. 그래서 앵커 자리에서 내려왔습니다. 우리는 25년 전으로 후퇴했습니다."

서울시청 광장에서 열렸던 '김재철 헌정 콘서트'에는 4천 여 명의 군중이 몰려들어 〈J에게〉를 합창했다. 김재철 사장과 무용가 정명자 씨의 수상쩍은 관계를 조롱하는 이벤트였다. 끝이 안 보이는 파업에 최승호 피디와 박성제 기자의 해고 소식이 전해진 뒤였지만 이날 콘서트는 한바탕 신나는 축제였다. 무대에 오른 최 피디와 박 기자는 서로 자기가 더 억울하다고 너스레를 떨기도 했다. 파업을 종합예술의 경지로 끌어올렸다는 평가를 받았다.

김재철 퇴진 서명운동은 100만 명을 훌쩍 넘겼다. 자발적인 후원과 모금도 쏟아졌다. 요리 커뮤니티 회원들이 MBC를 찾아와 삼계탕 200인분을 끓여 주고 가기도 했다. 합정역 카페 골목에서는 이 동네에 입주한 출판사들이 "보고 싶다 무한도전"이라는 현수막을 내걸고 MBC 노조 후원 도서전을 열었다. MBC 노조는 김재철 사장이 사는 동네에 찾아가 수배 전단을 배포하거나 김재철 인형을 쓰고 명동 거리를 배회하는 등 유쾌한 투쟁을 이어갔다.

이들이 완전히 방송에서 손을 뗀 것은 아니었다. 서울역에서 벌인 플래시몹을 뮤직비디오로 만든 〈MBC 프리덤〉은 중독성이 있다는 평가를 받으며 무한 재생됐다. '저화질 공정 방송'을 표방한 유튜브 전용 방송 〈파업채널 M〉은 KBS의 〈리셋뉴스9〉와 함께 굵직굵직한 특종을 쏟아냈다. 〈PD수첩〉 피디들이 만든 〈파워업 PD수첩〉은 이명박 정부가 방송을 장악했을지언정 기자와 피디들의 영혼을 장악할 수는 없다는 사실을 일깨워줬다.

파업 중인 KBS 노조가 공직윤리지원관실에서 작성된 문건을 입수해 공개하면서 민간인 불법사찰의 충격적인 전모가 드러난 것도 의미심장한 사건이었다. '하명 사건 처리부'라는 이름의 문건에는 청와대의 지시사항과 함께 처리 내역이 일목요연하게 정리돼 있다. 이 문건은 2010년 11월 총리실 압수 수색 때 확보해 대법원에 제출한 자료 가운데 일부였지만 검찰은 추가 수사를 하지 않았다.

청와대가 KBS와 MBC, YTN 등 방송사 사장과 임원 인사에 개입한 정황도 드러났다. 청와대는 방송사에 낙하산 사장을 심고 조직을 장악해 보도방향까지 뒤흔들었다. 역시 'BH 하명'으로 분류된 문건에는 "KBS의 색을 바꾸고 인사와 조직 개편을 거쳐 조직을 장악한 후 수신료 현실화 등을 추진할 것"이라는 구체적인 지시가 담겨 있다. 정부 정책을 비판했던 〈PD수첩〉 작가들과 〈한겨레21〉 편집장 등도 사찰 대상이었던 것으로 나타났다.

그해 4월 국회의원 선거는 여론조사 결과를 뒤집고 집권여당인 새누리당의 압승으로 끝났다. KBS와 MBC가 완전히 장악된 상태에서 정부와 여당에 불리한 이슈는 제대로 알려지지 않았고, 조중동 등 보수언론이 쏟아내는 '김용민 막말 파문'이 모든 의제를 잠식했다. KBS와 MBC는 정권 심판 대신 김용민 심판이라는 프레임을 내세웠고 정치 혐오는 낮은 투표율로 나타났다. 이명박 정부 4년, 언론장악의 참담한 결과였다.

총선 이후 언론 총파업의 투쟁 동력은 급격히 위축됐다. 여소야대를 만들면 많은 게 해결될 거라는 막연한 기대가 있었던 것도 사실이지만 총선 결과는 충격적이었다. MBC 노조는 결국 170일 만에 파업을 접을 수밖에 없었다. 야당은 자중지란에 빠져 발을 뺐고, 힘을 얻은 낙하산 사장들은 집요한 보복과 숙청을 시작했다. 12월 대통령 선거를 앞두고 이명박 정부는 정권 연장을 위해 더욱 강도 높게 언론을 찍어 눌렀다.

언론노조 집계에 따르면 2012년 9월 기준으로 MBC는 8명을 해고하는 등 219명을 징계했다. KBS도 징계자가 133명에 이른다. 국민일보는 해고 3명을 포함해 20여 명을 징계했고, YTN은 해고 6명 등 51명을 징계했다. 연합뉴스는 13명을 징계했고, 부산일보에서도 편집국장을 대기 발령하는 등 4명을 징계했다. 그해 여름과 가을, 수많은 기자와 피디들이 현장을 떠났고, 박근혜 대통령이 탄핵당한 후인 2017년까지도 언론인들은 복귀하지 못했다.

그해 7월, MBC에서는 김재우 방문진 이사장이 연임됐다. 9월에는 1980년대 '땡전뉴스'의 주역이었던 이길영 KBS 감사가 KBS 이사장으로 선출됐다. EBS에서는 이명박 대통령의 부인 김윤옥 여사의 오랜 친구인 이춘호 이사장이 연임에 성공했다. 대선까지 김인규의 KBS와 김재철의 MBC, 그리고 조중동의 공조 체제로 국민의 눈과 귀를 막고 비판 여론을 겁박하면서 정부 여당에 유리한 구도를 계속 끌고 가려는 술책이었다.

기자들이 떠난 KBS와 MBC는 저널리즘의 바닥을 드러냈다. 멀쩡한 프로그램이 불방되거나 뉴스가 사라지고 동물 뉴스와 날씨 뉴스가 부쩍 늘어났다. 파업이 끝났지만, MBC는 파업에 참가했던 기자·피디들을 현장에 복귀시키지 않았다. 현장을 뛰어다녀야 할 기자와 피디들이 브런치 만들기 교육을 받거나 신사옥 건설팀 등에 배속돼 허송세월하는 동안 시용기자들이 그 자리를 차지했다. '엠O신'이라는 말을 썼다는 이유로 권성민 피디가 해고되기도 했다.

MBC 노조에 따르면 2012년 파업 이후 2016년 말까지 MBC 부당 징계 피해자가 110여 명에 이르는데, 경력 채용이 2013년 52명(2012년 시용기자의 정규직 전환 포함), 2014년 8명, 2015년 10명, 2016년(9월 기준) 12명 등 모두 82명이나 된다. 경영 등 다른 직군까지 합치면 파업 이후 경력직 채용 인원은 229명에 이른다. 파업 참가자들을 내쫓고 그 자리를 계약직 경력 사원으로 채우며 방송을 틀어쥔 것이다.

MBC 임명현 기자가 MBC 파업 이후 변화를 주제로 쓴 석사학위 논문에 따르면 현장을 떠난 기자들은 경인지사와 신사업개발센터, 매체전략국 등으로 흩어졌다. 보도본부에 남아 있는 기자들도 보도정보시스템 개발이나 컴퓨터 그래픽 품질관리 등 보도 지원 부서에 배치됐다. MBC 출신의 문지애 아나운서는 퇴사 이후 한 TV 프로그램에 출연해 "파업이 끝난 이후 내가 회사에서 더 이상 필요하지 않은 존재가 됐더라"라고 털어놓기도 했다.

이명박 정부의 보험이자 박근혜 정부 출범의 일등 공신, 종편

박근혜 정부는 KBS와 MBC, 조중동, 종편이 아니었다면 탄생하지 못했을 것이다. 대통령 선거를 며칠 앞둔 2012년 12월 11일, 국가정보원의 대선 개입 정황이 드러났다. 민주당이 국정원 직원 김하영 씨의 오피스텔을 급습한 것과 관련, 박근혜 당시 새누리당 후보는 아무 죄도 없는 여성을 감금했다면서 인권 침해라고 주장했고, 경찰은 TV 토론 직후 대선 관련 댓글을 발견하지 못했다고 중간 수사 결과를 발표했다.

상당수 언론은 국정원 댓글 사건을 축소보도했고 오히려 김무성 새누리당 의원이 제기한 노무현 전 대통령의 NLL 포기 발언 의혹을 거론하면서 물타기에 나섰다. 명백한 왜곡보도였고 여론조작이었다. 국정원이 120만 건의 트윗을 유포했고, 대북 업무를 맡고 있는 군 사이버사령부는 이와 별개로 2,300만 건의 트윗을 유포한 사실이 뒤늦게 드러났지만, KBS와 MBC, 조중동, 종편은 의혹을 덮고 물타기에 급급했다.

보수언론은 기득권과 특혜를 연장하기 위해 필사적이었다. 채널A에 출연한 시사평론가 윤창중 씨는 안철수 무소속 후보를 겨냥해 "젖비린내 난다"며 막말을 쏟아내기도 했다. 윤 씨는 박근혜 정부 출범 이후 청와대 대변인으로 발탁된다. TV조선은 일찌감치 2011년 12월 개국 첫날부터 박근혜 당시 새누리당 의원을 스튜디오에 불러 그 유명한 "형광등 100개를 켜 놓은 듯한 아우라"라는 낯 뜨거운 찬사를 늘어놓은 바 있다.

종편은 이명박 정부의 보험이었으며 박근혜 정부 출범의 일등공신이었다. 보수 성향 50대 이상 시청자들을 충성 고객으로 끌어안아 거대한 '필터 버블'을 구축했고 끊임없이 여론을 왜곡하고 호도했다. 이전 대통령의 내곡동 사저 의혹과 민간인 사찰 논란 등을 축소했고, 정치 혐오를 부추기는 동시에 "박근혜 후보가 당선되면 사실상 정권 교체"라는 기묘한 논리로 프레임을 비틀고 보수 표심의 이탈을 막았다.

'청와대 방송'으로 전락한 KBS·MBC

박근혜 정부는 이명박 정부가 짓밟은 공영방송을 선전도구로 적극적으로 활용했다. 길환영 KBS 사장이 청와대 방송 개입 논란으로 사퇴한 뒤 후임 조대현 사장은 납작 엎드려 눈치를 봤다. 이승만 전 대통령의 망명설을 보도한 책임자를 징계하고 이인호 KBS 이사장의 눈치를 보면서 특집 프로그램을 편성하기도 했다. 박정희 전 대통령이 친일 인사들에게 훈장을 남발했다는 다큐멘터리 〈훈장〉은 제작을 거의 마무리해 놓고도 끝내 방송을 타지 못했다.

고대영 사장은 보도국장 재직 시절 기자들의 불신임을 받고 쫓겨났던 사람이다. 후배 기자를 폭행한 전력도 있고 멀쩡한 특종을 불방시켜 물의를 빚은 적도 있다. 사장 취임 이후에도 고고도지역방어체계(사드) 관련 보도에 대해 직접 불만을 제기하는 등 보도개입 논란이 계속됐다. 2016년 10월 국정감사에 증인으로 출석해 배석한 보도본부장에게 "답변하지 마"라고 지시해 논란을 빚기도 했다. 국회를 무시할 만큼 단단한 '뒷배'가 있었던 것이다.

연임에 성공한 이인호 KBS 이사장은 뉴라이트에서 활동하는 역사학자 출신이다. 다큐멘터리 〈뿌리 깊은 미래〉에 "북한에서 쓴 듯한 내레이션이 있다"며 문제를 삼아 조기에 종영하도록 압력을 넣었다는 의혹을 받기도 했다. 방문진 이사를 연임하고 KBS 이사로 갈아탄 차기환 변호사는 공공연하게 박원순 서울시장 저격수를 자임하고 극우 성향 커뮤니티인 일간베스트의 글을 트위터 등에 퍼나르며 노골적으로 정치적 편향을 드러냈던 사람이다.

MBC는 더욱 무기력했다. 공안검사 출신 고영주 씨가 방문진 이사장에 선임된 것은 가뜩이나 영혼을 잃고 헤매는 MBC를 철저하게 능멸하고 묶어 두겠다는 의도라고밖에 달리 해석할 수 없었다. MBC 〈뉴스데스크〉는 그동안 숱하게 제기됐으나 근거가 없는 것으로 판명났던 박원순 서울시장 아들의 병역 의혹을 다시 들고 나와 '일베' 수준으로 추락했다는 평가를 받기도 했다. MBC는 완벽하게 정권의 충복으로 변신했다.

2016년 1월, 최민희 더불어민주당 의원이 공개한 이른바 '백종문 녹취록'은 바닥없이 추락하는 MBC의 민얼굴을 드러냈다. 2014년 4월 백종문 당시 MBC 미래전략본부장과 극우 성향 인터넷 신문 폴리뷰 박한명 대표 등이 만난 자리에서 녹음된 것이다.

> "박성제하고 최승호는 증거 불충분으로 해서 기각한다(기각할 가능성이 있다)…… 왜냐면 그때 최승호하고 박성제 해고시킬 때 그럴 것을 예측하고 해고시켰거든. 그 둘은, 왜냐면 증거가 없어."

백종문 녹취록은 박성제·최승호가 부당하게 해고됐다는 사실을 입증할 뿐만 아니라 MBC 경영진이 조직적으로 방송내용에 개입하고 해고와 징계의 칼날을 휘두르며 정권에 비판적인 언론인들을 탄압해 온 정황이 생생하게 담겨 있었다. 〈무한도전〉이나 〈라디오스타〉 등을 거론하며 "국민을 좌경화하는 데 일등공신"이라거나 "회사가 (아직) 손을 못 대고 있다"고 말하기도 했다. 백 본부장은 처벌은커녕 2017년 2월 27일, MBC 부사장으로 승진했다.

방송장악은 KBS와 MBC뿐만 아니라 SBS와 YTN으로 퍼졌고 조중동·종편의 헤게모니가 한국 언론 전반에 영향을 미쳤다. 검찰이 국정원 대선 개입 사건을 파고들자 조선일보에서 채동욱 당시 검찰총장의 혼외 자식 의혹을 터뜨렸다. 청와대 비서관이 채 총장의 뒷조사에 직접 개입해 불법으로 개인정보를 유출한 사실이 드러났으나 맥락을 벗어난 언론보도는 결국 채 총장을 끌어내렸고, 국정원 대선 개입 사건 수사는 흐지부지 중단됐다.

박근혜 정부 초기, 역사 교과서 국정화를 반대했던 언론은 경향신문과 한겨레, 한국일보, 그리고 JTBC 정도가 전부였다. 연합뉴스와 서울신문, 국민일보 등은 심지어 기자들의 시국 선언 참여를 징계하겠다고 엄포를 놓았다. 현행 국사 교과서는 좌편향이고 국정 교과서가 올바른 교과서라며 여론을 호도했다. 민주언론시민연합은 지상파 3사와 종편 4사를 통틀어 정부·여당에 가장 편향적인 보도를 한 방송사는 MBC였다는 분석을 내놓기도 했다.

일상화된 언론통제의 증거, 김시곤 비망록과 김영한 업무일지

김시곤 비망록과 김영한 업무일지는 박근혜 정부의 언론통제 실상을 입증할 중요한 역사적 자료다. 김시곤 전 KBS 보도국장은 국장 재직 시절 청와대와 길환영 당시 사장의 보도 외압을 업무일지 형태로 기록했다가 뒤늦게 이를 폭로했다. 김영한 업무일지는 2016년 8월 급성 간암으로 숨진 김영한 청와대 민정수석 비서관의 청와대 재직 시절 기록으로 김기춘 당시 청와대 비서실장이 전방위 언론통제를 지시한 정황이 담겨 있다.

2016년 5월 공개된 김시곤 비망록에 따르면 길 전 사장은 윤창중 당시 청와대 대변인의 성추행 사건을 톱뉴스로 다루지 말라고 지시하고 국정원 댓글 사건 보도는 아예 뺄 것을 요구하기도 했다. "대통령 뉴스는 20 이내로 전진 배치하라"는 지시가 있었고, 김 국장은 큐시트를 팩스나 문자 메시지로 보내면서 컨펌을 받았다. 기사 난도질이 일상적으로 벌어지고 있으며, KBS 사장이 청와대의 리모컨 역할을 하고 있다는 충격적인 사실이 드러났다.

김시곤 전 국장은 이정현 당시 청와대 홍보수석과의 전화 녹음 파일도 공개했다. 이정현 수석은 2014년 4월 세월호 참사 직후 김 국장에게 전화를 걸어 "지금 그렇게 해경하고 정부를 두들겨 패야 하는 게

맞느냐"면서 "뉴스 편집에서 빼 달라"고 요구했다. 청와대는 "통상적인 업무협조요청이었다"고 해명했지만 대통령이 KBS 사장을 임명하고 사장이 보도국장을 임명하는 구조에서 청와대의 전화는 협조요청을 넘어 협박이 아닐 수 없었다.

"이거 하필이면 또 세상에 (박근혜 대통령이) KBS를 오늘 봤네. 아이 한 번만 도와주시오 국장님. 나 한 번만 도와줘." 이정현 수석은 읍소와 협박을 병행했다. "(국방부한테) 내가 그랬어. 야 이 씨발놈들아. 너희 잠깐 벗어나려고 다른 부처를 이렇게." 김 국장은 맞장구를 쳤다.

"알겠습니다. 알겠습니다. 말씀하신 거 제가 참고로 하고요. 아니 이 선배, 솔직히 우리만큼 많이 도와준 데가 어디 있습니까, 솔직히."

김 국장은 이 수석과의 통화 이후 열흘 뒤 기자회견에서 "청와대에서 사퇴를 압박했다"고 폭탄선언을 했다. "길 사장이 내 사퇴를 요구하면서 대통령의 뜻이라며 눈물까지 흘렸다"고 말하기도 했다. 김 국장은 애초 "세월호는 300명이 한꺼번에 죽어서 많아 보이지만 연간 교통사고로 죽는 사람 수를 생각하면 많다고 볼 수 없다"는 발언에 책임을 지고 사퇴한 것으로 알려졌으나 실제로는 청와대의 지시를 거부한 데 따른 문책성 인사인 것으로 확인됐다.

'이명박근혜' 정권을 거치면서 정권 차원의 언론통제는 일상이 됐다. 세계일보 정윤회 특종 보도 이후 김상률 당시 청와대 교육문화수석비서관이 세계일보 편집국장을 만난 사실이 논란이 됐고, 김성우 당시 청와대 홍보수석이 국민일보의 대통령 풍자 기사를 문제 삼아 "그게 기사가 되냐"고 항의한 사실이 드러나 구설에 올랐다. 이완구 전 총리가 방송사에 전화해 패널을 교체했다고 자랑스레 늘어놓은 내용이 녹취록으로 공개되기도 했다.

　김영한 비망록에 따르면 세계일보의 정윤회 특종 당시 청와대는 33회나 대응방안을 논의한 것으로 드러났다. 김기춘 실장의 지시 이후 실제로 청와대는 세계일보 편집국장과 기자 등을 검찰에 고소하고 국세청을 동원해 세무조사를 하기도 했다. 김기춘 실장은 "비판 언론에 상응하는 불이익을 주라"면서 "언론중재위 제소, 고소·고발 및 손해배상 청구 등 상응하는 불이익이 가도록 철저하게 대응하라"고 노골적인 언론탄압을 지시했다.

　청와대는 KBS 이사들에게도 완전한 복종을 요구했다. 김영한 비망록에는 KBS 이사들을 겨냥해 '면종복배(面從腹背)'라고 쓴 메모가 있다. 겉으로는 복종하는 체하면서 내심으로는 배반한다는 의미다. 이 무렵 이길영 KBS 이사장이 자진 사퇴한 것도 당시에는 '일신상의 이유'라고 알려졌으나 이 전 이사장은 나중에 언론노조 KBS본부에 "최성준 방통위원장과의 면담 자리에서 사퇴 요구를 받고 사표를 제출했다"고 폭로했다.

세월호 참사, '기레기'들의 민낯을 드러내다

304명의 꽃다운 목숨을 앗아간 세월호 참사는 한국 언론의 바닥을 다시 한번 드러낸 사건이기도 했다. '전원 구조'라는 희대의 오보를 내보내 구조에 혼선을 빚게 만들었고, 사람 목숨을 두고 어뷰징 트래픽 경쟁을 벌이기도 했다. 산소 투입에 성공했다는 등 확인되지 않은 정부 발표를 맹목적으로 받아쓰면서 정작 '대통령의 7시간' 등 구조 실패의 책임을 묻는 데는 소홀했다. 침몰 원인을 두고 제기된 온갖 의혹도 수많은 억측을 낳을 뿐 밝혀진 바 없다.

박근혜 정부는 황색저널리즘으로 유명한 일본 산케이신문의 서울지국장 가토 다쓰야를 한순간에 언론자유 투사로 만들었다. 가토 다쓰야는 2014년 8월 3일 '박근혜 대통령 여객선 침몰 당일 행방불명…누구와 만났을까'라는 제목의 칼럼 기사에서 4월 16일 세월호 참사 당시 박근혜 대통령의 7시간 행적을 둘러싼 논란을 거론하며 박 대통령이 당시 정윤회 씨와 함께 있었다는 증권가 찌라시 내용을 소개했다.

그러자 검찰이 그를 기소했다. 박근혜 대통령의 명예를 훼손했다는 혐의였다. 서울중앙지법 형사 30부(재판장 이동근)는 지난 3월 30일 "정윤회 씨의 휴대전화 발신지 추적 기록, 청와대 경호실 출입 관련 공문, 정윤회 씨와 점심을 먹었다는 이 모 씨의 증언을 종합해 볼 때 가토 전 지국장이 기사에 게재한 소문의 내용은 합리적 의심이 없을 정도로 허위"라고 밝혔다. 재판부가 쟁점의 진위 여부를 판결문이 아닌 판결 도중에 결정 내린 것은 이례적이었다.

보수언론은 세월호 특별법을 누더기로 만들었고 특별조사위원회를 집요하게 공격했다. 심지어 경제 위기를 거론하며 논쟁을 끝내라는 주장도 서슴지 않았고, 박 대통령은 "대통령에 대한 모독이 도를 넘었다"며 유가족들을 협박하기도 했다. 세월호 특별법이 2015년 1월 시행됐지만, 시행령이 통과되지 않아 특조위 출범이 계속 미뤄졌다. 10월에서야 시행령이 시행됐으나 모법에 어긋난다는 논란과 함께 특조위 활동 기간을 두고도 충돌이 끊이지 않았다.

새누리당과 보수언론은 특조위를 '세금 도둑'이라고 비난했고 지지부진 시간을 끌다가 특조위를 강제 종료시키도록 압박을 넣었다. 악의적인 왜곡보도였다. 특별법에 따르면 특조위 활동 기한은 위원회가 구성을 마친 날로부터 1년에 6개월 연장할 수 있다. 특별법 시행은 2015년 1월이었지만 실제로 예산이 집행된 건 8월. 법에 따르면 2017

년 2월까지 활동이 보장돼야 하나 정부는 2016년 9월 강제 해산을 명령했다.

손관수 방송기자연합회 회장은 세월호 1주기 기자회견에서 "시행령으로 특별법을 왜곡하고 돈으로 유가족을 모욕하는 정부의 행태를 언론이 제대로 보도했는지 의문"이라며 "저널리즘의 빈곤이 세월호 사태를 여기까지 오게 했다"고 비판했다. 김환균 전국언론노조 위원장은 "정부는 순수 유가족을 말하며 유가족을 고립시켰고 언론은 슬픔을 잊지 못한 사람을 빨갱이로 호도했다"며 "언론은 참회하고 반성해야 한다"고 말했다.

세월호 보도 참사의 정점은 유병언 관련 보도였다. 구조 실패와 지휘 책임론이 거론되자 정부는 포토라인에 세울 희생양을 찾기 시작했다. 검찰은 청해진해운의 실제 소유주로 알려진 유병언에게 구속영장을 청구했고, 유병언이 도피하자 현상금을 5억 원으로 높여 부르며 국면 전환을 시도했다. 경찰은 엉뚱한 구원파 신도들을 붙잡으며 변죽을 울렸고 유병언의 사체가 발견된 뒤에는 유병언의 아들 유대균을 추적하면서 계속해서 드라마를 만들어 냈다.

2014년 4월 16일 사고 직후 12월까지 유병언 관련 보도는 8만 6천 건에 이르렀다. 박 대통령이 유병언 체포를 여러 차례 지시했고, 검찰이 이례적으로 27차례나 백 브리핑을 열어 바람을 잡았다. 언론이 지면을 도배하다시피 하면서 5월 3일 이후 세월호 보도는 50건 미만으로 줄고 구원파 보도가 400건 이상으로 급증했다. 그러나 유병언과 구원파 관련 보도는 대부분 사실과 다른 것으로 드러났고 상당수 언론이 뒤늦게 반론과 정정보도를 내보냈다.

청와대와 검찰은 유병언을 사이비 종교집단의 교주에 신출귀몰한 도망자로 만들었고, 박근혜 대통령에게는 세월호 참사의 책임자 체포를 진두지휘하는 해결사 이미지를 덧씌웠다. 유대균 등은 실형을 선고받았지만 세월호 사고와 무관한 혐의였다. 유병언의 해외 도피를 도왔다는 보도와 관련, TV조선 등은 손해배상 판결을 받기도 했다. 유병언 보도는 여론조작의 교과서에 실릴 만한 끔찍한 반면교사 사례로 남을 것이다.

숨길 게 많았던 박근혜는 언론통제와 여론조작으로 버텼다. 국정원 댓글 사건을 막기 위해 검찰총장의 혼외 자식 의혹을 조선일보에 흘렸고, 정권 말 레임덕이 시작되자 조선일보 송희영 주필을 뒷조사해 결국 끌어내리기도 했다. 공영방송은 낙하산 사장을 통해 충성 서약을 강요했고, 비판 언론에는 검찰 고소와 고발, 세무조사까지 보복과 응징을 서슴지 않았다. 위기가 닥칠 때마다 조중동과 종편이 호위무사처럼 나섰다.

광고탄압 정황도 있었다. MBC 앵커 출신의 신경민 민주당 의원이 2016년 2월, 테러방지법 통과 반대를 위한 필리버스터 연설에서 한 이야기 가운데 일부다. "정권에 비판적인 멘트를 했을 때 어떻게 되는지 말씀드릴까요? 뉴스데스크에 광고가 24개 정도 붙고 하나당 5000만 원 정도 호가합니다. 그런데 제가 그만둘 무렵 광고가 하나도 없었습니다. 중소기업 하나 남았습니다. 그래서 대포 광고 했습니다. 회사가 돈을 안 내지만 이름만 쓰는 겁니다. 서너 개 회사 이름을 써서 내보낸 적이 있는데 그 회사에서 전화 와서 돈을 줄 테니 이름을 빼 달라고 합니다. 제가 그때 청와대도 조지고, 삼성도 조지고, 군도 조지고, 국정원도 조지던 때였거든요. 그래서 그 회사 상무에게 왜 그러십니까? 물었더니 '저쪽'에서 어제 광고 잘 봤다고 매일 아침에 전화가 온다는 겁니다. 국정원이 그런답니다. 그렇게 오래전 일이 아닙니다. 지금은 제발 그런 짓을 안 하길 바랍니다만."

기억해야 할 언론장악 부역자의 이름

국민일보는 2015년 6월 메르스 사태가 일어나 박근혜 대통령이 현장을 방문했을 때 벽에 적힌 '살려야 한다'는 문구를 두고 패러디가 넘쳐나는 걸 기사로 내보냈다가 곤욕을 치른 바 있다. 청와대에서 걸려온 항의 전화도 문제였지만 사흘 뒤 보건복지부가 집행한 주요 일간신문 광고에서 국민일보만 뺀 것은 치졸한 보복 조치였다. 한국언론재단 관계자는 "국민일보를 제외하라는 통보를 받았다"고 밝혔다.

2016년 12월 언론노조가 꼽은 언론장악 부역자는 김기춘 청와대 홍보수석과 김성우 홍보수석, 최성준 방송통신위원회 위원장, 이인호 KBS 이사장, 고대영 KBS 사장, 고영주 방문진 이사장, 안광한 MBC 사장, EBS 우종범 사장, YTN 조준희 사장 등이었다. 정권의 눈치를 보며 후배 기자와 피디들을 찍어 누르고 언론의 독립성과 공정성을 짓밟았던 자들이다. 우리는 이들의 이름을 기록하고 반면교사로 삼아야 한다.

MBC와 KBS는 회복 불가능할 정도로 신뢰가 추락했다. MBC 대주주인 방문진은 박근혜 대통령 탄핵 심판이 진행 중인 2017년 2월 김 장겸 보도본부장을 MBC 사장으로 추천·임명했다. 대선 국면에서 끝까지 자유한국당(새누리당) 정권과 운명을 같이하겠다는 의지 외에 달리 해석할 방법이 없다. 유기철 방문진 이사(야당 추천)는 2017년 1월 미디어오늘과 인터뷰에서 "보도지침 시절보다 지금이 훨씬 더 심하다"고 말했다.

"보도지침 시절에도 낮에는 선배들이 부당한 지시를 해도 밤에는 미안한 생각이라도 있어 인간적으로 통하는 게 있었다. 그런데 지금은 자기들이 100% 맞다는 것 아니냐. 지금 MBC 경영진은 단지 보수여서가 아니라 자리 욕심이 있어서 그런 거다. 현 경영진의 특징이 대부분 인정을 못 받다가 '김재철 시대'가 열리면서 발탁된 이들이다. 밀려 있던 사람들이 끝나는 줄 알았는데, 권력의 부름을 받았으니 충성심이 강한 거다."

다른 언론사들도 크게 다르지 않았다. 박근혜 대통령의 연례 기자회견 때 기자들이 미리 준비된 질문과 각본에 따라 연출하지 않고 좀 더 날카로운 질문을 던졌다면, 해외 순방 때마다 병풍처럼 따라다니는 데 그치지 않았다면, 일찌감치 정윤회 문건이 터지고 세계일보가 수난을 겪을 때 다른 언론사 기자들이 후속 취재에 나섰다면 최순실 게이트를 막을 수 있었을지도 모른다.

'패션 외교'라며 치켜세우던 신문들은 정작 박 대통령이 그 수많은 옷을 어디서 어떤 돈으로 구입하는지 의문을 갖지 않았고, 숱한 소문으로 떠돌았던 세월호 7시간 역시 제대로 검증하기까지 상당한 시간이 흘렀다. 여전히 상당수 언론은 세월호 침몰 원인에 대한 여러 의문을 음모론으로 치부하고 있다. 박 대통령 탄핵의 핵심 사유가 된 삼성물산과 제일모직의 합병과 국민연금의 찬성 입장에 대부분 언론이 우호적이었다는 것도 불편한 진실이다.

방송통신심의위원회의 '정치 심의'와 표현의 자유 위축

마지막으로 '이명박근혜' 정권의 언론탄압의 첨병에 방송통신심의위원회가 있었다는 사실에 주목할 필요가 있다. 방통심의위는 과거 방송심의위원회 시절과 달리 정부 비판 프로그램에 징계를 쏟아냈다. 광우병 위험 논란을 다룬 MBC 〈PD수첩〉이 시청자 사과 명령을 받았고, 천안함 침몰 사고 의혹을 다룬 KBS 〈추적60분〉은 '경고' 처분을 받았다. 노조 관계자를 인터뷰하면 사측 의견을 듣지 않았다고 공정성 위반이라며 징계하기도 했다.

2008년 11월에는 구본홍 사장에 반대해 YTN 앵커들이 검은색 정장을 입고 출연했다는 이유로 '시청자 사과' 조치를 받았고, 같은 해 12월 미디어법 논란을 보도한 MBC 〈뉴스 후〉와 〈뉴스데스크〉도 각각 '시청자 사과'와 '경고' 조치를 받았다. 미디어법에 반대하는 의견 비중이 상대적으로 높고 진행자가 편파적인 발언을 했다는 게 이유였다. 〈뉴스 후〉는 〈후플러스〉로 이름이 바뀌었다가 결국 폐지됐다.

이 밖에도 일제고사를 거부해 해임됐다가 복직한 교사들을 출연시켰던 MBC 라디오 〈박혜진이 만난 사람〉은 일방의 의견을 전달했다는 이유로 '주의' 조치를 받았다. 유성기업 노동조합 파업을 다룬 MBC 라디오 〈손에 잡히는 경제〉와 KBS 라디오 〈박경철의 경제 포커스〉 등도 같은 이유로 '권고' 조치를 받았다. 미디어법 논란을 보도한 〈뉴스 후〉와 〈시사매거진 2580〉 등에도 중징계가 쏟아졌다.

광우병 논란을 다룬 〈PD수첩〉의 제재 수위를 결정하는 자리에서는 "왜 그렇게 큰 굉음이 들어갔느냐", "불손하다", "규정이 아니라 상식이고 윤리다" 등의 강한 압박이 계속됐다. 천안함 의혹을 다룬 〈추적60분〉 심의에서는 한 심의위원이 "천안함 피격 사건이나 격침 사건이라는 일반적인 용어가 아닌 천안함 사건이라고 지칭한 이유는 뭐냐"고 질문을 하기도 했다. 공정성이라는 잣대가 얼마나 주관적으로 적용될 수 있는지 보여 준 사례였다.

온라인 여론 검열과 통제도 심각했다. 인터넷 게시물이 삭제되는 건 부지기수였고, 대통령 욕설을 연상하게 한다는 이유로 트위터 계정이 접근 금지되는 일도 있었다. 음란물뿐만 아니라 명예훼손 등을 이유로 접속 차단 조치를 당하는 경우도 많았다. 임시 조치는 2011년 21만 건에서 2016년에는 50만 건까지 늘어났다. 임시 조치는 권리 피해를 구제하기 위한 제도였지만 자신에게 불리하다고 판단되는 게시물을 무차별 차단하는 수단으로 남용됐다.

방통심의위는 스스로 민간기구라고 말하지만 사실상 대통령 직속의 행정기구인 방통위의 하부기관이다. 심의위원 9명 가운데 6명을 정부와 여당이 추천하고 9명을 모두 대통령이 임명한다. 당연히 권력의 눈치를 보지 않을 수 없는 구조다. 2010년 5월 한국의 표현의 자유 실태를 조사하고 돌아간 유엔 보고관은 "방통심의위가 사실상 검열 기구로 기능하고 있다"면서 방통심의위를 폐지하고 독립적 기구에 규제 책임을 이관할 것을 권고했다.

방통심의위는 박근혜 정권 들어 노골적으로 정파성을 드러냈다. 세월호 참사와 국가정보원 선거 개입 논란 등 정부 비판적인 논조를 견지한 JTBC를 잇따라 심의 대상에 올려 중징계를 내린 반면 막말·편파 방송을 일삼는 TV조선·채널A·MBN은 솜방망이 징계에 그쳤다. 같은 종편이지만 JTBC와 다른 종편을 심사하는 태도는 전혀 달랐다. JTBC가 보수 집단의 '표적 징계' 대상이 됐다는 의혹이 뒤따랐다.

'이명박근혜' 정권을 거치면서 표현의 자유는 극도로 위축됐다. 유엔 안전보장이사회에 천안함 침몰 사고 조사와 관련 의혹을 제기한 서신을 보낸 시민단체 활동가가 국가보안법 수사를 받은 일도 있었다. 민주노동당을 후원했다는 이유로 공무원과 교직원들이 무더기 징계를 받기도 했다. 인권 단체 프리덤하우스는 2011년 한국의 언론자유 순위를 '자유'에서 '부분적 자유'로 격하시켰다. 이 등급은 2017년까지 그대로다.

국경없는기자회(RSF)가 발표한 2016년 세계 언론자유지수에서 한

국은 180개 조사대상 국가 가운데 70위를 기록했다. 한국의 언론자유
지수 순위는 2006년 31위에서 이명박 정권 때인 2009년 69위까지 내
려갔다 다시 최저 기록을 갱신하게 됐다. RSF는 "북한에 호의적인 기
사나 방송을 내보내면 처벌받을 수 있다"고 했다. 또 "최대 7년 징역
을 선고할 수 있는 명예훼손죄는 한국의 언론이 자기검열을 하는 주
요 이유"라고 지적했다.

'이명박근혜' 정권의 언론장악은 언론인들에게 굴종과 자기검열을
강요한다는 점에서 악랄하고 잔혹했다. 최진봉 성공회대 교수는 미디
어오늘과 한 인터뷰에서 "이명박 정부가 교묘하게 비상식적인 방법으
로 언론을 장악했다면 박근혜 정부는 정권의 산하기관 취급을 했다"
고 지적했다. 김승수 전북대 교수는 "권력에 대한 견제·비판이 의무
인 언론이 제 역할을 하지 못하는 지금 상황은 언론장악을 넘어 언론
의 실종 상태로 진입하고 있다"고 비판했다.

'이명박근혜' 정권이 막을 내린 이후 언론의 감시 비판 기능이 저절
로 살아날 거라고 생각하면 오산이다. 대부분 언론이 권력의 압박에
눈치를 볼 수밖에 없는 취약한 지배구조와 수익구조를 형성하고 있다
는 사실을 직시해야 한다. 공영방송의 정치적 독립은 물론이고 경영
과 편집·편성의 분리, 기자와 노조의 편집·편성권 참여 등의 제도적
대안이 필요할 것이다. 독립 언론과 대안 언론을 지지하는 사회적 생
태계에 대한 고민도 절실하다.

이명박 정부 정치검찰의 언론통제와 〈PD수첩〉 형사기소

조능희(MBC 피디, 전 〈PD수첩〉 책임 피디)

언론통제는 정권 파탄으로 가는 길

언론을 통제하면 정권이 안정되고 정부정책이 잘 시행되어 사회발전이 이루어지고 국가가 번영하는가? 언론을 통제하면 대통령과 집권당의 지지도가 올라가고 정권을 재창출하기가 쉬워지는가? 언론을 통제하면 소위 종북좌파의 시위와 집회가 없어지고 나라가 집권세력이 원하는 대로 굴러가는가? 바보들은 그렇다고 생각한다. 아주 짧은 기간 동안은 그렇게 착각할 수도 있다. 그러나 결국은 보라. 박근혜 정권과 새누리당이 몰락한 현실을! 그리고 어려워진 이 나라 현실을.

조선 시대 왕들조차 언론을 중요시했다. 조정에 언관을 두고 가감없이 싫은 소리를 고하도록 한 왕은 성군 소리를 들었으며 그렇지 않은 왕의 말로는 비참했다. 그런데 21세기 민주국가에서 '이명박근혜' 정권은 언론을 통제하기 위해 검찰을 동원하고 공영방송 경영진을 권력의 하수인들로 채워 넣었다. 그 결과 한때 정권을 재창출하는 데 일단 성공하면서, 더 나아가 일본 자민당 식 영구집권이 가능한 듯 착각에 빠지기도 했다.

그러나 강한 언론이 강한 정부를 만드는 법이다. 꼭두각시 언론이 득시글거리면 권력은 쉽사리 오판에 빠지고, 국민을 우습게 보기 마련이다. 박근혜 정권의 핵심에서 활개를 친 '십상시'는 청와대에만 있었던 것이 아니었다. 박근혜 정권이 언론, 특히 공영방송을 환관 내시로 만들어 아부만 하도록 만든 결과 국정농단 실태가 이토록 썩어 빠질 때까지 방치되었던 것이고 스스로 파탄을 맞은 것이다.

언론통제는 즉, 정권 파탄이다. '이명박근혜' 집권세력의 파탄은 인과응보이고 자업자득이다.

또 하나의 꼭두각시, 정치검찰의 해악

정권을 파탄에 이르게 한 박근혜-최순실 국정농단의 공범으로 가장 크게 지목받는 집단에는 새누리당, 재벌, 언론 외에 검찰이 있다. 《한겨레》가 실시한 2017 신년특집 여론조사에 의하면, 국정농단 이후 개혁과제의 으뜸으로 국민의 30%가 검찰개혁을 꼽고 있다. 그만큼 많은 국민들이 검찰을 신뢰하지 않으며 이들에 대해 배신감을 느끼고 있다.

검찰이 '이명박근혜' 정권에서 보여 준 행태는 이승만 친일독재정권하의 경찰과 비슷한 이미지를 국민에게 각인시켜 주었다. '법꾸라지' 우병우, '주식대박' 진경준, '오피스텔 123채' 홍만표, '벤츠 검사', '스폰서 검사', '성상납 검사' 등등. 이런 검사 중 가장 해악이 크고 나라를 이 꼴로 만든 공범은 바로 정치검사이다. 이들에게는 검사 선서문에 있는 '불의의 어둠을 걷어 내는 용기 있는 검사, 힘없고 소외된 사람들을 돌보는 따뜻한 검사로서 국민을 섬기고 국가에 봉사할 것을 다짐한다'라는 문구는 공염불에 불과하다. 이들은 오직 '정권의 불의를 못 본 척하며, 권력이 시키는 것은 무엇이든 물불 안 가리고 완수하여 나의 출세를 위해 매진할 것을 다짐'하는 자들이다.

이들에게는 헌법정신, 공익의 대변자라는 의무감, 법과 원칙이라는 철학도 존재하지 않는 듯하다. 오직 자신을 위한 출세의 도구로 국민이 위임한 권력을 함부로 사용할 뿐이다. 이런 정치검찰이 '이명박근혜'를 만난 것은 고기가 물을 만난 것이나 다름없었다. 특히 언론을 통제하기 위해 정치검찰이 나선 것은 이 나라의 큰 불행이었다.

검찰이나 언론의 역할은 비슷하다. 언론이 권력을 비판·감시하고 약자를 대변해야 하는 것과 '검사선서문'대로 검사가 불의를 감시하고 힘없는 사람을 돌봐야 하는 것은 서로 일맥상통한 책무이고 사명이다. 그런데 정치검사가 일신의 출세를 위해 정권의 명을 받아 언론을 핍박하며 재갈을 물린다면, 이것은 불의한 권력엔 달콤한 축복이고, 소외당하고 힘없는 국민에겐 대참사가 아닐 수 없다. 그러나 국민에게 일어난 대참사는 결국 권력의 책임으로 돌아갈 수밖에 없으니, 박근혜 정권의 꼴이 그 예이다. 다만, 정권에 책임을 물어야 하는 상황까지 가기엔 그 과정에서 국민의 고통과 희생이 너무 큰 것이 문제이다.

이명박 정권 시절 정치검찰의 언론통제 사례

이명박 정권 초기에는 적어도 정치검찰이 크게 활개치지는 못했다. 문민정부 15년을 거치면서 사회 전반적으로 진전된 민주주의는 검찰뿐 아니라 경찰, 언론, 문화, 교육 등 곳곳에서 많은 변화를 보인 것은 사실이다. 특히 노무현 대통령은 인권변호사로서의 경험을 바탕으로 유사 이래 처음으로 상당한 자율성을 검찰에 부여했기 때문에 정치검찰의 준동은 잦아들었다. 그러나 해방 이후 독재정권과 군사정권의 한 축을 형성하면서 쌓아 놓은 기득권과 조직 내의 적폐는 여전히 잠복하고 있었으며 호시탐탐 기회를 노리고 있었다.

정치검찰이 이명박 정권의 지시를 받들어 언론통제에 본격적으로 나선 것은 2008년 4월 29일에 방송된 〈PD수첩〉 '미국산 쇠고기, 과연 광우병에서 안전한가?'에 대한 수사였다. 서울중앙지검 형사2부에 할당된 이명박 정권과 정치검찰의 언론통제 시도는 담당 부장검사의 항명으로 실패한 듯이 보였다. 형사2부장 임수빈 검사는 헌법이 보장한 언론자유를 침해할 수 없다며 정치검사들의 지시에 불복하고 사표를 쓰고 검찰을 떠났다. 그러자 그의 상사들은 보직을 미끼로 새 하수인을 물색했고 새 인물을 형사6부장으로 영전시켜 다시 수사를 시작해 제작진을 체포하고 기소까지 밀어붙였다. 〈PD수첩〉 제작진은 1심과 2심에 이어 2011년 9월 대법원에서 무죄가 확정되었다.

이명박 정권은 〈PD수첩〉에 대한 강제 수사가 담당 부장검사의 저항으로 지지부진해지고 언론통제에 대한 성과가 미진하자 다음 타깃으로 KBS 정연주 사장을 겨냥했다. 일단 KBS라도 먼저 장악하려는 정권의 의도에 발맞추기 위해 2008년 8월 정치검찰은 정연주 사장을 배임죄로 체포 기소했다. 서울중앙지검 조사부의 작품이었고, 조사부장은 박은석 검사, 조사부를 지휘한 차장검사는 최교일 검사였다. 최교일 산하에는 형사2부도 있었다. 그는 〈PD수첩〉 수사를 지휘하면서 임수빈 형사2부장과 갈등을 빚어 사표를 쓰게 한 장본인으로 꼽힌다. 최교일은 '이명박근혜' 정권에서 출세 가도를 달렸다. 법무부 검찰국장을 거쳐 서울중앙지검장을 역임하고 새누리당의 공천을 받아 경북 영주·문경·예천 지역에서 20대 국회의원에 당선되었다. 정연주 사장도 1심, 2심에 이어 2012년 1월 대법에서 무죄가 확정되었다.

2008년은 이명박 정권이 출범한 해이지만 정권이 가장 위기에 몰렸던 해이다. 광우병 촛불로 정권 초기 국정 동력을 잃어버린 것은 둘째

치고, 엎친 데 덮친 격으로 리먼 브러더스 사태에 따른 세계 금융위기가 몰아쳤다. 환율이 폭등하고 주가가 하락하는 등 경제가 불안한 상황에서 정부정책은 별명이 '미네르바'인 한 인터넷 논객보다 신뢰를 얻지 못하고 있었다.

이때 미네르바를 체포하고 구속기소한 것 또한 정치검찰이다. 2009년 1월 서울중앙지검 '마약·조직범죄'수사부는 미네르바 박 모 씨를 '전기통신기본법' 위반 혐의로 체포하여 구속, 기소했다. 전기통신 기본법은 1983년 개정된 이래 40여 년 동안 적용된 사례가 없어 사문화된 상태였다.《파이낸셜타임스》등 외신은 한국 정부가 '미국산 쇠고기 파동'으로 대규모 집회를 겪는 과정에서 인터넷의 정치적 역할을 불편해하고 있다고 평하며 한국 사회의 표현의 자유가 위협받고 있다고 보도했다. 이 사건 지휘자는 김수남 당시 서울중앙지검 3차장과 김주선 당시 마약조직범죄수사부 부장이었다. 김수남도 출세 가도를 달려 서울중앙지검장을 거쳐 검찰총장까지 올라 2017년 3월 현재 재직 중이다. 그가 서울중앙지검장으로 있던 때 '정윤회와 십상시 사건'이 터졌다. 정윤회 사건을 청와대 의도를 살피지 않고 제대로 수사했더라면 오늘날 박근혜 대통령이 탄핵까지 당하는 사태에 이르지 않았을 것이다. 서울중앙지검에서 사건의 본질은 제쳐 두고 문건유출만 수사하는 바람에 청와대 비선에 의한 국정농단이 어느 정도 예방되고 대책이 마련될 수 있었던 기회가 완전히 사라졌다. 이것이 정치검찰을 키워 온 박근혜 정권의 인과응보이다.

미네르바는 2009년 4월, 102일간의 옥살이 끝에 1심 무죄 판결로 석방되었다. 전기통신기본법은 헌법재판소에서 위헌판결을 받았고 검찰이 항소를 취하함으로써 무죄가 확정되었다.

정권에 부역한 정치검찰의 언론통제 행태는 이외에도 언론소비자

주권행동(언소주)의 조중동 불매운동 수사, G20 쥐 그림 풍자 수사, 공정방송을 위한 방송사 파업에 무리한 업무방해죄 적용, 고소 고발된 방송사 경영진에 대한 무혐의 남발, 정윤회 문건을 폭로한 세계일보에 대한 수사 등등 이루 헤아릴 수 없을 만큼 많다.

정치검찰의 〈PD수첩〉 수사와 기소

'이명박근혜' 정권이 언론통제에 정치검찰을 동원한 첫 사례가 〈PD수첩〉에 대한 수사이다. 이 수사를 시작으로 정권은 부당한 명령에 복종하거나 정권의 앞잡이 노릇 하는 정치검사와 공권력 남용에 협조하지 않는 양심검사를 구분하여 철저한 보상과 배제라는 원칙을 만들어 갔다. 그리고 권력을 비판·감시하는 언론에는 재갈을 물리기 시작했다.

이명박 대통령이 취임 후 두 달도 안 된 2008년 4월 18일, 방미 중부시 미 대통령과의 정상회담 직전에 전격적으로 발표된 미국산 쇠고기 전면 수입개방은 많은 국민의 우려를 불러일으켰다. 우려는 시위를 낳았고, 곳곳에서 항의가 시작되었다. 4월 29일 〈PD수첩〉 '미국산 쇠고기, 과연 광우병에서 안전한가?' 편이 방송된 이후에는 전국적인 촛불시위로 확산되었다. 청와대의 반응은 즉각 나왔다. '〈PD수첩〉에 대해 허위사실 유포에 따른 명예훼손 혐의로 민·형사상 고소, 고발 절차에 들어가기로' 방침을 세웠다고 5월 8일 발표되었다. 민사는 그렇다 처도, 정부정책을 비판한 언론을 명예훼손으로 형사 처벌하겠다는 한심한 발상을 가진 사람들이 국가권력을 장악했다는 신호였다.

6월 26일 서울중앙지검 형사2부는 농수산식품부의 수사 의뢰를 받고 수사에 착수했다. 검찰은 제작진에게 검찰 출석과 자료 제출을 요구하는 등 수사를 시작했으나, 제작진은 일체의 수사 협조 요구에 응하지 않았다. 수사를 진행시키기 위해서는 압수 수색과 체포영장을 신청하는 등의 강제 수사를 하는 방법밖에 없었다. 수사는 진척 없이 해를 넘겼다.

정치검사를 충원하는 방법

해가 바뀌어 2009년 1월 7일, 강제 수사에 반대하던 형사2부장 임수빈 검사가 사표를 내고 검찰을 떠났다. 헌법이 보장한 언론자유를 침해할 수 없다는 이유였다. 이로써 모두 〈PD수첩〉에 대한 검찰 수사는 무산된 것이라 보고 있었다. 그러나 정치검찰은 끈질겼다. 그들이 임수빈 부장검사를 대신해 〈PD수첩〉을 강제 수사할 검사를 모집한 과정이 후에 폭로되었다.

《한겨레》 2012년 7월 20일 보도에 따르면, 법무부 인사 부서에서 서울중앙지검 부장으로 갈 수 있는 사법연수원 20기 대상자 서너 명에게 '피디수첩 수사를 하겠느냐'고 묻고, 수사를 맡아 주면 서울중앙지검으로 보내 주겠다는 제안을 했다는 것이다. 다른 검사들은 할 생각이 없다고 거절했으나 법무부 특수법령과장이던 전현준 검사가 이를 수락하고 서울중앙지검 형사6부장 자리로 영전했다는 것이다. 재미있는 것은 그 자리를 거절한 검사도 있었다는 사실이다. 역시 어느 조직이든 최소한의 양심을 가진 사람은 존재하는 모양이다.

형사6부를 지휘하는 차장검사는 정병두였다. 정병두는 〈PD수첩〉 수사를 지휘했을 뿐만 아니라 용산 참사 사건도 지휘했는데 이후 출세 가도를 달린 것은 물론이다. 그가 출세의 정점에 오른 것은 2014년 1월이다. 대법관 후보 5명 중에 검찰 추천 몫으로 그가 들어가 있었다.

정병두 대법관을 상상하는 것은 충격과 경악 그 자체였다. 다행히 그는 대법관이 되지 못하고 퇴임했다. 아마 법원도 불쾌했을 것이다. 정치검찰의 후안무치에 혀를 내두르게 되는 해프닝이었다.

정병두가 언급될 때마다 나는 '촛불 의인'으로 불리던 수의사 박상표를 떠올린다. 그가 내게 보내온 마지막 메일은 2014년 1월 17일 정병두가 대법관 후보가 된 것을 개탄하고 분노하는 내용이었다. 메일에 답변도 못 했는데, 이틀 후 그는 유명을 달리했다. 박상표는 광우병 위험성을 널리 알린 과학자이지만 개인적으로 용산 참사 희생자 유가족이다. 천만 촛불의 심정이 박상표의 심정일 것이다.

전현준이 부장검사로 새로 부임한 형사6부는 〈PD수첩〉 제작진에 대한 체포, 압수 수색 영장을 발부받아 강제 수사에 돌입했다. 방송된 지 무려 10달이 지나 수사를 또 한다니, 이명박 정권과 정치검찰의 집요함에 치가 떨렸다. 우리 집을 비롯해 제작진의 집에 검찰 수사관이 들이닥쳐서 집안을 샅샅이 수색해 자료들을 가져갔다. 다음과 네이버 등 포털 사이트의 개인 이메일도 뒤져서 복사해 가져갔다. 이때 김은희 작가가 과거 7년 동안 지인과 주고받은 편지가 저장되어 있는 계정이 털렸다. 검찰은 7개월 치 메일을 가져갔다고 했지만, 국가변란이나 간첩 사건도 아닌 명예훼손 사건에 작가의 개인 편지를 압수해 간 것은 충격이었다. 아니나 다를까. 편지 수백 통 중에서 문장 몇 개를 뽑아서 언론에 공표하고 〈PD수첩〉이 의도적으로 왜곡한 증거랍시고 떠들었다.

검찰은 제작진에 대한 체포영장을 집행하기 위해 회사 근처에 잠복하다가 퇴근하던 이춘근 피디를 미행해서 연행했다. 그러나 다른 네 명의 제작진은 각자 자신의 담당 프로그램을 제작하느라 퇴근이 늦어 체포를 면할 수 있었다. 이춘근 피디의 체포 소식이 알려지자, 나머지 제작진은 퇴근을 포기하고 숙직실에서 기거하며 이후 한 달 동안 일종의 항의 농성을 시작했다. 검찰은 수사관을 동원해 두 차례에 걸쳐 회사 진입을 시도했으나 조합원들을 비롯한 사원들이 현관문 앞에 도열해 이를 막았다.

정치검사와 조중동의 여론조작

수사가 시작되었을 때 가장 신났던 것은 조중동이었다. 노무현 정부 시절 광우병 위험성을 강조하는 보도를 했던 조중동은 정권이 바꾸자 태도가 돌변해 미국산 쇠고기 홍보지 역할을 하며 정권을 옹호했다. 검찰의 수사가 시작되었을 때 우리가 가장 염려했던 것은 그들의 비열한 언론 플레이였다. 한국에서 검찰 피의자의 제일 큰 고민거리는 검찰이 언론에 기사거리를 흘려 주는 것을 의미하는 '리킹(leaking)'이다. 검찰의 언론 플레이에 걸리면 피의자는 소환되어 수사받기도 전에, 혹은 기소되어 재판정에 서기도 전에 이미 범죄자로 낙인찍혀 버리기 때문이다. 나중에 무죄 선고를 받더라도 국민의 뇌리 속에는 범죄자의 이미지가 남는다. 검찰의 이런 '피의자 망신 주기'에 네티즌 '미네르바'와 정연주 전 KBS 사장이 당했다. 노무현 전 대통령도 국정원에서 흘린 '논두렁 시계'로 큰 상처를 입었다.

〈PD수첩〉도 검찰 수사 대상과 피의자가 된 이후 검찰의 여론조작에 시달렸다. 검찰의 권력은 그들이 기소권을 독점해서 강한 것이라기보다 검찰의 말을 그대로 복창하며 퍼뜨려 주는 언론, 특히 조중동 때문에 강한 것이다. 이런 기자들은 보통 다음과 같은 공통적인 표현을 쓴다. '검찰 수사에서 확인됐다', '검찰은······한 것으로 알려졌다', '검찰 관계자에 의하면······' 등등. 이런 앵무새 기자들이 검찰과 야합해 무소불위의 권력을 휘두르며 지금까지 대한민국을 통치해 온 것이다. 지금까지 이러한 검찰 발 기사에 대해 책임을 물은 적이 거의 없다. 어느 피의자도 검찰과 조중동 둘을 동시에 상대하면서 맞서 싸우지 않았다. 그냥 대중들이 잊어 주기만을 바라며 분루를 삼켜 왔을 것이다. 〈PD수첩〉 제작진조차, 지금은 그런 것에 신경 쓰지 말고 무죄 받는 데만 힘을 집중하라는 조언을 받았을 정도다.

이런 버릇을 고치는 방법의 하나가 민사소송이다. 검찰에 읍소하는 형사고소가 실효성이 없다는 것은 이미 경험적으로 증명된 사실이다. 우리도 작가 개인 편지를 공개한 검찰과 이를 보도한 조중동을 고소해 봤지만 혐의 없음으로 끝났다. 그렇다면 남은 것은 검사 개인과 기자 개인에 대한 손해배상 민사소송이다. 그러나 검사가 공권력을 남용한 것을 개인이 소송으로 방어하는 것은 공평하지 않다. 그래서 검사의 비리를 수사할 수 있는 '공직자 비리 수사처' 등이 필요하다는 말이 나오는 것이다.

정치검찰과 조중동의 거짓말 중 가장 치명적이고도 가장 비열했던 것은 2009년 6월 15일 자《중앙일보》기사이다. 검찰의 수사 결과 발표를 3일 앞두고 기획보도된 이 기사는 '검찰은······ 아레사 빈슨 유족이······ (의료진을) 상대로 제기한 의료 소송 소장과 재판 기록 등을 확보했다. 소장과 재판 기록에 따르면 고소인과 피고소인 측 모두 vCJD(인간광우병)에 대한 언급을 하지 않은 것으로 확인됐다'고 대서특필했다. 가족과 의사 모두 인간광우병을 언급한 적이 없는데 이들을 취재한 〈PD수첩〉 제작진이 거짓보도를 했다는 취지였다. 이 기사의 효과는 엄청났다. 검찰이 제작진을 기소한다는 수사 결과 발표에 결정적인 역할을 했다. 검찰 말대로라면, 〈PD수첩〉의 왜곡보도가 확인되었기 때문이었다.

결론을 말하자면, 이 기사는 가짜였다. 검찰이 확보한 소송 서류에는 vCJD(인간광우병)가 명확히 언급되어 있었다. 우리는 재판이 시작된 후 훨씬 나중에서야 천우신조로 이 서류를 입수할 수 있었다. 검찰은 우리가 그 서류를 입수 못 할 것이라고 확신했기에 그런 가짜 뉴스를 유포시켰을 것이다. 개인의 사생활이 담긴 소송 서류를, 그것도 재판이 끝나지도 않았는데 외부로 유출한다는 것은 한국에서는 상상할수 없는 일이 아닌가? 기사에 의하면 검찰은 한미 정부 간 사법 공조를 통해 서류를 획득했다고 했다. 그러니 우리 같은 민간인이 소송 서류를 원본 그대로 구하는 것은 불가능하리라 여겼을 것이다. 마음껏거짓말을 해도 누가 사실을 알 것인가? 검사들은 법원에 제출해야 하는 수사 기록인 그 소송 서류를 끝까지 숨기다가 우리도 입수했다는 것을 밝히자 공판이 끝날 무렵 마지못해 재판부에 제출했다.

이 기사를 보도한 박유미 기자와《중앙일보》, 그리고 수사 검사들을 상대로 손해배상 소송을 제기했다. 2012년 6월에 제기한 소송은 2016년 11월에야 대법원에서 최종 확정판결을 받았다. '무려 4년 5개월' 걸려 나온 판결은 5명의 제작진에게 총 4천만 원을《중앙일보》와 기사를 쓴 박유미 기자가 배상하고 수사 검사들에게는 책임 입증이 어렵다며 면죄부를 줬다. 이런 판결이 나오면 뭐하나? 이미 가짜 기사는 대서특필되었고 다른 신문에서 인용해 보도했었다. 그러나《중앙일보》가 가짜 뉴스로 손해배상 판결을 받았다는 사실은 전혀 주목받지 못했다. 재벌 언론사가 그 정도 돈에 눈 하나 깜짝하지 않는 것은 물론이다. 일단 써 재끼거나 일단 기소하는 것, 이런 것이 정치검사와 조중동의 콤비 플레이 수법이다. 100만 촛불 민심이 후원해 주었던〈PD수첩〉제작진이 이러할진대, 웬만한 타깃들은 얼마나 속수무책으로 당하겠는가? 검찰개혁과 언론개혁이 이래서 필요하다.

기억해야 할 검사들

마지막으로 우리를 체포하고 철창에 가두면서 처벌해야 한다고 주장했던 검사들을 한 번 더 언급하고 이 글을 마치려고 한다. 전현준 부장검사는 '이명박근혜' 정권에서 검찰 요직을 거쳐 검사장으로 승진하고, 2017년 3월 현재 대구검찰청장으로 있다. 박길배 검사는 현재 서울남부지검 금융조사2부장인데 우병우 라인이라는 보도가 나오기도 했다. 김경수와 송경호 검사도 부장검사가 되어 창원지검 특수부와 수원지검 특수부를 맡고 있다. 정진우 검사는 법무부 공안기획과 과장으로 있다.

　이들 검사 5명이 재판정에서 우리 맞은편에 주르르 앉아 있는 모습은 참으로 가관이었다. 그때까지 명예훼손죄를 다루는 데 검사가 다섯씩이나 나와서 재판을 진행한 사례는 없었다. 우리 변호를 맡은 김형태 변호사는 수많은 시국 사건을 경험했는데, 군사정권에서도 이러지는 않았다며 혀를 찼다. 정치검사들이 나에게 징역 3년형을 구형하던 모습이 아직도 눈에 선하다.

　사표를 낸 임수빈 부장검사는 '이명박근혜' 정권에서 특검이 구성될 때마다 항상 후보로 이름이 오르내렸다. 그의 이름이 거론될 때마다 정의를 목말라하는 민심을 느낀다. 민심은 천심이다. 2016년 박근혜·최순실 국정농단을 수사하는 특검이 구성되었을 때 임수빈 변호사는 후보에 올랐으나 특검에 합류하지는 못했다. 그는 검찰개혁 방안을 공부해 지난 2017년 2월 서울대학교에서 박사 학위를 받았다. 박사 논문 제목은 '검찰권 남용에 대한 통제 방안'이다.

'이명박근혜' 시대 '신(新)보도지침'을 구현한 KBS

김용진(전 KBS 기자, 한국탐사저널리즘센터 뉴스타파 대표 에디터)

KBS 뉴스, 찬란하던 한때

이명박 대통령 취임식이 열린 2008년 2월 25일, KBS 〈뉴스9〉은 새 정부 출범과 취임 관련 소식을 모두 16꼭지에 걸쳐 다뤘다. '선진화 시대 개막'이라는 영상을 시작으로 나간 보도들은 낯간지러운 표현이 더러 있었지만, 이날의 의미를 감안하면 넘어갈 만한 수준이었다. 뉴스 후반부엔 이명박 정부 초대 장관 후보자 검증 보도가 이어졌다. 유인촌 당시 문화체육관광부 장관 후보자 부인의 일본 국채 매입 자금 출처와 남주홍 통일부 장관 후보자 부인의 포천 농지 투기 의혹을 추적한 탐사 보도였다. 취임 첫날 분위기를 깨는 것으로 보일 수도 있었지만 이 또한 응당 나가야 할 보도로 여겨졌다. 새 대통령이 취임하고 새 정부가 출범하는 날, 그 의미와 경축 분위기를 충분히 살리는 뉴스를 집중 편성하면서도 새 내각을 엄정하게 검증하는 뉴스를 거리낌 없이 내보내는 것, 바로 공영방송의 모습이었다.

이명박 대통령 취임 다음 날인 2월 26일, KBS의 새 내각 검증 보도는 더 날카로워졌다. 그날 〈뉴스9〉은 남주홍 장관 후보가 교육비 5천여만 원을 이중 공제받았다는 소식과 유인촌 장관 후보 배우자의 재산 증식 과정에 의문이 커지고 있다는 소식, 그리고 박은경 환경부 장관 후보자와 그 배우자가 세금 등을 상습 체납했다는 소식 등을 잇달아 보도했다. 다음 날인 27일, 남주홍·박은경은 결국 장관 후보 자리에서 물러났다. 그러나 검증은 계속됐다. 27일 〈뉴스9〉은 정종환 국토부 장관 후보자의 농지 투기 의혹, 김경한 법무부 장관 후보자 배우자의 기획부동산 거액 지분 투자 사실 등을 집중적으로 보도했다. 이처럼 정권이 교체되고, 새 대통령이 취임해도 KBS 뉴스의 보도 기조는 바뀌지 않았다. 어떤 정권이 들어서든 흔들림 없이 공익의 편에 선다는 자세, 공영방송 KBS의 이런 기풍은 이제 나름대로 정착됐다는 자신감이 내부에서 형성됐다. 하지만 이런 믿음은 매우 순진한 것이었음이 곧 드러났다.

이명박 정권의 KBS 장악 작전

이명박 정권과 수구 기득권 세력들은 KBS가 공영방송의 역할을 제대로 수행하는 것을 그냥 바라만 보고 있진 않았다. 이들은 먼저 KBS 사장 정연주 제거 작전에 돌입했다. 2008년 3월부터 한나라당 주요 당직자와 장관들이 돌아가며 권력기관, 방송사, 문화계 요직에 있는 참여정부 인사들은 물러나라고 외쳤다. 특히 정 사장을 겨냥해 '사퇴 0순위'라고 공격하기 시작했다. 조선, 중앙, 동아일보도 이런 정부·여당의 공세를 적극적으로 거들고 나섰다. 안에서는 수구 성향의 KBS노동조합이 '정연주가 죽어야 KBS가 산다'며 정연주 사장 퇴진운동에 들어갔다. 여론전으로 시작된 정연주 제거 공작은 곧 모든 권력기관이 동원되는 총력전으로 확대된다. 5월 중순 정연주 사장과 KBS를 향한 배임 혐의 고발과 국민감사청구 등이 동시다발적으로 이뤄지고, 검찰과 감사원 등은 황당하게도 이를 받아서 실제로 수사와 특별 감사에 들어간다. 검찰은 배임이 성립하지 않는다는 의견이 지배적인 사건을 두고 7월 중순까지 다섯 번이나 공영방송 사장에게 출석요구를 거듭하다가 결국 8월 4일 베이징 올림픽 개막식에 초청된 정 사장을 출국 금지하고 기소 방침을 확정했다. 감사원도 다음 날인 8월 5일 특별감사 결과를 발표하고, 정 사장 해임을 요청했다.

KBS 이사회에서 사장 해임제청안 의결 정족수를 확보하는 음모도 계획대로 착착 진행됐다. 정권 출범 당시 8 대 3으로 절대 불리하던 KBS 이사진의 구도를 6 대 5까지 좁혀 나간 이명박 정권은 마지막 걸림돌인 신태섭 이사 제거에 나섰다. 신 이사가 교수로 재직 중이던 부산 동의대가 느닷없이 KBS 이사를 허가 없이 겸직했다는 이유로 신태섭 교수를 해임했다. 동의대는 그동안 신 이사의 KBS 이사직 수행을 오랫동안 아무 문제도 삼지 않았다. 방송통신위원회는 이를 기다렸다는 듯이 받아서 방송법 규정에 따라 이사 자격이 없어졌다며 7월 18일 신 교수를 KBS 이사직에서 해임했다. 그리고 후임에 여당 성향의 부산대 강성철 교수를 임명했다. 이제 5 대 6, 정연주 해임제청안을 통과시킬 여건이 마련된 것이다. 운명의 날인 8월 8일, 이명박 정권이 장악한 KBS 이사회는 KBS에 진입한 경찰 1천여 명의 엄호 속에서 해임제청안 처리를 강행했다. 많은 KBS 직원들이 필사적으로 저항했으나 역부족이었다.

8월 8일 KBS 이사회의 만행을 지켜보며 정연주 사장이 남긴 기록이다. "오늘 저에 대한 해임제청안을 통과시킨 유재천, 권혁부, 방석호, 이춘호, 박만, 강성철 등 6명의 이사는 공영방송 KBS의 역사에, 그리고 대한민국 언론사에 영원한 죄인으로 기록될 것입니다."

KBS 이사회가 정연주 사장 해임제청안을 의결하고 3일 뒤인 8월 11

일, 이명박 대통령은 정 사장을 해임했다. MB의 해임 결정과 동시에 검찰은 정 사장에 대한 체포영장을 청구해 다음 날 자택에서 정연주 사장을 체포했다. KBS는 이렇게 철저하게 짓밟히고 능멸당했다. 배임 죄로 기소된 정연주 사장은 1심(선고 2009. 8. 18.), 2심(선고 2010. 10. 28.), 3심(2012. 2. 23.)에서 내리 무죄를 선고받았다. 또 정 사장이 제기한 해임 처분 취소 청구 소송은 1심(선고 2009. 11. 12.), 2심(선고 2011. 1. 14.), 3심(선고 2012. 2. 23.) 모두 원고 승소로 귀결됐다. 정의가 끝내 승리하긴 했지만, 상처뿐인 승리였다. 배임죄 무죄를 받는 데 꼬박 3년 반, 해임 처분이 잘못됐다고 인정받는 데 4년이 걸렸다. 정연주 전 사장은 이를 '사법 고문의 세월'이었다고 술회했다. 그리고 KBS는 헤어나기 힘든 치욕의 수렁으로 빠져들어 갔다.

관제사장, 관제방송 토대를 갖추다

2008년 8월 25일, KBS 이사회는 이병순 KBS 비즈니스 사장을 새 KBS 사장으로 임명을 제청했다. 이명박 대통령이 정연주 사장을 불법 해임한 지 2주 만이었다. 애초 이명박 정권은 MB의 언론특보 출신인 김인규 씨를 KBS 사장 자리에 앉힐 것으로 보였다. 하지만 청와대는 대선 특보 출신을 바로 KBS 사장에 임명할 때 뒤따를 극심한 반발을 우려해 우회 전략을 선택했다. 이병순 체제는 이렇게 어부지리로 탄생했다. 이명박 정권의 KBS 장악 음모에 맞서 KBS 구성원들이 결성한 'KBS사원행동'은 새 사장 이병순을 '관제사장'이라고 불렀다.

관제사장은 취임하자마자 KBS를 관제방송으로 개조하는 작업에 나섰다. 첫 신호는 9월 8일 자 팀장 인사였다. '9·8 인사'의 특징은 그동안 KBS 뉴스의 명성과 신뢰도를 높이는 데 크게 기여한 탐사보도팀과

시사보도팀, 사회팀의 팀장 등을 물갈이하는 것으로 나타났다. 이병순의 KBS 입성 과정에 기여한 사내 사조직과 노무 분야 출신들을 중용한 것도 관제사장 체제 아래 KBS의 진로를 예고하는 인사였다.

그리고 열흘 뒤 이병순 관제사장이 자행한 '9·17 심야 인사'는 KBS 내에 충격과 공포, 그리고 이를 통한 순치를 노렸다는 점에서 '이명박근혜' 정권 시기 KBS·MBC 등 공영방송에서 지속해서 이뤄진 인사 폭거의 선구적 모델이 됐다. 인사 대상자 중 무려 47명이 '사원행동' 참가자였다는 점은 '9·17 인사'의 성격을 잘 보여 준다. 이명박 정권의 눈엣가시 같은 존재였던 탐사보도팀은 피폭 규모가 가장 컸다. '9·8 인사'에서 김용진 팀장이 팀원으로 강등된 데 이어 '9·17 인사'에선 부산으로 발령이 났고, 기존 팀원들도 절반 가까이 비취재 부서로 쫓겨났다.

이명박 정권의 KBS 장악 음모에 저항했거나 권력을 비판하고 감시하는 역할을 했던 제작진들을 무더기로 지방에 유배하거나, 비제작 부서로 보내 버린 '9·17 인사'는 충격과 공포를 조성해 복종의 질서를 만드는 데 어느 정도 성공했겠지만, 한편으로는 처참한 자해 행위였다. 눈에 거슬리는 직원을 콕 찍어 생활 근거지에서 멀리 떨어진 곳으로 발령을 내버리는 유배 폭거는 이후에도 계속 이어졌다. 전영일(2009. 3. 1./소래송신소), 황상길(2009. 12. 23./충주국), 김현석(20009. 12. 31./춘천총국), 신기섭(2010. 3. 17./인천사업지사), 그리고 김영한 피디 등 중견 라디오 피디 5명에 대한 무더기 지역 발령(2010. 10.) 등이 대표적이다. 사장이 여러 번 바뀌어도 이런 야만적 인사는 사라지지 않았다. KBS 경인방송센터 정연욱 기자는 2016년 7월 13일 자《기자협회보》기고문에서 이정현 전 청와대 홍보수석의 KBS 보도개입 사태에 침묵으로 일관하는 자사의 행태를 비판했다가 이틀 뒤 갑자기 제주총국으로 발령이 났다. 공영방송 MBC에서도 KBS보다 좀 늦게 시작됐을 뿐 이런 식의 어처구니없는 인사가 박근혜 정권에서도 수없이 반복됐다.

인사권 남용 중에서도 최악이라고 할 수 있는 이 비열하고 불법적인 인사 만행의 원조 격인 '9·17 인사 폭거'는 두 가지 메시지를 담고 있었다. 하나는 자신을 사장으로 앉혀 준 권력에 보내는 충성의 메시지, 또 다른 하나는 권력의 심기를 건드리는 뉴스나 프로그램은 하지 말라는 경고 메시지였다. '9·17 인사'로 KBS 탐사보도팀은 사실상 해체 수순에 접어들었다. KBS의 대표적 시사 프로그램이었던 〈미디어포커스〉와 〈시사투나잇〉도 2008년 11월 사실상 폐지됐다. 이병순 사장은 이에 앞서 8월 27일 취임사에서 "사회적 물의를 일으킨 프로그램의 존폐를 진지하게 검토하겠다", "사전 기획 단계부터 철저한 게이트키핑이 이뤄지는 제도를 마련하겠다"고 공언한 바 있다. 권력을 불편하게 하는 메시지를 던지는 메신저를 아예 제거해 버리는 것. 군사정권 시절 자행된 보도지침의 새 버전이 등장한 것이다.

관제, 특보, 낙하산 사장―'신보도지침' 시대 열다

2008년 12월 31일 밤, 보신각 제야의 종 타종 행사를 KBS 생중계를 통해 시청한 사람들은 '실제의 현실'과는 전혀 다른, '조작된 현실'을 볼 수밖에 없었다. KBS가 타종 행사 현장에서 수많은 시민이 함께 외치는 '이명박 아웃', '독재타도' 등의 현장음을 인위적으로 지우고 중계를 했기 때문이다. 많은 시민이 '아웃 2MB', '한나라당 해체' 등이 적힌 팻말도 들고 있었으나 KBS는 중계화면에서 이마저 철저하게 배제했다. 수만 명이 운집한 보신각 타종 행사 현장에선 송구영신의 분위기와 함께 반정부 열기가 넘쳐났으나 KBS가 중계한 현장은 단순한 연례행사 이상도 이하도 아니었다. 실제 일어나고 있는 현실을 국민이 보지 못하게 인위적으로 지워 버리고 다른 현실을 조작해 집어넣는, 다시 말해 사람들의 인지까지 통제하는 짓을 공영방송이 자행한 것이다. 2009년 1월 1일 MBC〈뉴스데스크〉의 신경민 앵커는 클로징 멘트를 통해 "화면의 사실이 현장의 진실과 다를 수 있다는 점을 시청자들이 새해 첫날 새벽부터 현장실습 교재로 열공했다"고 비판했다. 2008년 8월 8일 자로 사실상 이명박 정권에 접수된 KBS는 이렇게 2008년을 보내고 2009년을 맞았다. 그렇다면 2009년 한 해 KBS 뉴스와 프로그램의 모습은 어땠을까?

KBS 기자협회는 2010년 초 '2009년 KBS 뉴스 1년을 평가한다'는 제목의 보고서에서 이렇게 밝혔다. "2008년 12월 31일 KBS 제야의 종소리 조작 방송은 다가올 2009년에 KBS가 노정하게 될 잔혹한 운명의 전주곡이었다." KBS 기자협회는 이 보고서에서 KBS 뉴스의 추락을 보여 주는 10대 사례를 소개했는데, 먼저 용산참사 보도가 2009년 KBS 뉴스가 겪은 재앙의 출발점이었고, 변질된 KBS 뉴스의 총체적 문제점이 고스란히 드러난 교과서 같은 사례였다고 지적했다. 경찰 주장을 일방적으로 실어 줬고, 강제 진압 과정의 문제점은 눈감았으며, 전국철거민연합을 사태의 원흉이자 폭력집단으로 줄기차게 매도했다는 것이다.

KBS 기자협회는 또 노무현 전 대통령 서거 보도는 KBS 기자들이 취재 현장에서 위협과 모욕에 시달리고, 정상적인 취재가 불가능할 정도의 취급을 받는 불행한 사태를 초래한 계기가 됐다고 밝혔다. 2009년 7월 31일, 법조팀이 천성관 검찰총장 후보자의 비리 의혹을 특종 취재해 기사까지 작성했으나 당시 보도국장 고대영의 석연치 않은 보강 취재 지시로 불방되고, 경쟁사에 특종을 뺏겨 결국 천성관의 총장 후보 사퇴를 이끌어 낸 공마저 상대사에 뺏긴 것도 기자협회가 꼽은 KBS 뉴스 추락의 대표적 사례다.

여기까지가 권력에 부담이 되는 뉴스를 최대한 가로막은 사례였다면 반대로 2009년엔 MB에게 아부하는 뉴스와 특집 프로그램이 눈에 띄게 증가했다. KBS 기자협회는 2009년 2월 24일 〈시사기획 쌈〉에서 방송한 '대통령 취임 1년—남은 4년의 길' 편이 수많은 '엠비어천가' 중에서도 가히 결정판이었다고 평가했다.

KBS 피디협회도 KBS 방송이 망가졌다는 것을 보여 주는 10대 사례를 발표했다. 그중 으뜸은 이명박 대통령의 KBS 라디오 주례연설 방송이었다. 피디협회는 2008년 10월 13일 시작된 'MB 주례연설 프로그램'이 초헌법적인 발언이나 허위사실을 유포하는 창구, 당리당략의 선전도구, 정부 실정에 대한 변명의 창구, 일방적 정책 홍보의 장으로 충실하게 기능했다고 비판했다. 피디협회는 이런 일방통행식 포맷을 변경해야 한다고 회사 측에 여러 번 요구했으나 전혀 반영되지 않았다고 밝혔다. 피디협회는 또 피디들이 제작한 젊은 감각의 시사 프로그램 〈시사투나잇〉이 〈시사360〉으로 이름이 변경됐다가 결국 2009년 10월 15일 폐지된 것도 KBS 방송의 현주소를 보여 주는 상징적 사례라고 지적했다.

피디협회는 입바른 진행자들이 KBS 프로그램에서 줄줄이 쫓겨난 것도 10대 사례에 포함시켰다. 실제 2008년 정관용, 유창선, 윤도현 씨가 퇴출당한 데 이어 2009년 10월 17일에는 김제동 씨도 〈스타골든벨〉의 마이크를 놓게 됐다. KBS 회사 측은 김 씨가 프로그램을 맡은 지 너무 오래돼서 바꿨다고 해명했지만 실은 올바르고, 대안적인 목소리를 차단하기 위한 목적이라는 비판이 제기됐다. 이른바 출연자 블랙리스트 논란은 이미 이때부터 시작된 것이다.

불방, 불방, 또 불방

KBS 기자협회와 피디협회가 밝힌 것처럼 권력에 불리한 뉴스는 철저히 차단되고 권력에 유리한 뉴스는 없는 사실도 만들어 부각하는 현상이 정권 출범 초기뿐 아니라 2010년에도 이어지면서 KBS 내에서는 일상적인 일이 돼 갔다. 2010년 5월 4일 KBS 〈뉴스9〉의 최종 큐시트에는 19번째 아이템으로 박재완 청와대 수석 관련 리포트가 잡혀 있었다. 제목은 '교수 출신 공직자 35%, 논문 이중 게재 의혹'이었다. 그러나 이 리포트는 이날 〈뉴스9〉에서 끝내 불방됐다. 〈뉴스9〉이 이미 끝나 가고 있는 밤 9시 51분에 수정된 큐시트에는 이 아이템이 빠졌다. 해당 리포트는 현병철 인권위원장, 박재완 국정기획 수석 등 정부 고위 인사들의 논문 관련 의혹을 다뤘다. 그날 저녁 이화섭 보도제작국장이 담당 기자를 불러 '박재완 수석 부분을 삭제하고 방송하든지 하고, 아니면 방송할 수 없다'고 통보했다고 한다. 담당 기자는 이를 거부했고, 결국 리포트는 보도 직전 가로막힌 것이다.

〈추적 60분〉은 수시로 불방 사태를 겪는 수난의 프로그램이 됐다. 〈추적 60분〉 제작진은 이른바 조현오 망언 녹취 파일을 입수해 취재를 진행하다가 조현오 씨가 경찰청장으로 내정되자 방송을 내보내기로 했다. 하지만 이화섭 보도제작국장이 이를 차단했다. 천안함 침몰 사건을 다룬 〈추적 60분〉도 갖은 압박과 불방 위협, 과도한 데스킹 과정에서 많은 부분이 누더기 된 채 2010년 11월 17일 천신만고 끝에 겨우 나갔다. 이런 과정을 겪다 보면 어느 제작진이든 지치게 되고, 결국 내부검열과 자포자기 상태에 빠지지 않을 수 없게 된다.

KBS 뉴스나 프로그램 불방 사태의 배후에 청와대가 개입했다는 정황도 나왔다. 2010년 12월 8일 방송 예정이던 〈추적 60분〉 '4대강' 편이 외압으로 결국 나가지 못했다. KBS 보도국 정치외교부의 12월 3일 정보보고에 따르면 김연광 청와대 정무1 비서관이 'KBS가 요즘 왜 그러냐, 수신료 분위기가 좀 안 좋다. 홍보 쪽은 물론이고 김두우 기획관리실장도 KBS가 천안함 〈추적 60분〉에 이어 경남도 소송 등 반정부적인 이슈를 다룬다며 KBS에 대해 부정적인 보고를 했다, 그런 분위기도 참고해야 할 것 같다'는 취지의 말을 KBS 쪽에 흘렸다. 바로 이 시점에 〈추적 60분〉 4대강 편의 불방 검토가 시작됐고 결국 불방된 것이다. 청와대의 불편한 심기와 KBS 수뇌부의 알아서 살피기가 결합하면서 불방 사태가 반복적으로 일어났다.

이처럼 청와대가 불편하게 생각할 수 있는 기사는 KBS에서 가장 나가기 힘든 기사가 됐다. KBS 보도국 사회2팀과 법조팀은 청와대 정무1비서관이자 이명박 캠프 비서실 부실장 출신의 김해수 한국건설관리공단 사장이 부산저축은행 비리에 연루됐다는 사실을 확인하고 2011년 6월 13일 발제 후 리포트 준비를 했으나 보도국장이 더 취재하라며 보류를 지시했다. KBS가 묵힌 이 기사는 다음 날 SBS 뉴스가 중후하게 다뤘고, KBS 취재기자들은 자신들의 처지를 한탄하며 한숨만 쉴 수밖에 없었다.

'이명박근혜' 시대의 '신보도지침', "KBS는 대통령 국정철학 적극 구현해야"

2008년 7월, 이명박 정권의 KBS 장악 작전이 막바지로 치닫고 있을 즈음 박재완 청와대 국정기획수석은 《신동아》 8월호 인터뷰에서 "KBS 사장은 이명박 정부의 국정철학을 적극 구현할 사람이 돼야 한다"는 망언을 내놨다. 그리고 이 말은 그 이후 KBS와 청와대의 관계를 규정하는 그들만의 '정언명령'이자 '신보도지침'이 됐다. 실제 KBS엔 5공 시절 유행했던 보도특집 스타일의 대통령 치적 홍보 프로그램이 무더기로 되살아났다. 2009년 6월 7일, MB의 외교 치적을 받드는 보도특집 '신아시아, 태평양 외교 시대'를 시작으로 17일에는 보도특집 '한미 정상회담 남은 과제는'이 나갔고, 이듬해 1월 5일 보도특집 '한국형 원전 세계로 나가다'까지 7개월 동안 대통령을 홍보하는 보도특집이 8편이나 제작, 방송됐다.

청와대가 손쉽게 KBS 뉴스 시간을 할애받아 정책 홍보에 나선 사실도 드러났다. 2010년 1월 13일, 《한겨레》는 청와대 홍보수석실이 작성한 '세종시 수정안 홍보 계획' 문건을 입수해 보도했다. 이 문건에 따르면 청와대는 KBS 〈뉴스라인〉에 20분 분량의 특집을 편성하게 하고 정부 관계자 등이 출연해서 세종시 관련 정책을 홍보한다는 계획을 세웠다. 사실상 청와대의 정책 홍보 하청을 받은 KBS 〈뉴스라인〉은 이 문건에 나와 있는 계획을 실행에 옮겼다. 2010년 1월 11일 〈뉴스라인〉은 전체 방송 아이템 16건 중 10건을 세종시 정책 홍보에 쏟아부었다. 결과적으로 방송시간은 청와대 계획보다 5분이 더 많은 25분이 소요됐다. 홍보문건 계획대로 권태신 총리실장이 KBS 스튜디오에 출연했다. 이만하면 청와대 하청 방송이라고 불러도 무방할 정도였다.

KBS는 집권여당에도 만만한 놀이터가 돼 갔다. 이명박 정권 아래에서 여권 실세로 여겨졌고, 서울시장 출마가 유력하던 한나라당 정두언 의원은 2009년 10월 3일 〈연예가 중계〉에 출연한 데 이어 2010년 1월 13일 〈여유만만〉에 출연하기까지 무려 5번이나 KBS의 각종 프로그램에 나왔다. 이명박 정부 초기 한나라당 의원의 KBS 출연 목록을 보면 윤상현·김문수·정진석·주호영 등이 망라돼 있다. 또 다른 한 통계는 KBS가 얼마나 사유화됐는지를 다른 측면에서 여실히 보여 준다.

언론노조 KBS본부의 집계에 따르면 김인규 특보 사장이 취임한 2009년 말부터 2011년 3월 말까지 KBS에선 모두 177편의 특집이 방송됐다. 월 평균 11편꼴이었다. 이 중 모금 방송, 헌혈 방송만 39편에 이르렀다. 언론노조 KBS본부는 이른바 '앵벌이 방송'이 한 달에 3번꼴로 나간 셈이라고 사측의 행태를 비꼬았다. 공영방송으로서의 신뢰도는 점점 떨어졌고, 국가 기간방송이자 공영방송이라는 자부심 또한 추락해 갔다.

KBS의 청와대와 정부정책 홍보는 서울 G20 정상회의나 MB의 역점 사업인 4대강 사업과 자원 외교 등에서 극에 달했다. 2010년 11월 G20 정상회의를 앞두고 KBS는 무려 3,000분이 넘는 G20 관련 방송을 내보내며 이명박 대통령을 세계적인 지도자라고 찬양했다. 또 MB의 G20 서울 유치로 10여만 개의 새 일자리가 생기고, 경제 유발 효과가 수천억 원에서 수십조 원에 이른다는 무분별한 선전선동을 일삼았다. KBS는 또 2011년 10월 22일 열린 4대강 사업 완공 기념식을 무려 4원 생방송으로 중계했다. 이를 두고 언론노조 KBS본부는 노보를 통해 '전두환 시절 이후 최고의 아부 쇼'라고 비판했다. 실제 전두환 시절의 KBS를 보는 듯한 장면은 2011년 10월 13일 MB의 미국 방문 홍보 방송에서 확실하게 재연됐다. KBS는 이날 밤부터 다음 날 새벽까지 3번이나 MB의 동정을 빠짐없이 생중계했다. 먼저 밤 10시 〈역사 스페셜〉을 결방시키고 40분 동안 백악관 만찬을 중계했고, 다음 날 새벽 1시 15분에는 정상회담 기자회견, 이어 오전 5시에는 미 의회 연설을 생중계하며 대통령에게 정권 홍보 방송으로서의 예를 다했다. 이명박 대통령이 미국에 다녀온 지 얼마 안 된 11월 6일 방송된 〈KBS스페셜〉 '미래 자원 전쟁, 대한민국의 생존 조건'은 자원 외교를 진두지휘하며 대한민국의 살길을 마련하는 '위대한 대통령'을 향한 헌사였다. 한때 KBS의 간판 프로그램이었던 〈KBS스페셜〉도 이명박의 업적을 홍보하는 도구로 전락하는 상황을 피하진 못했다.

시대착오적 이념선전 도구로 전락한 KBS

하지만 이보다 더 큰 문제가 있었다. 일단 이명박 정권의 수중에 들어간 KBS는 청와대의 정책 홍보 도구로 활용되는 차원을 넘어 아예 이념선전 수단으로 동원되기 시작했다. 관제사장 이병순에 이어 KBS 사장 자리를 꿰찬 이명박 특보 출신 김인규 사장 체제에서 KBS는 느닷없이 이승만 특집을 하겠다고 나섰다. 정부·여당의 일부 핵심 인사와 뉴라이트 세력의 아젠다인 이승만 복권과 이승만 국부론, 건국절 등이 논란을 빚는 과정에서 이 같은 KBS의 특집 기획은 여러모로 그 의도를 의심받기에 충분했다. KBS 상층부는 이승만 기획을 2011년 8월 광복절 특집으로 무려 5부작이나 방송하려고 했다. 하지만 광복회 등 각계 반발이 거세지자 광복절 특집은 취소하고, 9월 28일부터 30일까지 3부작으로 줄여 3일 연속 방송했다. KBS의 이승만 특집 못지않게 시민사회나 학계의 엄청난 반발을 불러일으킨 기획은 간도특설대 출신의 친일군인 백선엽을 다룬 '전쟁과 군인' 2부작이었다. 이 프로그램 또한 친일파 백선엽을 미화하는 내용으로 각계의 방송 취소 요구가 빗발쳤으나 KBS는 2011년 6·25 특집으로 1부 '전쟁이 군인을 만든다', 2부 '군인의 조건' 방송을 예정대로 강행했다. KBS가 우리 사회의 친일 기회주의 기득권 집단의 이념과 이들의 아젠다를 대변하는 도구로 전락해 버린 것이다.

보도지침은 권력 파멸의 부메랑이 된다

언론노조 KBS본부는 2011년 1월 초에 기자, 피디 조합원을 상대로 한 설문조사 결과를 발표했다. 제작 자율성을 침해당하고 있다는 답변이 61%, KBS의 공정성이 악화됐다는 답변은 94%에 이르렀다. 또 권력 비판이나 감시 역할을 제대로 하지 못하고 있다는 답변도 91%에 달했다. 사실상 정권의 홍보 도구로 전락한 상황에서 당연한 조사 결과였다. 그 이후 여러 해가 지나도 KBS의 상황은 전혀 나아지지 않았다. 박근혜 정권이 들어서면서 오히려 더 악화됐다. 그리고 공영방송이 공영방송의 역할을 하지 못하고 권력의 주구로 전락했을 때 어떤 일이 발생할 수 있는가를 대한민국 국민은 박근혜·최순실 게이트와 사상 최초의 대통령 파면 사태를 통해 처절하게 경험했다. 보도지침으로 상징되는 권력의 언론 재갈 물리기는 결국 권력의 자정 능력을 무력화시키고, 그 권력 자체를 파멸로 이끌고 만다는 것을 우리는 눈앞에서 직접 목격했다.

MBC의 '공영방송 유전자'를 없애라

강지웅(MBC 해직자, 전국언론노조 MBC본부 전 사무처장)

2008년 4월 29일 방송된 〈PD수첩〉 '미국산 쇠고기, 과연 광우병에서 안전한가' 편으로 촉발된 거대한 촛불시위는 당연한 시민의 권리를 요구하는 평화로운 주장이었다. 하지만 이명박 정부는 검찰과 국정 원, 경찰 등 국가기관을 동원하여 촛불시위에 참여한 시민들을 철저히 탄압했다. 그런데 이명박 정부 입장에서 가장 눈엣가시였던 MBC를 당장 어쩔 방법이 없었다. MBC 사장 선임권한이 방송문화진흥회 (이하 방문진)에 있었기 때문이다. 이사장 포함 방문진 이사 9명이 사장을 선임했다. 3년 임기의 방문진 이사들을 재편할 수 있는 것은 이명박 정부 2년 차인 2009년 8월에나 가능했다. 이명박 정부의 방송장악 마수는 먼저 KBS에 뻗쳤다. 2008년 8월 11일 이명박 대통령은 당시 정연주 KBS 사장을 직접 해임하는 초강수를 뒀다. 그리고 2009년 8월 9일 새롭게 구성된 제8기 방문진 이사회(김우룡 이사장)를 통해 MBC 내정에 깊숙이 관여하기 시작했다.

사실 이명박 정부 출범 이전 대부분의 MBC 구성원들에게 방문진은 거의 존재감이 없었다. 1988년 12월 26일 '방송문화진흥회법'에 의해 만들어진 방문진은 1987년 6월 항쟁 이후 사회 전반의 민주화 분위기 속에 탄생했다. 당시 KBS가 보유하고 있던 MBC 주식 처분과 MBC

소유 구조 문제 해결을 위해 여소야대 국면에서 여야가 일정 부분 타협한 결과물이었다. 물론 관례에 따라 방문진 이사 9명 중에 여권이 6명, 야권이 3명을 가져가서 사장 선임에 청와대의 입김이 작용할 여지가 있다는 방문진의 태생적 한계는 예전에도 있었다. 그에 따라 함량 미달의 친정부 공영방송에 적합하지 않은 인사가 사장에 선임될 가능성을 완전히 배제할 수는 없었다. 그래도 MBC의 공영성과 공정 방송으로서의 가치를 수호하는 첨병 역할을 자임한 노동조합의 끊임없는 감시와 견제 덕분에 방문진이 상식이라는 선을 넘지 못하도록 막아낼 수 있었다. 하지만 2009년부터 모든 것이 변하기 시작했다. 지금은 당연한 것처럼 굳어 버렸지만, 여권 추천 이사들이 일사불란하게 6 대 3이라는 우세한 머릿수로 모든 사안을 표결로 밀어붙이는 '막무가내 의결'이 시작된 것이 바로 이때부터다.

김우룡 이사장의 'MBC 안의 좌파 청소' 발언은 아마도 모든 MBC 구성원들의 뇌리에 생생히 남아 있을 것이다. 그는 엄기영 사장을 몰아내고 김재철 사장을 선임한 후, MBC 안의 이른바 '좌파들'을 청소하는 청소부 역할을 김재철 사장에게 맡겼다고 월간지 기자에게 떠들어 댔다(《신동아》 2010년 4월호 기사). 그런데 김재철 사장이 좌파 청소에 미적거려서 큰집(청와대)에 불려가 "조인트 까이고 매도 맞고 해서" MBC 안의 좌파를 70~80% 정리할 수 있었다고 덧붙였다. 김우룡 이사장은 《신동아》와 한 인터뷰 기사로 결국 물러났지만, 그와 함께 선임된 여권 추천 이사들은 이후 3년간 MBC를 망가뜨리는 일에 앞장섰다. 대표적인 인물로, 골수 우익 인사인 김광동 이사는 8기 방문진 이사로 선임된 후 9기(2012~2015)와 10기(2015~2018)까지 연속 3연임 하면서 직업이 '방문진 이사'가 아닌가 착각하게 할 정도로 터줏대감 역할을 하고 있다. 변호사인 차기환 이사는 8기와 9기 연속 이사직을 연임하고 MBC를 충분히 손봐 줬다고 생각했는지 2015년 KBS 이사로 옮겨갔다. 그는 세월호 특조위에 여당 추천으로 들어가 특조위 활동을 방해하는 데 앞장섰으며, 2016년 말 박근혜·최순실 게이트 국면에서 박근혜의 변호인에 선임되어 '태블릿 PC 조작설' 전파에 여념이 없을 정도로 자타가 공인하는 골수 우익 인사이다. 최홍재 이사는 MBC를 망가뜨린 공로를 인정받았는지 박근혜 정부 출범 후 청와대 정무수석실 선임 행정관직에 임용되고 2016년 4월 20대 총선에 당당히 새누리당 공천을 받아 출마까지 했다. 떨어지긴 했지만. 이명박 정부의 MBC 장악이라는 특명을 받고 방문진 이사로 온 이들의 활약으로 MBC는 공영방송으로서의 기능을 정지당했다.

이명박 정부 이후 10명 해직, 2013~17년 신입사원 채용 0명

2008년 이명박 정부 출범 이후 MBC에서만 언론인 10명이 해직[1]됐다. 정직 이상 징계를 받은 사람만 143명이다. 111명이 제자리에서 쫓겨나서 2017년 6월까지 복귀하지 못했다. 현업에서 배제된 기자와 피디들은 사업부서로 쫓겨나 예전에 취재대상이었던 지자체들을 상대로 협찬 유치를 위한 영업을 뛰거나, 서울 마포구 상암동 MBC 본사 앞마당에 설치된 스케이트장에서 입장권을 팔고 스케이트장 관리를 하고 있다. 이들의 빈자리를 시용기자와 경력기자를 채용해 메꿨다. 그 숫자가 2012년에서 2016년 사이에만 200명에 육박한다. 2013년 이후

• • • • •

1) 이들 중 이근행 8기 노동조합 위원장, 정대균 9기 노동조합 수석부위원장은 재입사 형태로 2012년 복직됐다. 이상호 기자와 권성민 피디는 소송에서 이겨 복직했다. 그러나 이상호 기자는 사측의 계속된 중징계와 탄압으로 결국 MBC를 그만두었다. 2017년 11월 현재 해직 상태에 있는 MBC 언론인은 모두 6명이다.

MBC에서 신입사원 공채는 사라져 버렸다. 신입사원을 공채로 뽑으면 노동조합에 가입해서 경영진에 비판적인 세력이 될까 봐 우려해서 그런 것이었다.

2016년 말 기준으로 MBC 보도국은 현장을 취재하는 기자 200명 중 공채로 입사해서 노동조합 조합원 신분을 유지하는 기자가 50명 남짓에 불과하다. 나머지는 시용과 경력으로 채용된 이들이다. 사측은 시용과 경력직들의 신분상 한계를 이용해 노동조합 가입도 막고 뉴스에서 바른 소리를 내는 것도 막을 수 있었다. 과거에는 현장을 취재하는 기자들의 90% 이상이 노동조합원 신분을 유지했다. 노동조합은 '민주방송실천위원회'를 통해 뉴스에 외압이 있었는지 아닌지를 기자들에게서 제보를 받는 방식으로 경영진과 보도국 간부들의 전횡을 제어할 수 있었다. 하지만 이 모든 시스템이 2012년 이후 파괴되고 말았다. 2016년 말에서 2017년 초까지 박근혜 탄핵 촛불정국에서 손가락질을 받았던 MBC 뉴스는 이런 구조적 한계 속에서 제작되고 있었다. 그 결과가 지금 MBC의 모습이다. 〈뉴스데스크〉와 〈PD수첩〉은 외면당하고 MBC의 신뢰도와 영향력은 바닥으로 떨어졌다.

제1단계: 〈PD수첩〉 고사(枯死)와 라디오 프로그램 MC 축출

2009년 8월 8기 김우룡 방문진 체제가 구성된 후 연이은 압박에 2010년 2월 8일 엄기영 사장이 사퇴했다. 이에 MBC 노동조합은 '김우룡 퇴진과 낙하산 사장 저지를 위한 전면 투쟁'을 선언하고 총파업 찬반 투표에 돌입했다. 2월 18일 총파업 찬반 투표는 투표율 96.7%에 찬성률 75.9%로 총파업이 가결됐다. 그리고 3월 17일 《신동아》4월호에 김우룡 이사장의 '청와대 조인트'와 '좌파 청소' 발언이 실렸다. 결국 노동조합은 4월 5일 총파업에 들어갔다. 5월 14일까지 39일간의 파업 기간 중에 모든 MBC 구성원들은 김재철을 낙하산 사장으로 규정하고 퇴진할 것을 요구했다. MBC 본사 임직원 수는 약 1,600명이다. 그런데 이 중 1,028명이 기명(記名)으로 김재철 사장의 퇴진을 요구하는 성명을 발표할 정도였다. 이때 파업으로 당시 이근행 노동조합 위원장이 해고당했다.

2010년 벽두를 장식한 39일 파업이 김재철 퇴진에는 실패했지만 소기의 성과는 있었다. 최소한 2010년 한 해 동안은 방문진이든 김재철 사장을 비롯한 경영진이든 MBC의 공정성을 심대하게 침해하는 도발을 자행하지는 못하게 손발을 묶어 두는 효과를 보았다. 실제로 최승호 피디가 제작한 〈PD수첩〉 '4대강, 수심 6미터의 비밀' 편은 이명박 정부를 정면으로 비판하는 내용이었지만, 고작 방송을 1주일 지연시킬 수 있었을 뿐 불방시키지는 못했다. 2010년 첫해는 한 편엔 새로 꾸려진 방문진 '골수 우익 이사'들과 김재철 사장, 다른 한 편엔 노동조합과 시민사회단체들이 서로 팽팽히 겨루고 있었던 시기라고 말할 수 있다. 이 균형이 깨지기 시작한 것이 2011년이다.

2011년 1월 14일 김재철 경영진은 회사와 노동조합이 체결한 단체협약을 일방적으로 파기해 버렸다. 단체협약에는 공영방송 MBC의 공정성을 지난 20년간 담보해 왔던 '공정 방송 조항'이 담겨 있었다. 앞서 언급했던 '민주방송실천위원회'도 단체협약으로 보장받던 노동조합의 기구였다. 이 모든 것을 백지화해 버렸다. 그리고 〈PD수첩〉을 제작하는 시사교양국장에 윤길용을, 라디오본부장에 이우용을 임명했다. 윤길용과 이우용은 이후 〈PD수첩〉과 MBC 라디오를 망가뜨리는 데 혁혁한 공로를 세웠다. 그 대가로 윤길용과 이우용은 MBC 지역사 사장 자리에 오르기도 했다.

윤길용은 시사교양국장으로 부임하자마자 3월 2일 최승호 피디를 포함해 피디 6명을 〈PD수첩〉 밖으로 쫓아냈다. 〈PD수첩〉의 제작 피디가 10명 남짓이었다. 절반이 넘는 피디를 방출해 버린 것이다. 제작 아이템에 대한 엄청난 검열도 함께 시작됐다. 2011년 〈PD수첩〉에서 방영하지 못한 아이템은 다음과 같다. 'MB 무릎 기도 파문', '남북경협 중단 1년 점검', '후쿠시마 원전과 국내 원전', '대통령 국가조찬기도회 무릎 기도 파문', '한진중공업 사태', '한상대 검찰총장 의혹 점검', '미군 고엽제 파문', '복수노조 시대, 삼성 노조 간부 해고 파문', '4대강 공사 현장 잇따른 사망 사고'.

항의하는 피디는 제작부서 밖으로 쫓겨났다. 황우석 교수의 줄기세포 조작 사실을 폭로했던 한학수 피디를 경기도 용인에 있는 MBC 드라마 제작 시설로 보내 버렸다. 서울에서 편도로 2시간 30분이 넘게 걸리는 거리다. 한학수 피디가 그곳에서 하는 업무는 드라마 세트장 관람객들을 안내하는 일이었다.

이우용은 라디오를 진행하는 MC들을 솎아 내기 시작했다. 〈세계는 그리고 지금은〉을 진행하는 김미화 씨를 그만두게 했다. 〈시선집중〉의 10년 고정 패널 김종배 씨도 이때 쫓겨났다. 〈시선집중〉에 고정 패널로 출연할 예정이었던 김여진 씨도 외압으로 캐스팅이 좌절됐다.

2011년 9월 2일, 대법원은 〈PD수첩〉 '광우병' 보도에 대해 무죄 확정판결을 내렸다. 그동안 2008년 〈PD수첩〉 방송을 놓고 '허위사실 유포'니 '명예훼손'이니 비난하며 제작진을 체포 구금까지 했던 이명박 정부의 주장이 얼마나 어처구니없었는지를 여실히 보여 주는 통쾌한 판결이었다. 그런데 엉뚱하게도 김재철은 9월 5일 〈뉴스데스크〉 시간에 '광우병 보도 관련 사고(社告)'를 내고 대국민 사과를 하는 해프닝을 벌였다. 사고의 내용은 "문화방송이 잘못된 정보를 제공한 것은 어떤 이유로도 합리화될 수 없습니다. 당시 문화방송의 잘못된 정보가 국민의 정확한 판단을 흐리게 해 혼란과 갈등을 야기했다는 지적도 겸허하게 받아들입니다"라고 되어 있다. 똑같은 내용을 국내 주요 일간지에도 거액을 들여 게재했다. 기념비적인 사건이었다. 대법원이 무죄라고 판결을 내렸는데, 김재철은 이명박 대통령이라는 권력자 1인을 위해 공영방송의 메인 뉴스 시간에 '사과'를 한 것이었다. 〈PD수첩〉 제작진들도 정직 이상의 중징계에 처해졌다. 공영방송 MBC는 죽어 버렸다. 방송이 정권의 구미에 맞게 순치돼 가고 있었다.

2011년 2월에 새로 출범한 노동조합 집행부(정영하 위원장)는 '공영방송 MBC의 정상화'를 위해 총파업 찬반투표를 실행했다. 2010년 39일 파업의 상흔이 채 아물기도 전이었다. 2011년 8월 18일 총파업 찬반투표는 투표율 91.8%에 78%의 찬성률로 가결되었다. 2012년 170일 파업의 서곡이 시작되었다.

제2단계: 2012년 170일 파업과 김재철 잔당들의 MBC 유전자 교체 시도

MBC 노동조합은 2012년 1월 30일 '공영방송 MBC 정상화와 김재철 사장 퇴진'을 위해 총파업에 돌입했다. MBC 노동조합은 단지 업무를 하지 않는다는 소극적 저항으로서의 파업을 넘어 공영방송 MBC의 위상을 회복하기 위해 노력했다. 파업에 참여한 기자와 피디 조합원들은 '제대로 뉴스데스크'와 '피떡수첩'이라는 타이틀을 걸고 말 그대로 '제대로 된 뉴스데스크와 PD수첩'을 제작해 인터넷으로 배포했다. 파업 중에도 공영방송으로서 언론활동을 중단하지 않겠다는 의지의 표명이었다. 김재철 경영진의 탄압은 상상을 초월했다. 사측은 2월 27일 조합 집행부 16명 전원을 '업무방해' 혐의로 형사고발했다. 그리고 2월 29일 박성호 당시 기자협회장, 3월 5일 이용마 노동조합 홍보국장, 4월 3일 정영하 위원장, 강지웅 노조 사무처장, 6월 20일 최승호 피디와 박성제 기자까지 모두 6명을 파업 중에 해고했다.

가장 끔찍한 일도 벌였다. 김재철은 'MBC의 유전자를 교체'해 버리겠다고 평소에도 입버릇처럼 엄포를 놨었다. 그리고 파업 중에 단행했다. 4월 20일 〈PD수첩〉을 제작하는 시사교양국을 폐지했다. 4월 30일에는 '시용'이라는 이름으로 1년 후 정규직 임용전환을 약속하고 대체기자들을 채용했다. 실제로 이들은 1년 후 모두 정규직으로 임용됐다. 6월 1일에는 파업에 참여한 조합원 35명을 대기발령 조치했다. 그래도 파업의 열기가 가시지 않자 6월 11일 34명을 2차로 대기발령 조치했다. 김재철은 파업에 참여한 〈무한도전〉 김태호 피디를 거명하며 '무한도전을 외주 제작하겠다'고 겁박했다가 시민들의 거센 반발 여론에 부닥치기도 했었다.

170일 파업이 끝나고 박근혜 정부가 들어서면서 MBC에서 노동조합과 공정 방송을 외치는 목소리를 지우기 위해 철저한 '세탁' 작업이 시행됐다. 우선 노동조합의 신규 충원을 막기 위해 신입사원 공채를 없애 버렸다. 파업 중에 뽑은 시용에 덧붙여 경력직들을 마구잡이로 충원하기 시작했다. 경력직 채용은 몇몇 경영진과 보직간부들만 관여하기 때문에 채용 기준과 채용 사유가 베일에 싸여 있다. 정권 실세의 부탁으로 채용했다는 소문까지 있을 정도다. 게다가 경력직 채용 면접에서 '사상과 고향'을 검증한다는 소문까지 퍼졌다. 경력직 면접자들에 따르면 "당신은 보수냐 진보냐?", "차기 대통령은 누가 되어야 하는가?", "고향은 어디인가?" 같은 질문이 면접 자리에서 공공연하게 나왔다고 한다. 2016년 초 MBC 백종문 미래전략본부장이 한 우익 매체 대표와 사석에서 나눈 대화가 일명 '백종문 녹취록'이라는 이름

〈표 1〉 2013년 이후 MBC 경력직 채용 현황

(단위: 건수)

	2013	2014	2015	2016년 6월	소계
보도	52	8	10	3	73
경영	17	3	26	12	58
· ·			· ·		
총계	103	16	60	26	205

*2013년부터 2016년 6월까지 모두 73명의 시용 및 경력기자들을 채용했다.
*방송경영 부문은 노동조합원들을 통해 사측의 기밀이 새나간다고 생각한 경영진들에 의해 물갈
이 수준의 경력직 채용이 자행됐다.
*2013년부터 2016년 6월까지 MBC는 시용 및 경력직을 모두 205명을 채용했다.

으로 공개되었다. 소문이 소문만은 아니었다는 사실이 밝혀졌다. 최
근엔 경력직들을 '연봉제'로 채용함으로써 안 그래도 회사에 저항하
기 힘든 경력직의 처지를 더 열악하게 만들었다. 실제로 경력직으로
들어온 기자와 피디는 노동조합에 거의 가입하지 못하고 있다.

제3단계: 〈뉴스데스크〉와 〈PD수첩〉의 추락, 끝없는 노동조합 고사(枯死) 작전

2012년 170일 파업 이후 2017년 초까지 MBC에서는 공정 방송의 'ㄱ'
자도 꺼내지 못할 만큼 혹한의 시절을 보내야 했다. 단체협약으로 보
장된 '공정 방송 조항' 부활을 막기 위해 계속 '무단협 상황'이 지속되
었다. 공영방송사인 MBC에 노측과 사측 사이 최소한의 약속이라고
할 수 있는 단체협약이 존재하지 않는다는 것은 가히 충격적인 상황이
다. 1987년 12월 MBC 노동조합이 출범한 이래 공영방송 MBC의 공

정성을 지키기 위한 노동조합의 투쟁은 단체협약 체결에 집중됐었다.

공정 방송은 기자와 피디들의 각성을 통해서만 실현이 가능한 것이 사실이다. 하지만 거대 조직 속에서 개인들의 각성과 희생에만 맡겨서는 절대로 제도적으로 공정 방송을 보장할 수 없다. 노동조합은 노태우, 김영삼 정부를 거치며 수차례의 파업을 통해 공정 방송을 보장하기 위해서는 제도적으로 견제 장치를 만들어야 한다는 것을 절감했다. 그 결과가 MBC 단체협약의 '공정 방송 조항'과 '민주방송실천위원회'였다. 방송의 공정성을 침해한 경영진과 보직 간부는 노사 간에 함께 징벌할 수 있는 '공정방송협의회'도 모두 단체협약을 통해 합법적으로 보장받을 수 있었다.

따라서 8기 김우룡 방문진 체제가 출범하면서 가장 먼저 시비가 붙었던 게 바로 단체협약이었다. 김재철이 2011년 단체협약을 해지한 후 중간에 잠깐 단체협약이 복원됐었지만 2012년 170일 파업 이후 MBC에서는 계속 '무단협' 상황이 지속되었다. 제도적으로 경영진의 시사·보도 프로그램에 대한 간섭을 견제할 수 있는 장치가 사라져 버렸다. 그 폐단이 적나라하게 드러난 것이 2014년 MBC의 '세월호 보도 참사'였다.

2014년 4월 16일, MBC는 세월호에 탑승한 승객들이 전원 구조됐다는 오보(誤報)를 냈다. 문제는 목포MBC의 취재기자들이 세월호 참사 현장에서 전원 구조가 오보라는 사실을 실시간으로 서울 본사에 알렸는데도 전혀 보도에 반영되지 않았다는 점이다. 과거의 MBC 보도국이라면 상상도 할 수 없는 일이었다. 보도국이 대거 물갈이되면서 기자로서의 소양이 검증되지 않은 이들이 보도국 데스크에 앉아 현장 취재를 지휘하니 돌아가는 상황에 대해 전혀 판단하지 못한 것이었다. MBC의 세월호 보도참사는 여기서 끝이 아니었다. 2014년 5월 7일 박상후 당시 보도국 전국부장은 '분노와 슬픔 넘어서'라는 제목으로, 세월호 유족들이 무리한 구조작업을 요구하고 어거지를 쓴다고 대놓고 비난했다. 이 보도가 나간 후 MBC 보도국 기자 121명이 '참담하고 부끄럽습니다'라는 제목으로 성명서를 발표하고 MBC가 세월호 실종자 가족을 모욕하고 비난한 것에 대해 회사를 대신해 사과했다. 하지만 안광한 사장과 이진숙 보도본부장, 김장겸 보도국장은 보복으로 응수했다. 성명에 참여한 기자들은 대거 보도국 밖으로 쫓겨 갔으며 정직 이상의 중징계에 처해졌다. 세월호 참사에 대한 MBC 경영진의 적대적인 태도는 계속됐다. 세월호 특조위 활동에 대해 비판으로 일관하고, 참사 당시 세월호 오보에 대해 증인 출석이 요구됐지만 안광한 사장과 이진숙 보도본부장, 박상후 전국부장은 모두 응하지 않았다.

2016년 말 촛불정국에서 MBC 취재기자들이 현장에서 매를 맞고 쫓겨나고, 카메라 기자들이 카메라에서 MBC 로고를 떼고, MBC 중계차는 촛불 현장에 세우지도 못한 일이 벌어진 것은 어쩌면 당연한 일이었다. 2016년 11월 12일의 촛불 관련 리포트를 비교해 보면, 100만 촛불이 모인 현장을 KBS는 19개, SBS는 34개의 리포트로 보도했지만 MBC는 고작 8개의 리포트만 내보냈다.

박근혜 대통령이 사과 기자회견에서 처음 '최순실' 이름 석 자를 언급할 때까지 MBC 뉴스에서 최순실이란 이름은 '금기'였다. '박근혜·최순실 게이트'가 불거지면서 MBC는 지상파 방송 3사 중에 가장 늦게 '특별취재반'을 꾸렸다. 하지만 이마저도 한 달여 만에 '더 이상 취재할 게 없다'는 핑계를 대며 해체해 버리고 말았다. JTBC 뉴스가 연일 최고 시청률을 경신하는 가운데 MBC 〈뉴스데스크〉는 저조한 시청률을 기록하며 '박근혜 대통령 지지율과 함께 간다'는 조롱을 들어야 했다.

MBC의 신뢰도와 영향력이 추락했다는 것은 모든 지표에서 나타난다. 방송통신위원회가 정보통신정책연구원(KISDI)에 의뢰하여 실시한 '방송 프로그램 시청자 만족도 평가지수(KI 지수) 조사' 2015년도 결과를 보면, MBC가 방송 3사 중에 '신뢰성·유익성·공정성·공익성·다양성'에서 모두 꼴찌를 기록했다. 한국기자협회에서 매년 8월 실시하는 '전국 기자 여론조사' 결과를 보면, MBC는 신뢰도 측면에서 2009년 한겨레에 이어 2위를, 2010년에도 한겨레에 이어 2위를 기록했었다.

하지만 2011년 김재철 사장이 낙하산으로 내려온 후 2011년에 4위를 기록한 후 2012년 170일 파업 이후인 2013년부터는 10위권 밖으로 추락해 버렸다. 언론학회 회원 500명을 대상으로 매년 11월 발표되는 언론사 신뢰성·공정성·유용성 조사 결과를 보면, 2010년까지 한겨레, KBS, YTN, 경향신문에 이어 꾸준히 3위~5위권을 유지했지만, 2011년 김재철 사장이 부임하면서 6위로 떨어진 후 2012년부터는 아예 순위에서 사라져 버렸다.

《시사저널》과 《시사인》의 매체영향력 조사에서도 같은 결과가 나왔다. 《시사저널》이 조사한 가장 신뢰하는 언론매체에 MBC는 2009년 1위, 2010년 1위를 기록했지만, 2011년 3위, 2012년 4위, 2013년 4위, 2014년 6위, 2015년 7위로 계속 추락해 갔다. 《시사인》이 조사한 가장 신뢰하는 언론매체 조사에서도 MBC는 2009년, 2010년 계속 1위를 기록했지만 2012년과 2013년에 5위를, 2014년과 2015년에는 6위로 하락했다.

MBC의 시사·보도프로그램을 완전히 망가뜨린 경영진들은 마지막 저항의 싹마저 자르기 위해 탄압의 고삐를 더욱 잡아당겼다. 2015년 12월 안광한 경영진은 무단협을 빌미로 조능희 위원장(2015년 3월~2017년 2월 11기 노동조합)을 비롯한 상근집행부 5명과 지역 MBC 지부장 15명에 대해 즉각 업무에 복귀할 것을 요구했다. 전국의 1,500여명 조합원을 대표하는 조합 집행부에 상근자가 단 한 명도 없는 초유의 사태가 발생한 것이었다. 이것은 모두 공정 방송을 외치는 노동조합의 존재가 껄끄러운 사측이 노동조합을 말살하기 위해 벌인 일이었다. 안광한 경영진은 변호사를 10명, 노무사 9명을 채용했다. 노무사 9명은 국내 2위 수준의 노무법인에 속한 노무사 숫자에 버금가는 규모다. 이들은 다양한 대(對) 노동조합 탄압 아이디어를 제공했다.

현재 MBC에는 전국언론노동조합 MBC본부(MBC 노동조합) 외에 제2 노동조합과 제3 노동조합이 존재한다. 특히 제3 노동조합은 시용과 경력직 위주로 사측에 의해 급조된 노동조합이다. 복수노조 체제를 만들고 어용노조에 특혜를 집중시켜 주는 것은 기존 노동조합을 붕괴시키기 위한 고전적인 수법이다. MBC에서 노동조합을 탄압하기 위해 동원한 다양한 수법들은 노동 전문가들도 혀를 내두를 정도다. 공영방송사에서 이런 일이 벌어질 것이라고 그 누구도 상상하기 힘든 일들이 백주대낮에 버젓이 일어나고 있다.

지난 2012년 170일 파업과 관련해서 사용자 측과 MBC 노동조합 간에는 세 개의 큰 재판이 걸려 있다. 사용자 측이 파업 집행부를 업무방해로 고소한 형사 사건과 노동조합과 집행부를 손해배상으로 고소한 민사 사건, 그리고 해직자와 징계자들이 회사를 상대로 낸 '징계 무효 소송'이 그것이다. 이 세 사건 모두 가장 핵심적인 법리 사항은 "공정방송을 위한 노동조합과 조합원들의 투쟁이 정당하냐?"는 것이다. 다시 말하면 "공정 방송이 언론 노동자의 근로조건에 해당하느냐?"는 것이다. 법원은 1심과 2심 재판부 모두, 공정 방송이 언론 노동자의 근로조건이라고 인정했다. 2012년 170일 파업은 공정 방송 훼손으로 근로조건이 침해된 노동조합과 조합원들의 정당한 투쟁이 되는 것이다. 당연히 170일 파업을 빌미로 노동조합과 조합원들에게 가해진 해고, 징계, 손해배상, 업무방해는 모두 무효라고 판결을 내렸다. 하지만 안광한·김장겸 경영진은 명명백백한 사실에 눈을 감았다. 대법원 결과까지 봐야 한다고 강짜를 부리고 있다. 그러면서 한편으로는 막대한 비용을 들여 엄청난 변호인단을 꾸려 재판 결과를 자신들에게 유리하게 가져가려고 애쓰고 있다. 2016년 9월 기준으로 노동조합과 회사 간에는 28건의 소송이 진행되고 있다. 각 심급별로 계산하면 모두 82개의 재판이 진행되고 있는데 현재까지 일부 승소를 포함해서 모두 53개의 재판에서 노동조합이 승리했다. 82%의 승소율이다. 당시 안광한 경영진은 국내 최고 수준의 로펌 7개를 동원해서 약 60명에서 80명의 변호사를 재판에 투입했다. 이들 변호사 중에는 대법관 출신이 4명에 달하고, 서울고등법원장 출신이 1명, 중앙지법원장 출신이 1명, 부장판사 출신이 4명에 달한다. 노동조합이 추산하기로 회사가 낭비한 소송 및 소송부대비용만 57억 원가량 될 것으로 보인다. 백종문 당시 미래전략본부장이 '백종문 녹취록'에서 언급한 "소송 비용이 얼마든, 변호사가 몇 명이, 수십 명이 들어가든 그거는 내 알 바가 아니다"라고 한 망언이 결코 무색하지 않다. 거짓을 진실로 둔갑시키기 위해 국민의 자산인 공영방송의 예산을 쌈짓돈처럼 쓰고 있다.

MBC 노동조합은 지난 2016년 3월 18일 '단체협약 체결과 노조 파괴 저지를 위한 파업 찬반 투표'를 실시하여 85.42%의 압도적인 찬성률로 가결했다. 조능희 위원장은 파업 찬반 투표 가결 직후 단독으로 선도 파업에 돌입했다. 2017년 2월 10일 출범한 김연국 위원장 집행부는 위원장은 물론 집행부와 일부 조합원들로 파업을 확대하고 사측의 노조탄압에 맞섰다. 2012년 170일 파업 이후 엄청난 탄압이 노동조합에 가해졌지만 조합원은 이탈하지 않고 꿋꿋이 버텼다. MBC 본사 사옥 1층 로비에서는 매일 기자와 피디, 아나운서와 엔지니어, 방송 경영인 등 MBC 구성원들이 점심시간마다 내려와 피켓 시위를 벌였다. MBC 뉴스와 시사 프로그램의 정상화를 염원하며 MBC 위상 추락의 주범들에게 책임지고 물러나라며 연일 규탄했다. 박근혜·최순실 게이트를 규탄하는 수백 만의 촛불 민심은 결국 박근혜를 대통령직에서 해임했다. 1987년 6월 항쟁을 능가하는 열기 속에 정치·경제·사회·문화 전반에 걸쳐 근본적인 개혁을 요구하는 외침이 높다. MBC도 기로에 놓였다. 2017년 9월 4일, 언론노조 MBC본부는 '이대로 가면 망한다'는 위기감에 긴 체념의 사슬을 끊고 총파업에 돌입했다.

YTN, MB 정권의 첫 번째 목표

김도원(YTN 노동조합 공정방송추진위원장)

보도전문채널 YTN은 법적으로 주식회사이다. 형식상 민간기업이니 정부가 이래라저래라 개입할 권한이 없다. 그러나 실제로는 지분의 40%가량을 공기업이 갖고 있어 사실상 사장 선임 등 경영은 물론 보도방향까지도 정부의 입김에서 자유롭지 못한 상황이다. 2008년만 해도 유일한 24시간 뉴스 채널로서 정권에 대한 비판도 주저하지 않으며 영향력을 확대해 가던 YTN은 전방위적 언론장악을 꿈꾸었던 이명박 정권의 첫 번째 목표물이 되었다.

낙하산 사장 투입과 해직 사태의 시작

2008년 3월 7일, YTN의 간판 프로그램 〈돌발영상〉 '마이너리티 리포트' 편이 방송됐다. 이동관 청와대 대변인이 '삼성 떡값' 명단과 관련해 천주교 정의구현전국사제단이 명단을 발표하기도 전에 사실무근이라고 해명한 것을 폭로한 것이었다. 논란이 일자 이 대변인은 홍상표 보도국장에게 방송 중단과 인터넷 영상 삭제를 요구했다. 보도국장은 이를 수용했다가 거센 내부 반발에 철회하고 사과했다. 돌이켜 보면 YTN 장악 시도의 시작이었다(홍상표 보도국장은 2년 뒤 청와대 홍보수석으로 발탁됐다).

한 달 뒤, 표완수 사장이 임기를 석 달여 앞두고 사의를 표명한다. 후임으로 대선 캠프 출신 낙하산 인사가 온다는 설이 돌았다. 5월 29일, 이사회는 이명박 대선 후보 캠프에서 언론특보를 지낸 구본홍 씨를 사장으로 내정했다. 낙하산 투입설이 현실로 나타났다.

YTN 노동조합은 비상대책위원회를 꾸리고 낙하산 사장을 막기 위해 직접적인 행동에 나섰다. 모든 공채 기수 사원들이 실명으로 낙하산 사장을 반대한다는 성명을 발표했다. 현덕수 노조위원장은 청와대 앞에서 1인 시위를 시작했고, 사장이 정식으로 임명되는 주주총회를 5일 앞두고는 단식농성에 돌입했다. 많은 조합원들이 적극적으로 싸움에 나서 주주총회를 일단 한 차례 무산시켰다. 하지만 사측은 사흘 뒤인 7월 17일 주주총회를 다시 열고, 용역 경비원들까지 투입해 조합원들을 막은 상태에서 구본홍 사장 선임안을 30초 만에 날치기 통과시켰다.

법적으로는 사장 자리를 꿰찼지만, 어떤 사원도 낙하산 사장을 사장으로 인정하지 않는 현실에서 구본홍 사장은 아무것도 할 수 없었다. 노조가 출근 저지 투쟁에 나서면서 사장실에 들어가기조차 쉽지 않았고, 조합원 20여 명을 대상으로 내린 징계성 전보 인사도 노조의 인사 불복종 방침에 따라 현장에 아무런 영향을 끼치지 못했다.

낙하산 사장이 이렇게 무력화되는 상황을 정권은 가만히 두고 보지 않았다. 전방위적인 압박이 시작됐다. 사장 선임 전까지 "사장 추천은 이사회에서 했는데 왜 정부에 항의하느냐"고 시치미를 떼던 신재민 문체부 제2차관은, 출근 저지가 계속되자 언론 브리핑에서 "공기업이 소유한 YTN 지분을 매각하겠다"는 말을 꺼낸다. 낙하산 사장을 받아들이지 않으면 민영화를 하겠다는 협박이었다. 출입기자에게도 "주주로서 정부의 권리를 인정하든지, 아니면 민영화를 받아들이라"고 구체적으로 요구한다. 심지어 "YTN 노조원 가운데 KTX 여승무원처럼 될 사람들 있을 것"이라며 장기간의 해직 사태를 예고하는 막말도 서슴지 않았다.

고흥길 국회 문방위원장(한나라당)도 공기업 소유 YTN 지분 매각에 찬성한다며 거들었다. 박선규 청와대 국내언론담당 비서관은 출입기자에게 "청와대는 구본홍 바꿀 생각이 없다. 이렇게 되면 YTN 사람 다친다"며 압력을 가했으며, 구본홍 사장에게도 "리더십을 발휘하라"고 요구했다고 밝혔다.

사측은 낙하산 사장 반대 투쟁에 대해 강도 높은 탄압에 나섰다. 노종면 노조위원장을 비롯한 조합원 12명을 업무방해 혐의로 형사 고소한 뒤에 이어 30여 명을 무더기로 인사위원회에 회부했다. 노종면, 조승호, 현덕수, 권석재, 우장균, 정유신 기자 등 6명은 해고됐고, 〈돌발영상〉 담당 피디였던 임장혁 기자는 정직 6개월을 받는 등 모두 33명이 중징계를 당했다. 기자들이 이렇게 무더기로 해고된 건 전두환 정권의 언론 통폐합 조치 이후 처음 있는 일이었다. 10월 6일, 해직 사태의 시작이었다.

10년 만의 현직 언론인 구속······ 낙하산 사장의 갑작스러운 사퇴

무더기 해고는 오히려 조합원들의 분노에 기름을 부었을 뿐 아니라, 우리 사회를 넘어 국제적인 규탄 대상이 됐다. 낙하산 사장 출근 저지 투쟁은 해직 사태 이후로도 석 달 동안 계속됐다. 언론의 죽음을 애도하는 의미로 앵커와 기자 등 모든 방송 출연자가 검은 옷을 입는 '블랙 투쟁'에는 YTN뿐 아니라 다른 방송사까지 동참했다. 국경없는기자회, 국제앰네스티 등 국제 시민사회단체도 YTN 사태에 우려를 표하며 징계 철회를 촉구했다.

이명박 정권은 새로운 압박 수단을 동원했다. 2008년 12월 11일, 방송통신위원회가 YTN의 재승인을 보류한 것이었다. '사장의 인사 명령을 구성원이 따르지 않는 등 경영 정상화가 이뤄졌다고 보기 어렵다'며 낙하산 사장 반대 투쟁을 직접 문제 삼았다. 투쟁을 접지 않으면 회사 문을 닫게 하겠다는 협박이었다. 노동조합은 결국 사측이 재승인 심사를 다시 신청한 당일인 이듬해 1월 20일, 인사 불복종 투쟁을 중단하고 보도국을 정상화하기로 합의했다. 그러나 그것이 구본홍 사장을 인정한 것은 아니었다. 해직자 복직, 낙하산 사장 저지 요구는 멈추지 않았으며, 사측과의 임금·단체협약 교섭 결렬에 따라 노동조합은 2009년 3월 23일부터 파업에 돌입했다.

파업에 들어가기 전날 새벽이었다. 경찰은 노종면 위원장을 비롯해 조합원 4명을 체포했다. 파업을 이끌어 갈 노조 지도부로서 도주의 우려도 없고, 경찰의 출석 요구를 거부한 적도 없이 성실히 응해 왔는데도 갑작스럽게 체포영장을 집행한 것이었다. 심지어 경찰이 보낸 출석요구서는 출석 예정일 다음 날 전달되는 등 '소환 불응'이라는 체포 사유를 만들어 내기 위해 억지로 노력한 정황이 역력했다. 실제로 당시 남대문경찰서장은 파업 때문에 체포한 것 아니냐는 기자의 질문에 그렇다고 답해 파업을 무력화하기 위한 체포임을 시인했다. 이틀 뒤 법원은 영장 실질 심사에서 조합원 3명에 대한 구속영장은 기각했지만, 노종면 위원장에 대해서는 증거인멸과 도주 우려가 있다며 구속 영장을 발부했다. 현직 언론인이 구속된 것은 10년 만의 일이었다.

파업 기간 노사 협의가 진행돼 4월 1일 노사 합의문이 만들어졌다. '해직자 문제는 법원의 결정에 따른다, 노사 모두 그 외의 형사 고소·

고발 등을 취하한다, 합의와 동시에 파업을 종료한다'는 등의 내용이었다. 특히 법원의 '판결'이 아니라 '결정'에 따른다고 한 것은 당시 해고 무효 소송에서 재판부가 조정 결정을 추진했던 것을 고려한 표현으로, 해직 문제를 1심에서 해결한다는 의미가 담긴 것이었다. 구본홍 사장 역시 훗날 언론 인터뷰에서 1심 결과에 승복할 생각이었다고 재확인했다.

노사 합의 이후 노종면 위원장은 구속적부심을 통해 석방됐다. 이어서 6월 10일, 노사 협상을 통해 '공정 방송을 위한 노사 협약'이 체결됐다. 협약은 노동조합 공정방송추진위원회에 상근자를 두도록 명시했으며, 노사 공동으로 공정방송위원회를 구성하여 이미 보도된 기사는 물론 제작 중인 프로그램에 대해서도 공정성을 해칠 소지가 있을 경우 심의할 수 있는 권한을 부여하고, 불공정 보도의 책임자에 대한 문책이나 보직 변경 요구권도 규정했으며, 사용자 측이 공정방송위원회 소집을 2회 이상 거부할 경우 보도국장 신임투표 실시 등 나름대로 전향적인 내용을 담고 있었다. 사내 구성원들의 강력한 저항을 마주한 구본홍 사장으로서는 다른 선택의 여지가 없었을 것이다. 구 사장은 이어서 해직 기자 6명에 대한 1심 판결이 나기 전에 이들을 모두 복직시키고 사태를 마무리하는 방안을 모색하기도 했던 것으로 알려져 있다. 노사가 어느 정도 접점을 찾은 셈이었다.

그런데 8월 3일, 구본홍 사장은 돌연 사퇴를 선언했다. 취임 1년을 갓 넘긴 시점이었다. 임원진들도 예상하지 못했던 갑작스러운 사퇴의 이유를 두고 추측이 무성했다. '정권 핵심부에서 구 사장의 행보를 못마땅하게 여겨 사실상 경질했다', '1년 동안 노조에 끌려다니기만 했다는 평가 때문이다'라는 이야기가 돌았다. 정권의 눈엣가시였던 〈돌발영상〉이 계속 방송되는 등 '보도장악'을 못 했기 때문이라는 관측도 나왔고, '후임 사장은 더 강성인 사람이 올 것'이라는 말도 돌았다. 결과적으로 맞는 말로 드러났지만, 사실로 확인된 것은 총리실의 민간인 사찰 문건이 공개되면서였다.

정권의 집중 사찰 대상이었던 YTN

총리실 공직윤리지원관실 문건에는 YTN을 사찰한 내용이 빼곡했다. 그중 '점검1팀 사건 진행 상황'이라는 문건을 보면 2009년 7월 27일자로 'KBS, YTN, MBC 임원진 교체 방향 보고'라는 제목이 나온다. 이 사안은 'BH 하명'이라고 표시돼 있다. YTN 임원진 교체를 청와대가 직접 지시하고 정부기관이 나서서 실행에 옮겼다는 증거이다. 실제로 1주일 뒤 구본홍 사장은 사퇴했다.

사장 교체뿐만이 아니었다. 총리실 원충연 조사관의 수첩을 보면 정권은 이미 2008년 8월부터 YTN을 감시하고 있었다. 수첩에는 YTN의 임원들과 청와대 출입 기자, 노조위원장의 성향 분석부터 노조 위원장 선거 진행 상황과 사측에 대한 노조의 대응 방향까지 내부자가 아니면 알 수 없는 세밀한 내용까지 담겨 있었다.

심지어 '대안'이라는 제목 아래 '계속 처벌→촛불에 투입된 자금, YTN 조합비 총액 1%=1억 2천'이라고 적은 대목도 나온다. 미국산 쇠고기 수입 반대 집회를 두고 대통령이 '촛불 값은 누가 대나'고 물었던 적도 있지만, YTN 노조를 촛불집회 배후로 엮어 처벌하려 했던 것으로 보인다. 총리실이 YTN 사찰에 그치지 않고, 노조탄압을 위해 사건 조작까지 시도했다는 뜻이다.

해직 사태를 전후해서도 사찰은 계속됐다. 2008년 11월 12일 작성된 점검 1팀의 '현재 추진 중인 업무 현황'이라는 문서를 보면 'YTN

노조 불법 행위 내사' 업무에 대해 '조사 진행 중'이라고 표기했다. 그리고 이듬해 1월 '2008년도 미션 처리 내역'이라는 문건을 보면 'YTN 사장 선임 반대 노사분규' 항목에 '종결'이라고 표시했다. 무더기 해직과 징계는 정권이 '처리'해야 할 '미션'이었던 것이다.

총리실은 구본홍 사장 사퇴 이후의 YTN 동향도 꼼꼼하게 감시했다. 이런 환경에서 사장 직무대행을 맡은 배석규 전무가 선택한 카드는 철저한 노조탄압이었다. 보도국 소속 사원들의 투표를 거쳐 임명된 보도국장에게 사퇴를 요구하고, 노사 합의로 7년 넘게 시행돼 왔던 보도국장 추천 투표를 일방적으로 폐지했으며, 해직 사태 당시 제작진에 대한 징계로 6개월 동안 방송이 중단됐다가 가까스로 되살아난 〈돌발영상〉을 다시 없애기 위해 담당 피디에게 대기 발령을 내렸다. 파업에 참여했던 앵커들은 비보도 부서로 쫓아내고, 빈자리는 신분이 불안정한 프리랜서들로 메웠다.

이 같은 만행을 민간인 사찰 팀은 '개혁 조치'라고 치켜세웠다. 2009년 9월 3일 작성된 'YTN 최근 동향 및 경영진 인사 관련 보고' 문건은 위와 같은 일련의 노조탄압 행위들을 나열하며 배석규 전무가 '노조의 경영 개입을 차단'하고 '좌편향 방송 시정 조치를 단행'했다며 '현 정부에 대한 충성심과 YTN의 개혁에 몸을 바칠 각오가 돋보임'이라고 평가했다. 노조탄압과 방송장악이 정권의 뜻에 따른 것임을 분명히 한 것이다.

그러면서 사찰 팀은 '조치 건의'라는 항목에서 배석규 전무가 '회사를 조기 안정시킬 수 있도록 직무대행 체제를 종식시키고 사장으로 임명하여 힘을 실어 줄 필요'가 있다고 결론을 내린다. 공기업들의 지분이 약 40%를 차지하고 있어 대주주라는 사실과 함께 사장 선임 절차까지 함께 적었다. 독립된 보도전문채널 YTN을 '정권에 충성하는 언론사'로 개조하기 위해 정권이 얼마나 깊숙이 개입했는지 보여 주는 것이다.

배석규 전무는 사찰 문건이 작성된 지 한 달쯤 뒤인 10월 9일, 비밀리에 열린 이사회에서 실제로 사장으로 선임됐다.

박근혜 정권 출범, 계속되는 보도 농단

'정부에 대한 충성심이 돋보였던' 배석규 사장은 정권에 불리한 보도나 비판적 기사는 철저히 억눌렀다. 〈돌발영상〉 무력화가 시작이었다. 매서운 영상을 쏟아내던 〈돌발영상〉을 통제하기 위해 제작진을 교체했고, 그 뒤 촌철살인의 풍자와 비판이 사라지면서 YTN의 간판 프로그램이었던 〈돌발영상〉은 시청자들이 폐지됐다고 생각하게 될 정도로 유명무실해졌다. 그나마도 결방을 거듭하다 2015년 초에 완전히 사라진다.

노사가 합의했던 공정방송협약도 노골적으로 어기기 시작했다. 자신이 전무였을 때 배석규 사장 본인이 직접 서명한 협약이었다. 그러나 협약에 따라 노조가 요구한 공정방송위원회 개최를 사용자 측은 1년 9개월 동안 거부했다. 사측은 결국 노조가 법원에 가처분 소송을 낸 뒤에야 마지못해 회의를 여는 데 동의했다.

정권에 비판적인 보도를 막는 데도 열심이었다. 대통령 공약을 비판하는 리포트에 대통령 모습이 들어간다거나, 대통령을 규탄한다는 시민 발언이 들어 있다는 이유로 방송을 막고, 내곡동 대통령 사저 매입 논란도 의혹에 대해선 침묵하고 청와대 해명만 보도했다. 총리실의 민간인 사찰 파문도 축소보도로 일관하다가, '전 정권 관련 문건이 80%'라는 청와대 해명이 나오자 갑자기 보도량을 늘리며 논점을 전

정권의 사찰 여부로 몰고 갔다(윤두현 당시 보도국장은 박근혜 정권이 출범한 뒤 청와대 홍보수석으로 발탁된다). 그 밖의 보도통제 사례는 일일이 헤아릴 수 없다.

　노동조합은 2012년 해직자 복직과 공정 보도, 배석규 사장 퇴진 등을 내걸고 6개월 동안 10차례에 걸쳐 55일 동안 파업을 벌이며 싸웠지만 사측의 입장은 완고했다.

　그해 해직 4주년을 앞두고 노동조합은 대선 후보들을 초청하여 '언론 민주주의 회복 선언 서약식'을 열었다. 민주통합당 문재인 후보는 직접 참석했고, 무소속 안철수 후보 측에서는 선대위원장이 참석했지만, 새누리당 박근혜 후보 측에서는 아무도 참석하지 않았다. 그리고 언론의 자유에 아무런 관심을 보이지 않았던 바로 그 후보가 19대 대통령으로 당선됐다.

정권에 장악된 YTN의 현실은 아무것도 바뀌지 않았다

2013년 6월, 국가정보원의 트위터를 통한 대선 개입을 폭로한 단독보도가 나가자 국정원 직원이 취재기자에게 전화를 걸어 보도국 회의에서 해당 기사가 모호하다는 의견이 나왔다고 말하면서, 보도국장에게도 국정원의 입장을 전할 것이라고 밝힌다. 국정원이 YTN 보도국 회의 내용을 파악하고 보도방향을 통제하려 했던 것이다. 실제로 해당 리포트는 오전에 몇 번 나간 뒤 방송 중단 지시가 내려졌다. 그전에는 검찰의 국정원 대선 개입 사건 수사 결과 발표를 생중계한다고 예고하고서도 '이미 조간신문에 내용이 보도돼 김이 샜다'며 취소하기도 했다. 그 밖에 세월호 참사, 총리 후보자 등 공직자 인사 검증, 철도 파업 등 각종 현안을 두고 친정부적인 보도 지시가 이어졌으며, 청와대

발 기사는 '박근혜 대통령이 매력적인 대통령의 진가를 발휘했다'는 등의 낯 뜨거운 문구까지 등장하는 지경에 이르렀다.

YTN을 철저히 망가뜨린 배석규 사장은 두 번의 임기를 마치고 2015년 3월 퇴임했다. 후임자는 기업은행 사장 출신의 조준희 사장이었다. 사원으로 입사한 기업은행에서 평생을 일했던 사람이었다. 방송이나 언론 관련 경력이 전혀 없었던 조준희 사장이 어떻게 보도전문채널인 YTN의 사장으로 오게 됐는지 구체적인 선임 과정은 베일에 싸여 있다. 그전의 사례에 비춰 볼 때 청와대가 개입했을 것으로 추정할 뿐이다.

조준희 사장은 노골적인 노조탄압에 앞장서지는 않았다. 그러나 보도본부장, 보도국장 등 보도 책임자들은 배석규 사장 시절의 인사들을 그대로 놔뒀다. 그래서 역사 교과서 국정화, 2015년 민중총궐기 등 커다란 현안에 대한 친정부 편향 보도는 여전했다. 〈국민신문고〉 등 자신이 제작을 지시한 프로그램에 대해선 '나와 친분 있는 인사가 방송을 보고 불쾌하다는 의견을 밝혔다', '보도 때문에 한일 관계가 악화되면 안 된다'며 노골적인 개입을 시도하기도 했다.

대법원 판결, 여전히 남은 해직자 3명

2009년 9월 1일, 구본홍 사장의 출근 저지 투쟁을 벌인 혐의로 기소된 노종면 위원장 등에게 법원은 벌금형을 선고했다. 실형을 선고할 경우 해고 사유가 되는데, 해고까지 할 만한 사안은 아니라는 게 재판부의 판단이었다. 총리실 민간인 사찰 문건은 이에 대해 '검찰에 항소 건의'라고 적시하고 있다. 언론 인터뷰에서 사측은 그런 적이 없다고 밝혔다. 그게 사실이라면 항소를 건의한 것은 총리실이나 청와대라는 뜻이다. 해직자 문제에 정권 핵심부가 깊이 개입했다는 증거이다.

두 달 뒤 11월 13일, 법원은 해직자 6명에 대한 해고 조치는 모두 무효라고 판결한다. 공정 방송 투쟁의 정당성을 인정한 것이었다. 그러나 배석규 사장은 노사 4·1 합의를 뒤집고 항소한다.

항소심 재판부는 전원이 복직하는 대신 임금을 포기하는 조정안을 제시했지만 사용자 측이 거부했다. 조정을 거부하면 불리한 판결을 받는 것이 보통이지만 2011년 4월 15일, 재판부는 원심을 뒤집었다. 우장균, 권석재, 정유신 기자의 해고는 무효이지만 노종면, 조승호, 현덕수 기자의 해고는 유효하다고 판단한 것이다.

사건은 대법원으로 올라갔다. 그 뒤로 하염없는 기다림이 이어졌다. 3년 7개월이나 시간을 끌어 2014년 11월 27일 대법원이 내린 결론은 상고 기각이었다. 정권의 눈치를 보며 판결을 늦췄다는 비판이 나왔다.

반쪽짜리 판결로 뒤늦게 복직한 세 기자마저 사측은 가만히 놔두지 않았다. 6년 만에 복직한 이들에게 거듭 정직 5개월이라는 중징계를 내린 것이었다. 세 기자는 또다시 징계 무효 소송을 낼 수밖에 없었고, 1심과 2심 모두 전부 승소했다. 조준희 사장 또한 1심 판결로 마무리 지을 것임을 여러 경로로 밝혔으면서도 항소를 지시해 배석규 사장의 전철을 밟았다.

[엮은이 주]

문재인 정부 출범 이후인 2017년 5월 19일, 조준희 YTN 사장이 사퇴했다. 조 사장은 2008년 해직자 복직 문제 해결과 보도 공정성 추락에 대한 해법을 내놓지 못해 YTN 사내에서 줄곧 퇴진 요구를 받아 왔다. 조 사장이 사퇴한 뒤인 2017년 8월 4일, YTN 노사는 이명박 정권 시절 언론장악 피해자인 노종면, 조승호, 현덕수 기자의 복직을 합의했다. 이들은 해직된 지 3,249일 만인 2017년 8월 28일 YTN에 다시 출근했다.

박근혜는 KBS를 어떻게 통제했나
: 청와대 홍보수석이 보도국장에게 전화로 보도를 통제하던 시절

김시곤(KBS 전 보도국장)

박근혜 정부의 보도통제는 과거 군사독재 시절과 같이 폭력적이거나 노골적이지는 않았다. 그 대신 공영방송에 대해서는 사장 선임권을, 민간 언론에 대해서는 세무조사 등을 악용해 보도통제를 해 왔음이 결국 확인됐다. 특히 한국의 대표 공영방송 KBS에 대한 박근혜 정부의 보도통제는 2013년 12월 28일부터 2014년 5월 8일까지 KBS 보도국장이었던 김시곤의 폭로를 통해 적나라하게 드러났다.

박근혜 정부의 KBS 보도통제, 방송법 악용

박근혜 정부가 KBS를 통제할 수 있는 수단은 방송법이었다. 2017년 3월 기준 방송법을 살펴보자.

> 방송법 제46조(이사회의 설치 및 운영 등)
> ②항 이사회는 이사장을 포함한 이사 11人으로 구성한다.
> ③항 이사는 각 분야의 대표성을 고려하여 방송통신위원회에서 추천하고 대통령이 임명한다.

⑦항 이사회는 재적이사 과반수의 찬성으로 의결한다.

방송법 제50조(집행기관)
②항 사장은 이사회의 제청으로 대통령이 임명한다.

박근혜 정부는 위 4개 조항을 악용했다. 즉, KBS 사장은 11인으로 구성된 이사회에서 재적 이사 과반수의 찬성, 다시 말하면 6명 이상의 찬성으로 의결해 제청하면 대통령이 임명하게 된다. 단순하게 이것만 보면 아무런 문제가 없어 보인다. 그러나 핵심은 이사 11명의 구성방식이다. '이사는 각 분야의 대표성을 고려하여 방송통신위원회에서 추천한다'라고 규정하고 있지만, 여당 추천 4명, 야당 추천 4명, 대통령이 임명하는 방송통신위원장 추천 3명으로 구성한다. 실질적으로 대통령 추천 7명, 야당 추천 4명이라는 '7:4 구조'를 취한다.

여기서 사장은 6명 이상의 찬성으로 선임제청을 의결할 수 있어서 대통령이 실질적으로 KBS 사장 선임권을 갖게 된다. 따라서 KBS 사장은 대통령의 직접 지배를 받게 되고 공영방송의 독립성을 지키겠다는 언론관과 결기가 없이는 대통령을 위한 방송을 할 수밖에 없는 구조적 문제점을 방송법은 용인하고 있다.

박근혜 대통령은 앞에서 말한 KBS 사장 선임방식이 KBS의 독립성을 저해할 수 있다는 점을 잘 알고 있었던 것으로 보인다. 대통령 후보 시절 공영방송 지배구조를 개선하겠다는 공약이 그 증거다. 그러나 그는 대통령에 당선되자 공약을 이행하지 않았고, 취임 직후인 2013년 3월 4일 "방송장악은 현실적으로나 법적으로 불가능하다"고 뻔한 거짓말을 했다.

특히 18대 대통령 선거 운동이 한창이던 2012년 11월 이명박 정권하에서 KBS 사장으로 선임된 길환영은 당시 박빙이던 대선 상황에서는 여야 양측의 눈치를 보며 중립적 태도를 보였다. 그러나 최종적으로 박근혜가 대통령으로 확정되자 KBS 사장 재임을 위한 노골적인 편파 보도에 나섰다. 박근혜는 이른바 '알아서 기는' 공영방송 지배구조를 십분 활용했고 길환영은 이에 부응해 '박근혜 대통령만을 위한 방송'을 본격화한다.

박근혜 정부의 KBS 보도통제 실태

실제로 김시곤 보도국장이 추후 고발을 위해 재임 당시 기록한 아래 〈표 1〉 길환영 사장의 부당 보도개입 비망록'(이하 '비망록')[1]은 길환영의 보도개입이 얼마나 노골적이며 지속적이었는지를 잘 보여 주고 있다.

'당초 편집안'과 '길환영 사장의 보도개입' 두 가지를 비교표 형식으로 작성한 비망록은 길환영의 보도개입이 박근혜 정부 출범을 위한 대통령직 인수위원회가 가동되면서 본격화됐음을 확인시켜 주고 있다. 길환영은 김시곤 보도국장에게 인수위의 발표 내용이나 대통령 동정 그리고 정부 여당에 유리한 보도는 뉴스 가치와는 무관하게 뉴스 앞머리에 배치하도록 지시하는 등 사장 재임 시절 내내 '대통령 바라기' 보도를 종용했다.

김시곤 보도국장의 비망록은 길환영의 '대통령 모시기' 보도개입이 이뤄진 아이템을 다른 공중파 방송인 MBC와 SBS의 뉴스 편집과 비교해 분석하고 있다.

· · · · ·

1) 길환영의 부당보도개입 비망록은 김시곤 보도국장이 KBS에 제기한 징계 무효 소송 재판부에 제출한 자료를 기준으로 했다.

⟨표 1⟩ 길환영 사장의 부당 보도개입 비망록

여기서 MBC와 SBS의 편집 내용을 상세히 기술한 것은 다른 회사들의 뉴스 편집이 옳다는 것이 아니라 뉴스 편집 전문가들이 생각하는 이른바 '뉴스 편집의 상식'이 존재함을 말하기 위한 것임. 가끔 방송사들의 뉴스 편집이 순서까지도 서로 거의 똑같은 것도 이러한 '뉴스 편집의 상식' 아니면 외부의 압력 때문임. 길환영 사장의 보도개입은 '뉴스 편집의 상식'을 벗어난 무리한 요구였을 뿐 아니라 방송법이 규정한 '공정성'을 심각하게 위반한 것이었음. 2013년 11월 18일 이후 더 이상 메모를 하는 것이 별 의미가 없다고 생각해 중단함.

일자	당초 편집안	길환영 사장의 보도개입
2013. 1.11. (금)	'인수위 국방부 업무 보고' 1번째 편집.	사장(길환영)이 '박 당선인 "글로벌 취업 · 창업 · 확대"'를 추가해 1번째로 처리하라고 지시해 '박 당선인 "글로벌 취업 · 창업 확대"'가 1번째, '인수위 국방부 업무 보고'가 2번째로 나감. ◆'박 당선인 "글로벌 취업 · 창업 확대"'를 MBC와 SBS는 아예 취급하지도 않음.
2013. 3.7. (목)	'평양방위사 훈련 공개' 등 4건을 1번째~4번째로, '박 당선인, "믿고 도와 달라… 민생 대통령 될 것"' 등 2건을 5번째와 6번째로 편집.	사장이 '박 당선인 "믿고 도와 달라… 민생 대통령 될 것"' 등 2건을 1번째와 2번째로 올리라고 요구해 사장 지시대로 방송함. ◆MBC는 '북한, "제2의 조선전쟁 피하기 힘들 것" 위협' 등 2건을 1번째와 2번째로 다루고 '박 당선인 "믿고 도와달라… 민생 대통령 될 것"'은 다루지 않음.

		◆SBS는 'UN 안보리, 고강도 대북 제재 결의안 곧 표결' 등 2건을 1번째와 2번째로 '박 당선인 "믿고 도와 달라… 민생 대통령 될 것"' 1건을 3번째로 다룸.
2013. 3.8. (금)		사장의 지시로 '3월 국회 개점휴업… 정부조직 개편 협상 난항' 1건이 14번째에 추가됨. ◆MBC는 '3월 국회 개점휴업… 정부조직 개편 협상 난항'을 단신 처리. ◆SBS는 다루지 않음.
2013. 3.9. (토)		사장의 지시로 '새 정부 출범 2주… 정치 실종 국정 파행' 1건이 10번째에 추가됨. ◆MBC와 SBS는 '새 정부 출범 2주… 정치 실종 국정 파행'을 전혀 다루지 않음.
2013. 3.11. (월)	대통령 주재 첫 국무회의 1개 1번째 편집.	사장 지시로 '대통령 주재 첫 국무회의'를 2개로 늘려 1번째와 2번째로 다룸. ◆MBC는 1개를 4번째에, SBS는 2개를 3번째와 4번째에 처리.
2013. 3.17. (일)	'정부조직법 개편안 타결' 3건 1번째~3번째로, '김연아 4년 만에 정상' 5건 4번째~8번째로 편집.	사장 지시로 '정부조직법 개편안 타결' 리포트 3건을 리포트 4건+단신 1건으로 늘려 1번째~5번째로, '김연아 아이템'은 5건을 4건으로 축소해 6번째~9번째로 방송. ◆MBC는 '정부조직법 개편안 타결' 3건을 1번째~3번째로, '김연아 아이템' 6건을 4번째~9번째로.

		◆SBS는 '정부조직법 개편안 타결' 3건을 1번째~3번째로, '김연아 아이템'은 4건을 4번째~7번째로 방송.
2013. 4.10. (수)		여의도 메리어트 레지던스 지하 1층 '올라'에서 열린 사장 주재 보도본부 국장단 오찬장에서 사장은 "우리 뉴스가 기계적 중립을 포기하고 과감하게 경향성을 드러내고 여론을 주도해야 한다"고 주장. 이에 대해 이화섭 보도본부장이 먼저 '기계적 중립'은 KBS 공정성을 위한 최소한의 장치라며 사장 의견에 반론을 제기했고 나도 보도본부장 의견에 적극적으로 지지의사를 나타내자 사장 얼굴이 굳어지며 어색한 분위기 속에 오찬 마침. 이날 저녁 보도본부장은 내가 사장에게 말대꾸했다며 무척 화나 있다고 전하면서 사장에게 사과하는 게 낫겠다고 조언.
2013. 4.11. (목)		이화섭 보도본부장이 조언한 대로 저녁 5시 사장과의 전화통화에서 "어제 제가 좀 무례했습니다. 죄송합니다"라고 전하자 사장은 "그래 앞으로 잘하도록 해"라고 말하면서 화가 누그러짐.
2013. 5.5. (일)	'어린이날 청와대 행사 +대통령 방미' 1건 3번째.	사장 지시로 대통령 방미 1건 1번째, 어린이날 청와대 행사 1건 3번째로 당초 1건을 2건으로 늘려 다룸. ◆MBC는 대통령 방미 2건을 3번째와 4번째로, SBS는 대통령 방미 1건을 3번째로 다룸.

2013. 5.9. (목)		신임 임창건 보도본부장이 임명장을 받고 본부장실로 오자마자 나를 불러 "길 사장이 당신 벼르고 있어. 조심해야 할 거야"라고 전함.
2013. 5.10. (금)	'윤창중 워싱턴 성추문 사건' 3건을 1번째~3번째로, '대통령 방미 속보' 2건을 4번째와 5번째로 편집.	사장은 '대통령 방미 속보' 2건을 1번째와 2번째로 하고, '윤창중 워싱턴 성추문 사건' 3건을 3번째~5번째로 다루라고 지시했으나 "그렇게 하는 건 곤란합니다"라며 수용하지 않고 당초 편집안대로 방송. ◆'윤창중 사건'을 MBC도 KBS와 똑같이 3건을 1번째~3번째로, '대통령 방미 속보' 2건을 4번째와 5번째로, SBS는 '윤창중 사건' 5건을 1번째~5번째로 보도하고 '대통령 방미 속보'는 전혀 다루지 않음.
2013. 5.13.(월)	'윤창중 사건 속보' 5건을 1번째~5번째로 편집.	사장이 "내일부터는 '윤창중 사건 속보'를 1번째로 다루지 말라"고 지시하고 이정현 정무수석도 전화를 걸어와 '대통령 방미 성과'를 잘 다뤄 달라고 주문. 그러나 제작 지연으로 '20대 여성 기내서 2번 성추행당해' 1건이 1번째로 나가고, 이어 '윤창중 사건 속보' 5건이 2번째~6번째로 나감. ◆MBC는 윤창중 사건 속보 6건을 1번째~6번째로, SBS는 윤창중 사건 속보 5건을 1번째~5번째로 다룸.
2013. 5.14.(화)	'윤창중 사건 속보' 3건 1번째~3번째로 편집.	사장과 임창건 보도본부장 주문으로 '정부, 북한에 대화 제의' 1건과 '대화 제의 배경' 1건이 각각 1번째와 2번째로 나가

		고, '윤창중 사건 속보'는 3건을 2건으로 줄여 3번째와 4번째로 나감.
		◆MBC는 '윤창중 사건 속보' 6건이 1번째~6번째, '북한에 대화 제의' 1건은 21번째로, SBS는 '윤창중 사건 속보' 5건이 1번째~5번째, '북한에 대화 제의' 1건은 18번째로 나감
2013. 5.15. (수)	'윤창중 사건 속보' 1건이 8번째로, '여야 최경환 전병헌 원내총무 선발' 1건이 '이슈&뉴스' 바로 아래 14번째로 편집.	사장 지시로 '여야 최경환 전병헌 원내총무 선발' 1건이 5번째로, '윤창중 사건 속보'는 '청와대, 후속 조치하겠다' 1건이 추가돼 9번째와 10번째로 나감.
		◆'윤창중 사건 속보'는 MBC가 3건을 3번째~5번째, SBS는 4건을 1번째~4번째로 다루고, '여야 최경환 전병헌 원내총무 선발'을 MBC는 19번째, SBS도 19번째로 다룸.
2013. 5.18. (토)	'백령도 지진 소식' 3건 1번째~3번째로 '대통령 5·18 행사 참석'은 6번째로 편집.	사장 지시로 '대통령 5·18 행사 참석'을 1번째로 방송.
		◆'대통령 5·18 행사 참석'을 MBC는 8번째, SBS는 2번째로 다룸.
2013. 5.26. (일)		'최경환 전병헌 여야 원내대표단 회동'은 당초 편집안에 없었으나 사장이 비중 있게 다루라고 지시해 급하게 제작한 뒤 4번째로 다룸.
		◆'최경환 전병헌 여야 원내대표단 회동'을 MBC와 SBS는 단신 한 줄도 다루지 않음.

2013. 7.17. (수)	'검찰, 전두환 친인척 집 등 13곳 압수수색' 등 4건이 1번째~4번째로, 여야 자아비판 세트 '여권서도 "경제구심점 없다" 비판' 1건 14번째, '야당 최고위원, "장외투쟁 능사 아니다"' 1건 15번째로 편집.	사장 지시로 "국가기록원서 남북정상대화록 못 찾아" 1건이 추가 제작돼 1번째로 나가고, '검찰, 전두환 친인척 집 등 13곳 압수수색' 등 4건이 3번째~6번째로 나감. 기획했던 여야 자아비판 세트는 빠짐. ◆ "국가기록원서 남북정상대화록 못 찾아"는 MBC와 SBS 모두 전혀 다루지 않음.
2013. 8.10. (토)	'민주당 두 번째 장외집회+여, "구태정치"' 1건 1번째로 편집.	사장 지시로 '민주당 장외집회+여, "구태정치"'를 4번째로 내렸으나 제작이 늦어져 8번째로 방송됨. ◆ '민주당 장외집회+여, "구태정치"'를 MBC는 7번째, SBS는 2건으로 늘려 5번째와 6번째로 다룸.
2013. 8.15. (목)	'대통령 8·15 경축사' 2건 1번째와 2번째로 편집.	사장 지시로 '대통령 8·15 경축사' 2건을 3건으로 늘리고 1번째~3번째로 다룸. ◆ '대통령 8·15 경축사'를 MBC는 2건을 1번째와 2번째, SBS도 2건을 1번째와 2번째로 다룸.
2013. 8.19. (월)	'박 대통령, "예측 가능 전월세 제도 마련해야"' 1건을 4번째로 편집.	사장이 '박 대통령, "전쟁 잊으면 위기 온다"' 1건을 추가해서 '박 대통령, "예측 가능 전월세 제도 마련해야"'와 함께 4번째와 5번째에 편집하라고 지시했으나 각기 서로 다른 내용의 대통령 아이템을 하루에 2건을 나란히 다루는 것은 너무 무리라고 간곡히 설득하고 설득해 '박 대통령, "예측 가능 전월세 제도 마련해야"' 1

		건은 4번째, '박 대통령, "전쟁 잊으면 위기 온다"'1건은 10번째로 방송. ◆ '박 대통령, "예측 가능 전월세 제도 마련해야"' 1건만 MBC는 20번째로, SBS는 4번째로 다루고 '박 대통령, "전쟁 잊으면 위기 온다"'는 양사 모두 전혀 다루지 않음.
2013. 8.20. (화)	KBS 법조팀 특종인 '국정원 댓글작업 11개 파트 더 있다' 1건과 정치부가 올린 '경찰 CCTV 조작—왜곡 공방' 1건 이렇게 2건을 균형을 맞춰 6번째와 7번째로 편집.	사장은 '국정원 댓글작업 11개 파트 더 있다' 1건과 '경찰 CCTV 조작—왜곡 공방' 1건에 대해 무척 못마땅해했으나 정치부가 올린 '경찰 CCTV 조작—왜곡 공방'이 여당에게 유리해서 앞의 아이템을 중화시킬 수 있는 물타기 편집이라고 사장을 설득하는 데 성공함. 그러나 추후 정치부는 '경찰 CCTV 조작—왜곡 공방'이 팩트와 달라 제작할 수 없다고 알려옴. 따라서 '국정원 댓글작업 11개 파트 더 있다' 1건만 방송하려고 하자 사장은 그렇다면 둘 다 뺄 것을 요구함. 내가 앞의 '국정원 댓글작업 11개 파트 더 있다' 1건은 KBS 특종이라서 안 낼 경우 기자들을 통솔할 수 없다고 버틴 결과 6번째였던 순서를 14번째로 내려 겨우 방송함.
2013. 8.21. (수)		오전 편집회의 중 임창건 보도본부장과 나(김시곤), 그리고 정치부장, 사회2부장 등 4명은 당장 6층 사장실로 올라오라는 전화가 사장 비서실로부터 옴. 편집회의를 부국장에게 맡긴 후 휴가 중이던 사회2부장 대신 민필규 법조팀장과 함께 4명이 6층 사장실을 방문함. 사장이 민필

		규 팀장에게 어제 나간 '국정원 댓글작업 11개 파트 더 있다' 방송이 적절하냐고 다그쳤고, 민필규 팀장은 "팩트인 이상 어떻게 방송하지 않을 수 있습니까?"라며 너무도 당당하게 반발하자 사장은 "민 팀장은 나가"라고 명령. 민 팀장 나가자마자 사장은 보도본부장과 나(김시곤) 그리고 정치부장에게 버럭 화를 내며 "똑바로 좀 해. 어떻게 이런 게 나갈 수 있어?"라며 고함침. 이에 대해 임창건 보도본부장은 '앞으로 잘하겠습니다'라고 한 뒤 함께 사장실에서 나옴. 같은 날 엘리베이터 내 TV 화면 뉴스 속보 자막으로 '국정원 댓글작업 11개 파트 더 있다'가 계속 나가자 사장 비서와 안전관리실 직원이 절차를 거치지 않고 디지털뉴스국에 직접 전화를 걸어 해당 뉴스 속보 자막을 내보내지 말라고 요구했고, 이 소식이 알려지면서 기자들이 반발하는 등 한 동안 시끄러워짐.
2013.8.22.(목)		사장이 '박 대통령 취임 6개월 여론조사'에서 민감한 내용은 다 삭제하라'고 지시.
2013.9.2.(월)	'대통령, 방송의 날 기념식 참석' 1건을 '이슈&뉴스' 아래 12번째로 편집.	〈뉴스9〉이 임박한 8시경 사장이 전화를 걸어와 '대통령, 방송의 날 기념식 참석'을 올리라고 지시해 '이슈&뉴스' 앞 11번째 배치. ◆ '대통령, 방송의 날 기념식 참석'을 MBC는 22번째, SBS는 21번째로 다룸.
2013.9.4.(수)	'전두환 추징금 자진납부' 1건을 8번째에, '대	사장 지시로 '대통령 첫 다자외교' 1건이 8번째로, '전두환 추징금 자진납부' 1건

	통령 첫 다자외교' 1건을 9번째에 편집.	이 9번째로 순서를 바꿔 방송함. ◆ '대통령 첫 다자외교'를 MBC는 28번째, SBS는 27번째로 다룸.
2013. 9.7. (토)	'대통령, G20 다자외교' 3건을 1번째~3번째에 편집.	토요일임에도 사장은 아침과 낮에 2차례 전화해 '대통령, G20 다자외교'를 충분히 다뤄 줄 것을 요구. ◆ '대통령, G20 다자외교'를 MBC는 2건 1번째와 2번째, SBS는 2건 3번째와 4번째로 다룸.
2013. 9.8. (일)		사장은 일요일에도 2차례 전화해 '대통령 베트남 방문' 2건을 1번째와 2번째로 다루라고 지시했으나 8시에 나간 MBC와 SBS도 톱으로 다루지 않았다고 〈뉴스9〉 방송에 임박해 재차 사장을 설득해 '일본 2020 하계올림픽 유치' 2건을 1번째와 2번째로 다루고 '대통령, 베트남 방문' 2건을 3번째와 4번째로 다룸. ◆ MBC는 '대통령, 베트남 방문' 1건만을 3번째, SBS도 1건만을 8번째로 다룸.
2013. 9.14. (토)	'채동욱 검찰총장 사퇴 관련 평검사 회의' 등 속보 2건 4번째와 5번째로 편집.	사장은 토요일 오전에 전화를 걸어와 '평검사 회의'를 다루지 말라고 지시했으나 '대검 감찰과장도 사표' 등 뉴스 가치가 커서 다루지 않을 수 없다고 설득해 원안대로 2건을 4번째와 5번째로 방송함. ◆ '평검사 회의' 등 속보를 MBC는 2건을 1번째와 2번째로, SBS는 4건을 1번째~4번째로 다룸.

2013. 10.3. (목)	정치부에서 기획해 올린 '감사원 연말 몰아치기 예산 사용… 내가 하면 문제없다' 1건을 사장 몰래 끼워 넣기 위해 18번째로 편집.	가편집을 받아본 사장이 '감사원 연말 몰아치기 예산 사용… 내가 하면 문제없다'를 찾아내고는 방송하지 말라고 지시. 결국 방송 못 나감.
2013. 10.19. (토)	'윤석렬 전 특별수사팀장 직무 배제 속보' 1건을 사장이 못 나가게 막을 것을 우려해 뉴스 맨 마지막 '띠 단신'에 넣으려고 준비.	'윤석렬 전 특별수사팀장 직무 배제 속보'가 가편집에 없었는데도 불구하고 어떻게 눈치를 챘는지 사장이 절대 다루지 말라고 지시해 '띠 단신'도 못 내보냄. ◆'윤석렬 전 특별수사팀장 직무 배제 속보' 1건을 MBC는 4번째에, SBS는 1건을 2번째에 다룸.
2013. 10.20. (일)	'국회 법사위, 국정원 댓글 공방'은 정치부에서도 준비하지 않은 아이템임.	일요일임에도 사장은 전화를 걸어와 "윤상현 새누리당 원내수석부대표가 발언했는데 촬영기자들이 촬영해 놨을 거라며 뉴스에 다루라"고 지시함. 결국 정치부에서 급조한 '국회 법사위, 국정원 댓글 공방' 1건이 3번째로 방송됨. 이 지시에 정치부 일요 당직 기자들이 "윤상현 이 개새끼 노상 사장에게 자기 인터뷰 방송 내달라고 전화질하고 새벽 두세 시에도 술 처먹고 사장에게 전화해서 환영이 형이라고 부르며 지랄하는 놈"이라며 과격하게 비난함. ◆대통령과 가깝다는 윤상현 부대표가 모든 공중파 방송사에 로비했는지 MBC도 동일한 아이템 1건이 2번째로, SBS도 3번째로 다룸.

2013. 10.27. (일)	'박 대통령, 코리아 시리즈 깜짝 시구' 1건을 5번째로, '청와대 안뜰서 아리랑 공연' 1건은 정치부성이 아니라 문화부성 아이템으로 해석해 〈뉴스9〉 맨 마지막 순서(백톱) 16번째로 편집.	편집 원안대로 '박 대통령, 코리아 시리즈 깜짝 시구' 1건을 5번째로 '청와대 안뜰서 아리랑 공연' 1건을 맨 마지막 순서(백톱) 16번째로 방송함. 그런데 저녁 무렵 이정현 홍보수석이 전화를 걸어와 '청와대 안뜰서 아리랑 공연'을 맨 마지막에 편집한 것은 문제 있는 것 아니냐고 불만을 토로하길래 내가 맨 뒤에 편집하는 것은 이른바 백톱으로 오히려 시청자들의 주목도가 높아서 홀대하는 것이 아니라고 설명함. 이 얘기를 정치부장에게 전하자 정치부장은 이정현 수석에게 전화해 "앞으로 사장이나 보도국장에게 직접 전화하지 말고 정치부장에게 얘기하라"고 항의했다며 내게 전함.

◆MBC는 '박 대통령, 코리아 시리즈 깜짝 시구'와 '청와대 아리랑 공연'을 1건으로 묶어 5번째로, SBS도 MBC처럼 '박 대통령, 코리아 시리즈 깜짝 시구'와 '청와대 아리랑 공연'을 1건으로 묶어 5번째로 다룸. |
| 2013. 10.28. (월) | 탐사보도팀 발제한 '김진태 검찰총장 후보자 절대농지 투기 의혹' 1건 3번째 편집. | 사장이 '김진태 검찰총장 후보자 절대농지 투기 의혹' 1건을 절대 보도해서는 안 된다고 지시함. 탐사보도팀을 휘하에 둔 백운기 시사제작국장은 사장으로부터 무슨 욕을 먹었는지 "왜 보도국에서 뉴스로 내보내려고 하냐"며 나에게 따지며 책임 전가하길래 "시사제작국 소속인 탐사보도팀에서 올렸으니까 방송하는 것"이라고 설명함. 임창건 보도본부장은 자신은 |

		모르는 일이니 두 국장이 알아서 하라며 발뺌. 결국 〈뉴스9〉 직전까지 만약 방송 안 내보낼 경우 기자들이 반발하는 등 후폭풍이 일어날 것이라고 사장을 설득해 원안대로 3번째로 방송함.
2013. 11.17. (일)	'내일 대통령 시정연설' 1건 6번째 배치.	사장이 '내일 대통령 시정연설'이라는 예고 리포트 1건을 1번째로 방송하라고 지시했으나 예고 리포트를 1번째로 내는 것은 지나친 편집이라고 설득해 2번째로 방송함. ◆ '내일 대통령 시정연설' 예고 1건을 MBC는 6번째, SBS는 4번째로 방송.

다른 방송의 편집도 정상적인 것은 아니지만 길환영은 상대적으로 대통령 관련 아이템의 개수와 순서에 있어서 훨씬 더 편파적이며 상식에서 벗어난 편집을 요구했음을 잘 보여 주고 있다.

특히 2013년 4월 10일, 길환영은 보도본부 국장급 이상 간부들을 불러 점심식사를 하면서 KBS에서 그나마 공정 방송을 위한 최후의 보루였던 '기계적 중립'마저 포기하고 분명한 경향성, 즉 정부 여당 친화적인 보도를 하라고 노골적으로 주문했다. 길환영의 이 지시에 대해 분명한 반대 의견을 표명했던 이화섭 당시 보도본부장은 한 달 뒤 해임됐다.

박근혜 정부가 출범하자마자 불거졌던 '윤창중 워싱턴 성 추문 사건' 당시 길환영은 이 사건 보도를 축소하라고 집요하게 요구하기도 했다. 이 사건 보도 첫날인 2013년 5월 10일부터 톱 아이템으로 다루지 말라고 요구한 길환영은 나흘째와 닷새째 때도 톱에서 내리라고 지시했다. 특히 2013년 5월 13일에는 언론이나 홍보와는 무관한 업무를 맡았던 청와대 정무수석 이정현도 김시곤 보도국장에게 전화를 걸어 '윤창중 성 추문 사건'은 줄이고 '박근혜 대통령 방미 성과'를 잘 다뤄 달라고 주문하기도 했다.

또 박근혜 정부의 아킬레스건이었던 '국정원 댓글 사건' 보도에 대해 길환영은 더욱 노골적으로 보도개입을 자행했다. 2013년 8월 20일 KBS 법조팀이 '국정원 댓글 작업 11개 파트 더 있다'라는 아이템을 특종 취재했으나 길환영은 이 아이템은 아예 방송하지 말라고 요구하기도 했다.

그러나 김시곤 보도국장은 '해당 아이템을 방송하지 않을 경우 부하 기자들을 통솔할 수 없다'고 버티며 방송을 내보냈다. 다음 날인 8월 21일 오전 길환영은 임창건 보도본부장, 김시곤 보도국장, 김환주 정치부장, 민필규 법조팀장을 사장실에 소집한 뒤 "어떻게 그런 아이템이 방송될 수 있냐?"며 고함을 지르며 분노하기도 했다. 국정원 댓글 사건 수사를 강행했던 채동욱 검찰총장이 이른바 '혼외자 의혹'으로 사퇴한 뒤 이에 반발한 평검사들이 모임을 하기 시작했다는 뉴스(2013년 9월 14일)도 길환영은 보도하지 말 것을 지시(2013년 10월 19일)하는가 하면, '윤석열 국정원 댓글 사건 특별수사팀장 직무 배제' 뉴스도 보도하지 말라고 보도통제를 자행했다.

2013년 10월 27일에는 '청와대 안뜰서 아리랑 공연' 아이템이 〈뉴스9〉 마지막 아이템으로 방송되자 당시 청와대 홍보수석 이정현은 김시곤 보도국장에게 전화를 걸어 "뉴스 맨 마지막에 보도하는 것은 문제 있는 것 아니냐?"며 노골적으로 보도에 불만을 드러내기도 했다.

세월호 보도개입

길환영과 이정현의 보도개입은 박근혜 정부의 최대 위기였던 '세월호 참사' 때 극에 달한다. 김시곤 보도국장은 길환영 사장과 청와대의 보도개입을 폭로했다는 이유로 정직 4개월의 징계를 받았다. 김시곤 보도국장은 징계 무효 소송을 제기하고 재판부에 아래 '〈표 2〉 세월호 참사 당시의 길환영과 이정현의 보도개입 사실'을 제출했다.

〈표 2〉 '세월호 참사' 당시의 길환영과 이정현의 보도개입 사실

일자	주요 내용
2014. 4. 16.	세월호 참사 발생.
2014. 4. 17.	길환영, 〈KBS 뉴스9〉 13번째로 편집돼 있던 '박 대통령 현장 방문… "1분 1초가 급해"' 아이템을 7번째로 올리라고 지시.
2014. 4. 21.	청와대 이정현 홍보수석, '해경 및 정부 비판하지 말라' 요구.
2014. 4. 23.	길환영, 〈KBS 뉴스9〉 31번째로 편집돼 있던 '박 대통령, 시진핑과 통화… 북 핵실험 중단 설득 요청' 아이템을 러닝타임 20분 이내 (12~13번째)로 올릴 것을 지시했으나 원고는 "사장님~VIP 아이템 오늘은 뒤로 배치하고 내일부터 자연스럽게 올리는 것이 나을 듯합니다. 자칫 역풍이 불게 되면 VIP께도 누가 되지 않을까 싶습니다"라고 '대통령 피해'를 평계로 원래 편집안대로 방송 관철.
2014. 4. 30.	청와대 이정현 홍보수석, 〈KBS 뉴스9〉의 '해경, 언딘 위해 해군 정예 잠수요원 잠수 통제' 등 해경 비판 아이템을 당일 밤 11:30의 〈KBS 뉴스라인〉에 다시 내보내지 말라고 요구.
2014. 5. 3.	'안철수 대표 "대통령 통렬한 사과 요구" VS 새누리, "사고 수습이 먼저"'라는 내용이 〈KBS 뉴스9〉의 하단 자막으로 나가자 길환영이

	21:05에 전화를 해 당장 빼라고 지시해 편집주간을 통해 뉴스제작 1부장에게 사장의 지시가 전달됐으며, 시스템상 〈KBS 뉴스9〉 방송 도중에는 위 자막을 뺄 수 없어 뉴스제작1부장은 일반 뉴스가 다 끝난 21:45:43에 직접 문자그래픽실을 방문해 위 자막을 삭제 요청함.
2014. 5. 5.	길환영은 매우 이례적으로 보도본부장실로 보도본부장과 보도국장 (김시곤), 편집주간, 취재주간을 집합시킨 뒤 '해경 비판을 하지 말라'고 지시했으며, 이에 따라 당일 〈KBS 뉴스9〉에 기 편집돼 있던 '이슈&뉴스' '해상 구조 시스템 재정비 시급' 중 강나루 기자의 아이템이 심하게 수정 방송됨.
	길환영은 추후 위 사실이 폭로되자 세월호 유가족들의 해경 비판 보도를 하지 말아 달라는 요청에 따라 원고 등 보도본부 간부들에게 지시했다고 해명했지만, 당시 해경의 구조활동에 대해 분노해 있던 세월호 유가족들이 해경 비판 보도를 자제해 달라고 요구할 리는 만무할뿐더러 KBS기자협회 진상조사단의 조사에서도 세월호 유가족들의 그러한 요구는 없었던 것으로 확인됨.
	정홍원 총리는 국회 대정부 질문에서 잠수사들의 사기가 중요했기 때문에 이정현-길환영 경로를 통해서 협조요청을 했다고 시인했음. 따라서 당일 길환영의 예상치 못한 보도본부 방문과 해경 비판 금지 지시는 이정현이 원고에게 2번 전화를 걸어 해경 및 정부를 비판하지 말아달라고 요구했음에도 받아들여지지 않자 길환영에게 직접 지시한 결과임이 확실시 됨.
2014. 5. 5.	미디어오늘, 언론노조 KBS본부 인용해 '원고(김시곤)가 세월호 희생자 수 교통사고 사망자 수 비교 발언'했다며 기사화.
2014. 5. 6.	길환영은 당일 〈KBS 뉴스9〉 9번째로 잡혀 있던 "대통령으로서 죄송… 안전한 나라 위해 총력" 아이템이 20:30경의 〈KBS 뉴스9〉 예고에 왜 나가지 않았냐며 20:39 자신의 휴대전화로 원고 휴대전화로 전화 걸어 따짐. 길환영은 이어 〈KBS 뉴스9〉 헤드라인 즉 그날 주요 뉴스를 첫머리에서 우선 소개하는 코너에서 대통령 아이템이 몇 번째인지를 물었고 원고가 3번째라고 보고하자 2번째로 올

	리라고 요구함. 헤드라인은 보통 당일 16시경 만들기 때문에 이를 21:00 방송 10여 분 전에 다시 제작하는 것은 매우 위험한 상황임에도 길환영의 요구에 따라 20:45 뉴스 시작 15분을 남겨 두고 재제작함.
2014. 5. 8.	경제부와 정치부가 해경 조직의 문제점을 지적하는 '이슈&뉴스'가 〈KBS 뉴스9〉에 잡혀 있었으나 가편집본이 그대로 사장실로 전달될 경우 사장의 방송 저지가 있을 것으로 예상돼 당시 이준희 뉴스제작1부장에게 '해경'이란 단어를 다 지운 가편집본을 사장실로 보내도록 해 원안대로 '이슈&뉴스'를 방송함.
2014. 5. 8.	22:30경 세월호 유가족, 원고(김시곤)의 세월호 희생자 수 교통사고 비교 발언설 관련 KBS 본사 항의 방문.
2014. 5. 9.	03:00경 세월호 유가족, KBS에서 농성 후 청와대로 출발.
2014. 5. 9.	13:25 길환영, 사장실로 원고 호출해 대통령 뜻이라며 사표 내라 압력. 길환영은 이 사실을 부인하고 있으나 갑 제69호증을 통해서도 확인됨.
2014. 5. 9.	14:00 원고, 기자회견 통해 길환영 자진사퇴 촉구 성명 발표 후 보도국장직 사퇴.
2014. 5. 9.	15:00경 박준우 정무수석, 박영선 새정치민주연합 신임 원내대표 만난 자리에서 "김시곤 보도국장 사임은 자신이 KBS 전화한 결과"라고 설명.
2014. 5. 9.	15:00경 길환영, 청와대 앞 농성 중이던 세월호 유가족 찾아가 사과 후 원고(김시곤)의 사표 수리 약속.
2014. 5. 11.	백운기(이정현 수석 고교 후배이자 보도본부 시사제작국장), 회사차량 타고 청와대 방문.
2014. 5. 12.	길환영, 백운기를 원고(김시곤)의 후임 보도국장에 임명.
	백운기, 청와대 방문 후 보도국장 임명은 전임 보도국장 사표 종용에 이은 또 다른 청와대의 인사개입이라는 노조의 압박에 몸이 아프다며 자진 사퇴.

위의 표를 보면 길환영은 '세월호 참사' 바로 다음 날인 2014년 4월 17일에도 13번째로 잡혀 있던 대통령 아이템을 뉴스 앞머리인 7번째에 전진 배치하라고 지시하는가 하면, 23일에는 31번째로 잡혀 있던 대통령 아이템을 뉴스 러닝타임 20분 이내인 12번째나 13번째로 올리라고 지시하기도 했다. 단원고 학생 등 실종자 구조가 국민적 관심사인 상황에서도 길환영은 오직 '대통령 모시기'에 혈안이 돼 있었던 것이다. 특히 길환영은 사장 재임 시절 내내 대통령 아이템은 러닝타임 20분 내로 배치해야 한다는 나름의 '대통령 모시기' 원칙을 강조했었다.

당시 이정현 청와대 홍보수석은 2014년 4월 21일과 30일 두 차례나 김시곤 보도국장에게 전화를 걸어 해경과 정부를 비판하지 말라고 협박과 읍소를 섞어 가며 보도개입을 자행했고, 이 통화 내용은 5공 시절 보도지침을 폭로했던 김주언 당시 KBS 이사를 통해 만천하에 폭로되기도 했다.

이후 이정현 홍보수석은 해경과 정부를 비판하지 말라는 요구를 김시곤 보도국장이 받아들이지 않자 김시곤 보도국장의 인사권자인 길환영에게 직접 요구했고, 길환영은 이를 수행하고자 어린이날 휴일인 2014년 5월 5일 느닷없이 보도본부를 방문해 임창건 보도본부장과 김시곤 보도국장, 이현주 편집주간, 이준안 취재주간 등 4명을 불러 놓고 해경을 비판하지 말라는 지시를 내렸다.

〈표 3〉 세월호 참사 당시 이정현 청와대 홍보수석과
김시곤 보도국장의 통화 녹취록

이정현: 지금 이 저기 뭡니까. 지금 이 전체적인 상황으로 봤을 때 그 배에 그 배에 있는 그 최고의 전문가도 운전하고 있는 놈들이 그 뛰어내리라고 명령을 해야 뛰어내리고 지들은 뛰어내릴 줄 몰라서 지들은 빠져나오고 다른 사람들은 그대로 놔두고 그러는데 그걸 해경을 두들겨 패고 그 사람들이 마치 별 문제가 없듯이 해경이 잘못이나 한 것처럼 그런 식으로 몰아가고 이런 식으로 지금 국가가 어렵고 온 나라가 어려운데 지금 이 시점에서 그렇게 그 해경하고 정부를 두들겨 패야지. 그게 맞습니까? 아니 그래서 그 사람들이.

김시곤: 아니 이게 아니.

이정현: 그런 위기 상황이라면.

김시곤: 아니 이 선배.

이정현: 자기들이 명령을 내려야지. 그 멀리서 목소리만 듣고 하고 있는 이 사람들한테 뛰어내려라 소리 안 해 가지고 이 사고가 일어난 겁니까?

김시곤: 아니 이 선배 이게 뭐 일부러 우리가 뭐 해경을 두들겨 패려고 하는 겁니까?

이정현: 지금 그런 식으로 9시 뉴스에 다른 데도 아니고 말이야 이 앞의 뉴스에다가 지금 해경이 잘못한 것처럼 그런 식으로 내고 있잖아요. 지금 이 상황이 나중에 이쪽 거 한 열흘 뒤에 뭔지 밝혀지고 이렇게 했을 때는 해경이 아니라 해경 할애비도 하나씩 하나씩 따져 가지고 다 작살을 내도.

김시곤: 아니 기본적으로 아니 제 얘기 좀 들어 보세요.

이정현: 그러나 지금은 뭉쳐 가지고 해야지 말이야. 이렇게 해경을 작살을

내면은.

김시곤: 제 얘기 들어 보세요.

이정현: 어떻게 일을 해 나가겠습니까?

김시곤: 이게 우리 보도가 무슨 의도가 있는 것도 아니구요. 그렇지 않습니까?

이정현: 솔직히 말해서 의도 있어 보여요. 지금 이거 하는 것 봐 보면.

김시곤: 무슨 의도가 있어요. 저희가요?

이정현: 이상한 방송들이 하고 있는 것과 같이 똑같이 그렇게 지금 몰아가고 있는 것 같아요. 그렇지 않고는 어떻게 공영방송이 이런 위기 상황에서 아니 지금 누구 잘못으로 이 일이 벌어져 가지고 있는데.

김시곤: 아니 이번.

이정현: 뛰어내리라고 했는데 안 뛰어내렸다고 그걸 가지고 조져 대는 이런 경우가 어디 있습니까?

김시곤: 아니 이번 참사를 놓고서 이건 면밀히 우리가 분석을 해서 차후 이런 일이 재발하지 않도록 하기 위한 것 아닙니까?

이정현: 그게 지금부터 오늘부터 10일 후에 어느 정도 정리된 뒤에 하면 안 됩니까? 지금 저렇게 사투를 사력을 다해서 하고 있는 거기다가 대고 지금 정부를 그런 식으로 그걸 그것도 본인이 직접 하고 한 것도 아닌데도 불구하고 그렇게 과장을 해서 해경을 지금 그런 식으로 몰아가지고 그게 어떻게 이 일을 극복하는 데 도움이 됩니까? 실질적으로 그 사람들이 잘못해서 그런 거고 방송을 멀리서 목소리만 듣고 그런 뛰어내리지 않아서 일이 벌어진 것처럼 그렇게 몰아가는 것이 이 위기를 극복하고 하는 데 도움이 되냐고요.

김시곤: 아니. 해경에 해경에 그만큼 아니 제말 좀 들어 보세요.

이정현: 씹어 먹든지 갈아 먹든지 며칠 후에 어느 정도 극복한 뒤에 그때

가서는 모든 것이 밝혀질 수 있습니다. 그때 가서 해경이 아까 그런 부분을 포함해서 저 잘못도 있을 수 있어요. 그렇지만 지금은 뭉쳐 가지고 정부가 이를 극복해 나가야지 공영방송까지 전부 이렇게 짓밟아 가지고 직접적인 잘못은 현재 드러난 것은 누가 봐도 아까 국장님께서 말씀하셨지마는 누가 봐도 그때 상황은 그놈들이 말이야, 이놈들이 뛰쳐나올 정도로 그 정도로 상황이었다고 그렇다고 하면 배를 그렇게 오랫동안 몰았던 놈이면 그놈들한테 잘못이지 마이크로 뛰어내리지 못하게 한 그놈들이 잘못이지.

김시곤: 아니 일차적인 잘못은 일차적인 잘못은 그 선사하고 선원들한테 있는 것은 다 알려진 거 아닙니까?

이정현: 그러면요 그러면 무엇 때문에 지금 해경이 저렇게 최선을 다해서 하고 있는 해경을 갖다가 지금 그런 식으로 말이요, 일차적인 책임은 그쪽에 있고 지금 부차적인 것이라고 한다면 이것은 어느 정도 지난 뒤에 할 수도 있는 거잖아요. 아니 이렇게 진짜 이런 식으로 전부 다 나서서 방송이 지금 해경을 지금 밟아 놓으면 어떻게 하겠냐고요. 일반 국민들이 봤을 때 솔직히 방송의 일은 너무 잘 알잖아요. 저놈들까지 화면 비쳐 가면서 KBS가 저렇게 다 보도하면은 전부 다 해경 저 새끼들이 잘못해 가지고 이 어마어마한 일이 일어난 것처럼 이런 색으로 다들 하잖아요. 생각하잖아요. 거기서 솔직히 애 선장하고 아까 그 뛰어내렸던 배 운영했던 개자식들이 거기서 보트 내려 가지고.

김시곤: 지금 말씀하신 거 제가 참고로 하고요.

이정현: 하시면 되잖아요.

김시곤: 전 기본적으로.

이정현: 정부를 이렇게 짓밟아 가지고 되겠냐고요. 직접적인 원인도 아닌데도.

김시곤: 기본적으로 어떤 의도도 없는 거고요.

이정현: 극복을 하도록 해 주십시다. 예? 직접적 원인도 아닌데 솔직히 말해서.

김시곤: 알겠습니다. 알겠습니다. 네.

이정현: 그게 그 저기 그거하고 그다음에 아까 또 그 이원화는 뭐예요, 이원화는?

김시곤: 그 선박관제센터 한쪽은 해수부 소속으로 돼 있고 한쪽은 해경 소속으로 돼 있다는 그 얘기죠.

이정현: 일이 터져서 이렇게 저렇게 하다 보니까는 이렇게 됐지만은 다 그~ 아휴 정말~ 하여튼요, 조금 부탁합니다. 지금은요 다 같이 극복을 해야 될 때구요. 얼마든지 앞으로 정부 조질 시간이 있으니까 그때 가 가지고 이런 이런 문제 있으면 있다고 하더라도 지금은 좀 봐주세요. 나도 정말 정말 이렇게 아니 진짜 정말 저렇게 사력을 다해서 하고 있는데 진짜 이 회사를 이 회사 이놈들.

김시곤: 무슨 말씀인지 알구요. 아니 이 선배 솔직히 우리만큼 많이 도와준 데가 어디 있습니까? 솔직히.

이정현: 아이 지금 이렇게 중요할 땐 극적으로 좀 도와주십시오. 극적으로 이렇게 지금 일적으로 어려울 때 말이요 그렇게 과장해 가지고 말이야 거기다 대고 그렇게 밟아 놓고 말이야.

김시곤: 아니 무슨 과장을 해요, 과장을 하긴요?

이정현: 과장이지 뭡니까, 거기서 어떻게 앉아서 뛰어내려라 말아라 그거 잘못해 가지고 이 일이 벌어진 것처럼 그렇게 합니까? 응? 뭐 선장이고 뭐고 간에 자기들이 더 잘 아는 놈들이 자기들이 뛰어 도망나올 정도 된다 그러면 그 정도로 판단됐으면 거기서 자기들이 해야지 뛰어내려라 명령 안 했다고 그래 가지고 거기서 그렇게 합니까?

김시곤: 아니 그건 말이죠. 그걸 비난한 이유는 그만큼 책임도 막중하고 역할이 있기 때문에 그런 거예요. 또 기대를 하는 것도 있는 것이고 해경은 국민들의 안전이 제일 중요한 거 아닙니까? 경찰인데 내 승객 안전문제 생각해야죠. 몇 명 탔는지 파악하고 그 배가 50도 정도 기울었다면 무조건 탈출시키고 이렇게 하는 것이 맞는 거지요. 그걸 갖다가 선장 네가 알아서 판단하라고 하면 안 되죠.

이정현: 국장님 아니 내가 진짜 그렇게 내가 얘기를 했는데도 계속 그렇게 하십니까? 네? 아니 거기 선장이 뛰쳐나오고 자기 목숨 구하려고 뛰쳐나올 정도 되면 배를 몇 십 년 동안 몰았던 선장 놈이 거기 앉아 있는데 보지도 않고 이거 마이크를 대고 그거 뛰어내리라고 안 했다고 뉴스까지 해 가지고 그렇게 조지고 그래야 될 정도로 지금 이 상황 속에서 그래야 되냐고요. 지금 국장님 말씀대로 20% 30% 그게 있다고 한다면은 그 정도는 좀 지나고 나서 그렇게 해야지.

김시곤: 알겠습니다. 네 알겠습니다. 네 네.

이정현: 지금 그렇게 하는 것은 지금 너무 심하잖아요 네?

김시곤: 네 알겠습니다. 네.

이정현: 아 진짜 국장님 좀 도와주시오. 진짜 너무 진짜 힘듭니다. 지금 이렇게 말이요 일어서지도 못하게 저렇게 뛰고 있는 이 사람들을 이렇게 밟아 놓으면 안 됩니다. 아 좀 진짜 죽도록 잡혀 있잖아요. 지금 이렇게 저렇게.

김시곤: 무슨 말씀인지 잘 알겠습니다. 네~.

이정현: 며칠 후에요, 그때 가서 아주 갈아 먹으십시오. 그냥 지금은 조금 봐주십시오. 제발 좀 봐주십시오. 조금 봐주십시오. 정말로.

김시곤: 네 알겠습니다.

이정현: 네 네.

이정현: 나 요거 하나만 살려 주시오. 국방부 그거.

김시곤: 네 네.

이정현: 그거 그거 하나 좀 살려 주시오. 이게 국방부 이 사람들이 용어가 용어를 이 이거 미치겠네 하~ 어찌요? 오늘 저녁뉴스하고 내일 아침까지 나가요?

김시곤: 일단은 라인까지는 나가죠. 뉴스라인까지 잡혀 있을 거야 아마.

이정현: 좀 바꾸면 안 될까? 이게 그게.

김시곤: 네.

이정현: 말하자면 이거야 이게 어디든지 누가 전체적으로 작전이라고 하는 것은 누가 우사든 어찌든 간에 일단 거기는 해군이 통제를 하는 것까지는 맞잖아요. 아니 해경이.

김시곤: 해경이 하는 거죠.

이정현: 해경이 일단 통제하는 것은 맞죠.

김시곤: 아니 근데 어떻게 된 게 국방부 놈들이 말이지 아니 그런 자료를 내냐고 도대체가.

이정현: 그러니까 내가 그래서.

김시곤: 한심해 죽겠어 보면 진짜로.

이정현: 야 이 씨발놈들아 내가 그랬어 야 이 느그 씨발놈들아 잠깐 벗어나려고 세상에.

김시곤: 그러니까.

이정현: 같은 다른 부처를 이렇게 그렇게 해서 해경이 그걸 어쨌든 그 지역이 해경이 통제하는 지역이니까 이렇게 하고 그다음에 이제 그렇게 되면은 일단은 거기를 선이 생명줄이 선이 있으니까 이 인도선을 설치해 가

지고 내려가야 하는데 먼저 도착한 순서대로 가야 되니까 아마 거기 그저 해경이 먼저 들어오고 그다음에 어쨌든 간에 민간이 들어오고 그 다음에 해군이 들어오고 하니까 거기에서 아까 뭐 급하고 이런 상황이니까 온 순서대로 이렇게 투입을 아마 시키는 그런 통제를 했나 봐요. 근데 용어를 통제가 아니라 순서대로 이렇게 들어간다는 얘기를 해야 되는데 이렇게 통제를 하고 못 들어가게 했다 그래 버리니까 야당은 당연히 이걸 엄청 주장을 해 버리지 이게 아주 어마어마한 신뢰의 문제가 되기 때문에. 아 정말 아 근데 이제 KBS 뉴스가 이걸 아주 그냥 완전히 그 일단은 조금 약간 그런 해군의 국방부의 해명이 좀 빨리 좀 안 됐나 봐 난 다 못 읽어 봤어.

김시곤: 해군의 반응이요?

이정현: 응. 저기 해군이 해군이 국방부가 자기들이 아까 그렇게 보내기는 했지만은 이제 아까 그런 순서나 그게 실질적으로 자기들이 뭐 들어가려는 것을 방해해 가지고 그 사람들을 먼저 집어 넣으려고 자기들이 뺀 것처럼 그게 아니라 순서대로 넣으려고 말하자면 기다린 건데 이 답변대로만 하면 쭉 나오네 YTN도 해경 언딘 위해서 그쪽 수요 막아 이렇게 근데 저게 아니다는 거지 순서라는 거지 이게 (아니 근데 하여간 난 답답한 게 어떻게 정부 부처 내에서 이렇게 충돌이 나고 이렇게 엉터리 서로 비난하는 이런 보도자료가 나오냐고 도대체가) 아이고 나 이거 이거 정부 보고 하이고 정말. 아이고.

김시곤: 그것도 국방부에서 말이야.

이정현: 아이고 정말 아이고 아이고~ 그 투입이 돼서 다 일을 했거든 근데 순서대로 들어갔을 뿐이지 그 사람들이 영원히 안 들어간 게 아니라 그날 저녁에 다 투입이 됐는데 순서대로 시간에 딱딱 그거 맞춰 가지고 그렇게 한 거거든 철저히 대기를 한 거거든 근데 왜 그게.

김시곤: 근데 그렇게 자료를 딱 내놓으니까.

이정현: 그러니까 통제라고 이렇게 써 버리니까 못 들어가게 한 것처럼 딱 순서대로 기다린 거거든 그게 아이고.

김시곤: 저기 뉴스라인 쪽에 내가 한번 얘기를 해 볼게요.

이정현: 네 그렇게 해 가지고 고거 좀 이게 너무 이 군 우선은 뭐 저기 쫌 저기 보도자료를 잘못 줘서 거기다가 자료를 잘못 줘서 그렇지 완전히 이건 순서를 기다리는 거였거든요 그래서 고거 좀 한번만 도와주시오 국 장님 나 요거 한번만 도와주시오. 아주 아예 그냥 다른 걸로 대체를 좀 해 주든지 아니면 한다면은 말만 바꾸면 되니까 한번만 더 녹음 좀 한번만 더 해 주시오. 아이고.

김시곤: 그렇게는 안 되고 여기 조직이라는 게 그렇게는 안 됩니다. 그렇게 는 안 되고 제가 하여간 내 힘으로 할 수 있는 데까지 해 볼게요. 내가.

이정현: 그래 한번만 도와줘. 진짜 요거 하필이면 또 세상에 (대통령님이) KBS를 오늘 봤네. 아이~ 한번만 도와주시오. 자~ 국장님 나 한번만 도 와줘. 진짜로.

김시곤: 하여간 어렵네 어려워.

이정현: 국장님 요거 한번만 도와주시오. 국장님 요거 한번만 도와주고 만 약 되게 되면 나한테 전화 한번 좀 해 줘. 응?

김시곤: 편하게 들어가세요.

이정현: 그래 나 오늘 여기서 잘~ 나 여기 출입처잖아 전화 좀 해 줘.

2014년 4월 30일 22시경 (RT: 4분 49초)

길환영은 세월호 참사 당시 이외에도 2014년 5월 3일과 6일에도 박근혜 대통령과 박근혜 정부 홍보를 위해 집요하게 보도개입을 자행했다. 특히 길환영은 5월 9일 대통령의 뜻이라며 김시곤 보도국장에게 사표를 제출할 것을 요구했다. 길환영과 청와대의 이러한 행위는 직원의 신분 보장을 명시한 KBS 사규와 방송의 독립성을 규정한 방송법, 그리고 언론자유를 명시한 헌법을 위반한 명백한 위법행위이자 위헌행위였다. 이를 본 김시곤은 5월 9일 보도국장직 사퇴 기자회견을 통해 길환영의 보도개입을 폭로했고, 추후 이정현 보도개입 전화 녹취 내용을 공개했다. 김시곤 보도국장의 폭로로 길환영은 해임되고, 당시 이에 관여한 박준우 정무수석과 이정현 홍보수석은 자리에서 물러나게 된다.

KBS 역사상 처음으로 청와대의 의중과는 달리 야당 추천 이사들의 전폭적인 지지로 길환영 후임 사장으로 선임된 조대현은 박근혜 대통령의 최종 추인을 받는 과정에서 큰 홍역을 치른 뒤 취임도 하기 전에 청와대에 순치되고 만다. 결국, 조대현은 취임 후 2개월이 지난 2014년 10월 길환영과 청와대의 보도개입 그리고 청와대의 KBS 독립성 침해를 고발한 김시곤 전 보도국장에게 정직 4개월의 중징계를 내렸다.

정부의 KBS 보도통제 방지 방안

앞에서 지적했듯 정부가 KBS 보도를 통제하는 수단은 바로 KBS 사장 선임권을 대통령이 갖고 있기 때문이다. 결국, 2017년 3월 기준 현재 방송법 규정대로라면 KBS 사장은 태생적으로 대통령과 정부에 예속될 수밖에 없다. 방송법은 KBS의 공정성과 독립성을 선언적으로 규정하고 있지만 실제로는 KBS의 공정성과 독립성을 제도적으로 철저하게 짓밟고 있는 자기모순적인 법이다. 따라서 이 법은 시급하게 개정이 필요하다. 이를 위해 더불어민주당, 국민의당, 정의당 국회의원 162명은 KBS와 MBC 등 공영방송 이사 수를 여권 추천 7명과 야권추천 6명 등 13명으로 구성하되 사장을 선임할 경우는 이사 재적 과반수가 아닌 3분의 2의 찬성 즉 9명 이상의 찬성으로, 최소한 정부 여당의 일방적 선임을 방지할 수 있는 방송법 개정안을 발의했다. 그러나 자유한국당은 이에 동의하지 않고 있다.

[엮은이 주]

2016년 7월, 국회의원 162명이 공동 발의한 방송법 개정안은 '△공영방송 사장 선임 과정에서 야당 추천 이사의 동의가 반드시 필요하게 하는 특별다수제 도입 △여야 이사 추천비율의 7 대 6으로 조정 △노사 동수 편성위원회 도입' 등이 주요 내용이다.

이 개정안은 MBC 김재철 사장과 같은 극단적인 인사를 공영방송 사장 후보군에서 배제하려는 취지가 강해, 일명 '김재철 방지법'으로 불리기도 했다. 법안은 발의 당시 '반대를 위한 반대'가 있을 경우 무색무취한 인사가 사장으로 선임될 수 있다는 우려가 컸다. 그러나 법안 발의 당시에는 이와 같은 우려가 공개적으로 드러나지는 않았다. 당시 김장겸 MBC 보도본부장이 차기 사장으로 유력했기 때문이었다(실제 김장겸은 2017년 2월 MBC 사장으로 선임되었다).

그러나 박근혜 탄핵과 문재인 정부 출범이라는 정치 지형의 변화는 이른바 '김재철 방지법'에 대한 재논의가 필요하다는 여론을 불러일으켰다. 19대 대통령 선거 기간에 문재인 당시 대통령 후보를 만났던 이용마 MBC 해직 기자는 "'김재철 방지법'은 여야 모두의 눈치를 보는 기회주의자를 양산하는 법"이라며 법안의 폐기를 주장했다. 이용마 기자는 무작위로 선출된 국민대표 수십 명이 공영방송 사장을 선출하는 국민대리인단과 같은 제도의 도입을 주장했다.

한편 자유한국당은 여당 시절 '김재철 방지법'을 반대해 왔다. 법안 발의 당시 집권여당이었던 자유한국당(새누리당)은 회의를 개최하지 않거나 일방적으로 정회하는 방식으로 1년 동안 법안 논의를 공전시켰다. 그러나 자유한국당은 정권 교체 후 고대영 KBS 사장과 김장겸 MBC 사장이 거센 퇴진 요구를 받자 태도를 바꿔 '김재철 방지법'의 처리를 촉구하고 나섰다. '김재철 방지법'에 대한 자유한국당의 태도 변화는 법안의 한계를 극명하게 보여 주는 것이라고 할 수 있다.

이에 언론 시민단체를 중심으로 공영방송 사장 선임 등에 정치권의 영향력을 줄이는 방향을 모색해야 한다는 목소리가 나오기 시작했다. 민주언론시민연합은 2017년 11월, 기존 '김재철 방지법이 공영방송 사장 선임에 정치권의 영향력이 크게 작용하는 현행법의 문제점을 개선하는데 미흡하다'며 이를 개선할 새로운 방송법과 방송문화진흥회법 개정안을 제안했다. 주된 내용은 공영방송 사장 선임과 관련해 정치권의 영향력을 배제하기 위한 국민추천 방식의 공영방송 사장 선임제도의 도입이다. 만 19세 이상 성년에 달한 국민 중에서 무작위로 선발해 가칭 '사장추천위원회'를 구성하고, 위원회에 사장 후보자 공모 · 면접 대상자 선정과 면접 실시 · 최종 후보자 선발과 추천 절차를 위임하는 것이다. 이후 위원회에서 선정 · 추천한 후보자를 KBS는 이사회에서, MBC는 방송문화진흥회 이사회에서 승인하는 방식이다. 물론 KBS 이사회와 방송문화진흥회 이사회는 '위원회'의 후보 결정을 따르는 조건이다.

'김영한 업무일지'로 본 청와대의
KBS 방송 개입과 통제

정수영(전국언론노조 KBS본부 공정방송추진위원회 강사)

고(故) 김영한 변호사가 청와대 민정수석으로 임명된 때는 KBS에서 세월호 사태의 여파로 KBS 이사회에서 길환영 사장 해임제청안이 의결되고(2014년 6월 5일) 이어 박근혜 대통령이 마지못해 해임을 최종 결정한(6월 10일) 직후다.

김영한 전 수석이 작성한 업무일지에는 청와대가 KBS의 사장 선임과 이사장 선출에 직접적으로 개입하고 보도 및 시사 프로그램에 대한 통제와 탄압 등을 지시한 사실이 낱낱이 적혀 있다.

김 수석의 업무일지를 전체적으로 분석해 볼 때, 세월호 참사의 여파로 KBS 사장이 교체되는 과정에서 청와대가 낙점(?)한 후보가 되지 않고 야당 추천 이사들이 지지하는 후보가 사장에 선출되자 매우 당황한 것으로 보인다. 이에 따라 급기야 임기가 1년 이상 남은 당시 이길영 이사장을 물러나게 한 뒤 서둘러 이인호 씨를 후임으로 내세워 KBS 이사회를 장악해 KBS에 대한 통제를 지속하려 한 것으로 추정된다. 실제로 이인호 씨는 보궐 사장으로 선임된 조대현 씨를 '연임'이라는 당근으로 유인해 KBS를 좌우한 것으로 보인다.

하지만 박근혜 정권은 2015년 11월 조대현 사장의 보궐 임기가 끝

나자 연임보다는 보다 좀 더 정권에 충실할 것으로 판단되는 고대영
씨를 사장으로 만들었다.

김영한 수석의 업무일지에서 나타난 KBS 통제 의혹 부분을 추려 날
짜순으로 정리했다.

6월 15일

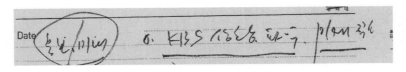

6/18⁽ᔦ⁾ KBS 정기이사회 — 사장 임명 논의⁽7/10까지늠⁾

⇨ 2014년 6월 10일, 청와대가 마지못해 길환영 사장 해임제청안을
받아들여 해임을 최종 결정하였다. 이 때문에 당시 KBS 이사회는 새
로운 사장(보궐 임기 사장) 선임을 해야 하는 상황이었다. 6월 18일 정기
이사회가 열리는데 방송법 제47조 2항과 50조 6항에 따라 30일 안에
새로 사장을 뽑아야 하는 상황임을 파악해 놓은 것으로 보인다.

Date

홍보/미래 ●KBS 상황파악, 플랜⁽plan⁾ 작성

⇨ (비서실장 지시사항 메모) 길환영 사장 해임 이후 KBS의 새로운 사장
을 청와대 차원에서 낙점하고 향후 효율적인 통제 방안 등 PLAN(계
획)을 작성하라고 홍보 및 미래전략수석에게 지시한 의혹으로 추정된
다.

6월 16일

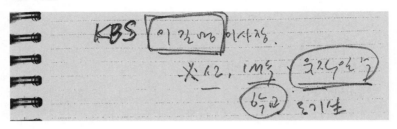

KBS 이길영 이사장

※ 선, 배틀, 움직일 수

    학교. 동기생

⇨ (비서실장 지시사항 메모) 이길영 KBS 이사장과 관련한 모종(?)의 인적 네트워크를 체크해 보라는 것으로 추정된다.

6월 17일

KBS 노조. 16개 직능단체

- 사장선임절차 제의(提議)
- 공영방송(放送) 영·독·일(英·獨·日)
- 수용(受容) 곤란
*사추위(김인규 사장) ─ 여야 안분(按分)
  방통위원장과 상의(相議)

▷ 전국언론노조 KBS본부가 이 메모 전날인 6월 16일 기자협회, PD 협회, 경영협회 등 사내 16개 단체와 연대하여 새로운 사장 선임 시에 사장추천위원회(사추위)를 구성할 것을 요구하였다. 이에 대해 KBS 이 사회가 아닌 청와대 차원에서 '수용 곤란'이라는 입장을 미리 정한 뒤 당시 최성준 방통위원장을 통해 수용하지 말라고 KBS 이사장 등에게 압력을 행사한 것으로 추정된다. 결국 새 사장 선임 과정에서 '사추위 구성'과 특별다수제를 도입해 보자는 요구는 이후 6월 30일 열린 KBS 이사회에서 여당 추천 이사들이 강력히 반대해 부결되었다. 이 부분 은 KBS 이사회가 독립적으로 행사해야 할 공영방송 KBS의 사장 임명 제청 권한과 절차 등에 대해 청와대가 사사건건 개입하고 통제하였음 을 드러낸 증거로 볼 수 있다.

6월 19일

○ KBS이사회 개최. ─ 법47. 7/10까지.
                        6.23~30 공모
○ 사규대로진행.

KBS 이사회 개최 ─ 법(法) 47조 7/10까지
              6.23~30 공모(公募)

▷ 새롭게 선임될 KBS 사장의 선임 절차와 임기 등에 대해 관련 법규

를 체크한 것으로 보임(방송법 47조는 이사의 임기지만 사장도 동법 50조 6항에 따라 같은 47조에 의해 임기와 보궐 선임 기간이 정해짐).

6월 20일

2012년 KBS 파업 사건 — 법원(法院) 무죄 선고
— 노조 강성화 가속
⇨ 언론노조 KBS본부(KBS 새노조)에 대한 동향 체크 및 감시 의혹.

6월 22일

(화)국무회의 총리 주재로 개최.
월북가능성은 저(低), 22사단 취약
지지도. 점증
KBS 이사회)
⇨ 다음 날인 6월 23일부터 KBS 사장 후보 공모를 시작했다. 이와 관련해 KBS 이사회를 점검한 것으로 보인다.

6월 26일

KBS 추적 60분. 천안함 관련 판결 — 항소(抗訴)

▷ (비서실장 지시사항 메모) 2010년 '천안함 사건' 민·군 합동조사단 최종 보고서의 의문점을 다룬 방송 프로그램 〈추적 60분〉에 대한 방송통신위원회의 경고(중징계) 처분은 위법하다는 서울행정법원의 판결이 6월 13일 내려졌다. 이와 관련해 방통위는 7월 2일 서울고등법원에 항소장을 제출했다. 결국 김기춘 대통령 비서실장이 먼저 항소를 지시하고, 이에 따라 방통위가 서울고법에 항소한 것으로 보인다.

6월 28일

KBS 고발건(告發件)(정무수석)

▷ KBS가 6월 11일 문창극 총리 후보자의 친일 발언 동영상 보도를 한 이후 결국 문 후보자는 6월 24일 낙마했다. 그러자 방송통신심의위원회는 6월 25일 KBS 보도에 대해 징계하겠다며 심의에 착수했으며, 극우 단체들은 공공연히 KBS의 보도 관련자들을 고발하겠다고 엄포를 놓는 상황이었다. 실제로 한달 쯤 뒤인 대한민국애국시민연합과 애국단체총연합회 등 극우 단체는 당시 KBS 보도본부장과 〈9시뉴스〉 앵커 최영철 기자와 보도를 한 홍성희 기자를 명예훼손 혐의로 검찰

에 고발 조치하였다.

위 메모는 문창극 후보자의 낙마 이후 청와대 정무수석실을 중심으로 KBS에 대한 고발을 기획한 흔적으로 추정된다. 청와대와 극우단체가 모종의 커넥션을 갖고 기획 지시에 따라 일사불란하게 행동하는 것은 다른 언론사에 대한 탄압 등에서도 확인할 수 있다.

7월 1일

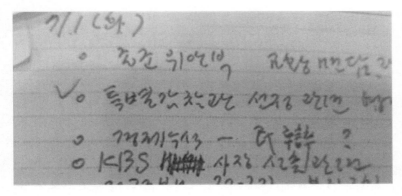

종군위안부 교황 면담
특별감찰관 선정 관련
경제수석 민변(民辯)
KBS 사장 선출 관련

⇨ 새로운 KBS 사장 공모가 6월 23일 시작돼 고대영, 강동순, 홍성규 등 총 30명이 지원한 채 위 메모 전날인 6월 30일 끝났다. 또 메모 다음 날인 7월 2일 이사회가 열렸는데 30명의 후보자 가운데 6명만이 1차 투표를 거쳐 통과됐다. 따라서 6명으로 압축하기 하루 전에 청와대에서 후보들 정리와 관련한 대응이나 지시가 있었던 것으로 추정된다.

7월 2일

문창국 KBS보도 — 중징계 — 방심위

⇨ 문창극 총리 후보자를 낙마시킨 KBS 뉴스 보도와 관련해 전날인 7월 1일 방심위 자문기구인 보도교양특별위원회가 경고 등의 중징계 의견을 냈으며, 방심위는 본격적으로 KBS 뉴스에 대해 심의에 착수했다. 이에 대한 보고 혹은 대응책 논의로 보인다.

7월 3일

KBS 6명(名) — 조대현 7

⇨ 위 메모 전날인 7월 2일 KBS 이사회는 30명의 사장 후보자 가운데 6명만을 1차 투표를 거쳐 통과시켰다. 이 과정에서 조대현 후보가 7표를 얻어 최다 득표를 얻었다. KBS 이사회는 최종 후보자 6명의 명단 이외에는 아무것도 발표한 바 없지만, 청와대는 후보 개인별 득표 현황까지 파악하고 있다. KBS 이사회 내부와 긴밀한 공조가 이뤄지고 있음을 짐작할 수 있다.

7월 4일

KBS 이사 우파(右派) 이사 — 성향 확인 요

⇨ (비서실장 지시사항 메모) 전날인 7월 3일 메모에서 1차 투표 결과 자

신들이 밀고 있는 홍성규 후보자(?)가 아닌 조대현 후보자가 최다 득표를 올리자 서둘러 KBS 이사들에 대한 밀착 대응을 시작한 것으로 보인다. 야당 추천 이사가 4명에 불과한데도 조대현 후보가 7표나 얻은 것의 경위를 파악토록 한 것으로 보인다. 즉 여당 추천 이사인 이른바 '우파 이사'들에 대한 성향을 다시 파악토록 지시한 것으로 보인다.

7월 10일

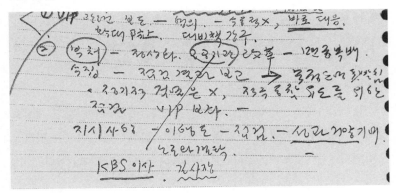

부처 — 정상화. 공공기관 개혁(改革) — 면종복배

수집 — 점검 결과 보고 → 국정 운영 뒷받침

정기적 검열은 X, 적극 동참 유도를 위한 점검 VIP 보좌

지시사항 — 이행도 — 점검 — 성과 ?? 기여

노조와 결탁

KBS이사. 길사장

⇨ 위 메모 하루 전인 7월 10일 여당 추천 이사 2명의 반란(?)으로 '조대현' 씨가 6표를 얻어 KBS 최종 사장 후보로 선정된 것과 관련한 메모로 보인다. 공공기관 가운데 KBS 이사들을 대표적인 면종복배(面從腹背)하는 사람들로 꼽은 것으로 추정된다. 정부와 여당이 KBS 이사로

추천해서 자리까지 마련해 줬는데, 이 가운데 2명이나 오히려 청와대
가 낙점한 후보가 아닌 '조대현' 씨에게 표를 던져 사장으로 임명제청
했다는 것. 특히 노조와 결탁하여 배신(?)했다는 등의 질책성 이야기
가 오간 것으로 보인다. 이를 놓고 KBS를 마치 정권의 국정 운영을 뒷
받침하는 일반 공공기관처럼 인식하고 개혁(?)할 것을 주문한 것으로
보인다.

8월 14일

KBS, VIP 행적(行蹟) 보도(報道)
⇨ 전날 KBS 〈뉴스9〉에서 청와대가 세월호 국조특위에 밝힌 세월호
당시 대통령의 행적에 대해 메인뉴스에서 보도한 것을 이르는 것으로
추정된다. (관련 링크 : http://news.kbs.co.kr/news/view.do?ncd=2911356)

8월 28일

방심위, KBS 보도(문창극) ── 전체회의(會議)에 회부(回附)
⇨ 전날인 8월 27일 방송통신심의위원회(방심위)가 KBS의 '문창극 전
국무총리 후보자 관련 보도'를 전체회의 안건으로 상정했다.

9월 3일

이인호 위원장 임명(任命) 내정(內定)
위(爲) 체제수호 통제

⇨ (비서실장 지시사항 메모) 8월 27일 이길영 전 이사장이 갑자기 사임[1] 했고, 방통위는 마치 준비했다는 듯 재빠르게 이틀 뒤에 이인호 씨를 KBS 이사로 추천했으며, 9월 2일 청와대가 이사 임명장을 수여했다.

위 부분은 9월 3일 김기춘 비서실장의 지시를 그대로 메모한 것으로 보인다. '이인호 위원장 임명 내정(이사장을 위원장으로 오기한 듯)하고 체제수호를 위해 통제한다'는 뜻으로 해석된다. KBS 이사장은 이사회에서 호선으로 선출하는데, 실제 이인호 씨는 이 메모 작성일에서 이틀이 지난 9월 5일 열린 KBS 이사회에서 호선을 통해 이사장으로 선출되었다. 이는 청와대가 이인호 씨를 미리 이사장 자리에 내정하고 KBS 이사회는 거수기 역할만 한 것으로 볼 수 있다.

•••••

1) 이길영 이사장은 2014년 8월 27일 최성준 방통위원장이 갑자기 불러 방통위 사무실로 찾아가 면담을 했는데, 이 자리에서 방통위원장으로부터 사퇴 요구를 받고서 사표를 제출했다고 전국언론노동조합 KBS본부장에게 밝힌 바 있다. 방통위원장은 KBS 이사에 대한 임면권을 갖고 있지 않으며, 특정 이사에게 사퇴를 종용할 합당한 이유가 없다.

9월 5일

방심위, 문창극 관련 지도

...(중략)...

장(長)

국가 정체성. 헌법 가치 수호 노력 →정책 집행·인사 관리를 통하여
일선 행태 — 반체제 집요 투쟁 — 미온. 소극적
강한 의지·열정 대처 — 체제 수호 難(?) → 유념
전사(戰士)들이 싸우듯이. ex 방심위 KBS 제재심의 관련

⇨ 방송통신심의위원회는 9월 4일 KBS 〈뉴스9〉 문창극 보도(6월 11일, 13일) 보도에 대한 심의를 진행해 방송심의에 관한 규정 제9조(공정성)와 제14조(객관성) 위반으로 '권고' 처분의 행정지도를 내렸다.

(비서실장 지시사항 메모) 전날 방심위의 KBS 문창극 보도 관련 행정 지도를 예로 들며 낮은 수준의 처분 결과를 성토하고 전사들이 싸우듯이 정권을 위협하는 언론보도에 적극 대응할 것으로 주문한 것으로 보인다.

또한, 당시 문창극 후보의 문제 발언 동영상이 KBS 뉴스를 통해 나간 뒤 총리 후보자 검증 TF에 속한 한 기자에게 평소 알고 지내던 검

찰의 검사장급 고위 관계자가 전화를 걸어와 당시 '우병우 민정수석 비서관이 당신을 노리고 있으니 조심하라'고 했다. 이후 취재 TF팀은 김영한 민정수석과 연락을 통해 KBS 취재진의 입장을 적극 설명한 바 있다.

10월 15일

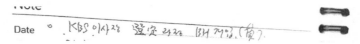

KBS 이사장 선정(選定) 과정 BH 개입(질)

⇨ 김기춘 비서실장 워딩을 그대로 적은 메모로 알려졌다. 당시 이길영 이사장이 8월 27일 사임하고 이틀 뒤인 29일 방통위가 이인호 씨를 이사장으로 내정했다. 그리고 9월 2일에 대통령이 이인호 씨를 이사로 임명하고 9월 5일 이사회에서 이인호 씨가 이사장으로 선출되었다. 이 메모 전날인 10월 14일 야당 문병호 의원이 청와대 압력에 의해 절차까지 위반해 가며 이인호 씨가 KBS 이사 및 이사장으로 선출됐다며 의혹을 제기하기도 했다. 괄호 안의 한자는 질(質)로 추정된다.

'보도지침의 부활', 이명박이 시작하고
박근혜가 완성하다

박제선(민주언론시민연합 홍보부장)

"방송을 장악할 수 있다, 언론을 장악할 수 있다 하는 시대는 지나갔다 이렇게 생각합니다."　(이명박, 2009년 7월 27일 제20차 라디오·인터넷 연설)

"방송장악은 그것을 할 의도도 전혀 없고 법적으로도 불가능합니다."

(박근혜, 2013년 3월 4일 대국민 담화문)

이명박 대통령과 박근혜 대통령 모두 언론을 장악할 의도도 없고 장악할 수도 없다고 말했다. 그러나 이명박 정부는 인수위원회 시절부터 문체부에 언론인들의 정치적 성향 분석 보고를 요구했다. 당시 인수위는 언론인 사찰을 '전문위원 1인의 개인적 돌출 행위'라고 변명했다. 이명박 당시 대통령 당선인도 이 사건을 언급하며 "차기 정부에서 그런 일을 용납해서는 안 된다"라고 말했다. 그러나 이명박 정부는 말을 뒤집고 언론장악 과정을 차근차근 밟아 갔다.

　민주언론시민연합은 2017년 6월 발간한 『이명박·박근혜 정권 시기 언론장악백서』를 통해 이명박 정부의 방송장악이 다섯 단계로 진행되었다고 지적했다. '공영방송 이사 교체 등 사전 정지작업→낙하산 사장 투입→간부 인사 단행→구성원 탄압과 징계→비판 프로그램 폐지·축소와 친정부 보도의 일상화'가 그것이다.

이는 2008년 정연주 KBS 사장 해임과 이후 엄기영 MBC 사장의 석연찮은 사퇴 등 일련의 과정에서 그대로 확인할 수 있다. 2008년 5월, 최시중 방송통신위원장은 당시 김금수 KBS 이사장에게 '정연주 사장 사퇴'를 압박했다. 얼마 뒤 김금수 이사장이 사의를 표명했다. 다음 순서는 신태섭 KBS 이사(동의대 교수)였다. 이명박 정부 출범 직후 동의대학교 측은 신태섭 교수에게 '학교를 위해 KBS 이사직을 사퇴할 것'을 여러 차례 종용했다. 신 교수가 이를 거절하자 동의대 이사회는 신태섭 교수를 '총장 승인 없이 KBS 이사로 활동했다'는 이유를 들어 교수직에서 해임했다. 방송통신위원회는 기다렸다는 듯이 신 교수가 동의대 교수직에서 해임되었으므로 KBS 이사로서 결격사유가 발생했다는 이유로 신태섭 이사를 KBS 이사직에서 해임했다. 그러나 동의대와 방통위의 이런 조치는 부당하고 불법적인 것이었음이 이후 법원의 판결에서 드러났다(2009년 11월 17일, 대법원은 동의대의 신태섭 교수 해임이 부당하다는 원심을 확정 판결했다).

뒤이어 KBS와 MBC 사장이 제거되고 낙하산 사장 임명이 추진된다. 2008년 5월, 한 보수단체가 감사원에 KBS 특별감사를 청구했다. 감사원이 이를 수용해 KBS 감사에 나섰다. 국세청도 세무조사에 나섰고, 검찰은 정연주 사장을 배임 혐의로 기소했다. KBS가 국세청을 상대로 진행하던 소송에서 법원의 조정에 따라 합의를 했는데, 이 합의로 KBS에 손해를 끼쳤다는 이유였다. 그러나 이 또한 불법적 폭력에 불과하다(2012년 1월 대법원은 정연주 사장 해임의 근거가 된 배임 혐의에 대해 무죄 판결을 확정했다). 2008년 8월 8일, KBS 이사회는 배임 혐의를 이유로 정연주 사장 해임안을 의결한다. 이후 '이명박근혜' 정부 시절 KBS에는 이병순·김인규·길환영·조대현·고대영이 차례대로 낙하산 사장으로 임명되었다. MBC는 엄기영 사장이 2010년 2월에 석연치 않은 이유로 자진해서 사퇴하자 방송문화진흥회 이사회(MBC 대주주)는 후임 사장으로 김재철을 선임했다. 이후 MBC에는 김종국·안광한·김장겸이 차례대로 낙하산 사장으로 임명되었다.

낙하산 사장은 친정부 편파방송을 함께 도모할 간부인사를 단행했다. 기자와 피디 등 내부 종사자의 편성과 제작 자율성을 축소해 보도통제를 쉽게 할 수 있도록 관료주의적 통제체제를 부활시키는 과정이었다. 네 번째는 불공정 편파 방송에 비판적인 사내 구성원들에 대한 적출 작업이다. 파업에 참여한 노동조합원과 회사의 부당한 명령을 따르지 않는 구성원들에게는 불법적 징계와 전보라는 인사폭력이 자행됐다. 이런 일련의 탄압에 반발해 2012년 1월 MBC를 필두로 언론사 노조의 대파업이 시작됐고, 이는 KBS, YTN, 연합뉴스 등으로 퍼졌다. 이 언론사 노조들이 파업에 내건 요구는 불공정 방송을 주도하고 있는 낙하산 사장의 퇴진과 공정보도의 쟁취였다. 이들 언론사에 SBS와 2011년 12월 파업을 시작한 《국민일보》, 《부산일보》까지 더하면 2012년 언론장악과 불공정 보도에 저항하는 과정에서 부당 징계를 당한 언론인은 해고 21명을 포함해 모두 452명에 이른다.

마지막 다섯 번째 단계는 비판 프로그램을 폐지하거나 축소하고 친정부 보도나 홍보 프로그램 편성을 일상화하는 것이었다. 이병순 사장은 KBS의 대표 시사 프로그램 〈시사투나잇〉과 〈미디어포커스〉를 폐지했다. 그 대신에 KBS는 2008년 10월에 이명박 대통령 라디오 정례연설을 편성했다. YTN의 〈돌발영상〉도 배석규 사장 때 중단되었다.

이명박 정부로부터 정권을 인수받은 박근혜 정부는 이명박 정부의 언론장악을 승계해 이를 더욱 공고히 했다. 그 목적으로 박근혜 정부는 공영방송의 사장 선임과 관리·감독 역할을 맡은 이사회에 방송과 아무런 연관성도 없는 극우 인사를 대거 포진시켰다. KBS 이인호 이 사장과 조우석·차기환 이사와 방송문화진흥회의 고영주 이사장·김광 동 이사가 대표적인 뉴라이트 극우 인사들이다. 이들이 활개를 쳐 공 영방송 이사회는 '극우세력의 놀이터'라는 비아냥까지 들어야 했다.

2016년까지 정권의 언론장악은 앞에서 밝힌 다섯 단계, 낙하산 사 장이 주축이 된 내부통제를 통해 이루어지고 있다고 봤다. 그러나 박 근혜 대통령 탄핵 후 이명박·박근혜 정권의 언론통제는 낙하산 사장 투입을 통한 내부통제 수준을 넘어 국정원 등 국가기관의 조직적이고 치밀한 기획하에 진행되었다는 사실이 밝혀졌다. 이명박 정부는 국정 원을 동원해 KBS와 MBC를 장악하기 위한 공작을 기획 실행했다. 박 근혜 정부는 청와대 수석비서관회의에서 언론 관련 논의를 하고, 논 의 결과가 지상파 저녁 종합뉴스에 그대로 반영되게 하는 수준까지 나아갔다. 군사독재정권 시절의 보도지침이 30년이라는 시간을 넘어 서 더욱 치밀하고 정교하게 진화한 것이다.

이명박 정부 국정원, 언론인 사찰 등 언론탄압 기획과 실행

2017년 9월 18일, ≪한겨레≫는 이명박 정부 시절 국정원이 KBS와 MBC의 간부와 기자들을 사찰하고 이를 근거로 정권에 비판적인 언 론인과 프로그램 등에 대한 퇴출 공작을 벌였다고 폭로했다.《한겨레》 가 폭로한 '문화방송 정상화 전략 및 추진방안'(2010년 3월 작성)에 따 르면, 국정원은 '좌편향 인물·문제 프로그램 퇴출→노조 무력화→민 영화'로 이어지는 3단계 문화방송 장악 시나리오를 짰다. KBS의 경우 2010년 6월에 국정원이 작성한 '한국방송 조직 개편 이후 인적 쇄신 추진방안'에서 김인규 사장 취임 뒤 '△좌편향 △무능·무소신 △비리

연루 여부'를 기준으로 인사 대상자를 색출하고, '사원행동' 가담자, 전국언론노조 KBS본부 조합원, 편파방송 전력자 등에 대한 배제를 강조한 것으로 드러났다. 국정원의 방송장악 문건에서 거론된 노조 파괴와 기자·피디 퇴출 등 상당수 내용은 현실로 이루어졌다.

MBC 〈PD수첩〉은 이명박 정부의 집중 표적이었다. 국정원은 '문화방송 정상화 전략 및 추진방안'에서 〈PD수첩〉을 '좌편향' 프로그램이라고 규정했다. 문건 작성 후 2년 만에 김환균·이우환·최승호 피디와 정재홍 작가 등 제작진 대부분이 프로그램을 떠나야 했다. 2010년에는 김환균 책임피디가 보직에서 해임됐고, 2011년 최승호 피디 등 권력에 비판적인 피디들이 쫓겨났다. 2012년 7월에는 정재홍 작가를 비롯한 〈PD수첩〉 작가 6명이 한꺼번에 해고됐다. 국정원 국익전략실은 2012년 1월, '최승호 〈PD수첩〉 하차'를 핵심 성과로 언급했다. 〈PD수첩〉 제작진 퇴출 이후 프로그램의 아이템 묵살과 제작 자율성 침해는 일상이 되었다. 2017년 7월, 〈PD수첩〉 제작진은 아이템 불방 등 제작 자율성 침해에 항의해 제작 중단에 돌입했다. 2017년 공영방송 정상화를 촉구하는 공영방송 구성원들의 첫 움직임이 〈PD수첩〉 제작진들로부터 시작되었다는 사실이 의미심장하다.

좌편향 문화예술인을 퇴출하라

국정원은 공영방송 장악에 이어 김미화·김제동·김민선·김여진·신해철 등을 '좌편향 출연자'로 규정한 '연예인 블랙리스트'를 작성한 뒤 해당 연예인들의 방송 퇴출을 기도했다. 국정원이 2011년 7월에 작성한 'MBC 좌편향 출연자 조기퇴출 확행' 보고서는 "4월. 김미화, 7월 김여진 하차시킴", "후속 조치로 윤도현, 김규리 8월경 교체 예정,

10월 가을 개편 시 신해철 김어준도 하차시켜 순차적 물갈이 방침" 등과 같이 출연자들의 퇴출 시기와 방법을 구체적으로 언급하고 있다. 실제 윤도현 씨는 같은 해 9월, 김어준 씨는 10월 MBC 라디오에서 하차했다.

같은 해 10월 26일에 작성된 '문화예술계 좌파 실태 및 순화방안' 보고서는 "좌파 연예인에 대한 온·오프 대응활동으로 순화 및 퇴출 여론 조성 계획"을 밝히며, 핵심 문제 인물 100여 명을 거론하기도 했다. 문화예술계 블랙리스트는 공영방송 장악 공작의 주요한 한 축으로 작동한 것이다.

박근혜 청와대, 세밀한 보도지침 내려보내

2017년 10월 21일, SBS 〈그것이 알고 싶다〉는 '청와대 비서실장 주재 수석비서관 회의 문건'을 공개하고 박근혜 정부 청와대가 언론장악에 깊숙하게 개입했다는 사실을 폭로했다. 당시 이병기 대통령 비서실장이 주재한 청와대 수석비서관회의에서 논의한 언론 대책은 실제로 지상파 저녁 종합뉴스에 그대로 반영되었다.

박근혜 대통령이 미국을 방문한 2015년 10월 16일 청와대 수석비서관 회의를 살펴보자. 이날 회의에서 '미국 ≪워싱턴타임스≫지가 VIP 방미행사 특집판을 제작, 대대적으로 특집 보도(10. 15.)했는데, 국내에 릴레이 기사로 이어지지 않아 아쉬움. 이러한 특집보도와 내용이 국내 언론에 최대한 연계 보도될 수 있도록 할 것'이라는 내용이 언급된다. 그리고 당일(2015. 10. 15.) 지상파 3사 저녁 종합뉴스에는 실제로 대통령 방미 관련 보도가 방미 첫날(2015. 10. 15.)보다 보도 건수도 늘고, 보도 순서도 앞당겨 배치됐다. 심지어 KBS는 한미정상회담이 열린 10월 17일보다 청와대 지시가 내려온 16일 관련 보도가 더 많았다.

2016년 2월 14일 청와대 수석비서관회의의 '통일부 장관이 한 프로그램에서 출연해 발언(북한에서 당정군이 외화를 벌어들이면 당서기실 또는 39호실로 이관·보관되고, 핵·미사일 개발이나 사치품 구입 등에 사용되는 것으로 파악된다는 내용)한 수준에서 대응토록 할 것'이라는 논의 내용은 같은 날 KBS 〈뉴스9〉과 MBC 〈뉴스데스크〉는 두 번째 꼭지로, SBS 〈8뉴스〉는 첫 번째 꼭지에서 충실하게 다뤘다. 청와대 수석 비서관 회의 내용이 그대로 당일 저녁 종합뉴스에 반영된 것이다.

단어·표현·화면까지 '세심'한 보도통제

〈그것이 알고 싶다〉는 이명박·박근혜 정부 시절 지상파 방송사 피디와 기자들에게 취재와 제작 과정에서 겪은 언론통제 사례를 제보받아 일부 사례를 공개했다. 2009년 용산 참사 사건은 '참사'라는 단어를 제외하고 '용산 사건'으로 표기해야 했다. 2015년 백남기 농민 사망 사건을 다룰 때는 '물대포'라는 과격한 표현 대신 '물줄기'라는 순화된 표현을 사용할 것을 강요받았다는 사례도 있었다. 어떤 단어를 선택할지까지 세밀하게 통제한 것이다. KBS는 자사가 30억 원을 투자해 제작한 영화 〈인천상륙작전〉에 부정적인 평가를 한 영화 평론가들을 비판하는 기사를 쓰라는 지시를 했고, 이를 거절한 기자에게 인사에서 불이익을 주었다. 또한, 세월호 참사 당시 유가족들의 눈물을 배제하고 국가와 청와대라는 단어는 사용하지 말라는 지시도 있었다. 표현부터 아이템 선정, 화면 선택까지 보도지침을 시달하던 30년 전 군사독재정권 시절 수준으로 언론자유가 퇴보했다.

취재 준비 아이템까지 사전에 파악한 광범위한 언론인 사찰

박근혜 정부 청와대는 프로그램 방영 전에 세부 내용을 미리 파악했다. 언론과 언론인 사찰이 일상적으로 광범위하게 이루어진 것이다. 세월호 2주기를 앞둔 2016년 4월 10일에 열린 회의에서 'SBS〈그것이 알고 싶다〉에서 관련 주제를 방송 예정이라는데, 관계 수석들은 상황 관리를 철저히 할 것(경제수석, 정무수석, 홍보수석)' 등의 논의가 있었다. 해당 프로그램은 4월 16일에 전파를 탔다. 방영일 1주일 전에 관련 방송이 나가리라는 것을 미리 파악하고 있었던 것이다. 또한 2015년 11월 13일 회의에서는 'SBS에서 예전 주한미군의 기지촌 주변 성매매 문제, 베트남 전쟁 시 한국군의 베트남 여성 문제 등을 부각시키려 하는데, SBS 의도가 무엇인지 파악해 보고 사회적 파장이 없도록 대응할 것'이라는 논의가 있었다. 해당 아이템은 기획안을 제출하지 않고 피디가 개인적으로 관심을 두고 취재를 하던 아이템이었다. 방송사 내부에 조력자가 존재하지 않았다면 불가능한 관심법 수준의 사찰까지 벌어진 것이다.

포털은 가만 놔두었을까?

박근혜 청와대가 뉴스의 주요 유통 경로인 포털을 통제하려고 했다고 볼 만한 정황도 있다. 2015년 5월 11일 청와대 수석비서관회의에서 "비판세력들의 주된 활동 사이버 공간이 네이버라면, 그 경영진을 적극 설득, 순화시키는 노력도 기울여야 할 것"이라고 언급한 것 등이 그런 정황을 설명해 준다. 네이버는 뉴스 배열·실시간 검색어 순위 등에 대해 조작 의혹이 제기될 때마다 '공정한 플랫폼을 만들기 위해 노력해 왔다'며 '근거를 대라'고 반박해 왔다. 그러나 2017년 10월 20일 네이버는 '담당자가 외부의 기사 재배열 요청을 일부 받아들인 적이 있다'고 외부 청탁에 따른 기사 재배치를 공식 인정했다. 네이버의 불공정한 뉴스 배열이 사실로 드러난 이상 청와대나 국정원 등 국가기관의 압력에 따른 뉴스 재배치 사례는 없었는지 명백하게 밝혀야 한다. 국민 10명 중 7명이 모바일을 통해 뉴스를 이용(2016 언론수용자 의식조사, 한국언론진흥재단)할 만큼 포털은 국내 뉴스 유통에 막강한 영향력을 행사하고 있기 때문이다.

'돌아오라 마봉춘 고봉순'

이명박 정부와 박근혜 정부의 언론통제로 공영방송 KBS와 MBC에 대한 국민의 신뢰는 추락했다. 주간지 ≪시사인≫이 2007년부터 해마다 시행한 방송 프로그램 신뢰도 조사 결과에서 이를 확인할 수 있다. 2007년 신뢰도 21.8%로 가장 신뢰하는 방송 1위로 꼽혔던 KBS ⟨뉴스9⟩는 2016년 조사에서 신뢰도가 13.4%로 떨어졌다. MBC ⟨뉴스데스크⟩의 추락은 더욱 참담하다. 2016년 신뢰도 14.7%로 신뢰하는 프로그램 2위를 기록한 MBC ⟨뉴스데스크⟩는 2016년 신뢰도 3%로 급락했다.

이런 절박한 상황에서 공영방송을 복원해 제 기능을 회복시켜야 한다는 움직임이 다시 시작되었다. 2017년 7월 13일 민주언론시민연합, 전국언론노동조합 등 240여 시민사회단체는 'KBS·MBC정상화시민행동'을 발족했다. 시민행동은 7월 21일부터 매주 금요일 저녁 공영방송 정상화를 촉구하는 시민문화제 '돌아오라 마봉춘 고봉순 불금파티'(일명 '돌마고파티')를 개최하는 등 공영방송 정상화를 촉구하는 다양한 활동을 펼쳤다. 또한, 공영방송을 몰락시킨 '주범'으로 박근혜 정부 시절 임명된 구여당(새누리당) 추천 이사들을 지목하고 방통위에 시민 10만 4천 명이 참여한 'KBS·MBC 적폐이사 파면 시민청원'을 제출하기도 했다. 전국언론노조 KBS본부와 MBC본부는 공정방송 실현과 경영진 퇴진을 요구하며 2017년 9월 4일 총파업에 돌입했다.

한편, 2012년 6월 MBC로부터 해고를 당한 〈PD수첩〉 최승호 피디는 이명박·박근혜 정부 시절 정치 권력의 공영방송 장악 과정을 다큐멘터리 영화 〈공범자들〉에 담아냈다. 2017년 8월 17일 개봉한 영화 〈공범자들〉은 누적 관객 26만을 넘겨 역대 다큐멘터리 영화 흥행 순위 5위에 이르는 등 시민들의 큰 관심을 받았다.

공영방송 정상화의 첫 단추, 구여권 추천 이사 사퇴

KBS와 MBC 구성원들의 파업이 시작되고 시민사회의 공영방송 정상화 촉구 움직임이 이어지자 지난 정부 시절 구여권 추천 이사들이 사퇴하기 시작했다. 9월 4일 유의선 방송문화진흥회 이사를 시작으로, 10월 11일에는 구여권 추천 김경민 KBS 이사, 10월 18일 김원배 방송문화진흥회 이사가 사의를 표명했다.

그런데 구여권 추천 이사들의 사퇴로 공영방송 이사회의 이사 구성 비율이 달라지자 자유한국당은 구여권 이사 후임 추천권이 자신들에게 있다는 억지주장을 폈다. 그러나 방송문화진흥회법 제6조 1항은 '보궐임원의 임기는 전임자 임기의 남은 기간'이라고만 규정하고 있을 뿐 추천권이 누구에게 있는지를 명시하지 않고 있다. 또한, 같은 법 제6조 4항에는 "이사는 방송통신위원회가 임명한다"는 방문진 이사의 임명권이 적시되어 있다. 이렇게 볼 때 자유한국당의 '추천권 운운' 주장은 근거 없는 억지에 불과하다.

　이에 대해 전국언론노동조합은 10월 20일 성명을 내고 '방송문화진
흥회의 이사는 방송통신위원회가 임명'하고, 'KBS 이사는 방송법에
따라 방송통신위원회에서 추천하고 대통령이 임명하면 된다'며 정치
권이 '공영방송 이사 추천을 두고 다투는 것은 구태일 뿐'이라고 비판
했다.

200만 원에 KBS 뉴스를 판 고대영

2017년 10월 23일, 국정원 개혁발전위원회는 보도자료를 내고 '2009
년 5월 당시 국가정보원이 고대영 KBS 사장(당시 보도국장)을 상대로
'국정원 수사 개입 의혹'을 보도하지 말아 달라고 청탁하며 현금 200
만 원을 전달했다'고 밝혔다. 국정원 개혁발전위원회는 '보도국장이
현금을 수수하고 불보도 행위를 한 것은 뇌물죄 해당 여지가 있어 검
찰에 수사 의뢰가 필요하다고 권고했다'고 덧붙였다. 공영방송 보도
국장이 단돈 200만 원에 공영방송 저널리즘의 가치를 팔아넘긴 셈이
다. KBS는 "당시 고대영 보도국장이 국정원 관계자로부터 기사 누락
을 대가로 돈을 받았다는 주장은 사실이 아니다"라고 반박했다. 하지
만 전국언론노조 KBS본부는 "2009년 5월 7일 정치외교부 기자가 국
정원 수사개입 의혹 관련 기사를 작성했지만, 담당 부서장이 승인하
지 않아 보도가 이뤄지지 않았다"며 "이런 정황으로 미뤄 국정원 개
혁위가 발표한 내용은 신뢰할 만하다"고 밝혔다.

　문제의 '국정원 수사 개입 의혹' 보도는 2009년 당시 '노무현 전 대
통령 수사' 국면에서 매우 중요한 폭로성 기사였다. 전직 대통령에 대
한 수사에 국정원이 개입했다는 의혹을 다루었기 때문이다. MBC 〈뉴

스데스크〉는 해당 의혹을 비중 있게 보도했지만 KBS는 철저히 무시하고 단신조차도 보도하지 않았다. 이는 KBS 내부 심의에서도 문제로 지적받았다고 알려졌다. KBS 심의실은 해당 기사를 다룬 MBC의 보도가 다각적이었다고 호평하며 KBS에는 해당 보도가 없었던 점을 우회적으로 비판했다.

2017년 9월 1일에는 부당노동행위 혐의에 따른 고용노동부의 소환 요구에 수차례 불응한 김장겸 MBC 사장에게 체포영장이 발부되었다. 같은 날 서울 여의도 63빌딩에서 열린 방송의 날 기념식에 참석했던 김장겸 사장은 체포영장 발부 소식을 듣고 화물용 엘리베이터를 통해 몸을 피했다. 박근혜 정부 시절 공영방송 사장들의 품격이 이 정도 수준이었다.

2017년 10월 25일 현재 전국언론노조 KBS본부와 MBC본부의 총파업은 52일을 기록했다. 그러나 이날까지 KBS·MBC 구성원들과 시민사회단체들로부터 '공영방송 적폐이사'로 지목받은 이인호 KBS 이사장, 강규형·조우석·차기환 KBS 이사와 방송문화진흥회 고영주 이사장과 김광동·이인철·권혁철 이사 등은 버티기로 일관하고 있다. KBS 고대영 사장과 MBC 김장겸 사장도 여전히 사장직을 유지하고 있다.

[엮은이 주]
방송문화진흥회의 구여권 추천 이사 사퇴 후 방송문화진흥회 이사회는 2017년 11월 2일 고영주 이사장의 해임 건의안을 통과시켰다. 이후 11월 13일 김장겸 사장을 해임했다. 한편, KBS 고대영 사장은 방송법 개정과 본인의 거취를 연관시키며 사퇴를 거부했다. 2017년 11월 16일, 전국언론노조 KBS본부의 총파업은 74일째를 맞았다.

3부
'보도지침' 사건 재판 기록

공소장

검 　 사: 안왕선

피 고 인: 김태홍(金泰弘)

　　　　신홍범(愼洪範)

　　　　김주언(金周彦)

죄 　 명: 가. 국가보안법 위반

　　　　나. 외교상 기밀누설

　　　　다. 국가모독

　　　　라. 집회 및 시위에 대한 법률 위반

공소사실

피고인 김태홍은 1966. 2.경 서울대학교 문리대 사학과를 졸업한 후, 군산 멤볼딘 여자고등학교와 광주 살레시오고등학교 교사를 역임하고, 1970. 12.경부터는 한국일보 외신부 기자로, 1975. 7. 16.경부터는 합동통신 기자로, 1980. 4. 1.부터 동년 5. 17.까지 한국기자협회장으로 각 종사한 후, 1984. 3. 24.경 80년 해직언론인협의회 회장으로 선임되어 활동 중, 동년 12. 19.경 소위 '민주언론운동협의회'(이하 '민언협'이라 한다) 공동대표로, 1985. 12. 19.경부터는 '민언협' 공동대표와 사무국장을 겸임하면서 동 협의회 기관지인 『말』의 제작, 배포 등의 업무를 관장하여 오던 자로서, 1981. 6. 9.경 서울고등법원에서 반공법 위반 및 포고령 위반으로 징역 1년 6월을 선고받고 광주교도소에

서 복역 중 동년 12. 25.경 형집행정지로 출소하였고, 1986. 4. 26.경까
지 간에 위『말』지 편집과 관련하여 3회에 걸쳐 구류처분을 받은 사실
이 있고,

피고인 신홍범은 1964. 2.경 서울대학교 문리과대학 외교학과를 졸
업하고, 1965. 12.경부터 조선일보 문화부 기자로, 1969. 5.경부터 동
양통신사 외신부 기자로, 1970. 9.경부터 조선일보 외신부 기자로 각
종사한 후, 1975. 3.경 조선일보사를 퇴사한 후, 동년 4월경 결성된 소
위 '조선자유언론수호투쟁위원회' 회원으로 가입하였고, 1988. 3.경
두레출판사를 설립, 출판 업무에 종사하고, 1984. 12. 12.경 '민언협'
결성과 동시 실행위원에 선임되어 동 협회지『말』지의 제작에 관여하
여 오고 있고, 1970. 11. 4.경 서울형사지방법원에서 국가보안법 위반
으로 선고유예를, 1985. 10. 15.경 같은 법원에서 경범죄처벌법 위반
(『말』 2호 편집 관련)으로 구류 7일을 각 선고받은 사실이 있는 자이고,

피고인 김주언은 1970. 8.경 서울대학교 자연대학 화학과를 졸업한
후 동년 12월경 도서출판 동평사 사원으로 종사하다가 1980. 4.경 한
국일보사에 입사하여 일간스포츠 체육부, 편집국 문화부, 특집부를
거쳐 1985. 11.경부터 편집국 편집부 기자로 종사하여 오던 자로서,
1974. 4. 3.경 서울지방검찰청에서 대통령 긴급조치 1, 4호 위반(민청학
련 사건 관련 유인물 살포)으로 기소유예 처분을 받았고, 1979. 11. 26.경
서울형사지방법원에서 포고령 위반(YWCA 위장결혼식 참석 혐의)으로 구
류 10일을 각 선고받은 사실이 있는 자인바,

1. 피고인 김태홍, 동 신홍범 등은 이른바 해직 기자들로 정부에 대
하여 강한 비판적 견해를 갖고서, 현재의 언론을 '제도언론'이라 규정
짓고, 제도언론에서 수렴할 수 없는 것들을 해직 언론인들이 주체가

되어 '새 언론 창달'이란 목표 아래 '민언협'의 기관지『말』에 게재·보도함으로써, 이 나라 국민들의 알 권리를 충족시켜 주겠다는 취지하에 '민언협'에 가입, 활동하여 왔고, 동 김주언은 위 '민언협' 요원들과 긴밀한 접촉을 하면서 동인들의 활동에 공감을 표명하여 오던 중,

피고인 김주언은 1986. 3. 말 일자 미상 23:00경 서울 종로구 중학동 14 소재 한국일보사 편집국 편집부 사무실에서, 야근 근무 중, 문공부 홍보정책실로부터 동 신문사에 보도협조사항이 전달되자 그 같은 언론 협조사항은 문화공보부 홍보정책실이 통상 국가적 기밀사항에 해당되는 내용이라고 판단하여 언론보도에 신중을 기해 줄 것을 언론사에 협조요청할 경우 그 요청을 받은 언론사는 독자적으로 판단하여 사실보도에 참고해 오는 것이 국내외 언론계의 관행으로 되어 있음에도 피고인은 이를 마치 정부가 언론을 통제하기 위하여 시달하는 소위 '홍보지침'이라고 오해하고, 동년 5월 초순경 종로구 중학동 소재 '한마당' 레스토랑에서 피고인의 친구인 공동체출판사 대표인 공소외 김도연(민통련 홍보기획실장—수배 중)을 만나 동인에게 위 사실을 알려준바, 동인으로부터 동 협조사항을 빼내어 달라는 요구를 받고 승낙을 한 후, 동년 6월 하순경 한국일보 편집국 내에서 동 협조사항을 모아 관리하는 동 편집국 서무담당 김정일(여)로부터 "85. 10.~86. 6." 까지의 동 협조사항 150여 매가 철해져 책상 위에 꽂혀 있는 것을 빌려 7층 복사실에서 복사한 후, 그 무렵 위 한마당 레스토랑에서, 위 김도연이 보낸 '민언협' 실행위원이며 간사인 공소 외 이석원에게 교부하면서 동인으로부터 이를 '민언협' 기관지『말』지에 게재하겠다는 말을 듣고, 계속하여 1986. 8. 초순경 같은 방법으로 "86. 6. 중순~8. 초순"까지의 동 협조사항을 위 이석원에게 교부하고, 피고인 김태홍은 동년 7. 5. 11:00경 서울 마포구 공덕동 105의 94 소재 '민언협' 사

무실에서, 위 이석원으로부터 위 협조사항 자료 8개월분을 입수하였다는 보고를 받고, 동일 11:30경 위 '민언협' 비밀 편집실에서 동 협회 기관지 『말』지의 편집장인 공소 외 홍수원, 동 차장 박우정, 동 박성득, 위 이석원 등과 같이 모여, 동 협조사항 자료 150여 매를 분석 검토한 끝에 이를 『말』의 특집호로 발행하기로 결정하고, 그 실행방법으로 위 홍수원의 책임하에 『말』지 기자 최민희, 동 김태광, 동 정의길, 동 김기석, 동 권형철 등이 협조하기로 하는 편집진을 구성하여 그때부터 위 비밀 편집실에서 피고인의 감독하에 위 『말』특집호의 편집에 착수하고, 피고인 신홍범은 동년 8. 7. 16:30경 위 '민언협' 사무실에서 피고인 김태홍으로부터 위 협조사항의 입수 경위와 이를 자료로 『말』특집호의 발간 계획 등을 설명 듣고서 이에 적극 찬동을 하고, 피고인 김태홍은 동년 8. 10.경 위 이석원으로부터 '86년 6월 중순부터 8월 초'까지의 동 협조사항 2개월분을 추가 입수하여 편집을 하던 중, 동년 8. 15. 12:00경 서울 종로구 신문로 소재 한밭식당에서, 피고인 김태홍, 동 신홍범 등이 위 홍수원, 박우정, 이석원 등과 만나 『말』특집호에 대한 편집을 하는 등으로 피고인 등은 위 협조사항을 자료로하여 『말』특집호를 제작하기로 순차 공모한 다음,

1985. 8. 하순경 서울 중구 을지로 3가 소재 삼원인쇄소에서, 위와 같이 홍보지침을 기초로 하여 보도지침란과 해설란으로 구분하고, 책의 제목은 『말』특집호, 부제: 보도지침, '권력과 언론의 음모'—권력이 언론에 보내는 비밀 통신문—으로 정하는 등으로 편집을 완료하여 제작 의뢰를 하였는바, 그 주요 내용으로는,

*외교 군사상의 기밀에 관한 사항
—F-16기 1차분 7일(워싱턴 시간) 인수식, 국방부 발표 시까지 보도하

지 말 것(86. 3. 5.). p.33

—미 국방성 "핵 적재 전투기 각국 배치"에서 한국은 빼고 보도할 것
(86. 7. 10.). p.55

—일본《산케이신문》이 보도한, "한·베트남 무역 거래 활발"은 보도
불가(86. 7. 30.). p.60

(예) 선경, 베트남에 합판공장 설립. 한국은 석탄 수입 등.

—한·중공 합작회사 설립은 기사화하지 말 것(85. 6. 30.). p.10

—중공 어선 망명 당국 발표 때까지 보도금지(86. 6. 17.). p.51

*국가안보에 관한 사항

—F-15기 구매와 관련, 뇌물공여 조사 청문차 내한하는 미 하원 소속
전문위원 3명 관련 기사 보도 억제(85. 11. 20.). p.15

—미국 FBI 국장 방한(1. 12~16.) 사실 일체 보도 억제(86. 1. 11.). p.22

*남북대화 관련 사항

—"북한 국회회담(11월초) 제의" 당국 발표 시까지 보도통제(85. 10.
20.). p.6

—안기부 연락: 북한의 85. 11. 1. 국회회담 제의에 우리 측 12. 8. 이
후 수정 제의에 즈음하여 내외통신에 "북괴의 최고인민회의(소위 국
회)는 허구"라는 해설기사를 실었으니 인용 보도(85. 10. 30.). p.10

*북괴 등 대공산권 관련 사항

—북괴 선전매체들의 보도내용은 내외통신 보도만 싣고 외신을 간접
적으로 인용하지 않는다(86. 3. 21.). p.38

—《산케이신문》보도(30일 자 조간), "남북정상회담 아시안 게임 전 평

양서 열릴 듯"은 전재하지 말 것(86. 5. 30.), p.49

등으로 되어 있어, 대한민국이 외국과의 관계에 있어서 한국의 이익
과 국제 간의 신용을 위하여 보지(保持)하여야 할 사항과, 대북한 간의
관계에 있어서 국가안전 보장상 중대한 결과를 초래할 우려가 있는
사항이 포함된 것을 3회에 걸쳐 22,000여 부 제작하여 그 무렵 명동성
당에 3,000부, 민주통일민중운동연합에 100부, 민주화운동청년연합
에 50부, 민중불교운동연합에 50부, 기독교회관에 100부, 자유실천문
인협의회에 50부, 민중문화운동협의회에 100부, 한국출판문화운동협
의회에 30부, 여성평우회에 30부, 그리고 이돈명 변호사 등 재야인사
들에게 배포하는 등으로 전량 배포함으로써 외교상의 기밀을 누설하
고,

2. 피고인 김태홍, 동 신홍범 등은 공모하여 1986. 9. 1. 10:00경 서울
중구 명동 2가 1번지 소재 명동성당 내 천주교 서울대교구 홍보국장
실(함세웅 신부 방)에서 공소 외 김승훈, 정호경, 신현봉 신부 등과 만나
『말』특집호 제작과 관련, 자료의 출처 및 인쇄업소를 천주교 측의 비
호하에 보호한다는 취지의 대책을 협의하면서
　피고인 김태홍은 "'민언협'에서 편집 중인 『말』특집호의 자료인 소
위 '보도지침'은 모 신문사 기자로부터 입수하였는데 '민언협'은 힘
이 약하고 외로운 단체이므로 사제단과 공동으로 발행하여 출처를 보
호하도록 도와 달라"고 제안하고,
　이에 대하여 김승훈은 "동 특집호 자료 출처 및 인쇄소에 대한 보호
대책으로 사제단이 특집호 제작에 깊이 관여한 것으로 위장하기 위하
여 동 책자 표지에 그 내용을 싣도록 하자, '민언협'과 사제단이 동 특

집호를 제작한 것으로 널리 알리고 소위 '보도지침'의 실체를 폭로하기 위하여 내외신 기자회견을 통하여 발표하자"라고 그 방법을 제시하고

피고인 김태홍은 "기자회견 시 발표할 성명서는 '민언협'에서 사제단과 공동명의로 작성하여 드리겠으니 보신 후 첨, 삭 부분이 있으면 수정토록 하자"라고 제의하자 피고인 신홍범 등 참석자 전원이 이에 동의하고, 그 구체적 계획을 협의한 결과

*일시, 장소: 9. 9. 10:00, 명동성당 소강당(사도회관)

*참석범위는 '민언협'에서 송건호, 김인한, 최장학 사제단에서 김승훈, 김택암, 함세웅, 정호경 등으로

*기자연락은 명동성당 청년연합에서 전담

*성명서 낭독 및 『말』 특집호 인쇄물의 배포는 '민언협'에서 분담하기로 구체적 사항을 결의하는 등으로 내·외신 기자회견을 통해 정부를 비난하기로 결의를 한 다음,

피고인 신홍범은 동월 6일 10:00~18:00시에 서울 강남구 서초동 112 한일아파트 나동 405호 소재 피고인 집에서

─오늘의 언론을 마음대로 조작하고 있는 정부당국의 이른바 '보도지침'의 세부내용이 밝혀짐으로써 현 언론의 정체가 남김없이 드러나게 되었다.

─이 '보도지침' 자료집은 문화공보부 홍보정책실이 매일같이 각 신문사에 내려보내는 보도통제 지시를 모은 것으로 오늘의 제도언론의 정체와 본질을 드러내는 데 있어서, 그리고 권력과 언론의 관계를 밝히는 데 있어서 움직일 수 없는 결정적 증거가 되는 것이다.

─사실과 진실의 은폐, 왜곡이라는 정치 기능을 담당하는 권력의 일부로 완벽하게 제도언론을 구현하고 있는 나라가 우리 말고 또 어

디 있을까?

一이제 이 땅에는 언론탄압이 아니라 언론과 권력의 일체화가 있을 뿐이다.

一언론통제본부라 할 수 있는 문공부 홍보정책실은 모든 중요 사건에 대해 보도 가, 불가, 절대불가의 판정을 내리고 보도방향, 내용, 기사의 크기, 위치 등에 이르기까지 세밀히 지시를 내리고 있음이 거듭 확인되었다.

一'보도지침'은 어떤 기사를 어떤 내용으로 어느 면 어느 위치에 몇 단으로 싣고 제목도 어떤 표현을 사용해야 하며, 사진을 사용해서는 안 되고 또는 사용해야 하고, 당국의 분석 자료를 어떻게 처리하라는 등 세부 사항까지 구체적으로 지시하고 있다.

라는 등의 요지로 된 '민언협', '천주교정의구현전국사제단' 공동 명의의 성명서 초안을 200자 원고지 약 15매에 작성하여, 동월 7일 10:00경 위 '민언협' 사무실에서 피고인 김태홍에 교부하고, 동 김태홍은 동 원고를 위 김승훈에게 제작 의뢰를 한 후, 동월 8일 12:00~14:00 사이 위 송건호, 최장학, 김인한 등을 동인의 집으로 방문하여 위 기자회견 계획을 알리는 등으로 기자회견 계획을 마친 다음

동년 9. 9. 10:00~10:30 사이 위 명동성당 소강당(사도회관)에서 위 송건호, 최장학, 김인한, 김승훈, 정호경, 김택암 등이 동아일보 사회부 윤승용 기자 등 국내 기자 10명, AFP 통신 임희순 등 외신 기자 4명 등을 상대로 동소에 참석한 위 최장학, 김인한, 김승훈, 함세웅, 정호경, 김택암 등을 대표한 송건호로 하여금 "'보도지침' 자료 공개 기자회견을 하면서" 제하의 유인물을 낭독하게 함으로써, 헌법에 의하여 설치된 국가기관을 비방하고,

3. 피고인 김태홍은 1986. 5. 22. 19:00~5. 29. 19:00경까지 7일간 '민언협' 사무실에서, 동월 중순경 위 '민언협' 사무실에서, 자유실천문인협의회(이하 '자실'이라 한다) 사무국장 김정환, 민중문화운동협의회(이하 '민문협'이라 한다) 사무국장 황선진, '민언협' 사무국장 피고인 김태홍 등 문화 3단체 사무국장 모임에서 광주민중항쟁 3주년 기념행사를 동 문화 3단체가 공동으로 주최하기로 한 결정에 따라 공소 외 송건호('민언협' 의장), 동 김인한, 동 최장학(각 '민언협' 공동대표), 동 홍수원, 동 이원섭, 동 윤활식, 동 최민희 등 '민언협' 임·회원과 황선진, 정희석 등 '민문협' 임·회원 6명, 김정환, 강태행 등 '자실' 임·회원 13명 등 약 34명과 함께 모여, "문익환 의장을 즉각 석방하라"는 내용의 플래카드를 제작, 사무실 외벽에 설치하고,

위 김정환의 사회로 "광주민중항쟁 정신을 계승, 민주화운동에 배전의 노력을 하자"는 요지의 인사를 하고,

피고인 김태홍은 "5월항쟁 계승하여 저들의 탄압에 맞서 싸우자" 제하로 작성한 유인물을 통해 "민통련의 지도자 문 의장을 저들 3반(三反) 정권이 체포한 것은 우리들 민중, 민주운동 단체 전체 아니 전체 민중을 또다시 압살하겠다는 의도와 다름 아니다", "5월 항쟁의 실천적 의미 또한 반제, 반파쇼 민중주체사회의 건설과 민주, 자주, 통일에 있다", "민주화운동을 탄압하는 현 폭력살인정권은 물러가라"는 요지의 성명서를 낭독하고,

초청 연사인 천주교사회운동협의회(이하 '천사협') 사무국장 이명준은 "필리핀 마르코스 정권 붕괴 후 아키노 정부와 군부의 관계 및 정세 전망" 제하 강연을 통하여, "현 아키노 정부는 대중적 지지 기반은 넓으나 그 힘이 조직되어 있지 않아 언제라도 군부의 집권 가능성을 배제할 수 없는 실정이다"는 요지의 필리핀 방문담을 말하고, '민

문협'에서 준비한 비디오를 통하여 광주사태와 관련한 필름을 상영하고,

"노동자, 학생에 대한 고문수사를 중지하고 이들을 석방하라", "민족 자주 짓밟는 외세를 몰아내자", "민주화운동을 탄압하는 현 폭력 살인정권은 물러가라"는 등의 구호와 투사의 노래, 해방가, 5월의 노래를 수시로 합창하는 등으로 현저히 사회적 불안을 야기시킬 우려가 있는 불법 집회를 주관하고,

4. 북한공산집단은 정부를 참칭하고 국가를 변란할 목적으로 불법 조직된 반국가단체로서, 마르크스와 레닌의 사상 및 전략, 전술을 근간으로 하여 소위 인민민주주의 혁명 전략과 통일전선전술을 구사하면서 대남 적화통일을 기본 목표로 삼고 있음을 잘 알면서도,

가. 피고인 신홍범은 1984. 12. 일자미상경 서울 영등포구 여의도 소재 국회도서관 내에서 『혁명 영화의 창조』(산지네스 저, 일어판) 1권을 대여받아, 동 도서관 복사실에서 3,000원을 지불하고 복사하였는바, 그 내용이 볼리비아의 반미, 프롤레타리아적 영화 제작 집단인 '우카마우단'이 편집한 이론으로, "제국주의는 선수를 쳐서 토착민을 용병으로 쓰기 위해 무대에 올려 놓고 공연활동을 시키고 있다." "인민의 혁명투쟁을 이끌어 내는 매개자로서의 혁명 영화는 노동자, 농민, 지식인들로 하여금 많은 사고방식을 배우고 그 행동에서 배우는 것이 필요하다는 점을 강조하고 있다."라는 내용으로 부르주아 영화를 반대하고, 민중혁명에 도움이 되는 영화를 제작하는 데 있어서 필요한 착안점을 중심으로 논한 것으로, 반미적이고, 프롤레타리아혁명 지향적인 혁명 매개체로서의 영화를 제작하는 데 필요한 지침서로서, 노

동자들이 중심이 된 혁명을 하여야 한다는 것으로 북괴의 대남 적화 혁명 노선과 궤를 같이하는 불온한 책자를 그때부터 1986. 12.경까지 위 피고인의 주거지에 보관하여 반국가단체를 이롭게 할 목적으로 표현물을 소지하고

나. 피고인 김주언은

(1) 1974. 10. 일자미상경 서울 종로구 종로 1가 소재 컨콜디아 센터에서 신좌파 사상 이념도서인 『현대 사실주의(Realism in our time)』(게오르크 루카치 저,영문판) 1권을 매입하였는바, 그 내용이 "자본주의 사회를 타도하려는 공산주의자에게 있어서 사회혁명의 기본 조건으로 되어 있는 계급투쟁을 선동하기 위해서는 계급의식의 고취가 필수불가결하므로 문학은 이러한 계급의식을 포지하게 만드는 방법으로 활용되어야 한다"라고 되어 있어, 북괴의 공산혁명 노선과 궤를 같이하는 불온한 책자를 그때부터 1986. 12.경까지 서울 성동구 행당 2동 336-10 소재 피고인 집에 보관하고

(2) 1977. 3. 중순 일자미상경 서울 종로구 신문로(광화문) 소재 지흥문화사에서 『역사와 계급의식(History and Class Consciousness)』(게오르크 루카치 저, 영문판), 『사회학과 발전(Sociology and Development)』(임마누엘 데캇트 저, 영문판) 등 2권을 구입하였는바, 그 내용이 『역사와 계급의식』은 공산주의 이론가인 마르크스, 엥겔스, 레닌 등의 유물변증법, 변증법적 유물론, 유물사관을 기초로 작성된 논문집으로서, "프롤레타리아 계급이 계급의식을 포지하게 될 때 비로소 계급혁명이 가능하며, 프롤레타리아 계급으로 하여금 계급의식을 포지하게 만들고 계급혁명의 행동화를 하게 만드는 것이 바로 공산당 임무다"라고 교시한 마르크스의 혁명운동의 기본 원칙 등 공산주의 이념서이고, 『사회학과

발전』은 영국의 사회학협회 회원인 마르크스주의 이론가 15명의 논문집으로 레닌, 모택동 등 네오 마르크스주의자들의 사회발전론, 계급론, 종속이론, 자본주의적 제국의 종식 등의 이론을 전개한 공산주의 운동 이념도서로서, 각 그 내용이 북괴의 공산주의 혁명 노선과 궤를 같이하는 불온한 책자를 그때부터 1986. 12.경까지 위 피고인의 주거지에 보관하여 반국가단체를 이롭게 할 목적으로 표현물을 각 소지한 것이다.

모두(冒頭)진술

1987년 4월 1일 제1차 공판에서

현 정권은 군부독재 소수인을 위한 정권이다 — 김태홍

민주언론운동협의회에서 '보도지침'을 폭로한 것은 당연하고 정당한
일이었다. 내가 기자회견 직후 피신한 것은 '보도지침' 폭로가 국가권
력에 의해 상당한 탄압을 겪으리라고 예상했기 때문이었다. 나의 도
피는 어쩌면 국가기구가 거대한 폭력조직임을 반증하는 것인지도 모
른다.

  오늘날 우리 사회에서 남영동, 서빙고, 장안평, 남산, 송파라고 불리
는 지명들은 군사독재 권력기구가 이 시대의 가장 양심적이고 자기희
생적인 민주인사·학생·노동자들을 밀폐된 방에 가두고 모든 악행을
자행하는 소름끼치는 추상명사로 변해 있다.

  '보도지침'을 폭로한 사실에 대해 그것을 '사건'이라 칭하고 또 그
것을 이유로 법정에 서 있다는 사실에 아연할 따름이다.

  공소장 3페이지에 보면 "국가적 기밀사항에 해당하는 것"이라는 표
현이 나오고 '언론에 협조요청'이라는 말이 나온다.

  나는 여기서 말하는 국가를 인정할 수가 없다. 80년 당시 국민의 지
지 기반 없이 들어선 현 정권은 군부독재의 소수인을 위한 정권이지

국민의 이익을 위한 정권이 아닐 뿐 아니라 국민의 이익에 반(反)하는 정권이다.

이승만 정권, 박정희 정권, 현 정권 등 독재정권의 권력기구가 일반 시민에게 요구하는 '협조'라는 말은 바로 국민의 목을 조르는 것을 의미한다. 국민의 한 사람의 목을 새끼줄로 묶고서 그 한 끝을 기관원이 잡고 다른 한 끝을 묶여 있는 사람이 스스로 잡아당기는 데 '협조'하라는 뜻이다.

정부기관이 언론기관에 대해 이 같은 '협조'를 요청한다는 것은 말도 안 되는 소리다.

프랑스 르 몽드지에 관해 살펴보자.

대통령이 있는 엘리제궁 소속 경찰 두 사람이 르 몽드지가 제작되어 나오기를 신문사 정문에서 기다리다가 신문이 나오면 이것을 받아들고 오토바이를 타고 궁으로 돌아가서 대통령에게 전달한다는 것이다.

언론기관에 '협조'를 요청한다거나 압력을 가한다는 것은 상상도 할 수 없는 것이다. 내가 재직할 당시(나는 70년도에 신문기자가 되어 80년 기자협회 회장을 하다가 해직되었다) 정권의 언론사에 대한 통제의 실상을 수없이 목격해 왔다. 때로는 전화를 통해 '협조'를 요구하기도 했는데 이는 문명사회에서 상상도 할 수 없는 일이며 자유민주주의 사회에서는 도저히 용납될 수 없는 일이다.

10년 이상 악폐로 내려온 이러한 악습을 없애고 민주언론을 실현하는 것은 양심적 언론인들의 숙원이었다.

우리가 이것을 알 수 있게 된 것은 86년, 가장 양심적이며 훌륭한 현직 언론인을 만날 수 있었기 때문이다.

우리는 민주언론운동협의회에서 '보도지침'을 폭로하게 된 것에 대해 만세를 부르고 싶은 심정이다.

한 가지 아쉬운 것은 우리가 숨어서 인쇄하고 제작하는 어려움 속에서 '보도지침'을 만들어야 했기 때문에 22만 부를 찍지 못하고 2만 2천 부밖에 배포하지 못한 게 한이다.……(이하 생략)

재판을 받아야 할 것은 이 땅의 언론 현실이다 — 신홍범

앞서 우리 민주언론운동협의회의 김태홍 사무국장이 좋은 말씀을 해 주셨는데, 김 국장의 이런 발언에 대해 전폭적인 지지를 표하면서 이에 덧붙여 이 사건의 기본적인 성격에 대해 본인의 견해를 진술하고자 한다.

우선 이 재판은 기본적으로 이 땅의 언론 현실에 대한 재판이며, 따라서 앞으로 한국의 언론과 민주주의의 장래에 커다란 영향을 미칠 중대한 의미를 갖는 재판이라고 본인은 생각한다. 이 재판이 갖는 이 같은 의미를 고려할 때 본인은 이 재판이 처음부터 끝까지 민주주의와 정의의 정신에 따라 공정하게 진행되어야 한다고 강조하고 싶다.

우리를 오늘 이 자리에 서게 만든 이른바 '보도지침'은 세계적으로 유례를 보기 힘든 언론탄압의 본보기이다. 우리가 폭로한 '보도지침'은 권력이 어떻게 언론을 통제하고 있는가를 구체적으로 보여 주는 결정적인 증거를 제공해 주는 것이다.

권력의 언론통제본부인 문화공보부 홍보정책실은 거의 매일같이 국내외의 주요 사건에 대해 자의적으로 보도 '절대불가(不可)' '불가' '가(可)'의 판정을 내리면서 보도기관에 대해 '보도지침'을 시달하고 있다. 이 자리에는 '보도지침'을 읽어 보신 분들이 적지 않으리라고 생각하는데, 예컨대 "농촌이 파멸 직전"이라는 기사는 보도 절대불가라고 지시하고 있다. '개헌특위' 기사는 '개헌'이라는 말을 빼고 '특위'라고만 보도할 것, 필리핀 민주화운동에 관한 기사는 작게 보도하고 미국 쪽 시각에서는 보도하지 말 것, 전기·통신·우편요금 인상을 보도할 때는 제목에 몇 % 올랐다고 하지 말고 예컨대 10원에서 20원으로 올랐다고 보도할 것, 부천서 성고문 사건은 '성고문'이란 말을 빼고 '부천서 사건'으로 쓸 것 등 국내외 주요 사건에 대해 아주 상세하게 보도통제를 하고 있는 것이다. 어떤 사건은 어떠어떠한 방향으로 어떤 내용으로 보도하라, 또는 보도하지 말라, 1면 톱으로 보도하라, 1단으로 작게 보도하라, 제목은 어떻게 뽑아라, 해설기사를 실어라, 또는 실어서는 안 된다, 박스기사를 다루라, 다루지 말라, 사진을 써서는 안 된다, 또는 써야 한다는 등 기사의 방향, 내용, 위치, 크기에 이르기까지 일일이 지시하고 있는 것이 바로 '보도지침'이다.

언론이란 인간이 사회적으로 나누는 말이다. 사회의 집단적 사고는 언론의 매개 없이는 이루어질 수 없다. 사회적 현실과 민중의 의사는 언론 없이는 표현될 수 없다. 신체의 자유를 비롯한 인간의 기본적 권리와 자유 또한 언론의 자유 없이는 확보될 수 없다. 얼마 전 박종철 군이 경찰 조사 과정에서 고문을 당하고 사망했는데, 이 같은 사건마저도 언론이 제대로 보도하지 않는다면 소수의 사람 외에 대다수 국민에게는 알려지지 않는 사건이 되어 버리고 말며, 따라서 결국은 없었던 사건이 되어 버리고 말 것이다. 그렇기 때문에 우리는 언론의 자유를 가리켜 인간의 기본적인 자유와 권리를 획득하는 데 열쇠가 되는 자유라고 부르는 것이다.

언론의 자유는 또한 사회적 이성(理性)이다. 언론자유가 없다면 무엇이 선(善)이고 무엇이 악(惡)인지, 무엇이 정의이고 불의인지, 무엇이 민주적인 것이며 무엇이 반민주적인 것인지 가치판단의 기준이 없어져 버리게 되어 사회는 암흑 속에 떨어져 버리게 될 것이다. 그리하여 결국엔 우리 모두가 공동의 파멸에 이르게 될 것이다.

한 나라의 민주주의가 어떤 상태에 있는가를 보려면 그 나라의 언론을 보라는 말이 있다. 이는 언론이 그 나라의 민주주의의 척도가 된다는 말이다. 그러므로 언론의 자유를 탄압하면서 민주주의를 말하는 것이야말로 가장 명백한 거짓말이다.

이같이 언론이 지니고 있는 막중한 역할과 기능으로 볼 때 일시적이고도 잠정적일 뿐인 권력의 이해관계에 의해 언론이 좌지우지되어서 안 된다는 것은 너무나도 자명한 것이다.

인간의 고귀한 사회적 공동선(共同善)이며 공통의 언어인 언론이 권력의 도구로 전락되어 있는 것이 오늘의 언론 현실이다. 우리의 언론 현실을 그 구체적 증거를 가지고 고발한 것이 바로 이 '보도지침' 사건이다. 오늘의 언론 현실을 고발하여 이를 바로잡자는 동기 외에 우리들의 행동에는 어떤 동기도 없었고 있을 수도 없다. 우리를 기소한 국가모독이니 외교상 기밀누설이니 하는 것들은 당국에 의해 '만들어진 동기'일 뿐이다. 그런 점에서 우리들을 이 법정에 세운 것은 '보도지침'을 폭로한 데 대한 정치적 보복이라고 생각한다. 앞으로 10년 후면 서재필 선생이 《독립신문》을 창간한 지 100년이 된다. 서재필 선생은 1986년《독립신문》의 한 사설에서 언론이란 자기 집안일들을 소상히 알리듯 나라와 세계의 일들을 공평무사하게 있는 그대로 알리지 않으면 안 된다고 말했다. 그리고 비겁하고 비루하며 노예와 같은 언론이나 신문기자는 차라리 없느니만 못하다고도 말했다. 그로부터 1백년이라는 세월이 흘렀는데도 우리의 언론 현실은 우리가 이 법정에서 재판을 받고 있는 것이 보여 주듯이 참담한 상태에 놓여 있다. 우리의 이 재판은 이 땅의 언론이 연속적인 탄압을 받고 있음을 보여 주는 것이다. 권력이 '보도지침'을 통해 언론을 탄압하는가 하면 언론을 탄압하고 있는 그 사실을 폭로했다 하여 우리를 구속하여 이 법정에 세워 놓고 있는 것이다.

지금 본인이 이 자리에 서 있지만 이 법정에는 우리가 고발한 이 땅의 언론 현실이 서 있는 것이다. 그러므로 이 재판은 앞으로의 한국 언론과 민주화의 장래에 있어서 커다란 중요성을 갖는 재판이라고 생각한다. 이 같은 중요성에 비추어 본인은 이 법정이 심리로부터 판결에 이르기까지 자유와 정의와 민주주의의 정신에 의해 시종일관 지배되기를 희망한다.

이 재판은 정치적 보복이다—김주언

나는 앞서 말한 두 선배님의 언론자유에 관한 고견에 절대적으로 공감한다. 오늘날의 언론이 '사회의 정화'라는 제 기능을 다하지 못하고 권력과 유착되어 그 의무를 망각하고 있다는 사실이 현직 기자로서 뼈아프게 느끼질 따름이다. '보도지침' 또는 '홍보지침'이란 바로 권력과 언론이 유착돼 있다는 사실을 웅변으로 증명해 주고 있는 것이다. 권력 내부의 부패와 치부를 은폐하기 위해서, 또는 현 정권의 반대 세력에 대한 탄압을 정당화시키고 민주세력의 대항을 오도하기 위한 대중조작으로서의 치졸함을 '보도지침'은 그대로 보여 주고 있기 때문이다.

이러한 '보도지침'은 과연 누구를 위한 것인가. 현 정부 측의 견해대로 국가의 이익을 위한 것인가, 아니면 정권, 또는 특정 집단의 이익을 위한 것인가. '보도지침'이 국가의 이익을 위한 것인지, 현 정권의 이익을 위한 것인지는 재판이 진행되면서 판가름 날 것이라고 생각한다.

재판에 들어가기에 앞서 본 사건에 적용된 '외교상의 기밀누설'이란 죄목은 적용될 수 없다는 사실을 지적하고 싶다. 왜냐하면 이미 외국 신문과 통신을 통해 보도되었던 내용 등을 외교상의 기밀이라는 억지 주장으로 견강부회했다는 생각이 들기 때문이다. 외국 신문이나 통신에 보도되었던 내용이 다만 국내 독자들에게만 알려지지 않았을 뿐, 이미 보도기관을 통해 공개된 사실을 어떻게 비밀이라고 할 수 있는가. 외국 신문이나 통신에 보도되었던 사실을 국내 독자에게 알린 것을 문제로 삼는다면 이 사건의 재판 자체는 무의미한 것이다.

더구나 '보도지침'을 한번 읽어본 사람이라면 누구나 알 수 있듯이 대부분이 반정부 활동 사실을 축소하거나 왜곡시키는 것일 뿐이고, 검찰에서 주장하는 대로 외교상 기밀이라고 갖다 붙일 수 있는 사실도 얼마 되지 않는다.

'보도지침'은 현 정권의 언론통제 사실에 대한 산 증거이다. 현행 헌법상에도 언론의 자유는 명시돼 있다. 어떤 법에도 언론을 통제할 수 있다는 근거는 없다. 따라서 언론통제 자체가 명백한 불법일 수밖에 없다. 그럼에도 불구하고 현 정권은 자신들이 만들어 놓은 헌법을 무시하면서까지도 언론통제를 자행하고 있다. 그러면서 언론통제 사실을 보도협조라는 명목으로 위장하고 있는 것이다.

현 정권의 불법적이고 초헌법적인 언론통제 사실에 대한 산 증거라고 할 수 있는 '보도지침'을 공개한 것에 대해 이처럼 구속하여 재판을 강행하는 처사는 단순한 정치적 보복이라고 생각할 수밖에 없다. 현 정권의 불법적이고 위헌적인 처사를 국민에게 알린 것이 어떻게 재판을 받아야 할 죄라고 할 수 있는가.

우리들이 '보도지침'을 공개한 것은 정당한 행위였음을 자부한다. 본인은 이 재판이 정치적 보복이 아닌, 공정하고 자유로운, 그래서 역사에 길이 남을 재판이 되기를 바라는 마음 간절하다.

변호인 측의 석명요구와 검찰 측 답변

'보도지침'은
'국내외의' 관행인가, '국내의' 관행인가?

제1차 공판에서 변호인단은 피고인들의 모두진술이 끝난 후 세밀하게 법조문 적용 문제, 특히 외교상 기밀누설과 국가모독이 어떻게 본 사건에 적용되었는가, 본 사건의 어떤 부분이 해당 법조항에 위배되었는가를 따졌다. 변호인들은 "공소사실에 관해 석명(釋明)"해 줄 것을 요구하면서 그것이 명확해져야만 변호인으로서 방어권을 제대로 행사할 수 있다고 역설했다.

이렇듯 집요한 질문에 검사가 격앙된 표정으로 석명을 피하려고 하자 재판장은 "변호인의 석명요구에는 상당 부분 이유가 있다"고 거듭 해명을 촉구, 방청객들의 박수를 받았다. 변호인단의 이 같은 집요한 석명요구는 단번에 법정 전체를 긴장 속에 몰아넣으면서 변호인단이 얼마나 열렬하고도 진지하게 재판에 임하고 있는가를 보여 주는 한편 이 재판이 앞으로 얼마나 열띤 공방 속에서 진행될 것인가를 예고해 주었다.

4월 15일 제2차 공판이 열렸다. 변호인단은 제1차 공판 때 요구한 석명사항에 대해 검찰 측의 답변을 요구했다. 검찰은 미리 서면으로 준비한 답변 요지를 재판장에게 제출했다.

석명요구 사항과 이에 대한 답변

가. 공소장 제3, 4쪽의 '보도지침'의 기본 성격에 관한 부분

(1) 문: 공소장 제3쪽 하단의 '보도협조사항' 또는 '언론협조사항'과
제4쪽 제2행의 '홍보지침' 사이에는 어떤 차이가 있는가?

답: 보도협조사항이나 언론협조사항은 당국이 국가안전보장 등 국
익적 차원에서 언론사에게 보도에 관한 이해와 협조를 구하는 것일
뿐, 기속력을 갖거나 강제성을 띤 것이 아님. 소위 '홍보지침' 또는 '보
도지침'이란 말은 피고인들이 제작한 『말』 특집호에서 위와 같은 보도
협조사항에 대해 마치 강제성을 띤 것 같은 인상을 주도록 사용된 표
현임.

(2) 문: '홍보지침'이 아니고 '보도협조사항'이라는 것은 지침성, 통제
성이 전혀 없다는 뜻인가?

답: 보도협조사항은 문자 그대로 이해와 협조를 구하는 것일 뿐 지
침성, 통제성, 기속력은 전혀 없는 것임.

(3) 문: 제3쪽 말미의 "……그 요청을 받은 언론사는 독자적으로 판단
하여……"라 함은 아무런 압력을 느낌이 없이 자주적으로 판단한다
는 뜻인가?

답: 편집, 보도는 언론사의 독자적인 권한에 속하고 있기 때문에 정
부의 협조를 받아들이는 여부는 언론사가 이해를 바탕으로 하여 자
주적으로 판단할 것이나 이를 판단할 때에 언론사는 국가적·사회적
으로 미칠 영향과 법 저촉 여부를 고려하여 결정하는 것으로 이해하
고 있음

(4), (5) 문: 문공부의 '언론협조사항'이 "국내외 언론계의 관행"이라 했
는데, 이는 외국에도 있는 관행이고, 일상화, 상례화, 제도화되어 있

는 일이며 정당한 일이란 뜻인가? "국내의 언론계의 관행"으로 써야 할 말이 "국내외 언론계의 관행"으로 잘못 타자된 것이 아닌가. 즉 '국내외'의 '외'자가 타자 중 오타(誤打)된 것이 아닌가?

그 같은 '관행'은 언제부터 형성되었으며, 언론인들 누구나가 그 같은 '관행'의 존재를 알게 된 것은 언제부터인가?

답: 정부가 국민의 이해와 협조를 구하기 위해 언론을 대상으로 배경 설명과 함께 보도상의 협조를 구하고, 언론이 이를 참고하여 보도하는 것은 세계적인 관행이며, 이는 엠바고(Embargo), 오프 더 레코드(Off the record) 등의 형식으로 실제 널리 활용되고 있음.

그러한 관행은 오래전부터 형성되었으며, 언론인들은 언론계에 종사하게 되면 알게 됨.

나. 공소장 제 6, 7쪽의 '보도지침'의 주요 내용을 적시한 대목에 관하여

(1) 문: '외교군사상의 기밀에 관한 사항' 등의 표제는 '보도지침' 중에 들어 있는 표현을 인용한 것인지 아니면 공소관청의 주관적 평가를 기재한 것인지?

답: 『말』특집호에 게재된 사항 중 문제된 부분을 그 내용의 성격에 따라 분류한 것임.

(2) 문: '국가안보에 관한 사항', '남북대화 관련 사항', '북괴 등 대공산권 관련 사항' 등으로 분류된 사항들은 전부, 자동적으로 '외교상 기밀'에 해당한다는 취지인가?

답: 검찰은 공소장에 적시된 사항들이 외교상의 기밀에 해당된다고 판단하여 기소한 것이고, 이에 대하여는 장차 재판부가 이 사건의 심리를 진행하면서 판단할 사항으로서, 석명의 대상이 될 수 없다고 봄.

(3), (4) 문: '외교군사상의 기밀에 관한 사항'으로 분류된 사항들 중 어

느 것이 '외교상의 기밀'이고 어느 것이 '군사상의 기밀'인가?

외교상의 '기밀'이라 함은 보도통제의 대상이 된 내용 사실이 기밀사항이라는 취지인가, 아니면 그러한 내용 사실에 대한 보도통제가 있었다는 사실이 기밀사항이라는 취지인가?

예컨대, "F-16기 1차분 7일 인수식" 그것이 외교상의 기밀인가, 아니면 그 인수식 사실에 대한 보도통제 사실이 외교상의 기밀인가?

답: 외교상의 기밀이란, 대한민국과 외국과의 관계에 있어서 보지하여야 할 외교상의 기밀을 말하며, 기밀이란 외국에게 알리지 아니하거나 확인되지 아니함을 대한민국의 외교상의 이익으로 하는 사항을 말하는 것이므로, 외교상의 기밀에는 국가 간의 조약뿐만 아니라, 외교관계에 영향을 미칠 군사상의 기밀 사항도 포함되는 것임.

본 건은 군사상의 기밀사항이면서 동시에 외교상의 기밀에도 해당되는 사실을 기소한 것이며 외교상의 '기밀'은 본 건 공소장에 '기밀'로 기재된 사항 등을 의미하는 것임.

(5) 문: 제7쪽 하단에 기재된 "한국의 이익과 국제 간의 신용을 위하여 보지하여야 할 사항", 또는 "대북한 간의 관계에 있어서 국가안전보장상 중대한 결과를 초래할 우려가 있는 사항"이라 함은 구체적으로 무엇을 지칭하는가?

답: 공소사실 중 "한국과 중공과의 합작회사 설립" 사실 및 "F-16기 인수" 사실 등이 북한에 알려지면 국익에 해가 되고 외교 및 국가안전보장상 중대한 결과를 초래할 위험이 있다는 것임.

『말』특집호 게재 사항이 실제 86. 11. 30. 북괴 노동당 기관지인 《노동신문》과 86. 11. 20. 및 11. 29. 북괴 평양방송에 보도된 바 있음.

다. 국가모독죄 적용에 관한 부분

문: 공소사실 제2항 말미(공소장 제 12쪽 중간)의 "헌법에 의하여 설치된 국가기관"이라 함은 구체적으로 어느 기관을 지칭한 것인가? 문화공보부 홍보정책실인가?

답: 국가모독죄의 구성요건상 헌법에 의하여 설치된 국가기관인 '정부'를 지칭하는 것임.

검찰의 답변 요지서 낭독이 끝난 뒤 한승헌 변호사가 일어섰다.

한승헌 변호사: 석명요구에 대한 검사의 이의 제기는 부당한 것이다. 피고인의 모두진술권과 석명요구권은 별개의 것이다. 변호인단의 석명요구에 대해 성실한 답변을 하는 것도 원만한 재판 진행을 위해 필요한 것이다. 그러나 변호사의 요구에 대한 검사의 석명사항은 충분하지도 성실하지도 않다. 그러나 우리도 또한 재판의 원만한 진행을 바라기 때문에 재석명을 요구하지는 않겠다.

조영래 변호사: 검사는 자꾸 모든 판단을 재판부에서 할 것이라고 말하고 있다. 간단하게만 대답해 주면 될 텐데 왜 그렇게 복잡하게 만드는지 모르겠다. 우리가 궁금한 사항은 예를 들면 다음과 같은 것이다. 공소장에는 ① 대한민국이 외국과의 관계에서 한국의 이익과 신용을 위하여 보지하여야 할 사항 ② 대북한 간의 관계에 있어서 국가안전보장상 중대한 결과를 초래할 우려가 있는 사항이라고 되어 있는데 공소장에서 제기된 11개 사항 중 어느 것이 ①에 해당하고 어느 것이 ②에 해당하는지, 아니면 둘 다인지 분류해 달라는 것이다. 그리고 또하나는 "북괴의 국회회담 제의, 정부 발표 때까지 보도하지 말 것"이라는 부분이 나오는데, 북괴의 회담 제의 자체가 해당 사항인지, 아니

면 정부 발표 때까지 보도하지 말라는 부분이 공소사실인지를 밝혀 달라는 것이다. 이러한 사항이 밝혀져야만 피고인과 변호인이 반대 신문의 변호 준비를 할 수 있다. 가장 당혹스러운 부분은 "내외통신 보도만 실으라"는 부분, 즉 "북괴의 선전매체에 실리는 부분은 내외 통신만 인용할 것"이라는 항목인데, 도대체 북괴의 선전매체에 관한 보도내용이 외교기밀인지, 아니면 내외통신만 인용하라는 것이 해당 사항인지 간단하게 답변해 달라는 것이다.

검사: 11개 항목 중 어느 것이 외교기밀이냐의 판단은 재판부에서 알아서 할 판단이다. 검찰은 모두가 해당 사항이라고 생각한다. 구체적으로 한·중 합작회사 설립이나 F-16 전투기 배치 등을 밝히는 것은 우리에게 해가 된다. 우리는 보도를 통제한 사실이 없다. 그런데 어떻게 보도통제한 사실이 국가기밀이나 외교기밀이 되겠느냐.

조영래 변호사: 그렇다면 보도협조의 내용이 해당사항이란 말인가?

검사: 그렇게까지 한다면 F-16기 인수식 자체가 기소요건이다.(말을 더 듣는다)

변호인단은 "보도통제 사실 자체는 기밀이 아니라고 설명한 것으로 인정한다"며 또 다른 석명사항은 다음의 기회에 하기로 하고 속개.

홍성우 변호사: 그렇다면 도대체 "보도를 해 달라"는 두 가지 부분은 어떻게 처리되는 것인가. 내외통신만 인용하라는 부분은 무엇이고, 북괴의 선전매체 부분은 내외통신만 인용하고 다른 외신은 인용하지 말라는 부분은 또 어떻게 처리할 수 있는가.

검사: 다 재판부에서 판단하실 사항이다.

재판장: 기밀사항이 아니라면 빼도 좋은가?

홍성우 변호사: 그 두 가지 사항은 방어할 수 없다.

김상철 변호사: 공소장에는 마치 외교상의 기밀 판단을 홍보정책실에서 하는 듯이 되어 있는데…….

검사: 외교상의 기밀이라는 판단은 검찰에서 했다. 이러한 모든 사실은 객관적인 판단에 근거한 것이다. (방청석 웃음)

김상철 변호사: 석명되지 않고 있다. 검찰과 경찰이 임의적으로 판단하면 국민의 기본권이 유린될 소지가 크다.

재판장: 문공부·경찰·검찰에서 외교상 기밀에 해당된다고 판단한 어떤 사실이 외교상 기밀인지 아닌지는 사법부의 판단에 의해 결정된다고 개인적으로 생각한다.

김상철 변호사: "보도해 달라"는 부분은 공소사실에 해당되지 않는다고 생각한다. 그러므로 일일이 변호할 필요가 없기 때문에 공소장 변경 신청을 요구한다.

검사: 그런 것을 심리에 들어가기 전에 하는 것은 일의 순서에 맞지 않는다.

재판장: 석명 등 모든 사항이 끝나고, 이제 심리에 들어가는 것이 좋겠다.

변호인단과 검찰의 논쟁 도중 방청석에서는 간간이 검찰에 대한 야유가 터져나오기도 했다.

이어서 검찰의 직접신문이 이어졌다.

'보도지침'은 '협조사항'이 아니라 강력한 '언론통제지침'

4월 15일 제2차 공판. 검찰 측의 공소장 석명에 대한 논란이 있은 후, 검찰의 직접신문이 이어졌다. 검사는 신문 사항을 서면으로 제출했다.

검사: 피고인 신홍범은 조선일보사를 퇴사…….

신홍범: 퇴사가 아니라 해직이다. (방청석 웃음)

검사: 해직 사유는?

신홍범: 민주언론운동을 하다가 해직되었다.

　(중략)

검사: 피고인은 1970년 국가보안법 위반으로 재판을 받은 사실이 있는 데, 그것은 무엇 때문이었는가?

신홍범: 당시 선고유예 판결을 받았는데 도피 중인 매제를 은신시켰다 는 혐의였다. 덧붙여서 이야기하고 싶은 것이 있다. 『말』 2호와 관련 해서 서울지방법원에서 유언비어를 유포했다 하여 구류 7일을 받았 는데, 헌법적 차원의 언론자유 문제가 유언비어 차원에서 다루어지 는 것을 직접 체험했다. 제대로 발언 기회도 갖지 못한 채, 무전취식 자, 술주정뱅이 등과 함께 10분 만에 구류 언도를 받았다.

검사: 법은 만인 앞에 평등한 것이니까. (방청석 웃음)

(중략)

검사: 피고인 김주언은 민청학련 사건 관련 유인물 살포 혐의로 기소유
예 처분을 받은 사실이 있지 않은가?

김주언: 살포가 아니고 소지다.

검사: 피고인 김주언은 위 민언협 요원들과 긴밀한 접촉을 하면서 동인
들의 활동에 공감을 표명하여 왔는가?

김주언: (우렁찬 목소리로) 그렇다.

(중략)

검사: 그 보도협조사항은 어떻게, 어디에 보관되어 있었는가?

김주언: 보도협조사항이 아니라 '보도지침'이다. '보도지침'을 검정색
표지로 해서 철로 묶은 것이 편집국 서무의 책상 위에 꽂혀 있었다.
따라서 관심 있는 사람이라면 언제라도 꺼내볼 수 있었다.

검사: 그 자료첩에는 제목이 붙어 있었는가? 즉 '보도지침'이라는 제목
이 붙어 있었는가?

김주언: 물론 제목은 없었다. 그렇다고 해서 '보도협조사항'이라고 씌
어 있지도 않았고 '대외비'란 도장도 찍혀 있지 않았다.

검사: 그와 같은 언론협조사항은 문공부 홍보정책실이 통상 국가적 기
밀사항에 해당되는 내용이라고 판단하여 언론보도에 신중을 기해 줄
것을 언론사에 협조요청할 경우, 그 요청을 받은 언론사는 독자적으
로 판단하여 사실보도에 참고해 오는 것이 국내외 언론계의 관행으
로 되어 있다는데, 어떻게 생각하는가?

김주언: 검사는 자꾸 언론협조사항이라고 하는데 나는 그것을 '보도지
침'이라고 생각한다. 우선 '보도지침' 사항 중 몇 가지를 지적해 본
다. 첫째, "1단으로 해라" "톱으로 키워라" "이 사진은 빼라"는 등의
지시들이 나오는데, 보도협조사항이라면 그렇게 자세하게 지시적인

어휘를 사용할 필요가 없다. 즉, 지시적인 성격이 크다는 점이다. 둘째는 강제성이 있다는 점이다. 한 예로 신민당의 개헌대회를 2단으로 줄여서 보도하라는 '보도지침'이 시달됐을 때 모든 신문이 그에 따라 2단으로 보도한 것을 보면, 강제성이 있다고 생각한다. 또 국회 '국방위 회식 사건'이 터졌을 때, '보도지침'은 이 사건을 보도하지 말라고 지시했는데도 불구하고 한 신문이 그 내용을 보도하려고 했다. 그때 홍보정책실에서 "절대로 보도하지 말라"는 지침이 내려와 그 기사는 끝내 빛을 보지 못했다. 이것이 '보도지침'의 강제성을 그대로 말해 주고 있다. 셋째로 '보도지침'엔 기밀성이 없다는 점이다. '보도지침'을 보면, 예비군 훈련장에서 1명이 사망한 사실을 보도하지 말라는 지침이 있는데, 예비군 훈련장에서 사람이 죽었다는 사실이 어떻게 국가기밀이 될 수 있단 말인가? 나는 또 '보도지침'이 관행이며 관례적이라는 검사의 말에 동의할 수 없다. 이것은 보도협조사항도 아니며 관행이라고 볼 수도 없다. 언론통제가 관행이라면, 이는 현 정권의 불법성을 그대로 말해 주고 있는 것이다. 나는 그것을 '보도지침'이라고 보고 있으며, 나뿐만 아니라 많은 동료 기자들도 그렇게 생각하고 있다.

검사: 위와 같은 협조요청사항에 대하여 각 언론사에서는 어떤가? 즉, 협조요청대로 보도를 하는가, 아니면 언론사에서 스스로 판단하여 신문에 게재 여부를 결정하나?

김주언: 그건 강제성이 있기 때문에 '보도지침'대로 할 수밖에 없다. 그러나 신문사에서는 보도하지 말라는 사건을 국민에게 꼭 알려야 한다고 생각하여 1단으로 신문에 게재하거나, 1단으로 취급하라는 기사를 2단으로 보도하는 경우도 있지만, 대체로 '보도지침'을 따라갈 수밖에 없다.

검사: 피고인은 그럼에도 불구하고 이를 마치 정부가 언론을 통제하기 위하여 시달하는 소위 '홍보지침'이라고 오해를 하였던 것이지요?

김주언: 오해가 아니다. 검사는 계속 '협조사항'이라는 미명으로 언론 통제 사실을 호도하려고 하고 있는데, 언론사 내에서도 많은 사람들이 '보도지침', 즉 '홍보조정지침'으로 알고 있으며, 줄여서 '홍조(洪調)'라고 부른다.

검사: 위 보도협조사항은 누가 관리를 하고 있었나?

김주언: '보도협조사항'이 아니라 '보도지침'이다. '보도지침'은 이성춘 편집부국장이 전화로 받아 관리하고 있었다.

(중략)

검사: 피고인은 이석원이 보도협조사항을 특집호로 내기로 결정했다는 말을 듣고 그 자리에서 동인에게 "내 문제는 어떻게 되느냐?"고 반문하자, 천주교 김승훈 신부에게서 얻은 것으로 이야기가 되어 있으니까 그렇게 알고 처신하라고 이야기하면서 언제 한번 김 신부를 찾아가 보는 것이 좋겠다는 종용을 받은 사실이 있는가?

김주언: 언협 측에서 김승훈 신부에게 전달해 준 것으로 하는 편이 좋겠다고 해서 그렇게 하자고 응답했다. 김 신부를 찾아가 양심선언을 제출했다.

　나는 '보도지침'을 공개한 것이 어떠한 죄도 된다고 생각하지 않았지만, 조그마한 일도 크게 부풀려 용공 조작을 일삼는 현 정권이 어떤 보복을 가해 올지가 두려웠다. 지금 이 자리에서 재판을 받게 될지도 모른다는 불안감에서 김승훈 신부에게 '보도지침' 자료를 전달해 준 것으로 하는 편이 낫겠다는 생각이었다.

(중략)

검사: 피고인 김태홍은 비밀 편집실에서 『말』지의 편집장인 홍수원, 동

차장 박우정, 박성득, 이석원 등과 같이 동 협조사항 150여 매를 분석
·검토한 끝에 이를『말』특집호로 발행하기로 결정하지 않았는가?

김태홍: 비밀 사무실이 아니다.

검사: 그러면 공개된 사무실인가?

김태홍: 공개된 사무실이 어디 있는가? (방청석 웃음)

검사: 피고인은 그 실행방법으로 위 홍수원의 책임하에『말』지가 기자
최민희, 동 김태광, 동 정의길, 동 김기석, 동 권형철 등이 협조하기로
하는 편집진을 구성하여 그때부터 위 비밀 편집실에서 피고인의 감
독하에『말』특집호의 편집에 착수하였지 않은가?

김태홍: '감독'이 아니라 '책임'이다. 그리고 편집인 자체가 '보도지침'
때문에 구성된 것은 아니었다.

검사: 피고인 김태홍, 신홍범, 김주언 등은 위와 같은 과정을 거치면서
당국의 보도협조사항을 자료로 하여『말』특집호를 제작하기로 순차
공모하였던 것이 아닌가?

김태홍: 순차 공모한 사실은 없다.

검사: 법률상으로 그렇게 된다. 피고인 등은 1986년 8월 하순경 서울
중구 을지로 3가 소재 삼원인쇄소에서 위와 같은 홍보지침을 기초로
하여 보도지침란과 해설란으로 구분하고, 책의 제목은『말』특집호,
부제: 보도지침, "권력과 언론의 음모"―권력이 언론에 보내는 비밀
통신문―로 정하는 등으로 편집을 완료하고 제작 의뢰를 한 사실이
있지 않은가?

김태홍: 나는 80년에 해직됐는데 기자로 재직할 때부터 이러한 관행에
대해 분노를 금치 못했다. 문공부에서는 전화, 서면을 통해서뿐 아니
라 사람이 직접 와서 보도를 통제하기도 했다. 이것은 언론에 대한 강
력한 압력이다. 이는 전·현직 기자들이 모두 알고 있는 사실이다.

신홍범: '보도지침'에 대해 검찰은 마치 이 말을 해직 언론인들이 만들어 낸 말인 것처럼 이야기하고 있는데, 이 말은 해직 언론인들이 만들어서 사용하고 있는 말이 아니라 신문·방송 등 현재의 언론기관에서 쓰고 있는 말이다. 검찰은 '보도지침'이 아니라 '보도협조사항'이라고 거듭 말하고 있는데, 만약 현재의 언론기관에 가서 '보도협조사항'이란 말을 쓴다면 정신이상자란 말을 들을 것이다.

검사: 책 제목은 누가 붙였는가?

김태홍: 내가 붙였다.

검사: 피고인들은 위 사항들이 대한민국이 외국과의 관계에 있어서 한국의 이익과 국제 간의 신용을 위하여 보지하여야 할 사항과 국가안전보장상 중대한 결과를 초래할 우려가 있는 사항들이 포함된 것이라는 점을 알면서 책을 출간하기로 하였던 것이 아닌가?

김태홍: 한국의 이익과 국제 간의 신용을 위해 보지하여야 할 사항에서 한국이라 함은 현 정권 차원의 한국인가, 아니면 국민의 지지를 받는 어떤 것인가?

신홍범: 11개 사항은 국민들에게 충분히 알려야 할 사항이라고 생각하며 그렇게 되는 것이 국가이익이 된다고 본다. 정부는 국가의 진로나 국민의 미래에 관계된 중요한 사항들을 국민들에게 알릴 의무가 있다. 국가의 대외정책상 외교기밀 문제를 놓고 국민에게 알리는 것이 국가이익이 되느냐 은폐하는 것이 이익이 되느냐로 충돌이 있을 수 있다. 그러나 원칙적으로는 알리는 것이 국가이익이 된다고 생각하며 이것을 감추는 것이 오히려 국가에 해가 된다고 보는 것이다.

(중략)

검사: '보도지침'이 북괴《노동신문》86년 10월 30일 자, 평양방송 86년 11월 9일, 11월 20일에 인용 보도된 사실을 알고 있는가?

김태홍: 남영동에서 신문 복사한 것을 봤다. 방송은 듣지 못했다.

신홍범: 마찬가지다.

검사: 대남 모략선전용으로 이용될 것이라고 생각해 보았는가?

세 명 동시에: 없다.

검사: 피고인들은 위와 같은 당국의 보도협조사항이 널리 알려지면 북괴가 그 자료를 입수하여 대남 선전선동 자료로 활용할 수 있다는 사실을 사전에 예견하고서 본 건 범행을 저지른 것이 아닌가?

김태홍: 김태홍이가 하루 밥 세 끼 먹었다고 북한에서 보도하면 그것이 이적행위란 말인가?

신홍범: 답변의 필요를 느끼지 않는다. 그것은 우리의 행위 동기와 아무런 관련이 없기 때문이다.

김주언: 나도 마찬가지이다.

검사: 질문의 요지를 잘못 파악한 것 같다. 피고인들이 제작·배포한 것을 스스로 어떻게 생각하느냐는 질문이다.

변호인: 피고인들이 답변할 사항이 아니다.

(검사의 제작 과정에 대한 질문)

신홍범: 공소사실 중 잘못된 것이 있다. 공소장에는 '보도지침'에 대한 자료 출처 및 인쇄업소에 대한 보호대책으로 사제단이 특집호 제작에 깊이 관여한 것으로 위장하기 위해서 천주교를 찾아갔다고 되어 있는데, 그렇지 않다. 정의구현전국사제단은 70년대부터 우리나라 언론민주화 문제에 깊은 관심을 갖고 언론 상황을 바로잡기 위해 노력을 기울여 왔다. 특히 사제단의 함세웅 신부님은 1975년 3월 조선일보 기자들의 농성장에까지 찾아오셔서 언론자유를 위해 싸우는 기자들을 격려해 주시는 등 많은 도움을 주셨다. 사제단의 신부님을 찾아간 것은 이처럼 언론민주화에 관심을 갖고 있는 사제단과 힘을 합

처 언론민주화를 위해 함께 싸우기 위해서였다. 공소장에는 '위장'하기 위해서라는 말이 나오는데 김승훈 신부님이나 함세웅 신부님들은 누구보다도 거짓을 미워하는 분들인데 이분들에게 어찌 위장이란 말을 쓸 수 있는가? 그분들이 이 말을 들었다면 자신들의 명예가 크게 훼손당했다고 생각하실 것이다. 우리들 때문에 두 신부님이 그런 말을 듣게 된 것이 죄송하기 짝이 없다.

검사: 신홍범 피고인은 이 자리에서 위장하고 있는 것은 아닌가?…… 그렇게 진술했던 것이 아닌가?

신홍범: 경찰 신문 조서를 읽지 않은 것 같다. 경찰 조서를 보아 주기 바란다. 단 한 마디도 그렇게 말한 적이 없다.

검사: 피고인 김태홍은 김승훈, 정호경 신부 등과 만나 "민언협은 힘이 약하고 외로운 단체이므로 사제단과 공동으로 출처를 보도하도록 도와 달라"고 제안하지 않았는가?

김태홍: 외롭고 힘없는 단체라고 했는데 이것은 수사 과정상에 사흘째 잠을 못 자면서 잘못 말해 김주언 기자가 드러난 사실에 충격을 받아서 수사관들의 닦달에 못 이겨 그런 표현을 한 것 같다. 현재 생각해 보니 어울리지 않는 표현이다.

검사: 표지 제안은 누가했는가?

김태홍: 내가 했고 신부님들도 동의했다.

검사: 내외신 기자회견은 누가 추진했는가?

김태홍: 내가 했다.

검사: 성명서 낭독 및 『말』 특집호 등 인쇄물의 배포는 민언협에서 분담하기로 구체적 사항을 결의하는 등으로 내외신 기자회견을 통해 정부를 비난하기로 의논을 하였던 것이 아닌가?

신홍범: 우리는 정부를 비방한 적이 없다. 우리의 언론 현실을 있는 그

대로 고발한 것뿐이다. 비방이란 사실, 진실에 기초하지 않고 상대를 함부로 헐뜯는 것을 말한다. 우리는 그런 일 없다.

검사: 모든 것은 객관적으로 판단되는 것이다. (방청석 웃음)

피고인 신홍범이 작성한 성명서 내용의 골자를 보면 "오늘의 언론을 마음대로 조작하고 있는 정부당국의 이른바 '보도지침'의 세부 내용이 밝혀짐으로써 현 언론의 정체가 남김없이 드러나게 되었다……" 등으로 되어 있는데…….

신홍범: '조작'이란 말에는 없는 사실을 날조한다는 의미의 조작, 즉 영어의 'fabrication'이란 말과 조종한다는, 영어에서의 'maneuvering'에 해당하는 두 가지 의미가 있는데, 한글로 써 놓으면 분명치 않을 때가 있다. 본인이 성명서에서 쓴 조작이란 말은 후자의 뜻으로 쓴 것이다.

검사: 앞뒤 문구가 있으니 문맥으로 보아 판단되는 것이다.

신홍범: 성명서에 대해서 제일 잘 아는 사람은 그것을 쓴 본인이다.

검사: 피고인 김태홍, 신홍범은 명동성당 소강당에서 개최된 내외신 기자회견에 송건호, 최장학, 김인한, 김승훈, 함세웅, 정호경, 김택암 등과 《동아일보》 사회부 윤승용 기자 등 국내 기자 10명, AFP 통신 임희순 등 외신 기자 4명 등이 참석한 사실을 알고 있지 않는가?

김태홍: 경찰에서 조사 중에 명단을 대라고 했는데, 조사받을 당시의 분위기상 다그치면 대답을 안 할 수가 없어서 아는 이름을 임의적으로 댄 것이다.

검사: 사실 자체는 인정하는가?

김태홍: 그렇다. 그러나 가지 않아서 자세한 사실은 모른다.

검사: 그리하여 송건호가 "보도지침 자료 공개 기자회견을 하면서" 제하의 유인물을 낭독하였던 것이 아닌가?

신홍범: 공소장에 보면 "송건호로 하여금 성명서를 낭독게 하고"라는

대목이 나오는데, 본인은 이 대목의 공소장을 변경해 주었으면 한다. 송건호 선생님은 우리 민주언론운동협의회의 의장님으로 우리가 가장 존경하는 분 중의 한 분이다. 그런데 공소장에는 우리가 마치 배후에서 송건호 선생님을 사주한 것으로 되어 있는데, 이는 송 의장님에 대한 불경죄(不敬罪)에 해당한다. 정정해 주기 바란다. (방청석 웃음)

검사: 그런 의미에서 말한 것이 아니다. 법률적인 용어로 그렇게 쓴 것이다.

신홍범: 검사가 문장은 문맥으로 봐야 한다고 했는데, 문맥으로 보아 그런 오해를 불러일으킨다. (방청석 웃음)

검사: 피고인 김태홍은 1986년 5월경…… 광주민중항쟁 5주년 기념행사를 문화 3단체가 공동으로 주최하기로 결정한 사실이 있는데, 김정환이 사회를 보았는가? (이때 방청석에서 부인들, "그게 무엇이 중요해요. 중요하지 않은 것은 대답하지 마세요"라고 외침)

(중략)

김태홍: 검사가 낭독한 내용에는 이의가 없지만 표현에는 이의가 있다. 검찰은 이 집회를 통해 우리가 사회적 불안을 야기시켰다고 했는데, 34명의 인원이 마포서에서 배치된 전경들 속에서 집회를 한 것이 어떻게 사회적 혼란을 야기할 수 있는가.

검사: 외부에 영향을 주었다는 뜻이다.

(중략)

김태홍: 자주 법률적 용어를 우리가 오해하고 있다는 말이 사용되는데 둘이 술을 마시다가 컵이 떨어진 사실을 '기물 파괴'라고 한다면 그것은 그만큼 법률 용어가 낙후된 것을 보여 주는 것이다.

검사: (국보법 위반 해당 부분을 낭송) 피고인 신홍범은 1984년 12월 일자미상 상경 국회도서관 내에서『혁명 영화의 창조』1권을 대여받아 동 도서

관 복사실에서 3,000원을 지불하고 복사하여 1986년 12월경까지 피고인의 거주지에 보관한 사실이 있지 않은가?

신홍범: 『혁명 영화의 창조』라는 책이 공소장에 올라야 된다는 사실이 슬프다. 답변하고 싶지 않은 심경이지만 이야기하지 않을 수 없다. 우선 우카마우단을 반미 프롤레타리아 영화집단이라고 표현한 것은 이해할 수 없는 일이다. 본인은 이 영화집단이 볼리비아의 민중적·민족주의적 영화집단인 것으로 알고 있다.

검사: 이 책에 대한 감정이 되어 있다.

신홍범: 그 감정인의 감정에 악의가 있다고 본다.

(검사, 책의 혐의 내용 낭독)

신홍범: 입수한 당시 그 책의 목차와 서문만을 읽었다. 검찰에서 조사받는 가운데 이 책을 비로소 검토할 기회를 갖고 공소장에서 기소한 내용의 글이 어디에 있는가를 찾아보았지만 찾을 수 없었다. 과연 그 내용이 구체적으로 어느 곳에 표기되어 있는지 제시하라.

우카마우단은 한길사 발간 『제3세계 연구』에서도 소개된 바 있다. 감정인의 것과 양자를 비교 검토해 달라. 책은 책으로서 다루어져야 한다. 책이 범죄 구성 요건과 목적으로 다루어져서는 안 된다. 책이 이처럼 억지로 범죄 구성 목적으로 다루어질 때 앞으로 우리나라 문화의 장래가 어떻게 될지 크게 탄식하지 않을 수 없다.

검사: 출판을 할 목적으로 이 책을 소지한 것이 아닌가?

신홍범: 출판에 참고하기 위해서였다고 말하지 않았는가.

조영래 변호사: 신문 방법에 이의를 제기한다. 검찰 신문이 지리하게 진행되고 있는데, 질문·답변에서도 보듯이 사실에 관해 묻고 답변하면 그만이지 피고인의 잘잘못을 따지는 것은 후에 논거에서 해야 되지 않겠는가? 검찰은 직접신문만 하게 되어 있고 변호인은 유도신문

을 하게 되어 있다.

검사: 루카치의……

김주언: 70년대 『문학과 지성』에 게오르크 루카치의 이론이 소개되었다. 일부 책은 시판되고 있다.

(5시 35분 심리 끝남)

공소장 변경

제3차 공판에 앞서 검찰은 돌연 공소장 내용을 변경했다. 공소사실 중 외교상 기밀사항으로 열거한 4개 항목을 철회한 것이다.

서울지방검찰청

귀원에 계속 중인 87고단 503호 국가보안법 위반 등 피고인 김태홍 등에 대하여 다음과 같이 공소장을 변경하고자 하오니 허가하여 주시기 바랍니다.

다 음

공소장 범죄 사실 '1'항 가운데 외교상의 기밀 해당 사항으로 열거한 것 중(공소장 6~7정) 다음 사항을 철회함.

*외교 군사상의 기밀에 관한 사항 중

　—중공 어선 망명, 당국 발표 때까지 보도금지(85. 10. 31.)

*남북대화 관련 사항 중

　—북한 국회회담 제의, 당국 발표 시까지 보도통제(85. 10. 25.)

　—안기부 연락: 북한의 85. 11. 1. 국회회담 제의에 우리 측 12. 8. 이후 수정 제의에 즈음하여 내외통신에 "북괴의 최고인민회의(소위 국회)는 허구"라는 해설기사를 실었으니 인용 보도(85. 10. 30.)

*북괴 등 대 공산권 관련 사항 중

　—북괴 선전매체들의 보도내용은 내외통신 보도만 싣고 외신을 간접적으로 인용하지 않는다.(86. 3. 21.)

현 정권은 최대의 범죄집단이다

김태홍

제2차 공판의 검찰 측 신문에 이어 4월 29일 열린 제3차 공판에서는 김태홍 씨와 김주언 씨에 대한 변호인 반대신문이 있었다. 김태홍 씨에 대한 변호인 신문은 김상철 변호사와 이상수 변호사가 맡아서 진행했다.

문(이하 김상철 변호사): 김태홍 씨가 연행된 일시는 86년 12월 9일 14:00시이고 구속영장이 발부된 것은 12월 13일이었는데 그간 어디서 조사받았나요?

답(이하 김태홍): 남영동 치안본부 대공분실에서 받았다.

문: 구속영장은 제시받았나요?

답: 기억이 명확하지 않은데 13일에 영장이 나왔다고 한 것 같다. 그러나 원래 우리나라에선 영장 없이 불법 연행되어 구속 수사받는 것이 다반사라 별 신경 쓰지 않았다.

문: 김태홍 씨는 80년 4월 1일 한국기자협회장에 취임하였는데, 당시 기협 회장으로서 어떤 활동 계획을 갖고 있었는가?

답: 그 당시는 4·19 이후 처음으로 민중이 민주정부를 실현시킬 가능성이 있는 시기였다. 군부가 실권을 잡고 있었다는 점을 알고 있었지

만 20년 만에 찾아온 조그마한 개연성을 방치할 수 없었다. 4천만 국민의 언론자유를 위해 결연히 싸워 나가야 하겠다고 생각했었다.

문: 그 직후 현 정부는 언론의 공적 책임과 공적 직무를 유난히 강조하며 '언기법'을 제정했는데, 김태홍 씨가 기협 회장으로 있을 당시 우리 언론이 과연 자유와 방종으로 흘렀다고 볼 수 있는가?

답: 당시는 계엄상태였고 기자협회는 현재의 프레스센터 건물에 위치해 있었는데, 바로 옆 시청 2층에 검열단 장교 10여 명이 물기에 젖은 신문 대장을 물연필로 체크하곤 했다. 계엄당국의 비위에 맞지 않는 큰 기사는 통째로 삭제하고 작은 기사는 수정하는 등 언론의 방종이 아니라 군부의 방종이었다.

문: 김태홍 씨는 80년 5월 17일 확대계엄 조치가 취해지자 동시에 수배가 되었는데 그 이유는 어디에 있었다고 생각하는가?

답: 박 정권이 말기에 가까워 옴을 보고 각 언론사 별로 양심적인 기자들이 회합을 가져 오다가 박정희가 죽고 나자 기자협회를 양심적인 기자들이 장악할 것을 결의했다. 기자협회에서는 언론검열 철폐, 사북탄광 사태 등에 관한 성명서를 매일 발표하는 등 계엄당국을 괴롭혔기 때문인 것으로 알고 있다.

문: 언론계에서 해직된 경위는 어떻게 된 것인가?

답: 80년 11월 서대문 구치소에 수감되어 있을 당시 남영동에서 나를 고문했던 이 모 경위 등 2명이 구치소로 찾아와 기자협회장 사직서와 합동통신 사직서에 서명을 받아 갔다.

문: 민중언론이란 무엇을 말하는 것인가?

답: 제도언론은 체제와 유착하여 민중을 탄압하는 언론이고, 민중언론은 독재체제로부터 소외된 대다수 민중의 이익을 대변하는 언론이다. 인간적인 삶이 붕괴되고 세포 하나하나가 부서져 가는 현실, 광주

에서 2천 명이 죽고 한 달에 한 사람씩 죽어 가는 현실, 이러한 정권의 타살 행위조차 보도될 수 없었다. 수많은 실종, 사망 사건이 있었는데 박종철 사건은 어떻게 보도될 수 있었는지 납득이 안 된다. 자유언론·민주언론·통일언론, 이 모든 것의 포괄적 개념이 민중언론이다.

문: 『말』지를 발행하는 데 있어서 어려움은 어떤 것이었으며, 그 어려움을 어떻게 극복하려 노력했는가?

답: 어려움이라고 했는데 어린 꼬마가 옆에서 달래면 울음이 북받치듯 감상적인 기분이 앞선다. 허가받지 못한 언론이기에 당한 유형·무형의 압력을 이루 다 말할 수 없다.

쫓겨다니며 취재하고, 숨어다니며 제작하고 인쇄하다가 연행되기도 하고…….『말』이 1년에 6번 정도 나오는데 한 번 발행하고 나면 기진맥진해진다. 머리가 희어지고 피가 마른다. 형사들은 이를 추적하지요, 월급을 받아야 하니까.(웃음) 엄살을 부리기로 들면 할 말이 많지만 민중이 고생하는 것을 생각하면 새 발의 피에 불과하다.

문: 『말』지의 간행과 배포가 우리 언론 현실에 어떠한 영향을 미친다고 생각하는가?

답: 『말』지는 8천 부 정도 발행되는데 『말』지만 생각하면 대견하고 옥동자처럼 생각된다. 그러나 M-16과 탱크가 지배하는 사회에서 어떻게 저 두꺼운 철갑을 뚫을 수 있을는지? 저들은 잡아갈 듯 풀어 주고 풀어 줄 듯 잡아가면서 고도의 술수를 쓴다.

고바우·두꺼비 등 위태위태한 만화 컷이 나올 수 있는 것은 저들이 힘이 없어서가 아니라 조그만 숨통을 틔워 마치 언론자유가 있는 듯이 속이기 위한 것이다.

『말』지도 마찬가지이다. 가장 심각한 문제인 노동자·농민·빈민에 관해 보도를 하되 체제 전복에 대한 구체적 제시를 하지 않고 배포도

중산층에 치중되어 있기 때문에 존립이 가능한 것일 것이다.

문: 문공부 '홍보정책실'의 업무는 무엇인가?

답: 문공부 장관 자리에는 이웅희·이원홍 등 언론인 출신이 앉는다. 히틀러 등 독재자가 그 체제를 강화하는 데는 문공부의 역할이 막중해진다. 독재가 단말마적 단계에 돌입하게 되면 민중을 기만하기 위해 문공부가 맹활약을 하게 되는 것이다.

　문공부는 민중을 기만하기 위한 여론조작 센터이다. 예를 들면 80년 5월 고대생들이 종로 3가에서 시위를 하고 거리를 청소했다. 이때의 '보도지침'은 "학생들이 청소하는 사진 싣지 말 것"이었다. (방청객 웃음)

문: 본건 '보도지침' 10개월간의 총 584개 항을 입수하여 이를 검토하는 과정에서 어떤 느낌을 받았는가?

답: 관행을 보아 왔는데도 한꺼번에 모아 보니 놀랍고, 죽는 한이 있어도 이것은 세상에 알려야 되겠다고 생각했다.

문: 『말』지 특집호가 공개한 '보도지침'은 모두 584개 항인데 본 건 공소사실은 그중 11개 항만을 기소하고 있는바, 본 건 공소의 진정한 의도는 어디에 있다고 생각하는가?

답: 이것을 공소장이라고 내놓으니 미친 짓이다. 명색이 국가의 녹을 먹는 검찰이 정부의 체면을 위해서라도 본 건을 기소유예시킬 줄 알았는데 이를 기소한 것은 누워서 침 뱉는 짓이다. 그리고 검찰이 일거수일투족을 안기부의 지휘를 받고 있다는 것을 알고 다시 한번 놀랐다.

이어서 이상수 변호사의 신문이 계속되었다.

문(이하 이상수 변호사): 단식했나요?

답: 예.

문: 지난번엔 힘이 없는 것 같더니 오늘은 힘이 넘칩니다.

답: 예, 밥을 많이 먹고 나왔습니다.

문: 보통 기자들이 기사를 쓸 때 국가안보상 고심할 때가 있는가?

답: 그렇다. 환경의 동물이기 때문에 기자생활을 할 때 신경을 쓰지 않을 수 없다.

문: 그러면 『말』 특집호를 발행, 발표할 때도 고민했는가?

답: '보도지침' 자료를 대했을 때 안보 등에 대해선 생각할 수조차 없었다. 국민에게는 황금 덩어리, 금으로 만든 노른자위 같다는 생각이 들었다. 오히려 보안을 잘 지켜 보다 많이 알려야겠다고 생각했다.

문: 역설적으로 말하면 되도록 널리 알리는 것이 국민에게 이익이 된다고 생각했단 말인가?

답: 국내 최대 규모의 범죄집단인 현 정권의 비행의 뒷면을 밝혀 줄 이 자료를 알리는 것이 애국이라고 생각했다.

문: 언론자유 제한이라는 문제에 있어서 제한의 한계에 대해 말씀해 달라.

답: 우리 국민은 이조 봉건사회, 일제 식민통치, 8·15 이후 계속된 독재체제 속에 살면서 시민혁명을 경험하지 못했기 때문에 언론자유의 실체에 대해 생소한 면이 많이 있다.

　미국의 경우 1972년 《워싱턴포스트》지가 워터게이트 사건을 폭로함으로써 닉슨 대통령을 권좌에서 몰아냈으며, 1975년 일본의 《문예춘추》지 5월호는 '금맥' 사건을 폭로함으로써 다나카 수상이 퇴임을 하게 된다.

　또 1970년대 초 《뉴욕타임스》가 자유기고가 다니엘 엘스버그가 미국 국방성 기밀문서를 빼내 기고한 '미국의 월남전 참전 정책 결정

과정사'라는 연재물을 보도하자 미 법무성은 국가안보를 해쳤다는 이유로 이를 법원에 고소했으나 결국 대법원의 블랙 판사는 "언론자유는 어떠한 법률로도 이를 제한할 수 없다"는 미국 수정헌법 제1조를 적용,《뉴욕타임스》에 무죄 판결을 내린 바 있다.

문: 국방부에서 F-16기 인수식을 거행했다는 '보도지침'을 공표했다 하여 기소했는데 이는《서울신문》에 보도된 것으로 알고 있는데요?

답:《서울신문》기자들 가만 놔두면 안 되겠군요. (방청객 일제히 박장대소)

문: "'미 국방성, 핵 적재 전투기 각국 배치'라는 발표 중에서 한국은 빼고 보도할 것"이라는 항목은 『말』지에 보도되기 전에《조선일보》에 나와 있는데…….

답: 독재정권의 이익을 위해 최대한 봉사하고 있는 것이 검찰이라고 알고 있는데, 이 사건을 기소함으로써 현 지배자들의 약점을 널리 알리려 하는 저의를 이해할 수 없다.

1978년 무렵 외신에 따르면 세계에서 가장 악명 높은 정보기관은 이란의 사바크, 한국의 중앙정보부, 칠레의 정보기관이라고 보도되었는데, 이때의 '보도지침'이 "한국은 빼고 보도할 것"이었다.

문: "《산케이신문》에 보도된 '한·베트남 무역 교류 활발'은 보도하지 말 것"이라는 항목이 기소되었는데, 이에 대해 어떻게 생각하는가?

답: 주먹이 떨리게 하는 '보도지침'이다. 베트남 전쟁에는 미국이 65년에 공식 참전하고 한국은 66년에 참전, 71년에 철수했다. 한국은 베트남전에 참전해서는 안 되었다. 당시 러셀, 사르트르 등 세계의 양심적인 석학들은 국제 모의재판을 열어 닉슨에 사형 언도를 내렸다.

도덕적으로 미국은 사망했다. 한국군이 왜 미국의 용병으로 참전해야 하는가? 용병은 돈을 많이 받는 것이 그 목적인데, 한국군의 봉급은 미군 봉급의 10분의 1도 안 되었으며, 같은 용병이었던 필리핀군의 봉급보다도 적었다. 일본은 군인 한 명 보내지 않고 병원선만 보내고서도 수천억 달러를 벌어들여 선진 자본주의국에 들어서는 결정적 계기를 만들었다.

그러한 베트남에 대해 이제는 무역 교류를 하는 사실조차 보도하지 말라는 것이다. 원칙적으로 국민적 지지 기반이 없는 이 정권은 이러한 식으로 여론을 조작, 오도시켜 독재정권을 장기화하려는 것이다.

문: 보도하는 것이 냉전 의식 해소에 좋다고 생각했는가?

답: 장기집권에도 좋고…….(웃음)

문: "한·중공 합작회사 설립은 보도하지 말 것"이라는 '보도지침'이 있었고 이 항목이 외교상 기밀누설죄로 기소되어 있다. 어떻게 생각하는가?

답: 중국은 괄목할 만한 발전을 이룩한 나라이다. 동북아에서 냉전의 최첨병으로 희생되고 있는 우리의 현실을 고려할 때, 세계적으로 위신 있는 나라와의 교제를 보도통제하는 이유를 알 수가 없다.

'보도지침'에 보면 코미디언 심철호 씨가 중국을 방문한 것을 보도통제했는데, '심철호'가 국가기밀이란 말인가? 무엇이 외교기밀 누설인가? (웃음) 고대 로마 역사를 보면 공교롭게도 100여 년간 10명의 황제가 교체되었던 시기가 전성기였다. 막대한 권력은 부패할 수밖에 없으며, 게다가 '정신 이상'을 낳는 모양이다. 미국의 군산복합체 산업은 의도적으로 위기 의식을 조장한다. 군사비는 의회의 허가를 받아야 하기 때문에 선거민을 확보해야 한다. 우익 재단에서 연구소를 통해 보고서를 작성케 하고 이를 보수 우익 신문이 보도하게 하여 선거민으로 하여금 높은 군사비를 요망하게 하여 이를 군수기업에 준다. 따라서 한반도의 군사 긴장은 항상 고조되어 있어야만 했던 것이다.

문: 일본의 신문이 보도한 중공 어선 보도통제에 대해서는 어떤 느낌이
드는가?

답: 작년에 군산에 중공기가 추락했을 때 보도금지가 됐다. 조금 있으
면 밥 먹는 것도 허가를 받아야 할 것이다. (장내 웃음……)

당시 《동아일보》에서 보도를 했는데 편집국장과 정치부장이 안기
부에 끌려가 많이 맞았다. 제도언론은 알아서 잘하기 때문에 웬만하
면 안 맞는데……, 상처가 가라앉을 때까지 회사에 나오지도 못했었
다. 정신이상자들의 망발이다. 오죽하면 공소사실에 집어넣었다가
뺐겠는가?

문: 85년 11월 20일의 '보도지침'에 "미 하원 통상위원회 소속 전문위
원 3명 오늘 내한. 이들은 한국의 F-15기 대미 구매와 관련, 뇌물공여
에 따른 조사 청문(하원소위) 결과를 한국 정부에 설명하고 그동안 한
국 측의 자체 조사 내용을 듣기 위해 온 것임. 방한 자체는 물론 이들
의 움직임은 일체 보도하지 말 것"이라는 내용이 있다. 어떻게 생각
하는가?

답: 창피하니까 보도하지 말라는 것이다. 이는 현 정권의 독직 사건이
다. 일본의 전 수상 다나카는 록히드 항공사와 관련한 뇌물 사건으로
쫓겨났다. 우리나라는 대통령이 돈 먹었다고 해서 쫓겨날 리도 없고
스스로 뛰쳐나가지 않아도 된다.

서울의 지하철 1호선 차량을 일본에서 시가의 2배나 주고 구입한
사실이 일본 중의원에서 폭로되어 대대적으로 보도된 일이 있었는데
우리나라에서는 일체 보도 불가되었던 것이다. 박동선이 쌀 때문에
돈 먹은 사실도 미국에서만 보도되었다.

문: 미국 FBI 국장 방문…….

답: (말을 막으며) 거론할 필요조차 없다. 자신들이 구리니까 보도금지한

것이다. 깨어나기만 하면 못된 짓을 하니…….(웃음)

검사: 이의신청한다.

방청객 1인: 시끄럽다!

검사: 인격을 모독하고 국가원수를 모독하는 발언은 삼가해 주시기…….

김태홍: 검사의 개인적 의견인가?

재판장: 필요하다고 생각할 때 재판장이 제지할 테니 계속하시오. (일부 박수)

문: "'북한, 국회회담(11월초) 제의', 발표할 때까지 보도하지 말 것(10월 20일)"이란 항목이 있는데, 북한과의 회담, 특히 통일을 위한 회담에 대한 본인의 의견은 어떤가?

답: 통일 문제는 1945년 8월 15일 이후, 우리 민족의 최대 과제이다. 통일을 달성하기 위해서는 국민의 지지를 받는 통일논의가 되어야 한다. 통일을 위해서는 남한 국민이 이북 실정에 대해 상세히 알고 북한 주민도 남한에 대해 잘 아는 상황이 된 후, 여론을 환기시켜 통일논의를 활성화해 나가야 한다. 그러나 현 정권은 분단을 영속화시키는 일만 해 왔다.

문: 북한 관계 보도통제가 집권자들의 정권유지에 이용된다고 보는가?

답: 분단을 이용하여 정권을 유지해 왔던 집단이 이제는 자신들의 장기적 집권을 위해 분단을 영구화하고 있다.

문: 통일을 위해서는 이러한 북한 관계 보도통제 사실을 널리 알려야 한다고 생각하는가?

답: 그렇다. 동·서독의 경우 교역량이 수십억 달러에 달하고, 왕래하는 인구수만도 수십만 명에 달하고 있다. 그런 사실을 볼 때 우리도 서로의 실상에 대한 이해가 폭넓게 되어야 할 것이다. 이런 사례를 보다

넓게 수용하고 연구해 가야 한다.

문: 북한 선전매체의 보도내용은 내외통신만 참조(이용)하라고 했는데, 내외통신은 어떠한 곳인가?

답: 내외통신은 언론기관이라기보다 정권의 유지를 위해 정보기관이 운영하는 또 다른 정보기관에 불과하다. 언론기관은 아니다.

문: 북한의 선전·보도매체는 내외통신만 인용 보도하며, 그전에도 문공부에 주로 의존한 것으로 아는데, 이는 관행이 아닌가?

답: 이는 관행이 아니라 하나에서 열까지 일거수일투족을 감독, 지시하는 범죄집단이 행하는 짓이다.

문: 외신 보도는 어떻게 통제되는가?

답: 텔레타이프가 각 신문사마다 있는데, 외신은 4개의 통신사만 받고 있는 것으로 안다. 다른 정보기관(안기부 등)에서도 텔레타이프가 있어 다른 통신사와 함께 동시에 받아 보다가 문제가 되겠다고 생각하는 내용이 나오면 전화 한 통화로 통제하여, 동시적으로 우리 4천만 국민은 정보로부터 차단되는 것이다.

문: 한반도에서 핵 문제는 어떻게 생각하는가?

답: "'핵 적재 전투기 한국 등 수개 국에 배치' 기사에서 한국은 빼고 보도하라"는 '보도지침' 자체가 반국민적인 것이다.

1978년도 미하원 군사위원회 보고서는 주한미군 지휘관들의 보고서를 토대로 작성한 것인데 "한반도는 군사분계선 이북은 물론 한반도 전역이 군사 훈련장, 대규모 기동 훈련장, 무제한 자유 사격장이다"라고 말하고 있다. 한반도가 무제한 자유 사격장이라 함은 M-16, 칼빈 이야기가 아니라 '핵' 이야기이다.

1978년 스리마일 핵 누출 사고가 있어 인근 마을을 소개시킨 때가 있었다. 연일 세계는 경악, 분노했다. 그 사건의 책임을 져야 할 회사는 미국 최대의 전기회사인 웨스팅하우스사였는데, 그 회사가 건설 중인 8개의 원자력발전소 공사를 일본은 즉각 중지시켰다.

그런데 우리나라는 80년도, 동자부 출입기자가 어느 날 갑자기 초호화판 세계여행을 한 적이 있다. 우리나라는 원자력발전소를 한전이 관리하는데, 미국 웨스팅하우스가 한전의 스폰서가 되어 기자들을 여행시켰던 것이다.

그 이유는 다음과 같다. 80년 권력을 잡은 군부는 상당히 흔들리고 있었다. 그때 현 정부와 미국의 행정부, 웨스팅하우스사는 여러 기의 원자력발전소 수입을 계약했다. 한 기에 10억~20억 달러인데 스리마일 사건 때문에 도산 위기에 처한 웨스팅하우스사를 살리려는 미국의 의도대로 현 정권은 그 회사의 원자력발전소를 떠맡는 대신 자신의 정권을 보장받은 것이다.

82년에 미국 육군의 에드워드 참모총장이 방한하여 "한반도 이외의 지역 분쟁에 대해 한반도에 비치된 핵을 사용한다"고 발표했다.

87년 2월 12일부터 14일에 걸쳐 미국 애리조나 주립대학에서 세미나를 한 그레고리 핸더슨 씨는 "한반도 주변에 적어도 500~700개의 핵무기가 있으며 DMZ 내에는 핵 지뢰가 있다"고 심각한 상황을 전해 주고 있다. 이 핵 지뢰는 미국에도 배치되어 있지 않고 서독에서는 모두 철수했는데, 세계에서 유일하게 우리 DMZ에 배치되어 있다는 것이다. 이것 하나면 야당도 여당도 변호사도 검사도 필요 없다.

우리나라 문자 해독율은 98%로 세계 최상이다. 그런데 여론이란 것이 존재하지도 못하고 있다.

문: 피고인은 이런 사실('보도지침'의 내용)의 공개가 전혀 국가기밀 누설 행위가 아니라고 생각했으며 국가이익에 배치되지 않는 것이라고 했는데, 그렇다면 정치적 보복은 예상했는가?

답: 이것은 상식이다. 이런 내용은 전혀 새로운 것이 아니다.

문: '보도지침'을 내고 기자회견을 한 이유는 무엇인가?

답: 모두진술 때 얘기했듯이, 이 책이 2만 2천 부가 발행되었는데, 22만 부를 찍어 내지 못한 것이 안타까울 뿐이다. 기자회견을 한 것은 이 매체를 보다 널리, 많은 사람에게 알리기 위한 방편이었다.

문: 천주교정의구현전국사제단에 도움을 청한 것으로 아는데 왜 도움을 구했는가?

답: 정의구현전국사제단은 우리나라의 민주화를 위해 열심히 싸워 온 전통이 있는 단체이다. 아무리 정권이 탄압을 해 온다 해도 국민을 더 이상 기만할 수는 없다.

다만 이 사회구조가 조건이 나쁘고 열악하기에 우리 힘만으로는 해내기 힘들어 사제단의 도움을 빌렸던 것이다.

신홍범 씨와 얘기를 나누는 중에도 그분들로부터 유형·무형의 도움을 받으리라는 데 생각을 같이한 적도 있다.

문: 기자회견을 함으로써 제도언론의 실상이 폭로되고, 이것이 결국 정부 비방이 된 것이라고 생각지 않는가?

답: 속알머리 좁은 사람에게 조금 언짢은 얘길 하면 금방 토라진다. 정부는 이 사실에 토라진 것이다. (웃음)

이렇게 말한 것은 문학적으로 높여 표현한 것이고, 정부는 생각해 본 적도 안중에도 없다. 사실 비난의 대상도 안 된다.

문: 공소장에, 기자회견 때 성명서를 "송건호로 하여금" 낭독게 했다고 나오는데, 이 방청석에 송건호 씨께서 나오신 것 같은데 여기에 대해 어떻게 생각하는가?

답: 소위가 하사에게 "이것 해라, 저것 해라" 하는 군대식의 방식을 생각게 한다. "~에게 하여금"이란 말은 군대식의 언어 방식이다. KBS

의 사장이나, 검찰에서 주로 쓰는 표현이겠지요. 마치 KBS 사장이 부하 앞에서 서류를 부하 낯짝에 집어 던지는 것이 사나이인 것인 양 그렇게 해야만 권위가 서는 줄 알고 하는 그런 방식이다. 언론 경영주가 말단 기자들에게는 하늘같이 높게만 보이는 편집국장을 향해 물건(신문 등)을 집어 던지고 내동댕이치며 호통치자 편집국장이 도망치는 듯한 모습을 하며 피하는, 차마 볼 수 없는 장면을 한국일보사 재직 시 본 적이 있다.

송건호 선생님은 언협의 의장이시며, 솔직히 한국 민주언론운동과 송건호 선생님을 저울에 올려놓고 달아 본다면 무게가 같이 나갈 정도라고 생각한다. 더 이상 얘기하고 싶지 않다.

문: 그렇다면 송건호 씨도 국가모독죄에 해당이 될 텐데, 방청석에 앉아 계시는 것은 남다른 끗발이 있어서인가?

답: 검찰이 관대해서인가 보다. (웃음)

문: 언론의 자율성이 문제되는 상황에서 언론은 현재 권력과의 관계에서 어느 정도의 자율성을 갖고 있으며, 얼마만큼 유착되어 있다고 보는가?

답: 관계라는 것은 없다. 권력과 언론, 그것은 이미 하나이다. 바로 권력이 언론 그 자체가 되어 버린 한 몸이다.

나는 4·19 때 고등학교 3학년이었는데 서울에 와서 직접 4·19를 경험했다. 4·19는 학생과 언론의 합작이었다. 그때 신문은 아름다웠다.

그런데 1980년 5월 광주민중항쟁 때 모든 신문사는 돌로 얻어맞고 비난받았다. 신문 한 장, 주간지 한 권, 그 종이 값이 얼마 안 될지 모르지만 정권을 유지하기 위해 허위조작을 일삼는 데 쓰여지는 종이가 아까울 따름이다.

문: 언론사에서 언론인이 받는 보수는 어떻다고 생각하는가?

답: 내가 기자로 있을 때, 봉급(기자 봉급)은 대우나 삼성에 들어간 동료의 보수의 절반밖에 되지 않았다. 그러나 지금은 그 배가 넘는 굉장한 보수와 10여 가지의 혜택, 이루 말할 수 없는 융자, 생활대책, 면세 등을 받고 있다. 연합통신과 한국일보가 토지 매매 과정에서 조세 감면 특혜 조치를 받아 각각 10억 원과 4억 원의 세금을 면제받은 사실이 있다. 명목이 분명치 않자, 지원 기준을 개정하여 "88올림픽이 되어 지원 대상이 될 경우"라는 조항을 추가하면서까지 언론사에 대한 특혜 조치를 베풀었다. 지금은 내근 평기자까지 자가용을 몬다. 내가 그만둔 게 후회가 된다. (웃음)

문: 정부와 신문 중 하나를 택하라면 무엇을 택하겠는가?

답: 미국 독립선언문의 기초자이자 3대 대통령을 역임하고 미국 민주화에 공헌한 토머스 제퍼슨은 신문 없는 정부, 정부 없는 신문 중 무엇을 택하겠느냐는 질문에 정부 없는 신문을 택하겠다고 했다. 이때 제퍼슨은 당시 정부 없는 신문을 인디언 사회와 연관시키면서 서로 잘 알고 공감하며 행복하게 살고 있는 공동체로 인디언 사회를 이야기하고 있었다.

또한 제퍼슨은 헌법 수정안을 통과시킬 때, 주불대사로 있으면서 언론자유 조항이 없다고 하여 9개 주와 함께 이를 반대하고 언론자유 조항을 넣도록 하는 데 편지를 쓰는 등 각별한 노력을 기울인 장본인이다. 미국에서는 '언론자유=제퍼슨'으로 통한다.

그러나 "정부를 택할 것이냐, 신문을 택할 것이냐"라는 가설은 우리 현실에서는 통하지 않는다. 왜냐하면 우리에겐 정부다운 정부도, 신문다운 신문도 없기 때문이다.

문: 광주민중항쟁 기념행사를 했었다고 하는데?

답: 제5공화국은 지울 수 없는 오점이 있다. 광주사태가 바로 그것이다.

광주민중항쟁은 이 땅의 자유·평등·민주·복지를 위한 올바르고 참다운 운동이었고 그 당시는 그렇게 될 좋은 시기라고 생각했다.

우리 언협을 문화단체라고 하는데, 문화단체는 대중을 동원하기가 쉽지 않다. 민문협·자실·언협 3단체 회원들이 일주일간 30~50여 명씩 모여 마포경찰서의 보호와 배려하에 별 무리 없이 행사를 치렀다.

매년 5월 18일이 되면 우리 4천만 국민은 '광주'를 돌아본다. 이제껏 한 번도 광주에서 그전과 같은 데모와 운동이 일어나지 않았다는 것이 한이 된다.

문: 『말』지를 간행하고 나면 어떤 식으로 경찰과 관계를 갖게 되는가?

답: 보통 5~10여 일 구류를 사는 것이 관행 아닌 관행으로 되어 왔다. 또한 그간에 나왔던 성명서 등과 함께 즉결재판소에서 함께 몰아서 처리되는 것 같았다. 광주민중항쟁 기념행사를 다시 문제 삼은 것은 일사부재리의 원칙에 어긋나는 것으로서 어쩐지 파헤쳐 봐야 될 것 같군요.

문: 성명서에 반제·반파쇼·반민중이라는 표현이 나오는데, 이런 용어를 성명서에 사용한 적이 있는가?

답: 현 정권을 가리켜 삼반정권이라 한다. 나는 이 삼반정권을 제국주의에 예속된 식민지 국가, 파쇼 지배 집단, 민중이 노예로 되어 버린 사회라고 본다. 그러므로 이 삼반 용어의 내용에 대해 전폭적으로 수긍한다.

문: 대우어패럴…….

검사: (말을 막으며) 피고인에 대해 신문을 하겠다. 피고인은 김상철 변호사가 신문했을 때 반공법, 국가보안법이 악법이며 21항 부분에서는 안보는 꼭 철회되어야 한다고 계속해 말했고 이북 주장인 고려연방제 운운했는데, 이 발언들을 왜 했는지 묻겠다. 좌경, 과격 발언을

하려고 한 것인지, 혹은 안보를 철폐하려는 의도로 한 것인지 묻고 싶다.

김태홍: 지금, 녹음이 되고 있나요?

재판장: 예.

김태홍: 녹음이 되고 있으니 다행이다. 피고인의 진술 내용 중, 내용의 의미를 정확히 파악하고 인용하여 얘기를 해 주었으면 좋겠고, 특히 고려연방제 운운 식의 현 군사독재가 하는 방식대로 검사가 하는 것에 분개하지 않을 수 없다.

안보가 현 집권세력을 위한 것이니까 그런 안보를 철폐해야 한다는 것이며, 만약 민중이 지지하고 옳다고 생각하는 안보라면 나도 찬성한다.

현 정권은 반민주·반민중·반민족적이며 이에 귀속된 독재권력 조성을 위한 안보는 철폐되어야 한다는 것이다.

검사: 반공법, 국가보안법을 악법이라고 했는데, 정말 국가안보를 위한 이러한 법을 철폐해야 한다고 생각하는가?

김태홍: 이 국가보안법은 삼반정권이 자신들의 권력유지를 위해 악용하고 있기 때문에 철폐되어야 하는 것이지, 정말로 안보를 위하고 국민 복지를 위한 국민의 생활을 위한 보안법이라면 당연히 지켜야 하겠지요.

검사: 지금 계속하지는 않겠으나 다음에 준비하여 신문하겠다.

재판장: 검사는 오늘 그 정도로 해 두고 변호인 측에서 준비한 것 있으면 더 해 주시오.

변호인: 이상이다.

'보도지침'은
반민주·반민족·반민중적 권력의 성격을 반영

김주언

제3차 공판

4월 29일 열린 제3차 공판에서 김주언 씨에 대한 함정호 변호사의 변호인 신문은 별다른 이의 제기 없이 30분간 진행됐다. 함 변호사는 변호인 신문을 통해 '보도지침'의 입수 경위와 이를 언협 관계자에게 넘겨준 경위의 합법성, 그 내용이 국가기밀누설죄에 적용되지 않는다는 사실, 김주언 씨가 가지고 있다가 국가보안법으로 기소된 책자가 아무 문제도 없는 것이라는 점을 입증했다.

함 변호사는 김주언 씨의 신문사 경력, 86년 3월경 '보도지침'을 알게 된 경위, '보도지침' 내용을 김도연에게 알려 주고 이를 이석원에게 복사하여 전달하게 된 것 등을 물었고 김주언 씨는 소상하게 설명했다.

김주언 씨는 또 변호인 반대신문을 통해 홍보정책실이 지난 80년 언론기본법이 제정되면서 구성됐고 대부분이 기자 출신들로 이루어져 있음을 밝혔으며, '보도지침'은 전화를 통해, 혹은 기관원이 직접 편집부국장에게 알려 주고 편집부국장이 이를 모아 두었다가 신문 제작에 사용하고 본인은 당시에는 어떤 내용인지조차 알 수 없게 돼 있었다고 말했다.

함 변호사는 '보도지침' 중 공소사실로 적시된 것들이 모두 외국 신문·통신에 보도되고 일부는 국내 신문에도 보도되었음을 입증했고 김주언 씨는 이를 알고 있다고 대답했다.

이어 함 변호사는 문제된 세 권의 책에 대한 구입처를 확인했고 구입 동기가 '학문적인 목적'일 뿐임을 밝혀냈으며, 이 책들의 내용이 국내에서도 널리 강의되는 것임을 입증했다.

함정호 변호사: 『사회학과 발전』이란 책의 저자는 여러 명이며 그중 한 명은 85년 6월 6일부터 서울대 사회과학연구소 초청으로 한국에 와 '두 개의 한국과 종속이론'에 관한 강연을 한 사실을 알고 있는가?

김주언: 그렇다.

이어 함 변호사는 해외 공보관에 대해 물었고 김주언 씨는 해외 공보관은 각 나라에서 근무하면서 그 나라 신문에 난 한국 관계 기사를 스크랩·정리해서 한국에 보내오면, 이를 문공부가 받아 그 내용을 신문에 싣거나 싣지 말도록 지시하기 때문에 명백한 사전검열일 수밖에 없다고 말했다.

재판장은 김주언 씨에 대한 고영구 변호사의 변호인 신문은 다음에 하겠다며 재판을 마무리 지으려 했다. 이에 함정호 변호사가 다시 일어섰다.

함정호 변호사: 아직 증거조사 절차에 들어가지 않는 상태지만 몇 가지 먼저 재판부에 신청해 둘 것이 있다. 현재 국가보안법 사건에서 압

수된 책자의 감정은 검찰 측이 의뢰하는 비전문가들이 하고 있는 실정이다. 김주언 피고인이 갖고 있다가 압수된 『현대 사실주의(Realism in our time)』(게오르크 루카치 지음, 영문판), 『역사와 계급의식(History and Class Consciousness)』(게오르크 루카치 지음, 영문판), 『사회학과 발전 (Sociology and Development)』(임마누엘 데 캇트 지음, 영문판) 등 책자에 대해 김윤식, 차인석, 반성완, 박정호 교수 등의 감정을 의뢰한다.

그리고 내가 국가기밀에 관한 법령을 모두 뒤져 봤더니, 국가기밀은 반드시 비밀 분류를 해서 인가자만 취급하게 되어 있다. 외무부도 당연히 이 법에 따라 국가기밀을 취급하고 있는 것이다. 외무부가 공소장에 적시된 국가기밀들을 과연 비밀들로 분류한 사실이 있는가, 있다면 언제 했고, 해제됐다면 또 언제 했는지 외무부에 사실 조회를 해 줄 것을 요청한다.

검사: 국가기밀이 몇 급 비밀에 해당되느냐 하는 것은 법 자체로 정해져 있다. 그러나 본 건을 기소한 것은, 공소장에 적시된 사실이 외교상의 기밀에 해당된다고 검찰에서 판단했기 때문이다. 비밀로 분류됐다고 국가기밀이고, 분류되지 않았다고 해서 국가기밀이 아니라고 할 수는 없다. 굳이 비밀 분류 사실을 알아볼 필요는 없다. 외교상 국가기밀에 해당되느냐 아니냐는 것은 법률 전문가인 재판부에서 판단할 사항이라고 본다.

함정호 변호사: 다시 부연 설명을 하자면 군사기밀은 군사기밀보호법에 의해, 기타 국가기밀은 대통령령으로 공포된 보안 업무 규정에 의해 반드시 분류해서 보관하라고 되어 있다. 외무부도 예외가 아닐 것이다. 외무부가 국가기밀이 아니라고 판단하는 사실을 어떻게 법원이 국가기밀이라고 판단할 수 있단 말인가. 또 설사 외무부가 국가기밀로 분류했다 하더라도 다른 나라에서 다 아는 사실은 외교상 국가

기밀이 될 수 없다.

검사: 외교상 국가기밀누설죄 저촉 여부는 법원이 형법으로 판단할 문제이지, 외무부가 판단할 문제는 아니다. 외무부에 사실 조회할 필요가 없다.

함정호 변호사: 외무부의 외무 공무원 및 재외 공무원 복무규정을 보면 공무원은 기밀에 대해 보안을 유지해야 하고, 국가기밀누설죄는 직무상 취득한 것에만 적용하게 되어 있다.

재판장 박태범 판사는 두 사람의 논전을 중지시키고, 함정호 변호사에게 감정 신청한 책에 대해 "어느 책은 어느 교수에게 하는 식으로 좀더 신청 취지를 명백히 해 달라"고 요구했다. 함정호 변호사는 "내일까지 서면으로 제출하겠다"고 했다(함정호 변호사는 다음 날 『현대 사실주의』에 대해 서울대 김윤식, 한양대 반성완 교수, 『역사와 계급의식』에 대해 서울대 차인석 교수, 경희대 강사 박정호 씨, 『사회학과 발전』에 대해 서울대 임현진·이홍구 교수에게 각각 감정해 줄 것을 서면 신청했다. 이에 따라 재판부는 반성완, 차인석, 임현진 교수에게 각각 감정을 의뢰했다).

함 변호사는 또 『역사와 계급의식』이 공신력을 인정받은 '오늘의 책 선정위원회'(위원장 유종호 이화여대 교수)에서 지난 3월 '오늘의 책'으로 선정한 35권의 책 중 하나라는 사실과 이 사실이 보도된 일간지를 증거로 제출했다.

박 판사는 "외무부에 사실 조회하는 문제는 일단 보류하겠다"며 5시 25분 3차 공판을 마쳤다.

제4차 공판

5월 6일 있은 제4차 공판에서는 김주언 씨에 대한 고영구 변호사의 반대신문이 있었다.

문(이하 고영구 변호사): 피고인은 화학을 전공한 사람으로서 언론계에 투신한 이유는 무엇인가?

답(이하 김주언 기자): 이공학부를 나왔다고 해서 그다지 문제되는 것은 아니다. 민주발전과 언론발전을 위해 언론계에 들어섰다.

문: 언론계에 투신한 후, 과연 김 기자가 가지고 있던 포부나 동기가 실현될 수 있었던가?

답: 80년 4월에 신문사에 입사했는데 80년 당시 7백여 명의 기자들이 타의에 의해 현직에서 쫓겨나야 하는 아픔을 겪었다. 그때부터 현직 기자들은 생계수단을 잃을지도 모른다는 두려움에 떨게 됐다. 최근에는 특히 '보도지침'이 강요됨으로써 언론에 대한 정부의 통제가 심해져 기자들이 사회의 일익을 담당한다는 자부심보다는 고위층에서 시키는 대로 할 수밖에 없다는 타율성에 얽매여 있다. 그래서 기자들은 '사회의 목탁'이나 '무관의 제왕'이라는 허울 좋은 소리보다는 한낱 샐러리맨에 불과하다는 자조 섞인 한숨을 토하곤 한다. 그래서 일부 젊은 층에서는 기자를 배고픈 자[飢者], 깃발을 들고 다니는 자[旗者], 기생과 같은 자[妓者], 버려진 자[棄者], 피해야 할 자[忌者] 등으로 자신을 낮춰 부르기도 한다.

문: 따라서 제대로 뜻을 펼 수 없었다는 것인가?

답: 그렇다.

문: 문공부 홍보정책실로부터 시달되는 '보도지침'을 공소장에서는

"문공부 홍보정책실이 통상 국가적 기밀사항에 해당하는 내용이라
고 판단하여 언론보도에 신중을 기해 줄 것을 언론사에 협조요청할
경우, 그 요청을 받은 언론사는 독자적으로 판단하여 사실보도에 참
고해 오는 것이 국내외 언론계의 관행"이라고 말하고 있는데, 실제에
있어서 시달된 '보도지침'을 편집진에서는 어떻게 받아들이는가? 즉
사실보도에 참고를 하는가, 아니면 사실을 왜곡하거나 축소, 은폐, 묵
살하는 데 참고를 하는가?

답: 문공부로부터 시달되는 '보도지침'은 주로 간부진으로 구성된 편
집진에서 논의되어 신문에 반영되고 있다. 나는 편집진이 아니라서
'보도지침'이 어떻게 반영되는가를 자세히는 알 수 없지만, 이 지침
의 대부분이 신문 제작에 반영되는 것을 알 수 있었다. 특히 '보도지
침'은 강제성이 있으므로 사실보도를 하는 데 커다란 장애요소가 된
다. 어떤 사건에 대해 꼭 사실보도를 해야 한다는 결론이 나왔을 경우
에도 '보도지침'에 의해 크게 제약받고, '보도지침'을 어기면서까지
신문에 보도할 경우에는 거의 매일 출입하는 기관원들이 강제로 삭
제하기가 일쑤다.

문: 검사는 언론사에서 사실보도를 위한 참고로 쓰여졌다고 말했는
데…….

답: 그것은 참고가 아닌 지시로 이루어지고 있다. 어떤 조사에 따르면,
'보도지침'의 70% 이상이 지시 그대로 이루어지고 있다고 했는데 이
정도라면 참고를 넘어 지시의 성질을 지니고 있다고 보아야 한다.

문: 이렇게 '보도지침'을 시달하는 것이 국내외 언론계의 관행인가?

답: 검사 말대로 보도협조사항이 엠바고나 오프 더 레코드라면, 이는
'보도지침'과는 별도로 하나의 관행으로서 계속 이루어지고 있는 형
편이다. 경제부처 등 정부기관에서 어떤 시책을 발표할 때는 반드시

며칠 몇 시 이후에 보도해 달라는 협조사항이 붉은색으로 찍혀 있게 마련이다. 이를 일컬어 엠바고라고 하는데 엠바고는 그대로 지키는 것이 관행으로 이루어지고 있다. 또 부처장관이나 정치인 등과 기자와의 간담회에서 장관 등이 기자들의 사건에 대한 이해를 돕기 위해서 이야기를 해 주고 보도하지 말 것을 요청하는 것이 오프 더 레코드이다. 이는 대체로 지켜지는 편이지만, 신문에 보도되는 경우도 많다. 따라서 삭제, 왜곡, 첨삭, 축소 등을 지시하는 '보도지침'은 엠바고나 오프 더 레코드와는 확실하게 구분되며, 이는 협조가 아닌 강제 지시라고 볼 수밖에 없다.

문: 보도협조와는 다른 강제 지시라는 뜻인가?

답: 그렇다.

문: '보도지침'에 어긋나게 보도하는 경우, 협조를 하지 않은 것으로 그치고 마는가, 아니면 어떤 조치나 연락이 따르는가?

답: 신문사 편집진들의 판단에 의해 '보도지침'을 어기고 기사를 게재하면, 즉각 홍보정책실이나 안기부의 전화에 시달려야 한다. 경우에 따라서는 기사의 크기가 축소되기도 하고 없어지는 사례도 비일비재하다. 심지어는 기관원들이 자기들의 지시가 제대로 시행되었는지의 여부를 확인하기 위해 새벽 2시에 신문사를 찾아오기까지 한다.

문: 지시를 어겼을 경우엔 사후조치가 따른다는 얘기인가? 또 검사의 얘기는 사실과 다르다는 건가?

답: 그렇다.

문: 1986년 4월 18일 한국기자협회 한국일보 분회 이름으로 편집국 기자들이 "우리의 결의"를 발표한 뒤를 이어, 6개 일간지, 1개 통신사, 3개 지방 일간지에서 기자들이 각기 오늘의 언론 상황에 대한 현직 기자들의 입장을 밝혔는데 알고 있는가.

답: 잘 알고 있다.

문: 김 기자도 한국일보 분회의 모임과 결의에 참여하였는가?

답: 당시 분회의 총무를 맡아 보았기 때문에 적극적으로 참여하였다. 그때의 결의 채택을 처음부터 끝까지 주도하다시피 했다.

문: 한국일보 기자들의 "우리의 결의"에 보면, 결의사항의 두 번째에 "언론의 기능 회복과 자율권 확보를 위해 기관원 출입과 홍보지침 등 일체의 외부간섭을 거부한다"로 되어 있는데 이는 바로 홍보지침, 즉 '보도지침'을 관행이 아닌 외부간섭으로 거부한다는 뜻이 아닌가?

답: 외부의 간섭을 분명히 거부한다는 뜻이다. 이는 나만의 뜻이 아니라 전체 기자들의 입장이었다. 홍보지침이나 기관원에 의해 언론의 자율권이 박탈당하면 언론이 설 땅을 잃게 된다. 따라서 언론을 지키기 위해서는 현직 기자들이 솔선수범해야 한다는 뜻에서 이 같은 결의를 하게 된 것이다.

문: 1986년 5월 8일에 《동아일보》 기자 일동이 결의 발표한 "현 시국과 상황에 대한 우리의 결의"는 그 제4항에서 "언론의 보도 제작은 전적으로 언론인의 양식과 양심 및 자율적 판단에 따라 이루어져야 하며 '언론 조정'과 '협조'라는 이름 아래 계속되고 있는 정부기관의 부당한 언론간섭과 기관원의 언론사 출입은 언론자유를 침해하는 가장 명백하고도 심각한 사태로서 즉각 중단되어야 한다"고 한 것을 비롯, 5월 15일에 《중앙일보》 기자들도 첫 번째 결의사항으로 "언론자유 침해를 제도화하고 있는 언론기본법은 폐지되어야 하며 협조요청이라는 미명하에 자행되고 있는 지배권력에 의한 보도통제와 조작, 기관원의 출입은 즉각 중단되어야 한다"고 했는데 전체 현직 언론인의 '보도지침'에 대한 인식과 거부는 김 기자나 민주언론운동협의회의 입장과 아무 다를 것이 없는 일반적인 것이 아닌가?

답: 그렇다.

문: 4월 18일 분회 총회 이후에 홍보지침(보도지침)은 눈에 뜨이는 대로 모아 두고, 기관원이 올 때마다 "나가 달라"고 요구하기로 한 것은 총회의 결의였던가?

답: 그렇다.

문: 이렇게 홍보지침(보도지침)을 모아 두기로 한 이유는 무엇이었으며, 이를 무엇에 사용하려고 했었는가?

답: 분회의 결의사항으로만 정해 놓고 아무 일도 하지 않는다면, 의미 없는 일이라고 생각했다. 결의사항을 실천하기 위해서 홍보지침 자료를 모아 두자고 했다. 그러나 이것을 어떻게 할 것인지, 즉 공개 방법에 대해서는 논의하지 않았다. 신문사 출입기자(기관원)에 대해서도 결의사항을 실천하기 위해 "나가 달라"고 요구했던 것이다.

문: '보도지침'을 따로 모아 두었던 이유와 목적은 무엇이었는가?

답: 첫째로, 외부에서 전화로 언론통제를 한다는 사실은 들어서 잘 알고 있었으나 실제로 '보도지침'을 대하니 이렇게 심할까라는 생각이 들었다. '보도지침' 자체는 통제 지시사항이었다. 실제로 언론사에서 '보도지침'을 거부하지 못하기 때문에 이를 모아서 국민들에게 알림으로써 언론통제 사실을 폭로하고 싶었다. 둘째로는 언론자유를 위해서이고, 셋째로 '보도지침' 중에는 헌법에 명시된 국민의 알 권리를 저해하는 사항들이 많아 이를 널리 알림으로써 국민의 알 권리를 충족시켜 주고 싶었다.

문: 용기 있는 결단을 하게 된 동기와 심경은?

답: 우리의 현 언론이 제도언론이란 비난을 들을 때마다 현직 언론인들은 상당히 죄의식을 느끼게 된다. 따라서 '보도지침'을 거부하고 기관원의 출입을 스스로 막아야 하지만, 힘이 없어서 이렇게 '보도지

침'을 폭로할 수밖에 없었다. 이런 식으로 계속 언론통제가 가해지면 언론이 위축될 수밖에 없어 이런 일이 계속되어서는 안 되겠다고 생각했다. 또 국민들이 꼭 알아야 될 사항들이 정부의 부당한 간섭에 의해 차단되므로 이런 식으로라도 알려야 한다고 생각했다.

문: '보도지침'이 실제 신문 제작에 미치는 영향, 즉 신문 제작에 있어서의 가치판단에 미치는 영향, 기사의 크기와 배치 등에 미치는 영향은 실제에 있어 어느 정도였다고 보는가?

답: 어떤 기사를 꼭 실어야 한다든지에 대한 판단은 편집진에서 결정한다. 따라서 소장층 기자들은 '보도지침'을 정확하게 알 수는 없지만, 타 신문과 비교하여 그 정도를 알 수 있다. '보도지침'을 따르는 게 관례처럼 일상화돼 있지만, 간혹 경쟁사끼리의 경쟁으로 '보도지침'을 어기는 사례도 나타나곤 했다.《한국일보》와 경쟁지인《조선일보》를 비교해 보면,《한국일보》가 '보도지침'을 어기고 어떤 기사를 지방판 신문에 실었을 때였다.《한국일보》는 밤새도록 기관의 전화에 시달려 결국엔 시내판 신문에서는 빠지고 만다. 그러나《조선일보》는 《한국일보》에 실렸다는 걸 내세워 지방판 신문에서는 싣지 못했다가 시내판 신문에서는 그 기사가 게재되는 등 웃지 못할 해프닝이 벌어지곤 한다. 이렇듯 기사 게재의 판단 자체도 외부간섭에 의해 좌우된다고 볼 수밖에 없는 것이다.

언론기본법에 의하면, '보도지침'을 하달하는 문공부 홍보정책실의 장(長)인 장관이 언론사의 등록을 취소할 수 있게 되어 있다. 실제로 간부들이 어떤 판단에 의해 신문을 제작하는지에 대해서는 정확히 알 수 없으나 '보도지침'을 어겨 신문사의 등록을 취소당하게 하기보다는 '보도지침'을 지키고 신문사를 지켜야 한다는 생각이 지배적인 것 같다.

문: 언론사는 언론기본법에 종속되어 있다고 생각하는가?

답: 언론사가 언론기본법에 의해 정부에 예속돼 있어 기사의 크기와 배치 등을 마음대로 할 수 없다.

문: 공개된 '보도지침'은 모두 520건으로 하루 평균 2건 꼴이었다. 이런 많은 지침이 언론사에 쏟아졌는데 이를 통해 정부의 생각을 짐작할 수 있다. 민족 문제, 민주화 문제, 민생 문제, 민중운동 등에 대한 현 정부의 태도와 성격은 어떻게 나타났다고 보는가?

답: 특집호의 내용이 모두 생각나는 건 아니지만, 머리에 떠오르는 사실만으로도 충분히 알 수 있다. 민족의 생존과 직결되는 통일 문제는 당사자인 우리가 모르는데 외신이 먼저 보도하는 등 베일에 가려져 있다. '보도지침' 사항에도 있듯이, 남북정상회담에 대해 일본《아사히신문》은 당시 박동진 통일원 장관과의 인터뷰를 통해 전망이 좋다고 보도한 적이 있다. 국내에서는 남북정상회담에 대해 전혀 알려진 적이 없었다. 이처럼 통일 문제에 직결되는 사항에 대해 장관이 외국 신문에는 알려 주고, 국내에는 그 사실을 보도통제하여 알리지 못하게 하는 것은 통일에 대한 민족의 열망을 무시하고, 이를 비밀 취급하면서 몇 사람이 주무르고 있다는 사실을 반증하는 것이다. 통일 문제는 범국민적 합의에 기초한 기구에 의해 다루어져야 한다고 학자들이 주장해 왔는데 이에 전적으로 동감이다.

핵 문제는 꽁꽁 베일에 가려진 채 국민들에게는 알려지지 않고 있다. 국내에 핵이 배치되어 있다는 것은 잘 알려져 있지만, 국민들은 그 실상을 정확히 이해하지 못하고 있다. 보도통제 때문이다. 만약 핵이 문제되어 우리 민족이 절멸당할지도 모르는 위기에 처하더라도 이에 대해 보도를 통제할 수 있을 것인가? 공소사실에 나와 있는 미 국방성이 발표한 핵 전투기의 국내 배치 문제도 그렇다. 이는 미 국방성이 공식으로 발표해 외국에서는 잘 알고 있는 사실이다. 그러나 국내에서는 보도가 통제되어 알려져 있지 않다. 생명이 직결돼 있는 우리 국민만이 모른다는 얘기다. 현재 재야·운동권에서는 반핵이 상당한 무게를 지니고 슬로건으로 자리 잡아 가고 있다. 핵이 국내에 들어와 있다는 사실보다 재야·운동권에서 이를 슬로건화하는 것이 두려워 숨기는 것은 아닌지 묻고 싶다. 핵이 국내에 들어와 있다는 사실 때문에 외세에 대해 자주적이지 못하고 종속되어 굴복하는 태도가 더 문제라고 생각한다. 또 민생 문제에 있어서 "농촌이 파멸 직전에 있다"는 국회의원의 발언을 보도하지 못하게 하고, 소 값 파동, 노동자들의 임금투쟁 등을 작게 취급하거나 보도하지 말라고 '보도지침'은 지시하고 있다. 소 값 파동이 정책의 잘못에서 온 것인데도 이에 대한 바람직한 비판을 수용하지 못하고 은폐하는 데만 급급한 인상이다. 또 동원탄좌에서 체불임금을 요구한 사실과 노동자들의 임금인상 요구도 보도금지되었고, 전기료 인상도 '몇 %' 오른 것으로 하지 말고 '몇 원'으로 보도하라는 등 시시콜콜하게 지시하고 있다. 이는 민생 문제를 사실대로 보도하여 의견을 수렴하기보다는 사실을 은폐하기에 급급했다는 생각을 갖게 한다. 박종철 군 고문치사 사건이 커다란 사회 문제로 떠오른 것으로 알고 있는데, 고문 문제는 단지 박 군만의 문제는 아니었다. 민추위 사건으로 구속된 김근태 씨가 고문으로 큰 문제가 되었는데 '보도지침'은 아예 '고문'이라는 말 자체를 쓰지 말라고 통제했다. 또 권 양 사건도 '성고문 사건'이라고 쓰지 말고 '부천서 사건'으로 표기하라고 했으며 한 술 더 떠서 "운동권 학생들이 성(性)을 폭력혁명을 위한 도구로 사용했다"는 공안당국의 발표문을 싣게 하는 등으로 왜곡·조작을 일삼았다. 고문 자체를 떠나 고문으로 만신창이가 된 당사자를 인간 이하로 몰아가려는 작태라

하겠다.

　민주화에 대한 정부의 태도도 그렇다. 민주화란 말만 크게 떠벌이고 실제로는 민주화를 하지 않겠다는 의도인 것 같다.

검사: (벌떡 일어서며) 이의 있다. 이 사건은 피고인의 말대로 정부시책·정책 등에 문제가 있어서 기소된 것이 아니다. 검찰은 '보도지침' 공개가 외교상 기밀누설이라고 판단해서 기소한 것이다. 그런데 변호인과 피고인은 마치 정부시책이나 정책에 문제가 있어서 그런 것처럼 주장하고 있다.

변호사: 검사가 가당치도 않은 말을 하고 있기 때문에 한마디 하겠다. 변호인과 피고인은 지금 외교상 기밀누설이라는 검사의 기소 내용에 대해 방어권을 행사하고 있다. 다시 말해 '보도지침'의 구체적 내용을 통해 정부의 경향성을 알기 위해 변호인은 김 기자를 신문하고 있는 것이다. 결코 범죄도 아닌 행동을 자기들 비위에 어긋났다고 가당치도 않게 국가기밀누설죄로 덮어씌워 기소한 사실을 입증시키기 위해 지금 김 기자는 논리정연하게 대답하고 있는 것이다. (방청객 여기저기서 "옳소" 하는 소리가 들렸다)

검사: 당국의 비위를 거슬렀기 때문에 기소한 것이 아니라 법에 위반됐기 때문에 기소한 것이다.

변호사: 그 법에 위반됐느냐, 안 됐느냐를 판단하기 위해 이 재판을 진행 중이다. 위반했다고 기정사실화하는 그런 식의 발언은 있을 수 없다.

판사: 잠깐만……, 오늘로 4차 공판째다. 그런데 아직 변호인 신문조차 끝내지 못하고 있다. 공판의 효율적 진행을 위해 신문 내용과 답변을 문제의 핵심에 맞게, 다시 말해 간결한 진행방식이 아쉽다는 느낌이 든다. 그 정도로 쌍방이 이해하고 변호인 신문을 진행토록 해 달라.

변호사: 계속하겠다. 민족·민중·인권 등에 대해 얘기하다가 그쳤는데

민주화 문제를 계속하라.

답: 존경받고 추앙받는 김수환 추기경님의 "개헌은 빠를수록 좋다"는 내용을 보도하지 말라는 얘기는 민주화의 열기를 신문을 통해 축소하려는 인상을 주었다. 요즈음 학생운동에 대해 정부는 '적군파식 수법'으로 몰아붙이고 있다. 학생들이 모두 옳다고는 볼 수 없지만, 옳은 것을 수용하지 않고 조작을 일삼고 있다.

공소장에서는 국가안보를 이유로 뇌물 수수 문제와 FBI 국장의 방한을 문제로 삼고 있다. 국가안보 문제는 전체 국민의 합의에 의해 지켜져야 한다. 그럼에도 불구하고 F-15 전투기 구매에 따른 뇌물공여 문제를 신문에 보도하지 말라는 것은 일부 특권층에 의해 안보 저해 요인이 발생하고 있다는 사실을 은폐하려는 의도이다. 국민적 합의에 의해 안보가 이루어져야 한다면 당연히 뇌물을 받은 관리는 비난받아 마땅하다.

FBI는 잘 알려진 것처럼 범죄수사대이다. 그 국장이 한국에 온 것은 범죄를 수사하기 위해 온 것인데, 이 범죄와 안보가 어떤 관계라도 있다는 것인지 알 수가 없다. 이런 문제는 국민에게 공개하여 심판을 받아야 한다.

이 두 가지 사실은 검찰이 좀 더 수사해서 국민들에게 사실을 공명정대하게 알려야 한다. 그래야만 국민적 합의에 의한 국가안보가 좀 더 다져질 수 있다고 생각한다.

문: 정부가 반민주·반민중·반민족적이며 공소사실에서의 기밀이란 것은 억지로 꾸며낸 것이 아닌가?

답: 그렇다.

문: 피고인들이 재판을 받는 것은 '보도지침'을 국민에게 알린 것 때문이지 외교상 기밀누설 때문이 아니라는 뜻인가?

답: 그렇다.

문: '보도지침'을 통한 언론통제 이외에 다른 채널이나 방법으로 이루어지는 각종 각급의 언론통제 방식은 어떤 것이 있는가?

답: '보도지침'이 주요한 통제 방법이라면,《동아일보》광고탄압 사건 이래 매스컴 학자들은 경제적인 수단을 통한 경영인에 대한 압력, 즉 경제 통제를 주요 수단으로 사용하고 있다고 한다. 두 번째 통제 방법은 기관원들의 편집국 출입이다. 현재는 7개 기관에서 기관원들이 드나들고 있다. 이들에 의한 기사 억제, 보도통제는 10여 년 이상 계속돼 온 것이다. 그리고 지침에도 나와 있듯이 언론인들을 연행하거나 협박하는 것이다. 일례로 '두꺼비' 만화를 그리는 안의섭 씨가 연행된 사건이 있었다. 그 이후로 안의섭 씨의 만화 연재는 중단되고 있다.

문: 김 기자의 '보도지침' 공개는 관심 있는 국민과 내외 단체로부터 "현역 기자로서 국민의 알 권리가 박탈되고 있는 현실에 항거한 과감한 용기와 투철한 언론자유 수호 정신에 충심으로 경의와 갈채를 보낸다"라는 찬사를 받고 있는데 이에 대한 감상은 어떤가?

답: 그런 찬사를 받을 일도 아니다. 잘했다기보다는, 또는 할 일을 했다기보다는 어차피 공개될 것이 공개되었다는 생각이다. '보도지침'은 누구나 볼 수 있는 곳에 놓여 있어 어느 누구라도 그것을 발견했더라면 반드시 국민들에게 알려졌으리라고 생각한다. 현직 언론인들은 심각하게 언론통제를 받고 있지만, 언론인 스스로 무엇인가 해야 한다는 사명감을 갖고 있는 것은 사실이다.

문: 용기를 주는 말이다. 공소장에 적시된 것 말고도 많은 책들이 압수되었다고 했는데 그 책들은 어떤 것인가?

답: 약 30권 된다. 치안본부에 연행된 뒤 압수·수색영장을 가지고 집을 수색했는지의 적법성 여부도 문제가 된다. 압수 목록을 훑어본 결과,

이는 모두 서점에서 진열해 놓고 팔고 있는 책들이다.

문: 변호인도 그렇게 생각하기에 물어보았다. 그렇다면 통상 번역, 시 판되고 있는 서적과 관련시켜 이를 국가보안법 위반으로 몰고 있는 처사는 김 기자의 언론자유 수호 정신을 왜곡, 훼손시키기 위한 의도 적이며 보복적인 것이라고 생각하지 않는가?

답: 별 문제도 없는 책들이고, 10년 전 학생 시절에 구입, 10여 년간 서 가에 꽂혀 있었고 제대로 읽어 보지도 못한 책인데 국가보안법으로 몰아붙인 것은 보복의 의미가 크다고 생각한다.

문: 7년간 몸담고 있던 한국일보사에 대하여는 매우 미안하다는 생각 을 갖고 있다고 했는데, 그러한 생각의 내용은 어떤 것인가?

답: 한국일보사 직원으로서 선배나 간부의 동의를 받지 않고 스스로 판 단하여 '보도지침'을 공개한 것에 대해 면목이 없다. 선배나 간부 및 한국일보사가 '보도지침'을 잘못 관리했다는 이유로 질책을 받았다 는 것에 대해 사과한다. 특히 '보도지침'의 공개로 현역 언론인이 썩 었다는 비판을 들었는데, 실제로 현역 언론인들도 주어진 여건에서 나마 책임을 다하겠다는 의무와 사명감을 갖고 일하고 있다고 생각 한다. 이 '보도지침' 공개로 그 사명감이 사라진 것처럼 들리게 된 것 에 대해 미안하게 생각한다.

지금은 한국 언론의 26시

신홍범

문(이하 박원순 변호사): 1970년 11월 서울형사지방법원에서 선고유예를
받았던 내용은 무엇 때문이었는가?

답(이하 신홍범 씨): 생략(검찰 측 신문 참조).

문: 1985년 10월 같은 법원에서 경범죄처벌법 위반으로 구류를 선고받
은 내용은 무엇 때문인가?

답: 생략(검찰 측 신문 참조).

문: 약 10년가량이나 신문사에서 기자로 종사하다가 1975년 3월경 조
선일보사를 퇴사한 이유는 무엇인가?

답: 1975년 3월 《조선일보》 기자들이 민주언론운동을 전개하는 과정에
서 33명이 해직되었는데, 그때 본인도 해직되었다. 당시 《동아일보》
에서는 130여 명에 이르는 언론인들이 집단적으로 해직되었는데, 그
과정에 대해서는 앞으로 자세히 진술하겠다.

문: 당시의 일반적인 언론 상황은 어떠하였고 언론자유운동이 일어난
배경은 어떠했는가?

답: 본인은 1965년 12월 조선일보사에 입사하여 10년 가까이 신문기자
생활을 하다가 해직되었다. 언론계에 발을 들여놓은 지 20년이 넘는
한국 언론의 한 사람의 증인이기도 하다.

한국 언론은 1960년까지만 하더라도 신문기자들과 신문 발행인이 합심하여 언론의 독립성을 지켜 내려고 노력했었다. 1964년 8월 구공화당 정권이 언론을 통제하기 위해 '신문윤리위원회법'을 강행하려 했으나 언론인들의 거센 저항으로 저지되었다. 한국 언론은 1970년대부터 본격적인 권력에의 예속의 길을 걷게 되었다. 신문사 편집국에는 여러 수사기관의 기관원들이 상주하다시피 출입하면서 기사를 빼라 넣어라 하는 등 보도를 금지하거나 기사를 수정케 하는 등 언론을 탄압했다. 본인은 이 같은 언론통제를 직접 목격하고 체험했다. 특히 이른바 '유신체제' 이후에는 탄압이 더욱 심해져서 언론의 예속화가 더욱 가속되었다. 당시 어느 중견 언론인은 한국의 언론을 "연탄가스에 중독된 언론"이라고 표현했는데, 이는 언론이 자기도 모르는 사이에 권력에 예속되었다는 의미이다.

당시 사회의 민주화 요구는 단 한 줄도 보도되지 못했다. 이 땅의 양심적인 지식인, 종교인 등이 여러 차례 민주화를 요구하는 집회를 열었으나 신문에는 전혀 보도되지 못했다. 학생들의 데모는 데모라는 말을 쓰지 못하고 '학원 사태'로, 물가인상도 인상이란 말 대신 '물가상향 조정'으로 표현하지 않으면 안 되었다. 이 같은 권력의 요구가 제대로 지켜지지 않으면 신문사 간부나 기자들이 수사관에 연행돼 구타당하곤 했었다.

그러던 1971년 3월 다수의 서울대 학생들이 동아일보사 앞에 몰려와서 "민중의 소리 외면한 죄 무엇으로 갚을 텐가"라는 플래카드를 들고 언론을 강력하게 비판한 사건이 일어났다. 학생들은 '언론 화형 선언문', '언론인에게 보내는 경고장' 등을 통해 언론을 가리켜 '붓을 휘두르는 깡패', '도둑 앞에 꼬리 흔드는 강아지', '도둑의 망보기꾼' 등으로 표현하면서 비판했다. 당시 본인은 기자로서 심각한 양심의 가책과 고통을 느꼈으며, 이러한 고통은 당시의 양심적인 기자들에게 공통된 것이었다고 생각한다.

이 같은 언론 상황에 참을 수 없어 1971년 4월《동아일보》기자들이 중심이 되어 제1차 '언론자유선언문'을 발표하고 기관원의 신문사 출입 금지, 언론에 대한 간섭 금지와 기자의 연행 금지를 요구하게 되었다. 그럼에도 불구하고 언론의 예속화는 더욱 심화되어 1973년 10월 전 언론계의 기자들이 두 번째로 '언론자유수호선언문'을 발표하게 된다.

그러나 초기의 언론자유운동에 동정적이었던 신문사의 발행인들은 기자들의 언론자유수호운동이 적극적으로 전개되자 위협을 느끼고 소극적이 되어 갔으며 기자들의 운동에 대해 제동을 걸기 시작했다. 이 시기는 언론기업들이 그동안 축적한 자본을 토대로 하여 그들의 기업적 이익을 확장하려 했던 시기와 일치하는데, 그것은 기자들의 언론자유운동이 그들의 그 같은 이해관계와 충돌된다고 생각했기 때문일 것이다. 언론의 자유를 수호하려는 기자들의 이러한 연속적인 선언에도 불구하고 권력의 언론통제가 가중되어 가자, 이 운동은 마침내 한국 언론사에 길이 남을 '10·24 자유언론실천선언'으로 발전되었다. 기자들은 이 '10·24 선언'에서 이제까지의 자유언론운동이 선언적인 데만 그쳤던 것을 반성하고 앞으로는 이를 구체적으로 실천하기로 다짐했다. 사실과 진실을 보도하려는 기자들의 실천이 신문 지면을 통해 구체화되자 권력은 1974년 12월 24일부터 75년 1월 중순에 이르기까지 세계 언론사상 유례를 보기 힘든《동아일보》에 대한 대대적인 광고탄압을 가했다. 이 자리에 계신 분들 가운데도 당시《동아일보》의 백지광고를 메꾸기 위해 호주머니를 털어 격려광고를 냈던 것을 기억하실 것이다. 광고탄압이 계속되는 가운데서도 외부의 간섭이나 압력을 배제한 채 사실을 보도하려는 기자들의 언론자유운동이 더욱 적극적으로 전개되자 신문사 경영주들은 커다란 위협을 느끼게 되었으며, 1975년 3월에는 마침내 권력에 굴복, 투항하여 권력과 손을 잡고 언론의 자유를 외치는 기자들을 언론 현장으로부터 대량 추방하는 사태를 빚어 냈던 것이다. 1975년 3월 수많은 기자들의 목을 자른 언론기업주가 그 피 묻은 손으로 권력과 제휴, 결합함으로써 이 땅의 언론은 제도언론의 단계로 들어가게 된다.

문: 75년 당시의 언론 상황과 지금의 상황은 어떻게 비교할 수 있는가?

답: 『25시』라는 작품을 쓴 비르질 게오르규라는 작가는 인간의 절망적인 최후의 시간을 24시로 설정하고 그 절망의 시간으로부터 1시간이나 더 진행된 상황을 25시로 표현했다. 그의 표현을 빌린다면 자유언론운동을 벌이던 160여 명의 기자들이 언론 현장으로부터 대거 추방된 1975년 3월이야말로 한국 언론의 24시이다. 언론기업주가 언론의 생명이라 할 언론의 자유를 외치는 기자들과 힘을 합하여 함께 싸우지는 못할망정 거꾸로 권력과 결탁하여 그들의 목을 침으로써 언론이 언론기업주에 의해 자기부정되었기 때문이다. 이것은 한국 언론의 절망의 시간이다.

그리고 그로부터 5년이 지난 1980년 또다시 언론자유를 외치던 기자들이 진실 보도를 하려는 실천 과정에서, 그리고 이른바 언론사 통폐합의 이름 아래 680여 명의 언론인이 해직되거나 투옥되었는데, 이같은 1980년 여름이야말로 한국 언론의 25시라 할 것이다. 그리고 그로부터 7년의 시간이 지난 오늘 우리가 또다시 이 법정에 서 있다. 권력의 언론탄압의 결정적 증거인 '보도지침'을 폭로했다 하여 또다시 연쇄적 탄압을 받아 법정에서 이 재판을 받고 있는 오늘의 시점이야말로 본인은 한국 언론의 26시라고 표현하고 싶다.

본인은 지금까지 한국 언론이 어떻게 탄압받아 왔는가를 설명했다. 본인이 언론기관에 재직할 당시에도 이 땅의 언론은 끔찍한 탄압을 받았다. 그러나 지금에 비하면 당시는 요순시대였다고 생각한다. 언론기본법이나 '보도지침'과 같은 조직적이고 제도적인 장치까지 갖추어 언론을 탄압하지는 않았기 때문이다.

문: '조선자유언론수호투쟁위원회'는 언제 어떻게 결성되었는가?

답: 앞서 설명한 바와 같이 1975년 3월 자유언론을 실천하는 과정에서 조선일보사로부터 강제 해직당한 32명의 기자들이 그들의 언론운동을 계속하기 위해 1975년 4월 결성했다.

문: 그 투쟁위원회가 지향했던 이념은 무엇이었는가?

답: '조선투위'의 그간의 활동은 크게 두 가지 방향에서 전개되어 왔다고 생각한다. 하나는 기자들의 대량 해직이 보여 주는 바와 같은 언론탄압의 현실과 한국 언론의 범죄적 실상을 국민에게 널리 알리는 일이었고, 또 하나는 나라의 민주화에 언론의 자유·언론의 민주화가 얼마나 중요한 것인가를 알리는 일이었다고 생각한다.

문: 그 밖의 다른 투쟁위원회는 없었는가?

답: 동아일보사에서 해직된 130여 명의 언론인들로 구성된 '동아자유언론수호투쟁위원회'가 있다.

문: 민주언론운동협의회가 창립된 이유와 배경은 무엇인가?

답: 이 땅의 언론 상황이 너무나도 처참하여 가능한 모든 힘을 모아, 이를 바로잡고 이 나라에 민주언론을 구현하기 위해 창립되었다.

문: 언협이 지향하는 이념은 무엇이며 그 의미는 어떠한가?

답: 인간의 알 권리를 확보하고 민주언론을 창달하는 것이다.

문: 피고인이 언협 활동에 가담하게 된 계기 및 활동 상황은 어떠한가?

답: 1984년 12월 19일 민주언론운동협의회가 창립되면서 가입하여 그

후 오늘에 이르기까지 실행위원으로 일해 왔다.

문: 피고인과 다른 해직 언론인들은 그동안 어떻게 생활해 왔는가?

답: 우리 시대에 고난 속에서 살아가는 수많은 사람들에게는 비할 바가 못 되지만 동아·조선의 해직 언론인들은 신문사에서 쫓겨난 후 적지 않은 고생을 한 것이 사실이다. 생계를 위해 다른 직장을 구하고자 해도 혹시 권력에 잘못 보이지나 않을까 두려워 해직 언론인들을 받아들이는 곳은 별로 없었다. 그렇기 때문에 많은 동료들이 매일 매일 생계 문제를 해결하기 위해 고심하지 않으면 안 되었다. 번역 이외의 생계에 도움을 줄 수 있는 일거리란 별로 없었다. 조선투위의 동료 한 분은 신문사 재직 시에 모 야간대학의 강사를 했는데, 해직당한 후 생계를 해결할 길이 없어 밤에는 대학 강사를 하고 아침 새벽에는 용산 농산물시장에 나가서 고추 장사를 하기도 했다.

남대문시장에서 옷 장사를 한 사람, 양복점의 외판원을 한 사람, 한약방에서 약을 썬 사람도 있었다. 본인은 조선투위의 일원이 된 것을 영광스럽게 생각한다. 그들은 현재 제도언론에 있는 사람들보다 비록 가난하게 살아가고 있지만 자기가 마땅히 해야 할 일을 했기에, 자기의 양심을 지켰기에 어디에나 떳떳하고 당당하고 자유롭다. 본인은 해직 언론인들을 자랑스럽게 생각하며 존경하고 있다.

문: 『말』지는 어떻게 탄압받았는가?

답: 『말』지는 간행될 때마다 거의 예외 없이 언협 사무실과 서점에서 압수당했고 그 편집인이 연행당해 구류를 살고는 했다. 『말』 창간호가 나왔을 때는 언협의 초대 사무국장이었던 성유보 씨가 편집인이 되어 1주일간 구류를 살았다. 그가 석방되던 날 동료들과 함께 그를 위로하기 위해 경찰서로 마중을 나갔는데, 고생하고 나온 그의 얼굴을 보니 마음이 언짢았다. 그래서 한 사람에게만 계속 편집인을 맡겨

『말』이 나올 때마다 구류를 살게 할 수는 없으니 구류 담당 편집인 순서를 짜 가지고 돌아가며 구류를 살도록 하자, 해서 본인도 『말』 제2호의 구류 담당 편집인이 되어 1주일간 구류를 살았다.(방청객 웃음) 그 후 조선투위의 최장학 위원장이 한 번, 그리고 김태홍 사무국장이 2~3번 구류를 살았다.

문: 현재의 언론을 제도언론이라 규정짓고 있는데, 제도언론이란 어떻게 정의할 수 있는가?

답: 제도언론은 권력의 통치 기구의 일부로 흡수·통합된 언론이라 말할 수 있다. 언론은 정부, 또는 권력과 항상 일정한 거리를 두고 권력과 긴장을 유지하지 않으면 안 되는데, 이 같은 거리와 긴장을 상실했을 때, 언론은 이미 언론 아닌 것으로 되어 버린다.

문: 제도언론의 모습은 구체적으로 어떻게 현실로 나타나는가? 특히 제도언론의 폭력성을 흔히 지적하고 있는데, 그 폭력성이란 어떤 측면을 말하는 것인가?

답: 제도언론은 권력과 언론이 일체화되어 있으므로 다수 국민의 입장에서가 아니라 권력의 입장에서 권력의 소리를 보도하고 있다. 오늘의 제도언론은 권력의 요구에 너무나도 오래 길들여져 왔기 때문에, 스스로 알아서 권력의 요구에 봉사해 왔기 때문에 제도언론의 여러 특성을 만들어 내게 되었다.

제도언론의 특성을 들어 보면 첫째 언론의 획일성이다. 국내 일간지의 기사 제목, 내용, 크기, 위치 등이 어쩌면 그렇게도 약속이나 한 듯이 꼭 같으냐고 놀라워하는 사람들을 많이 보았다. 권력의 요구에 그대로 따르다 보니, 그리고 권력의 요구에 자기를 일치시키다 보니 그렇게 된 것이다.

둘째는 사실을 은폐하고 진실을 왜곡함으로써 국민의 사회 인식을 흐리게 하는 것이다. 셋째는 보도에 있어서의 공정성의 상실이다. 어떤 사회적인 사건을 객관적으로 보도하려면 그 사건이 지닌 양쪽의 입장을 공정하게 보도해야 하는데, 오늘의 언론에서는 이 같은 공정성을 찾아보기 어렵게 되었다. 넷째 균형의 상실이다. 예를 들어 황새라든가 희귀한 새가 죽었다면 온 신문이 대대적으로 보도하는데, 나라의 민주화를 위해 누가 자기 몸을 불살라 스스로 목숨을 끊는 사건이 일어나면 아주 작게 취급하거나 또는 전혀 보도조차 되지 않는 등 보도에 있어서의 균형성이 상실되어 있는 것이다. 다섯째로 결과만 보도하고 원인은 보도하지 않는다. 예를 들어 시위 사건이 일어나면 그 시위에서 보여진 일부의 과격한 현상만을 대대적으로 키워 보도할 뿐 왜 그 시위가 일어났는가 하는 이유나 원인에 대해서는 보도하지 않는 것이다.

문: 이같이 민주주의의 전제로서 진정하게 기능하여야 할 언론이 제도언론으로 떨어진 이유는 무엇이라고 생각하는가?

답: 첫째는 언론에 대한 권력의 탄압이라고 생각한다. 권력은 국민의 의식을 장악하려면 언론을 장악해야 한다고 생각하기 때문에 모든 방법을 동원하여 언론을 탄압해 왔다고 생각한다. 둘째는 이 같은 언론탄압에 대한 언론인의 저항의 상실이다. 언론에 대한 모든 형태의 탄압으로부터 언론을 수호해야 하는 것은 언론인의 일차적인 임무인데, 오늘의 언론에서는 이를 위해 투쟁하는 언론인들을 거의 찾아볼 수 없게 되었다. 그리고 언론의 이 같은 죽음을 보면서도 방관만 해온 국민들에게도 책임이 있다고 생각한다. 언론은 우리들의 생활의 중요한 일부를 이루고 있는 것이며, 그러므로 그것은 언론인들만의 것이 아니라 우리 모두의 것이다.

문: 그 제도언론에 대한 민중언론, 반제도언론이란 무엇을 말하는 것

인가?

답: 제도언론에 대한 반대 개념이라고 생각한다. 권력으로부터 독립하여 객관성을 유지하면서 권력과 특혜로부터 소외된 민중의 편에 서서 그들의 현실과 의사를 대변하고 다수 국민의 알 권리를 충족시켜주는 언론을 말하는 것이다.

문: 상업주의 언론과 제도언론의 관계는 어떠한가?

답: 제도언론은 언론이 지닌 막중한 사회적 기능이나 국민적 공익성보다는 기업적 이익을 추구하는 과정에서 권력에 굴복하여 나타난 언론이다. 그러기에 제도언론은 필연적으로 상업주의 언론일 수밖에 없다. 상업주의 언론은 언론의 공익성보다는 기업성을 더 강조하는 언론이다.

문: 제도언론에 있어 정부와 언론 간의 관계는 어떠한가?

답: 언론은 권력과 정부로부터 독립하여 언론인의 양심에 따라, 자율적인 판단과 책임에 따라 무엇이 진실이고 정의인가를 밝혀야 하는데, 제도언론은 이 같은 독립성을 상실하고 언론과 권력이 하나로 결합되어 있다. 언론이 언론다우려면 언론은 항상 정부와 2차원적 긴장을 유지하지 않으면 안 된다. 이 같은 긴장을 상실했을 때 언론은 이미 언론이 아니다. 엄격한 의미에서 언론인은 권력을 비롯한 모든 외부적인 압력으로부터 자유로워야 하며 끝내는 자기 자신으로부터마저도 자유롭지 않으면 안 된다고 생각한다. 진정 자기 자신으로부터 자유롭기 위해서 언론인은 양심의 고통 속에서, 팽팽한 긴장 속에서 무엇이 진실인가, 심지어는 무엇이 진리인가를 끊임없이 묻지 않으면 안 된다고 생각한다. 언론인은 도덕적으로 순결해야 하며 자기 양심에 충실해야 한다고 생각한다.

문: '보도지침'이란 무엇이며 어떤 것을 말하는 것인가?

답: 국내외의 주요 사건에 대해 권력 당국이 보도의 방향과 내용을 통제하기 위해 언론기관에 대해 거의 매일같이 내려보내는 비밀통신문이다.

문: '보도지침'이란 이름은 어떻게 붙여진 것인가?

답: '보도지침'이란 말은 우리 민주언론운동협의회에서 만들어 낸 말이 아니라 현재 언론기관에서 사용하고 있는 말이다.

문: '보도지침'은 국가기밀사항에 대한 협조요청이라고 생각하는가, 아니면 강제적인 언론통제수단인가?

답: '보도지침'이 지켜지지 않으면 언론인이 연행당해 구타당하는 일까지도 있었다. 구타하면서까지 협조를 강요하는 것이 과연 협조요청인가. 그렇다면 우리는 국어사전에서 협조라는 말의 뜻을 협박이라는 의미로 바꾸어야 할 것이다. 특히 본인은 여기에서 '보도지침'이 언론기관의 존폐여부를 결정할 수 있는 문공부에 의해 내려지고 있다는 점을 특히 강조하고 싶다. 세계에서 유례를 보기 어려운 악법인 언론기본법에 의하면 문공부 장관은 신문의 발행 내용을 문제 삼아 신문사를 폐쇄할 수 있는 권한을 갖고 있다. 언론기관의 생사여탈권을 가진 이 문화공보부 장관이 지휘하는 홍보정책실의 '보도지침'을 어떻게 단순한 협조요청으로 받아들일 수 있을 것인가?

앞서의 검찰 신문에서 검사는 오프 더 레코드와 엠바고의 예를 들어 '보도지침'은 이와 유사한 협조요청이라고 했다. 그러나 이는 오프 더 레코드(off the record)나 엠바고(embargo)라는 말의 의미를 바로 이해하지 못한 나머지 잘못된 예를 든 것이라 생각한다. 오프 더 레코드는 보도하지 않는다는 조건하에 사실이나 의견을 말해 주는 것이고, 엠바고는 보도의 편의를 위해 사전에 보도자료를 나누어 주고 그 자료가 발표되는 일정한 시간까지 보도를 유보해 주도록 요청하는 것을 말하는 것이다. 이는 기사를 빼거나 실으라든지 어떤 기사를 어떤 방향과 내용으로 쓰라든지, 어떤 위치에 어떤 제목을 붙여 보도하라고 지시하는 것과는 전혀 다른 것이다. 본인이 법률가가 아니라서 법률용어에 대해 정확한 지식을 갖지 못하고 있는 것과 마찬가지로 검찰관 역시 언론인이 아니기 때문에 언론용어에 대해 잘못된 지식을 가질 수 있다. 이 기회에 이를 바로잡아 주고 싶다.(방청객 웃음) 검찰관은 공소장에서 이러한 협조요청이 국내외의 관행이라고 했는데, 이 같은 '보도지침'을 시달하는 나라가 한국 말고 민주주의를 실천하고 있는 나라 가운데 과연 어느 나라가 있는지 가르쳐 준다면 이 기회에 본인의 무지를 깨우쳐 볼까 한다.

문: '보도지침'은 국내외의 관행인가?

답: 오늘날 한국 언론에서는 그것이 관행일지 몰라도 민주주의를 실천하고 있는 다른 나라에서는 그런 관행이 없는 것으로 알고 있다.

문: 어떤 전문가는 나치즘하에서의 언론 상황과 우리의 언론 상황을 비교하기도 하는데 그 점에 대해서는 어떤 생각을 가지고 있는가?

답: 본인은 오론 J. 헤일이란 사람이 쓴 *The Captive Press in the Third Reich*, 우리말로『제3제국의 수감된 언론』또는『제3제국의 체포된 언론』이라고 번역할 수 있는 책을 읽고 우리의 언론 상황이 나치즘하의 언론과 매우 흡사함을 알고는 놀란 적이 있다. 첫째는 나치즘하에서의 언론매체 수의 급격한 감소가 우리의 그것과 매우 유사하다는 점이다. 1930년 독일 바이마르 공화국 시절의 정기간행물 수는 4,700여 개에 달했는데 나치가 정권을 장악한 후에는 나치즘을 지지하는 소수의 간행물만 남게 되었다. 우리나라의 경우 4·19 직후만 하더라도 수많은 정기간행물이 있었으나 오늘날엔 신문협회에 속한 소수의 신문만이 남게 되었다. 민주주의란 다양성을 전제로 하는 것이다. 이 땅

의 언론은 다양성을 상실하고 획일화되었다는 점에서 나치하의 언론과 비슷하다. 오늘의 한국 언론은 허가제나 다름없다고 생각한다. 둘째 나치는 1933년 '신문기자법'을 만들어 발행인으로부터 편집권을 박탈했는데 한국의 언론기본법은 언론기관으로부터 편집권을 박탈했다는 점에서 나치하의 신문기자법과 유사하다. 셋째 나치의 언론 통제기구인 '프레스 챔버(Press Chamber)'는 한국의 문화공보부 홍보정책실과 매우 비슷하다. 오늘의 한국 언론을 나치즘하의 독일 언론과 비교할 수밖에 없는 우리의 언론 현실을 슬퍼하지 않을 수 없다.

문: 언론기본법과 우리의 언론 현실과는 어떤 관계를 가지고 있다고 생각하는가?

답: 언론기본법이 언론의 존폐를 위협하는 법률이라면 이것의 폐지를 누구보다도 먼저 강력히 주장해야 할 당사자는 언론기관이었어야 할 것이다. 그러나 본인은 아직까지 언론기관이 이에 반대하거나 폐지를 주장하는 소리를 들어 본 일이 없다. 이는 언기법이 얼마나 강력한 공포의 법률인가를 말해 주는 것이다. 아니면 현재의 언론이 권력과 이해관계를 같이하기 때문에 이 법률의 폐지를 주장해야 할 필요성을 느끼지 않았을지도 모르는데, 아마도 이 두 가지 모두일 것이다.

재판장이 10분간 휴정 선언. 같은 날 오후 4시 20분 속개.

문: 피고는 외교학과 출신이고 외신 기자로서 오랫동안 일해 왔는데, 언론과 외교기밀과의 관계, 그 이론과 현실은 어떤 것인가?

답: 우선 국가기밀이란 절대적인 것이 아니고 상대적인 것이라는 점을 강조하고 싶다. 기밀이란 국가나 사회의 중요한 사항을 국민에게 알림으로써 얻는 이익보다 은폐할 때 얻는 이익이 더 크다고 판단될 때

취하는 선택적 행위이다. 본인은 국민의 운명을 좌우하거나 국가의 진로에 중요한 영향을 미치는 사항일수록 정부가 이를 국민에게 알려야 하고 국민은 또한 이를 알 권리가 있다고 생각한다. 국민의 동의나 합의에 기초한 정책일수록 그 정책은 건강성을 획득하고 바르고 큰 추진력을 얻을 수 있다고 생각한다. 이것은 국가적인 중요 사항을 국민에게 알려 줌으로써만 가능한 것이다. 국가의 장래에 중요한 사항일수록 국민의 의사를 수렴하여 정책에 반영해야 한다고 생각한다. 정부는 정책을 추진하는 데 있어서 때로 기밀을 유지해야 할 필요성이 있을 것이다. 그러나 이때에도 정부는 그것을 기밀로 유지할 때의 이익과 공개했을 때의 이익 가운데 어느 것이 더 큰 것이냐를 비교하여 결정해야 할 것이다. 민주적인 사회일수록 국민에게 알림으로써 얻는 공익이 우선하며 권위주의적인 사회일수록 기밀을 좋아한다고 생각한다.

문: 외교가 기밀 외교에서 공개 외교로 진행되어 온 역사와 배경, 필연성은 어떤 것인가?

답: 본인은 대학 재학 시 영국의 유명한 사학자이며 국제정치학자인 E. H. 카의 『20년의 위기(The Twenty Years' Crisis)』란 책을 읽은 일이 있었다. 카는 이 저서에서 1차 세계대전의 주요 원인의 하나가 비밀외교에 있었다고 지적했는데 본인은 카의 이 같은 지적에 동의한다. 국가의 외교가 국민적 동의에 의해, 국민적 바탕 위에서 이루어지지 않고 소수 위정자나 권력집단, 또는 이익집단의 이해관계에 의해 추진됨으로써 건강성을 상실하고 올바른 진로를 일탈하게 되었으며, 이 같은 건강성을 상실한 국가 간의 이해관계가 상호 충돌함으로써 세계대전과 같은 비참한 전쟁이 일어났다는 것이다. 1차 대전 후 여러 국가들은 이 같은 지난날의 과오를 반성하여 비밀 외교를 지양하고 국

민 외교, 공개 외교를 지향하게 된다. 그러나 정치하는 사람들에겐 비밀 외교는 흥미로운 것인지, 흔히 이 비밀 외교의 유혹에 빠지곤 한다. 닉슨은 자신의 대통령 재선을 위해, 그리고 드라마틱한 것을 좋아했기 때문에 중국과 외교관계를 여는 데 키신저의 비밀 외교를 전개했다. 이처럼 비밀을 좋아했던 닉슨은 대통령 선거를 앞두고 민주당의 선거 전략을 비밀리에 알아내기 위해 워터게이트 사건을 일으켰고, 이 사건이 터지자 사건에 관계된 자신의 녹음테이프를 은폐하는 등 끝까지 비밀을 유지하려고 하다가 결국 대통령직에서 물러나고 말았다. 비밀을 좋아했던 닉슨이 결국 비밀 때문에 권좌에서 물러났다는 것은 아이러니가 아닐 수 없다.

문: 외교와 국민의 알 권리와의 관계는 어떠한가?

답: 김태홍 씨가 앞서 말한 것처럼 《뉴욕타임스》지에 의한 미 국방성 기밀문서 보도 사건은 국가의 대외정책과 국민의 알 권리 간의 바람직한 관계가 어떤 것인가를 말해 주는 대표적인 사례라고 생각한다. 널리 알려져 있는 것처럼 미국 국방성에서 월남전 관계 기밀문서를 취급하던 다니엘 엘스버그라는 미국의 한 학자는 이 문서들을 검토하는 가운데 월남전에 대한 미국의 대외정책이 존슨, 러스크, 테일러, 번디 등 소수의 고위 관료들에 의해 얼마나 무지와 편견 속에서, 그리고 폐쇄 속에서 잘못 전개돼 왔느냐 하는 것을 알게 되었다. 월남전에 대한 미국의 정책 결정 과정이 국민에게 알려지지 않은 가운데 독단에 빠져 제한된 고위 관료들에 의해서만 추진됨으로써 잘못된 길을 걷게 되었다는 것을 알게 되었다. 엘스버그는 월남전에 대한 그간의 추진 과정과 비밀이 미국의 전 국민에게 공개됨으로써 국민적 토론을 통해 재검토되고 국민적 동의나 합의에 기초하여 다시 진로를 잡음으로써만 미국의 정책이 바로 추진될 수 있다고 판단했다. 그리

하여 그는 국방성에서 정식으로 기밀문서로 취급된 문서들을 《뉴욕타임스》에 넘겨주었던 것이다. 《뉴욕타임스》는 이를 연일 대대적으로 보도했고, 국가의 기밀문서가 대서특필되는 데 놀란 국방성은 미국 연방법원에 대해 《뉴욕타임스》의 보도를 중지토록 해 줄 것을 요청하게 되었다. 그 이유는 물론 미국의 안전보장을 위해서라는 것이었다. 그러나 연방대심원은 국가의 안전보장이라는 광범하고도 막연한 목적을 위해 국민의 알 권리라는 기본권을 제한할 수는 없다는 이유를 들어 미행정부에 대해 패소 판결을 내렸던 것이다. 이 국방성 기밀문서의 공개를 계기로 미국 국민들은 월남전이 왜, 어떻게 전개되어 왔는가 하는 과정에 대한 진상을 비로소 알게 되었고, 따라서 월남전에 대한 미국의 정책을 재검토하게 되었다. 이는 국가의 대외정책의 진실이 국민에게 알려지는 것이야말로 나라의 정책을 올바로 추진해 가는 데 얼마나 중요한 것인가, 국민의 알 권리와 대외정책이 얼마나 밀접하게 연관돼 있는가를 알려 준 대표적인 사례이다. 닉슨 미국 대통령의 실각을 가져온 유명한 워터게이트 사건 역시 국민에 대한 진실의 공개가 얼마나 중요한 것인가를 알려 준 중요한 사례라고 생각한다.

문: 본 건 공소장에 적시되고 있는 외교기밀사항이라는 것들은 이미 외신에 보도되어 기밀성을 상실한 것으로 보이는데, 기밀성의 존부와 그 근거에 대하여는 어떻게 생각하는가?

답: 첫째 본인은 공소장에 적시된 이 7개 사항이 왜 국가기밀로 취급되어야 하는지 이해할 수 없다. 이 7개 사항은 기밀로 은폐되어야 할 것이 아니라 국민에게 마땅히 알려야 할 사항이다. 둘째 검찰이 국가기밀을 누설했다 하여 우리를 기소한 이 7개 사항은 『말』 특집호에 게재되기 이전에 이미 거의 모두가 외신을 통해 보도된 것이며, 처음엔

'보도지침'으로 보도통제되었다가 그 후 국내 신문에도 대부분 보도되었던 것들이다. 『말』 특집호에 '보도지침'이 폭로되기 이전에 국내외 뉴스 기관에 의해 거의 모두 보도되어 세상에 알려진 사항들이 어떻게 국가기밀이 될 수 있다는 말인가.

본인은 조선일보 재직 시 외신부 기자로 일하면서 AP, AFP, 로이터, UPI 등 4대 통신이 보도하고 있는 뉴스를 당시의 수사기관원이 전화를 걸어 보도하지 말도록 통제하는 것을 여러 차례 직접 체험했다. 4대 통신을 통해 보도되는 뉴스는 하려고만 한다면 적대국에서도 받아볼 수 있는 것들이다. 전 세계가 다 아는 뉴스를 왜 국내의 우리 국민들만 모르고 있어야 하는지에 대해 본인은 심각한 의문을 갖곤 했다. 일정한 검토 절차조차 거치지 않은 채 일선 수사기관원의 전화 한 통화로, 때로는 즉흥적인 전화 한마디로 국민이 모두 알아야 할 중대한 사항들이 간단하게 기밀이란 이름으로 은폐되는 것을 수없이 체험했다.

어떤 사항이 국가기밀로 취급되려면 마땅히 규정된 검토 절차와 논의 과정을 통해 어떤 사항을 국민에게 알렸을 경우에 얻는 국가의 이익, 즉 국민의 알 권리를 실현시켰을 때의 이익과 충분히 검토하여 불가피할 경우에 한하여 기밀로 판정해야 한다고 생각한다. 그리고 비밀취급인가자에 의해 기밀 분류 방식에 따라 정식으로 기밀판정을 받아야 한다. 그러나 우리의 현실을 보면 국민이 알아야 할 중대한 사항이 이 같은 정식의 절차를 거치지도 않은 채 기관원이나 일선 실무자의 전화 한마디로 보도통제를 당해 은폐되어 왔다. 검찰이 우리를 기소한 7개 사항이 과연 기밀 판정을 정식으로 받은 사항인지, 기밀판정을 받았다면 어떤 절차를 밟았던 것인지 규명되어야 할 것이다. 검찰은 이 같은 문제에 대해 기밀로 이미 판정된 사항을 누설한 죄의 판단을 법정에 구하는 것이 아니라 이 법정이 7개 기소사항에 대해 그것이 국가기밀인가의 여부와 그 누설 여부를 판단해 줄 것을 요구하고 있다. 그렇다면 국가적 중요사항을 국민에게 알린 사람은 누구도 검찰에 의해 기소당해 거꾸로 이 법정에서 그가 공개한 것이 국가기밀인가 아닌가를 판정받아야 하고 그 과정에서 인권을 침해당해야 하는 위험을 피할 수 없게 될 것이다.

문: '미 국방성의 핵 적재 전투기 각국 배치'라는 기사에서 한국은 빼고 보도할 것이라는 '보도지침'에 대해서는 어떻게 생각하는가?

답: 한반도의 핵 문제는 강대국의 핵전략이라는 구조 속에서 다루어지고 있다고 생각한다. 만약 한반도에서 핵전쟁이 일어난다면 그것은 국가의 안전보장이라는 차원을 넘어서서 이 지구상에서 우리 민족이 영원히 사라져 버리는 민족의 절멸을 가져오게 될 것이다. 그러므로 핵 문제는 우리 민족이 지상에 살아남느냐의 생존이 걸린 문제라고 보며, 따라서 이 같은 중대성에 비추어 핵 문제와 같은 중요한 사항은 국민에게 충실하게 알려서 국민의 지혜와 슬기로 대처해 가야 한다고 생각한다. 같은 분단국인 독일 같은 나라에서는 핵 문제가 독일 민족의 미래의 운명에 직결된 것이라 보고 국민적 토론 속에서 지혜를 모아 대처해 나가고 있는 것으로 알고 있다.

문: F-15기 구매와 관련하여 뇌물공여 조사 청문 차 내한한 미 하원 소속 전문위원 관련 기사 보도 억제의 '보도지침'에 관해서는 어떻게 생각하는가?

답: 기밀이 있는 곳에 부패는 만연하다는 말이 있다. 국가의 안전보장이란 측면에서 본다면 무기 구매란 매우 중요한 것이고 이런 문제에 뇌물이 수수되었다면 큰 문제이다. 이처럼 안전보장에 중대한 문제가 왜 보도통제되고 기밀로 취급되어야 하는지 본인은 전혀 이해할

수 없다. 참으로 안전보장을 우려한다면 이런 문제일수록 국민에게 알림으로써 그 같은 일이 되풀이되지 않도록 해야 할 것이라고 생각한다.

문: 584개 항의 '보도지침' 항목 가운데 그나마도 공소장에 적시된 7개 항의 비율에 대해서는 어떻게 생각하는가?

답: 584개 항 중 7개 항은 1%도 안 되는 것이다. 그리고 그것도 국내외 보도를 통해 거의 모두가 알려진 것들이기 때문에 기밀이 될 수 없는 것이다. 그런데도 검찰은 우리를 기소했다. 단적으로 현 권력의 언론 탄압 실상을 국내외에 폭로한 데 대한 정치적 보복이라고 생각한다.

문: 본 건 '보도지침'의 입수와 그 발행은 어떤 의미가 있는가?

답: 우리는 '보도지침'의 간행을 통해 우리 국민들로 하여금 이 땅의 언론 현실을 인식시켜 주는 데 적지 않은 기여를 했다고 생각한다. 우리 국민에게 언론이 어떻게 통제되고 있느냐는 실상을 구체적으로 확인시켜 주는 계기가 되었다고 생각한다.

문: 피고인이 작성한 성명서를 낭독함으로써 어떤 국가기관을 비방하려는 의도가 있었던 것인가, 있었다면 그런 비방의 결과가 되었다고 생각하는가?

답: 본인이 성명서에 쓴 내용은 모두가 사실이고 진실이다. 공소장에는 헌법에 의해 설치된 국가기관을 비방했다고 되어 있는데, 비방이란 사실과 진실에 근거하지 않고 함부로 상대방을 헐뜯고 다니는 것을 말한다. 우리는 할 일이 없어 쓸데없이 상대를 헐뜯고 비방하고 다닐 만큼 한가로운 사람들이 아니다. 검찰은 우리에게 국가모독죄를 적용했는데, 우리는 국가를 모독한 일이 없다. 우리는 이 '보도지침'의 공개를 통해 오히려 나라의 자존을 회복하는 데 기여했다고 생각한다. 예컨대 미국만을 보더라도 한국의 민주화 문제가 거론될 때마

다 이 땅의 언론 상황이 이야기되곤 한다. 이는 이 나라의 언론 상황이 얼마나 심각한가를 말해 주는 것이다. '보도지침'의 폭로는 언론이 죽어 있는, 침묵만이 지배하는 한국에도 침묵을 깨고 언론을 소생시켜 보려는 행동이 있다는 것을 보여 준 것이며, 그러므로 우리의 민족적 자존을 회복시키는 데 오히려 기여했다고 생각한다.

우리는 나라를 모독하거나 비방한 일이 없다. 우리는 누구 못지않게 이 땅을 사랑한다. 우리가 서 있는 이 땅은 우리들만이 살아갈 땅이 아니고 우리들의 사랑하는 자녀들이 행복하게 살아가야 할 땅이다. 그러기에 본인은 우리가 살고 있는 땅이야말로 지금 비록 고난에 차 있는 땅이지만 우리가 신발을 벗고 입을 맞추어야 할 거룩한 땅이라고 생각한다. 그런데 이 같은 나라와 땅을 우리가 왜 모독하고 비방하겠는가?

정말로 나라를 모독하는 사람들은 우리가 아니라 언론의 자유를 억압하고 민주주의를 탄압하는 독재권력이라고 생각한다. 파시즘 아래서의 스페인의 프랑코 정권이, 필리핀의 마르코스 정권이, 이란의 팔레비 정권이, 파키스탄의 지아 울 하크 정권이 독재권력을 유지하기 위해 언론과 민주주의를 탄압함으로써 각기 그 나라의 빛나는 역사와 아름다운 문화를, 그 나라의 이미지를 전 세계에 대해 얼마나 손상시키고 실추시켰던 것인가를 우리는 잘 알고 있다. 1980년의 저 광주사태가 우리나라와 국민의 명예, 그리고 위신을 전 세계에 얼마나 실추시켰던 것인가 생각해 보아야 할 것이다.

문: 우카마우단이 편집했다는 『혁명 영화의 창조』라는 책의 구입과 소지 경위는 어떠한가?

답: 날짜는 기억하지 못하지만 국회도서관에서 정식으로 열람 절차를 밟아 복사해 갖고 있었다.

문: 실제로 그 책은 어떻게 사용되었으며 어디에 보관해 왔던 것인가?

답: 본인이 경영하는 출판사에서《제3세계》라는 무크를 준비하고 있었는데, 혹시 참고가 될까 하여 복사해 놓고 목차와 서문만을 읽어 보고는 별로 도움이 될 것 같지 않아 사용하지 않고 집의 서가에 꽂아 두었던 것이다.

문: 그 책의 내용이나 편집자가 이미 국내에 소개되어 있다고 하는데 어떠한가?

답: 1984년 한길사라는 출판사에서 간행한《제3세계 연구》라는 무크에 소개된 적이 있다. '민중이 만드는 민중 영화'라는 제목 아래 소개된 글을 본 적이 있다.

문: 그 책의 내용이 과연 공소장의 평가처럼 북괴의 대남 적화혁명 노선과 궤를 같이하는 불온한 것인가?

답: 그렇지 않다. 본인은 공소장의 용어가 함부로 남용되고 있다고 생각한다. 공소장이 이 책의 내용에 대해 서술하고 있는 것은 이 책의 내용과 거리가 먼 것이다. 본인은 솔직히 이 책 건에 대해서는 진술하고 싶지 않은 심경이다. 책 한 권을 소지했다 하여 기소되어 재판을 받는 이 나라의 문화적 현실이 안타깝기 때문이다.

본인은 이 책을 읽은 일이 없다고 변명함으로써 자신을 변호할 생각은 없다. 읽었다 할지라도 마찬가지다. 한 사람의 학자가 한 권의 책을 쓰려면 수많은 책과 자료들을 섭렵해야 하는 것과 마찬가지로 출판사 역시 한 권의 책을 내려면 많은 자료들을 두루 참고하지 않으면 안 된다. 본인은 이같이 참고용으로 책을 복사해 놓았던 것이며 전혀 사용하지도 않은 채 먼지를 쓰고 서가에 꽂아 두었던 것이다.

본인은 이 책이 본인에 대해 사건을 만들기 위한 수단으로, 범죄를 구성하기 위한 수단으로 억지 동원되었다고 생각한다. 책은 어디까지나 책으로서 다루어져야지 사건을 만들기 위한 수단으로 악용되어서는 안 된다. 책이 이처럼 비판적인 지식인들을 구속하기 위한 수단으로 취급될 때 우리나라 문화의 장래가 어떻게 될지 우려하고 탄식하지 않을 수 없다. 그렇게 될 때 우리의 문화는 시곗바늘을 거꾸로 돌려 중세의 암흑시대로 떨어지거나 야만의 수준으로 전락하고야 말 것이다.

문: 언론의 자유가 이 땅의 민주화에 어떤 의미를 가진다고 생각하는가?

답: 그 나라의 민주주의가 어떤 상태인가를 보려면 그 나라의 언론을 보라는 말이 있다. 이와 같이 민주주의와 언론은 밀접한 관계가 있다. 우리나라의 경우도 마찬가지이다. '보도지침'을 내려보내 언론을 통제하고 그 통제의 사실을 폭로했다 하여 우리가 이 법정에서 재판을 받고 있는 이 현실이야말로 우리나라의 민주주의가 어떤 상태에 있는가를 말해 주는 것이다.

국민의 의식을 지배하려면 언론을 지배하지 않으면 안 된다는 생각에서 지금까지의 반민주적인 정권은 언론을 자신의 지배하에 두어 국민의 의식을 마비시켜 왔다. 반민주적 정권은 국민을 지배하는 도구로, 자신의 독재정권을 유지하기 위한 도구로 언론을 사용해 왔다. 우리가 이땅의 민주화를 이룩하고자 한다면 우리는 그 가장 중요한 수단의 하나인 언론의 자유를 무엇보다 먼저 확보해야 하며, 독재권력의 손에서 그 가장 강력한 무기의 하나인 언론을 박탈하여 국민에게 되돌려 주어야 한다고 생각한다.

검사는 최소한의 예의를 지켜라

변호인 반대신문이 끝난 후 10분간 휴정이 있었고 오후 4시 55분 공
판이 재개됐다. 검사의 보충신문이 있었다. 검사는 김태홍 씨에게 국
가보안법의 입법 취지와 필요성 등에 관해 물었고, 이에 대해 김 피고
인은 "국가보안법의 입법 취지는 알고 있지만, 그동안 악용돼 왔기 때
문에 철폐를 주장했다"고 대답했다. 광주사태, '보도지침' 등 검사의
계속된 질문에 대답하던 김 피고인이, 검사가 다소 비아냥대는 투로
질문을 하자 "진술을 거부하겠다"며 입을 다물었다. 검사는 "진술거
부권이 있으니까, 좋습니다"면서도 질문을 계속했다. 김 피고인이 계
속해서 진술을 거부하자 검사는 "피고인이 심리적으로 위축당하고 있
는 모양이군요", "불리한 진술은 거부하는군요"라고 말했다.

　김주언 피고인은, "회사 내에서 능력 면에 문제가 있지 않았느냐"는
검사의 질문에 다소 어이가 없다는 표정이었지만, 그런대로 보충신문
에 응했다. 신홍범 피고인에 대한 보충신문 도중 문공부 홍보정책실
의 업무, 언기법, 언론사 설립 요건, 한반도의 핵 배치 문제 등에 관해
검사가 피고인의 말꼬리를 잡아 질문을 계속하자, 조영래 변호사가
벌떡 일어섰다. 조 변호사는 차분한 목소리로 검사의 신문태도와 그
내용에 이의를 제기했다.

조영래 변호사: 광주에서 희생자 수와 문공부 홍보정책실의 예산이 얼마나 되는지 하는 문제가 본 건 공소사실과 무슨 관계가 있는가. 실체적 진실을 밝히기 위해 심리하고 있는 이 마당에 쌍방이 결론을 내릴 수 없는 문제를 가지고 신문을 계속한다는 것은 무의미하다.

조 변호사에 이어 홍성우 변호사가 일어서 발언하려다, "조 변호사로 충분하다"는 재판장의 제지를 받고 다시 자리에 앉았다.
그 사이에 검사가 다시 일어섰다.

검사: (방청석과 변호인석을 번갈아 쳐다보며) 본 검찰관이 피고인의 인격을 무시한 일이 없는데도 마치 인격을 무시한 것처럼 얘기를 하고 있다. 나는 피고인에 대한 공소사실을 입증하기 위해 공개 재판석상에서 신문하고 있는 것이다. 변호인은 오해하지 마시오.

조영래 변호사: 지금 검사는 공소사실과 별 관계가 없는 질문을 계속하고 있다. 더구나 질문 내용이 산만하고 그 의미가 모호하다. 물론 검사는 죄가 있다고 생각해서 기소했겠지만, 재판을 받고 있는 분들은 최고의 지성인들이다. 아무리 피고인석에 앉아 있다 하더라도 최소한의 예의는 지켜야 한다. 검사는 피고인들의 대답에 계속해서 쓸데없는 평가를 달아 그 의미를 폄하시키는 옳지 못한 태도를 보이고 있다. 사석에서 술 한 잔 앞에 놓고 할 얘기를 검사는 법정에서 하고 있는 것이다. 상대방을 묶어 놓고 검찰관의 개인적 견해를 상대방에게 강요하려는 질문을 해서야 되겠는가?

검사: (얼굴이 다소 상기된 채 양손으로 탁자를 짚은 자세로) 재판장의 허가를 받지 않은 발언에 대해서 답변할 의무는 없지만 답변하겠다. 가급적 신속히 재판을 진행하려다 보니 산만한 점은 있었으나, 본 검찰관의

질문은 변호인 신문과 피고인들의 답변에서 모두 나왔던 사실이다.

홍성우 변호사가 이 말에 다시 일어났다. 홍 변호사는 차분하게 말했다.

홍성우 변호사: 조 변호사의 지적과 같이, 인내하기 어려운 내용을 참고 들어 왔다. 예를 들어 김태홍 씨가 진술을 거부하자 검사는 김태홍 씨에 대해 "의기소침하다"는 표현까지 써 가며 공소사실을 떠나 인격을 모독하는 발언을 했다. 본 변호인이 김 피고인의 심정을 헤아려 보건대, 수준이 저열한 질문에 대한 분노의 표시라고 생각한다. 검사의 보충신문은 이 정도로 끝내는 게 좋겠다. 더 하더라도 변호인으로서 신홍범 피고인에게 진술을 거부할 것을 촉구한다.

신홍범 피고인이 무슨 말을 하려다 검사의 "재판장의 허가를 받으라"는 제지에 부딪혔다. 박태범 판사가 발언을 허락했다.

신홍범: 나는 조금 전 핵 문제가 중대한 문제이기 때문에 온 국민이 지혜와 슬기를 모아 대처해야 한다고 말했지, 검사 말대로 진술한 일은 없다. 검사는 잘 듣고 질문해 주시오.
검사: 김만철 씨 일가 망명 때 일본 언론이 국가이익을 위해 보도를 자제한 데 대해 어떻게 생각하는가?

신홍범 씨는 "대답할 필요를 느끼지 않는다"고 했다. 더 이상 검사 보충신문을 계속할 분위기가 아니었다.
재판장이 "사실심리를 끝내고 증거조사에 들어가겠다"고 밝혔다.

압수된 책의 감정 증인 채택 여부를 놓고 또 한 번 설전이 오갔다.

홍성우 변호사: 책의 감정 증인으로 검사가 신청한 김영학·홍성문 두 사람에 대해 이의를 제기한다. 이 두 사람은 그동안 여러 번 재판정에 나와 책에 대한 감정을 했다. 의도적으로 이 두 사람을 폄하할 생각은 없지만 두 사람은 감정에 필요한 전문적 지식과 능력이 없는 사람들이다. 이 두 사람이 무엇 하는 사람인지 몰랐는데 이번엔 검사께서 친절하게 주소를 치안본부 내 내외정책연구소라고 밝혀 주었다. 수사를 맡고 있는 치안본부 부설단체에 속한 사람이 어떻게 감정을 공정하게 할 수 있다는 말인가. 검찰 자신도 그런 사실을 알아서 조치했는지 모르겠지만 한동안 이 두 사람은 검찰 측 증인으로 나오지 않았었는데, 이번에 다시 등장했다.

검사: 공개 법정에서 인격적 모독은 삼가해 주시오.

재판장이 "변호인이 말이 끝나거든 얘기하십시오"라며 검사의 항의를 제지했다.

홍성우 변호사: (목소리를 높여) 인격적 비난이란 게 뭔지나 아시오. 우리 자제합시다. 아무리 법정이지만 예의는 갖춥시다.

검사: 이 사람들이 치안본부 내 내외정책연구소 연구원임에는 틀림없다. 그러나 대학교수를 비롯해 이념 서적에 전문 지식을 갖고 있다는 사람들에게 여러 차례 감정 증인을 해 줄 것을 요청했으나 열이면 열 다 거절당했다. 이 사람들은 개인적 희생을 무릅쓰고 법정에 나와 증언하는 사람들이다. 그 사람들 아니면 감정 증인을 해 줄 사람도 없다. 오히려 격려해 줘야 할 사람들이다.

홍성우 변호사: 책에 대한 감정이 반드시 필요한 것도 아니니, 차라리 재판장께서 직접 내용을 검토해서 용공성 여부를 가리는 게 더 공정한 방법이 아닌가 생각한다.

검사가 다시 일어서려 하자 방청석에서 웃음이 터져 나왔다. 검사는 방청객을 향해 "방청객들은 끝까지 듣고 신사적으로 합시다"라고 했다. 다시 웃음이 터졌다.

검사: 그렇다면 검찰 측 감정 증인도 받아들이고, 변호인 측도 별도의 감정 증인을 내세워 같이 해 보자.

재판장이 신속한 재판 진행을 위해 변호인 측도 증거물 제출과 증인 채택을 하라고 말했다. 홍 변호사는 공소사실에 나와 있는 '국가기밀 사항'이 이미 보도된 국내외 신문 기사를 증거로 제출하고, 석방서명 운동을 벌인 사실을 담은 자료를 참고자료로 제출했다.
이어서 변호인단을 대표한 홍성우 변호사가 증인을 신청했다.

홍성우 변호사: 공소사실 중 가장 중요한 쟁점인 '보도지침'의 시달과 수용 실태를 알아보기 위해 문공부 홍보정책실장과 조선·동아·중앙·한국일보의 편집국장·편집부장·정치부장·사회부장·외신부장들을 증인으로 신청한다. 또 국내외 언론계의 관행이 어떤 것인가를 알아보기 위해 각각 동아일보 편집국장과 논설주간을 지낸 송건호 씨와 박권상 씨를 증인으로 신청한다. 이 밖에 외국의 어느 나라가 정부로부터 보도협조요청을 받고 있는지 외국인 언론 관계자 두 명을 증인으로 신청한다. 구체적 인적 사항은 추후에 서면으로 신청하겠다.

또한 『말』지에 게재한 내용이 과연 외교상 국가기밀에 속하는가를 알아보기 위해 이 방면에 깊은 연구를 한 한양대 리영희 교수와 헌법학자인 서울대 법대 최대권 교수를 증인으로 신청한다.

또 한국일보 편집국에 보관돼 있는 '보도지침' 원본 철을 당 법정에 제출하도록 재판부가 명령해 주실 것을 요청한다.

검사가 다시 이의를 제기했다.

검사: 형사소송법 147조에 보면, 공무원 또는 공무원이었던 자가 직무상 취득한 기밀사항을 공표하지 못하게 되어 있다. 그러므로 문공부 홍보정책실장은 증인으로 부적격하다. 또한 '보도지침'이 이미 공개된 이상, 언론사 당무자의 증언은 필요 없다. 민언협 의장인 송건호 씨는 이 사건의 이해 당사자이기 때문에 부적격하고, 리영희·최대권 교수, 외국인 두 명도 굳이 증언할 필요가 없다고 판단된다.

재판장: 검찰이 신청한 감정증인 두 사람과 한국일보 편집국 서무, 『말』특집호를 인쇄한 인쇄소 대표를 모두 증인으로 채택하겠다. 변호인도 별도로 감정증인을 신청하면 받아들이겠다. 변호인이 신청한 증인 중 문공부 홍보정책실장과 각 언론사 관계자 20명, 송건호, 박권상 씨를 모두 증인으로 채택한다.

이영희·최대권 두 교수에 대해서는 다음 기일에 채택 여부를 결정하겠으며, 외국인 두 명도 구체적 인적 사항을 제출한 후 채택 여부를 결정하겠다.

5월 13일 오후 2시 송건호·박권상 두 사람에 대해, 5월 20일 오후 2시엔 홍보정책실장과 4대 일간지 관계자들을 증인 신문하겠다. (6시 20분 폐정)

증거자료 제출

피고 인: 김태홍 외 2인
죄   명: 국가보안법 위반

위 사건에 관하여 피고인의 변호인들은 아래와 같이 증거자료를 제출
합니다.

아 래

증제 1호 증: 86. 3. 20. 자《서울신문》보도기사(입증 취지: F-16기 인수
식에 관한 기사가 본건 '보도지침' 발행 이전에 이미 국내 신문에 자세히 보도된
사실)

증제 2호 증: 86. 7. 11. 자《조선일보》기사(입증 취지: 핵 적재 전투기 각
국 배치에 관한 기사가 '보도지침'의 요구사항과 달리 한국을 포함하여 국내외 신
문에서 이미 본건 '보도지침' 발행 전에 보도된 사실)

증제 3호 증: 86. 7. 10. 자《일본경제신문》기사(입증 취지: 핵 적재 전투
기 배치에 관하여 본건 '보도지침' 발행 이전에 이미 외지에도 보도된 사실)

증제 4호 증: 85. 10. 28. 자《파이낸셜타임스》지 기사(입증 취지: 한·중
공 합작회사 설립에 관한 기사가 이미 본건 '보도지침' 발행 이전에 외지에 보도되
어 있는 사실)

증제 5호 증: 86. 4. 19. 자《성조지》기사(입증 취지: F-15기 구매와 관련

뇌물공여 조사 청문 차 내한하는 미 하원 전문위원 관련 기사가 본건 '보도지침' 발행 이전에 외지에 보도된 사실)

1987. 5. 6.

위 피고인들의 변호인
변호사 고영구, 김상철, 박원순, 이상수, 조영래,
조준희, 한승헌, 함정호, 홍성우, 황인철

서울형사지방법원 귀중

참고자료 제출

피고인: 김태홍 외 2인
죄 명: 국가보안법 위반

위 사건에 관하여 피고인의 변호인들은 아래와 같이 증거자료를 제출
하오니 참고하여 주시기 바랍니다.

다 음

피고인들이 구속된 직후부터 1987년 4월 말경까지 민주언론운동협
의회에서 피고인들의 석방을 요구하는 서명운동을 벌여 학계, 문인과
예술인, 종교계, 출판계, 구속자 가족, 일반 시민 등 총 1,213명으로부
터 피고인들의 석방을 위해 받은 서명.

1987. 5. 6.

위 피고인들의 변호인
변호사 고영구, 김상철, 박원순, 이상수, 조영래,
조준희, 한승헌, 함정호, 홍성우, 황인철

서울형사지방법원 귀중

민주주의를 실천하는 어느 나라에도 '보도지침'은 없다

5차 공판 직전인 5월 11일과 12일 검찰 측 증인인 홍성문(洪性文) 씨와 김영학 씨가 각각 교육 등을 이유로 증인 출석이 어렵다는 사실을 재판부에 통보해 왔다. 홍 씨는 특히 재판부에 보낸 사유서에서 "80년 이후 주로 국가보안법 위반 사건 재판에 수십 차례 증인으로 출석, 피고인들의 가족과 친지들로부터 전화 협박을 받고 테러까지 당했다"고 말했다.

5월 13일 속개된 제5차 공판에서는 각각 《동아일보》 편집국장과 논설주간을 역임한 원로 언론인 송건호(宋健鎬) 씨와 박권상(朴權相) 씨가 변호인 측 증인으로 나와 증언했다. 송건호 씨에 대해서는 조준희 변호사가 담당했고, 박권상 씨는 고영구 변호사가 맡았다.

송건호 의장 증인 신문

문(이하 조준희 변호사): 출신 학교와 언론인으로서의 경력은 어떠한가?

답(이하 송건호 의장): 서울대 법대를 졸업하고 53년 대한통신 외신부에 입사하여 《경향신문》 편집국장을 거쳐 75년 3월 15일 《동아일보》 편집국장으로 일하다가 그만두었다.

문: 75년 3월 《동아일보》 편집국장직을 사임하고 제도권 언론을 떠나게 된 이유는 무엇인가?

답: 신문 사주(新聞 社主)가 130명의 기자들을 이유 없이 해고시켜 이에 대한 편집국장으로서의 책임을 지고 사표를 제출하여 떠나게 되었다.

문: 현재의 활동 상황은 어떠한가?

답: 글도 쓰고 강연도 한다. 해직 기자들로 구성된 민주언론운동협의회가 결성된 후부터는 대표로 일하고 있다.

문: 우리나라에 있어서 정부에 의한 언론통제는 언제부터 시작되었는가?

답: 53년 언론계에 들어선 뒤 75년까지 재직했는데, 63년 한일회담 반대 여론이 거세게 일 때부터 기관에서 간섭이 시작됐다.

74년 《동아일보》 편집국장으로 있을 때 특권층 부인들이 대량으로 보석을 밀수한 사건이 있었다. 당시 기관원들이 보도하지 말 것을 요구했으나 신문에 실렸는데 즉시 연행돼 구타를 당하는 등 수모를 받았다. "그런 것을 보도하면 남한의 고위층 부인들은 밀수나 하는 것으로 북괴가 선전하기 때문에 국가안보에 해롭다. (방청객 폭소) 그렇기 때문에 그것은 안보사항이다"는 것이 보도관제의 이유였다.

문: 기관원은 누구를 말하는가?

답: 그 당시는 중앙정보부 요원이었다.

문: 그 이후 언론통제의 구체적인 방법과 모습은 어떠했으며 어떻게 변천되어 왔는가?

답: 5·16 이전에는 공갈·압력 등이 있기는 하였으나 신문 사주나 기자에게 직접적인 위해(危害)는 없었다. 5·16 직후에는 복간제가 단간제로 바뀌고 시설 기준이 강화된 일은 있었으나 그때도 직접적인 규제는

없었다. 그러나 80년 이후 700명의 기자가 해고되고 신문사·방송국이 없어지고 문공부에 홍보정책실이 생기면서 언론통제가 심해졌다.

문: 민주국가에 있어서 언론과 정치권력과의 가장 바람직한 관계는 어떠한 것인가?

답: 언론은 정치권력으로부터 독립하여 오직 국가와 민족을 위하여 공정한 보도를 해야 하고, 이와 같은 공정한 보도에 의하여 얻어진 여론은 정책 수립에 반영돼야 한다. 그런데 우리나라는 정치권력과 언론이 결탁하여 공정한 보도를 하지 못하고 있다.

문: 현재와 같은 우리나라 언론 현실의 원인은 어디에 있다고 보는가?

답: 불안하게 출발한 현 정부가 정보와 언론을 독점해서 권력을 유지하려 하기 때문이다.

문: 현재 제도권 언론의 상업주의적 경향에 대하여 어떻게 보고 있는가?

답: 언론은 정치권력과 독자의 눈치를 다 함께 보면서 처신한다. 현재의 언론이 권력의 개입으로 제구실을 못 하고 있다는 것은 독자들이 더 잘 알고 있으며 그렇기 때문에 판매부수가 떨어진다. 만약 세상이 바뀌면 통제를 가하는 것보다 비판은 더욱 심해질 것이기 때문에 현 정부의 장래를 위해서도 더 이상의 통제는 없어져야 할 것이다. 즉 지나치게 권력의 말을 잘 듣고 고분고분하면 독자로부터 제구실을 못 한다는 지탄을 받고 신문이 잘 안 팔리게 된다. 그러면 기업으로서의 상업적 이익에 지장이 있다. 이런 관계로 언론은 필연적으로 기회주의적인 속성을 갖게 된다.

문: 공소장에서 '보도지침'에 관하여 언론보도에 신중을 기해 줄 것을 바라는 '협조요청'이라 하고 있는데 증인은 '보도지침'을 과연 협조요청이라고 보는가, 아니면 강제성 있는 압력이라고 보는가?

답: 제도적으로나 현실적으로 강제성이 있다. 그리고 안보에 관계되는 것은 처음부터 뺐기 때문에 국가기밀이 될 만한 것은 없다.

문: 예를 들어 줄 수 있는가?

답: 안보의식이 투철해 밝힐 수 없다. (방청석 웃음)

문: 공소장에 외교상 기밀이라고 적시되어 있는 몇 가지 항목이 과연 외교상 또는 국가기밀이라고 보는가?

답: 모든 국가에서 알고 있는 사실을 우리만 모르고 있었고 이런 사실을 알리는 것은 기밀누설이 될 수 없다. 『말』 특집호 발행 전 국내 신문에도 보도되었기 때문에 더더욱 외교상 또는 국가기밀이라고 할 수 없다.

문: 민주언론운동협의회의 결성 취지 및 『말』지의 발간 목적은 무엇인가?

답: 국가와 민족을 위하여 이상적인 신문을 만들어 보자는 일념으로 '언협'을 결성하고 『말』지를 제작하게 되었다. 자주적이고 독립적인 입장에서 보도하는, 국가와 민족을 위한 이상적인 신문을 만들자는 것이 우리의 목표다. 정부를 비판하면 무조건 반정부 단체라는 이름을 붙여 버리는데 우리는 무조건 정부를 반대하려는 것이 아니다. 정치권력이 부패하는 것을 막고 시시비비(是是非非)를 따져서 올바른 정치를 하도록 하자는 것이며 제도언론이 그런 역할을 제대로 못 하니까 우리가 하려는 것이다.

『말』지의 주의사항으로는 첫째 자극적이고 원색적인 표현을 삼가자. 둘째 출처가 확실치 않은 사실은 보도하지 않는다. 셋째 특정인을 비방하지 말자. 넷째 국가안보와 관계되는 사항은 국가의 이익을 위해서, 그리고 잘못 다루면 국가보안법 위반으로 곤욕을 치르게 되니 더더욱 조심하자고 하면서 제작되었다.

문: 『말』지의 특집으로 '보도지침'을 모아서 발간한 목적이나 동기는 어디에 있는가?

답: 보도통제 사실을 공개하여 이것의 시정을 요구하고 싶은 마음이었지만 정부를 비방할 목적은 조금도 없었다.

문: 86년 9월 9일 위 특집호를 발간하면서 내외신 기자회견을 할 때에 증인이 "'보도지침' 자료 공개 기자회견을 하면서"라는 유인물을 낭독했는가?

답: 낭독한 사실이 있다.

문: 그날 내외신 기자회견을 하게 된 동기나 목적은 무엇이었는가?

답: '보도지침'이 알려지면 정부로서는 당장은 곤욕스럽겠지만 긴 안목에서 본다면 민주주의 발전이나 올바른 언론정책을 위해서 필요하다고 생각되었기 때문에 기자회견을 했다.

문: 『말』지에 대한 탄압의 실상은 어떠했는가?

답: 『말』지가 발간될 때마다 편집장이 구류를 살았고 제작 과정에서도 어려움이 많았다.

문: 언론의 자유와 민주화의 상관관계는 어떤가?

답: 언론이 부당한 간섭을 받지 않고 본래의 임무를 다해야만 민주주의가 이룩될 것이다.

문: 증인은 선배 언론인으로서 이 사건을 어떻게 보는가?

답: 피고인들은 한국의 민주발전을 위한 애국자이지 죄인이라고는 생각하지 않는다.

이어서 검사의 증인 신문이 있었다.

문(이하 검사): 증인은 75년 3월 자의에 의해서 언론사를 떠난 것인가?

답: 그렇다.

문: 증인은 언제부터 민주언론운동협의회에 관여하였나?

답: 84년 12월 19일 재야 언론인으로 올바른 언론인의 길을 찾기 위해서 관여하였다.

문:『말』지는 몇 차례나 발간되었는가?

답: 11번 발간되었다.

문: 증인은『말』특집호가 제작된다는 사실을 사전에 알고 있었는가?

답: 그렇다.

문: 어떻게 알았는가?

답: '언협' 대표라서 자연히 알게 되었다.

문: 증인은 피고인 김태홍이 상 피고인 김주언으로부터 '보도협조사항'을 입수한 사실을 알고 있었는가?

답: 몰랐다. 알고 있다면 혹독한 고문을 통해 불지 않을 수 없기 때문에 알려고도 하지 않았다. (방청석 웃음)

문: 그 '보도협조사항' 중에는 국가의 안전보장이나 국가의 기밀에 속한 사항들이 포함되어 있는데 증인은 어떻게 생각하였나?

답: 처음부터 안보에 관계되는 사항은 뺐기 때문에 권력에 도움이 되는 사실은 있을지 몰라도 국가의 안전보장이나 기밀에 속한 사항은 없다.

문: 증인은 '보도지침' 특집호 제작 사실을 널리 알리기 위하여 내외신 기자회견을 하기로 한 사실이 있는가?

답: 그렇다.

문: 그것은 언제 어디서인가?

답: 기자회견을 하기 며칠 전이다.

문: 그 회견문 초안은 누가 작성하기로 하였나?

답: 나는 모른다.

문: 증인은 위 기자회견에서 성명서를 낭독한 사실이 있는가?

답: 그렇다.

문: 그 성명서 내용을 사전에 검토한 사실이 있는가?

답: 기자회견 직전에 읽어 본 일은 있으나 그 전에 검토한 일은 없다.

문: 내외신 기자회견장에는 어느 신문사 기자들이 참석했는가?

답: 내외신 기자들이 상당수 있었으나 어느 신문사 기자인지는 모르겠다.

문: 성명서 내용은 정부의 홍보정책을 사실과는 다르게 비방하고 있었는데 증인은 어떻게 생각하였나?

답: 그 내용은 오래된 일이라 기억하지 못하지만 비방한 일은 없었다.

문: 증인은 우리나라 기자들이 외국 기자들에 비해 안보의식이 투철하다고 했는데 이는 대한민국 국민으로서 당연한 것이 아닌가?

답: 국민보다 더욱 투철하다.

문: 보도협조사항 중에는 안보와 관계는 없지만 사회혼란과 국론분열을 방지하기 위하여 협조를 구하는 사항도 있지 않는가?

답: 그렇더라도 보도함으로써 얻어지는 이익과 통제함으로써 얻어지는 이익을 비교하여 통제해야 한다고 생각한다.

문: 증인은 75년 3월경 언론사를 떠났기 때문에 현재의 실정은 잘 모르지 않는가?

답: 70년대보다 더 엄중하다는 사실을 들어서 알고 있다.

문: 『말』지에서 사실과 다른 내용이 들어 있어서 편집장이 재판을 받은 것이 아닌가?

답: 우리는 출처가 확실하지 않으면 보도를 하지 않고 있으며 사실과 다른 내용은 없다.

문: 김주언 피고인으로부터 입수한 것이 '보도지침'이 아니라 협조사
   항이 아닌가?

답: 지나치게 간섭하고 통제하는 것은 협조사항이 아니다.

박권상 주간 증인 신문

문(이하 고영구 변호사): 언론인으로서의 경력은 어떠한가?

답(이하 박권상 주간): 52년 4월 합동통신사에 입사하여 《한국일보》를 거
   쳐 《동아일보》 논설주간으로 일하던 중 80년 8월 9일 언론사를 떠났
   다.

문: 당시 전국의 언론인들 중 약 700명이 함께 사직했던가?

답: 그렇다.

문: 엄청난 숫자의 언론인이 일시에 사직을 하게 된 배경은 무엇이었는
   가?

답: 5·17 사태 후 반정부적인 언론인들이 본인의 의사와는 관계없이,
   그리고 확실한 이유도 모른 채 언론계를 떠나게 되었다. 나 자신도 왜
   《동아일보》를 떠나야만 했는지 그 이유를 아직도 모르고 있다.

문: 그 후 증인은 언론계에 종사하거나 직업이 있었는가?

답: 81년 8월부터 1년 동안 미국에서 북한 관계 연구를 하면서 보수를
   받은 일은 있으나 일정한 직업은 없었다.

문: 증인은 『말』지 특집호로 발간된 '보도지침'을 본 적이 있는가?

답: 『말』지를 직접 본 일은 없고 미국 교포신문에 연재된 '보도지침'을
   본 일은 있다.

문: 증인이 재직 중에도 그런 류의 '보도지침'이 있었는가?

답: 내가 근무할 때도 협박조의 부탁을 받은 일은 있었지만 나의 판단

으로 들어줄 수도 있고 안 들어줄 수도 있었는데, 이를 거절해도 지금
과 같이 언론사나 기자에게 어떠한 보복이 가해지는 일은 없었다.

문: 증인은 '보도지침'이 공소장처럼 단순한 협조요청으로 보는가, 아
니면 언론통제의 수단으로 기능하고 있다고 보는가?

답: 이것은 지시로 보아야 한다. 나는 52년 언론계에 발을 들여놓아 80
년 8월에 해직되었다. 재직 시의 경험으로 보면 아무리 은근한 형식
으로 협조요청을 해 와도 강한 압박을 느꼈다. 더구나 지금의 언론은
80년에 800여 기자의 해고라는 대격변을 겪은 경험 위에 서 있다는
사실을 알아야 한다. 또한 언론기본법은 문공부 장관에게 신문사를
폐쇄시킬 수 있는 권한을 주고 있다. 이런 상태하에서는 설사 규제의
의도가 없다 하더라도 받아들이는 쪽은 위축될 수밖에 없다. 하물며
'보도지침' 내용에 보이는 "넣어라", "빼라", "절대불가"라는 것을 지
시가 아닌 협조요청이라고는 볼 수 없는 것이다.

문: 증인은 외국의 언론 제도나 현실에 관하여 많은 경험과 지식이 있
는 것으로 보여지는데…….

답: 약 4년간을 외국에 나가서 근무한 적이 있다.

문: 외국에도 정부 내에 언론조정을 하는 기관이 있어 언론에 대하여
보도 여부, 보도방법 등에 대하여 지시 또는 협조요청을 하고 있는
가?

답: 자유민주주의를 실천하는 나라에서는 없는 것으로 알고 있다.

문: 이런 것이 외국 언론계의 관행으로 되어 있는가?

답: 자유민주주의를 실천하는 나라에서는 없는 것으로 알고 있다. 또
한 정부가 언론에 대해 "이래라 저래라" 하는 지시나 협조사항도 없
는 것으로 안다. 다만 프랑코가 집권하고 있던 당시의 스페인에 몇 번
갔었는데 정부가 신문사에 우리나라의 '보도지침'과 비슷한 것을 보

내는 것을 본 일이 있었다. 당시 세계적으로 유명한 학자 오르테가 이
가세트가 죽었을 때 1면에는 죽었다는 사실만을 짤막하게 게재하고
3가지 이상의 기사를 보도하지 말 것, 생존 시 사진을 싣지 말 것 등
을 지시했다. 프랑코 치하의 스페인은 파시즘에 가까웠다는 것을 기
억해야 할 것이다.

70년대 말 미국의 《뉴욕타임스》는 베트남 전쟁 개입에 관한 비밀
문서인 펜타곤 페이퍼를 공개한 적이 있다. 개인적으로는 《뉴욕타임
스》의 보도가 전쟁 중에 있는 미국에 해롭지 않나 생각했었다. 그러
나 미국 대법원은 닉슨 행정부의 게재 중단 요구를 기각했다. 이것이
자유민주주의 체제의 언론자유에 대한 전형적인 예라고 할 수 있을
것이다.

문: 우리의 '보도지침'을 '엠바고'나 '오프 더 레코드'와 비교할 수 있
   는가?

답: 어떤 주장도 있을 수 있으나 언론사 독자적으로 판단해 그것을 가
   려내야 한다. '오프 더 레코드'는 사전에 합의한 것이고 '엠바고'는
   각별한 이유가 있을 때만 통용되는 것으로 '보도지침'과는 다르다.

문: 국민의 알 권리와 진정한 의미에 있어서 국가기밀의 보호의 필요성
   이라는 두 개의 요구가 저촉·충돌되는 경우, 진정으로 보호되어야 할
   국가기밀의 한계, 요건은 어떠하다고 보는가?

답: 일률적으로 말하기는 어렵다. 그러나 명백하고 현존하는 위험이 있
   느냐 없느냐로 기밀성 여부를 구분해야 한다. 특별한 사정이 없는 한
   자유민주주의 국가에서는 언론이 자유롭게 보도하여 국민의 알 권리
   를 충족시켜야 한다고 생각한다.

문: 공소장에 외교상 기밀 등이라고 적시된 사항들을 본 적이 있는가?

답: 읽어 본 일은 있으나 오래 되어서 기억이 없다.

(변호인이 공소장의 해당 사항을 읽어 주었다.)

문: 그 항목들이 외교상 기밀에 해당한다고 보는가?

답: (기가 막히다는 몸짓으로) 신문사 독자적으로 특종한 것도 아니고 이미
   외국 신문·방송에 모두 보도된 것인데 무슨 기밀이 되겠는가. 우리
   국민들만 모르게 하는 것이 기밀인가, 또 남북국회회담 제의가 어째
   서 기밀이 될 수 있을 것인가, 내 상식으로는 이해할 수 없다. 기밀이
   란 한번 발표되는 순간부터 기밀이란 의미를 상실하는 것이다.

문: 정치권력과 언론과의 바람직한 관계는 어떠한 것이고, 그것에 비하
   여 우리의 제도권 언론과 정치권력과의 관계는 어떻게 되어 있다고
   보는가?

답: 우리나라는 국민이 주인이 되는 자유민주주의 국가이다. 자유민주
   주의 국가에서는 첫째 언론의 자유가 보장되어야 하고, 둘째 법치주
   의가 실현되어야 하며, 셋째 국민이 자유롭게 정부를 선택할 수 있어
   야 된다고 생각한다.

   언론의 자유란 무엇인가. 국제발행인협회(IPI)에서는 전문가의 견
   해를 종합하여 네 가지 자유를 내세운 적이 있다. 첫째 뉴스에 접근
   할 수 있는 자유, 둘째 뉴스를 자유롭게 전달할 수 있는 자유, 셋째 출
   판물을 누구나 자유롭게 발간할 수 있는 자유, 넷째로 표현의 자유가
   있어야 된다. 그러나 우리의 현실은 그렇지 못하고 사전제약을 받고
   있다. 바람직한 언론은 정치권력으로부터 독립해서 언론사가 사실을
   사실대로 아무 제약 없이 보도해야 된다고 생각한다.

   공정 보도의 권리와 의무가 언론사에게는 있다. 84년 2월 29일 미국
   에서는 레이건의 재취임 연설을 5분간 실시한 적이 있다. 이때 중계
   방송 측이 광고료 50만 달러를 요구해 와 이를 놓고 협상을 벌인 적
   이 있다. 레이건은 뉴스라고 주장했으나 결국엔 정당 대표의 연설로

결정돼 정부는 50만 달러의 방송료를 지불한 적이 있다. 이처럼 언론사는 정치권력으로부터 독립돼 있어야 한다.

문: 그동안 장막 속에서 주고받던 '보도지침'이 3명의 언론인에 의해 공개되었다. 언론인의 입장에서 피고인들이나 '언협'에 대해 어떻게 생각하는가?

답: 나는 30년 가까이 언론계에 있었다. 피고인 중에는 내 아들뻘 되는 사람도 있다. 그들을 보면서 "과연 내가 저런 용기를 가질 수 있을까"라는 생각이 든다. 저들의 용기에 경의를 표한다.

이어서 검사의 증인 신문이 계속됐다.

문(이하 검사): 증인이 《동아일보》 논설주간으로 근무할 당시에는 '보도지침'은 없었고 협조 사실만 있었다는 뜻인가?

답: 그렇다.

문: 증인은 이런 부탁을 받으면 독자적으로 판단하여 보도하기도 하고 안 하기도 한 것인가?

답: 그렇다.

문: 증인은 '보도지침'을 직접 보지는 못했고 신문에 보도된 것을 본 일이 있는가?

답: 그렇다.

문: 보도협조사항을 가지고 피고인들이 어떻게 편집하여 『말』 특집호를 만들었는지는 모르는가?

답: 그렇다. 자세한 것은 모른다.

문: 외국에는 우리나라와 같은 홍보정책실이 없다고 했는데 모든 기구는 그 나라 실정에 맞게 만드는 것이 아닌가?

답: 그렇다. 그것은 그때 체제 유지상 필요한 것이다.

문: 미국 국방성의 월남전 비밀서류를 《뉴욕타임스》에 보도한 사건에 있어서 미국의 안보상황과 우리나라의 안보상황이 같다고 생각하는가?

답: 나는 같다거나 같지 않다는 말은 한 적이 없다. 비교하기는 어려울 것이지만 미국이나 우리나라가 자유민주주의를 표방하는 것은 같다고 말했다.

문: 공소장에 적시된 사실이 기밀사항이 될 수 없다고 단정했는데 법률적으로 판단해야 할 사항을 그렇게 말할 수 있는가?

답: 언론인의 입장에서 말한 것이다.

문: 언론기본법에 보도의 사전억제 내지는 규제하는 조항이 있는가?

답: 사전억제라는 것은 검열, 허가제이다. 우리나라는 등록제로 규정은 되어 있으나 실제는 허가제이다. 왜냐하면 언론기본법 제24조에는 문공부 장관이 언론사의 등록을 취소하도록 되어 있기 때문이다.

문: 이와 같이 등록을 취소할 수 있게 한 것은 언론사의 무책임한 보도로 국민에게 피해를 줄까 봐서 그런 것이 아닌가?

답: 나는 그렇게 생각하지 않는다.

4시 30분 변호인의 증인 신문과, 검사의 반대신문이 모두 끝났다. 변호인단에서는 홍콩에서 발행되는 시사주간지 《파이스턴이코노믹리뷰》지의 서울특파원 존 맥베드 씨와 미국 ABC 방송의 서울특파원 마이클 웽거트 씨를 증인으로 신청하고, 3차 공판에서 증인으로 채택된 4대 일간지 편집국장 등 관계자 중 신속한 재판 진행을 위해 1차로 편집부장들만을 다음 재판에 증인으로 소환해 줄 것을 요청했다.

재판장은 변호인단의 신청을 받아들여, 다음 기일인 5월 20일 문공부 홍보정책실장과 4대 일간지 편집부장, 존 맥베드 씨, 이날 나오지 않은 검찰 측 증인 두 사람을 소환, 증인 신문을 하겠다고 밝힌 후 재판을 끝냈다.

『혁명 영화의 창조』에 대한 소견서

박명진(서울대 사회과학대 신문학과 부교수)

책 명: Teorîa y pràctica de un cine junto al pueblo
저자: Gorges Sanjines

위의 책은 남미 볼리비아의 영화제작 그룹 우카마우(Ukamau) 그룹의
대표인 영화감독 산지네스(Sanjines)가 70년대에 미국, 유럽, 남미 등지
의 영화 관계 간행물에 발표했던 것들을 모아 책으로 엮어 낸 것으로
우카마우의 영화관, 제작 방식 등을 소개한 것입니다.

우카마우(Ukamau)는 1960년대 중반 5~6인의 볼리비아 영화인들을
중심으로 결성되었고, 60년대 브라질, 아르헨티나를 비롯 남미의 여러
나라에서 일어났던 민족주의 영화운동과 맥을 같이하고 있습니다.

대부분의 민족주의적 문화운동이 그러하듯이 당시의 이들 남미 영
화인들의 일차적 관심은 민족문화의 발달과 민족적 정체성을 이루어
내는 데 장애가 되는 요인들을 찾고 그것을 극복할 수 있는 방법을 모
색하는 데 기울여졌습니다. 이들은 그것을 위해 영화인으로서 해야
할 일이 관객에게 공허한 오락을 제공하기보다는 남미의 사회 현실에
눈뜰 수 있도록 도와주고 민족문화 전통에 접맥되는 새로운 영화미학
의 창조를 위해 노력하는 것이라고 보았습니다. 당시 이러한 영화관

을 가지고 제작 활동을 전개한 그룹들이 여럿 생겨났는데 우카마우는 그중 가장 성공한 그룹이라고 할 수 있습니다.

성공했다는 의미에는, 그 그룹이 겨냥했던 새로운 영화미학의 창조라는 과제를 성취할 수 있었다는 것과 함께 그들이 제작한 영화들이 구미의 영화 시장에서 좋은 반응을 얻으면서 팔릴 수 있었음은 물론 그곳의 학계로부터 주목을 받고, 그곳의 영화 평론계로부터 극찬을 받게 되었다는 등의 세속적인 성취도 포함되어 있습니다.

70년대 중반에 이르러서는 유럽의 주요 영화 관계의 학술적, 대중적 정기간행물에 이 그룹의 독특한 제작 방식, 영화관에 개봉된 이 그룹의 영화 작품들에 대한 기사들이 상당히 오랜 기간 취급되었습니다. 또한 대학의 커뮤니케이션학과, 영화학과, 남미 문화 관계 학과에서도 이 그룹에 관한 연구를 커리큘럼에 포함시키기 시작했습니다. 70년대에 프랑스에 유학했던 본인도 관계된 강의를 들은 적이 있습니다.

현재는 유럽에서는 물론 미국에서도, 영화 전문가 대상이 아닌 일반 영화 애호가들을 위해 발간하는 세계 영화사 속에 산지네스와 우카마우에 관해 상당수의 페이지를 할애하고 있습니다. 이런 책은 우리나라의 외서 서점에서도 쉽게 구할 수 있고, 최근에 본인도 서울의 한 외서 서점에서 에릭 로드(Eric Rhode)라는 사람이 쓰고 미국의 펭귄 북(Penguin Book)에서 1984년에 발간한 『영화사 초기부터 1970년대까지』라는 영화사 책 속에서 산지네스와 우카마우에 관해 다루고 있는 것을 발견한 적이 있습니다.

오늘날 우리나라에서도 커뮤니케이션, 영화를 공부하는 사람이나 제3세계의 민족문화운동에 관심 있는 사람들은 대부분 우카마우에 대해 알고 있는 것으로 보입니다. 이것은 우리나라만의 현상은 아니고 많은 나라에서 영화사, 영화미학, 영화사회학, 혹은 제3세계 민족

문화운동에 관해 공부하고자 할 때 산지네스의 이 책은 읽어야 할 책
목록 속에 포함되어 있습니다.

작성일: 1987년 5월 11일
작성자: 서울대학교 사회과학대학 신문학과 부교수 박명진
작성자 최종 학위: 1978년. 프랑스 파리 3대학 커뮤니케이션학 박사
학위논문 제목: 「2차 대전 이후 1975년 사이 미국의 대외정책과 헐
　　리우드 영화에 나타난 외국 및 외국인에 대한 표상 체계 간의 관
　　계 연구」

기타 서적에 대한 감정의견서

6차 공판 이전인 5월 14일 재판부가 『현대 사실주의』라는 서적에 대해 감정을 의뢰했던 한양대 반성완 교수로부터 회신이 왔다.

"이 책은 스탈린 사후 서구와 동구에서 일어난 50년대 이른바 해빙기의 정치사회적 분위기를 배경으로 해 씌어진 문학논쟁서로 현실적 의미나 중요성이 없다."

5월 15일 서울대 차인석 교수도 『역사와 계급의식』이라는 책에 대한 감정서를 재판부에 보내왔다.

"이 책의 저자인 루카치는 변증법이 인간 역사에만 적용된다고 보았기 때문에 자연변증법에 입각한 정통 공산주의자들로부터 수정주의라는 비난을 받았다. 그는 특히 사적유물론을 서구 자본주의 사회에만 적용된다고 본다."

5월 18일 서울대 임현진 교수의 『사회학과 발전』이라는 책의 감정서가 도착했다.

"이 책은 후진국 발전에 대한 마르크스적 이론 전개와 비마르크스적 이론 전개에 모두 일정한 정도의 시사점을 주고 있는 것으로 미국 유수 대학에서 기본 참고서로 활용되고 있다. 이 책의 집필자 중 한 사람이 85년 6월 서울대 사회과학연구소 주최 국제학술대회에 참가하기도 했다. 이 책을 반국가단체를 이롭게 하는 용공좌경도서로 무조건 규정하는 것은 피상적 관찰로서 무리가 있다고 생각한다."

사법부는 독립성을 지켜라

5월 20일에 있는 6차 공판은 개정 전부터 적잖은 파란이 예상됐다. 전례 없이 너그럽게 변호인단의 증인 신청을 받아들였던 재판부가 5월 15일 갑자기 증인 소환을 취소해 버린 것이다. 당초 재판부는 변호인 측이 증인으로 신청한 4대 일간지의 편집국장, 정치부장, 외신부장, 사회부장, 편집부장 20명과 《파이스턴이코노믹리뷰》지의 존 맥베드 기자, 미국 ABC 방송국의 서울 특파원 마이클 웽거트 기자, 문공부 홍보정책실장, 한양대 리영희 교수, 서울대 법대의 최대권 교수 중에서 리영희 교수와 최대권 교수만을 보류하고 나머지 23명을 모두 증인으로 채택했었다. 재판부는 일단 4대 일간지 편집부장과 존 맥베드 씨만을 소환하기로 결정하고, 5월 14일에는 증인 소환장까지 발부했다가 다음 날 돌연 모든 증인의 소환을 취소하고 나머지 증인 신청에 대해서도 기각 결정을 내려 버린 것이었다.

이에 실망하고 분개하고 있던 변호인단은 그 서슬이 만만치 않았다. 반면 검찰은 논고문까지 작성해 놓고 웬만하면 이날 중 구형까지 마치려 했다.

재판장: 본 재판부에서는 5차 공판 이후 이 사건 심리를 위한 적절한 조치라고 판단하여 지난 5월 15일 자로 검사 측 및 변호인 측이 신청한

증인에 대해 취소 또는 기각 조치를 하고 통고한 바 있다. 거기에 대해 변호인 측이나 검사 측에서 제시하실 의견이 있으며 해 주시기 바랍니다.

조준희 변호사: 취소 결정을 내리게 된 이유를 구체적으로 말씀해 주시기 바란다.

재판장: 이미 공판 시작할 때 '적절한 조치'라고 판단되어, 즉 양측이 신청한 증인이 재판 심리에 반드시 필요하지 않다고 판단해 취소했다고 말한 바 있다.

조준희 변호사: 한마디로 이번 증인 취소 및 기각 조치에 대해 심히 유감이다. 그저 "필요 없다", "적절한 조치였다"라고만 말씀하는데, 취소의 진정한 이유를 밝혀 주시기 바란다. 그 이유를 우리가 "이미 지난번 증언만 가지고도 이 사건 심리를 위한 모든 사실이 자명해졌다"라고 이해해도 무방한가?

그러나 그렇다고 하더라도 이미 지난번 증인들의 증언을 들은 이후에 재판장님은 나머지 증인들을 채택하셨고 이미 14일 자로 소환장이 발부된 것으로 알고 있다. 15일 돌연 증인 채택을 취소한 것, 그리고 그 사실이 이례적으로 통고된 것은 전례 없는, 있을 수 없는 일로서 우리를 당혹하게 하고 있다. 각각의 증인은 입증 취지가 전혀 다른데, 일률적으로 기각 조치한 것이 과연 법원의 독자적인 판단인지 심히 의심스럽다. 재판장조차 유효하다고 판단해 채택된 증인이 하루아침에 기각되었을 때, 우리는 그 조치의 진정한 이유를 묻지 않을 수 없다. 게다가 이번 조치가 검찰의 5월 13일 자 견해와 유사하기 때문에 우리는 이번 조치에 있어서의 법원의 독립성 여부, 그리고 검찰 견해와의 상관관계를 알고자 할 따름이다. 우리의 모든 의심이 풀릴 수 있도록 재판장께서 좀 더 명확히 이번 조치의 진정한 이유를 밝혀 주시기 바란다. 그동안 재판장께서 보여 준 공정하고 의로운 재판 진행은 우리 모두에게 용기를 주었고 이번 재판이 사법부의 독자성을 되찾는 이정표가 되리라 기대했었다. 그런데 돌연 이 재판정에 드리워진 검은 안개, 검은 손은 무엇이란 말인가?

우리는 다음의 두 가지 사항을 요구한다.

첫 번째는 증인 취소 이유를 밝혀 달라는 것이다. 다음은 이번 조치를 재고해 주길 바란다. 그것은 모든 증인을 다시 채택해 달라는 것을 의미한다.

검사: 사실 공판이 진행되면서 불만으로 말하자면 검찰 측에 훨씬 더 많았다. 증언에 관해서만 해도 검찰 측 증인이 증언하기도 전에 송건호, 박권상 증인이 증언을 했는데, 이것도 불만이다. 이번 조치에 대해서 검찰 측은 이의 없이 받아들인다. 그동안 재판장이 워낙 바쁘셔서 재판 기록을 검토하지 못하다가 신중하게 검토한 후에 내린 결정이라고 생각한다. 사실 어디까지나 국내적인 일에 외국인까지 증인으로 내세워 국익에 이로울 것이 하나도 없을뿐더러 신문사 관계 증인은 두 명의 증인만으로 충분하다고 생각한다.

재판정에 무슨 검은 손이 있고, 검은 안개가 드리워질 수 있단 말인가.

이상수 변호사: 한마디로 이번 조치는 법정 안정성에 위배되는 조치이다. 재판의 목적이 법정 안정성과 구체적 타당성을 실현하는 것이라고 할 때, 갑자기 이 재판을 실질적으로 중단시킨 이번 조치는 철회되어야 할 것이다. 이번 조치를 당하니, 마치 서부영화에서 등 뒤에서 총을 맞는 장면을 목격한 느낌이고, 룰이 깨져 버린 기분이다.

항상 재판부는 "모든 판단은 법원이 한다"고 말씀하셨는데, 판단에 필요한 자료는 충분히 제시되어야 한다고 생각한다. 예를 들어 리영희 증인의 경우 이번 사건에 있어 외교상 기밀 여부가 중요한 것이니만큼 반드시 채택되어 외교상 기밀에 관한 독자적인 견해를 들을 필요가 있다고 생각한다.

그동안 재판장님의 태도는 우리에게 희망과 용기를 주었다. 그런데, 돌연 우리의 희망과 기대를 저버린 이유가 무엇인가? 누가 그렇게 만들었는가? 권 양을 성의 도구 운운한 검찰인가? 아니면 이돈명 변호사에게 실형을 선고한 누구인가? 아니면 박종철 군을 고문치사한 자들인가?

모 기자가 김수환 추기경에게 "신문은 국민이 만드는 것이 아닙니까?"라고 말했다던데, 재판 또한 국민이 진행해 가는 것이 아니겠는가? 의사에게 히포크라테스 선서가 있듯이 법조인들에겐 법의 정의를 실현할 의무가 있다.

검사는 국익 운운하는데, 도대체 이 사건을 법정에 올려서 국가를 망신시킨 것이 누구인가?

검사: 변호인은 법조인의 상식에 어긋난 발언을 하는군요. 재판이 피고 측에 유리하게 진행되면 공정한 재판이고 그렇지 않으면 공정하지 못하다는 것은 말이 안 된다. 또 법정 안정성 운운하는데 그것은 구체적인 타당성 속에서 평가되는 것이 아니다. 비법조인적 색채를 띤 정치적인 발언을 하는데 그 저의가 의심스럽다고 하지 않을 수 없다.

조영래 변호사: 지금 검사는 재판부의 변호인 노릇을 하고 있는데, 우리는 재판장에게 말하고 있는 것이다. 마치 증인 취소 조치를 검사가 한 듯한 느낌을 주는데 우리는 법원의 해명을 듣고자 한다.

지금 이 자리에 서서 이런 이야기를 하는 심정은 쓰라리다 못해 처참하고, 재판장님과 함께 통곡을 하고 싶은 마음이다. 그래도 우리는 말해야 하고 재판장님은 들으셔야 한다. 이 재판에는 인권과 언론, 그리고 우리의 민주주의 장래, 후손들의 삶 모두가 걸려 있다.

우리는 검사의 태도 속에서 이번 조치의 비밀을 보는 느낌이다. 검사는 누차에 걸쳐서 두 증인이면 충분하다고 말했는데 어째서 그 판단을 검사가 하는 건지, 또 "감수했다"는 발언을 자꾸 하는데, 그러면 재판부의 결정에 대해서 감수하지 않으면 어떻게 하겠다는 건지 알 수가 없다. 증인의 발언이 충분한지 아닌지의 여부도 변호인이 판단할 일이다. 그리고 문공부 홍보정책실 실장을 증인으로 채택할 때도 검사는 "응하지 않는다"고 말했는데, 법조문에 보면, "공무원이 증언할 때 그것이 공무수행에 관한 것이면 감독 관청의 승낙을 받아서 증언을 들을 수 있다"고 되어 있고 특별한 사유가 없는 한 응하게 되어 있는데, 검사가 미리부터 심리에 응할 수 없다고 말한 것은 무엇을 뜻하는가?

요컨대 검찰은 채택된 모든 증인에 대해서 불만이었는데, 그런 불만을 법정 이외의 다른 장소에서 말했는지 묻고 싶다. 검찰의 재판에 임하는 모든 태도가 사법부의 독자성을 저해하는 것으로 작용해 왔다.

14일 증인을 소환해 놓고 15일 돌연 취소했다는 것은 하룻밤 사이에 역사가 이루어졌다는 뜻인데 이것은 도저히 검은 손이 아니라면 있을 수 없는 일이다. 재판장님, 용기를 가지고 양심에 입각해서 이번 조치의 진정한 이유를 밝혀 주시오. 압력이 있었다면 어떤 압력이 어떤 방법으로 들어왔는지 말해 주시오. 재판정에서가 아니라도, 어떤 방법으로라도 좋다.

그리고 검사에게 부탁하는데, 검사도 재판부의 일원이므로 공정한 재판을 위한 노력에 참여해야 할 것이다. 검사가 재판부에 어떤 압력을 가했는지 말해 주시오. 아니면 어떤 다른 기관에서 압력을 넣었는지 그 진위를 밝혀 주기 바란다.

재판장: (검사의 발언을 제지하며 침묵, 곤혹스러운 표정으로) 잠시 휴정하겠다.

오후 3시 20분 재판장은 공판을 속개하고, 27일 오후 2시에 결심공판을 열겠다고 말한 뒤 총총히 퇴장했다.

서울형사지방법원
결정

사　　건: 87고단503

　　　　국가보안법 위반, 외교상 기밀누설, 국가모독, 집회 및 시위
　　　　에 관한 법률 위반

피 고 인: 1. 김태홍

　　　　2. 신홍범

　　　　3. 김주언

주　문

1. 당원이 채택한 증인 홍성문, 동 김영학, 동 문화공보부 홍보정책실
장, 동 조선, 동아, 한국, 중앙일보의 각 편집국장, 편집부장, 정치부장,
사회부장, 외신부장, 동 존 맥베드에 대한 각 증거 채택 결정은 이를
각 취소한다.

2. 변호인 신청의 증인 이영희, 동 최대권, 동 마이클 웽거트에 대한 증
인 신청 및 외무부에 대한 사실조회 신청, 한국일보사에 대한 문서제
출명령 신청은 이를 각 기각한다.

1987. 5. 15.

판사 박태범

검찰 측 논고

구형 공판(7차 공판)은 5월 27일 오후 2시에 열렸으며, 검찰의 논고, 변호인단의 변론 요지서 낭독, 피고인들의 최후진술 순으로 진행됐다. 이 사건 공판에 주도적으로 관여해 온 서울지검 공안2부 안왕선 검사가 논고문을 읽었다.

"언론의 자유는 자유민주주의 제도상의 가장 우월한 기본권이며 개인적 자유권의 시금석으로 인정돼 왔다.

　그러나 세계 어느 자유민주주의 국가라도 언론의 자유를 무제한, 절대적으로 인정하는 나라는 없다. 우리 헌법에서도 언론의 자유를 '국가의 안전보장' 등을 위해서는 제한할 수 있는 상대적 자유권으로 규정하고 있다.

　특히 북한 공산 집단과 대치하고 있는 한국의 특수한 안보 정치 상황하에서는 국가안보와 언론자유는 심각한 딜레마를 제기하고 있지만 한국의 특수 상황에 맞는 조화를 꾀해야 한다고 본다. 국내에서는 공지의 사실에 속하는 사항이라도 외국이 숙지하고 있는 사실이 아니면 외교상의 이익에 속하는 사항인 이상 외교상 기밀에 해당한다고 보아야 할 것이다. 건국 이래 아니 국내외적으로 관례화된 언론사에 대한 협조요청사항의 공개 문제가 차제에 문제시된 것을 어떤 의미에서는 오히려 다행이라고 생각한다. 즉 이 문제는 한국 언론사에 있어서 언젠가는 한 번 짚고 넘어가야 될 사항이기 때문이다. 본 건을 기소한 것은 언론자유의 한계를 벗어나 실정법을 위반한 사범에 대해서는 계속 강력하게 대응하겠다는 강한 의지의 표명이다.”

   검사가 논고문을 읽는 도중 “박종철 사건이 그토록 자세히 보도되는 걸 볼 때 어디에 ‘보도지침’이 있다고 하겠는가”라고 말했을 때는 방청석에서 야유와 고함을 보내 법정이 소란스러웠다.
   김태홍 씨에게는 징역 3년이, 신홍범 씨와 김주언 씨에게는 각각 징역 3년에 자격정지 2년이 구형됐다.

이 재판은 불을 낸 자가
화재 신고자를 잡아다가 신문하는 것과 같다

피 고 인: 김태홍, 신홍범

위 사람들에 대한 외교상 기밀누설, 국가모독, 집회 및 시위에 관한 법률 위반 및 국가보안법 위반 등 피고 사건에 관하여 변호인단은 다음과 같이 변론한다.

다 음

1. 본 건 기소는 '적반하장'이다

이 사건에 대한 재판은 시작도 하기 전에 이미 결론이 나 있었다고 본다. 오늘의 '보도지침' 사건 심판 대상은 '보도지침'을 폭로한 세 분의 행동이 아니라 '보도지침' 그 자체이며, 그것을 고안·활용해 온 압제자들이기 때문이다.

아직도 남은 일이 있다면 집권세력이 국민 앞에 사죄하고 당장 그런 괴물을 없애는 결단을 내림으로써 '개전의 정'을 보여야 한다는 것이다.

그러나 사리는 뒤집혀서 이 사건 재판의 보도 자체가 여전한 '보도지침'에 걸려서 1단으로 깔리는 상황 속에서 이 공판이 진행되어 왔다. 돌이켜 보건대 이 나라의 언론 상황은 정치권력의 부도덕하고 위법한 통제, 조작, 위협 그리고 박해에 의하여 이미 입헌 민주국가로서의 국시와 체통까지도 말살시켜 버린 지 오래이다. 언론자유를 비롯한 국민의 헌법상 기본권은 한낱 허울 좋은 인쇄 문자로 화했으며 국민의 알 권리는 강학(講學)상의 장식에 불과한 실정이다.

이와 같은 비극적 현실은 역대 정권의 비민주적 내지 반민주적 성격에서 유래되는 것이었지만 1970년대 중반의 소위 유신정권 이후에 노골화된 언론탄압에서 그 심도가 깊어졌고 5·17 이후에 권좌를 차지한 현 정권에 이르러서는 참으로 말로 다 못할 침해 행위가 공공연한 비밀로 자행되었다.

소위 언론사 통폐합 조치와 언론기본법 제정에 의한 구조적 유린에서부터 기자들에 대한 집단 해고, 연행, 위협, 박해에 이르기까지 그 양상은 반민주 독재정권의 면모를 너무도 대담하게 드러내기에 유감이 없었다.

집권세력이 왜 이런 짓을 계속적으로 감행해야 하는지, 그 구체적 수법이 어느 정도인지는 이제 국민들이 더 잘 알고 있다. 언론통제의 실상에 대해서는 정부 측의 판에 박은 부인에도 불구하고 신문의 지면과 방송의 화면이 스스로 편향과 은폐를 자백하고 있으며, 권력은 이에 대한 비판·규탄을 수용하는 대신 온갖 법조문을 동원하여 가위 희극적인 탄압을 가해 온 것도 천하가 다 아는 사실이다.

다만 권력과 제도언론 간의 공생적 유착으로 말미암아 구체적 통제에 관한 구체적 증거 포착이 쉽지 않았고 바로 이런 난점을 기화로 언론자유에 대한 구조적인 침해는 일상화되었던 것이다. 그러나 부정한 음모와 비밀은 언젠가 드러나기 마련이어서 마침내 이 사건에서 다루는 바와 같은 '보도지침'이 의롭고 용감한 전·현직 언론인에 의하여 국민 앞에 폭로되기에 이르렀다.

우리 국민은 민주언론운동협의회가 발행한 『말』 특집호를 통하여 누구도 잡아뗄 수 없는 구체적 실상을 알고 나서 놀라움과 통분을 가눌 길이 없었다.

그러나 정부당국은 그처럼 엄청난 죄악상이 백일하에 드러났음에도 불구하고 국민 앞에 단 한 마디의 사죄도 하지 않았을 뿐 아니라 적반하장이란 말 그대로 양심과 용기를 다하여 그 죄상을 폭로한 의로운 언론인들을 구속기소하는 파렴치성을 보였다.

이것은 『말』을 통한 언론통제 그 자체에 못지않은 죄악상이다. 비유컨대 이것은 마치 불낸 자는 그냥 두고서 119에 신고한 사람을 잡아간 격이다. 아니 불을 낸 자가 화재 신고자를 잡아다가 신문한 셈이 되었다. 방화와 소방의 업무를 맡은 자라면 화재 신고를 한 사람에게 감사하고 뒤늦게나마 진화 작업을 하고 화인을 규명하여 범인을 처벌했어야 한다. 그런데도 이 경우에는 외친 자를 구속하는 데만 급급했지 민주언론과 나라의 근본 기틀을 불태우고 있는 악의 불길은 그대로 방치하고 있으니 개탄을 금할 수가 없다.

이 사건으로 구속된 사람들에 대한 법률적용에서 권력의 파렴치성은 더욱 적나라하게 실증되었다. 엄연한 진실 폭로인지라 전가의 보도처럼 흔히 내밀던 허위사실 유포죄는 꺼내지 못한 대신 난데없는 외교상 기밀누설죄와 국가모독죄 따위를 견강부회 식으로 갖다 붙였다.

법률적으로는 말할 나위도 없고 민주주의의 '민' 자만 알고 있는 사람이라면 그 기발한 반논리(反論理)에 실소를 금치 못할 일이었다.

춘향전에 보면, 변 사또의 수청 강요를 거부하면서 관가 비판을 하는 춘향이에게 모반 대역죄와 관장 조롱죄를 둘러씌워서 태형을 가하는 대목이 나온다. 라 퐁텐의 우화에도 괜한 트집으로 식욕을 채우려던 늑대가 사리분별의 논쟁에서 말문이 막히자 "좌우간 너는 잡아먹어야겠다"면서 어린 양을 잡아먹는 이야기가 있다.

21세기를 바라보는 오늘의 이 시점에서 이른바 '세계 속의 한국'을 내세우는 바로 이 땅에서, 위와 같은 희극적 비극은 결코 용납되어서는 안 된다.

심판받아야 할 쪽은 춘향이나 어린 양이 아니라 변학도와 늑대이듯이 이 사건 재판에서도 심판받아야 할 대상은 '보도지침' 그 자체와 그런 망국적 수법을 개발, 존속시켜 온 정치권력이지 결코 여기 묶여 나와 있는 언론인들이 아니다.

우리는 이 사건의 공소제기를 통해서 정부 스스로가 이중 삼중의 망신을 자초한 데 대하여 무한한 연민을 품지 않을 수 없다. 또한 나라의 체통을 생각하면 착잡한 심경을 가눌 길이 없다.

그러나 이왕에 공판에 회부된 이상은 '보도지침'으로 실증된 언론탄압의 죄상을 만천하에 밝히고, 진정 벌을 받아야 될 사람들은 누구인가를 가려낼 좋은 기회라고 믿고 법정에 나오게 되었던 것이다.

그리고 정부의 '보도지침'과 언론통제의 위법 부당함이 법의 이름으로 선언됨으로써 이 나라의 언론자유와 민주주의가 되살아날 수 있는 계기가 마련되었으면 하는 일말의 기대를 갖고 재판에 임했던 것이다.

2. 기대와 반전(反轉) 속의 의문들

그러나 우리 변호인단의 한 가닥 기대는 바로 이 법정에서 피어나는 듯 하다 어느 날 갑자기 거품이 되어 버렸다. 아니, 허위의 성을 격파하기 위해서 피고의 몸이 되면서까지 불굴의 의지로 싸워 온 세 분의 언론인들 그리고 이 사건의 재판 추이를 지켜보고 있는 국민들에게도 새로운 충격을 안겨 주었다.

사실, 이 사건의 재판을 앞두고 세인들은 반드시 밝은 예측만을 품었던 것은 아니다. 사법재판에 거는 소망보다는 재판의 독립성에 대한 의문과 불안을 버릴 수가 없었다. 이것은 괜한 억측이 아니라 지금까지의 소위 시국사건 재판에서 우리 사법부가 보여 준 일련의 판결이 심어 준 실망에 근거하는 것이었다.

이 사건 재판의 초반에 재판부가 보여 준 진지하고 공정한 노력에 대하여 많은 사람들이 경의를 표했다. 바람직한 사법의 명맥이 되살아나서 좌절의 어둠에 둘러싸여 있는 국민들의 마음에 반가운 등불이 되어 주기를 바랐던 것이다. 그러면서 한편으로 우리는 재판부의 전례 없이 의연한 심리자세에 혹시라도 어떤 검은 그림자가 드리워지는 일이 있을 것을 염려했던 것도 사실이다.

과연 불길한 예감은 너무도 정직한 모습으로 우리 앞에 현실화되었고 그것은 '보도지침'의 논란 이상의 격분을 안겨 주었다.

재판부가 이미 채택한 23명의 증인을 하룻밤 사이에 취소해 버린 것은 충격 바로 그것이었고, 의구심과 비난으로 끝날 수 없는 흑막을 실감케 했다.

지난 5월 13일에서 15일까지 3일 동안에 있었던 일련의 변화, 그 불가사의한 증거 취소 결정의 부당성과 그에 이르기까지의 의문점에 관해서는 지난번 공판 때에 변호인단에서 언급한 바를 원용하겠다.

다만 우리가 참으로 답답하게 여기는 바는 재판부가 끝내 증거 취소 결정의 이유를 밝히지 않고 있다는 점이며, 이것은 그동안 의연하게 공판 집행을 해 오던 재판부가 갑자기 침울하고 고민스러운 표정을 감추지 못하는 점과 아울러서 우리에게 여러 가지 추론의 여지를 남겨 주고 있다.

재판부의 돌변한 결정에는 필시 검찰이나 그밖에 국가권력의 입김이 작용했을 것이라는 심증을 우리 변호인단은 지울 수가 없다.

그 이유로 첫째로 저 1971년에 있었던 사법 파동 당시 재경 법관 일동이 낸 성명서를 기억하고 있기 때문이다. 거기에는 특정 사건의 영장 발부나 재판에 관하여 행정부 측의 간섭이 자행되어 왔음을 규탄하는 대목이 있었다. 그로부터 10년이 훨씬 넘은 오늘에 있어서 유신 치하의 당시보다 사법의 현실이 얼마나 나아졌는지에 대해서 우리는 아무런 긍정도 할 수가 없다.

두 번째로 검찰과 변호인 측 쌍방이 신청한 증거 방법을 모조리 취소 또는 기각한 결정에 대해서 검찰 측이 놀라거나 불만을 갖거나 하는 대신 오히려 그 취소의 정당함을 재판장보다도 더 자세하게 설명했다는 사실이다. 쌍방 신청의 증인 신문을 취소하게 되면 실인즉 변호인 측보다는 검찰관 측이 당황해야 마땅하다. 검찰관은 형사소추의 원고관인 이상 공소사실에 대한 입증책임을 지는 터이므로, 그 입증의 길을 막아 버리는 증거 취소 결정은 검찰에 불리할 수밖에 없고 따라서 변호인 측보다 검찰 측이 더 강한 이의를 제기했어야 논리에 맞는다.

그런데 지난번 공판에서 검찰 측이 보인 언동은 그와 정반대였다. 검찰 측은 재판장에 대한 이의 대신 변명을 서슴지 않았다. 이것은 재판부의 증거 취소 결정이 검찰 측에서 바라는 대로 되었다는 저간의 사정을 실증해 준 것이다.

그전까지 검찰은 재판부의 증거결정에 대하여 되풀이해서 불만을 표시해 왔고 일단 채택되어 환문 절차만 남아 있는 증인에 대해서까지도 강경하게 취소를 요구해 왔다. 그와 같은 강한 반발이 거듭된 끝에 증거 취소 결정이 나오고 보니, 지난번 공판에서 지적한 대로 "공판정 아닌 곳에서 보이지 않는 손에 의한 압력"이 작용했으리라는 의구심을 갖기에 충분하다.

검찰 측이 재판장보다 더 자세히 증거 취소 결정의 타당성을 역설하는 것을—가령 재판장이 사건 기록을 검토하기 전에 채택한 증인이라 사건기록 검토 후에 신문이 불필요함을 알고 취소했다는 말을—들으면서 우리 변호인단은 며칠 사이에 급변할 수밖에 없었던 사정 아닌 사정을 실감할 수가 있었다. 검찰관 측은 공판정에서 자기 측 주장을 입증할 아무런 증거조사(증인 신문)를 할 수 없게 되었는데도 안심하고 유죄 판결을 확신하는 것 같으니 참으로 역설적이라 하겠다.

3. 이제 재판은 '중간이 온통 잘려간 필름'처럼 맥락을 잃고 말았다

그리고 더 이상 진행할 것도 없게 되었다. 우리 변호인단은 오늘 이 공판에 다시 나오는 것이 과연 무슨 의미가 있을까 하는 의문에 젖어 있었다. 검찰을 앞세운 익명의 손에 지배당하는 듯한 이 법정, 이 재판을 개탄하며 여기서 우리 변호인들이 벌이는 변호활동이 장식적인 요식행위 이상의 무슨 실효가 있을까 하는 자괴심도 느꼈다.

그럼에도 불구하고 우리는 오늘 이 자리에 다시 나와서 검찰관 측의 의견 진술까지도 인내심을 갖고 들어가며 변호인석을 지키기로 하였다.

저기 피고인의 몸이 되어 끌려나와 있는 김태홍, 신홍범, 그리고 김주언, 이 세 사람들 곁에 잠시라도 더 함께 앉아 있기로 하였다. 그들만을 위해서가 아니라 이 나라의 관제 언론을 개탄하고 민주언론의 소생을 바라는 많은 국민들을 위해서 한마디의 말이라도 해야겠기 때문이다. 아니 그보다도 이 사건의 법정은 앞서 말한 대로 바로 '보도지침'을 통해서 민주주의를 짓밟은 반민주적 정치권력이 피고가 된 자리라고 믿는 이상, 실질적으로는 오히려 우리가 원고관이라는 확신 때문에 이 자리를 떠날 수가 없는 것이다.

이 재판의 소송적인 결론은 이제 우리의 관심 속에서 그리 큰 비중을 차지하지는 않는다. 그러나 지난번 재판에서도 촉구했듯이 재판장께서 다시 용기를 내시어 이 나라의 언론과 사법의 붕괴를 떠받쳐 주시기를 간절히 소망한다. 만일 우리의 기대가 무너지더라도 우리는 낙심하지 않고 언제까지고 이 나라의 법정에 민주 사법의 파종을 계속해 나갈 것이다.

우리는 오늘날 비록 판결문상으로는 연패를 당하는 것 같지만 역사의 이정표상으로는 분명히 진리 편에 선 승자의 길을 가고 있다고 믿는다.

우리 변호인단은 이 사건의 재판을 차라리 거부하는 것이 논리에 맞는 귀결이라는 데 다수의견이 모아졌음에도 불구하고 끝내 이 법정을 지키는 인내심 쪽을 택한 것도 그 때문이다. 저 자리에 앉아 있는 세 분의 언론인이 몸소 겪는 고통의 백의 하나, 만의 하나라도 함께 겪는 심정으로 이 숨 막히는 공간에서 잠시나마 함께 숨쉬기로 하였다.

우리들 각자의 이 작은 마음들이 대한민국 사법부의 흐린 유리창을 한 장 씩이라도 닦아 나간다면 분명코 이 법정에서 민주 사법의 이름에 값하는 정의로운 판결이 나오는 날이 올 것이라고 확신한다.

4. '보도협조사항'과 '보도지침' 사이

공소장에 보면, 문화공보부 홍보정책실에서 본 건과 같은 '보도지침'을 각 언론사에 시달한 사실은 자인하고 있다. 그러면서도 그것은 '보도지침'이 아니라 '보도협조사항'이라고 강변한다. 그렇게 정부가 정당하게 내보낼 수 있는 보도협조사항이었다면 그것을 세상에 좀 알렸다고 해서 그토록 공권력이 깜짝 놀라서 그 간행물을 압수하고 관련된 사람을 구속 기소까지 할 이유는 없었을 것이다.

이제 공소장에서, 문공부의 시달이 끝내 '보도협조사항'이라고 내세운 이유를 검토해 보겠다.

(1) "통상 국가적 기밀사항에 해당하는 내용이라고 판단"되는 것이 보도협조사항으로 나간다고 주장한다.

그러나 문공부 장관의 지방연극제 치사는 무슨 종류의 국가기밀이며, 그것이 기밀사항이라면 왜 1면에 실으라고까지 요청했는지 알 수 없다(1986. 5. 24. 자). 김대중 씨의 사진을 싣지 말라고 시달(1986. 5. 27. 자)했는데 그렇다면 김대중 씨의 얼굴이 국가기밀이란 말인가?

그리고 국가기밀을 홍보정책실이 마음대로 판단, 분류할 수 있는 근거는 무엇인지 알 수 없고, 만일 공소장 대로 하면 문공부는 국가기밀사항을 매일같이 언론사에 알려 주는 셈이 되는데, 그렇다면 이것이야말로 '기밀누설'이 아닌지 묻고 싶다.

언론사에서 시달을 받는 사람이 법에 의한 비밀 취급 인가를 받았는지도 알고 싶다. 뒤에도 말하겠지만 보도금지 일색의 지시를 해서 기밀사항의 누설을 막자는 것이 아니라 각 언론사의 "독자적 판단에 맡기는 참고사항"이었다니, 그렇다면 더구나 문공부는 매일같이 상습적으로 기밀누설을 해 온 것이 아닌가. 흔히 들어온 말 그대로 미필적 고의만은 분명하기 때문이다.

(2) "언론보도에 신중을 기해 줄 것을 언론사에 협조요청할 경우"에

소위 협조사항이 시달된다고 하였다.

국가기밀로 판단되는 사항이면 보도금지를 시키지 않고 왜 보도에 신중만 기하라고 했는가. 협조요청만 했다가 불응하면 국가기밀은 국내외 온 천하의 독자에 알려지는 것이 아닌가.

"신중을 기해 줄 것을 요청"했다면서, 노태우 대표 회견 관계를 ① 꼭 1면 톱기사로 쓸 것, ② 컷에는 "88년 후까지 정쟁 지양" 등으로 크게 뽑을 것이라고 시달한 것(1985. 1. 22.)은 또 무엇인가?

'협조요청'이라고 했지만 그에 불응한 경우에 아무런 불이익도 준 일이 없는가. 언론기본법을 위시한 여러 규제, 처벌 법규가 구비되어 있고 언론사에 대한 기관원 출입, 언론인의 연행, 폭행 등의 구체적 사례가 일반인에게도 알려지고 있는 판국에 홍보정책실의 요청이 순전한 협조요구일 수는 없다. 이 점은 당 심의 송건호 증인의 증언으로 그 실상이 밝혀진 바와 같다.

협조사항이라면 어떻게 보도의 가, 불가, 절대(일체) 불가라는 전단적 지시 용어를 쓸 수 있으며 보도의 방향, 내용, 형식은 물론이고 1단으로 써라, 1면 톱으로 써라, 사진 쓰지 말 것 등으로 세부적인 명령을 할 수 있는가, "한국은 필리핀과 다르다"는 기사는 1면에 4단 이상으로 쓸 것(1986. 3. 6.)까지 일러 놓았으니 각 언론사의 편집국장이나 편집부장은 실직의 위기에 놓이는 것이 아닌가.

(3) "그 요청을 받은 언론사는 독자적으로 판단, 사실보도에 참고"하게 되어 있다고 한다.

앞서 본 대로 정부의 협조요청이 실질적으로 명령으로 받아들여질 수밖에 없는 상황 속에서 언론사의 '독자적 판단'은 가능할 수가 없다. 설령 언론사 측에서 문책이나 불이익을 각오하고 일부 복종하지 않은 사항이 간혹 있다고 해서 그로써 '보도지침'을 협조요청 사항이라고 우길 근거는 되지 못한다.

국가기밀사항만 시달한다면서 '독자적 판단'과 '참고사항'으로 맡겼다는 말 자체가 어불성설이듯이 '독자적 판단'과 '참고사항'으로 시달한다면서 굳이 그것을 '국가기밀사항'이라고 내세우는 것 또한 엄청난 모순이다.

요컨대 '독자적 판단'과 '참고사항'이라는 말은 그동안에 속출된 신문사나 언론인에 대한 각양각색의 탄압에 비추어 보더라도 거짓말일 수밖에 없다.

본건 '보도지침'과 같은 시달이 마치 국내외의 관행인 듯이 주장하고 있는 것은 놀랍기 짝이 없다. 과연 외국에도 한국 정부의 '보도지침'과 같은 것이 관행으로 존재하는지에 관해서는 당 심의 박권상 증인께서 확실하게 증언한 바 있으므로 재론하지 않겠다. 한마디로 프랑코 치하의 스페인에서나 있었다는 것이고 아마도 공산국가에서나 그런 유례를 찾아볼 수 있을지 모르겠다.

이러한 '보도지침'이 외국에서도 관행으로 되어 있는 보도협조요청이라면 정부는 그동안 왜 그런 관행적인 요청, 다시 말해서 '보도지침'의 존재마저 극구 부인하면서 "있어서도 안 되고 있을 수도 없는 일"이라고 은폐하기에 급급했는지를 설명해 주어야 한다. 특히 '관행'이라는 말에서 정부의 일상적인 언론간섭의 고백을 듣는 것 같아 개탄스럽다.

이 사건 '보도지침'에는 1985년 10월 19일부터 1986년 8월 8일까지의 시달사항이 584개로 나타나 있다. 그런데 검찰이 무슨 국가기밀이 된다고 기소한 것은 그중 11개 항에 불과하고 공판 도중 공소장 변경에 의하여 철회된 4건을 빼면 7개 항목만이 '국가기밀'이라는 결론이 나온다. 그렇다면 이 7개 항목을 제외한 577개 항은 기밀사항이 아님을 자인한 셈인데, 이 숫자풀이로만 보더라도 본건 '보도지침'이 국가기밀사항의 보도협조요청이라는 공소장의 기재는 거짓말임이 드러나 있다. 요컨대 '보도지침'은 진실을 은폐하고 국민을 속이기 위해 고안된 이 정권의 독재 장치의 중요한 부분에 다름 아니다.

5. '외교상 기밀누설'이 되는가

'보도지침'의 공표 폭로행위가 형법 제113조가 말하는 외교상 기밀누설죄를 구성한다는 검찰의 주장은 다음과 같은 이유에 비추어 허구라고 본다.

(1) '외교군사상의 기밀사항'으로 열거한 각 '보도지침' 항목은 군사상의 기밀과 외교상의 기밀이 구분되어 있지 않아서 결국 공소사실이 특정되지 않은 것이고

(2) 국가안보에 관한 사항, 남북대화 관련 사항, 북괴 등 대 공산권 관련 사항 등은 외교상 기밀누설죄로써 보호할 법익이 아니다. 국가기밀 또는 군사상의 기밀은 형법 제98조나 국가보안법으로 그 누설 행위를 처벌할 수 있을지언정 외교상의 기밀과는 그 보호 법익부터 다르기 때문이다.

(3) 남북대화 등 북한과의 관계는 더욱이나 외교상 기밀의 차원에서 다룰 수 없다. 아직도 한국 정부는 북한당국을 반국가단체로 규정하고 있고 그들 구성원과의 회합 통신을 범죄로 보는 이상, 외교상 운운은

앞뒤가 맞지 않는다. 소위 통치행위에 속하는 남북대화 관계라고 할지라도 그것을 국가와 국가와의 관계를 전제로 한 외교상의 기밀 문제라고 들이대는 것은—특히 국민을 처벌하기 위해서 그처럼 자기모순의 법적용을 감행하는 것은—용납될 수 없다. 민족 통일의 지상 과업을 국민적 합의 기반 위에서 달성해야 할 이 마당에 남북관계에 관한 정보와 논의를 정부만이 독점하고 국민들의 입과 귀를 막기 위해서 심지어 외교상 기밀누설죄까지 발동하는 것은 수치스러운 일이다.

(4) 공소사실에 열거한 각 사항은 그나마 무슨 '기밀'이라고 볼 수가 없다.

 '외교상 기밀'이라 함은 "대한민국의 외국과 비밀조약을 체결한 사실 혹은 체결하려는 사실 등 대한민국과 외국과의 관계에 있어서 국가가 보지(保持)하여야 할 외교상의 기밀"을 말하는데 공소사실에 열거된 보도지침 항목은 아무리 보아도 외국과의 비밀조약 체결과는 무관한 사항이다.

 또한 '기밀'이라 함은 "외국에 알리지 아니하거나 확인되지 아니함을 대한민국의 외교상 이익으로 하는 사항"이기 때문에 국내에서는 알려지지 않았더라도 외국에는 알려져 있으면(알려질 가능성 포함)이미 기밀은 아니다.

(5) 공소사실에 나타난 '외교군사상의 기밀사항'을 개별적으로 분석해 보면

 가. 'F-16기 인수식 국방부 발표 시까지 보도 보류······.' 그런 항공기의 도입에 관한 밀약, 기종에 따른 성능, 배치 상황 등이 기밀이라면 몰라도 외지에 이미 보도된 F-16기 도입을 가지고 '인수식'이라는 행

사만을 기밀이라고 볼 수는 없다.

나. '미 국방성 핵전투기 배치에서 한국은 빼고 보도할 것……' 이미 외국의 언론 통신을 통하여 한국에 핵전투기가 배치되어 있다는 것은 온 세계가 다 알고 있다. 그런데 그 핵전투기 배치로 인하여 가장 큰 이익 또는 위험을 입게 될 한국 국민에게만 사실을 숨기는 것은 기밀 보호의 입법 취지를 거꾸로 왜곡시킨 것이며 그렇게 국민을 속이는 것은 민족적 이익에도 반하는 것이다.

다. '한·베트남 무역거래 활발은 보도 불가……' 양국 간의 무역 관계 기사는 일본의 《산케이(産經)신문》에 보도된 바 있으므로 우리 국민에게만 비밀로 할 정보는 되지 못한다.

라. '한·중 합작회사 설립은 기사화하지 말 것……' 한국 정부는 이데올로기를 달리하는 공산국가에 대해서도 실리를 추구하기 위한 외교를 벌이고 통상을 확대해 나가겠다고 누누이 밝혀 왔다. 그러므로 한·중 양국 간의 무역 증진도 정부가 공언하였고 온 세계가 이를 알고 있는 터에 합작회사의 설립을 국민들이 몰라야 될 이유가 없다.

(6) 다시 말해서 여기 열거된 항목은 이미 외국에서 널리 알려진 정보이므로 기밀 운운할 여지가 없다. 설령 '보도지침'을 시달하는 시점에서는 그것들이 기밀사항이었다고 할지라도 한시적인 보도 보류 요청이 붙었거나 정보의 성질에 따라서는 시간의 경과에 의하여 기밀성이 상실된다. 그리고 본 건에서 '누설 행위'를 따지려면, 『말』지 특집호가 발행된 1986년 9월 6일 현재로 위의 열거사항이 여전히 기밀성을 유지하고 있어야 하며 그 점에 관하여 검찰 측의 입증이 있어야 하는데 그것이 전혀 없다.

뿐만 아니라 실정법으로 보호할 만한 기밀이라면 그것이 무슨 법률에 의해 누가 어떤 절차를 거쳐서 기밀로 판정, 분류되었는지를 구체적으로 밝혀야 하며 단순히 홍보정책실에서 '보도지침'에 포함시켰다는 이유로 기밀이 될 수는 없다.

만일 '보도지침'에 포함시켜 "언론사에 시달한 사실" 자체를 기밀이라고 우긴다면 이것은 난센스일 뿐이고, 공권력의 언론침해 행위는 혹시 '정부의 비밀'이 될지는 모르나 국가기밀 그중에서도 외교상 기밀이 된다고 우긴다면 그것은 망발이라 할 수밖에 없다.

6. 국가모독죄 적용의 국가모독성

공소장에는 민주언론운동협의회가 본건 '보도지침'을 『말』 특집호에 수록, 발행하면서 기자회견을 한 것이 국가모독죄에 해당된다고 직시했다.

그러나 위의 기자회견에서 '보도지침' 내용으로 확인된 현 정부의 반민주적 언론압제를 폭로, 규탄하는 발표문이나 회견문을 낭독한 것은 국민의 당연한 비판권 행사이므로 국가모독 운운할 여지가 없다.

(1) 실인즉 소추 측이 발동한 국가모독죄는 그것을 규정하고 있는 형법 제104조의 2 자체가 탄생 과정에서부터 날치기 변칙의 산물이었다.

즉, 위의 법조는 1975년 3월 19일 당시 여당인 공화당 의원에 의하여 발의된 지 단 하루 만에, 법사위원회는 국회도서관에서 1분 만에, 본회의는 의원휴게실에서 역시 단 1분 만에 야당 의원의 눈을 피하여 여당 의원만으로 날치기 처리되었던 것이다. 따라서 법으로서의 정당성을 부여하기 어려운 조항이다.

(2) 그리고 위와 같은 조항을 변칙으로 만든 정치적 저의가 당시 유신 정권의 반민주적 탄압, 학정을 세상에 알리고자 한 재야단체의 성명 발표 및 기자회견 등을 봉쇄하려는 데 있었기 때문에 결국 언론의 자유를 침해하는 불순한 계산에서 생긴 규정이었다.

(3) 그렇기 때문에 그 법조의 규정 내용 또한 반민주적이고 위헌적이다.
   즉 국가기관의 모욕, 비방, 대한민국의 이익, 위신 등 막연하기 짝이 없는 용어를 사용함으로써 국민의 의사 발표의 자유를 본질적으로 침해하고 있다.

(4) 그러한 법조를 이 사건의 '보도지침' 폭로 기자회견에 적용하여 처벌을 요구하는 것은 그 자체로서 "국가의 이익과 위신과 체면"을 손상시키는 행위이다.

(5) 본 건 공소장에는 헌법에 의하여 설치된 국가기관이 과연 어느 기관인지 특정되어 있지 않아서 부적법하다. 변호인 측의 석명요구에 대한 답변만으로는 공소사실 특정의 효력이 없다고 보기 때문이다.

   결국 이러한 공소 제기는 '보도지침'을 관행적으로 시달하여 국가를 모독한 정치권력이, 민주국가의 위신을 해치는 방식으로 만든 국가모독죄를 정치적 비판 세력을 탄압하기 위해서 발동시킨 것으로서 어느 모로 보나 부당천만이라 할 것이다.

7. 사회적 불안의 요인은 누가 조성했는가

재야 문화 3단체가 개최한 광주민중항쟁 5주년 기념행사는 결코 "현저히 사회불안을 조성할 우려가 있는 집회시위"가 아니었다. 근년에 이 나라에서 만연되고 있는 사회적 불안은 집권 측의 반민주적 학정에 그 원인이 있을지언정 그것을 비판하고 시정을 요구하는 국민적 비판권의 행사에서 연유하는 것이 아니다.

그리고 사회불안을 야기시킬 '우려'만 있으면 처벌하는 법조항의 위헌성도 재론의 여지가 없다. 여기서 '우려'는 법의 집행자이자 치안 당국자인 경찰이나 검찰이 갖는 심리적 반응일 수밖에 없고 보면, 국민의 정당한 행위가 법의 명문이 아닌 당국자의 '우려' 유무에 의하여 적법성이 좌우된다는 기막힌 결과를 낳게 된다. 따라서 죄형법정주의 아닌 '죄형우려입각주의'에는 승복할 수가 없다.

8. 국가보안법은 악용되지 말아야 한다

신홍범 씨가 『혁명 영화의 창조』라는 책의 복사판을 집에 두고 있었던 것을 이적표현물 소지죄로 기소한 것도 잘못된 조처이다.

(1) 우선 그 책을 이적표현물로 단정할 근거가 없다.

(2) 그 책은 우리나라의 국회도서관에서 일반인에게 대출, 열람 및 복사까지도 허용하는 책이고, 실제로 신홍범 씨도 국회도서관에서 정상적인 절차를 거쳐 그 책을 복사했다는 점을 보더라도 그 내용의 이적성은 운위할 여지가 없다. 적어도 신홍범 씨로서는 그렇게 믿을 만한

충분한 이유가 있었다.

(3) 이적표현물 소지죄는 목적죄인데 신홍범 씨에게는 반국가단체를 이롭게 하려는 목적이 없었다.

(4) 정부가 미워하는 사람을 벌주기 위해서 이번처럼 일부러 가택수색을 하고 책 몇 권을 뒤져내어 이적표현물이라는 이유를 붙여 기소하는 것은 그 저의나 방법에 있어서는 물론이고 법적으로도 국민의 기본권을 봉쇄하는 침해 행위이다.

 설령 그런 책이 좌경적인 내용을 담고 있다고 한들 그것을 갖고 있거나 읽어 보는 것이 어찌하여 범죄를 구성한단 말인가?
 미국의 정치학자 조지 케넌은 만일 소련의 공산주의를 동경하는 미국인이 있다면 그들에게 《프라우다》나 《이즈베스차》지를 한 달 동안 계속 읽게 하면 문제가 해결된다고 하였다.
 김지하 시인도 일찍이 "다락방에서 먼지를 뒤집어쓰고 있는 낡은 책들이 어떻게 북괴를 이롭게 하는가"라고 개탄한 적이 있다. 어느 모로 보나 이적표현물 소지죄는 본 건과 같은 경우에까지 악용되지 말아야 하며 만일 그렇지 않으면 오히려 이적 선전의 구실만 제공하게 되지 않을까 두렵다.

9. 불행한 재판을 위대한 계기로

지금까지 공소사실에 대해서 간략한 검토 비판을 가했지만 이러한 실정법 차원의 원론적인 반박이 어느 면에서 보면 무위에 그치고 도로에 그칠지도 모른다.

그럼에도 불구하고 우리 변호인들은 바른 것을 바르다고 말하는 것 못지않게 잘못을 잘못이라고 지탄해야 할 책무를 버릴 수가 없다. 만일 이 시대의 법정에서 우리의 주장이 판결로 수용되지 않는 한이 있어도, 아니 그러면 그럴수록 우리의 목소리는 더 크고 분명해야 된다고 믿는다.

지금 이 나라에는 정치권력의 행악(行惡)이 걷잡을 수 없이 드러나고 있다. 박종철 군에 대한 고문치사 사건에서 보듯이 정부는 온갖 만행과 조작, 은폐, 국민 기만을 서슴지 않고 있다. 이러한 권력 악을 바로잡기 위해서는 무엇보다 먼저 언론의 자유가 되살아나야 한다. 제도언론은 제도언론대로, 제도권 밖의 민중언론은 민중언론대로 이 정권을 감시하고 비판할 사명이 있다. 이런 책무의 수행을 범죄로 몰아치는 사람은 그야말로 국시 위반이 아닐 수 없다.

그렇다면 어떻게 여기 나온 세 분의 언론인에게 수갑을 채우고 형사처벌을 가할 수 있단 말인가. 그러므로 우리 변호인단은 검찰관에게 본 건 공소를 이제라도 취소하도록 권고한다. 설혹 검찰이 당장은 그런 힘이 없다면 재판부에 요망한다. 재판부는 오늘날 사법부를 둘러싸고 있는 이 억압된 분위기를 이겨 내고 정의와 양심 그리고 이 나라의 헌법 이념에 합치되는 판단을 판결로까지 관철해 주시기 바란다. 재판부의 고뇌와 아픔을 우리 모두가 함께 나누고 싶을 만큼 잘 이해하면서도 재판관의 책임은 어떤 이유로도 경감되거나 면제될 수 없다는 점을 재삼 유의해 주시기 바란다.

어제 동아일보사 기자 124명은 민주화를 위한 자기들의 주장을 발표하였다. 그 발표문의 마지막은 이렇게 매듭지어져 있다.

"『말』지 '보도지침' 보도와 관련, 재판 계류 중인 한국일보 김주언 기자 등 전·현직 언론인 3명의 구속 및 소추는 이 시대를 사는 언론인 전체에 대한 사법적 제재나 다름이 없다. 분명히 현존하는 '보도지침' 을 세상에 드러낸 것은 용기 있는 행동일지언정 이에 대한 사법적 소추는 원인 무효라고 우리는 믿으며 따라서 이들을 즉각 석방할 것을 요청한다."

아무쪼록 이 사건의 재판을 통해서 이 땅의 정치권력은 국민을 압제하기 위하여 언론을 탄압하는 식의 폭정을 반성해야 한다. 그리고 우리 국민은 정치적 억압을 이겨 내는 민주 시민으로서의 자각을 높여야한다. 그러한 책무를 용감한 결단으로서 수행한 세 분 언론인에게 온국민이 드리는 경의를 전하면서, 이 불행한 재판이 이 나라 민주회복의 장정 길에 종착을 앞당기는 역사적인 계기가 될 것으로 확신한다.

1986. 5. 27.

위 피고인 신홍범 김태홍의 변호인
고영구, 김상철, 박원순, 신기하, 이상수,
조영래, 조준희, 한승헌, 홍성우, 황인철

서울형사지방법원(형사5단독) 귀중

이 재판은 언론계에 대한 협박이다

피 고 인: 김주언

검찰은 김주언 기자가 정부의 '보도지침'을 폭로한 데 대하여 외교상
의 기밀누설죄를 적용하고 학술서적을 소지했던 점에 대하여 국가보
안법을 적용 기소하였다.

본 변호인은 이러한 기소사실에 대하여 결론부터 말하면 이 사실의
어떠한 점도 죄가 되지 아니함을 확신한다.

1. 외교상의 기밀누설에 대하여

(1) 첫째, 외교상의 기밀누설죄는 우리나라 형법전에 명문으로 규정
되어 있으나 지금까지 이러한 죄목으로 우리나라에서 기소된 사례가
없기 때문에 이에 대한 우리나라의 판례는 없는 실정이다. 그러나 학
설상 외교상의 기밀은 "우리나라와 외국과의 사이에 알려지지 아니하
거나 확인되지 아니함으로써 우리나라에 이익되는 외교관계 사항"을
말하는데, 다시 말하면 외국에 대하여 비밀에 붙여진 우리나라의 외
교사항이 누설됨으로써 외국에 있어서 유리하고 우리나라에 있어서
는 외교상 불리한 경우를 말하는 것이다.

둘째로는, 외교상 기밀누설죄는 이러한 의미에서 이른바 신분범으
로 취급되어야 한다. 즉 외교관이나 기타 공무원 또는 이러한 직에 있
던 자가 직무상 알게 된 외교상의 기밀을 지킬 의무가 있을 뿐, 이러한

신분관계가 없는 일반 시민은 이러한 기밀을 지킬 법적 의무가 없는 것이다. 이와 같이 해석되어야 할 근거로서는 외무공무법 제16조와 재외공무원 복무규정 제3조를 볼 때 명백한 바 위 규정들을 보면 "외교관이 그것도 재외 근무 중 지득(知得)한 기밀은 이를 엄수하여야 한다"라고 하고 있으니 직무상 외교기밀에 접촉할 수 있는 자만이 이러한 기밀을 지킬 의무를 부과받고 있음을 쉽게 알 수 있는 것이다.

외교상 기밀은 아니지만 우리 형법에서 보면 공무상 비밀누설죄와 업무상 비밀누설죄가 있고 군사상 기밀누설죄도 있는바, 공무상 비밀누설죄는 "공무원 또는 공무원이었던 자가 법령에 의한 직무상 비밀을 누설한 때"에만 죄가 되고 "의사, 한의사, 치과의사, 약제사, 조산원, 변호사, 변리사, 계리사, 공증인, 대서업자나 그 직무상 보조자 또는 이러한 직에 있던 자가 업무처리 중 지득한 타인의 비밀을 누설한 때"에만 죄가 된다고 엄격하게 그 신분 및 직무상의 비밀성을 규정하고 있으며, 한편 형법 제98조 제2항의 '군사상의 기밀누설죄'에 관하여 형법은 "군사상의 기밀을 누설한 죄" 운운하였을 뿐 형법 제127조, 제317조의 경우와 같이 신분을 확실히 규정하지는 않았지만 우리나라 대법원의 판례는 이러한 경우에도 "직무에 관하여 지득한 군사기밀을 누설한 자"에 한하여 범죄 주체가 된다고 해석하고 있으며 1971년 2월 25일 이래 1982년 11월 23일에 이르기까지 10여 회에 걸쳐 일관되게 판결하여 왔다. 군사기밀에 관한 특별법에 해당하는 '군사기밀 보호법'을 보더라도 탐지, 수집, 누설죄 이외에는 기밀취급을 업무로 하는 자만을 처벌의 대상으로 하고 있고 오스트리아 형법도 "특별히 부여된 법적 의무로 인하여 비밀을 보지해야 할 자"만이 누설죄의 주체가 된다고 규정하고 있다.

본 건에 있어 피고인 김주언은 외교관도 아니거니와 기밀을 취급하는 공무원도 아닌 기자에 불과하고 본건 '보도지침'으로 보도가 통제된 기사를 알게 된 것은 신문사 편집국 서무 책상에서 우연히 보게 되었을 뿐이지 자신의 직무수행과 관련하여 지득한 것도 아니기 때문에 외교상 기밀누설죄의 범죄 주체가 될 수 없는 것이다.

(2) 이미 지적한 바와 같이 외교상의 기밀은 외국과의 사이에 아직 알려지지 아니하였을 뿐 아니라 외국에 알려짐으로써 우리나라에 불리한 사항이라야 이를 기밀이라 할 수 있다. 따라서 외국에 이미 알려져 있는 사항은 그것이 비록 국내에서는 보도가 억제되어 있다 하더라도 이미 기밀은 아닌 것이다. 그런데 공소장에 기재되어 있는 사실들은 신문사가 외국 통신, 외국 신문, 잡지 등 외신을 통하여 수신한 기사들이므로 이미 전 세계가 다 알고 있는 사항들이고 오로지 국내에서만 보도통제된 사항이므로 기밀도 아니거니와 이러한 사실들이 『말』지에 게재되어 폭로됨으로써 우리나라에 어떻게 불리하고 외국에 있어 어떻게 유리하다는 것인지 도저히 이해할 수 없다.

'F-16기 한국 도입' 기사는 1986년 6월 26일자 《파이스턴이코노믹 리뷰(Far Eastern Economic Review)》지에 이미 자세히 보도되어 있을 뿐 아니라 최근 우리나라 국방부 장관 이기백은 제19차 한미안보협의회 참석차 워싱턴을 방문했을 때 "한국은 방공 능력의 향상을 위하여 F-16기 36대를 도입 중에 있으며 이러한 기종을 한국 내에서 미 업체와 공동 생산하는 문제를 추진 중에 있다"라고 최신의 기밀까지도 공표하고 있는 실정이며 "핵전투기 한국 배치" 문제는 1986년 7월 10일 미 국방성이 한국을 포함한 세계 20개국에 배치하였음을 공표하여 외신에 보도되었고, 1987년 4월 9일 자《중앙일보》는 "주한미군이 약 14대의 전술핵무기를 보유하고 있다"는 미국《뉴욕타임스》지의 보도를 인용 보도한 바 있다.

검찰이 뒤늦게 공소장에서 철회한 부분이지만 1986. 6. 17. 문공부 홍보정책실이 보도를 통제한 '중공 어선 망명' 기사는 다음 날인 6월 18일 《중앙일보》 사회면에 대서특필된 기사이며, 대만 정부는 성명을 통하여 자세히 발표하였고 대만 방송국은 19명의 중공인 가운데 4명은 하정병단 소속이라는 사실까지 보도한 기사인 것이다. 그런데 이를 뒤늦게 『말』지에 게재한 것이 어떻게 외교상의 기밀누설이 되겠는가!

1986년 7월 30일 '보도지침'의 '한·베트남 무역 거래 활발, 보도 불가' 1986년 10월 30일 자 '한·중공 합작회사 설립 기사, 보도 불가'는 그 이전에 일본 《산케이신문》에 보도되어 국내에서만 일부 층이 모르고 있는 비밀 아닌 비밀인데 북한과 중공, 베트남도 알고 있는 사실이 어떻게 외교상의 기밀이라 하는지 도저히 이해할 수 없다.

검찰은 기이하게도 'F−16기 구매와 관련, 뇌물공여 조사 청문 차 내한하는 미 하원 소속 전문위원 3명과 관련된 기사'와 '미국 FBI 국장이 1986년 1월 12일 방한하는 기사'를 국가안보에 관한 사항이라 지적하고는 이에 대한 '보도지침'을 폭로한 것조차 외교상의 기밀누설로 기소하고 있다. F−16기 구매와 관련된 뇌물공여 조사는 이에 관련된 국내 인사의 부정을 밝히려는 미 의회와 수사기관의 활동인데 이러한 부정 사실의 폭로를 두려워하여 보도를 통제한 정부가 이제 와서 이를 외교상의 기밀로 주장함은 실로 난센스라 아니할 수 없다. 이러한 기사는 이미 미국 내에 발표되었거나 보도되었기 때문에 국내 보도기관이 알고 있는 사실이 아닌가.

검찰은 아주 맹랑한 기소를 하였다가 뒤늦게 철회한 범죄 사실도 있다. 즉 남북대화와 관련된 사항이라 해서 '북한 국회회담 제의, 당국 발표 시까지 보도통제', '안기부 연락, 북한의 85. 11. 1. 국회회담 제의에 우리 측 12. 8. 이후 수정 제의에 즈음하여 내외통신에 '북괴의 최고인민회의는 허구'라는 해설기사를 실었으니 인용 보도할 것'이라고 '보도지침'을 하달한 사실이 『말』지에 폭로되었다고 해서 이를 외교상의 기밀누설죄로 기소하였다. 85년 10월 20일 '보도지침'에서는 보도하지 말라고 하고 85년 11월 1일에는 내외통신의 해설기사를 인용 보도하라고 종용하여 놓고는 1년 후인 1986년 9월 6일 『말』지에 이러한 사실을 폭로하였다고 해서 외교상 기밀누설죄가 된다는 논리는 도대체 무엇인지 정말 이해할 수 없다. 결국 문공부의 '보도지침'이 외교상의 기밀이라는 논리밖에 아무것도 아니다.

또한 검찰은 '산케이신문 보도: '남북정상회담 아시안 게임 전 평양서 열릴 듯'은 전제하지 말 것'이라는 1986년 5월 30일 자 '보도지침'에 대하여도 같은 죄를 주장하고 있다. 일본 《산케이신문》에 이미 보도된 사실을 검찰 스스로 전제하고는 이를 전제한 것이 외교상의 기밀 누설이라는 것이다. 《산케이신문》의 남북정상회담에 관한 추측 기사가 어떻게 외교상의 기밀이 되겠는가.

2. 국가보안법 위반에 대하여

김주언 기자는 대학 재학 시절 게오르크 루카치의 저서 『현대 사실주의』와 『역사와 계급의식』, 그리고 영국의 임마누엘 데 캇트의 편저 『사회학과 발전』이라는 3권의 책을 구입하여 다 읽지도 못하고 있었는데 이 사건 때 압수되어 공산 계열의 주장과 활동을 찬양·고무하는 불온서적 소지죄로 기소되었다. 이것이 죄가 되려면 첫째 그 책의 내용이 반국가단체를 찬양·고무·동조하는 내용이어야 하고, 둘째 반국가단체를 이롭게 할 '목적'으로 소지하여야 하는 것이다.

먼저 압수된 서적의 내용을 보면 『현대 사실주의』는 문학평론서로 서 "우리 시대가 안고 있는 딜레마는 자본주의와 사회주의의 대립이 아니고 전쟁과 평화의 대립이며 따라서 현대 문학은 이런 사상을 떠나 인간의 숙명적인 불안을 배격하여 인간성을 구하는 데 나서야 한다. 그런데 사회주의 리얼리즘이나 모더니즘 문학은 모두가 편견에 치우쳐 이러한 현대 인간의 숙명적인 불안을 해결할 수 없다"는 요지 이며, 『역사와 계급의식』은 마르크스주의의 고전적 변증법과 이에 대한 루카치의 비판을 담고 있으나 사회주의 역사 철학에 관한 이론서 일 뿐이고 위 두 책은 한양대학교 반성완 교수와 서울대학교 철학과 차인석 교수에 의하여 "반국가단체를 고무·찬양하는 문제와는 전혀 관계가 없다"라는 감정이 있었다.

그리고 『현대 사실주의』는 1986년 5월과 1986년 12월 국내 출판사 인간사와 열음사에 의하여 번역 출판, 납본까지 하였고 『역사와 계급의식』은 과거 국내에서 3회에 걸쳐 번역 출판된 것 이외에도 1986년 12월 거름사가 번역 출판하여 대학교수들로 구성된 '오늘의 책 선정 위원회'에서 훌륭한 책으로 추천되고 1987년 3월 18일 자《동아일보》는 이를 추천서적으로 보도까지 한 바 있다. 『사회학과 발전』은 영국 사회학회 회원들의 논문 12편을 편집한 것인데 "마르크스주의 발전 이론에 의하면 인구, 교육, 농촌 개혁이 설명되지 못하고, 비마르크스주의 발전 이론에 의하면 국제정치, 경제체제, 계급관계의 중요성이 설명되지 않는다"라는 요지이며 이 책은 미국의 유수 대학에서도 학부 및 대학원 수준에서 사회발전론 분야의 참고도서로 광범위하게 쓰여지고 있다는 서울대학교 사회과학대학 임현진 부교수의 감정이 있었을 뿐만 아니라 동 논문의 발표자 중 한 사람인 영국의 조지 포스터 카터 교수는 1985년 6월 6일~6월 8일 사이에 열린 서울대학교 사회과학연구소가 주최하는 국제학술대회에 초청되어 발표까지 한 사실이 있다.

이와 같이 모두가 순수한 사회과학 서적이고 극히 학술적인 책인데도 치안본부 산하 기관인 내외정책연구소는 이 책들을 용공적인 책이며 국가보안법에 저촉된다고 감정하였다. 이들의 감정을 보면 경찰은 1986년 12월 15일 오전 9시경 김주언 기자를 출근길에 집 앞에서 연행하고 다음 날인 12월 16일 오후 3시경 가택을 수색하여 위 3권의 책과 그의 인쇄물, 서적 등을 압수한 후 12월 16일 당일 6명의 이름으로 감정서가 나왔다. 본 변호인은 번역물인 『역사와 계급의식』, 『현대 사실주의』를 한 번씩 읽는 데만 수 일이 소요되었는데 이들 6명의 경찰 감정인들은 무슨 재간이 있기에 단 몇 시간 만에 원서를 돌아가면서 독파하고 이해해 냈다는 것인지 귀신도 놀랄 일이 아닐 수 없다.

여하튼 이 책들이 반국가단체의 활동을 고무·찬양하고 동조하는 내용이 아님은 대학교수들의 감정 결과에 의하여 너무나 명백하다 아니할 수 없다. 나아가서 과연 김주언 기자가 이 책들을 반국가단체를 이롭게 할 목적으로 소지하였다는 증거가 있는가? 학생 시절 탐구욕으로 이를 구입하였다가 다 읽지도 못하고 오랜 세월 집에 방치되었던 것이라는 진술이 경찰 이래 공판정에 이르기까지의 일관된 진술인데 어떤 근거로 반국가단체를 이롭게 할 목적이 있었다는 것인가.

3. 본 건의 기소 배경

우리 사회의 지금까지의 언론통제 실상을 보자.

유신정부는 각 신문사에 기관원을 상주시키다시피 하면서 보도를 통제하여 왔다. 현 정부는 주로 문공부의 '홍보정책실'을 통하여 '보도지침'을 매일같이 보내어 언론을 통제하여 왔으며, '보도지침' 사건이 재판받고 있는 현재에도 언론의 통제는 계속되고 있음이 1987년 5월 25일 자《동아일보》기자 120명의 성명서에도 뚜렷이 지적되고 있다.

국가기밀사항보다는 정부, 정권의 불리한 기사들의 게재를 주로 통제하여 오면서 대외적으로나 국회에 대하여는 '보도지침'을 부인하여 오던 정부가 본 건『말』지의 '보도지침' 폭로로 당황하고 당혹했던 것은 당연하다 하겠다. 이러한 폭로에 대한 보복으로서의 처벌도 목적이거니와 더 큰 의도는 앞으로 유사한 폭로에 대하여는 구속·엄단하겠다는 언론계에 대한 협박 내지 경고의 의미로서 죄도 되지 아니하는 사항을 억지로 묶어 구속기소한 것이라 보지 않을 수 없다.

검사도 법률 전문가인데 본 건 공소사실이 과연 외교상의 기밀인지 아닌지, 누설죄가 되는지 아닌지를 그 누구보다 잘 알면서 상부의 방침을 좇아 무조건 기소하였다고 보여지니, 과연 그렇다면 검찰은 죄 없는 사람에 대한 처벌을 요구한 것이고 무고죄의 책임도 져야 할 것이다.

아니면 검찰은 법에 무지하였음을 스스로 인정해야 할 것이 아닌가! 오늘날 검찰이 검찰사무의 독립성을 지키지 못하고 있어 사법권의 독립도 위협을 받고 있고 검찰이 권력에 이용당하고 있기 때문에 박종철 군의 고문치사 사건도 일어나고 범인 은폐 조작 사건도 대담하게 일어나고 있다.

또한 법원은 본 건 심리 도중 납득할 만한 이유 없이 변호인들이 신청하여 채택된 증거를 하루아침에 취소하여 버려 이 건 심리는 결코 충분하다고 볼 수는 없으나 그래도 몇 번의 공판으로 본 건은 모두가 죄가 되지 아니함을 이해했을 것으로 안다.

어쨌든 이 건 재판은 역사에 길이 남을 재판이며 언론자유를 쟁취하기 위한 투쟁사(鬪爭史)인 점, 깊이 통찰하여 공명정대한 무죄 판결이 선고되기를 바란다.

1987. 5. 27.

위 피고인 김주언의 변호인
변호사 함정호

서울형사지방법원 귀중

통일을 지향하는 새 언론을 창출하자

김태홍

오늘 나는 최후로 진술하는 심정으로 얘기하겠다. 진술에 들어가기 전에 무엇보다도 먼저 이번 사건에서 내가 언론자유를 위해 싸운 김주언 기자를 보호하지 못한 것을 유감스럽게 생각한다.

엊그제 《동아일보》 기자들의 용기 있는 행동(5월 25일, 《동아일보》 기자 133명 "민주화를 위한 우리의 주장"이란 성명서 발표)을 치하하면서 우리가 제도언론이라고 하는 것이 현직 언론인 전체를 가리키는 것이 아님을 밝혀 두고자 한다. 제도언론이란 현직 기자 전체를 가리키는 것이 아니라 언론 그 자체를 말하며 언론사 경영진, 편집국 등의 고위 간부 등 실무적 결정권자를 통칭하는 말이다. 젊은 기자들은 불꽃 같은 뜨거운 가슴을 안고 괴롭게, 보이지 않게 언론자유를 위해 싸우고 있다고 본다.

'동아투위'의 정 모 선배가 쓴 월간 《세대》지의 제도언론에 대한 글을 접했을 때 "해직 언론인이 왜 현직 언론인에 대해 따뜻한 격려의 글 한 구절도 써 줄 수 없는지 반문하면서 격려의 말을 넣어 달라"고 한 적이 있다.

이번 사건만 해도 김주언 기자처럼 현직 언론인의 감투정신이 없었다면 불가능했을 것이다. 현직 언론인들이 더욱 분투해 주기를 간구한다.

먼저 진술에 들어가기 전에 대통령에 대한 호칭에 관해 얘기를 좀 하겠다. 나는 외신부 기자를 10년여 했다. AP, UPI 등은 기사 초두에 대통령 닉슨이라고 쓰고 그 이후는 닉슨이라고만 쓴다. 영국은 신사의 나라이기 때문인지 로이터 통신만 미스터(Mr.)를 붙인다. 내가 전두환 씨라 하는 것은 예의를 중시하는 동양이기 때문에, 또 많은 사람이 모인 공공장소이기 때문이다.

'용어' 사용의 문제에 대해 좀 더 이야기를 해야겠다. 우리 사회는 어휘 사용의 자유가 있다. 그 예로 '조선'이란 말을 보자. 우리는 조선 사람이라고 하면 얼굴이 하얗게 되고 설사병 걸린 사람처럼 어쩔 줄을 모른다. 조선무, 조선고추, 조선간장 등 사물에 대해서는 자유롭게 쓰면서 반공법을 의식한 때문인지 사람에 대해서만은 쓸 수가 없다. '계급'이란 말은 사회과학자들조차 '계층'이라고 쓰고 있다. 이는 엄청난 의미의 차이를 낳는다. '인민'이란 말은 영어로 피플(people)이다. 링컨이 'of the people, by the people, for the people'이라 했을 때 이를 가장 적절하게 옮긴 말이 인민이다.

한 가지 사실이나 사물에 대해 표현할 수 있는 단어는 하나이다. 우리의 현실 속에서는 '혁명', '제국주의', '식민주의' 등의 단어들이 기피되고 있다. 공공연한 자리에서뿐만 아니라 부부의 잠자리에서조차 기피되고 있는 것이다. 그렇지만 나는 이 자리에서 구속되어 있어 오히려 자유로운 상태이기 때문에 가능한 이러한 용어의 제약을 받지 않고 진술하겠다.

인간이 언론자유를 말살당한 현실은 곧 인간이기에 할 수 있는 모든 표현의 권리를 박탈당한 것을 의미한다. 비민주적인 사회, 암흑의 현실은 '언론만의 자유'를 애당초 허용하지 않았고, 지금까지 언론은 극(極)의 상황으로 치달아 왔다. 이 사건만 해도 극히 '희화적인' 일이 벌어졌다. 검찰은 기소를 했고 언론이 이 사건을 보도하자 2만 2천 부

이상의 효과가 즉각 나타났다. '부정의 부정'이랄까, 국민들이 가지고
있는 언론에 대한 불신이 '보도지침'이 폭로된 『말』 특집호에 대한 관
심으로 나타난 것이다.

　나는 이 진술에서 언론자유가 통제된 현실이 어떻게 우리 사회의 모
순과 비리를 은폐시키고 유지시켜 주는가 하는 사실을 이야기하려 한
다. 낮게는 개인의 문제에서부터 크게는 민족분단에 이르기까지 언론
의 침묵과 굴종 없이 가능한 것은 아무것도 없었기 때문이다.

힘에 의한 통치

우리나라 헌법 제1조에 보면 "대한민국은 민주공화국이고 모든 주권은
국민으로부터 나온다"고 되어 있는데 이것보다 더 큰 거짓말은 없다. 'of
the military, by the military, for the military'라야 현실과 가깝다. 그 결
과는 무엇을 말해 주는가? '공포의 팽배' 이외엔 아무것도 없는 것이다.

　5·16 이전에도 이승만 정권이 국회의원을 지하실에 가두는 등, 상상
도 못 할 일들이 벌어졌었지만 5·16 이후와는 비교조차 할 수 없다 하
겠다. 군대식 관행, 사고방식…… 등 군대식으로 사회를 지배하게 되
었다. '힘'에 대한 공포가 팽배하기 시작했다.

　우리 언협에도 여러 기관의 요원들이 관여하고 있다. 그런데 그중의
한 사람이 이런 충고를 한 일이 있다. "김 형, 군 관계 기사는 신경을
좀 써서 쓰십시오"라고. 아시다시피 언협 사무국장은 실무자로서 모
든 결과에 책임을 지게 되어 있고, 책이나 문건(성명서 등)이 나올 때마
다 5일 내지 10일의 구류를 사는 것이 관행처럼 되어 있다. 일단 경찰
서에 들어가면 조사문을 작성하게 되는데, 당연히 나의 진술서는 남
영동, 안기부, 보안사 등으로 보고될 것이다. 세 군데 모두 소름끼치

는 고문 능력이 갖추어진 곳이다. 그런데 그중 한 기관이 다른 기관 즉 '군'을 조심하라고 한 것이다.

이 법정에는 지금 200여 명의 방청객들이 앉아 있는데 방청객들이 다소 소란하면 으레 "왜 시끄럽게 구느냐"는 검사의 호통이 뒤따른다. 그러면 금방 장내가 조용해진다. 이 법정에 언론인들이 더러 있음에도 불구하고 나타나는 이 현상은 무엇을 말해 주는 것인가?

우리 사회는 온통 '공포'에 젖어 있는 것이다. 이러한 '공포의 현실'에 앞장서서 저항하는 곳이 바로 대학이다. 최후의 '공명성'을 지녀야 할 대학의 현실은 어떠한가. 웃으면서 대학문을 들어선 학생들이 울면서 그 문을 나간다. 수백 명은 졸업조차 하지 못하고 이른바 '조기졸업'을 한다. 이런 현상을 현 정권은 "대학 내에 좌경·용공 세력이 있다"고 치부해 버린다. '골방'에서 '모의'를 하면 잡혀가고 일말의 '용공 혐의'가 있었다는 명목으로 총학생회장에 당선되자마자 수배를 당하고 어디론가 끌려간다. 또 다른 학생이 나선다. 재선출된 그도 똑같은 처지에 놓인다. 어디 그뿐인가?

대학생들에 가해지는 폭력은 또 젊은 목숨을 숱하게 앗아갔다. '고문치사', '의문사' 등이 그것이다. 어떻게 보면 이것은 파쇼 체제의 말기적 증상이다. 우리가 이해를 해야 한다.(냉소적 어투, 장내 웃음)

내가 여기서 들은 두 학생의 죽음, 박종철 군과 김용권 군의 죽음이 어떻게 사건화될 수 있었는지 모르겠다. 두 사람의 죽음이 알려진 것을 '행운'이라고 할까, '불행 중 다행'이라고 할까. 이런 사건은 한두 번이 아니었기에 이 말을 하는 것이다. 1985년 민주화추진위원회 사건과 관련되어 수배를 받아 오던 우종원 군은 온몸에 멍이 든 채로 철도 연변 콩밭에서 변사체로 발견되었다. '추락사'라는 조그마한 기사가 나고 이 사건은 얼버무려졌다. 또 1986년 김성수 군이 부산 해안

군사 통제 지역 안에서 발에 돌이 묶인 채 익사체로 발견되었다.

4·19 때는 김주열 군 한 명의 죽음이 정권을 넘어뜨렸다. 그런데 지금은 어떤가. 수많은 젊은이들이 자신을 불살라 죽고 떨어져 죽고 고문당해 죽는데도 정권은 끄떡하지 않는다. 도대체 얼마나 많은 목숨이 숨져야 이 정권이 넘어가겠는가. 언론이, 언론이 이런 사실의 진상을 국민 앞에 밝히지 않는다면 상상조차 하기 싫은 긴 세월이 소요될 것이다.

학원뿐만이 아니다. 정권의 폭력성은 우리 사회 곳곳에서 벌어지고 있다. 작년에 《동아일보》 정치부장, 편집부장이 모 기관에서 무작정 두들겨 맞은 일이 있었다. 이 모 부장은 얼굴에 멍이 들어 회사에 나오지도 못했다. 가장 자유로워야 할 언론조차 '폭력의 사슬'에 묶여 있는 것이다. 그러니 언론이 열차에서 떨어져 죽은 학생 얘기를 감히 할 수 있겠는가? 84년에 강제징집당한 6명의 학생이 왜 군대에서 죽어 갔는지 파헤쳐 낼 수 있겠는가? 당연히 국민들에게 알려지지도 않은 채 끔찍한 이 사건들은 묻혀 버리고 만다.

한국은 과연 독립국가인가

전 주한 미 대사 워커가 우리 국민을 가리켜 '쥐새끼'라 했고 또 릴리 대사는 미국 내 유력지인 《볼티모어선》지와의 인터뷰에서 "한국은 우리 미국의 완전한 식민지"라고 말했다. 그들은 차라리 너무나 솔직하다. 쥐새끼들……, 모욕적인 말이다. (재판정을 둘러보며) 이 법정은 너무도 깨끗하다. 내가 기거하는 방은 0.75평짜리 독방이다. 그런데 그곳에는 변소가 없다. 방구석에 똥통이 있고 그 옆에 오줌통이 있다. 또 그 옆에 오물통이 있고, 창피스럽게도 식수통이 있다. 똥통은 1주일에 1번 치운다. 지구상에 이런 나라가 어디 있겠는가. 그러니 쥐새끼들이라는 말을 듣고도 성인군자(?)답게 참고 있는 것이다. 말이 조금 빗나 갔는데 지금 내가 이야기하려고 하는 것은 우리의 '식민모국'인 미국에 대한 얘기이다. 바로 그 쥐새끼가 고양이를 향해 발톱을 세우는 이야기라고나 할까?

미국은 우리에게 어떤 나라인가. 나는 이 이야기의 시작을 1940년대 후반에 벌어졌던 슬픈 역사로부터 시작하려 한다. 수많은 생쥐가 죽어간 이야기, 거기에서부터 미국과 우리의 관계가 결정되었기 때문이다.

우리의 현대사는 학살의 역사이다. 동학혁명과 의병 봉기의 좌절, 3·1 운동, 6·10 만세……. 이러한 역사는 바로 죽음이 뒤따른 역사였다. 또 48년 제주에서는 전체 주민 23만 중 7만여 명의 양민이 죽은 것으로 알려져 있다. 성인의 남자는 몰살당했었다. 제주도, 삼다도라 돌과 여자와 바람이 많다는 곳……. 되씹어 생각할 때, 눈물이 나지 않을 수 없다. 또 거창 사건에서는 700명이 죽었다. 그리고 1980년 광주에서는 또 수천 명이 죽어 갔다. 내가 말하고자 하는 것은 바로 8·15 광복 이후의 죽음이 미국과 관련되지 않은 것이 없다는 것이다. 죽음, 그것과 관련되어 있는 나라, 그 나라는 이 대한민국의 생살여탈권을 쥐고 있다. 우리 사회 구석구석에 미국의 힘이 닿지 않는 곳이 없다. 언론은 이 부분도 철저히 방기했다. 관심 있는 사람을 제외하고는 아무도 이런 미국의 실체를 모른다.

우리 사회는 군의 사회이고 모든 영역에서 미국의 지배를 받고 있다. 1945년 8월 15일 미국이 '정복자'로 진주한 이래 이승만은 미국의 일방적인 지지와 부일세력의 협력으로 정치 무대에 등장했다. 이때부터 미국은 전적인 지배력을 갖게 되었다.

'제3세계'에서 '반미' 구호가 외쳐지지 않는 나라는 우리나라밖에 없었다. 1985년 미문화원 농성을 계기로 이 금기사항이 깨어졌다. 그

때 학생들이 무엇이라고 말했는가. 우리의 국군통수권을 가지고 있는 나라, 수십억 불에 달하는 경제 잉여를 앗아가는 나라, 우리의 내정에 일일이 간섭하는 나라……. 이런 것을 '제국주의'라고 한다. 이런 나라가 우리의 어린이들에게는 어떻게 가르쳐지고 있는가.

초등학교 교과 과정 중 반드시 넣도록 강요당하는 세 가지 단원이 있다. 첫째는 링컨의 이야기이다. 가난한 오두막집에서 주경야독하여 입신양명해 노예해방의 기수로 자랐다는 얘기이다. 둘째가 조지 워싱턴의 이야기이다. 사과나무를 베어 고민하다가 결국 아버지에게 고백하는 용기 있고 정직한 소년의 모습으로 워싱턴은 아이들의 기억에 남는다. 나머지 하나도 비슷한 것이다. 이러한 단원은 1차적으로 아이들에게 '링컨'과 '워싱턴'을 우상으로 생각하게 한다. 그러나 더욱 중요한 의도는 '링컨'과 '워싱턴'의 이미지 뒤에 도사리고 있는 아름다운 '꿈의 나라' 미국의 잔상이다. 유관순의 모습이 삭제된 교과서, 사회주의 세력이 가담했다 하여 6·10 만세 사건이 기록되지 않는 교과서가 이렇게 철저히 남의 나라 이야기에 관대한 것이다. 문화적 식민교육, 바로 그것이 아니겠는가?

언론자유를 막는 가장 핵심적인 것이 바로 이 '미국'이다. 언젠가 릴리 대사가 야당 지도자를 만나 폭력은 절대 안 되며 언론자유는 1988년 이후에 하자고 했다고 한다. '차' 치고 '포' 치고, 병 주고 약 주고, 릴리는 주한 미국 '총독'이다. 언론이 이러한 미국을 옹호하는 현실, 바로 그것이 내 조국의 현실이다.

조작된 남북 간의 긴장

다음엔 분단 상황과 언론자유와의 상관관계를 살펴보겠다. 사실 통일 문제만큼 언론자유가 철저히 봉쇄된 분야가 없다. 심지어 북한에 관계된 기사 자료는 오직 '내외통신'만이 독점하고 있는 실정이다. 안보가 모든 것을 규제하는 명분이 되고 있다. 진정한 '안보'를 위해서는 북한을 잘 알아야 한다고 생각한다. 그런데 언론이 자유롭지 못하기 때문에 우리는 북한의 실정을 전혀 모른다.

1967년 《동아일보》에서 '북태평양 원양어선 침몰 사건'을 간지에서 특집으로 다뤘다. 북태평양에 명태잡이를 나갔던 우리 원양어선단이 태풍을 만나 몇 척이 침몰을 당하고 산 같은 파도가 휘몰아치는 밤바다를 피해 미국의 알류샨 열도의 항구로 대피했으나 그 항구가 군항이라는 이유로 다시 파도치는 밤바다로 쫓겨났으며 한국으로 돌아오는 길에 만신창이가 되어 일본의 항구에 기항하려 했으나 방역이 안 되었다는 이유로 다시 바다로 쫓겨났다.

그때 조그만 박스기사가 옆에 실렸다. 북한은 1만 톤의 모선을 소형 선박이 호위하면서 북태평양에서 연어와 송어를 잡고 있다는 내용이었다. 우리 어선은 미·소·일·캐나다 4대국 협약에 의해 연어·송어는 못 잡고 명태 등만 잡는다.

지금 미국 교포 사회에서는 『김형욱 회고록』과 『분단을 뛰어넘어』 두 가지 책이 베스트셀러라고 한다. 『분단을 뛰어넘어』에 의하면 초등학교 교육 부분에 대한 내용이 있는데 북한의 국민학생들은 30명~40명 단위로 반 편성이 되어 있다고 한다. 그리고 오전 수업이 끝난 뒤 2시간 낮잠을 자고 오후에 1시간 수업을 받은 후 책가방을 사물함에 두고 빈손으로 하교한다. 또 부부가 맞벌이를 할 경우 월수입이 50~80원인데 그 반 정도면 의식주가 해결된다고 한다. 1974년도엔 세금이 없어졌다고 외신이 보도하고 있다.

여기서 검사의 이의 제기가 있었다.

검사: 피고인의 진술이 재판 과정에서 빗나가고 있다.
재판장: 계속 진행하시오.
  (다시 진술 계속)

재판장님, 나는 진술 서두에서 최후로 말하는 심정으로 한다고 이야기했다. 언론자유가 박탈당한 상황에서 지금 제한된 공간에서나마 내가 하고 있는 북한에 대한 발언은 언론 상황을 타개해 나가는 데 의의가 있다고 생각한다. 모든 문제가 자유롭게 논의될 수 있어야 한다. 남북의 긴장관계가 연 5조 원의 국방비를 지출하게 한다. 그런데 1918~32년 20년 동안 세계는 평화를 누렸고, 2차대전이 끝난 1945년 이후 지금까지 유례없는 평화가 인류의 공포를 씻어 주고 있다. 현재의 남북 긴장은 조작된 것이 아니겠는가?

검사: 가장 중요한 남북한 문제를 왜곡하고 있다.
재판장: 지금까지 진술한 내용은 피고인 자신의 이익을 위해 진술할 수 있는 것이라고 생각한다.
  (방청객 박수, 다시 진술 계속)

내 인생을 생각할 때 이 진술은 나에게 커다란 의미를 준다. 1981년 형집행정지로 출소해 1984년까지 40대 초 인생의 황금기 4년간을 번역으로 생계를 이어온 나는 1984년 12월 19일 민주언론운동협의회 회원이 되면서 다시 태어났다. 자유와 평등에 대한 사랑을 펼 수 있는 장(場)을 얻게 되었다. 언론자유를 조금이라도 되찾을 수 있다면 나는 얼마든지 말을 계속할 것이다.

저 산에는 호랑이가 없는데도 가지 못하게 한다. 인도네시아에서는 발리하이 섬에 악마가 있다는 전설이 있는데 미국 해병대가 그 전설을 퍼뜨렸다고 한다. 제도언론은 '없는' 사실을 '있는 것'으로 만든다.

미국의 극우재단인 해리티지 재단이 소련, 미국, 한국, 북한의 군사력에 대한 논문을 발표하면 미국 언론들은 항상 (실제와 상관없이) 소련이 미국보다, 북한이 남한보다 군사적으로 우세하다고 보도한다. 또 어느 날 갑자기 한국 신문은 특파원 발 기사로 북한 10개 사단이 휴전선에 전방 배치되었다고 발표하고 이것이 활자화되어 보도되면 국민들은 이를 맹신하게 된다. 또 미국 행정부가 국회에 국방 예산 증액을 요청할 때 의회에서 이를 반대한 의원은 낙선하고 만다. 모두 언론자유가 없는 데서 오는 결과이다.

우리가 바라는 것은 통일이다. 정권유지를 위한 안보를 우리는 단호히 거부한다. 그리고 수조 원의 국방비가 국민의 복지를 위해 사용되기를 우리는 원한다. 한강에는 유람선이 떠 있고 서대문구치소에는 똥통이 떠 있다. 5조 원의 돈이 문화비, 건설비, 공공투자비로 쓰였을 때 얼마나 좋은 나라가 되겠는가.

일전에 검사가 우리나라 국민소득이 2천 달러라고 했다. 물론 잘 사는 사람들에게는 당연한 얘기겠지만, 대부분의 국민들, 8백만 농민과 2천4백만 노동자는 그렇지 않다.

총 GNP가 8백억 달러라고 해도 미국, 일본이 2백억 달러를 가져간다. 차관 원리금 상환, 직접투자 이윤 등으로 나가는 것이다. 나머지 중 1백억 달러는 정권유지비로 나가고, 150억 달러는 재벌, 고급 관료에게 돌아간다. 나머지 150억 달러로 4천만이 나누어 먹는다. 빈익빈 부익부 현상이 구조적으로 정착되어 있는 것이다. 2백억 달러는 서비스업 소득이니 실질 GNP에서 제외된다.

또 지역 간 격차는 얼마나 극심한가? 거기에 의도적으로 조장된 지역감정이 국민들을 괴롭히고 있다. 박정희 씨와 전두환 씨가 반쪽 남은 민족을 분열시켰다. 도시 아이에 비해 시골 아이들은 키가 작고 체격이 작다. 경상도와 전라도가 갈라졌다. 서울의 쓰레기 청소부, 똥 치우는 사람, 시장 생선가게 아줌마 등 하층민의 90%가 전라도 사람이다. 나도 고향이 광주이다. 이런 생각을 하면 가슴이 미어진다.

새 언론을 창출하자

나는 이제 우리가 새 언론을 창출해야 할 시점에 서 있다는 것을 말하고자 한다. 이 정권은 언제 무너질지 모른다. 그때까지는 게릴라식으로 숨어서라도 해야 한다. 공개적·비공개적으로 언론자유투쟁을 전개해야 한다. 어느 한 선배가 나에게 39년을 살았으면 많이 살았다고 한 말이 생각난다. 그 후로도 7년을 더 산 나로서는…….

끝으로 내 처를 존경한다. 가정 생계를 꾸려 나가야 되는 처지가 안됐다. 처음《한국일보》기자를 하다가 이제는 아침마다 남대문시장에 가서 택시를 안 타고 1,000원을 아끼려고 무거운 짐을 들고 버스를 타고 다니며 운 적도 많고 시련도 많고……. 처에게 감사한다.

두 아들이 국민학교를 졸업하고 노동자가 돼도 좋다. 우리나라에서는 노동자로 살거나 다른 무엇을 하고 살거나 인간적 권리나 자유가 없는 나라이다. 이런 나라에서 어떻게 내 아들이 대학을 나오고 미국 유학을 가는 것을 바라겠는가?

참된 언론은 캄캄한 밤중을 달리는
자동차의 전조등과 같다

신홍범

본인이 우리나라의 언론자유의 문제에 대해 관심을 갖기 시작한 것은 신문사에 재직하면서부터였다. 재직 당시 본인은 기자로서의 직업적 사명을 충실하게 해내기 위해 양심에 따라 훌륭한 신문을 만들어 보려고 노력하던 평범한 기자들 중의 한 사람이었다.

그러나 이 평범한 기자들은 그 후 수많은 난관에 부딪히게 되었다. 언론에 대한 권력의 압력과 탄압에 맞부딪히게 된 것이다. 기관원들이 거의 상주하다시피 신문사에 출입하면서 언론을 통제하는가 하면 보도기사와 관련하여 기자들과 신문사의 간부들이 연행되는 일이 잦아지게 되었다. 숨 막힐 것만 같은 억압적인 공포 분위기가 신문사의 편집국을 지배하게 되었다.

무슨 기사를 쓸 것인가의 취재대상의 선택에서부터 기사의 내용과 표현에 이르기까지 당국의 금기가 언론을 지배하게 되었다. 기자는 자신의 거의 모든 것을 걸고 신문을 만들지 않으면 안 될 상황이 되었다.

이처럼 당국의 금기사항을 피해 기사를 쓰다 보니 안개지수가 높은 기사, 신문기자만이 알아볼 수 있는 기사가 시작되었다. 그러나 이 우회 기사마저 끝내는 싣지 못하게 되었고 그 위에 사실을 왜곡하기에 이르렀다.

본인이 신문사에 재직할 당시 조선일보는 50만 부의 발행부수를 자처하고 있었다. 신문 한 장을 적어도 두 사람 이상이 보고 또한 그것이 가져올 확산 효과를 고려할 때 신문이 사실을 보도하지 않고 은폐하거나 진실을 왜곡한다면 적어도 1백만 명 이상의 사람들에게 무지를 가져다주고 그들을 공공연히 속이는 엄청난 죄를 저지르는 것이된다. 매일매일 사회와 국민 앞에 죄를 저지르고 있다는 생각에 본인의 하루하루의 생활은 괴롭기만 했다. 그래서 어떻게든 자기의 양심을 지키고 기자로서의 직업적 책무에 조금이라도 더 충실하고자 결심하게 되었다.

이 같은 자책 속에서 드디어 기자들은 언론자유운동을 벌이게 되었고 그러고는 마침내 무참하게 대량 해직되었다. 언론의 생명은 언론의 자유이다. 이같이 언론자유를 외치는 기자들을 언론기업주라는 사람이 언론 현장으로부터 내몰았던 것이다. 그들은 그 피 묻은 손으로 권력과 손을 잡고 1975년 3월 이후부터 이 땅에 제도언론을 만들어내게 되었던 것이다.

신문사에서 추방된 이후 우리는 언론계 내부에 있을 때보다 더 제도언론의 정체를 정확하게 볼 수 있게 되었고, 참으로 언론이 무엇이어야 하는가에 대한 진정한 깨달음에 이르게 되었다. 우리는 신문사에서 쫓겨난 이후 민주주의를 요구하는 수많은 민주인사들의 집회나 주장이, 그리고 똥물을 뒤집어쓴 채 노동현장에서 쫓겨난 동일방직 노동자들의 울부짖는 소리가 언론에 의해 거의 전적으로 묵살되는 것을보았다. 오히려 거짓과 왜곡으로 언론이 그들을 박해하는 것을 보았다. 우리는 진실을 담은 단 한 줄의 기사가 얼마나 중요한 것인지를 절실히 알게 되었다. 생존권을 요구하며 절규하는 그들에게 진실의 보도는 마치 생명과도 같다는 것을 알게 되었다. 우리는 그들의 외치는 소리가 허무한 목소리로 끝나는 것을 보았다.

우리는 언론 현장에서 추방된 후 이 땅의 언론의 역사를 보다 냉엄한 눈으로 바라보게 되었다. 그리하여 1896년 서재필 선생의《독립신문》이 창간된 이래 1백 년에 이르도록 한 번도 참다운 의미에서의 민주·민족언론이 실현된 적이 없다는 것을 깨닫게 되었다. 일제 시대의 언론은 그 출발부터가 일제 식민통치자들에 의해 식민통치의 일환으로 주어진 언론이었으며, 일제가 패망하기까지 그들의 식민통치에 동조·협력했다.

8·15 해방 후 우리나라의 언론은 사회의 다른 모든 분야에서와 마찬가지로 일제의 식민주의 유산을 청산·극복하여 민주·민족언론을 건설할 수 있는 좋은 기회를 맞게 되었다. 그러나 우리가 아는 것처럼 일제 식민주의자들에게 협력하여 민족에 반역했던 자들이 그대로 언론계에 남아 언론을 또다시 장악했다.

4·19 혁명 이후 한때 이 땅의 언론은 잠시나마 언론의 자유를 누린 적이 있었다. 그러나 그것도 짧은 기간이었을 뿐 5·16 군사쿠데타 이후 위축의 길을 걸어오다가 1972년 유신체제가 성립된 이후엔 사멸의 길을 걷게 되었다. 그리하여 1975년 3월《조선일보》와《동아일보》가 언론의 자유를 외치는 기자들을 대량 추방하는 가운데 이 땅의 언론은 죽음을 맞이하게 되었던 것이다. 언론기본법이라는 엄청난 제도적 억압장치가 언론의 숨통을 누르고 전화 한 통화로 보도가 통제되는 오늘의 상황에 이르게 된 것이다. 1백 년에 가까운 언론의 역사에도 불구하고 우리는 민주·민족언론을 창달시키기는커녕 그것을 새로이 건설해야 하는 원점에 서 있게 된 것이다. 우리는, 우리가 서 있는 이 법정이 언론의 자유를 획득해 낼 수 있느냐 없느냐 하는, 우리 언

론의 미래를 열어 놓는 데 중대한 의미를 지닌 자리라고 생각한다. 이 재판이 정의와 자유와 민주주의의 편에 선다면 우리는 민주화를 위한 결정적 무기인 민주언론을 획득해 내는 데 커다란 전진을 이룩할 수 있을 것이다.

그러나 만약 그렇지 못하다면 이 법정은 앞으로 외교기밀의 이름으로, 국가모독의 이름으로, '보도지침'의 이름으로 권력의 언론탄압을 정당화시켜 주는 근거를 마련해 주게 될 것이다.

언론은 캄캄한 밤중을 달리는 자동차의 전조등과 같다고 생각한다. 그 자동차엔 이 법정의 검찰관, 변호인, 재판장, 그리고 방청해 주시기 위해 이 자리에 와 주신 여러분들을 포함한 우리 국민 모두가 함께 타고 있다. 전조등 없이 달리는 자동차의 운명이 얼마나 위태로운 것인가는 분명한 것이다. 재판장과 우리는 이 법정에서 자동차의 전조등을 밝혀야 한다고 용감하게 말해야 한다.

재판장의 정의로운 판결은 이 캄캄한 밤중에 절망에 빠져 있는 수많은 국민들에게 희망과 용기를 주는 하나의 소망의 등불을 밝히게 될 것이다. 재판장의 정의로운 판결을 바란다.

끝으로 허용된다면 본인은 이 자리를 빌려 이 땅의 민주화를 위해, 인간의 기본권을 위해 싸워 오셨으며 언론의 자유를 위해 이 법정에서 우리와 함께, 아니 우리보다도 더 열렬히 싸워 주신 여러 변호사님들께 깊은 감사와 존경을 표하고자 한다.

이 재판은 정치적 보복이다

김주언

최후진술을 하기 전에 먼저《동아일보》동료 기자들의 성원과 언론자
유 수호 투쟁에 감사드린다.

나는 이 재판이 언론의 자유와 학문의 자유에 대한 시금석이 되는
자리라고 생각한다. 이 사건은 공소사실에도 나타나 있듯이 내가 '보
도지침'을 폭로한 데서 비롯된 것이다. '보도지침'에 의한 언론통제는
비단 나 혼자만이 아니라 현직 언론인이 다 같이 공감하는 부분이다.
《동아일보》기자들의 성명서에도 나타나 있듯이 현재의 언론 현실을
부끄러워하며 언론탄압에 공분을 느끼고 있는 것이다. 따라서 내가
'보도지침'을 공개하지 않았더라도 이것의 공개는 역사적 필연이라고
할 수 있다.

'보도지침'은 명백한 언론탄압의 수단

'보도지침'은 명백한 언론탄압의 수단이다. 지난해 이맘때쯤 중앙청
건물을 국립박물관으로 개조하는 과정에서 불이 난 적이 있다. 그때
취재기자와 사진기자가 현장에 달려갔는데 그 자리에서 공사 책임자
였던 당시 문공부 장관은 기자들에게 "이 기사는 2단짜리다"라고 소

리친 적이 있다. 현장에서 '보도지침'을 내린 실례이다. 이처럼 '보도지침'은 일개인의 책임을 면하려 하거나 축소시키려는 조작일 뿐 국가기밀사항에 관한 것이 아님을 증명하고 있다.

검사는 '보도지침'이 단지 보도협조사항이라고 주장하고 있지만, 그 협조요청에 강제성·폭력성이 담겨져 있다는 것은 나뿐만 아니라 현직 기자들도 모두 알고 있는 사실이다. 더구나 언론기본법이라는 제도적 폭력 장치에 의해 '보도지침'의 강제성은 더욱 폭력적으로 받아들여지고 있다. 《동아일보》 기자들의 이번 성명은 이를 다시 한번 증명한 것이다.

실제로 어느 나라에서건 100% 언론자유가 보장돼 있는 나라는 없다고 할 것이다. 많은 매스컴 학자들은 명예훼손 등의 윤리적 문제나 광고주의 압력에 의해 언론이 통제되고 있다고 진단한다. 또 제3세계 국가의 대부분은 국가의 통제를 받고 있는 것이 사실이다.

그래서 학자들은 언론통제에는 세 가지 유형이 있다고 지적한다. 즉 자유주의적 통제, 권위주의적 통제, 가부장적 통제가 그것이다. 자유주의적 통제는 미국 등 선진국의 경우에서처럼 광고나 명예훼손 등 윤리적인 이유를 내세워 통제하는 것을 말한다. 권위주의적 통제는 제3세계의 언론 현실을 지칭하는 것으로 권위주의적인 국가기구에 의해 권위로 통제되는 것을 말한다. 가부장적 통제란 부모가 어린이에게 이래라저래라 하면서 조그만 것까지 시시콜콜 지시하는 유형의 언론통제를 말하는 것으로 우리나라와 같은 상황이 이에 해당된다.

이러한 가부장적 통제하에서는 언론이 국민들의 불신을 초래하게 되고 각종 유언비어의 발생 원인이 된다. 유언비어는 흔히 이야기되듯이 사회불안의 온상이 될 수도 있으나 유신 이후의 사회 현실에서 보듯이 어느 정도 진실을 담고 있는 것도 사실이다.

실제로 얼마 전 남북정상회담에 관한 유언비어가 나돈 적이 있다. 북한의 허담과 남한의 장세동 안기부장이 서로 서울과 평양을 방문, 남북정상회담에 대해 회담했다는 내용이었다. 사실을 어디까지 확인할 수 있을지는 미지수지만, 이 사실이 일본 신문에서 먼저 보도됐다. 《요미우리신문》은 허담이 판문점을 거쳐 서울 워커힐 호텔에 머물면서 장세동과 회담했다는 사실을 보도했다. 유언비어로 떠돌던 내용이 보도된 셈이다. 이러한 유언비어의 유포는 사실보도에 의해서만 막아질 수 있다. 유언비어의 유포에 의해 갖가지 억측이 난무하여 사실과 동떨어진 내용이 알려질 수도 있기 때문에 사실보도는 국민과 정부 사이의 신뢰를 회복하는 데 중요한 요인이 될 수 있다.

언론의 보도를 믿지 못하고 소위 '유비통신'과 '카더라 방송'에 의존하게 되는 것은 역으로 언론자유의 필요성을 역설하는 것이다. 언론자유가 단순히 언론계의 문제만이 아닌 전 사회의 문제로 떠오르는 이유가 여기에 있다.

외교상 기밀의 판정 기준은 무엇인가

나는 공소장에 기재된 공소사실들이 비밀이라고 생각해 본 적이 한 번도 없다. 공소사실들은 대부분이 외국 신문이나 통신에 모두 보도된 것들이고 일부는 국내 신문에도 보도되었는데 국내 신문에조차 보도된 것을 외교상 기밀이라고 어거지 쓰는 검사의 말은 어불성설일 뿐이다.

매스컴 학자들은 현대 사회를 정보화 사회라고 일컫는다. 그래서 세계는 한 마을처럼 형성돼 '지구촌'이라고 불린다. 통신위성이 지구를 돌며 세계 곳곳에서 일어난 사실을 즉각 알려 주고, 지구 반대편에서 일어난 사건도 몇 시간 뒤면 알 수 있게 될 만큼 정보의 전파속도가 크게 진보되었다는 뜻이다. 그렇다면 외국에서 보도된 한국 관계 내용은 한국인의 눈과 귀는 가릴 수 있을지언정, 이미 외국에서는 모두 알고 있는 내용이다. 이러한 내용이 어떻게 '외교상 기밀'이라고 할 수 있단 말인가.

외국에 보도된 사실이 기밀이라고 판정되면 외신을 담당하는 외신부 기자들은 신문을 제대로 제작할 수 없을 만큼 위축되고 말 것이다. 신문사의 외신부는 외국의 신문이나 잡지, 통신을 토대로 하여 기사를 작성한다. 그렇다면 외신부 기자들은 외신 내용이 기밀인지 아닌지의 여부를 판단하여 신문을 제작해야 하는데 무엇을 근거로 그런 판단을 할 수 있는가. 그렇다면 문공부에서 외신 내용을 판별하여 기밀 여부를 판정해 주든가, 제작된 신문을 사전검열해야만 안심하고 신문을 제작할 수 있을 것이다. 그렇다고 문공부가 외교상 기밀 여부를 법률적으로 판단할 수는 없을진대, 검찰이 기밀성 여부를 사전에 판단해 주든가, 사법부에 기밀 여부를 판정하는 기구를 만들어 외신면에 대한 사전검열을 담당해야 할 것이다.

이처럼 외국 신문에 보도된 것조차 외교상 기밀로 판정하게 된다면, 헌법에 보장된 사전검열 금지조항을 위배하는 위헌이 되고 만다. 따라서 이번 재판은 '보도지침'을 폭로한 데 대한 보복이라는 인상을 감출 수 없다.

학문의 자유는 자유민주주의의 근간이다

다음은 학문의 자유에 대하여 얘기하겠다.

검사는 세 권의 책을 가지고 있었다는 것에 대해 국가보안법으로 기소했다. 국가보안법은 명실공히 국가를 지키려고 제정된 것으로 자유민주주의 체제의 근간이 되는 학문의 자유를 침해해서는 안 된다. 국가보안법이 학문의 자유를 침해하는 데 남용된다면, 국가보안법 자체는 자유민주주의 체제를 부정하는 악법이 될 수밖에 없는 것이다.

더구나 나는 아직 그 책들을 완전히 읽어 이해하지 못한 상태다. 10여 년 동안이나 먼지에 쌓여 책꽂이에 꽂혀 있던 책을 갖고 있었다는 것이 어떻게 "북한을 이롭게 할 목적으로 이적표현물을 소지했다"는 것인지 전혀 이해할 수가 없다.

이 세 가지 책자는 우리나라 강단에서도 강의되고 추천되는 것들이다. 이 책의 저자인 게오르크 루카치는 아도르노나 하버마스 등과 같이 신좌파 사상가들로 이들의 이론은 이미 널리 소개되었고 나는 대학 다닐 때 이들 신좌파의 이론에 대해 강의를 들은 적도 있다. 게다가 이들 책은 국내에서도 번역되어 일반 서점에서 시판되고 있으며 문공부에 납본까지 되었다. 이런 책을 국가보안법으로 단죄할 때 학문의 자유는 어디에 설 수 있겠는가.

더욱이 감정인조차 믿을 수가 없다. 서너 명의 감정인이 단 몇 시간 동안 영문 책 5권을 돌려 가며 읽고 이에 대해 감정서를 작성했다는 것은 편협된 안목으로 죄를 뒤집어씌우기 위한 것일 뿐 공정성을 상실한 것이다. 검사는 이 책을 읽어 보고 기소한 것인지 묻고 싶다. 언젠가 검사에게 "판사께서 이 책의 유죄 여부에 대해 판단하기 위해 번역된 책을 읽고 있다"고 얘기했을 때 검사는 "번역됐다면 나도 읽어 봐야지"라고 한 적이 있다. 이는 바로 검사가 이 책들을 읽어 보지도 않고 마구잡이로 기소했다는 것을 반증하고 있다. 여기에서 검사의 무책임한 본성이 그대로 드러나고 있는 것이다.

구치소에서도 루카치의 책을 읽을 수 있었다. 법무부 교정국에서는 심지어 고은 씨의 『문학과 민족』이라는 책도 읽지 못하게 감방 내의 반입을 금지할 만큼 '불온서적 목록'을 제정, 엄격하게 제한하고 있다. 그런데 나는 구치소 안에서 루카치 등이 쓴 『리얼리즘의 미학』을 읽을 수 있었다. 이는 무엇을 의미하는가. 법무부 교정국에서는 루카치의 글을 읽어도 좋다고 하고 검찰에서는 루카치의 책을 가지고 있다는 이유로 법정에 세우고. 이는 바로 행정상의 난맥상을 드러낸 것 이외에 아무것도 아니다.

이 재판은 정치적 보복

검사에게 다시 한번 묻고 싶다. 보복 조치는 아닌지……. 보복이라면 즉각 기소를 철회하고 사과해야 한다.

이제까지 내가 말한 언론의 자유와 학문의 자유는 사람이 공기 없이는 살아갈 수 없듯이 자유민주주의의 근간이 되는 것이다. 재판장의 판결은 자유민주주의 체제를 수호하느냐, 이를 파괴하느냐의 시금석이 될 것이다. 공정한 판결을 바란다.

끝으로 개인적인 얘기를 하겠다. 내가 구치소 안에 있을 때 첫딸의 돌이 지나갔다. 아빠도 없는데 회사 동료들이 돌잔치를 성대하게 베풀어 주었다고 들었다. 일생에 한 번 있는 돌잔치에 참석하지 못한 것은 검찰의 강제적인 방해 때문이라고밖에 할 수 없다. 우리 딸이 성장했을 때는 명실공히 민주사회가 이룩되어 이러한 불합리한 재판이 없게 되기를 기원한다.

판결

제8차 선고공판

6월 3일 오전 10시, 서울형사지법 113호 법정. 20여 명의 내외신 기자들과 200여 명의 방청객들이 입추의 여지 없이 법정을 메웠다. 방청객들 중에는 첫 공판 이래 줄곧 공판을 지켜 온 낯익은 얼굴들이 많았다. 통상 선고공판 때는 비어 있기 마련인 검찰관 석에도 검사들이 나와 앉았다.

검찰은 전부 유죄를 바랐고 피고인들과 변호인단은 전부 무죄를 바라고 있었다. 그러나 양쪽 다 조금은 불안한 기색을 감추지 못했다. 검찰로서는 "일부 무죄가 날지도 모른다"는 점에서 그랬고, 변호인단은 "전부 무죄를 기대하기는 어렵다" 싶어 그랬다.

오전 10시 5분경 피고인들이 입정했다. 곧이어 재판장 박태범 판사가 입정했다.

재판장: 선고에 앞서 한마디 하겠다. 검찰, 변호인, 피고인 모두가 재판이 진지하고 성실하게 진행되도록 노력해 준 데 대해 감사드린다. 본 재판장 역시 최선을 다했으나 능력이 부족한 탓에 재판 절차를 뜻대로 진행하지는 못했다.

먼저 무죄 부분을 말하겠다.

'F-16기 인수식'과 '미 국방성의 핵 적재 전투기 각국 배치' 사실은 이미 국내 일간지에 보도돼 『말』지에 실릴 때는 기밀성을 상실한 것으로 이 부분에 대한 외교상 기밀누설죄는 인정되지 않는다. 또 김주언 피고인이 소지한 『현대 사실주의』라는 책은 사회주의 계열의 고전적 리얼리즘을 내용으로 담고 있으나 이 내용이 바로 북한 공산주의 혁명 노선과 계열을 같이한다고 볼 수는 없다.

나머지 공소사실에 대해서는 유죄로 인정된다. 그러나 그 동기가 전·현직 언론인으로서 이 나라 언론 현실 및 발전에 관심을 가진 데서 출발한 것이라는 점을 참작, 피고인들에게 다시 국가 사회에 헌신할 수 있는 기회를 주는 것이 바람직하다고 본다. 김태홍 피고인, 징역 10월을 선고한다. 다만 형의 집행을 2년간 유예한다. 신홍범 피고인, 선고를 유예한다. 김주언 피고인, 징역 8월 자격정지 1년을 선고한다. 다만 형의 집행을 1년간 유예한다.

재판장이 일부 공소사실에 대해 무죄 논지를 펴자 법정 안의 많은 사람이 이를 주의 깊게 들었다. 반면 검찰은 표정이 굳어졌다.

방청객들은 자리에서 모두 일어나 재판장에게 힘찬 박수를 보냈다. 취재 중이던 외신 기자들도 함께 박수를 쳤다. 박태범 판사가 법정 문을 나서 보이지 않을 때까지 열띤 기립박수를 보냈다.

그러나 변호인단의 표정은 밝지 않았다. 선고유예든 집행유예든 어디까지나 유죄 판결이었지 무죄 판결은 아니었기 때문이다. 선고유예는 유죄 판결 중 가장 무죄 판결에 근접한 것으로 시국 사건은 물론 일반 사건에서조차 흔하지 않았다.

피고인들과 변호인단은 즉각 항소의 의사를 밝혔다

1심 판결문은 다음과 같다.

판 결

사　　건: 87고단503

　　　　국가보안법 위반, 외교상 기밀누설,

　　　　국가모독, 집회 및 시위에 관한 법률 위반

피고인: 김태홍, 신홍범, 김주언

검　　사: 안왕선, 김옥철

변호인: 변호사 고영구, 신기하, 홍성우, 한승헌, 조준희, 황인철,

　　　　김상철, 박원순, 조영래, 이상수, 함정호

주 문

피고인 김태홍을 징역 10월에, 동 김주언을 징역 8월 및 자격정지 1년에 각 처한다.

이 판결 선고 전의 각 구금일수 중 피고인 김태홍에 대하여는 170일을, 동 김주언에 대하여는 165일을 위 징역형에 각 산입한다. 다만 이 판결 확정일로부터 피고인 김태홍에 대하여는 2년간, 동 김주언에 대하여는 1년간 위 징역형의 집행을 각 유예한다.

피고인 신홍범에 대한 형의 선고를 유예한다.

압수된 『말』특집호 38권(증 제43호) 및 성명서 1매(증 제44호)를 피고인 김태홍으로부터 서적 1권(증 제56호)을 동 신홍범으로부터 서적 2권(증 제61호, 64호)을 동 김주언으로부터 각 몰수한다.

이 유

피고인 김태홍은 1966년 2월경 서울대학교 문리대 사학과를 졸업한 후, 군산 멜볼딘 여자고등학교와 광주 사례지오 고등학교 교사를 역임하고 1970년 12월경부터는 한국일보 외신부 기자로, 1975년 7월 16일경부터는 합동통신 기자로, 1980년 4월 1일부터 동년 5월 17일까지 한국기자협회장으로 각 종사한 후, 1984년 3월 24일경 80년 해직언론인협의회 회장으로 선임되어 활동 중, 동년 12월 19일경 소위 민주언론운동협의회(이하 '민언협'이라 한다) 공동대표로, 1985년 12월 19일경부터는 민언협 공동대표와 사무국장을 겸임하면서 동 협의회 기관지인 『말』의 제작, 배포들의 업무를 관장하여 오던 자로서 1981년 6월 9일경 서울고등법원에서 반공법 위반 및 포고령 위반으로 징역 1년 6월을 선고받고 광주교도소에서 복역 중 동년 12월 25일경 형집행정지로 출소하였고, 1986년 4월 26일경부터 동년 8월 20일경까지 간에 위 『말』지 편집과 관련하여 3회에 걸쳐 구류처분을 받은 사실이 있고,

피고인 신홍범은 1964년 2월경 서울대학교 문리과대학 외교학과를 졸업하고, 1965년 12월경부터 조선일보 문화부 기자로 1969년 5월경부터 동양통신사 외신부 기자로 1970년 9월경부터 조선일보 외신부 기자로 각 종사한 후, 1975년 3월경 조선일보사에서 해직된 후, 동년 4월경 결성된 소위 '조선자유언론수호투쟁위원회' 회원으로 가입하였고, 1983년 3월경 두레출판사를 설립, 출판 업무에 종사하고, 1984년 12월 19일경 민업협 결성과 동시 실행위원에 선임되어 동 협회지 『말』지의 제작에 관여하여 오고 있고, 1970년 11월 4월경 서울형사지방법원에서 국가보안법 위반으로 선고유예를, 1985년 10월 1일경 같은 법원에서 경범죄처벌법 위반(『말』2호 편집 관련)으로 구류 7일을 각 선고받은 사실이 있는 자이고,

피고인 김주언은 1979년 8월경 서울대학교 자연대학 화학과를 졸업한 후 동년 12월경 도서출판 동평사 사원으로 종사하다가 1980년 4월경 한국일보사에 입사하여 일간스포츠 체육부, 편집국 문화부, 특집부를 거쳐 1985년 11월경부터 편집국 편집부 기자로 종사하여 오던 자로서, 1974년 4월 3일경 서울지방검찰청에서 대통령 긴급조치 1, 4호 위반(민청학련 사건 관련 유인물 살포)으로 기소유예 처분을 받았고, 1979년 11월 26일경 서울형사지방법원에서 포고령 위반(YWCA 위장결혼식 참석 혐의)으로 구류 10일을 각 선고받은 사실이 있는 자인바,

1. 피고인 김태홍, 신홍범 등은 이른바 해직 기자들로 정부에 대하여 강한 비판적 견해를 갖고서, 현재의 언론을 '제도언론'이라 규정짓고 제도언론에서 수렴할 수 없는 것들을 해직 언론인들이 주체가 되어 '새 언론 창달'이란 목표 아래 민언협의 기관지『말』에 게재 보도함으로써 이 나라 국민들의 알 권리를 충족시켜 주겠다는 취지하에 민업협에 가입 활동하여 왔고, 동 김주언은 위 민언협 요원들과 긴밀한 접촉을 하면서 동인들의 활동에 공감을 표명하여 오던 중,

피고인 김주언은 1986년 3월 말 일자미상 23:00경 서울 종로구 중학동 14 소재 한국일보사 편집국 사무실에서, 야간 근무 중, 문공부 홍보정책실로부터 동 신문사에 보도협조사항이 전달되자 이는 문화공보부 홍보정책실이 국익적 차원에서 발표 시기 및 내용 등에 관하여 언론보도에 신중을 기해 줄 것을 언론사에 협조요청하는 것임에도 피고인은 이를 마치 정부가 언론을 통제하기 위하여 시달되는 소위 '홍보지침'이라고 오해하고, 동년 5월 초순경 종로구 중학동 소재 '한마당' 레스토랑에서 피고인의 친구인 공동체출판사 대표인 공소 외 김도연(민통련 홍보기획실장―수배 중)을 만나 동인에게 위 사실을 알려준바, 동

인으로부터 동 협조사항을 빼내어 달라는 요구를 받고 승낙을 한 후, 동년 6월 하순경 한국일보 편집국 내에서 동 협조사항을 모아 관리하는 동 편집국 서무담당 김정일(여)로부터 '85년 10월~86년 6월'까지의 동 협조사항 150여 매가 철해져 책상 위에 꽂혀 있는 것을 빌려 7층 복사실에서 복사한 후, 그 무렵 위 한마당 레스토랑에서, 위 김도연이 보낸 민언협 실행위원이며 간사인 공소 외 이석원에게 교부하면서 동인으로부터 이를 민언협 기관지『말』지에 게재하겠다는 말을 듣고, 계속하여 1986년 8월 초순경 같은 방법으로 '86년 6월 중순~8월 초순'까지의 동 협조사항을 위 이석원에게 교부하고,

피고인 김태홍은 동년 7월 5일 11:00경 서울 마포구 공덕동 105의 94 소재 민언협 사무실에서, 위 이석원으로부터 위 협조사항 자료 8개월분을 입수하였다는 보고를 받고, 동일 11:30경 위 민언협 비밀 편집실에서 동 협회 기관지『말』지의 편집장인 공소 외 홍수원, 동 차장 박우정, 동 박성득, 위 이석원 등과 같이 모여, 동 협조사항 자료 150여 매를 분석 검토한 끝에 이를『말』의 특집호로 발행하기로 결정하고, 그 실행방법으로 위 홍수원의 책임하에『말』지 기자 최민희, 동 김태광, 동 정의길, 동 김기석, 동 권형철 등이 협조하기로 하는 편집진을 구성하여 그때부터 위 비밀 편집실에서 피고인의 감독하에 위『말』특집호의 편집에 착수하고,

피고인 신홍범은 동년 8월 7일 16:30분경 위 민언협 사무실에서 피고인 김태홍으로부터 위 협조사항의 입수 경위와 이를 자료로『말』특집호의 발간 계획 등을 설명 듣고서 이에 적극 찬동을 하고, 피고인 김태홍은 동년 8월 10일경 위 이석원으로부터 '86년 6월 중순~8월 초'까지의 동 협조사항 2개월분을 추가 입수하여 편집을 하던 중, 동년 8월 15일 12:00경 서울 종로구 신문로 소재 한밭식당에서, 피고인

김태홍, 동 신홍범 등이 위 홍수원, 박우정, 이석원 등과 만나 『말』 특집호에 대한 편집을 하는 등으로 피고인 등은 위 협조사항을 자료로 하여 『말』 특집호를 제작하기로 순차 공모한 다음, 1986년 8월 하순경 서울 중구 을지로 3가 소재 삼원인쇄소에서, 위와 같이 홍보지침을 기초로 하여 보도지침란과 해설란으로 구분하고, 책의 제목은 『말』 특집호, 부제: 보도지침, '권력과 언론의 음모'─권력이 언론에 보내는 비밀통신문─으로 정하는 등으로 편집을 완료하여 제작 의뢰를 하였는바, 그 내용 중에는

─ 한·베트남 무역거래 활발은 보도 불가(86. 7. 30.)

─ 한·중공 합작회사 설립은 기사화하지 말 것(86. 10. 30.)

─F-15기 구매와 관련, 뇌물공여 조사 청문차 내한하는 미하원 소속 전문위원 3명 관련 기사 보도 억제(85. 11. 20.)

─ 미국 FBI 국장 방한(1. 12~16.) 사실 일체 보도 억제(86. 1. 11.)

─산케이신문 보도: "남북정상회담 아시안 게임 전 평양서 열릴 듯"은 전재하지 말 것(86. 5. 30.)

등 대한민국이 외국과의 관계에 있어서 대한민국의 이익을 위하여 보지하여야 할 외교상 기밀사항이 포함되어 있는데 이를 다른 협조사항과 함께 편집, 제작하여 그 무렵 명동성당에 3,000부, 민주통일민중운동연합에 100부, 민주화운동청년연합에 50부, 민중불교운동연합에 50부, 기독교회관에 100부, 자유실천문인협의회에 50부, 민중문화운동협의회에 100부, 민주교육실천협의회에 100부, 민족미술협의회에 50부, 한국출판문화운동협의회에 30부, 여성평우회에 30부, 그리고 이돈명 변호사 등 재야인사들에게 배포하는 등으로 전량 배포함으로써 외교상의 기밀을 누설하고,

2. 피고인 김태홍, 동 신홍범 등은 공모하여 1986년 9월 1일 10:00경 서울 중구 명동 2가 1 소재 명동성당 내 천주교 서울대교구 홍보국장실(함세웅 신부 방)에서, 공소 외 김승훈, 정호경, 신현봉 신부 등과 만나 『말』 특집호 제작과 관련, 자료의 출처 및 인쇄업소를 천주교 측의 비호하에 보호한다는 취지의 대책을 협의하면서

피고인 김태홍은 "민언협에서 편집 중인『말』특집호의 자료인 소위 '보도지침'은 모 신문사 기자로부터 입수하였는데 민언협은 힘이 약하고 외로운 단체이므로 사제단과 공동으로 발행하여 출처를 보호하도록 도와 달라"고 제안하고, 이에 대해

위 김승훈은 "동 특집호 자료 출처 및 인쇄업소에 대한 보호대책으로 사제단이 특집호 제작에 깊이 관여한 것으로 위장하기 위하여 동 책자 표지에 그 내용을 싣도록 하자. 민언협과 사제단이 동 특집호를 제작한 것으로 널리 알리고 소위 '보도지침'의 실제를 폭로하기 위하여 내·외신 기자회견을 통하여 발표하자"라고 그 방법을 제시하고

피고인 김태홍은 "기자회견 시 발표할 성명서는 민언협에서 사제단과 공동명의로 작성하여 드리겠으니 보신 후 첨, 삭 부분이 있으면 수정토록 하자"라고 제의하자, 피고인 신홍범 등 참석자 전원이 이에 동의하고, 그 구체적 계획을 협의한 결과

＊일시, 장소: 9월 9일 10:00, 명동성당 소강당(사도회관)

＊참석 범위는 민언협에서 송건호, 김인한, 최장학, 사제단에서 김승훈, 김택암, 함세웅, 정호경 등으로

＊기자 연락은 명동성당 청년연합에서 전담

＊성명서 낭독 및『말』특집호 등 인쇄물의 배포는 민언협에서 분담하기로 구체적 사항을 결의하는 등으로 내·외신 기자회견을 통해 정부를 비방하기로 결의를 한 다음,

피고인 신홍범은 동월 6일 10:00~19:00 사이 서울 강남구 서초동 112 한일아파트 나동 405호 소재 피고인 집에서

— 오늘의 언론을 마음대로 조작하고 있는 정부당국의 이른바 '보도지침'의 세부내용이 밝혀짐으로써 현 언론의 정체가 남김없이 드러나게 되었다.

— 이 '보도지침' 자료집은 문화공보부 홍보정책실이 매일같이 각 신문사에 보내는 보도통제 지시를 모은 것으로 오늘의 제도언론의 정체와 본질을 드러내는 데 있어서, 그리고 권력과 언론의 관계를 밝히는 데 있어서 움직일 수 없는 결정적 증거가 되는 것이다.

— 사실과 진실의 은폐, 왜곡이라는 정치 기능을 담당하는 권력의 일부로 완벽하게 제도언론을 구현하고 있는 나라가 우리 말고 또 어디 있을까?

— 이제 이 땅에는 언론탄압이 아니라 언론과 권력의 일체화가 있을 뿐이다.

— 언론통제본부라 할 수 있는 문공부 홍보정책실은 모든 중요 사건에 대하여 보도 가, 불가, 절대불가의 판정을 내리고 보도방향, 내용, 기사의 크기, 위치 등에 이르기까지 세밀하게 지시를 내리고 있음이 거듭 확인되었다.

— '보도지침'은 어떤 기사를 어떤 내용으로 어느 면, 어느 위치에 몇 단으로 싣고 제목도 어떤 표현을 사용해야 하며, 사진을 사용해서는 안 되고 또는 사용해야 하고, 당국의 분석 자료를 어떻게 처리하라는 등 세부 사항까지 구체적으로 지시하고 있다.

라는 등의 요지로 된 민언협, 천주교정의구현전국사제단 공동명의의 성명서 초안을 200자 원고지 약 15매에 작성하여, 동월 1일 10:00경 위 민언협 사무실에서 피고인 김태홍에게 교부하고, 동 김태홍은

동 원고를 위 김승훈에게 제작 의뢰를 한 후, 동월 8일 12:00~14:00 사이, 위 송건호, 최장학, 김인한 등이 동인의 집으로 방문하여 위 기자회견 계획을 알리는 등으로 기자회견 계획을 마친 다음

동년 9월 9일 10:00~10:30 사이 위 명동성당 소강당(사도회관)에서 위 송건호, 최장학, 김인한, 김승훈, 함세웅, 정호경, 김택암, 동아일보 사회부 윤승용 기자 등 국내 기자 10명, AFP 통신 임희순 등 외신 기자 4명 등을 상대로 동소에 참석한 위 최장학, 김인한, 김승훈, 함세웅, 정호경, 김택암 등을 대표한 송건호로 하여금 '보도지침 자료 공개 기자회견을 하면서' 제하의 유인물을 낭독하게 함으로써, 헌법에 의하여 설치된 국가기관인 정부를 비방하고,

3. 피고인 김태홍은 1986년 5월 22일 19:00~5월 29일 19:00경까지 7일간 민언협 사무실에서, 자유실천문인협의회(이하 '자실'이라 한다) 사무국장 김정환, 민중문화운동협의회(이하 '민문협'이라 한다) 사무국장 황선진, 민언협 사무국장 피고인 김태홍 등 문화 3단체 사무국장 모임에서 광주민중항쟁 5주년 기념행사를 동 문화 3단체가 공동으로 주최하기로 한 결정에 따라 공소 외 송건호(민언협 의장), 동 김인한, 동 최장학(각 민언협 공동대표), 동 홍수원, 동 이원섭, 동 윤활식, 동 최민희 등 '민언협' 임·회원과 황성진, 정희석 등 '민문협' 임·회원 6명, 김정환, 강태행 등 '자실' 임·회원 13명 등 약 34명과 함께 모여 "문익환 의장을 즉각 석방하라"는 내용의 플래카드를 제작, 사무실 외벽에 설치하고,

위 김정환의 사회로 "광주민중항쟁 정신을 계승 민주화운동에 배전의 노력을 하자"는 요지의 인사를 하고,

피고인 김태홍은 "5월 항쟁 계승하여 저들의 탄압에 맞서 싸우자"

제하로 작성한 유인물을 통해 "민통련의 지도자 문 의장을 저들 3반 (反)정권이 체포한 것은 우리들 민중·민주운동 단체 전체 아니 전체 민중을 또다시 압살하겠다는 의도와 다름 아니다", "5월 항쟁의 실천적 의미 또한 반제, 반파쇼 민중주체사회의 건설과 민주, 자주, 통일에 있다", "민주화운동을 탄압하는 현 폭력살인정권은 물러가라"는 요지의 성명서를 낭독하고,

초청 연사인 천주교사회운동협의회 사무국장 이명준은 '필리핀 마르코스 정권 붕괴 후 아키노 정부와 군부의 관계 및 정세 전망' 제하 강연을 통하여, "현 아키노 정부는 대중적 지지기반은 넓으나 그 힘이 조직화되어 있지 않아 언제라도 군부의 집권 가능성을 배제할 수 없는 실정이다" 요지의 필리핀 방문담을 말하고, '민문협'에서 준비한 비디오를 통하여 광주사태와 관련된 필름을 상영하고,

"노동자, 학생에 대한 고문수사를 중지하고 이들을 석방하라"

"민족자주 짓밟는 외세를 몰아내자"

"민주화운동을 탄압하는 현 폭력살인정권은 물러가라"

는 등의 구호와 투사의 노래, 해방가, 5월의 노래를 수시로 합창하는 등으로 현저히 사회적 불안을 야기시킬 우려가 있는 불법 집회를 주관하고,

4. 북한공산집단은 정부를 참칭하고 국가를 변란할 목적으로 불법조직된 반국가단체로서, 마르크스와 레닌의 사상 및 전략전술을 근간으로 하여 소위 인민민주주의 혁명전략과 통일전선전술 등을 구사하면서 대남 적화통일을 기본 목표로 삼고 있음을 잘 알면서도,

(가) 피고인 신홍범은 1984. 12. 일자 미상경 서울 영등포구 여의도 소재 국회도서관 내에서 『혁명 영화의 창조』(일어판) 1권을 대여받아,

동 도서관 복사실에서 3,000원을 지불하고, 복사하였는바, 그 내용이 볼리비아의 반미, 프롤레타리아적 영화 제작 집단인 '우카마우 집단'이 편집한 이론으로,

— 제국주의는 선수를 쳐서 토착민을 용병으로 쓰기 위해 무대에 올려 놓고 공연활동을 시키고 있다.

— 인민의 혁명 투쟁을 이끌어 내는 매개자로서의 혁명 영화는 노동자, 농민, 지식인들로 하여금 많은 사고방식을 배우고 그 행동에서 배우는 것이 필요하다.

라는 내용으로 부르주아 영화를 반대하고, 민중혁명에 도움이 되는 영화를 제작하는 데 있어서 필요한 착안점을 중심으로 논한 것으로, 반미적이고 프롤레타리아 혁명 지향적인 혁명 매개체로서의 영화를 제작하는 데 필요한 지침서로서, 노동자들이 중심이 된 혁명을 하여야 한다는 것으로 북괴의 대남 적화혁명 노선과 궤를 같이하는 불온한 책자임을 알면서도 이를 그때부터 1986년 12월경까지 위 피고인의 주거지에 보관하여 반국가단체를 이롭게 할 행위를 할 목적으로 표현물을 소지하고,

(나) 피고인 김주언은 1977년 3월 중순 일자미상경 서울 종로구 신문로(광화문) 소재 진흥문화사에서 『역사와 계급의식(History and Class Consciousness)』(게오르크 루카치 저, 영문판), 『사회학과 발전(Sociology and Development)』(임마누엘 데 캇트 저, 영문판) 등 2권을 구입하였는바, 그 내용이

『역사와 계급의식』은 공산주의 이론가인 마르크스, 엥겔스, 레닌 등의 유물변증법, 변증법적 유물론, 유물사관을 기초로 작성된 논문집으로서, "프롤레타리아 계급이 계급의식을 포지하게 될 때 비로소 계급혁명이 가능하며, 프롤레타리아 계급으로 하여금 계급의식을 포지

하게 만들고 계급혁명의 행동화를 하게 만드는 것이 바로 공산당의 임무다"라고 교시한 마르크스의 혁명운동의 기본원칙 등 공산주의 이념서이고,

『사회학과 발전』은 영국의 사회학협회 회원인 마르크스주의 이론가 15명의 논문집으로서 레닌, 모택동 등 네오 마르크스주의자들의 사회발전론, 계급론, 종속이론, 자본주의적 제국의 종식 등의 이론을 전개한 공산주의 운동 이념도서로서, 각 그 내용이 북괴의 공산주의 혁명노선과 궤를 같이하는 불온한 책자임을 알면서도 이를 그때부터 1986년 12월경까지 위 피고인의 주거지에 보관하여 반국가단체를 이롭게할 행위를 할 목적으로 표현물을 각 소지한 것이다.

증거의 요지

1. 피고인들의 법정에서의 판시 사실에 전부 또는 일부 부합하는 각 진술
1. 검사 작성의 피고인들에 대한 각 피의자 신문 조서 중 판시 사실에 전부 또는 일부 부합하는 각 진술 기재
1. 사법경찰관 사무취급 작성의 김정일, 김용겸에 대한 각 진술조서 중 판시사실에 부합하는 각 진술 기재
1. 사법경찰관 사무취급 작성의 각 압수조서 중 판시 사실에 부합하는 각 압수 결과의 기재
1. 압수된 『말』특집호 38권(증 제43호), 성명서 1매(증 제44호), 서적 3권 (증 제56호, 61호, 64호) 및 유인물(수사기록 219장)의 각 현존 및 그 기재 내용

법령의 적용

각: 형법 제113조 제1항(징역형 선택), 제30조, 제37조, 제38조, 제50조, 제48조 제1항.

피고인 1: 형법 제104조의 2 제2항, 제1항(징역형 선택). 집회 및 시위에 관한 법률 제14조 제1항, 제3조 제1항 제4호(징역형 선택).
형법 제57조, 제62조 제1항.

동 2: 형법 제104조의 2 제2항, 제1항(징역형 선택). 국가보안법 제7조 제5항, 제1항, 제14조. 형법 제57조, 제59조 제1항(징역 8월 및 자격정지 1년에 처하고 미결 구금일수 중 170일을 위 징역형에 산입할 것이나 정상 참작하여 선고유예).

동 3: 국가보안법 제7조 제5항, 제1항, 제14조.
형법 제57조, 제62조 제1항.

무죄 부분

피고인 김주언에 대한 이 사건 국가보안법 위반의 공소사실 중 "1974년 10월 일자 미상경 서울 종로구 종로 1가 소재 컨콜디아센터에서 신좌파사상 이념 도서인 『현대 사실주의(Realism in our time)』(게오르크 루카치 저, 영문판) 1권을 매입하였는바, 그 내용이 '자본주의 사회를 타도하려는 공산주의자에게 있어서 사회혁명의 기본조건으로 되어 있는 계급투쟁을 선동하기 위해서는 계급의식의 고취가 필수불가결하므로 문학은 이러한 계급의식을 포지하게 만드는 방법으로 활용되어야 한다'라고 되어 있어, 북괴의 공산혁명 노선과 궤를 같이하는 불온한 책자를 그때부터 1986년 12월경까지 서울 성동구 행당 2동 336-10 소재 피고인 집에 보관하여 반국가단체를 이롭게 할 목적으로 표현물을 소지한 것이다"라는 점에 관하여 살피건대 압수된 동 서적(증 제63

호)의 내용 및 그에 대한 감정인 반성완의 감정 의견을 종합하여 보면 위 책자는 시민문학의 전통에 입각한 저자의 사회주의 리얼리즘의 문학이론을 저술해 놓은 것으로서 모더니즘에 대한 비판과 함께 고전적 리얼리즘의 수용을 강조한 내용이어서 이를 단순히 북괴의 공산혁명노선과 궤를 같이하는 책자라고 볼 수는 없으므로 이 부분 공소사실에 대하여는 범죄로 되지 아니하거나 범죄사실의 증명이 없는 때에 해당하여 형사소송법 제325조에 의하여 무죄를 선고하여야 할 것이나 이는 앞서 유죄로 인정한 부분과 포괄적 일죄의 관계에 있으므로 따로 주문에 내세우지는 아니한다.

이상의 이유로 주문과 같이 판결한다.

1987. 6. 3.

판사 박태범

검찰 측 항소이유서

피고인: 김태홍(金泰弘), 김주언(金周彦), 신홍범(愼洪範)

위 피고인 김태홍 등 3명에 대한 국가보안법 위반 등 피고 사건에 관하여 1987년 6월 3일 서울형사지방법원에서 선고한 판결에 대하여 1987년 6월 10일 항소를 제기하였으므로 다음과 같이 그 이유를 개진함.

1988. 2. 8.

서울지방검찰청 검사 정민수

서울형사지방법원 항소부 귀중

다 음

항소이유서

· 원심은 피고인들에 대한 공소사실을 대부분 인정하면서도 피고인 김태홍에게 징역 10월, 집행유예 2년의 형을, 동 김주언에게 징역 8월, 집행유예 1년 및 자격정지 1년의 형을, 동 신홍범에게 선고유예를 각 선고하는 한편 피고인 김주언에 대한 국가보안법 위반의 점에 있어서는 동인이 소지하고 있던 『현대 사실주의』라는 책자가 이적성이 인정되지 않는다는 이유로 일부 무죄의 뜻을 밝히고 있는바, 이는 다음과

같은 이유로 심히 그 양형이 부당할 뿐만 아니라 국가보안법에 대한 법리오해의 잘못이 있다고 하지 않을 수 없습니다.

· 양형부당 사유
언론의 자유는 주지하는 바와 같이 표현의 자유를 의미하는 것으로서 이는 인간의 정신활동과 그 소산을 밖으로 표현하는 수단을 보장하는 자유인 점에서 인간으로서의 존엄과 가치를 유지하게 해 주는 자유민주주의의 구성 원리라고 하겠습니다. 우리 헌법도 언론의 자유의 중요성을 인식하고 제20조에서 자유권적 기본권의 하나로 언론의 자유를 규정, 보장하고 있을 뿐만 아니라 그 구체적 보장을 위하여 여러 제도적 장치를 마련하고 있습니다. 그러나 언론의 자유도 다른 자유와 마찬가지로 무제한적, 절대적 자유일 수 없고, 일정한 제약을 받는 상대적 자유인 것이며, 세계 어느 자유민주주의 국가라도 언론의 자유를 무제한적, 절대적 자유로 인정하고 있는 나라는 없으며, 반드시 국가안보상의 이유에서뿐만 아니라 타인의 권리와의 관계, 윤리적인 이유 특히 국가안보상의 이유에서 모든 선진 자유민주주의 국가가 거의 예외 없이 언론의 자유를 제한하고 있는 것입니다. 헌법상 언론의 자유를 거의 절대적 자유권으로 규정하고 있는 미국에 있어서도 1971년에 있었던 이른바 《뉴욕타임스》지의 국방성 문서 사건에서 버거 대법원장 등은 국가안보 이익을 위해서는 언론에 대한 보도금지도 가능하다는 의견을 제시한 바 있고, 국내의 불안한 상황에 대처하기 위해 1917년 제정된 방청법과 1925년에 있었던 '기틀로우' 사건의 판례 등에서 언론은 공공복리에 해롭거나 위험한 결과를 초래할 수 있는 경향이 있으면 제한이 가능하다는 이론을 확립한 바 있으며, 1950년에는 국가안보를 위하여 '국내안전법'까지 제정하였던 것입니다.

우리 헌법도 제32조 제2항에서 언론의 자유를 절대적 자유로 규정하지 않고 "국가의 안전보장" 등을 위해서는 제한할 수 있는 상대적 자유권으로 규정하고 있는바, 이는 국가의 존립, 헌법의 기본질서 유지를 위해서는 언론의 자유에 대한 제한도 불가피하다는 취지라고 봅니다. 언론의 자유가 그 제한이 가능한 상대적 자유로 보장이 되어 있다는 것은 언론의 자유 보장에 한계가 있다는 것이고, 언론도 그 한계를 일탈하여 즉 국가의 존립, 국가안보 등의 문제를 무절제하게 보도한다면 그에 대한 처벌도 불가피하다는 의미일 것입니다. 더구나 우리나라는 불과 40여 킬로미터 떨어진 곳에서 적화통일을 위한 남침야욕으로만 충만되어 있는 북한 공산집단과 대치하고 있는 특수한 상황하에 놓여 있어 국가안보 내지 이익을 위해서 언론의 자유에 대한 어느 정도의 제한은 불가피하다 할 것입니다.

피고인 김태홍, 신홍범은 각 해직 기자들로서 민주언론운동협의회에 가입한 후 언론의 민주화운동을 한다는 미명하에 동 협회의 기관지격인 『말』지를 제작함에 있어 각종 유언비어를 날조하여 유포함으로써 국가나 사회의 안녕질서를 해쳐 왔던 것입니다. 그것은 위 『말』지가 출간될 때마다 당국에 의해 법 절차에 따라 압수되고, 그 제작자가 처벌받았던 사실이 그것을 입증하고 있는 것입니다. 뿐만 아니라 당 법정에서 피고인들이 진술한 바대로 위 보도협조사항을 입수한 후 국가안보는 생각해 보지도 않고 어떻게 하면 보다 많이 제작하여 널리 배포할 수 있는가에만 전념한 채 본건 범행에 이르게 된 것입니다. 그 결과는 어떻습니까. 『말』 특집호가 발간된 지 불과 얼마 되지 아니하여 북괴의 노동신문과 평양방송에 그 내용이 모두 보도가 되었던 것입니다.

피고인 김주언은 상 피고인들과는 달리 한 사람의 직장인이었음에도 직장인으로서 지켜야 할 최소한의 윤리마저 어긴 채 이 건 범행에 이른 것입니다.

피고인들은 수사단계에서부터 본 법정에 이르기까지 본건이 국가 안보에 미친 악영향에 대해서 반성하기는커녕 행위를 정당화하기 위해 구차한 변명을 늘어놓는 데 급급했던 것을 보면 피고인들에게 개전의 정이 있다고 보기도 어렵습니다.

또한 피고인들의 전력을 살펴보면 피고인 김태홍은 1981년 6월 9일 서울고등법원에서 반공법 위반 및 포고령 위반으로 징역 1년 6월의 형을 선고받은 외 3회에 걸쳐 구류처분을 받은 사실이 있고, 동 신홍범은 1970년 11월 4일 서울 형사지방법원에서 국가보안법 위반으로 선고유예를 받은 전력 등이 있으며, 동 김주언은 1974년 4월 3일 서울지방검찰청에서 대통령 긴급조치 위반(민청학련 사건 관련 유인물 살포)으로 입건, 기소유예 처분을 받고, 1979년 11월 26일 서울형사지방법원에서 포고령 위반(와이더블유시에이 위장결혼 사건)으로 구류 10일을 선고받은 전력이 있는 등 피고인 모두 반정부 내지 반체제 활동을 한 전력들이 있고, 본건과 그 궤를 같이하는 내용의 전과들인 데다가 반성의 빛조차 전연 엿보이지 아니하므로 피고인들에게는 마땅히 검사 구형 상당의 형이 선고되어야 할 것입니다.

· 일부 무죄 부분
원심은 검찰이 피고인 김주언에 대해 이적표현물 소지로 기소한 『역사와 계급의식』, 『사회학과 발전』, 『현대 사실주의』라는 3가지 책자 중 『현대 사실주의』(게오르크 루카치 저)라는 책자는 시민 문학의 전통에 입각한 저자의 사회주의 리얼리즘의 문학 이론을 저술해 놓은 것으로서 모더니즘에 대한 비판과 함께 고전적 리얼리즘의 수용을 강조한 내용이어서 북괴의 주장에 동조한 이적표현물이라고 보기 어려워 법리상 이적표현물 소지죄를 구성하지 아니한다고 그 판결 이유에서 설시하고 있으나, 위 책의 저자인 '게오르크 루카치'는 헝가리 출신의 영국 학자로서 대표적인 신마르크스주의 학자이고, 원심 재판부에서 감정의뢰하여 감정한 한양대 독문학과 반성완 교수는 순수한 문학자요, 문학 교수이자, 이데올로기 분야에 대해서는 전연 문외한이라 아니할 수 없으며, 따라서 이데올로기적 측면을 검토하면서 감정을 하려면 같은 분야에 대해 전문적인 지식을 갖춘 전문가에게 하여야 함에도 비전문가에게 감정의뢰한 자체가 변호인의 주장, 요구에만 이끌린 감이 있고, 위 책은 아직도 문공부의 공식 견해에 의하면 국내 판금서적으로 되어 있을 뿐만 아니라 이데올로기 분야에 대한 전문적인 학식을 갖춘 감정인 '김영학' 등이 작성한 감정서에 의하면 위 책은 계급투쟁을 정당화하는 의식을 갖게끔 내용이 갖추어져 있어 이적표현물로 인정함에 전연 부족함이 없으며, 원심은 위 감정증인인 김역학 등의 견해를 배척할 만한 합리적인 근거 내지 이유 설시 없이 만연히 비법률가일 뿐만 아니라 문학자의 의견만을 받아들여 무죄를 선고하였음은 잘못이라 아니할 수 없습니다.

· **결론**

위에서 설시한 사유들을 종합하여 보면 피고인은 의당 검찰 구형대로 엄벌함이 마땅함에도 불구하고, 원심이 피고인들에게 집행유예 내지 선고유예란 사안에 걸맞지 않은 관대한 처분을 하였을 뿐만 아니라 일부 범죄사실에 대하여는 법리를 오해한 나머지 무죄 판단까지 하였는바, 이는 심히 부당하다고 아니할 수 없어 이의 파기를 구하고자 본건 항소에 이른 것입니다.

김주언의 항소이유서

사   건: 88노781(3403)
피 고 인: 김주언

위 피고인에 대한 국가보안법 위반 등 피고 사건에 관하여 1987년 6
월 3일 서울형사지방법원에서 선고한 판결에 대하여 항소를 제기하
였는바 다음과 같이 항소 이유를 개진합니다.

다   음

원심은 공소사실 중 외교상의 기밀누설죄의 일부와 국가보안법 위반
사실을 인정하고 피고인을 징역 8월 및 자격정지 1년의 형에 처하고
징역형에 대하여 1년간 형 집행유예의 판결을 선고하였는바 원 판결
은 외교상의 기밀누설죄에 대한 법리 오해와 국가보안법 위반 공소사
실에 대하여 증거 없이 공소사실을 인정한 위법 내지 사실오인의 위
법이 있고 또한 형의 양정도 부당한 판결을 하였습니다.

1. 외교상의 기밀누설죄

동죄에 대하여는 아직도 우리나라에 판례는 없으나 학설상으로는 '우
리나라와 외국과의 사이에 알려지지 아니하거나 확인되지 아니함으
로써 우리나라에 이익되는 외교관계 사항'이 곧 외교상의 기밀이라
함이 통설이라 하겠습니다.

다시 말하면 외국에 대하여 비밀에 부쳐진 우리나라의 외교 사항이 외국에 누설됨으로써 우리나라 외교상 불이익이 돌아오는 경우가 누설죄에 해당할 것입니다.

그리고 누설죄는 법령상 기밀을 보지할 의무가 있는 자가 누설할 때 성립되는 범죄이며 이러한 기밀은 직무상 알게 된 기밀이어야 할 것입니다.

즉 외교관이나 기타 공무원 또는 이러한 직에 있던 자가 직무상 알게 된 외교상의 기밀을 지킬 법적 의무가 있기 때문에 누설죄의 주체가 되므로 신분범이어야 하며 이러한 신분이 없는 자는 우연히 알게 된 외교상의 기밀을 발설해 봤자 누설죄가 성립될 수 없습니다.

우리 형법에서 보면 공무상비밀누설죄(형법 제127조)와 업무상비밀누설죄(동법 제317조) 및 군사상기밀누설죄(동법 제98조 제2항)가 있는바 어느 경우에도 모두가 직무상 지득한 비밀 또는 기밀을 누설할 때 범죄가 성립되는 신분범으로 규정하거나 해석되고 있고 이러한 자들의 비밀 준수 의무는 국가공무원법(제60조), 지방공무원법(제52조), 군사기밀보호법(제8조), 형사소송법(제198조), 외무공무원법(제16조), 재외공무원복무규정(제3조), 의료법, 변호사법, 변리사법, 사법서사법, 공증인법, 전염병예방법 등에 근거를 두고 있기 때문에 탐지죄를 따로 규정하고 있는 경우를 제외한 모든 누설죄는 신분범이어야 하는 것입니다.

(가) 본건에 있어서 피고인은 외교관도 아니거니와 기밀을 취급하는 공무원도 아닌 신문사 기자에 불과하고 본건 보도지침으로 보도가 통제된 기사를 알게 된 것도 신문사 편집국 서무책상에서 우연히 보게되었을 뿐 자신의 직무 수행과 관련하여 지득한 것도 아니기 때문에 외교상 기밀누설죄의 범죄 주체가 될 수 없습니다.

(나) 원심은 『말』지에 게재된 내용 중

— 한·베트남 무역 거래 활발은 보도 불가(86. 7. 30.)

— 한·중공 합작회사 설립은 기사화하지 말 것(86. 10. 30.)

— 산케이신문 보도: "남북정상회담 아시안 게임 전 평양서 열릴 듯" 은 전재하지 말 것(86. 5. 30.)

이라는 내용이 외교상의 기밀이라고 인정하였습니다.

그러나 위의 기사들은 모두가 국내 신문사 외신부가 외국 통신, 신문 등을 통하여 입수한 기사들로서 모두가 일본 산케이신문에 이미 보도된 내용들이므로 일본은 물론 전 세계에 이미 널리 알려진 내용들입니다. 그렇다면 『말』지 전재 내용 중 이러한 기사를 '보도하지 말 것' '전재하지 말 것' '보도 불가'라고 한 문공부의 금지 지시만이 기밀 사항이며 이러한 문공부의 지시는 외국에서 알려진 사실을 국내에서만 보도하지 말라는 언론통제 지시일 뿐 외교상의 기밀이 될 수 없습니다.

— F-15기 구매와 관련, 뇌물공여 조사 청문차 내한하는 미하원 소속 전문위원 3명 관련 기사 보도 억제(85. 11. 20.)와

— 미국 F.B.I. 국장 방한(1. 12~16) 사실 일체 보도 억제(86. 1. 11.)도 외교상의 기밀이 될 수 없으며 F-15기 구매와 관련된 부정(뇌물 공여)은 이미 미국 의회에서 공청회가 시작되었고 미국 F.B.I. 국장 방한 사실과 함께 미국 국내에서 보도된 사실이기에 국내 보도기관이 알고 있는 사실입니다.

따라서 이미 기밀도 아니거니와 뇌물 제공에 관한 부정을 밝히려는 미국 의회와 수사기관의 활동이 국내에서 보도되면 우리 정부나 권력층의 비리가 폭로될 위험이 있어 국민을 속이려고 보도를 억제한 것이면 이러한 부정이 외교상의 비밀이 될 수 없는데도 원심은 이를 유죄로 단죄하였습니다.

2. 국가보안법 위반

원심은 피고인이 대학 재학 시절에 구입한 '게오르크 루카치'의 저서 『역사와 계급의식』 및 영국의 임마누엘 더 캇트의 편저 『사회학과 발전』이라는 논문집의 국내 복사판을 지금까지 소지한 점을 국가보안법 제7조 제5항의 별죄로 유죄 단정하였습니다.

그러나 이 책을 소지한 것이 동법조 위반이 되려면 첫째 그 책의 내용이 반국가단체 또는 국외 공산의 활동을 찬양, 고무하거나 이들의 활동에 동조하는 내용이어야 하고, 둘째로 그와 같은 활동을 찬양, 고무, 동조하거나 이들을 이롭게 할 목적으로 소지하여야 할 것인바 『역사와 계급의식』은 마르크스주의의 고전적 변증법과 이에 대한 저자 루카치의 비판을 담은 사회주의 역사철학에 관한 순수 이론서임이 원심 감정인 반성완 교수와 차인석 교수의 진술서로써 입증되었을 뿐만 아니라 이 책은 과거에도 3회에 걸쳐 국내에서 번역 출판된 바 있고 1986년 12월 거름출판사가 번역 출판한 책은 국내 대학교수들로 구성된 '오늘의 책' 선정위원회에서 훌륭한 책으로 선정되고, 또한 1987년 8월 18일 자《동아일보》는 이 책이 오늘의 정서로 추천되었음을 보도까지 한 바 있습니다.

그리고 『사회학과 발전』은 원심에서의 감정인 임현진 교수(서울대학교 사회과학대학)에 의하여 "영국 사회학회 회원들의 논문 12편을 편집한 책으로 '마르크스 이론에 의하면, 인구, 교육, 농촌 개혁이 설명되지 못하고 비마르크시스트 발전 이론에 의하면 국제정치, 경제체제, 계급관계의 중요성이 설명되지 않는다'라는 요지의 내용이 담겨 있어 미국 유수 대학에서도 학부 및 대학원 수준에서 사회발전론 분야 연구의 참고도서로 광범위하게 쓰여지는 책이다"라고 감정된 책일 뿐 아니라 동 논문 발표자 중 한 사람인 영국의 조지 포스터카타 교수는

1985년 6월 6일~6월 8일까지 사이에 서울대학교 사회과 연구소가 주최하는 국제학술대회에 초청되어 발표까지 한 사실이 있습니다.

따라서 위 책들은 순수한 사회과학 서적이고 극히 학술적인 순수한 이론서인데도 원심은 이러한 감정인들에 의한 감정을 도외시하고 아무런 증거도 없이 용공적인 책 즉 반국가단체 또는 국외 공산계열의 활동을 찬양, 고무, 동조하는 책으로 단정하였으며, 피고인이 10여 년 전 대학 재학 시절 진리 탐구용으로 구입하였으나 모두가 원서라 읽기가 어려워 그간 방치하였던 책인데 원심은 아무런 증거 없이 피고인이 "반국가단체를 이롭게 할 행위를 할 목적으로" 구입하였다고 인정하였습니다.

따라서 원판결은 사실 오인도 이만저만이 아니고 증거 없이 국가보안법 위반이라는 어마어마한 범죄 사실을 인정한 위법이 있는 것입니다.

3. 양형

가사 공소사실 중 일부라도 유죄가 인정되는 경우에도 본건 기록을 검토할 때 원심의 형은 과중하다 아니할 수 없습니다.

따라서 원판결은 취소하고 피고인에 대하여 무죄의 판결이 있어야 할 것입니다.

1988. 2. 22.

피고인의 변호인
변호사 함정호

서울형사지방법원 항소3부 귀중

2심 변호인 측 항소이유서

사   건: 88노781호
피 고 인: 김태홍, 신홍범, 김주언
죄   명: 국가보안법 위반 등

위 사건에 관하여 피고인의 변호인들은 다음과 같이 항소 이유의 요
지를 진술합니다.

다 음

1. 서론

(1) 이 사건은 처음부터 기소되어서는 아니 될 사건이었습니다. 우리
가 아무런 주저 없이 그렇게 단정하는 이유는 먼저 진실로 기소되고
심판받고 처형되어야 할 자가 이 사건 보도지침을 폭로한 피고인들이
아니라 그 보도지침을 만들고 시달해 온 압제자라는 점에 아무런 의
문을 갖지 않기 때문입니다. 언론자유의 전면적 유린을 감행해 온 자
유민주질서의 극악한 파괴범들이 구속되고 기소되는 대신 그러한 언
론의 탄압 양상을 용감하게 고발한 자가 오히려 구속되고 기소되는
상황이야말로 바로 정의와 불의가 전도되어 존재해 온 정치권력의 모
습을 극명하게 드러내 주고 있는 것입니다.
 우리는 불의한 정치권력의 손발이 되어 선량한 국민들의 정의 관념

을 송두리째 뒤흔드는 검찰의 이 사건 기소 행위는 검찰 자신의 존립 기반을 부정하는 것으로 비난하지 않을 수 없습니다. 우리가 이 사건 기소는 이루어질 수 없고 이루어져서는 아니 된다고 생각한 두 번째의 근거는 그동안 정치권력이 자행해 온 언론탄압의 실상이 이미 국내외에 널리 알려져 있었던 마당에 이제 움직일 수 없는 증거로서 폭로된 이 보도지침을 재판에 회부해서 공개적이고도 국제적인 망신을 자초할 리가 있겠는가 하는 점에 이론의 여지가 없었기 때문입니다.

피고인들은 검찰에서 조사를 받는 동안 줄곧 석방의 가능성을 믿고 있었습니다. 그런데 검찰은 용감무쌍하게도 기소를 하고 말았습니다. 그 후 이 재판 과정에서 국제인권단체와 언론기관에서 봇물처럼 터져 나온 항의와 비난의 성명들은 검찰의 이 사건 기소 행위가 얼마나 나라의 체면에 먹칠을 하고 국익을 손상시켰는지 실증해 주었습니다.

또한 검찰의 이 건 기소 행위는, 역설적으로는 이 땅의 언론 현실을 확연히 드러냄으로써 민주화운동의 중핵을 이루는 언론자유투쟁의 기념비적인 전환을 이루어 본의 아니게 민주화에 공헌한 점도 부인할 수 없습니다.

(2) 위와 같이 불법 부당한 기소에 대하여 피고인들의 대응은 재판의 거부로 나타날 것임이 예상되었습니다. 피고인들과 그들이 활동해 왔던 민주언론운동협의회에서는 "민주운동의 탄압을 위해 저인망처럼 짜 놓은 반민주적 악법들을 들먹이며 그 법에 저촉된다 하여 실정법 위반을 내세우는 데 있어서 그 법의 폐기를 위해 싸움을 하지 않는 한 애초부터 법률 투쟁이나 법적 공박이라는 것은 무의미하다"고 하는 일반적 사법관, 재판관을 가지고 있었기 때문입니다.

그러나 실제에 있어서 피고인들은 재판을 거부하지 않았습니다.

오히려 원심 재판의 처음에서부터 끝까지 너무 진지하고도 성실한 자세로 재판 진행에 임했습니다. 농간과 전단에 의하여 재판 절차를 혼란과 중단으로 치닫게 한 것은 검찰과 재판부 쪽이었습니다. 피고인들의 이러한 재판 태도는 결코 검찰의 불법 부당한 기소에 대한 묵인의 의사표시도 아니었고, 장차 진행될 재판의 결과에 대한 기대나 신뢰 때문도 아니었습니다. 그것은 "현재의 제도언론이 이미 권력의 중요한 구성 부분으로 편입된 참담한 현실을 폭로하고 입증"함과 동시에, "이 사건만은 현 정권이 자신들의 그 많은 실정법을 가지고도 사건 관계자에 대한 탄압 빌미를 잡을 수 없을 것"이라는 확신 때문이었습니다.

(3) 그런데 당초 지레 짐작했던 것보다는 원심 재판장은 비교적 합리적이고 공정한 재판 절차를 진행하여 피고인들과 변호인들로부터 혹시나 하는 일말의 기대를 불러일으키게 되었습니다.

종래 사법부는 무기력과 정치적 선입견에 의하여 일방적으로 피고인과 변호인의 주장과 발언을 제지하고 증거신청의 채택을 거부함으로써 재판을 요식행위로 끌고 가던 방식에 비하여는 그것은 신선하기조차 한 작은 충격이 아닐 수 없었습니다.

야유하던 방청객들이 드디어 박수를 쳤고, 격려하기 시작했습니다. 구태의연한 사법부는 이는 몸부림의 시작이라고까지 평가되었습니다.

그런데 어느 날 갑자기 이미 채택했던 다수의 증거 방법이 모조리 취소되었습니다. 아무런 합당한 이유도 설명되지 않았습니다. 항의하는 변호인들에게 재판장은 고뇌와 갈등의 모습뿐 침묵하고 말았습니다. 그것은 우려했던 "불길한 예감이 너무나 정직한 모습으로 현실화하는" 순간이었습니다. 일말의 기대를 걸었던 사법부의 독립성이 또다시 무너져 내리는 아픔이었고 좌절이었습니다.

이렇게 "온통 중간이 잘려 나간 필름"이 되고 만 원심 판결의 심리 과정은 그 자체로서 명백한 절차적 위법이 아닐 수 없었고, 이러한 절차적 위법은 결국 실체적 위법으로 결과되고 말았습니다.

1987년 6월 3일 선고된 원심 판결은 김주언 피고인에 대한 이적표현물 소지 부분의 무죄 외에는 모두 유죄로 인정하고 말았습니다.

김태홍 피고인은 징역 10월에 집행유예 2년, 김주언 피고인은 징역 8월에 집행유예 1년, 신홍범 피고인은 형의 선고유예를 각 선고받았던 것입니다.

석방의 '은전'에 고마워할 수만 없는 것은 당초부터 이 사건만은 어떠한 실정법에 의해서도 무죄임을 확신했기 때문이요, 언론자유를 탈취하고 유린해 온 압제자를 이 법정에 세우지는 못할망정 피고인들에게 무슨 얼굴로 유죄를 선고할 수 있을 것인가라는 낙관을 가졌었기 때문입니다.

이제 우리는 겨우 증거조사에 손을 대다가 만 원심 재판은 지독한 심리 미진임을 지적합니다.

헌법과 형사소송법이 규정하고 있는 모든 정당한 절차가 위반되었음을 항의합니다. 그러한 심리 미진과 절차적 위법은 증거 채부의 과정에서, 실제 판단에 있어서 법리 오해로 귀결된 점을 확인합니다.

2. 원심 재판의 절차적 위법성

(1) 심리 미진의 점
원심은 우선 이 사건의 실체와 내용을 충분히 파악하고 올바른 판단을 할 수 있을 정도의 심리를 진행하지 못하였음이 명백합니다.

우리 형사소송법은 실체적 진실주의를 그 근본이념으로 하고 있고, 공소사실의 존부 및 양형의 정상에 관한 심증을 얻기 위하여 법원은 각종의 증거조사를 하도록 그 형태, 방법, 절차 등을 엄밀하게 규정하고 있습니다.

이러한 증거조사 절차는 공판 심리의 본질적 구성 부분이며, 설사 피고인이 공소사실의 전부를 자인하고 있다고 하더라도 그것으로써 바로 유죄의 선고를 할 수 없고 증거조사 절차가 진행되어야 한다는 것은 주지의 사실입니다.

하물며, 이 사건에서 피고인들은 공소사실의 주요 사항과 기본 전제들을 모두 다투고 있으며 그 다툼의 방향과 정도는 실로 가위의 양날처럼 벌어져 있었습니다.

이 사건 보도지침 사항의 강제성 여부, 기밀성 여부는 핵심적 쟁점들로서 검찰과 피고인 간의 견해는 천양지차가 있었습니다. 그러한 차이를 인식하고 어느 주장과 견해가 진실인지를 판단하기 위해서는 광범한 증거방법에 대한 조사가 필요하였습니다.

재판부의 가치 판단에만 맡길 문제가 아니었습니다.

구체적으로 당시 원심 재판부가 공소사실의 진실 판단을 위하여 필수적으로 조사했어야 하는 증거방법은 다음과 같은 것들이 있었습니다.

가장 큰 쟁점으로 부각되었던 보도지침의 작성 경위와 방법, 기밀성의 분류와 근거, 그 전달 과정과 형태 등에 관하여 당무 책임자라고 인정되는 문공부 홍보정책실장의 증언은 필수적이었습니다.

또한 공소장에 적시되고 있는 보도지침 사항이 외교, 군사, 국가안보, 남북관계, 대공산권 등 광범위한 분야에 걸쳐 있을 뿐 아니라 보도지침의 언론기관에 대한 전달과 수용 형태, 영향력의 정도와 반영 효과, 엠바고와 오프 더 레코드 등과의 차이 등을 알아보기 위해서는 각 언론사의 편집국장, 편집부장, 정치부장, 외신부장, 사회부장 등의 증언도 불가결하였습니다.

공소장이 적시하고 있듯이 보도지침의 시달이 과연 국내외의 관행인지 여부를 판단하기 위하여는 외국인 언론 관계자들, 국가기밀과 언론자유의 상관관계에 대하여는 이 사건이 그 점에 대한 중대하고도 초유의 재판으로서 헌법학의 일반적 이론, 외국의 판례와 학설 등을 참고하기 위한 헌법학 교수, 보도지침의 표현 형태와 전달 방식, 강제력 유무 등을 판단하기 위한 보도지침 원본철의 문서제출명령 등은 모두 이 재판이 객관적이고도 공정한 결론에 이르도록 함에 있어서 필요하고도 유익한 증거방법들임을 아무도 부인할 수 없을 것입니다.

원심 재판은 전혀 서둘 이유가 없었던 재판입니다. 구속 만기에 쫓기고 있지도 않았고, 피고인들이 신속한 재판을 요구하고 있지도 않았습니다. 더구나 이 사건은 이 나라 민주주의와 언론자유의 장래와 사활이 걸린, 그리고 온 국민과 세계가 주목하고 있는, 재판사에 유례 없는 중요한 재판이었습니다.

원심은 마땅히 모든 사람들이 납득할 정도의 합리적이고도 정당한 증거조사를 시행함으로써 심리 과정과 판결에 대한 신뢰를 확보했어야 했던 것입니다.

그러나 원심은 송건호, 박권상 두 증인의 신문만 실시했을 뿐입니다. 나머지 증거방법은 일단 채택했다가 모두 취소되고 말았습니다. 원심 재판부가 일단 채택했다는 사실은 재판부 스스로 증거조사의 필요성을 절감하고 있었던 사실을 보여 주고 있습니다.

또한 원심 재판부가 위 증거방법들을 취소한 것이 무죄 심증이 확고해졌기 때문이 아님은 유죄의 원심 판결을 보아도 알 수 있거니와, 그렇다면 피고인과 변호인들이 그토록 요망하는 증거방법들을 일거에 취소해 버린 이유는 무엇인가?

외부 압력에 의하여 형사소송법상 보장하고 있는 증거조사의 절차를 생략하고 조속히 재판을 마무리 지으려고 했던 것인가, 아니면 미리부터 재판부가 유죄 심증을 가지고 그 예단하에 다른 증거방법들은 조사해 볼 필요조차 느끼지 않았다는 것인가.

전자라면 사법부와 재판의 독립성을 규정하고 있는 헌법의 유린이요, 후자라면 무죄추정의 원리를 규정하고 있는 헌법과 형사소송법의 원리에 대한 배반이 아닐 수 없습니다.

(2) 형사소송 절차의 원리와 규정 위배의 점

우리는 또한 원심 재판부의 증거 취소 과정이 명백하게 형사소송법의 절차적 원칙들과 규정을 위배한 것으로 단정하지 않을 수 없습니다.

원심 재판부는 1987년 4월 29일 문공부 홍보정책실장, 4대 일간지의 편집국장, 편집부장, 정치부장, 사회부장, 외신부장, 그리고 외국인 언론 관계자 등을 모두 증인으로 채택하여 같은 해 5월 20일 오후 2시를 증인 신문 기일로 지정하였습니다.

최대권, 이영희 교수 두 분의 증인은 채택을 보류하였습니다. 5월 13일의 5차 공판에서는 송건호, 박권상 두 증인의 증언이 있었고, 그날도 지난 기일의 증인 채택이 그대로 유지되었을 뿐만 아니라, 5월 20일의 증인 신문을 재다짐하였습니다. 그리고 5월 14일 자로 그 증인들에 대한 소환장까지 발부되었습니다. 그런데 바로 그다음 날인 5월 15일 느닷없이 이미 채택한 위 23명의 증인은 하나도 남김없이 모조리 취소하고 말았습니다.

위와 같은 취소 결정에 대하여 변호인들은 입증 취지가 제각기 다른 증인들을 일괄적으로 모두 취소한 점, 재판장 자신이 필요하다고 판단하여 증인 소환장까지 발부한 상태에서 취소한 점, 기소자로서 입증 책임을 지고 있는 검찰이 오히려 자신이 신청했던 증인조차 취소된 마당에서 재판부의 증인 취소 결정을 극력 지지하고 나선 점 등을 들어 재판부가 독립성을 상실한 채 외부의 압력을 받고 있거나, 공정한 결정이 아님을 항의하고 그 조치에 대한 합리적인 설명을 요구하였습니다.

그러나 원심 재판부는 이러한 항의와 요구에 대하여 아무런 설명을 하지 않은 채 퇴정하고 말았던 것입니다.

증거결정을 한 후에 증거조사의 필요성이 없다고 인정되는 경우, 또는 그 증거결정이 위법 또는 부당하다고 인정된 경우에 증거결정을 취소할 수 있음은 이론의 여지가 없습니다.

그러나 우리나라 형사소송법은 검사, 피고인, 또는 변호인은 증거조사에 관하여 언제나 이의신청을 할 수 있고(제296조 제1항), 이러한 이의신청에 대하여 재판부는 이유 없이 기각할 수는 없는 것으로 해석되고 있습니다.

즉 당사자의 증거조사에 대한 이의신청권은 재판장 및 소송관계인이 소송법규가 정한 규율을 이탈할 수 없도록 감시하는 역할을 할 뿐만 아니라, 이의신청권은 재판 과정에서의 협력과정이고 당사자의 의무로서까지 인식되고 있기 때문입니다.

이러한 해석 및 인식에 따르면 원심의 증거 취소 결정과 이에 대한 합리적 이유와 설명의 거부는 바로 절차적 위배가 되는 것입니다.

3. 원심 판결의 실제적 위법성

(1) 외교상 기밀누설 부분

① 국가기밀과 언론자유의 상충관계

미국의 수정헌법 제1조는 "의회는 언론의 자유 또는 평화스럽게 집회하고 민원의 구제를 정부에 청원하는 권리를 제한할 수 없다"고 하여 언론의 자유를 절대적 자유권으로 보장하고 있습니다.

그러나 언론자유의 우월적 지위와 지고성(至高性)에도 불구하고 실제에 있어서 미국 법원이 국가의 안전과 공공의 안녕을 위하여 언론자유가 제한될 수 있음을 인정해 왔음은 널리 알려진 대로입니다.

언론자유가 무한정 절대적 자유일 수는 없으며, 모든 국가기밀이 언론자유 앞에 공개되어야 한다고 말할 수도 없습니다. 우리나라 헌법역시 언론의 자유가 국가의 안전보장, 질서유지, 공공복리를 위해 제한될 수 있음을 규정하고 있는 것은 사실입니다.

그러나 그럼에도 불구하고 우선 언론자유의 제한 이론은 제한을 강조하려는 입장에서 발전해 온 것이 아니라, 언론자유 제한의 모호성과 불합리성을 제거하려는 방향으로 발전되어 온 것을 주목해야 할 것입니다.

미국의 판례법상 발전되어 온 사전억제의 원칙, 악의의 취지 또는 위험경향의 원칙, 명백하고 현존한 위험의 원칙, 우월적 지위의 이론(합헌성 추정 배제의 원칙, 제한 입법의 엄격해석주의, 만연성에 의한 무효의 이론, 입증책임의 전환, 고의에 관한 고도의 증거 이론) 등이 바로 그러한 현상들입니다.

우리들에게 널리 알려져 있는 명백하고 현존한 위험의 원칙 하나만 보아도 그렇습니다.

브랜다이스 판사의 Whitney v. California 사건에서의 다음과 같은 견해는 언론자유의 모습이 어떠해야 하는지를 웅변하고 있습니다.

"민주정치의 과정에 적용되는 자유롭고 거침없는 논의의 힘을 확신하는 용기와 자신이 있는 사람들에게는 우려되는 해악의 발생이 지극히 절박해 있기 때문에 충분한 논의를 할 만한 여유가 없을 시기에 초래되는 것이 아니라면 언론으로부터 생기는 위험이 명백하고도 현존한다고 생각될 수 없다. 토론에 의하여 허위와 오류를 밝히고 교육에 의하여 해악을 제거할 수 있는 시간적 여유가 있다면 취해야 할 수단은 침묵을 강요하는 것이 아니라 일층 더 언론을 자유롭게 하는 것이다."

언론자유와 국가기밀 사이의 상충관계를 가장 극적으로 표출한 것은 1971년의 《뉴욕타임스》지와 《워싱턴포스트》지의 "월남전의 정책 결정과정사" 공표 사건이라고 할 수 있을 것입니다.

이 사건은 위 극비문서가 공표되면 국가안보에 돌이킬 수 없는 위해가 닥쳐올 것이라고 하여 미국 정부가 양 신문사에 대하여 보도금지를 명하는 처분을 법원에 요구한 것이었습니다. 미국 대법원은 6:3의 비율로 언론의 우위를 선언하였습니다.

1966년 8월 5일 자 독일 헌법재판소의 판결문은 바로 이러한 사실을 설명하고 있습니다.

"국방 업무를 포함한 국가 사무는 권한 있는 국가기관이 담당한다 할지라도 국민의 끊임없는 비판과 평가 아래 있어야 함은 본질적인 것이다. 이러한 관점에서 국가 보위의 이익을 위한 군사적 기밀보호의 필요성과 언론의 자유는 결코 배타적인 존재가 아니다. 양자는 오히려 독일연방공화국의 존립을 보장한다는 보다 높은 목표에 의하여 상호 정서된다. 이러한 목표의 관점에서 두 개의 국가적 필요성 사이의 충돌은 해소될 수 있다."

② 외교상 기밀누설죄의 구성요건 해당성

본조에서 예정하고 있는 사항은 외교상의 기밀에 한정하고 있으므로 국가의 기밀, 또는 군사상의 기밀은 형법 제98조 해당성은 별론으로 하고 본조에 의하여 처벌할 수 없음이 당연합니다.

그런데 원심 판결이 유죄로 단정하고 있는 사항들은 굳이 분류하자면 외교 분야라기보다는 군사 또는 일반 국가 사무라고 보아야 할 것입니다.

나아가 실질적 내용을 검토해 본다 하더라도 외교상의 기밀 또는 기밀에 관한 종래의 학설과 판례에 대하여 우리는 동의할 수 없습니다.

종래의 학설 판례에 따르면 아무리 사소한 외교상의 기밀이라 할지라도 이를 공표하는 경우 본죄의 구성요건 해당성을 인정하게 되어 결과적으로 모든 외교상의 기밀을 언론으로부터 차단하여 성역을 만들고 마는 것이기 때문입니다.

가사 외교상의 공표로 말미암아 사소한 외교상의 불이익이 초래되는 일이 있다고 하더라도 그 기밀이 불합리하고 부당한 정책 결정 사항이라고 한다면 일반 국민에게 공개되어 비판과 여론의 형성 자료로 제시되어야만 하는 것입니다.

그러한 경우 초래되는 외교상의 불이익과 국민 앞에 제시될 필요성과의 상호 이익 교량은 법원이 구체적으로 판단할 수 있어야 합니다.

이 사건에서 외교상 기밀이라고 하여 원심 판결에서 유죄를 선고받은 사항은 외교상의 기밀로 보호받아야 한다든가, 공표로 인하여 외교상의 곤란이 초래된다든가 하는 점은 거의 없고, 오히려 국민의 알 권리를 충족시키고 건전한 정책 비판과 여론 형성에 도움을 주기 위해 당연히 국민 앞에 드러내져야 하는 것들입니다.

예컨대, "F-15기 구매와 관련 뇌물공여 조사 청문차 내한하는 미하원 소속 전문위원 3명 관련 기사 보도억제"라는 사항은 그 기사의 보도로 인하여 초래되는 외교상의 불이익보다는 국민이 알아야 할 필요성이 훨씬 높은 항목이 아닐 수 없습니다.

국민의 막대한 세금으로 사들이는 전투기에 관하여 그 대금을 비싸게 주고 뇌물을 받아먹은 국내 정치인이 있다면 보도되어 진상이 백일하에 드러나야 합니다.

그것이야말로 일반 국민들의 국방 의식을 더욱 확보하는 고차원의 국가이익에 부합되는 것이기 때문입니다. 사소한 외교상의 불이익을 빙자하여 권력자의 엄청난 범죄행위를 묻어 주고 국방 의식을 허물어뜨리는 것이 외교상 비밀누설죄의 입법 취지인가? 결단코 아닙니다.

(2) 국가모독 부분
원심 판결은 외신 기자 앞에서 피고인들이 이 사건 보도지침을 폭로하는 기자회견을 한 것을 국가모독죄로 처벌하고 있습니다.

이미 원심의 변론 요지서에 설명한 바와 같이 이 조문은 그 태생에서부터 언론자유를 유린하기 위한 악마적 모습을 띠고 있었다는 점을 유의하면서 이 부분 역시 무죄임을 다음과 같은 근거에서 주장하고자 합니다.

첫째, 본죄는 대한민국 또는 헌법에 의하여 설치된 국가기관에 대한 모독을 함으로써 성립하는 죄입니다.

원심 판결은 헌법에 의하여 설치된 기관인 정부를 모독한 것으로 하여 유죄판결을 선고하고 있으나 피고인들은 정부를 모독한 사실이 없습니다. 피고인들이 언급한 것은 문공부 홍보정책실이었을 뿐 정부가 아니었습니다.

만일 문공부 홍보정책실이 정부의 산하기관이므로 이 홍보정책실을 비난한 것이 정부를 비난한 것과 다름없다는 전제하에서 원심 판결이 나왔다면 이것이야말로 형법이 금지하고 있는 유추해석의 극단이 아닐 수 없습니다.

그렇다면 정부 산하에 있는 모든 일선의 말단 행정기관, 그 구성원인 자연인마저 결국 헌법에 의하여 설치된 기관이 되고 마는 것입니다.

둘째, 본죄는 모욕, 비방, 왜곡, 허위사실을 유포하는 등으로 대한민국의 안전, 이익, 또는 위신을 해하거나 해할 우려가 있게 한 때에 성립하는 죄입니다.

모욕, 비방, 왜곡, 허위사실 유포 등이 구체적으로 어떠한 행위를 뜻하는 것인지는 그 개념들이 "과학적인 기호가 아니라 심리적인 기호로서 얼마든지 남용될 수 있는 지극히 위험한 기호들"이기 때문에 분명하지는 않습니다.

그러나 피고인들은 이 사건 보도지침이 언론자유를 어떻게 압살하고 있는지 그 참담한 현실에 대한 진실만을 이야기하였을 뿐, 어떠한 허위도 악의적 언어로 말한 바가 없었습니다.

또한 피고인들은 언론자유 침해의 실상을 폭로하고 비판함으로써 대한민국의 안전, 이익, 또는 위신을 되살린 것이지, 해한 일은 없었습니다.

이 보도지침을 보고도 그대로 방치, 은폐하였더라면 대한민국의 안전, 이익, 또는 위신은 결코 개선되지 않았을 것입니다.

셋째, 피고인들이 비판을 가한 것은 언론자유를 유린, 질식시켜 온 범죄자 자연인들이었지 정부기관이 아니었습니다. 국가기관과 그 담당자들은 분명히 구별되어야 합니다. 피고인들의 행위에 대하여 오해하게 된 것은 "국가기구의 객관화가 철저하지 못하여 국가의 행위는 객관적인 기구의 작동이라기보다는 국가권력 담당자의 인격성의 발현으로서 국가기구가 작동되는 현상이 자주 나타난" 때문일 뿐입니다.

(3) 집회 및 시위에 관한 법률 위반 부분

김태홍 피고인의 광주민중항쟁 5주년 기념행사에서의 성명서 낭독을 집시법 위반으로 유죄판결을 선고하고 있는 부분 역시 위법 부당한 것입니다.

"사회적 불안의 우려는" 그 집회의 개최 시기, 장소, 집회의 주최자, 토의 내용, 진행방식과 청중의 숫자, 해산의 시기와 방법 등이 종합적으로 고려되어 판단될 일입니다.

그런데 이 사건 집회의 경우 그러한 사회적 불안의 우려는 전혀 없었습니다.

피고인 김태홍은 자신이 사무국장으로 근무하는 민주언론운동협의회 사무실 내에서 집회를 개최했습니다.

참여 인원 역시 문화 3단체의 한정된 범위 내의 사람들이었습니다. 완전한 옥내 집회였습니다. 사무실 안에서만 인사하고 성명서 낭독하고 비디오 필름 상영하고 노래 합창하였습니다. 아무런 소란도 없었고, 조용히 해산했습니다. 도대체 무엇을 기준으로 현저한 사회적 불안의 우려가 있었다는 것입니까?

이런 식으로 집시법을 적용해 나간다면 집안 내에서의 가족 모임조차 집시법 위반이 되지 않는다고 누가 장담할 수 있겠습니까?

(4) 국가보안법 위반 부분

원심 판결은 또한 신홍범 피고인에 대하여는 『혁명 영화의 창조』라는 책자, 김주언 피고인에 대하여는 『역사와 계급의식』, 『사회학과 발전』이라는 책자를 이적의 목적으로 각 소지하였다는 부분 역시 유죄로 인정하고 있습니다.

우선 위 책자들이 북괴의 대남적화노선과 괘를 같이한다는 전제부터 잘못된 인식입니다.

『혁명 영화의 창조』는 서울대 박명진 교수의 소견서처럼 볼리비아 영화인들이 민족주의 영화운동을 벌이면서 성취하였던 영화미학의 창조, 독특한 제작 방식 등에 관하여 작성된 논문집입니다.

편집자인 우카마우단은 세계 영화사 속에 상당한 분량을 할애 받을 정도로 세계적 인정을 받고 있으며, 영화사, 영화미학, 영화사회학 등을 공부함에 있어서는 필독서라는 것입니다. 루카치의 『역사와 계급 의식』역시 자연변증법에 입각한 정통 공산주의 이론과는 다르다는 것이고, 『사회학과 발전』또한 후진국 발전에 대한 마르크스적 이론 전개와 비마르크스적 이론 전개에 모두 일정한 시사점을 주고 있는 것으로 미국의 많은 대학에서 기본 참고서로 활용되고 있다는 것입니다.

위 서적들을 감정했던 전문가들은 모두 해외 유학과 박사학위 취득 등의 과정을 거침으로써 우리나라에 있어서 가장 권위가 있는 학자들임에 의문의 여지가 없습니다.

이들은 한결같이 이 서적들이 좌경용공도서로 분류되는 것은 무리며, 피상적 관찰이라는 점을 강조하였습니다.

그런데 원심 재판부는 이들의 의견과 감정을 물리치고 위 서적들의 내용이 북괴의 대남적화노선과 괘를 같이하는 것이라고 단정하였습니다.

원심 재판부는 이러한 단정을 함에 있어서 압수된 그 책자 외에는 다른 일체의 증거를 사용하지 않았습니다. 그렇다면 원심 재판장은 압수된 그 책자만 읽고 학계의 가장 권위자인 감정인들의 의견을 배척할 만큼의 지식과 식견을 가지고 있었다고 믿어야 하는 것입니까?

다음으로 지적해야 할 문제는 이 사건 이적표현물 소지죄는 반국가단체를 이롭게 할 목적으로 소지하여야 하는 목적범이라는 점입니다.

이 목적은 그 서적의 소지 경위, 구입처, 소지 목적, 열독 여부와 이해 정도, 보관 방법 등 제반 경위를 종합하여 검토함으로써 추단될 수 있는 일입니다.

그런데 피고인 신홍범은 위 책을 국회도서관에서 합법적인 절차에 따라 대출하여 왔던 것이고, 피고인 김주언 역시 대학서점에서 우연히 구입했다가 읽어 보지도 않은 채 10년째 서가에 꽂혀 있었다는 것입니다. 그러한 구입 경위와 보관 방식으로 보아 어떻게 이적의 목적이나 인식이 있었다는 것인지 납득이 가지 않습니다.

4. 결론

"어느 날 그 누군가에 의해 소리 없이 증발되어 사랑하는 모든 사람들로부터 완전히 격리될지 모르면서" 이 사건 보도지침철을 빼내어 세상에 공개한 김주언 피고인의 용기는 험난한 이 땅의 언론 수난사에 길이 남을 것입니다.

70년대 후반, 80년대 초에 각각 신문사에서 길거리로 내쫓겨 생계조차 어려웠던 신홍범, 김태홍 두 피고인 역시 그들의 고초로 말미암아 언론자유운동의 이름과 함께 오래 기억될 것입니다.

이 사건으로 하여 우리는 언론의 자유가 피어린 투쟁에 의해서만이 쟁취될 수 있다는 역사적 교훈을 새삼스레 확인하게 됩니다. 이 땅의 언론 현실이 이 사건으로 폭로됨으로써 일시 참담함조차 느꼈으나 언론자유의 불씨는 다시 일어나 타는 불꽃을 예비하고 있습니다.

그러나 지난 시대 언론의 자유를 짓밟았던 정치권력의 부도덕성과 불의는 아직도 치유되지 않았습니다.

그것은 이 사건에 대하여 취하고 있는 검찰의 태도에 의해서도 명백합니다. 검찰은 어떠한 방법으로든 즉각 공소를 취소하여야 합니다. 소위 6·29 선언은 "언론은 장악할 수도, 하려 해서도 아니 됩니다"라고 하면서 언론자유 보장을 선언했지만 그것은 아직 실천되고 있지 않습니다.

언론의 자유는 사법부의 독립성과도 무관하지 않습니다.

사법부가 제3부라면 언론은 제4부가 될 것입니다. 사법부의 독립과 언론의 자유가 지켜지는 사회는 자유민주주의가 무너질 수 없는 사회입니다.

원심에서 무너진 사법부의 독립성이 이 재판부에서는 반드시 지켜지고, 그럼으로써 이 재판이 언론자유를 회복하는 대행진의 출발선이 되어야 할 것입니다.

200년도 훨씬 더 전에 선포된 버지니아 권리장전은 말하고 있습니다. "언론출판의 자유는 자유의 유력한 방벽의 하나이고 이를 제한하는 자는 전제적 정부로 지정되지 않으면 안 된다"

우리가 민주적 정부를 가지기 위한 노력은 바로 이 재판에서부터 시작되어야 합니다.

1988. 3. 5.

위 피고인들의 변호인
변호사 조영래, 조준희, 홍성우, 한승헌, 황인철, 박원순

서울형사지방법원 항소부 귀중

고등법원 판결

사　　건: 88노781

　　　　가. 국가보안법 위반　나. 외교상 기밀누설

　　　　다. 국가모독　라. 집회 및 시위에 관한 법률 위반

피 고 인: 1. 나. 다. 라. 김태홍

　　　　2. 가. 나. 다. 신홍범

　　　　3. 가. 나. 김주언

항 소 인: 피고인들 및 검사

검　　사: 서범정

변 호 인: 변호사 김상철, 박원순, 이상수, 조준희, 한승헌, 홍성우,

　　　　　고영구(피고인 김태홍, 같은 신홍범을 위하여)

　　　　　변호사 한승헌, 홍성우, 조준희, 박원순, 함정호(피고

　　　　　인 김주언을 위하여)

원심판결: 서울형사지방법원 1987. 6. 3. 선고 87고단503 판결

주　문

원심판결을 파기한다.

　이 사건 공소사실 중 피고인들에 대한 외교상 기밀누설의 점 및 피고인 신홍범, 김주언에 대한 각 국가보안법 위반의 점은 각 무죄.

　이 사건 공소사실 중 피고인 김태홍, 신홍범에 대한 국가모독의 점 및 피고인 김태홍에 대한 집회 및 시위에 관한 법률 위반의 점은 각 면소.

이 유

1. 피고인들 및 변호인들의 항소이유의 요지

피고인들 및 변호인들은 다음과 같은 이유로 원심판결은 위법 내지는 부당하여 파기를 면치 못하고 피고인들에 대한 이 사건 공소사실은 모두 무죄라는 취지로 주장을 하고 있으므로 그 주장 내용을 차례로 본다.

가. 원심이 절차적 위법을 범하였다는 주장

피고인들 및 변호인들은 이 사건 공소사실 중 외교상 기밀누설 부분과 관련하여, 원심이 보도지침의 작성 경위와 방법, 기밀성 분류와 근거, 보도지침의 전달과 수용 형태, 영향력의 정도와 반영 효과, 보도지침의 국내외의 관행 여부 등에 관한 변호인들의 증거신청을 채택한 후 합리적인 이유의 설명 없이 이를 취소하고 변론을 종결한 후 피고인들에 대한 이 사건 공소사실의 대부분을 유죄로 인정한 것은 형사소송법이 보장하고 있는 절차적 원칙과 규정을 위배한 잘못이 있다고 주장하고 있다.

나. 실체법상의 법리오인

① 외교상 기밀누설 부분에 관하여

피고인들 및 그들의 변호인들은 피고인들에 대한 이 사건 공소사실 중 『말』지 특집호에서 공개한 각 사항들은 이미 모두 외신을 통하여 국내 언론사에 배포된 것들이므로 위 사항들은 "외교상 기밀"에 해당되지 않아 외교상 기밀누설죄의 구성요건을 결여하고 있다고 주장하고, 이와 더불어 피고인 김주언의 변호인 함정호는 외교상 기밀누설죄는 법령상 기밀을 보지하여야 할 의무가 있는 자가 누설하여야만

성립하는 신분범이므로 이러한 신분이 없는 김주언은 본 죄의 주체가
될 수 없다는 취지로 주장하고 있다.

② 국가보안법 위반 부분에 관하여

피고인 신홍범, 김주언 및 그들의 변호인들은 원심이 이적표현물로
인정한『혁명 영화의 창조』,『역사와 계급의식』,『사회학과 발전』이라
는 책자는 그 내용이 북괴의 대남적화 노선과 궤를 같이하는 이적표
현물이 아니고, 또한 같은 피고인들이 위 책들을 소지하게 된 경위, 구
입처, 소지 목적, 보관 방법 등을 종합적으로 검토해 보면 같은 피고인
들에게 반국가단체를 이롭게 할 목적이나 인식이 없었다고 주장하고
있다.

③ 국가모독 부분에 관하여

피고인 김태홍, 신홍범 및 그들의 변호인들은, 같은 피고인들이 한 행
위는 오직 문공부 홍보정책실에 의한 언론통제 실태를 공개한 것에
불과하고 정부를 모독한 것이 아니며, 또한 본 죄는 모욕, 비방, 허위
사실을 유포하는 등으로 대한민국의 안전 또는 위신을 해할 우려가
있는 경우에 성립하는 것인데, 같은 피고인들에 의한 위 행위는 이에
해당하지 않는다고 주장하고 있다.

④ 집회 및 시위에 관한 법률 위반 부분에 관하여

피고인 김태홍 및 그의 변호인들은, 피고인 김태홍이 광주민중항쟁 5
주년 기념행사에서 성명서를 낭독하였다 하더라도 그 집회의 개최 시
기, 장소, 집회의 주최자, 토의 내용, 진행방식과 청중의 숫자, 해산의
시기와 방법 등을 종합해 볼 때 위 집회는 "사회적 불안의 우려"가 전
혀 없는 것이라고 주장하고 있다.

2. 검사의 항소이유의 요지

한편, 검사는 원심이 피고인들에 이 사건 공소사실의 대부분을 유죄로 인정하면서 같은 피고인들에게 단기형의 집행유예 또는 선고유예의 형을 선고한 것은 형량이 심히 가벼워 부당하며, 또한 피고인 김주언에 대한 이 사건 공소사실 중 『현대 사실주의』라는 책자 소지 부분과 관련하여 이를 이적표현물로 볼 수 없다는 이유로 원심이 무죄를 선고한 것은 이적표현물 해당성에 관한 법리를 오해한 잘못이 있다는 취지로 주장하고 있다.

3. 당원의 판단

우선, 피고인들 및 변호인들의 위 항소이유에 관하여 판단한다.

가. 원심이 절차적 위법을 범하였다는 주장에 관하여

피고인들 및 변호인들의 증거신청에 관한 법원의 채택 여부나 증거결정의 취소 결정은 판결 전의 소송 절차에 관한 결정으로서 이의신청을 하는 이외에 달리 불복할 수 있는 방법이 없고, 다만 그로 말미암아 사실을 오인하여 판결에 영향을 미치게 되는 경우에만 이를 항소이유로 삼을 수 있을 뿐인데, 피고인들의 주장은 위 외교상 기밀누설 부분의 공소사실과 관련하여, 문공부 홍보정책실로부터 한국일보 편집국으로 전달된 사항들을 『말』지 특집호로 공개하게 된 경위, 그 수단과 방법, 공개된 내용 등 그 구체적인 사실 부분에 대하여는 이를 인정하면서도 다만 그에 대한 법적 평가 부분에 있어서 이를 인정하지 못하겠다는 취지임이 명백하고, 이러한 법적 판단은 객관적이고 합리적인 기준에 따라 법원이 전적으로 수행하는 임무이므로 법적 판단이 잘못되었음을 탓하는 것은 별론으로 하고 사실인정과 무관한 법적 판단의 자료에 관한 변호인들의 증거신청을 채택하였다가 원심이 이를 취소하였다 하더라도 그러한 사정만 가지고는 그로 인하여 사실을 오인하여 판결에 영향을 미친 경우에 해당한다 할 수 없어 위 주장은 이유 없다.

나. 실체법상의 법리오인 주장에 관하여

① 외교상 기밀누설 부분

먼저 피고인 김주언의 변호인 함정호의 주장에 관하여 판단하면, 형법 제113조 제1항의 외교상 기밀누설죄의 주체는 그 구성요건의 형식상 일정한 신분을 요하지 않는 비신분범임이 분명하므로 같은 변호인의 위 주장은 이유 없다.

다음으로, 피고인들이 공개한 사항이 외교상의 기밀에 해당하는가의 여부에 관하여 살펴보면, 위 외교상 기밀누설죄에서 말하는 "외교상 기밀"이란 대한민국과 외국과의 관계에 있어서 국가가 보지하여야 할 외교상의 기밀을 말하고, 또한 "기밀"이라고 함은 그 용어 자체가 함축하고 있다시피 외국에 알리지 아니하거나, 확인되지 아니함을 대한민국의 외교상의 이익으로 하는 사항을 의미한다고 해석함이 타당하고, 따라서 이미 외국에 알려져 외국이 알고 있는 사항은 기밀에 해당한다고 할 수 없을 것이다.

그런데, 변호인들이 제출한 증거자료에 의하면 피고인들이 『말』지 특집호에서 공개한 사항 중 외교상 기밀에 해당한다고 기소된 사항인 ① 한·중공 합작회사 설립은 기사화하지 말 것, ② F-15기 구매와 관련, 뇌물공여조사 청문차 내한하는 미하원 소속 전문위원 3명 관련 기사 보도억제, ③ 산케이신문 보도: "남·북 정상회담 아시안 게임 전 평양서 열릴 듯"은 전제하지 말 것, ④ F-16기 인수식 보도 자제, ⑤ 핵 적재 전투기 배치 한국 빼고 보도라는 사항들은 피고인들이 이러한 내용들을 공개하기 이전에 이미 외국 언론에 보도된 내용들이고[위 ①항은 1985년 10월 28일 자 파이낸셜타임스지 보도(원심 공판기록 247쪽), ②항은 1986년 4월 17일 자 미국 퍼시픽스타앤드스트라이프지 보도(원심 공판기록 248쪽), ③항은 이미 산케이신문 보도를 전제로 한 것이고 당심에 1990년 11월 21일 추송한 수사 자료 중 1990년 11월 3일 공보처 공보정책실장으로부터 제출된 산케이신문 사본, ④항은 1986년 7월 10일 자 일본의 일본경제신문 보도(원심 공판기록 246쪽 다음 페이지의 증제3호)], 나머지 ⑥ 한·베트남 무역거래 활발은 보도 불가와 ⑦ 미국 F.B.I. 국장 방한(1월 12~16일) 사실 일체 보도억제 부분에 관한 사항들은, 외국 언론에 그 내용이 보도되었다는 자료는 찾을 수 없으나 그 내용 자체가 위 ①~⑤항의 내용과 같이 외신을 통하지 않고는 얻기 어려운 것인 데다가 한국일보사에서 독자적으로 취재한 기사라면, 문공부 홍보정책실에서 그 기사 내용을 사전에 알고 위 사항의 보도에 관하여 비보도 협조를 구하기가 사실상 불가능했을 것임에도 불구하고 문공부 홍보정책실에서 미리 그 기사내용을 알고 비보도 협조를 구한 점에 비추어 보면 위 사항도 외신을 통하여 국내 언론사에 배포된 것이 아닌가 추단할 수 있다.

그렇다면, 피고인들이 공개한 위 사항들은 공개되기 전에 이미 외국의 언론에 의하여 보도된 사항들이고, 오늘날 각종 언론매체의 성장과 현대의 정보산업의 급속한 발전 및 그에 따른 정보교환의 원활성 등을 감안한다면 이러한 사항들은 보도된 나라 이외의 다른 외국도 그 내용을 쉽게 지득할 수 있고, 따라서 외국이 이미 그 내용을 알고 있었다고 봄이 상당하므로 결국 피고인들이 공개한 위 사항들은 "외교상의 기밀"에 해당되지 않는다고 판단함이 타당하다 할 것인바,

이러한 판단과 달리 위 사항들을 외교상의 기밀에 해당한다고 판단한 원심은 "외교상의 기밀"에 관한 법리를 오해한 잘못이 있어 피고인들 및 변호인들의 위 주장은 이유 있다.

② 국가보안법 위반 부분

우선, 피고인 신홍범, 김주언이 소지하고 있었던 위 책자들이 구 국가보안법 제7조 제5항 제1항 소정의 표현물에 해당하는가의 여부에 관하여 먼저 판단한다.

구 국가보안법(19991. 5. 31. 법률 제4373호로 개정되기 전의 법) 제7조 제5항, 제1항에 의하여 위 피고인들을 처벌하기 위하여는, 피고인들이 소지한 위 책자들의 내용이 국가 존립, 안전을 위태롭게 하거나 자유민주적 기본질서에 실질적 위해를 줄 것이 명백한 위험성을 지니고 있어야 할 것이고, 여기서 국가의 존립, 안전을 위태롭게 한다 함은 대한민국의 독립을 위협, 침해하고 영토를 침략하며 헌법과 법률의 기능 및 헌법기관을 파괴, 마비시키는 것을 말하고, 자유민주적 기본질서에 위해를 준다 함은 모든 폭력적 지배와 자의적 지배 즉 반국가단체의 일인 독재 내지 일당 독재를 배제하고 다수의 의사에 의한 국민의 자치, 자유, 평등의 기본 원칙에 의한 법치주의적 통치 질서의 유지를 어렵게 만드는 것으로서 구체적으로는 기본적 인권의 존중, 권력 분립, 의회제도, 복수정당제도, 선거제도, 사유재산과 시장경제를 골간으로 한 경제질서 및 사법권의 독립 등 우리의 내부 체제를 파괴, 변혁시키려는 것을 의미하는 것이라 할 것인바(1990. 4. 2. 89헌가113 결정 참조), 따라서 그 책의 내용이 이와 같은 국가의 존립, 안전이나 자유민주적 기본질서에 실질적 해악이 될 정도가 못 되거나 해악이 되는지 여부가 불분명한 경우에는 이를 처벌할 수 없다 할 것이므로, 과연 피고인들이 소지하고 있던 위 책자들의 내용이 위와 같은 위험성을 지니고 있는가에 관하여 보면, 서울대학교 박명진의 소견서(원심 공판기록 393쪽 내지 395쪽)에 의하면, 피고인 신홍범이 소지하고 있던『혁명 영화의 창조』(太田昌國 역, 일어판)는 볼리비아 영화 제작 그룹의 대표자인 영화감독 산지네스가 70년대 미국, 유럽, 남미 등지의 영화 관계 간행물에 발표했던 글들을 모아 엮은 것으로 이는 남미의 민족문화의 발달과 민족적 정체성을 이루어 내는 데 장애가 되는 요인을 찾고 그것을 극복할 수 있는 방법을 모색하면서 영화를 통하여 대중들이 남미의 사회 현실을 정확히 파악하도록 도와주고 이를 민족문화 전통에 접맥시키려는 새로운 영상미학의 창조를 위한 제작 방식 등에 관한 내용을 주로 취급한 책이라는 것이고, 또 서울대학교 차인석의 감정서(원심 공판기록 294쪽)에 의하면, 피고인 김주언이 소지하고 있었던 『역사와 계급의식』(게오르크 루카치 저, 영문판)은 1920년대 초의 지배적인 정통 마르크스 이론과 다른 방향에서 유물사관을 해석한 게오르크 루카치의 8편의 논문을 모은 논문집으로 이는 기존 정통 공산주의 이론을 비판하고 헤겔의 관념철학과 사적유물론을 연결시켜 역사의 변화를 인간의 힘으로만 이룰 수 있다는 입장을 밝힌 사회주의 역사철학에 관한 순수한 이론서라는 것이고, 마지막으로 서울대학교 임현진의 의견서(원심 공판기록 298쪽 내지 301쪽)에 의하면, 피고인 김주언이 소지하고 있던『사회학과 발전』(임마누엘 데 캇트 외 수인 공저, 영어판)은 영국 사회학회 회원들의 논문 12편을 편집한 책으로 이는 마르크스주의자들의 발전이론인 종속과 계급이론만으로는 설명될 수 없는 인구, 교육 그리고 농촌 개혁에 대한 것을 주제로 하고 있음과 아울러 비마르크스주의자들의 발전이론에 대하여도 그들이 중요시하고 있지 않는 국제정치, 경제체제, 계급관계의 중요성을 함께 일깨워 주는 것을 그 내용으로 하고 있다는 것으로서, 위『혁명 영화의 창조』라는 책자의 내용이 영화를 통한 남미의 현 상황에 대한 비판 및 남미의 민족주의 영화운동의 창조에 관한 것을 그 주된 내용으로 하고 있고, 위 『역사와 계급의식』이라는 책은 그 번역판이 국내 대학 교수들로 구성된 "오늘의 책" 선정위원회에서 "오늘의 책"으로 선정된 사실(원심 공판기록 181쪽 내지 194쪽)이 있으며, 위 『사회학과 발전』이라는 책은 미국 유수의 대학에서 학부 및 대학원 수준에서 사회발전 분야 연구에 있어서 참고도서로 널리 사용되고 있다는 것이므로 결국 위 책들의 내용에 공소장 기재와 같은 각 내용이 들어 있다고 하더라도 그 전체적인 내용에 비추어 앞서 본 바와 같은 "명백한 위험성"이 있다고 단정하기 어렵다 할 것이다.

그렇다면, 피고인 신홍범, 김주언이 소지하고 있던 위 책들은 구 국가보안법 제7조 제5항 제1항 소정의 표현물에 해당한다고 단정하기 어렵고 이외의 이를 인정할 만한 증거가 없어 결국 위 피고인들에 대한 위 국가보안법 위반의 점은 그 증명이 없는 경우에 해당한다고 할 것임에도 원심은 이와 달리 위 피고인들에게 이 부분 공소사실을 유죄로 인정한 잘못이 있으므로 이를 탓하는 위 피고인들 및 변호인들의 위 주장은 다른 항소이유에 관하여 나아가 판단할 필요 없이 이유 있다.

③ 국가모독 부분

피고인 김태홍, 신홍범 및 그들의 변호인들의 위 항소이유에 관한 판단에 앞서 직권으로 보건대, 위 피고인들에 대하여 적용된 형법 제104조의 2의 규정은 1988년 12월 31일 자로 폐지되었음이 명백하므로 위 피고인들에 대한 이 사건 국가모독 부분은 형사소송법 제326조 제4호에 의하여 면소를 선고하여야 할 것이므로 이를 유죄로 인정한 원심 판결은 더 이상 유지될 수 없다 할 것이다.

④ 집회 및 시위에 관한 법률 위반 부분

피고인 김태홍 및 그의 변호인의 위 항소이유에 관한 판단에 앞서 직권으로 보건대, 위 피고인에 대하여 적용된 집회 및 시위에 관한 법률 제14조 제1항 제3조 제1항 제4호의 규정은 동법이 1989년 3월 29일 법률 제4095호로 개정되면서 현저히 사회적 불안을 야기시킬 우려가 있는 집회 및 시위의 금지 규정과 위 금지 규정 위반행위의 처벌 규정인 위 각 조항들은 모두 폐지되었으므로 위 피고인에 대한 위 집회 및 시위에 관한 법률 위반 부분도 형사소송법 제326조 제4호에 의하여 면소를 선고하여야 할 것이므로 이를 유죄로 인정한 원심 판결은 더 이상 유지될 수 없다 할 것이다.

다음으로 검사의 항소이유에 관하여 본다.

피고인 김주언이 소지하고 있던 『현대 사실주의』라는 책자가 구 국가보안법 제7조 제5항 제1항 소정의 표현물에 해당되는가에 관하여 보면, 감정인 반성완의 소견서(원심 공판기록 288쪽 내지 290쪽)에 의하면, 원심 판시와 같이 위 책은 시민문학의 전통에 입각한 저자의 사회주의 리얼리즘의 문학이론을 저술해 놓은 것으로 모더니즘에 대한 비판과 함께 고전적 리얼리즘의 수용을 강조한 것으로 그 내용에 위 국가보안법 위반 부분에서 본 바와 같은 명백한 위험성이 있다고 단정할 수 없고 달리 이를 인정할 만한 증거자료도 없으므로 이에 대한 원심의 판단은 정당하고 검사의 위 항소논지는 이유 없다.

다음으로 피고인들에 대한 양형부당의 항소이유는 피고인들 및 그들의 변호인들의 위 항소이유에 대한 판단 부분에서 본 바와 같은 이유로 피고인들에 대한 이 사건 공소사실 중 외교상 기밀누설과 국가보안법 위반 부분은 무죄의 판결이, 국가모독과 집회 및 시위에 관한 법률 위반 부분은 면소의 판결이 선고되어야 하므로 이 부분은 더 나아가 판단할 필요가 없게 되었다 할 것이다.

4. 결론
그렇다면, 위에서 본 바와 같은 이유로 형사소송법 제364조 제2항 제6항에 의하여 원심 판결을 파기하고, 변론을 거쳐 다시 다음과 같이 판결한다.

무죄 부분에 관한 판단
피고인들에 대한 이 사건 공소사실 중 외교상 기밀누설 부분의 점의 요지는, 피고인들은 공모하여 1986년 8월 하순경 서울 을지로 3가 소재 삼원인쇄소에서, 문공부 홍보정책실로부터 한국일보사에 전달된 사항 중 외교상 기밀에 해당하는 ① 한·중공 합작회사 설립은 기사화 하지 말 것, ② F-15기 구매와 관련, 뇌물공여조사 청문차 내한하는 미하원 소속 전문위원 3명 관련 기사 보도억제, ③ 산케이신문 보도: "남·북 정상회담 아시안 게임 전 평양서 열릴 듯"은 전제하지 말 것, ④ F-16기 인수식 보도자제, ⑤ 핵적재 전투기 배치 한국 빼고 보도, ⑥ 한·베트남 무역거래 활발은 보도 불가 ⑦ 미국 F.B.I. 국장 방한(1월 12~16일) 사실 일체 보도억제 부분 등 7가지 사항을 포함하여 다른 협조사항들이 실린 민언협의 기관지인 『말』지 특집호를 제작하여 이를 명동성당 등에 배포함으로써 외교상의 기밀을 누설하였다라고 함에 있는바, 앞서 본 바와 같은 이유로 위 사항들이 "외교상 기밀"에 해당 된다고 볼 수 없으므로 피고인들에 대한 이 부분 공소사실은 범죄로 되지 아니하는 경우에 해당하여 형사소송법 제325조 전단에 의하여 각 무죄를 선고하고, 다음으로 피고인 신홍범, 김주언에 대한 이 사건 공소사실 중 국가보안법 위반의 점의 요지는, 피고인 신홍범은 1984

년 12월 일자미상경 서울 영등포구 여의도 소재 국회도서관에서 이적 표현물인『혁명 영화의 창조』1권을 대여받아 이를 복사한 후 그때부터 1986년 12월경까지 이를 소지하고, 피고인 김주언은 1977년 3월 중순 일자미상경 서울 종로구 신문로 소재 진흥문화사에서 이적표현물인『역사와 계급의식』,『사회학과 발전』이라는 책을 구입한 후 그때부터 1986년 12월경까지 이를 소지하고, 1974년 10월 일자미상경 서울 종로구 종로1가 소재 컨트리아센터에서 이적표현물인 "현대 사실주의"라는 책을 구입한 후 그때부터 1986년 12월까지 이를 소지하였다라고 함에 있는바, 이 부분 공소 역시 앞서 본 바와 같은 이유로 위 책자들이 국가보안법 제7조 제5항 제1항 소정의 표현물에 해당된다고 단정할 수 없고, 달리 이를 인정할 만한 증거도 없으므로 피고인 신홍범, 김주언에 대한 이 부분 공소사실에 대하여는 형사소송법 제325조 후단에 의하여 무죄를 각 선고한다.

면소 부분에 대한 판단

피고인 김태홍, 신홍범에 대한 이 사건 공소사실 중 국가모독 부분의 점의 요지는, 피고인 김태홍, 신홍범은 공모하여 문공부 홍보정책실은 모든 중요 사건에 대하여 보도 가, 불가, 절대불가의 판정을 내리고 보도방향, 내용, 기사의 크기, 위치 등에 이르기까지 세밀하게 지시를 내리고 있다는 등의 내용이 담긴 민언협, 천주교정의구현전국사제단 명의의 성명서를 작성하고 1986년 9월 9일 10:00~10:30경까지 명동성당 소강당에서 국내 기자 및 외신 기자들이 모인 가운데 보도지침 자료 공개 기자회견을 하면서 공소 외 송건호로 하여금 "보도지침 자료 공개 기자회견을 하면서"라는 제하의 유인물을 낭독하여 헌법에 의하여 설치된 국가기관인 정부를 비방하였다라고 함에 있는 바, 앞서 본 바와 같은 이유로 위 피고인들에 대한 이 부분 공소는 형사소송법 제326조 제4호에 의하여 면소를 각 선고하고, 피고인 김태홍에 대한 이 사건 공소사실 중 집회 및 시위에 관한 법률 위반의 점의 요지는, 피고인 김태홍은 1986년 5월 22일 19:00~같은 달 29일 19:00경까지 7일간 민언협 사무실에서 자유실천문인협의회 등 문화 3단체가 공동으로 주최한 광주민중항쟁 5주년 기념행사를 거행함으로써 현저히 사회적 불안을 야기시킬 우려가 있는 불법 집회를 주관하였다라고 함에 있는바, 앞서 본 바와 같은 이유로 피고인 김태홍에 대한 이 부분 공소도 역시 형사소송법 제326조 제4호에 의하여 면소를 선고한다.

이상의 이유로 주문과 같이 판결한다.

1994. 7. 5.

재판장 판사 성기창
판사 윤성원
판사 박재완

대법원 무죄확정 판결

고등법원의 무죄 판결 이후, 검찰은 이에 불복해 상고했다. 다음 해인 1995년 12월 5일 대법원은 검찰의 상고를 기각하고 무죄를 최종 확정했다. 아래는 대법원 판결문이다.

선고 94도2379 판결

판시사항
(1) 형법 제113조 제1항 소정의 '외교상의 기밀'의 개념
(2) 외국에 이미 널리 알려진 사항이 '외교상의 기밀'에 해당하는지 여부
(3) 외국 언론에 이미 보도된 바 있는 우리나라의 외교정책이나 활동에 관련된 사항들에 관하여 정부가 이른바 보도지침의 형식으로 국내 언론기관의 보도 여부 등을 통제하고 있다는 사실을 알리는 것이 외교상의 기밀을 누설한 경우에 해당하지 않는다고 한 사례

판결요지
(1) 형법 제113조 제1항 소정의 외교상의 기밀이라 함은, 외국과의 관계에서 국가가 보지해야 할 기밀로서, 외교정책상 외국에 대하여 비밀로 하거나 확인되지 아니함이 대한민국의 이익이 되는 모든 정보자료를 말한다.
(2) 외국에 이미 널리 알려져 있는 사항은 특단의 사정이 없는 한 이

를 비밀로 하거나 확인되지 아니함이 외교정책상의 이익이 된다고
할 수 없는 것이어서 외교상의 기밀에 해당하지 아니한다.

(3) 외국 언론에 이미 보도된 바 있는 우리나라의 외교정책이나 활동
에 관련된 사항들에 관하여 정부가 이른바 보도지침의 형식으로 국
내 언론기관의 보도 여부 등을 통제하고 있다는 사실을 알리는 것
이 외교상의 기밀을 누설한 경우에 해당하지 않는다고 한 사례.

참조 조문

(1) 형법 제113조 제1항
(2) 형법 제113조 제1항
(3) 형법 제113조 제1항

전 문

피 고 인: 피고인 1외 2인
상 고 인: 검사 안왕선, 김옥철
원심판결: 서울형사지방법원 1994. 7. 5. 선고 88노781 판결

주문

상고를 기각한다.

이유

검사의 상고이유를 본다.

형법 제113조 제1항 소정의 외교상의 기밀이라 함은, 외국과의 관
계에서 국가가 보지해야 할 기밀로서, 외교정책상 외국에 대하여 비
밀로 하거나 확인되지 아니함이 대한민국의 이익이 되는 모든 정보자

료를 말한다.

원심이 적법하게 확정한 사실에 의하면, 이 사건에서 피고인들이 『말』지 특집호에 공개한 사항 중 외교상의 기밀에 해당한다고 기소된 사항들은 모두 위 공개 전에 이미 외국 언론에 보도된 내용들이거나 외신을 통하여 국내 언론사에 배포된 것으로 추단된다는 것인바, 사정이 그러하다면 오늘날 각종 언론매체의 성장과 정보산업의 급속한 발전 및 그에 따른 정보교환의 원활성 등을 감안해 볼 때 이러한 사항들은 보도된 나라 이외의 다른 외국도 그 내용을 쉽게 지득할 수 있었다고 봄이 상당하고, 이와 같은 경위로 외국에 이미 널리 알려져 있는 사항은 특단의 사정이 없는 한 이를 비밀로 하거나 확인되지 아니함이 외교정책상의 이익이 된다고 할 수 없는 것이어서 외교상의 기밀에 해당하지 아니한다 할 것이다.

외국에 널리 알려진 사항이라고 하더라도 대한민국 정부가 외교정책상 그 사항의 존재 또는 진위 여부 등을 외국에 대하여 공식적으로 알리지 아니하거나 확인하지 아니함이 외교정책상의 이익으로 되는 예외적인 경우가 있을 수 있음은 소론이 지적하는 바와 같으나, 피고인들이 공개한 사항들 중 어느 사항이 어떠한 이유로 위와 같은 경우에 해당한다는 점에 관하여 검사의 주장·입증이 전혀 없을 뿐만 아니라, 가사 피고인들이 공개한 사항 중 일부가 이에 해당한다고 하더라도, 외국에 널리 알려진 사항 그 자체가 외교상의 기밀이 되는 것은 아니고 다만 그러한 사항의 존재나 진위 여부에 대한 대한민국 정부의 공식적인 입장이나 견해가 외교상의 기밀이 될 수 있을 뿐이라고 할 것인데, 기록에 의하면 피고인들은 외교상의 기밀에 해당된다고 기소된 사항 등에 대하여 정부가 국내 언론사에 이른바 "보도지침"을 보내 보도의 자제나 금지를 요청하는 형식으로 언론을 통제하고 있다는 사실을 공개한 것으로 인정될 뿐이고, 나아가 피고인들이 공개한 내용만으로는 위와 같이 보도의 자제나 금지가 요청된 사항에 대한 대한민국 정부의 공식적인 입장이나 견해는 물론 그 사항 자체의 존부나 진위조차 이를 알거나 확인할 수 없으므로, 피고인들의 위 행위가 외교상의 기밀을 알리거나 확인함으로써 이를 누설한 경우에 해당한다고 볼 수도 없다.

따라서 원심이 피고들에 대한 이 사건 공소사실 중 외교상 비밀누설의 점에 관하여 무죄의 선고를 한 조치는 그 이유 설시에 다소 미흡한 점이 없지 아니하나 결과적으로 정당하고, 거기에 판결에 영향을 미친 법리오해의 위법이 있다 할 수 없다. 논지는 이유 없다.

그러므로 검사의 상고를 기각하기로 하여 관여 법관의 일치된 의견으로 주문과 같이 판결한다.

1995. 12. 5.

대법관 천경송(재판장)
지창권, 신성택(주심)

보도지침 1심 재판 방청기

류숙열(언협 회원)

해직 기자들이 주축이 되어 결성된 민주언론운동협의회(언협)에서는 1986년 9월 6일 격월간으로 발행하던 『말』지 특집호로 '보도지침'을 펴냈다. 언협에서는 발간과 더불어 9월 9일 천주교정의구현전국사제단과 공동으로 명동성당에서 "'보도지침' 자료 공개 기자회견을 하면서"라는 성명서를 발표하고 내외신 기자회견을 하였다. 이로써 국내외에 큰 충격과 파문을 일으키게 된 소위 '보도지침' 사건이 세상에 드러나게 되었다.

1985년 10월 9일부터 1996년 8월 8일까지 10개월 동안 문공부 홍보정책실에서 각 언론사에 시달한 584개 항의 '보도지침'이 수록된 이 특집호는 그 후 관계 기관의 압수와 관련자의 수배, 구속 기소, 재판, 가톨릭자유언론상 수상에 이르기까지 숱한 파란을 겪게 된다.

12월 10일 그동안 도피 중이던 언협의 김태홍 사무국장이, 12일엔 언협의 신홍범 실행위원이, 15일엔 《한국일보》 김주언 기자가 남영동 치안본부 대공분실로 연행되었고, 이어 12월 17일 김주언 기자를 끝으로 세 사람 모두 국가보안법 위반, 국가모독죄, 외교기밀누설, 집회 및 시위에 관한 법률 위반 혐의로 구속이 집행되어 서대문, 남대문, 마포경찰서에 각각 수감되었다.

그러나 이들 세 전·현직 언론인의 구속은 민주화운동권의 거센 비판을 일으켜 오히려 사건은 확대일로를 걷게 되었다. 언협은 물론이거니와 '천주교정의구현전국사제단', '전국목회자정의평화실천협의회' 등의 신·구교 종교 세력, 그리고 '민중문화운동협의회', '자유실천문인협의회', '민족미술협의회', '한국출판문화운동협의회', '민주교육실천협의회' 등의 문화, 지식인 단체들과 '민주화추진협의회', 신민당, '민주화실천가족운동협의회' 등 각 분야의 민주 단체들이 항의성명 발표, 연대 농성, 공개 기자회견, 구속자 석방 서명운동 등을 전개하였다.

민주화운동권에서 '보도지침' 사건에 대한 관심과 격려가 가열되는 것과 대조적으로 제도권의 주류 매스컴에서는 '보도지침'의 공개 사실과 관련 언론인들의 구속 사실조차 '보도지침'에 걸려 보도되지 못하는 사태가 벌어졌다. 12월 20일《중앙일보》에서 1단으로 짤막하게 구속 사실을 보도했으나 1판에 실리고 곧 철회되었고 22일 다시《중앙일보》가 문화 5단체의 '보도지침' 관련자 구속에 항의하는 성명 발표 사실을 사회면 1단으로 짧게 보도했다. 23일과 24일에는《동아일보》에서 사설에 언론자유 문제를 다루는 중『말』지 관련인들의 구속 사실을 비록 네 줄로 된 한 문장이지만 언급했고, 김수환 추기경과의 송년대담에서 추기경이 '보도지침' 공개와 관련하여 언론인들의 구속 사실을 언급한 것이 보도되었다.

12월 26일 연행된 지 16일 만에 처음으로 가족면회가 허용되었고 서대문 구치소로 이송된 29일에는《동아》,《중앙》,《한국》,《조선일보》에 내용을 모르는 사람이 보면 전혀 알 수 없게 구속 기소된 사실만 1단으로 짧게 보도되었다.

현직 기자가 구속된《한국일보》에서는 다른 어느 신문사보다도 미묘하고 복잡한 갈등이 일어났는데, 동료 기자의 구속 사태에 대한 기사를 쓰지 못하는 데 대해 울분을 삭히던 어느 젊은 기자는 혼자서만 보는 노트에 「부끄러운 이야기」라는 제목으로 다음과 같은 글을 썼다.

하오 7시부터 본사 13층 회의실에서 기협 분회 확대운영위원회를 열고 (30~40명 참석) 구속 기소에 대한 항의 표시 및 보도 요구를 위한 철야농성 및 기협 임시총회 개최를 결의. 성명서 채택 여부는 갑론을박. 표결에 붙이면 통과 가능성 농후. 의장의 고의적 지연 작전에 의해 일보직전 표결에 붙이지 않고 산회(하오 7시 50분). 이 문제는 임시총회로 떠넘김. 이 사이 배달된 《조선일보》 28일 자에 1단 보도. 회장과 총무가 국장실에 들어가 보도를 요구했으나 거절당하고 3~4명의 국장단으로부터 8시부터 9시 반까지 한 시간 반 동안 집중포화 받음.

국장단의 제지로 편집국 내에서 회의 열지 못하고 13층 회의실에서 열기로 결정. 이 사이 사회부장이 사회부원들을 국장실로 소환하여 뭔가를 지시.

하오 9시 40분경부터 회의 개최. 40~50명 참석(들락날락). 이때 이 국장의 특명 받은 차장 3명 등 4명의 선배가 들어와 그중 2명이 수첩 꺼내 놓고 개개의 발언을 일일이 메모. 총 들고 지키는 것보다 더 무섭더라. 과연 The pen is mighter than the sword. 기자로서 전혀 엉뚱한 곳에서 그 격언을 실감해야 하다니…….

김 기자 석방을 위해 선배들이 관계 요로 등에 선처를 부탁하는 등 후배들이 (좃도) 모르는 사이에 얼마나 많은 노력을 했는지와 '보도요구', '성명서 채택'의 부당성에 대해 선배들이 역설! 강변!! 웅변!!!…… 후배들은 요로는커녕 소로로도 통할 수 없으니 어떡해야 하나. 반성문이라도 써 보내 나리들 노여움을 풀어야 하나요?

분위기 경직. 선배 눈치 보느라 후배들(특히 사회부) 발언 위축. 의장은 갈

팡질팡. '춤추는 회의.' 이 사이 협박 비슷한 발언도 있었고 우격다짐, 충고, 설득 등 난무.

결국 하오 11시 30분경 표결에 붙여 '보도요구' 통과, '성명서 채택' 불통. (11시 10분이라고 총무가 말함) '기(奇)협 집회'임을 증명. 보도를 요구했으나 요구는 요구로 그칠 뿐⋯⋯.

다음 날 느닷없이 기사가 본보 29일 자 11면에 게재됨. 하루 사이에 타당한 이유 없이 타당한 이유 때문에⋯⋯.

사회부장은 이날 그런 사실도 모르고 석간신문사에 보도 말도록 요청했다고 함. '장외(場外) 편집국장'의 '보도지침'에 의해 '장내(場內) 고위층'이 기사를 손수 써 넘긴 결과인 걸로 추측.

"보도하면 김 기자에게 불리하다"고 강변하던 선배님들의 논리는 허공에 뜨고 말았네요. (뭔가 말 되네요) 이제 '죠스'(김주언 기자의 애칭인 듯)의 운명은 영영 '그물' 속에 갇히고 말았네요. 보도 안 할테니 선처해 달라고 부탁할 명분마저 없어져 버렸으니 말이에요. 그럼 저희들 반성문 쓸 필요도 없어졌고요. 그럼 다음 선택은?

"그저 바라만 보고 있~지

그저 눈치만 보고 있~지."

자신도 부끄러운 이야기라고 밝혔듯이 자조적인 심정으로 좀 꼬이긴 했지만 애교 있고 재치 있는 이 뒷얘기는 신문사에서 일하고 있는 현역 일선 기자들의 운신의 폭이 얼마나 좁은지, 또 1975년과 1980년 언론파동을 거치면서 승진한 현 신문사 차장, 부장, 국장급 간부들이 어떤 입장에 있는지를 너무나도 생생하게 보여 준다. 기자의 노트에는 그날 통과되지 못한 불발 성명서가 " '보도지침' 관련 구속 언론인 석방", "언론탄압 중지", "언론자유 보장"을 메아리 없이 벙어리처럼 외치고 있었다.

한편 '보도지침' 소식과 이들 구속 언론인들에 대한 석방촉구운동
은 국외에까지 파급되었다. 미국에 있는 교포 신문사들은 서로 앞을
다투어 연일 '보도지침' 자료를 전재하였고 언론통제·조작의 적나라
한 실상에 경악한 교포 사회, 유학생 사회에서는 '보도지침' 자료가
불티나게 팔려 나갔다.

또한 영국 런던에 본부를 둔 세계적인 인권 옹호 기관 앰네스티 인
터내셔널(Amnesty International)은 김태홍 씨 등 세 언론인의 구속에 항
의하고 이들의 무조건 석방을 촉구하는 전문과 전보를 김성기 법무,
이웅희 문공부 장관에게 보냈으며, 이들의 석방을 위한 구미 언론인
들의 요구를 조직화할 것을 특별히 'Urgent Action'으로 호소했다고 1
월 5일 언협으로 공개서한을 통해 알려 왔다.

또 뉴욕에 본부를 두고 있는 '언론인보호위원회(Committee to Protect
Journalists)'에서도 1월 23일 자로 전두환 대통령에게 '보도지침' 관련
구속 언론인들의 즉각적인 석방을 촉구하는 서한을 보냈다.

미국과 캐나다 언론계 4만여 종사자들을 대표하는 신문협회인 '더
뉴스페이퍼 길드'와 '미국발행인협회'의 '국제·출판자유위원회' 역
시 전두환 대통령, 이웅희 문공, 김성기 법무, 김경원 주미 대사 등에
게 '보도지침' 폭로와 관련 구속된 3명의 언론인을 즉각 석방할 것을
강력히 촉구하는 서한을 보냈다.

미 의회에서도 하원의 바버라 복서 의원의 주도로 석방을 위한 서명
운동과 더불어 항의 서한이 전두환 대통령에게 보내졌다.

이처럼 국내외적으로 관심과 주목이 집중된 가운데 1987년 4월 1일
첫 공판이 열림으로써 '보도지침' 사건은 법정투쟁 단계로 접어들었
다. 언협에서는 《말소식》지에서 「'우리는 왜 재판에 임하는가」라는

제하의 글을 통해 재판에 임하는 자세를 다음과 같이 밝혔다.

"민주화운동 탄압을 위한 물 샐 틈 없는 법적·제도적 장치가 되어 있고 사법부의 독립성마저 붕괴된 상황에서도 법정투쟁이 갖는 의미는 있다. 그것은 공판이라는 공개적이고 합법적인 장을 통해 다시 한번 민주화운동의 정당성을 밝히고 현 정권의 반민주성을 폭로할 수 있다는 것이다. '보도지침' 폭로와 관련되어 진행되는 현 재판은 그에 덧붙여 저들의 '실정법'조차 얼마나 논리적 모순투성이이며 자기 정권 유지적인 법 운용이 이루어지는가를 보여 줄 것이다.

우리는 오히려 이번 공판을 우리의 언론자유를 지키고 민주언론 사회를 이루려는 노력을 국민에게 알리는 장으로 적극적으로 받아들인다. 재판이 진행되면 될수록 현 정권에 의해 자행되는 언론통제의 실상이 낱낱이 국민 앞에 공개되어 민주언론에 대한 국민적 지지는 비등할 것이다."

한국 언론의 산 증인들

4월 1일 오전 10시 서울형사지법 113호 법정. 개정 전부터 법정 주변은 방청객과 무전기를 든 사복경찰들로 붐비기 시작해 개정 시간인 10시에는 150~200명가량이 복도까지 꽉 들어찼다. 방청객들 중에는 민통련의 계훈제 부의장, 성유보 사무처장, 리영희 교수, 송건호 언협 의장 등을 비롯한 민주인사들과 한국일보 기자들, 해직 언론인들의 모습이 많이 보였다.

10시 정각, 김태홍·신홍범·김주언 세 사람이 한복 차림으로 교도관들의 호위를 받으며 입정하자 방청객들은 일제히 박수를 치며 환호했고 일부는 교도관들의 제지를 뚫고 그들의 수갑 찬 손을 잡으며 감회

어린 표정으로 안부를 교환하기도 했다.

변호인석에는 변호인으로 선임계를 낸 한승헌, 고영구, 조준희, 홍성우, 황인철, 이상수, 조영래, 김상철, 박원순, 신기하(평민당 의원), 함정호(한국일보 고문 변호사) 등이 앉아 있었다. 그야말로 시국 관련 재판의 인권변호사들이 총출동한 듯했다.

곧이어 정리의 "일어서십시오"라는 구령과 함께 재판장 박태범 판사가 들어섰다. 그러나 정리의 구령에 일어선 사람들은 교도관들을 포함하여 얼마 되지 않았다. 재판장은 단정한 외모에 차분한 느낌을 주었고 의외로 젊다는 기분이 들었다. 뒷자리에서 재판장이 서울 법대 71학번이라고 속삭이는 소리가 들려왔다. 11명이나 줄이어 앉은 변호인석의 노련한 경륜과 또 피고인석에 앉아 있는 사람들의 위치와 입장을 생각하면 무언가 뒤바뀐 듯한 느낌도 들었다.

검찰 측은 서울지검 공안부의 안왕선 검사.

재판은 인정신문, 검사의 공소장 낭독, 세 피고인의 모두진술, 공소사실 중 불명확한 점에 관한 변호인들의 석명요구 순서로 진행되었다.

시국·공안 사건 재판에서 종종 나오는 구호 제창이나 노래 부르기 등의 재판 거부 행위가 없이 재판이 진행되었으나 방청객들은 이미 사법부의 권위를 인정하지 않은 듯한 태도와 분위기를 보였다. 검사의 말에 대해서는 야유와 웃음이 드러내 놓고 나왔고 그보다는 덜했지만 재판장에게도 "너도 뻔하다"는 식의 태도였다.

모두진술에 나선 세 사람은 의연하고 당당하게 '보도지침' 공개의 정당성을 역설하고 한국의 언론 현실을 고발했는데, 방청석에서는 모두진술 도중에도 박수가 잇따랐다.

특기할 것은 세 사람의 인적 구성 자체가 70년대와 80년대 한국의 언론 현실을 그대로 보여 주고 있다는 사실이었다. 신홍범 씨는 유신

치하에서 언론자유운동을 하다가 160여 명의 기자들이 대거 쫓겨난 1975년 해직 기자로 '조선투위' 소속이고 김태홍 씨는 680여 명의 언론인이 해직되고 언론사가 통폐합된 1980년 해직 기자로 당시 기자협회 회장이었다. 김주언 씨는 현역 기자로 이번 구속으로 인하여 선배들의 언론투쟁에 맥을 잇는 역할을 한 것이다.

모두진술이 끝나고 변호인들은 검찰이 기소한 공소사실 중 불분명한 부분에 대한 석명(釋名)을 요구했다. 변호인 측의 발언 도중 검사가 반대 발언으로 가로막고 나서자 재판장은 "발언 허가를 받지 않고 중도에 얘기하는 태도는 좋지 않다"고 주의를 주었고 방청객들은 이에 박수를 보냈다.

방청객들은 변호인 측의 석명요구에서 공소장 내용 중 터무니없이 논리에 맞지 않는 부분들이 지적될 때마다 웃음을 터뜨렸다. 특히 조영래 변호사가 석명을 요구하는 가운데, 기소장에는 "문화공보부 홍보정책실이 통상 국가적 기밀사항에 해당되는 내용이라 판단하여 언론보도에 신중을 기해 줄 것을 언론사에 협조요청할 경우 그 요청을 받은 언론사는 독자적으로 판단하여 사실보도에 참고해 오는 것이 국내외 언론계의 관행"이라고 했는데 여기서 '국내외 언론계의 관행'이란 말은 '국내의 언론계의 관행'이란 말이 잘못 타자된 것이 아닌가, '국내외'의 '외' 자가 '의' 자로 타자되어야 할 것이 '외' 자로 오타된 것이 아니냐고 추정했을 때는 큰 웃음이 터져 나왔다.

또한 종래의 시국 재판과 달리 변호인 측과 피고인 측의 요구를 공정하게 들어주는 재판장의 이례적인 태도에 방청객들도 공판 처음에는 야유를 보내는 분위기에서 뒤에는 박수를 보내는 분위기로 바뀌었다. 공판이 끝나고 피고인들이 퇴정할 때 방청객들은 다시 한번 열렬한 기립 박수를 보내 격려의 표시를 전했다.

공소장을 변경하라!

4월 15일 오후 2시 113호 법정. 1차 공판 때와 마찬가지로 방청객은 입추의 여지 없이 들어찼다. 2차 공판은 검사의 피고인 심리 순서였으나 변호인단은 먼저 1차 공판 때 요구한 석명사항에 대해 검찰 측의 답변을 요구했다. 검사는 미리 서면으로 준비한 답변 요지서를 제출했으나 재판장은 검사에게 낭독할 것을 요구했다. 검사는 '보도협조사항'은 지침성, 통제성이 전혀 없으며 통제를 가한 일도 없고 언론이 독자적인 판단으로 해 왔으며 이러한 보도협조사항은 세계적인 관행이라는 내용의 답변 요지서를 낭독했다. 검사가 답변 요지서를 낭독하는 동안 방청객들은 너무나 기가 차서 웃음을 터뜨렸다.

변호인단은 외교상 기밀누설에 관한 공소사실 중 모호한 부분에 대해 집중 추궁하며 "보도통제의 대상이 된 내용이 외교상 기밀인지, 아니면 그러한 내용 사실에 대한 보도통제가 있었다는 사실이 기밀인지" 등 공소사실을 분명히 해야만 변호인으로서 기소 내용에 대해 정확하게 방어할 수 있다고 말했다. 검사는 재판부가 알아서 판단할 일이라고 계속 답변을 회피했으나 재판장은 검사에게 답변을 거듭 촉구했다. 마침내 검사는 말을 더듬으며 "우리는 보도를 통제한 사실이 없다. 그런데 어떻게 보도통제 사실이 기밀이 되겠느냐"고 답변했다. 변호인단은 이에 "보도통제 사실 자체는 기밀이 아니라고 설명한 것으로 인정한다"고 받아들였다. 변호인단은 또 "공소장에 마치 외교상의 기밀 여부를 문공부 홍보정책실에서 판단하는 것처럼 되어 있는데 그런가"라고 물었다. "외교상 기밀 여부는 검찰에서 객관적으로 판단했다"는 검찰의 답변에 방청객들의 야유가 다시 터졌다.

변호인단은 정부에서 언론에 대해 "보도해 달라"고 요청한 부분이 어떻게 공소사실에 해당되느냐며 공소장 변경을 요구했으며, 검사는 "심리에 들어가기 전의 공소장 변경 요구는 순서에 맞지 않는다"고 맞섰다.

사건 자체가 억지 혐의를 씌운 것이기도 하지만 40대 초반의 검사 한 명과 오랜 세월 법정에서 수많은 인권투쟁을 벌여 온 11명의 쟁쟁한 변호사들과의 공방전은 애초에 싸움이 되지 않아 검사는 시종일관 논리적인 설명을 해내지 못했다.

곧이어 검사의 직접신문이 이어졌다. 김태홍 씨, 신홍범 씨 모두 발언내용은 확실했으나 목소리에 기운이 없고 잘 안 들렸다. 안타까운 듯 친지들의 크게 말하라는 소리가 들리기도 했다. 나중에 가족들에게 확인해 본 결과, 구치고 내에서 발생한 양심수들에 대한 폭행과 금치 조치에 항의하기 위한 공동 단식을 했기 때문이라는 답변을 들었다.

현 정권은 최대의 범죄 집단이다

4월 29일 오후 2시 113호 법정. '보도지침' 재판은 고정 방청객을 확보한 듯 매 재판마다 150명 이상이 몰려 재판정은 항상 초만원을 이루었다. 매번 보이는 단골손님 외에도 3차 공판에는 단식 중이던 함세웅 신부의 참관 모습이 눈길을 끌었다. 또한 3차 공판에서는 변호인단과 피고인들의 논리 정연한 주장에 밀려서인지 검사가 재판장의 개정선언 직후 스스로 11개 항의 공소사실 중 4개 항을 철회하는 이변을 낳았다. 재판장은 변호인들에게 의견을 물은 후 검사의 공소장 변경신청을 허가했다.

철회된 4개 항목은 △중공어선 망명, 당국 발표 때까지 보도금지(85. 10. 31.), △북한 국회회담 제의, 당국 발표 시까지 보도통제(85. 10. 25.),

△내외통신에 "북괴의 최고인민회의는 허구"라는 해설기사를 실었으니 인용 보도(85. 10. 30.), △북괴 선전매체들의 보도내용은 내외통신 보도만 싣고 외신을 간접적으로 인용하지 않는다(86. 3. 21.) 등이었다.

3차 공판에서는 김태홍 씨와 김주언 씨에 대한 변호인 반대신문에 이어 검사의 보충신문이 진행되었다. 김태홍 씨에 대해서는 김상철·이상수 변호사가 각각 반대신문을 맡았다.

김태홍 씨는 이날 변호인단 신문에서 언론자유의 문제, 현 정권의 비민주성, 핵 문제, 통일 문제에 대해 중점적으로 발언했다. 2차 공판 때의 기운 없는 목소리와는 달리 힘이 넘치자 변호사가 "단식하셨습니까?"라고 묻고 "예"라고 대답하자 "지난번엔 힘이 없으신 것 같더니 오늘은 힘이 넘칩니다" 하니 "오늘은 밥을 많이 먹고 나왔습니다"라고 대답하여 방청석에선 웃음이 터졌다.

변호인은 제도언론과 민중언론에 대해서 묻고 언론자유의 제한과 안보에 대해 다시 물었다.

> 김태홍: 현 정권은 이 나라 최고의 범죄자다. M-16 들고 미국으로부터 사주받아 정권을 찬탈한 자들이다. AP 통신 보도에 따르면 세계에서 가장 악명높은 집단을 팔레비의 사바크, 한국의 중앙정보부, 칠레의 정보기관으로 세계에서 가장 야만적인 수사기관으로 꼽혔다. 이때의 '보도지침'이 한국은 빼고 보도하라는 것이었다.

이때 검사가 '국가원수 모독 발언'이라고 이의를 제기하고 나서자 방청석에선 "시끄럽다!" "이 ×야!" 하는 고함이 터졌고 김태홍 씨는 "지금 검사가 하신 주문이 개인 의견인가, 아니면 '보도지침'인가?" 하고 되받아치자 방청석에선 다시 웃음이 터졌다.

변호인: F-16기 인수식 내용은 『말』지 특집호에 나기 전 이미 《서울신문》
　　　에 보도된 것이지요?

김태홍: 《서울신문》 기자 가만 두면 안 되겠네요. (방청객 일제히 박장대소)

변호인: 한반도에서의 핵 문제를 어떻게 생각하는가?

김태홍: "핵 적재 전투기 한국 등 수개 국에 배치" 기사에서 한국은 빼고
　　　보도하라는 '보도지침' 자체가 반국민적 범죄다. 1978년도 미 하원 군
　　　사위원회의 보고서는 주한미군 지휘관들의 보고서를 토대로 발표한
　　　것인데 "한반도는 군사분계선 이북은 물론 한반도 전역이 군사훈련장
　　　이며 무제한 자유 사격장"이라고 말하고 있다. 이것은 M-16, 칼빈 이
　　　야기가 아니라 핵 얘기다.

　1978년 스리마일 핵 누출 사고로 주변 주민을 소개시킨 경우가 있
어 연일 세계는 경악, 분노했다. 발전회사는 웨스팅하우스였는데 일
본은 그 회사가 건설 중인 8개의 원자력발전소 건설 공사를 즉각 중지
시켰다.

　그런데 1980년도 동자부 출입기자단이 갑자기 초호화판 세계 여행
을 한 적이 있다. 우리나라는 원자력발전소를 한전이 관리하는데 미
웨스팅하우스가 한전의 스폰서가 되어 여행을 시킨 것이다. 그 이유는
다음과 같다. 1980년 권력을 잡은 군부는 상당히 흔들리고 있었는데
그때 한국 정부와 미 행정부, 웨스팅하우스는 원자력발전소를 여러 기
계약했다. 한 기에 10~20억 달러인데 스리마일 사건 때문에 도산 위
기에 처한 웨스팅하우스를 살리려는 미국의 요구에 현 정권이 그 회사
의 폐기물을 떠맡게 되었고, 대신 자신의 정권을 보장받았던 것이다.

　1982년에는 미 육군의 에드워드 참모총장이 방한하여 "한반도 이외
의 지역 분쟁에 한반도 비치 핵을 사용한다"고 발표했다. 87년 2월 미

국 애리조나 주립대에서 세미나를 한 그레고리 헨더슨 교수는 "한반도 주변에 적어도 5백~7백여 개의 핵무기가 있고 DMZ에는 핵 지뢰가 있다"고 심각한 상황을 전해 주고 있다. 세계에서 유일하게 우리 DMZ에 있는 것이다. 이것 하나면 여당도 야당도 변호사도 검사도 필요 없다. 우리나라 문자 해독율은 98%로 세계 최상이다. 그런데도 여론이 없다.

이어서 한·베트남 간의 무역거래 문제, F-15기 구매 관련 뇌물공여 문제, 북한의 3자 회담 제의 문제, 한반도 통일 방안에 대한 문제 등이 집중적으로 거론됐다.

2시간 20분에 걸친 변호인 신문이 끝나자 검사가 다시 일어나 "보안법이 악법이므로 철폐되어야 한다"는 김태홍 씨의 발언에 대해 보충 신문을 했고, 이에 그는 "내가 그렇게 말한 것은 이 정권이 자유민주주의를 시행하지 않고 안보를 빙자해 반민주·반민족·반민중의 '3반 정책'을 쓰고 있기 때문이다. '3반 정권'의 필요에 따라 언제든지 개폐 가능한 그런 법은 필요 없다"고 응수했다.

방청객들은 위험수위를 넘나드는 강경한 톤과 그러면서도 유머를 잃지 않는 김태홍 씨의 발언에 웃음과 박수를 보냈으나 몇몇 사람들은 "저러다가 추가로 보안법이 더 뜨겠는걸!"하며 걱정스럽게 말하기도 했다.

4시 45분경 10분간 휴정이 있은 후 다시 공판이 재개되어 김주언 씨에 대한 함정호 변호사의 신문이 30분간 진행되었다. 주로 '보도지침'의 입수와 이를 언협 관계자에게 넘겨 준 경위의 합법성, 그 내용이 국가기밀누설죄에 저촉되지 않는다는 사실, 김주언 씨가 가지고 있다 국가보안법으로 기소된 책자가 문제가 없는 것이라는 점을 입증하려고 했다.

문제가 된 책은 루카치의 『현대 사실주의』와 『역사와 계급의식』, 임마누엘 데 캇트의 『사회학과 발전』 등으로 학교 교재로 쓰이거나 심지어 국내 신문에서 양서로 소개된 것도 있었다.

지금은 한국 언론의 '26시'

2주일 간격으로 열리던 공판이 3차 이후로는 매주 수요일 열리게 되었다. 5월 6일 오후 2시 113호 법정. 피고인들이 만면에 웃음을 짓고 입정하자 방청객들은 지난번 공판 때와 마찬가지로 기립 박수로 맞았다. 이날은 김주언 씨에 대한 변호인 신문이 고영구 변호사에 의해 계속되었고 신홍범 씨에 대한 박원순 변호사의 변호인 신문, 검사의 보충신문 순으로 진행되었다.

김태홍 씨와 마찬가지로, 김주언 씨도 지금 한국 사회가 안고 있는 가장 중요한 문제를 통일 문제와 핵 문제라고 지적했다. 그럼에도 불구하고 현 정권은 이 문제를 비밀로 취급하고 국민에 의한 논의와 문제 해결을 가로막음으로써 민족의 생존을 위협하고 있다는 것이다.

고영구 변호사: '보도지침'에는 평균 하루 두 건씩 모두 526개 항의 지침이 수록되어 있는데, 이 정권이 민족통일과 민주화, 민중운동에 대해 어떤 생각과 태도를 갖고 있다고 보는가?

김주언: 가장 큰 문제는 통일에 대한 권력의 태도다. 그 진전이나 논의가 국민에 의해 이루어지지 못하고 보도통제로 베일에 가려져 있으며 민족과 국민의 열망과는 달리 비밀로 취급, 권력이 주무르고 있다.

또 하나의 큰 문제는 남한에 배치된 미국 핵무기에 대한 정부의 태도다. 만약 핵 전쟁이 일어나 우리 민족이 전멸할지라도 보도통제를 해야 하는지 알 수 없다. 국민들은 핵에 대해 모르게 하고 여론화되는 것을 극력 막고 있는데, 핵 때문에 쉽게 외세에 종속되고 굴복하는 태도가 더 큰 문제라고 본다.

농민이나 노동자 문제는 작게 취급하거나 보도를 막고 있는데, 말로만 민생을 중요시하는 것처럼 하면서 실제로는 은폐하는 데만 힘쓰는 것으로 생각된다. 민주화에 대해서도 마찬가지다…….

김주언 씨는 가장 젊어서인지 시종 우렁찬 목소리와 씩씩한 태도로 발언했다. 곧이어 신홍범 씨에 대한 변호인 반대신문이 시작되었다.

박원순 변호사: 언론자유운동의 경과와 배경을 말해 달라.

신홍범: 70년대의 한국 언론은 권력에의 예속의 길로 들어섰으며 유신체제 이후로는 더욱 가속화되었다. 신문사에 기관원이 상주하다시피 했고 기자 연행, 구타 등 온갖 억압과 간섭이 행해졌다. 당시 학생들은 신문을 가리켜 '민족에 반역하는 언론', '붓을 휘두르는 깡패'라고 맹렬히 비판했다. 나는 언론인으로서 심각한 양심의 고통을 느꼈다.

1973년경 양심적인 기자들의 언론자유운동은 점차 적극성을 띠어 간 반면 신문사는 소극적 입장으로 변화해 갔다. 그것은 그동안 신문사가 상업적 이익이 축적되어 그 자본으로 기업 확장을 꾀하던 때와 일치한다.

1974년 10월 24일부터 75년 1월까지 역사상 유례없는 《동아일보》에 대한 광고탄압과 이에 맞선 온 국민과 기자들의 저항이 있었다. 드디어 1975년 3월 권력과 신문 사주는 폭력을 동원해 기자들을 대거 추방했고 한국 언론은 제도언론 단계로 진입하게 되었다.

작가 게오르규는 『25시』란 작품에서 인간의 최후의 시간, 절망의 시간을 24시로 설정하고 그로부터 1시간이나 더 진행된 시간을 '25시'로 표현했다.

1975년 3월은 권력과 신문기업주가 결탁하여 언론을 죽인 한국 언론의 24시였다. 그로부터 5년이 지난 1980년에는 언론의 자유를 주장한 무려 680명의 기자가 무더기로 쫓겨났다. 1980년 8월을 나는 한국 언론의 25시라고 말하고 싶다. 그리고 그로부터 7년이 흐른 지금 권력과 언론의 음모의 산물인 '보도지침'을 폭로했다 하여 이 법정에 서서 재판을 받고 있는 지금이야말로 바로 한국 언론의 '26시'라고 표현하고 싶다.

박원순 변호사: 1975년 해직 이후 피고 개인은 물론 다른 해직 기자들의 생활은?

신홍범: 우리 시대에 고통스럽게 사는 많은 분들에게는 비할 바 못 되지만 해직 후 상당히 고생한 것은 사실이다. 받아들이는 곳이 없어 번역 등을 하며 생계를 이어가야 했다. '조선투위' 한 분은 쫓겨난 후, 밤에는 야간대 시간강사를 했고 새벽에는 용산시장에 가 고추 장사를 했다. '동아투위'의 어떤 분은 옷장사, 남대문시장에서…….(이 부분에서 신홍범 씨는 감정이 격해진 듯 말을 잇지 못했다. 방청석 또한 숙연해졌다.) 양복점의 외판원, 한약방에서 약을 썬 사람도 있었다. 나는 지금 이렇게 '조선투위'의 일원이 된 것을 영광스럽게 생각한다. 그들은 현직 언론인보다 잘 살지는 못하지만 양심을 지켰기에 자랑스럽고 자유스러우며 어디에서나 당당하다. 나는 해직 언론인들을 참으로 존경한다.

선비 풍모의 신홍범 씨는 체계적이고 논리정연하게 한국의 언론 현실에 대해 진솔한 답변을 했다.

그 외에도 신홍범 씨는 우리의 언론이 제도언론으로 떨어진 이유에 대한 답변에서 권력의 언론탄압과 언론인 자신들의 저항의 상실 외에 언론의 죽음을 수수방관한 국민들에게까지 책임을 물어 매일 신문을 보는 독자들의 무책임성을 비판하기도 했다.

또한 현 정권하의 언론과 독일 나치 시대의 언론에 대한 비교에서 한국의 홍보정책실과 나치하의 '프레스 챔버', 신문의 편집권을 박탈한 나치하의 신문기자법과 허가제나 다름없는 우리의 언론기본법, 정기간행물의 대폭 축소 등의 사실을 들어 두 독재정권의 언론탄압의 유사성을 지적하기도 했다.

변호인 반대신문이 끝나고 10분간 휴정 후 검사의 보충신문이 이어졌다. 3차 공판이 순탄하게 진행된 데 비해 4차 공판에선 검사와 변호인단 간의 격렬한 논쟁이 오갔다. 검사는 특히 김태홍 씨가 변호인단 신문 도중 발언한 '보안법 문제', '광주학살 2천 명' 등에 대해 집중 추궁했다. 검사의 말투가 빈정거리는 투로 저열하게 나가자 김태홍 씨는 진술을 거부하겠다고 입을 다물었다. 이에 검사가 "심리적으로 위축되었나 보다"라고 말함으로써 변호인단의 분노를 샀다. 조영래 변호사는 "최고의 지성인인 피고인들에게 최소한의 예우는 갖춰야 할 것"이라고 말했고 홍성우 변호사는 신홍범 씨에게도 진술을 거부할 것을 촉구했다. 검사는 이에 그치지 않고 김주언 씨에게는 "회사 내에서 능력 면에서 문제가 있지 않았느냐"는 한국의 공안검사다운 수준의 기가 막힌 질문까지 했다.

후에 들은 바에 의하면 김태홍 씨의 "광주학살 2천 명" 발언에 대해 당시의 사망자 수가 198명이라고 주장해 방청객들의 빈축을 샀던 검사는 김태홍 씨와 같은 동향으로 광주일고 3년 후배라는 것이었다. 광주항쟁 희생자 수에 대한 두 광주인의 공방은 울 수도 웃을 수도 없는 참으로 난감한 장면 연출이었다.

보충신문이 끝남으로써 피고인들에 대한 신문 절차가 모두 끝나고 증거조사 절차가 이어졌다. 검찰은 증거목록을 제출한 뒤 문제 서적에 대한 감정을 위해 치안본부 부설 내외정책연구소 연구위원 홍성문 씨와 김영학 씨 2명을 증인으로 신청했고 재판부는 이를 받아들였다. 그러나 변호인 측에서는 이들이 검찰 측 단골 증인이라며 이의를 제기했다.

> 홍성우 변호사: 의도적으로 두 사람을 폄하할 생각은 없으나 감정에 필요한 전문 지식과 능력을 갖추고 있는지 의심스럽고 수사를 맡고 있는 치안본부 부설단체에 속한 사람이 어떻게 감정을 공정히 할 수 있는가? 이 두 사람은…….

말이 채 끝나기도 전에 검사가 홍 변호사의 말을 끊고 "공개 법정에서 인격모독은 삼가 달라"고 말하자 재판장은 변호인의 말이 끝나거든 말하라고 검사의 항의를 제지했다. 그러자 홍 변호사는 "인격적 비난이 뭔지나 아시오. 우리 자제합시다. 아무리 법정이지만 예의는 지킵시다"라고 질책하듯 말했다. 이에 검사는 "대학교수 등 전문 지식인들은 열이면 열 모두 거부했으며 이 두 사람은 테러와 협박전화 등 개인적인 희생까지 무릅쓰고 나오는 사람들로 그들밖에 증언할 사람이 없으므로 오히려 격려해 줘야 한다"고 강변했다. 방청석에선 한심한 듯 웃음이 터지자 검사는 "방청객들은 끝까지 듣고 신사적으로 합시다"라고 말해 방청석에선 더 큰 폭소가 터졌다.

변호인단에선 기소된 국가기밀사항들이 이미 보도된 것임을 드러내는 국내외 신문을 증거로 제출하고 문공부 홍보정책실장과 《동아》, 《조선》, 《중앙》, 《한국일보》의 편집국장, 편집부장, 정치부장, 사회부장, 외신부장, 또 국내외의 언론관행에 대해서는 각각《동아일보》편집국장과 논설주간을 역임한 송건호 씨와 박권상 씨, 외교기밀에 대해서는 한양대 리영희 교수와 헌법학자인 최대권 교수를 증인으로 신청했다. 또 추가로 외국 기자 두 명을 신청하겠다고 했다. 검찰 측에서는 이의를 제기했으나 재판장은 리영희, 최대권 교수와 외국 기자만 유보시켜 놓고 모두 받아들였다.

이처럼 재판부가 변호인단의 증인 신청을 무더기로 받아들인 것은 시국 사건 재판사상 극히 이례적인 일이었으며 더욱이 '보도지침'의 산실인 문공부 홍보정책실장과 현직 언론사 간부 20명이 포함되어 있어 비상한 관심을 모았다. 바야흐로 한국의 언론 현실이 법정에서 적나라하게 드러날 판이었기 때문이다. 방청객들은 흥분된 모습이었다. "과연 나와 줄까"하고 의심하기도 하고 "판사가 법복을 벗으려고 작정했나"하고 저마다 한마디씩 했다.

'보도지침'은 분명히 지시사항이다

5월 13일 오후 2시 113호 법정.

날이 갈수록 화제가 되어서인지 지난번보다 더 많은 사람들이 몰려 법정은 발 디딜 틈조차 없었다. 방청객 중에는 수일 전 출옥한 이돈명 변호사가 참석해 구속 언론인과 변호인들에게 격려를 보내는 모습이 보였다.

이날 공판에는 송건호 언협 의장과 박권상 전 동아일보 논설주간이 변호인 측 증인으로 출석했다. 두 원로 언론인은 '보도지침'에 수록된 내용들이 결코 국가기밀일 수 없으며 협조요청이 아님을 명쾌하게 증언했다.

조준희 변호사: 정부에 의한 언론통제는 언제부터였는가?

송건호: 나는 1953년 언론계에 들어선 후 75년까지 재직했는데 63년 한
일회담 반대 여론이 거세게 일 때부터 기관에 의한 간섭이 시작됐다.
1974년 《동아일보》 편집국장으로 있을 당시 특권층 부인들이 대량으
로 보석을 밀수한 사건이 있었다. 중정에서 보도하지 말 것을 요구했
으나 신문에 실었는데 즉시 연행되어 구타를 당하는 등 수모를 받았
다. "그런 것을 보도하면 남한의 고위층 부인들은 밀수나 하는 것으로
북괴가 선전하기 때문에 국가안보에 해롭다. (방청객 폭소) 그렇기 때문
에 그것은 안보사항이다"는 것이 보도통제의 이유였다.

또 송건호 씨는 "한국의 언론인은 공직자 못지않게 안보의식이 투
철하다"면서 "『말』 특집호를 만들면서 진짜 안보상 기밀이라고 판단
되는 사항은 게재하지 않았다"고 덧붙였다. 변호인이 예를 들어 달라
고 하자 "안보의식이 투철해 밝힐 수 없다"고 대답하여 방청석에선
다시 큰 웃음이 터졌다.

고영구 변호사가 다음 증인으로 박권상 씨의 신문을 맡았다.

변호사: '보도지침'은 내용으로 보아 협조요청으로 보이는가, 아니면 보도
통제 지시로 보이는가?

박권상: 지시로 보아야 한다. 나는 1952년 언론계에 발을 들여 놨는데,
1980년 8월 《동아일보》에서 해직되었다. 재직 시의 경험으로 보면 아
무리 은근한 형식으로 협조요청을 해 와도 강한 압박을 느꼈다. 더구
나 지금의 언론은 700여 기자의 해고라는 대격변을 겪은 경험 위에 서
있다는 것을 알아야 한다. 또한 언론기본법은 문공부 장관에게 신문사
폐쇄 권한을 주고 있다. 이런 사태 하에서는 규제 의도가 없다 해도 받

아들이는 쪽은 위축당한다.

변호사: 검찰은 △F-16기 인수식 보도 말 것 △미 하원 전문위원 3명 항
　　공기 구입 관련 뇌물공여 조사차 내한 사실 일체 보도 말 것 △"미국
　　핵 적재 전투기 각국 배치" 기사 중 한국은 빼고 보도할 것 △"북한, 남
　　북한 국회회담 제의" 보도 말 것 등을 국가기밀이라고 주장하고 있는
　　데…….

박권상: (기가 막히다는 몸짓으로) 이미 외국 신문·방송에 다 난 것인데 무슨
　　기밀이 되겠는가. 우리 국민들만 모르게 하는 것이 기밀인가? 또 남북
　　국회회담 제의가 어째서 기밀인가? 내 상식으로는 이해할 수 없다.

변호사: '보도지침' 폭로에 대해 어떻게 생각하는가?

박권상: 나는 35년 동안 언론계에 몸담아 왔다. 피고인 중에는 내 아들뻘
　　되는 사람도 있다. 그들을 보면서 "과연 내가 저런 용기를 가질 수 있
　　을까?" 하는 생각이 든다. 젊은 후배들의 용기에 경의를 표한다.

　3시간 동안 계속된 공판 도중 방청객들은 조용히 두 원로 언론인의
증언을 경청했고 중간중간 박수를 쳤다. 한국 언론의 역사와 현실에
대한 산 공부같이 돼 버린 이 공판이 화제 만발한 탓인지 그동안 잠잠
하던 제도언론권에서는 5차 공판부터 이 사건을 신문지면에 나타내
기 시작했다.

　《동아일보》에서 비교적 상세히 5차 공판 내용을 스케치기사로 보도
했다. 주목되는 것은 두 언론인 모두가《동아일보》출신이라는 사실은
밝히지 않고 송건호 씨는 언협 의장으로 박권상 씨는 자유기고가로
표현한 것이었다.

　뒤에《신동아》와《월간조선》7월호 모두에 '재판 방청기'가 게재되
었는데 비교해 보니 재미난 사실이 드러났다.《월간조선》에서는《조

선일보》해직 기자인 신홍범 씨의 전력과 공판 내용이 안 썼는지 삭제되었는지 실리지 않았고,《신동아》에서는 1975년 동아 사태와 송건호, 박권상 씨의 전력을 밝히지 않아 모르는 사람들이 보면 그들 자신이 바로 해당 언론사의 희생자라는 사실을 모르게끔 씌어져 있었다.

재판장은 양심선언을 하라

5월 20일 오후 2시 113호 법정.

어느 때보다도 기대를 모았던 6차 공판이 드디어 파란에 봉착했다. 이례적으로 변호인단의 증인 신청을 받아들였던 재판부가 증인소환장까지 발부했다가 다음 날 돌연히 취소하는 이변이 발생한 것이었다. 총 23명의 증인을 채택한 후, 일단 6차 공판에서는 4대 일간지의 편집부장과 《파이스턴이코노믹리뷰》지의 한국 특파원 존 맥베드 기자를 소환하기로 결정했었는데 모두 취소되어 버린 것이었다. 이러한 증인취소 결정으로 시작부터 변호인 측과 검찰 측 사이에서 격렬한 논박이 있었다.

> 조준희 변호사: 과연 이것이 법원의 독자적 판단인지 심히 의심스럽다. 이때까지 재판장의 소신 있는 공판은 박수를 받아 왔고 사법부에 새로운 이정표가 세워지는 것이 아닌가 기대하기도 했었다. 이런 희망은 이제 하루아침에 사라지고 법정에는 지금 검은 안개가 드리워져 있다.
>
> 검사: 변호인들이 증인을 20여 명이나 신청한 것은 당초부터 납득이 안 갔는데 재판부가 이를 취소한 것은 잘한 일이라고 생각한다. 어떻게 외부입김이 있을 수 있겠는가? (이때 방청객들은 검사에게 욕설을 해 댔다)
>
> 조준희 변호사: 판사에게 물었는데 왜 검사가 해명을 하는가?

이상수 변호사: 한마디로 이번 조치는 법정안정성에 위배된다. 도대체 누가 그렇게 만들었는가? 부천서 성고문 사건의 권 모 양에 대해 "성의 도구화" 운운한 자인가? 이돈명 변호사에게 실형을 선고한 자인가?

조영래 변호사: 재판장께 그토록 기대했는데 그 기대가 속절없이 무너지다니 여기 방청객이 없다면 재판장을 끌어안고 통곡하고 싶은 심정이다. 이 재판엔 오늘날의 언론자유, 사법부의 독립, 자유와 인권뿐 아니라 후손의 삶까지 모든 것이 걸려 있다. 이제라도 재판장은 용기를 내달라. 어떤 압력이 있었는지 양심선언하는 심정으로 밝혀 달라.

검사가 다시 발언에 나설 움직임을 보이자 재판장은 이를 제지하고 역력하게 고통스러운 표정을 드러내며 휴정을 선언했다. 방청석에서는 "착잡하겠다" "괴롭겠다" 등의 속삭임이 들려왔다. 10분간의 휴정 시간이 지나도 나오지 않던 판사는 20분 만에 다시 나와 공판을 5월 27일로 연기하고 곧바로 폐정 선언을 한 후 퇴정해 버렸다.

언론의 자유는 공기와 같다

5월 27일 2시 113호 법정.

6차 공판의 파란을 겪은 이후라서인지 방청객들을 어느 때보다도 수런수런거렸다. 법정투쟁의 방법론과 의미에 대해 여기저기서 이야기하는 소리들이 들렸다.

재판에 앞서 언협 사람들은 재판 속보를 방청객들에게 배부하고 아울러 5월 25일《동아일보》현역 기자들이 발표한 '민주화를 위한 우리의 주장' 성명서를 돌렸다. 133명의 기자들이 서명하고 발표한 것을 자신들의 신문은 보도조차 못 하는 현실이었다. 그러나 어쨌든 현역 기자들의 집단적 의사표시는 마땅한 것으로 평가되었다.

2시에 시작된 공판은 검사의 구형 선고에 이어 한승헌, 함정호 변호사의 대표변론, 세 피고인들의 최후진술 순으로 행해졌다.

검사는 논고에서 "언론의 자유도 상대적 자유이며 특히 북한과 대치 상태에 있는 상황에서 최신 전투기 인수, 공산권과의 무역 등 외교상 기밀누설은 명백히 실정법 위반"이라고 말하며 김태홍 씨에게는 징역 3년, 신홍범 씨와 김주언 씨에겐 징역 3년 자격정지 2년을 구형했다. 형량을 구형하기 직전 방청석에서는 "무죄, 무죄" "사형, 사형"이라는 농담조의 고함이 터졌고 막상 구형량이 떨어지자 "싸다, 싸"하는 소리가 들렸다. 또한 검사는 "박종철 사건이 그토록 자세히 보도되는 걸 볼 때 어디에 '보도지침'이 있다고 하겠는가"라고 말해 방청객들의 격렬한 야유와 고함을 받기도 했다.

다음은 변호인단의 최후변론이 이어졌다. 한승헌 변호사가 대표로 타이프지 25장 분량의 변론을 약 45분 동안 읽었다.

논리적이면서 가슴에 젖어들 듯 감동적인 최후변론은 마치 하나의 문학작품을 듣는 것 같았다.

10분간 휴정이 있은 후 피고인들의 최후진술이 약 2시간 정도 계속되었다. 최후진술이 시작되기 직전 민주당의 김영삼 총재가 김덕룡 비서실장의 안내로 법정에 들어와 방청석 맨 앞줄에 앉았다. 김 총재의 모습을 본 누군가가 박수를 단 한 번 '짝' 쳤으나 아무도 그에 호응하는 사람들은 없었다. 법정에 나와 있는 방청객들의 정치권에 대한 인식을 드러내 주는 에피소드였다.

"······조작된 긴장을 위해 쓰이는 5조 원을 문화비, 건설비, 공공투자비로 쓴다면 얼마나 좋은 나라가 되겠는가."(김태홍)

"……언론은 캄캄한 밤중을 달리는 자동차의 전조등과 같다. 그 자동차에는 국민 모두가 타고 있다. 재판장과 우리는 이 자동차의 전조등을 밝혀야 한다고 용감하게 말해야 한다."(신홍범)

"……우리가 공기 없이 살아갈 수 없듯이 언론의 자유, 학문의 자유 없이 민주주의는 살아날 수 없다."(김주언)

세 피고인이 최후진술을 하는 동안 방청객들은 잇달아 여운을 오래 끄는 박수를 쳐 그들에게 경의를 표했다.

《동아일보》기자들에 이어 5월 29일엔 140명의 기자들이 서명한《한국일보》기자들의 성명이 나왔다.

한편 세 구속 언론인이 천주교 서울대교구(교구장 김수환 추기경)가 제정한 '가톨릭자유언론상' 제1회 수상자로 선정되었다는 소식이 전해졌다. 5월 31일 명동성당에서 거행된 수상식에는 옥중의 남편을 대신해 부인들이 수상했으며 공로패와 1백만 원 씩의 상금이 수여되었다. 이 수상으로 인해 '보도지침' 사건은 더욱 유명해지게 되었다. 신문들은 가톨릭이라는 명분이 있어서인지《동아》,《중앙》,《한국일보》모두 주인 없는 시상식 정경을 보도했다.

국가보안법으로 구속시켜 놓고 유죄를 만들려는 당국의 입장과 '참언론인상(像)의 구현'으로 자유언론상을 시상하는 가톨릭의 입장, 이러한 사건들을 보도하는 현역 언론의 서로 엇갈리는 입장이 그대로 드러났다.

갈등 끝의 타협

6월 3일 오전 10시 113호 법정. 20여 명의 내외신 기자들과 200여 명의 방청객들이 입추의 여지 없이 들어찼다. 방청객들 중에는 첫 공판 이래 줄곧 공판을 지켜 온 낯익은 얼굴들이 많았다.

재판장은 "선고에 앞서 한마디 하겠다"며 이례적으로 심경을 토로했다. "검찰, 변호인, 피고인 모두가 재판이 진지하고 성실하게 진행되도록 노력해 준 데 대해 감사드린다. 본 재판장 역시 최선을 다했으나 능력이 부족한 탓에 재판 절차를 뜻대로 진행하지는 못했다"

이어서 재판장은 무죄 부분부터 말하겠다고 했다.

"'F-16기 인수식'과 '미 국방성의 핵 적재 전투기 각국 배치' 사실은 이미 국내 일간지에 보도되어 『말』지에 실릴 때는 기밀성을 상실한 것으로 외교상 기밀누설죄는 인정되지 않는다. 또 김주언 피고인이 소지한 『현대 사실주의』라는 책은 사회주의 계열의 고전적 리얼리즘을 내용으로 담고 있으나 바로 북한 공산혁명 노선과 계열을 같이 한다고 볼 수는 없다"

한 마디도 놓치지 않으려는 듯 법정은 조용했다.

"그러나 나머지 공소사실에 대해서는 유죄로 인정된다. 그 동기가 전·현직 언론인으로서 이 나라 언론 현실 및 발전에 관심을 가진 데서 출발한 것이라는 점을 참작, 피고인들에게 다시 국가 사회에 헌신할 수 있는 기회를 주는 것이 바람직하다고 본다. 김태홍 피고인에게 징역 10월, 다만 형의 집행을 2년간 유예한다. 신홍범 피고인 선고를 유예한다. 김주언 피고인 징역 8월 자격정지 1년을 선고한다. 다만 형의 집행을 1년간 유예한다"

선고가 끝나자 방청객들은 누가 먼저랄 것도 없이 모두 자리에서 일어서 퇴정하는 재판장을 향해 박수를 보냈다. 판결이 만족스러워서라기보다는 결국 한 개인에 불과한 재판장이 그동안 보여 준 성의와 공정성을 위한 노력, 갈등에 대해 동정과 격려를 보내는 듯했다.

변호인단의 표정은 밝지 않았다. 선고유예든 집행유예든 무죄가 아닌 유죄판결이었기 때문에 재판장의 판결이 '갈등 끝의 타협의 산물'인 것으로 받아들여 항소의 뜻을 밝혔다.

그러나 어차피 재판 결과에 큰 기대를 하지 않고 있었던 가족과 친지들은 일단 석방되어 나온다는 것이 기쁜 듯 세 사람 주위로 몰려들어 교도관들의 제지를 뚫고 부둥켜안고 손을 흔들고 했다. 이날 저녁 마포구 공덕동에 있는 언협 사무실에는 석방되어 나온 세 언론인을 보기 위해 몰려드는 동료, 친지들로 잔칫집같이 붐볐다.

이날 있는 선고공판 사실과 재판장에게 박수를 보낸 방청객들의 이야기는《동아》,《중앙》,《한국일보》모두 박스기사까지 따로 써서 호의적으로 보도했는데, 특히《동아일보》는 보도통제가 되는 와중에도 나름대로 '보도지침' 사건을 보도하려는 성의를 보였다. 그러나《조선일보》는 유독 '보도지침' 사건에 대한 '보도지침'을 충실히 이행, 계속 침묵을 지켰다.

4부
『말』 특집호 : '보도지침' 원문

보도지침이란 어떤 것인가
—권력과 언론의 '여론조작' 합주곡

이 '보도지침'(홍보조정지침)은 문화공보부 홍보정책실이 하루도 빠짐 없이 각 신문사에 은밀하게 '시달'하는 보도통제 '가이드라인'이다. 홍보정책실은 이 '보도지침' 속에서 '가(可), 불가(不可), 절대(일체) 불가'라는 전단적(專斷的) 지시 용어들을 구사하면서 사건이나 상황, 사태의 보도 여부는 물론, 보도방향과 보도의 내용 및 형식까지 구체적으로 결정, 시달한다. 또 이 지침을 충실하게 따르는 제도언론(신문)은 취재한 뉴스의 비중이나 보도 가치에 구애됨이 없이 '절대불가'면 기사를 주저 없이 빼고 '불가'면 조금 미련을 갖다가 버리며 '가(可)'면 안심하고 서둘러 싣는다. 이 같은 빈틈없는 지시와 충실한 이행 과정 속에서 우리 주변은 '있는 것이 없는 것으로, 없는 것이 있는 것으로' 둔갑하는가 하면 '작은 것이 큰 것으로, 큰 것이 작은 것으로' 뒤바뀌는 어이없는 대중조작이 끊임없이 되풀이되고 있다.

홍보정책실의 실체

그렇다면 '보도지침'이라는 여론조작의 흉기를 거침없이 휘두르는 홍보정책실이란 과연 어떤 곳인가? 잘 알려진 바와 같이 현 집권세력은 지난 1980년 11월 언론통폐합 조치를 취한 데 뒤이어 12월 말에는 언론기본법이란 강력한 제도적 규제 장치를 마련, 언론통제의 고삐를 바짝 거머쥠으로써 언론의 조종과 이를 통한 대중조작을 정권 안보의 핵심적 지주(支柱)로 삼았다. 이에 따라 문화공보부 내에 홍보조정실을 신설하고 언론통제의 구체적 실무 작업을 담당하게 했다. 홍보조정실은 지난해 10월 11일 국무회의에서 문공부 직제 개정안이 의결됨에 따라 명칭이 홍보정책실로 바뀌고 이른바 정부 홍보의 정책적 검토와 예방 홍보를 위해 홍보기획관 3명이 보강되었다.

　문공부 직제 제8조에 의하면 홍보정책실에는 실장 밑에 홍보정책관(1명), 홍보기획관(3명), 홍보심의관(1명), 홍보담당관(7명)이 있어 정책관은 홍보정책의 기획·조정을, 기획관은 홍보활동의 조정을, 심의관은 홍보활동 성과의 분석·평가를, 담당관은 언론인의 취재·보도활동에 대한 협조·지원을 담당하고 있다고 한다.

　그러나 홍보정책실이 보도통제의 세부적인 일일지침을 마련해 전화로 각 신문사의 편집국 간부에게 계속 '시달'하고 있음에 비춰 볼 때 문공부 직제에 규정된 이른바 '홍보정책의 기획·조정'이나 '홍보활동의 조정', '홍보활동 성과의 분석·평가'가 과연 어떤 작업인가 하는 점은 쉽사리 알 수 있다. 또한 홍보담당관 7명의 역할이 '언론인의 취재·보도활동에 관한 협조·지원'이란 그럴 듯한 표현으로 규정되어 있지만 이들의 실제 역할이 어떤 것인가도 충분히 짐작할 수 있다.

　대부분 별정직 공무원(1~3급 상당)인 홍보정책실의 이들 핵심요원들은 상당수가 언론인 출신으로 알려져 있다. 그러나 언론인 출신 외에 다른 유력 '기관' 출신이나 요원들이 홍보정책실에서 핵심적 기능을 담당하고 있는지 여부는 밝혀지지 않고 있다. 다만 '보도지침'에 '안전기획부 연락'이란 표현이 서너 차례(1985년 10월 30일, 11월 2일, 86년 7

월 20일) 나오는 것으로 미루어 이들이 언론통제에 관여하고 있다는 짙은 인상을 풍긴다.

'보도지침'의 충실한 이행을 뒷받침하기 위해서는 응분의 보답이 따라야 한다. 그 보답이 어떤 형태로 베풀어지는가는 자세히 알 길이 없다. 다만 지난해 정기 국회에서 나온 야당 의원의 질의는 홍보정책실의 예산이 매우 풍성함을 시사해 눈길이 끌리지 않을 수 없다. 유준상 의원(신민당)은 지난해 11월 15일 예산결산위원회에서 "홍보조정실(홍보정책실) 예산이 165억이나 된다는 설이 있는데 그 내역을 밝혀라"고 질의했다. 이 질의에 문공부 고위 관계자가 어떤 답변을 했는지는 알 수 없으나 홍보정책실이 시달한 이날의 지침은 이 질의 내용에 '보도 불가'라는 딱지를 붙였다.

보도지침의 내용

이 자료집에는 지난해 10월 19일부터 금년 8월 8일까지 약 10개월분의 '보도지침' 내용이 수록되어 있다. 이 기간 중에는 지난해 정기 국회의 '파란'과 '공전', 개헌서명운동을 둘러싼 현 정권과 야당 간의 대립, 신민당의 장외투쟁(개헌 현판식), 개헌 움직임의 구체화 등 정치적 격동과 대립의 반전(反轉), 타협이 연이어졌고 현 집권세력을 포함한 체제 전반에 대한 청년, 학생, 노동자들의 거센 투쟁과 이와 연관된 구속, 재판 사례가 꼬리를 물고 계속되었다. 또 민주·민중운동단체가 철저한 탄압을 받았고 교수들과 사회 각계의 시국선언이 연이어 터져 나왔으며 KBS-TV 시청료거부운동이 널리 확산되었고 최은희·신상옥 사건이 많은 사람들의 화젯거리가 되었으며 부천경찰서 성고문 사건과 독립기념관 화재 사건이 큰 충격을 던졌고 밖으로는 마르코스의

20년 독재체제가 허물어지면서 신선한 충격을 안겨 주었다. 이 모든 사건과 사태 진전이 이 '보도지침' 속에 빠짐없이 언급되고 있다.

'보도지침'에서 가장 빈번하게 사용된 단어는 '보도 불가'(보도하지 말 것)이다. 정치권력은 우선 그들에게 불리한 사건이나 사태가 널리 알려지는 것을 막는 데 언론통제의 역점을 두고 있는 만큼 '보도 불가' 란 용어가 이 지침에서 끊임없이 되풀이되는 게 오히려 자연스럽다 하겠다. 현 집권세력처럼 언론통제를 정권 안보의 핵심적 지주(支柱)로 삼고 있는 경우에는 더욱 그렇다. 그러나 교묘한 언론통제는 '보도 불가'만을 능사로 삼지 않는다. 통제라는 말이 자칫 보도의 억제만을 연상시킬 수 있겠으나 권력의 필요에 따라 보도의 내용이나 형태, 방향을 지시하고 유도하는 것이 오히려 더 빈틈없는 통제라 할 수 있다.

'보도지침'을 살펴보면 우선 지시 내용이 매우 치밀하고 구체적인데 놀라지 않을 수 없다. 한 가지 실례로 검찰이 부천경찰서 성고문 사건에 대한 조사 결과를 발표했던 7월 17일의 '보도지침' 내용을 보면 우선 기사를 사회면에 싣되, 기자들의 독자적인 취재 내용은 싣지 말고 검찰이 발표한 내용만을 보도하고 사건의 명칭을 '성추행'이라 하지 말고 '성모욕 행위'로 표현하라고 지시한다. 또 공안당국이 배포한 분석 자료 중 '사건의 성격' 부분에서 제목(즉 "혁명 위해 성(性) 까지 도구화")을 뽑아 주고 검찰 발표 내용은 반드시 전문을 그대로 싣되, 시중에 나도는 반체제 측의 고소장(변호인단의 고소장) 내용이나 NCC, 여성단체 등의 사건 관련 성명은 일체 보도하지 말라고 시달한다.

또 신민당의 인천 개헌 현판식 및 시위 사태에 대한 5월 3일 자 '보도지침'은 1면 톱기사를 한·영 정상회담으로 하고 시위 기사는 1면 사이드 톱기사나 사회면 톱기사로 처리하라고 지시한 후 기사 내용과 방향에 대해서 시위 주체를 '학생·근로자들의 시위'로 하지 말고 '자민투, 민민투, 민통련 등의 시위'로 하고 비판적 시각으로 다루되, 이같은 과격 시위를 유발한 신민당의 문제점을 지적하라고 시달한다.

신민당의 광주 개헌 현판식에 관한 3월 31일 자 '보도지침'은 사진이나 스케치기사 없이 관례대로(즉 서울과 부산 현판식 때 지시한 대로) 2단 기사로 보도하되 시위 군중들이 광주의 직할시 승격을 축하하는 아치를 불태우는 사진은 사회면에 쓰도록 지시한다.

이상의 '보도지침' 사례는 보도하지 않을 수 없는 사건이나 사태에 관한 것이다. 즉 특정 사건이나 행사, 대회가 이미 널리 알려져 보도하지 않을 경우 유언비어의 확산이나 불신의 심화로 오히려 역효과를 자아낼 소지가 있을 때는 보도의 내용과 형식을 사전에 결정, 특정한 방향으로 유도함으로써 달갑지 않은 사건의 파장이나 충격을 가능한 한 축소, 완화시켜 빨리 가라앉히겠다는 계산이다. 물론 3가지 사례와는 달리 역효과를 자아냄이 없이 간단히 처리할 수 있는 사건은 거리낌 없이 보도 불가의 딱지를 붙여 묻어 버린다. 이 '보도지침'에는 그러한 사례가 수없이 등장한다. 이 밖에 독자들의 눈에 쉽사리 띄지 않도록 '조그맣게' 1단 기사로 보도하라는 지시도 적지 않게 눈에 띄는데 이런 사례는 묻어 버리자니 찜찜하고 그대로 두자니 혹 무딘(?) 기자들이 눈치 없이 2~3단으로 키울지 모른다는 걱정에서 1단 기사로 못을 박아 주는 경우도 많다.

이상의 경우가 소극적인 '보도 가(可)'(보도 허용)라면, 정치면이나 사회면의 톱기사나 사이드 톱기사로 터무니없이 커지는 경우는 적극적인 '보도 가(可)'이다. 이에는 두 가지 종류가 있어 정부 시책이나 특정인의 부각과 같은 이른바 홍보 차원의 요구가 그 하나이고 반체제나 반대세력의 특정한 움직임을 왜곡·과장하거나 전가·오도시켜 상대적으로 유리한 국면을 조성하려는 기도가 다른 하나이다. 현 정권의 언론통제 솜씨는 상당한 수준에 올라 있어 현상의 핵심과 본질을 은폐, 왜곡하는 대신 지엽말단을 과장, 부각시키는 형태로 여론을 오도하는 방식을 언론통제의 주요 수단으로 활용하고 있다.

청년, 학생, 노동자들과 민주·민중운동단체 활동가들의 거센 투쟁이 처참한 고문과 국가보안법 위반 혐의로 투옥을 결과한 사례는 적지 않았고 그때마다 소위 이들의 '주장과 활동'이 한껏 왜곡된 채 사회면 톱기사나 아니면 '눈에 띄게' 보도, 부각되었으며 이에 곁들여 정체불명의 공안당국 분석 자료가 사회면 오른쪽 지면에 박스기사로 실렸다. 서울대 '민추위' 사건과 연관되었다는 '민청련' 전 의장 김근태 씨 사건이 그 대표적인 경우이다(1985년 10월 29일 자 '보도지침'의 해설 부분 참고). 지난해 11월 초 종교계, 재야단체, '민추협', 신민당이 함께 구성했던 '고문 및 용공 조작 저지 공동대책위원회'는 바로 그 같은 기도에 대항하기 위한 조직이었다.

보도지침과 제도언론

이 '보도지침'을 다 읽은 독자라면 누구나 "아니, 이럴 수가……" 하는 경악과 분노에 사로잡힐 것이다. 어떤 독자는 "이렇게 통제를 하니 모든 신문이 저마다의 특성을 잃고 비슷비슷해졌구나"하고 느낄 것이고 또 현 정권의 언론통제를 어렴풋이 짐작하고 있는 독자는 "그래도 이렇게까지 철저하게 통제할 줄은 미처 몰랐다"고 생각할 것이다. 그러나 모든 독자의 공통적인 느낌은 아마도 "이젠 신문 볼 맛이 없어졌다"는 것이리라.

독자들의 탄식은 여기서 자칫 신문에 대한 동정이나 연민으로 이어질지도 모른다. "이렇게 빈틈없이 얽어매 놨으니 신문인들이 어쩌겠냐"는 것이 그런 동정이나 연민의 표현일 수 있다. 그러나 이런 지침의 시달이 어제, 오늘의 일이 아니고 현 정권이 등장한 이후부터(형태는 약간 달라도 이미 70년대부터) 꾸준히 지속되어 왔다는 점에 주목해야 한다. 현 정권의 등장을 뒷받침한 80년대 초의 몇 차례 선거는 젖혀 두고 지난해 2·12 총선만을 생각해 보자. 총선과 같은 중대한 정치 행사는 국민 모두가 직접 참여하는 만큼 총선을 전후한 기간에 연일 떨어진 수많은 '보도지침'에 어떤 내용이 담겨 있을까는 쉽사리 짐작할 수 있다. 현 정권의 치밀하고 빈틈없는 정치적 계산과 의도, 대응이 담겨 있었을 것이다. 그러한 '보도지침'이 지면에 얼마나 충실하게 반영되었고 언론의 그 같은 충실한 지침 이행이 여론을 어떻게 오도했으며 또 국민을 얼마나 기만했는가를 생각한다면 제도언론에 선뜻 연민의 눈길을 보낼 수는 없을 것이다. 더욱이 언론 스스로가 "언제나 권력의 맞은편에 서서 민중의 소박한 신뢰에 의지해 그들의 소망을 담아내는 그릇이 되고자 하지만 권력의 핍박을 받고 있는, 선량하지만 나약한, 때로 기회주의적이지만 기본적으로 피해받는 자"임을 내세우고 또 그렇게 보아 주기를 끊임없이 요구해 왔다. 바로 이러한 언론의 기만적이고 위장된 모습이 동정과 연민을 자아내는 한 요인으로 작용했을지도 모른다.

그러나 한마디로 뚝 잘라 말한다면 언론은 이제 정치권력으로부터 일방적인 핍박을 받는 쪽이 아니라 현 정권과 손을 잡고 '홍보' 임무를 떠맡음으로써 억압적 통치기능의 일부로 편입되었다. 그리고 지금 이 순간에도 '보도지침'은 계속 시달되고 그 내용은 지면에 충실하게 반영되며 그 연결 속에서 온갖 은폐와 왜곡은 춤을 춘다.

이 '보도지침'의 공개에 대한 현 정권의 대응이 어떠할 것인가는 어렵지 않게 짐작할 수 있다. 우선 날조로 몰아붙일 가능성이 많다. 국회의 대정부질의 때 장관들이 애용하는 상투적 표현을 빌린다면 그 같은 언론통제나 '보도지침' 시달은 "있을 수도 없고 있어서는 안 될 일"이란 시치미가 나올 법도 하다. 이렇게 잡아떼다가 오히려 역효과를 자아낼지 모른다고 판단되면 '보도지침'을 시달한 것이 아니라 어디까지나 언론의 자발적 협조를 구하기 위한 '언론협조요청'이라고 둘러댈 가능성도 있다. 또 '보도지침' 문제를 규탄하는 성명이 나오거나 국회와 같은 제도 정치권 내에서 거론될 때는 역시 '보도지침'으로 보도를 통제할 것이 분명하다. 그때의 보도통제 지시 용어는 가장 강도 높은 '일체 불가'가 될 것이다.

용어 해설

제목

▷컷: 제목을 특별히 눈에 띄게 하기 위해서 검은 바탕에 글자를 희게 한 것을 말한다. 물론 컷의 형태는 바탕에 무늬를 넣는다든지, 엷은 무늬를 깔고 검은 활자를 쓴다든지 하는 여러 가지 변형이 있다. 각 면의 머리기사들은 거의가 제목을 컷으로 처리한다.

▷제목의 효과: 이 '보도지침' 중에는 어떤 내용은 "제목에 쓰지 말라"라든지 "제목은 한 줄 내지 두 줄로 하라"는 말들이 자주 나온다. 이런 지시는 왜 하는 것일까?

실제로 대부분의 독자들은 신문을 펼치면 먼저 제목부터 대강 보고 난 후 자기의 관심을 끄는 기사를 읽게 된다. 그러므로 어떤 중요한 사실이 있더라도 제목에는 엉뚱한 소리를 늘어놓고 기사 속에 슬쩍 집어넣으면 보지 않고 지나치는 경우가 많게 된다.

또 제목을 달더라도 한 줄 내지 두 줄로 조그맣게 달아서 한쪽 모퉁

이에 몰아넣어 버리면 그 내용을 보았다 하더라도 별로 인상에 남지 않게 된다.

야당이나 평소 정권의 눈에 거슬리는 사회단체들이 중요한 행사를 하거나 할 때 이렇게 처리하는 경우가 많은데, 아무리 그것이 중요한 내용이라 하더라도 실제로 신문에 조그맣게 처리해 버리면 독자들에게는 별것 아닌 것 같은 느낌이 드는 것이다.

기사

기사는 성격이나 형태에 따라 스트레이트, 해설, 스케치, 가십, 박스기사로 나눌 수 있고 기사의 비중이나 크기에 따라 톱기사, 사이드 톱기사, 1~5단 기사 등으로 분류된다.

▷스트레이트기사: 주로 1면(정치면), 2면(경제면), 11면(사회면)에 실리는 기사로서 일어난 사건이나 상황, 사태 진전에 관해서 쓴 것.

▷해설기사: 사건이나 상황을 배경까지 더듬어 풀어서 설명하는 기사

▷스케치기사: 사태의 분위기나 정황을 전하는 보도형식이다.

▷가십기사: 뒷이야기 거리들을 다루는 기사로서 주로 정치, 경제 관계 가십기사가 많다.

▷박스기사: 기획기사나 해설 및 분석기사 따위를 4각 형식으로 칸을 질러 싣는 것을 말한다.

▷톱기사: 각 면의 오른쪽 맨 윗부분에 실리는 머리기사로서 그 면에서 가장 비중이 큰 기사이다.

▷사이드기사: 각 면의 왼쪽 윗부분에 실리는 기사로서 톱기사 다음으로 비중이 크다.

▷기사의 단(段)수: 1단, 2단, 3단 등의 기사 단수는 제목의 크기에 따라 결정된다.

▷간지(間紙): 일반적으로 1, 2면과 11, 12면 사이에 끼어 있는 지면을 말한다.

[참고] 『말』 '보도지침' 특집호를 발행할 당시에는 현재와 달리 세로쓰기 편집을 했다. 톱기사, 사이드기사 설명에서 왼쪽과 오른쪽이 차지하는 중요도가 현재와는 차이가 있다.

사진

사진은 보도에서 매우 중요한 구실을 한다. '보도지침'에서는 사진을 쓰지 말라는 지시를 수없이 되풀이하고 있는데 사진을 쓰면 그 사건에 관한 관심이 높아지기 때문에 이를 피하기 위해서이다.

또한 어떤 사진을 쓰느냐도 매우 중요한 문제이다. 학생이나 노동자의 시위 장면은 항상 학생들이 경찰에게 과격한 행동을 하거나 폭도 같은 느낌을 주는 사진을 TV나 신문에서 쓰고 있다. 세상 모르는 사람들은 양순한 경찰들이 언제나 학생들에게 두들겨 맞고 사는 것으로 생각될 만큼 교묘하다.

보도지침 전문(全文): 1985년 10월~86년 8월

1985년 10월

"농촌 파멸 직전" 보도하지 말 것

10. 19.

• 최근 연행, 억압 사건에 관한 건.

① 김영삼, 이민우 민추협 사무실에서 기자회견.

② 이 회견에 합류하려던 김대중, 문익환, 송건호 씨 등 재야인사, 가택연금.

③ 이 회견과 관련한 미 국무성 논평.

　이상 3건은 일체 보도하지 말 것

　　해설 이날 이민우 신민당 총재와 김영삼 '민추협' 공동의장은 '민추협' 사무실에서 가진 공동기자회견에서 "재야인사, 언론인, 운동권 학생, 노동자 등에 대해 연행 및 가혹 행위가 잇따르고 있다"고 말하고 "반인간적이고 반문명적인 고문 행위와 인권유린 행위는 이 땅에서 영원히 추방되어야 한다"고 역설했다.

• 북한 부주석 박성철, 유엔서 연설.

① 오늘 아침 조간 수준의 내용으로 하되 스케치성 기사는 보도하

지 말 것.

② 박의 연설 중 △"남북대화, 유엔 동시 가입, 리셉션 취소"등은 보도해도 좋음. △"한반도에서의 외세 추방, 정치·군사동맹 가입 반대, 비핵지대 설치, 외채 해결기구 설립"등은 보도하지 말 것.

※한국 특파원들과 일문일답 내용도 보도하지 말 것.

• 중공인 2명 대만 보낸 것, AFP 보도내용은 게재 말 것(18일 인천서 보냄). 내일 외무부서 발표 예정.

• 국회 관계

① 김한수 의원(신민) 질문 중 △김근태('민주화운동청년연합' 전 의장), 허인회(고대 총학생회장) 등 고문 행위 △광주의 홍기일에 이어 경원대의 송광영 군 분신자살, 서울대 오정근의 의문의 자살 △올 들어 농민 연 32회, 15,000명 시위, 이는 동학란 이래 최대의 농민 저항 △국민의 95%가 군부 통치 아닌 문민 통치 희망
이상의 내용은 보도하지 말 것.

② 신민선 의원(국민) 질문 중 △농촌 파멸 직전, 매년 60만 명이 이농(離農) △"정부가 광부들을 살인하고 있다"등의 내용은 보도하지 말 것.

10. 20.

• 대통령, 민속박물관, 현대미술관 시찰. 충실하게 보도해 주기 바람.

• 기능올림픽 6연패.
특히 일본서 올린 쾌거이므로 크게 보도 요망.

• 한미 무역마찰.
기사나 제목 냉정하게 다뤄 줄 것. 가급적 1면 톱을 피해 주었으면 좋겠음. 내주에 브리핑 예정.

- 북한, 국회회담(11월 초) 제의.

  발표 때까지 보도하지 말 것.
- 민족중흥동지회

  고 박 대통령 6주기 추도 행사. 사회면에 크지 않게(사진도 크지 않게) 보도할 것. 특히 '민족중흥동지회 주최'라는 표현이나 제목은 뽑지 말 것.
- 월드컵 축구 예선 1차 한·일전에서 승리해 대통령이 선수단에게 전화했으니 1면 톱기사로 써 주었으면 좋겠음.
- 일본 요미우리 신문

  "뉴욕서 노신영·박성철 회담 위해 양측 실무자 비밀회담, 한국이 응하면 이루어질 것" 이 내용은 보도하지 말 것.

특파원들 기사 빨리 사전검열 받을 것

10. 21.

- 한국은행이 발표한 "지난 4개월간 경상수지, 계속 흑자" 1면 톱기사로 다뤄 주기 바람.
- 국회 대법원장 탄핵안.

  ① 제안 설명 등 요지, 별도 기사로 싣지 말 것.

  ② 요지 등은 스트레이트(사실보도)기사 속에 포함시킬 것.

  ③ 기사 단수는 적게(가급적).

  [해설] 신민당은 유태흥 대법원장 탄핵소추결의안 제안 이유에서 "대법원장은 정부권력의 남용에 제동을 걸어 인권보장에 기여하는 판결을 한 법관에겐 불리한 인사 조치를, 사법에 의한 인권침해의 판결을 한 법관에겐 우대 인사 조치를 해 왔다"고 주장하고 이 때문에 정부권력

의 횡포와 남용으로 위축된 전체 법관으로 하여금 더욱더 법과 양심에 따라 독립해 재판할 수 없게 한 과오를 빚었다"고 밝혔다. 이 탄핵소추결의안은 이날 오후 본회의 표결에서 95 대 146으로 부결 처리되었다.

- 신민당 개헌시안 마련.

  내일 정무회의에서 확정될 때까지 일체 보도하지 말 것.

- 노신영 총리, 유엔 연설(한국시간 22일 오전 5:45~6:00)(현지시간 21일 오후에 17번째로)

  연설 전문 미리 배포할 것이니 23일 자 신문에 취급할 것.

- 유네스코 소피아 총회 관계

  특파원들의 총회 결산 기사는 비정치적 풍물 등 섞어서 15매 한으로 허용, 가급적 빨리 사전 심사(검열) 받을 것.

10. 22.

- 노신영 국무총리 유엔 연설.

  외교 및 통일정책에 관한 우리 입장 재천명, 대외적 선언의 의미가 있으므로 반드시 1면 톱기사(사진 넣어)로 보도할 것. 간지(間紙)에 요지와 해설보도 바람.

야당 질문은 내용 빼고 '그저 했다'고 보도할 것

- 국회 송천영 의원(신민) 질문 대목.

  일부 문제된 독한 내용을 뺐다고 하나 나머지 내용도 기사나 발언 요지 보도에 넣을 수 없는 내용이므로(유언비어의 집대성) 그저 했다는 정도로 보도하기 바람.

해설 유언비어의 '집대성'이어서 보도해서는 안 된다는 송천영 의원의 발언 요지는 ① '광주사태'의 진상 규명과 책임자 처벌, ② 최근의 노사관계 악화는 현 정권이 입법회의를 통한 노동관계법 개악(改惡) 이후 5년간 임금동결 정책을 강행하고 노동자들의 기본 권리인 노동3권을 완전 봉쇄했기 때문임, ③ 민주인사에 대한 부당행위 해명, ④ 전북 부안의 '소값 폭락 피해 농민대회'에서 공무원과 새마을 지도자까지 동원한 경찰의 폭력행위 진상 규명, ⑤ 김대중 씨 사면·복권 요구 등이었다.

• 신민당 정무회의 개헌 시안 확정.

  간략하게 1단으로 보도하기 바람.

10. 23.

• 국회 대정부 질문(경제 부문).

  ① 자극적인 내용은 제목이나 발언 요지 보도에 넣지 않도록.

  ② 발언 요지 보도량도 많지 않게.

10. 24.

• 노신영 총리, 박성철 만난 것(뉴욕).

  ① 1단으로 보도할 것

    톱기사로 올리는 것은 너무 크니 1단 기사가 적당. 양자 만난 것에 의미를 부여하지 말 것.

  ② 정 총리 공보관, 남북회담에 관한 현지 해명이나 코멘트(논평)는 1단 기사로 보도할 것.

• 미, 북괴 학자 3인에게 비자 발급.

  사실보도만 할 것. 해설기사는 쓰지 말 것. 북한학자 인터뷰, 스케치, 논문 내용도 보도하지 말 것. 학술회 자체는 보도해도 무방. 민간 레벨의 한·미·북한 3자 회동이라는 식으로 보도하지 말 것.

- 대사 3명 임명.
  각의 통과했으나 대통령 재가가 아직 안 나왔으니 재가가 날 때까지 보도 보류.
- 김영남 북괴 외상, 뉴욕서 회견.
  "88올림픽 공동 개최 안 되면 동구(東歐) 불참 권유할 것"이라는 내용은 보도하지 말 것.
- 국회, 오늘 발언자 중 김봉호 의원(신민) 질의 중
  ① 우리나라에는 군(軍), 재(財), 지(地) 등 3벌(閥)이 있다.
  ② "도시민의 저항은 데모와 폭력이고 농촌, 농민의 저항은 자살과 죽음이다"라는 발언 내용은 삭제할 것.
  ③ 선경(鮮京)의 유공(油公) 주식 매입 경위 등에 대한 추궁은 보도하지 말 것.
- 서울에 와 있는 공산권 선수들, 인터뷰하지 말 것.
  해설 제5회 세계 주니어 여자 핸드볼 선수권대회 출전하기 위해 입국.

"국회의원 미행, 도청 말라" 보도하지 말 것

10. 25.

- 국회 야당 의원 보좌관 3명의 검찰 소환으로 국회가 유회(流會), 공전된 것.
  ① 스트레이트 3~4단 기사로 보도할 것.
  ② 스케치기사는 안 되고 해설 박스기사는 좋음.
  ③ 야당 의원들의 의사진행, 신상발언 등을 모은 박스기사는 보도하

지 말 것.

> [해설] 김태룡, 김정길, 송천영 신민당 의원의 보좌관 3명을 검찰에서 소
> 환한 것은 15, 16일의 본회의 대정부질의(정치 분야) 원고를 사전 배포
> 한 문제와 관련된 것인데 그 직후 민정당 일각에서 '국회단명론'까지
> 띄워 올려 은근히 위협적 분위기가 조성되었다.

• 재미 박한식 교수가 중국 하얼빈-여순 등 안중근 의사가 있었던 감
  옥 사진을 독립기념관에 기증했는데 독립기념관 개관할 때까지 보
  도하지 말 것.
• 이재형 국회의장 "정부는 국회의원을 미행, 도청, 잠복하지 말라"는
  표현을 보도하지 말도록.

10. 28.

• 국회부의장 선출.
  여당 때문에 혼선이 있는 듯한 보도는 삼가할 것.
• 미 조지워싱턴 대 학술세미나
  북괴 학자 논문을 인용 보도하지 말 것.
  세미나가 열렸다는 것과 누가 누가 참석했다는 것만 보도할 것.
• 일본 산케이신문의 시바다 논설위원이 쓴, "한국의 개헌 주장, 성급
  하기 그지없다"는 내용의 사설은 눈에 띄게 적절하게 보도해 주기
  바람.

> [해설] 불과 10개월 전만 해도 현 정권은 개헌에 대해 알레르기적인 기피
> 현상을 보여 개헌이라는 말 자체도 꺼내지 못하게 철저하게 금압하는
> 한편, 이처럼 일개 외국 신문의 무분별한 사설 내용을 외부의 일반적
> 시각인 양 왜곡, 과장 보도하도록 지시했다. 현 집권세력은 정권유지
> 에 다소라도 동정적인 기사라면 그 기사를 게재한 매체가 아무리 무

책임하고 보잘것없는 것이라 할지라도 마치 외국의 권위 있는 보도매체인 양 왜곡해서 과장 보도하도록 지시하기를 일삼고 있다.

김근태 출신 배경 반드시 넣을 것

10. 29.

• 검찰이 발표한 민주화추진위원회('민추협'이 아닌 '민추위') 이적 행위 관계.

① 꼭 1면 톱기사로 써 줄 것(부탁).

② 주모자인 김근태 가족의 월북 상황, 출신 배경 등 신상에 관한 기사가 연합통신 기사로 자세하게 나올 것이니 꼭 박스기사로 취급할 것.

③ 해설기사도 요망.

해설 서울지검 공안부는 이날 학내외의 각종 시위와 위장취업 등 노사분규의 배후에 좌경용공 학생들의 지하운동단체인 서울대 '민주화추진위원회'(민추위)가 있음을 밝혀냈다고 말하고 이 단체의 위원장인 문용식 군(26세, 서울대 국사학과 3년 휴학) 등 관련자 26명을 국가보안법 위반 혐의로 구속했다고 발표했다. 그러나 검찰 발표의 핵심은 문용식 군과 '민주화운동청년연합'(민청련)의 전 의장인 김근태 씨의 관계였다. 검찰은 2월 하순경 김근태 씨가 문용식 군과 만나 폭력혁명 방법론 등에 대한 좌경 의식화 학습을 시키며 '민추위'의 불법 활동을 고무, 격려해 온 것을 밝혀냈다고 발표했는데, 문 군은 지난 8월에 경찰에 잡히고 김근태 씨는 9월 4일 구류를 살던 경찰서에서 곧바로 치안본부로 연행되어 혹독한 고문을 받고 9월 26일 검찰로 송치되었다. 이날 6개 중앙 일간지는 1면 톱기사나 사이드 톱기사로 이 사건을 보도하고 또 간지(주로 10면)에 연합통신이 제공한 김근태 씨의 가족 배경 기사와 검찰 수사 발표문을 일제히 게재했으며 다시 검찰 발표문 한가운데에 김근태 씨를 배후조종자로 낙인찍어 문용식 군 바로 위에 얹어 놓은, 이른바 '민추위' 체계도를 똑같은 형태로 빈틈없이 그려 넣었다. 이 사건이 '민청련'에 대한 전면적 탄압의 신호탄이 되었음은 그 이후의 상황으로 확인되었다.

　김근태 씨는 과연 문용식 군의 '배후조종자'인가? 이에 대한 명백한 답변은 1986년 2월 17일 서울형사지법 118호 법정에서 진행된 김근태 씨 사건 제8차 공판에서 있은 문용식 군에 대한 검찰 측 신문과 변호인의 질문 과정에서 다음과 같이 나타났다.

검사: 증인은 작년 2월 하순 오후 5시 비원 옆 옥호불상의 레스토랑에서 김근태와 최민을 만난 사실이 있죠?

문용식: 사실이 아닙니다.

검사: 어떻게 사실이 아닙니까? 만난 사실이 없다는 겁니까?

문용식: 네.

변호인: '민청련'과 관련도 없고 김근태도 모르면서 치안본부 자술서에서부터 85년 2월 말경 최민, 김근태와 셋이 만났다고 진술한 경위는 무엇입니까?

문용식: 제가 체포되자 수사당국의 초점은 삼민투에 관한 것으로 "삼민투를 만들라고 지시한 사람이 누구냐?", "미문사건 등을 지시한 사람이 누구냐?", "씨·엔·피 얘기를 구체적으로 교양한 사람이 누구냐?"가 수사 초점이 되었습니다. 그 사람들은 고문만 하면 황금 알이 쏟아진다고 생각하고 있었습니다. 내가 체포됐을 때는 이미 제가 민추위장으로 되어 있고 '민청련'은 '민추위'의 상부조직이고 민청련 회원인 나는 김근태 의장과 지시-피지시 관계인 것으로

되어 중점적으로 수사가 이루어졌습니다. 그들은 고문을 하여 어거지로 질문을 했는데, "7월 이후 도피하며 평양으로 도피했지. 접선 장소는 어디였어?" 이런 질문을 하며 몸을 발가벗겨 칠성판 위에 눕힌 후 안전벨트로 손가락, 발가락만 움직일 수 있게 묶고 실신할 때까지 물을 부어 마치 몸을 묶고 물속에 빠뜨려 놓은 상태에서 "DJ(김대중 씨)를 만나 지시받았지", "장기표를 만나 삼민투 지시받았지" 등 어처구니없는 질문을 퍼부었습니다. 이런 상태에서 만약 김대중 씨를 한 번이라도 만났더라면 "네 그렇습니다. 그 사람에게 지시받았습니다"라고 얘기할 수 밖에 없었습니다. 김의장 얼굴을 아는 게 죄였겠지요. "만나서 뭐 했어", "개인적으로가 아니라 집단적으로 총회 때……", "이놈 이제 풀렸어" 하며 다시 고문하면 "네, 2~3번 만났습니다"로 바뀌어 "네, 개인적으로 3번 만났습니다"로 됩니다. 그리고 그들 얘기대로 날짜가 정해집니다. 또한 미문화원 전에 김근태 의장을 만나 5월 투쟁과 미문화원 점거 지시를 받은 걸로 조서가 작성되고, 삼민투 구성 전인 성원제강 시위 때 김 의장을 만나 삼민투 조직을 지시한 것으로 조서가 작성되는 등 이런 식으로 조서가 작성되었던 것입니다.

　김근태 씨가 문용식 군에게 폭력혁명방법론 등에 대한 좌경의식화 학습을 시켰다는 검찰 발표 내용은 바로 문 군의 진술에 의해 허위였음이 명백하게 밝혀졌다. 그러나 이 같은 사실은 4개월 후인 2월 17일에야 밝혀졌고 그 사이 김근태 씨는 배후조종자로 철저히 낙인이 찍혔다. 이 같은 경우가 전형적인 용공 조작 사례이며 용공 조작은 참혹한 고문에 의존하기 때문에 재야단체, 종교계, '민추협', 신민당은 검찰 발표 엿새 후에 '고문 및 용공 조작 저지 공동대책위원회'를 구성했다.

10. 30.

• 안전기획부 연락.

북한의 11월 1일 국회회담 제의에 우리 측 12월 18일 이후 수정 제
의에 즈음하여, 내외통신에 "북한의 최고인민회의(소위 국회)는 허
구"라는 해설기사를 실었으니, 적절히 다뤄 주기를.

• 문공부 요망(이원홍 문공 장관)

① 문화대회 치사 내용, 박스기사로 취급 요망.

② 행사 내용은 간지에서 취급해 주기 바람.

③ 대통령, 문화계 인사들과 가진 오찬은 충실하게 취급해 주기 바
람.

주일대사 '일본 천황 방한 초청' 보도하지 말 것

10. 31.

• 영국《파이낸셜타임스》지가 보도한 "한·중공 합작회사 설립" 기사
는 보도하지 말 것.

• 일본 공동통신과 NHK가 보도한 이규호 주일대사의 "일본 천황 방
한 초청" 운운한 기사는 보도하지 말 것.

• 이 문공 장관이 대한인쇄협회 창립 37주년 기념행사에서 치사한 내
용, 적절하게 보도 바람.

• 내일 보안사, 간첩사건 발표.

오늘 UPI 통신에 보도됐다가 취소되었음. 사전에 보도하지 말 것.

• 영국 국제전략연구소가 발표한 '남북한 군사력 대등'은 제목으로
뽑지 말 것.

    해설 국제전략문제연구소는 1일 발간한 '85~86년 군사력 균형' 보고

서에서 북한이 한국에 비해 병력과 전투기 및 함정 보유수 등 양적인 면에서 전반적으로 우세하지만 한국은 경제력을 바탕으로 한 국력의 신장과 군사장비의 질적 우세 및 미군의 주둔으로 '전체적 균형'을 이루고 있다고 평가했다.

• 서울대 삼민제, 사진 쓰지 말기 바람.

11월

'군부 집권 가능성 20%' 보도하지 말 것

• 보안사, 간첩사건 발표, 크게 보도 요망.

• 오늘 하오 6연패한 기능올림픽 대표단 개선, 눈에 띄게 보도 요망.

• 미국의 사설 정보 자문기관인 '프러스트 설리반'사에서 10월 29일 '한국 정치 문제 분석' 발표.

(주요 내용)

① 향후 18개월간 쿠데타 가능성: 15%, 현 정권 집권 가능성: 65%

② 현 정권이 교체될 경우 노태우 집권 가능성: 50%, 야당 집권 가능성: 30%, 군부 집권 가능성: 20%

③ 정치 상황이 잘못될 경우, 88 정권 교체 저해 가능성

이상의 내용은 일체 보도하지 말 것.

• 서울대 학생 시위 기사

① 비판적 시각으로 다뤄 줄 것.

② 교수회의 사진은 1면에 싣지 말 것.

③ 학생 데모 기사 중 사회대 등 일부 학생의 수업 거부 움직임 등은

제목이나 기사에 쓰지 않도록. (학생 자극 우려)

　[해설] 금년 들어 가장 격렬했던 서울대 시위는 10월 31일 오후 2시30분
　경 총학생회 권한대행(미문화원 사건으로 구속된 김민석 군 후임) 손영진 군
　(원자핵공학과 4년)이 '민추위' 사건과 관련, 경찰 수배 중 사망한 우종
　원 군(사회복지과 4년)의 추모식을 주재하던 중 미리 교내에 들어와 있
　던 사복경찰 200여 명에 의해 강제 연행된 데서 비롯되었다. 경찰은
　손영진 군을 연행하기 위해 행사장에 최루탄 10여 발을 터뜨렸다. 이
　에 격분한 학생 3,000여 명은 "경찰 폭력에 의한 학원 탄압 중지하
　라!"는 구호를 외치면서 경찰과 격렬한 투석전을 벌였고 다시 본부 건
　물로 몰려가 "어용 총장·어용 교수 물러가라!"고 외치며 투석했다. 이
　중 1,000여 명은 이 날 밤 도서관에서 철야농성했다.

• 오늘 있은 김대중·김영삼·이민우 등 3자 회동한 사진을 싣지 말도
록.

11. 2.

• 3일 학생의 날을 앞두고 전국 대학생들 2일에 데모 예상. 학생의 날
과 관련한 데모 기사 보도하지 말 것. 단, 전국 13개 시도 학생의 날
기념 '학생 대축전'은 보도해도 좋음.

• 한국 수사기관이 간첩혐의로 지명수배 중인 이좌영, 함태수 부부(재
일교포), 10월 24일 뉴욕 착. 미 이민국의 비자 취소로 억류됐다가 10
월 31일 일본 귀환.
이 내용은 보도하지 말 것.

• 서울대 출신 야당 의원들이 박봉식 총장 방문, 사퇴 논의했다는 사
실은 1단 기사로 보도할 것.
사진은 쓰지 말 것.

- KBS, 월드컵 축구 대일전 이길 경우 내일 현장서 축하쇼 예정. 미리 보도하지 말 것.
- 안기부 연락 사항

  전국기독교 청장년 연합회, 전국 40개 교파 100여 명, 오늘 하오 3시 강남 유스호스텔에서 결성식. 적절하게 보도 바람.

11. 4.

- 새마을 본부 오늘 오전 9시, 4명이 침입해 입구서 화염병 3~4개 던지고 현관 유리창 깨다 강서경찰서에 연행.

  이 사실은 조사, 발표 때까지 보도 보류 요망.
- 3일(일요일) 밤 경찰, 연세대 수색(오늘 학생 시위 예고 있어서). 수색 결과 돌 0.5톤, 각목 10여 개, 플래카드 등 압수.

  치안본부에서 기자들에게 브리핑. 크지 않게 사실보도만 할 것.
- 내일 국회 등원 앞두고 여야 움직임.

  ① 신민, 민정 회의 균형 보도할 것. 특히 신민당 의원총회에서 나온 고문 관련 발언은 기사나 제목에서 모두 다루지 말 것. 또 '개헌'이란 표현은 제목에서 뽑지 말 것.
- 대학생들, 조선호텔 내 주한 미상공회의소 점거. 오후 1시 8분에 경찰에 모두 연행.

  ① 사회면 톱기사로 쓰지 말 것.

  ② 사진 쓰지 않도록.

  ③ 제목에 '서울대 민족자주수호투쟁위' 소속이라고 쓰지 않도록.

  해설 서울대, 연대, 서강대, 이대, 중앙대, 동국대, 단국대 등 7개 대생 14명(전학련 민중민주정부 수립 및 민족자주통일을 위한 투쟁위원회 소속)은 이날 오전 11시쯤 조선호텔 내 미상공회의소 서울사무실을 점거, "한

국민중 압살하는 미국자본 물러가라!", "민중생존 위협하는 경제침략 중단하라!"는 대형 플래카드를 내걸고 2시간 동안 농성을 벌이다 오후 1시쯤 경찰에 연행됐다.

• 기사 제목에 '호헌', '개헌'이란 문구는 일체 쓰지 말 것.

　　해설 부의장(조연하) 선출 파동으로 10월 29일부터 공전해 온 정기 국회가 5일부터 정상화되고 신민당이 상임위와 예결위 등 모든 원내 활동을 개헌투쟁과 연계시키면서 강력한 정치공세를 펴기로 결정하자 현 정권은 이때부터 심한 '개헌 알레르기'를 일으키면서 '개헌'은 물론, 그들이 강력한 의지를 표명한 '호헌'이란 용어조차도 철저히 기피했다.

'고문' 일체 보도하지 말라

• NCC, '고문대책위' 구성 사실은 보도하지 말 것.

　　해설 이날 구성 사실이 보도통제된 '고문대책위'란 종교계, '민주통일민중운동연합'(민통련) 등 재야단체와 '민추협', 신민당 등이 독자적으로 전개해 온 활동을 통합, '고문 및 용공조작 저지 공동대책위원회'를 구성한 것을 지칭하는 것이다. 김재준, 함석헌, 윤반웅, 홍남순, 이민우, 지학순, 문익환, 김대중, 김영삼 씨를 고문으로 추대한 이 대책위원회는 발기문을 통해 "최근 들어 애국학생, 노동자, 청년에 대한 대량 구속, 국가보안법 적용의 남용, 야만적인 고문에 의한 용공조작 등이 갈수록 극심해지고 있음에 대해 우리는 심각한 우려와 분노를 표명하지 않을 수 없다. 청년 지도자인 '민주화운동청년연합'(민청련) 상임위 부위원장은 고문수사에 견디다 못해 정신이상증세를 보이고 있고 고려대학교 총학생회장이자 전학련 삼민투위원장인 허인회

군을 비롯한 많은 애국학생, 민주인사들이 수사 과정에서 비인간적인 고문을 당했다고 한다. 우리는 현 정권이 민주화운동을 용공으로 매도하여 국민대중으로부터 분리시키기 위해 이 같은 고문을 자행하고 있음을 잘 알고 있다"고 밝혔다.

11. 5.

- 국회 내무위원회에서 전경환 새마을중앙회장이 새마을 본부에 대한 학생들의 화염병 투척 사건을 보고하고 질의에 답변한 내용은 보도하지 말 것.
- 서울시경. 오늘 오후 6시에 주한 미상공회의소(조선호텔 내) 학생 난입 사건의 처리 방침을 발표할 예정. 사회면 톱기사나 중간 톱기사로 다루지 않기를.(사이드 톱기사 정도가 좋다고 판단)
- 오늘 산발적인 학생 시위, 일일이 떼어서 보도하지 말고 묶어서 적당히 크지 않게 보도하기 바람.

11. 6.

- '민추협'과 '민추위'는 별개 단체이므로 '민추위'를 쓸 때에는 반드시 '서울대 민추위'로 표기할 것.

담배 수입, "미국의 압력에 의한 것 아니다"라고 쓸 것

11. 7.

- 북한, 서울 남북적회담 때 자국 비행기로 오겠다는 데 대한 우리 측 반응(거부), 기사 크기는 자유롭게 결정해서 보도하도록.
- 전기, 통신, 우편요금 인상을 보도할 때 제목에 몇 % 올랐다고 하지

말고 액수로 표현할 것.

예를 들면 '10원에서 20원으로' 인상되었다는 식.

- 전숙희 펜클럽 회장, 내년 총회 때 중공, 동구 작가들 초청.(보도하지 말 것)

- 재무부, 전매청을 전매공사로 바꾸기로 한 것.

  반드시 "미국의 담배 수입개방 압력에 의한 것이 아니다"는 점을 분명히 할 것.

11. 9.

- 별것 없음.

11. 11.

- 오늘 상오에 있는 민주화추진협의회 주최의 고문 보고대회는 보도 하지 말 것.

  해설 이날의 대회는 지난 4일에 결정된 '고문 및 용공조작 저지 공동대 책위원회'의 고문 보고대회로서 이 대회에 참석하려던 대책위 공동대 표들인 송건호, 계훈제, 김승훈, 박형규, 백기완 씨와 그 밖의 많은 재 야인사들은 가택연금되거나 경찰에 연행되었고 또 김대중, 김영삼 씨 는 신민당 부총재단을 위시한 30여 명의 의원들과 함께 대회장인 '민 추협' 사무실(서소문 소재)로 들어가려다 경찰의 저지를 받고 2시간 동 안 노상에서 대치했다.

- 노점상 2,000여 명에 금품 갈취, 사회면 2~3단 정도 다뤄 줄 것. 해 설은 쓰지 말고.

  해설 서울 중구청 건설관리과 가로정비계 소속 고용직 공무원들이 관 할지역 노점상 2,000여 명으로부터 장기간에 걸쳐 매월 3~5만 원씩

금품을 뜯고 폭행까지 저지른 사건.

- 중공 연변 한인자치주 가무단의 미국 공연 사실은 물론 사진도 보도하지 말 것.

'개헌'은 빼고 '특위'라고 표현할 것

`11. 12.`

- 국회 '개헌특위' 관계.
  '개헌'이란 문구는 빼고 그냥 '특위'라고 표현할 것.
- 민추협 고문항의 농성과 관련, 농성 사실 자체와 양 김 씨 동정, 김동영 총무 움직임, 부근 교통차단 사실 등은 오늘도 스트레이트기사나 스케치기사로 쓰지 말 것.
- 11일 저녁 서울 강동구 가락동 소재 민정당 정치연수원에 대학생 9명 들어가려고 시도하다 경찰에 연행되어 조사 중.
  기사 제목에서 "연수원에 들어가려고" 운운하는 표현 쓰지 말고 "서성거리다" 식으로 할 것.

언론사에 안기부, 보안사 요원 상주는 사실인가

`11. 15.`

- 예결위원회에서 유준상(신민) 의원이 질의한 다음 내용은 일체 보도하지 말 것.
  특히 언론정책 관계는 보도하지 말 것.
  ① 당국이 최일남(동아일보 논설위원), 김중배(동아일보 논설위원), 장명수(한국일보 여기자) 등에게 칼럼과 관련 경고했다는데 사실인가.

② 언론사 사장들 수시로 청와대 초치, 언론대책위 구성 사실인가.

③ 언론인 50여 명, 사생활 관련, 곧 제2 숙정한다는데 사실인가.

④ 각 언론사에 문공부, 안기부, 보안사 요원 상주하고 어떤 때는 최고 7개 부처가 관여한다는데 사실인가.

⑤ 홍보조정실 예산 165억설 내역 밝혀라.

⑥ 홍보조정실에서 각 신문의 제목, 기사 일일이 통보, 간섭한다는데 사실인가.

⑦ 이원홍 문공 장관이 지난번 수해 기사와 공무원 부정 기사 못 싣게 했다는데 사실인가.

⑧ IFJ(국제기자연맹)이 전 대통령에게 해직 언론인 복직건의서(공한)를 보냈는데 기자협회가 이를 협회보에 못 싣게 한 이유는?

⑨ 당국이 최근 서울대 시위와 관련, 2페이지짜리 '보도지침'을 각 사에 보냈다는데?

⑩ 선경이 유공(油公)을 인수한 배경을 밝혀라.

학생 시위 '적군파식 모방'으로 쓸 것

`11. 18.`

• 대학생들 "민정당 연수원 난입, 해산"

이 기사는 사회면에서 다루되, 비판적 시각으로 해 줄 것. 단, 사진은 구호나 격렬한 플래카드 등이 담긴 것은 피할 것.

<u>해설</u> 서울대, 고려대, 연세대, 성대 등 서울 시내 14개 대생 191명(여학생 57명)은 이날 오전 8시 서울 강동구 가락동 소재 민정당 정치연수원 본관 2층을 검거하고 6시간 동안 농성을 벌이다 경찰에 모두 연행됐다. 전학련 산하 '파쇼헌법철폐투쟁위원회' 소속인 이들 학생은 "파쇼

악법 철폐와 고문·정보정치 중단, 매판독점 자본 해체"를 주장했다.
한편 이날《경향신문》사회면 톱기사의 제목은 "일부 과격학생 폭력
시위, 일본 적군파식으로 극렬화"로 나왔다.
- 치안본부 발표. '최근 학생 시위 적군파식 모방'
  이 발표문을 크게 다뤄 줄 것과 특히 '적군파식 수법'이라는 제목을
  붙여 줄 것.
- 김 건설부 장관 회견. "일부 그린벨트 완화설 부인"은 제목에 크게
  실어 줄 것.

11. 19.

- 20일 대입고사. 치안본부의 입시 수송 작전 등 입시 관계 요란하게
  보도(예고)하지 말 것.
- 민정당 연수원 난입 학생 수사 관계 보도.
  ① 관련 사진 자극적인 것 피할 것.
  ② '영장 없이 가택수사' 등은 제목으로 뽑지 말 것.
- 목사 등 30여 명의 고문저지 보고회는 싣지 말 것.

'전투기 구매 관련 뇌물' 일체 보도하지 말 것

11. 20.

- 미 하원 에너지 통상위원회 소속 전문위원 3명 오늘 오후 9시 35분
  내한.
  이들은 한국의 F-15기 대미 구매와 관련, 뇌물공여에 따른 조사 청
  문(하원소위) 결과를 한국 정부에 설명하고 그동안 한국 측의 자체
  조사 내용을 듣기 위해 온 것. 방한 자체는 물론, 이들이 한국에 머

무는 동안의 움직임은 일체 보도하지 말 것.(11월 23일까지 머물 예정)

11. 25.

• 당국, 대학가의 지하 유인물 '민주선언', '백만학도' 등 분석. "현행 헌법 부인, 삼민통일헌법 주장……"

이 분석내용 발표는 박스기사로 처리하고 사회면에도 스트레이트 (사실보도)기사로 다룰 것.

> 해설 이날 석간 3개지(동아, 중앙, 경향)와 26일 자 조간 3개지(한국, 서울, 조선)는 "자유민주주의를 부정", "폭력으로 국가 전복 추구" 등의 제목으로 사회면에 4단짜리 스트레이트기사를 싣고 다시 사회면 오른쪽인 10면에 "시위차원 떠나 폭력투쟁 목표", "체제거부·전복 위한 투쟁" 등의 제목으로 당국이 분석한 '대학가 지하유인물의 이론과 전략'을 박스기사로 충실하게 보도했다.

11. 26.

• 예결위원회에서 신민당 의원들의 단상점거 관계.
① 야당은 "여당의 날치기 진행" 운운하나 사실과 다르므로 제목에서 '날치기'라는 표현 안 쓰도록.
② 이 사태를 비판적 시각으로 다뤄 줄 것.

• 앞으로 민추협 인사 발령은 물론, 민추협 관계 움직임은 보도하지 말 것.

• 사기 쿠데타설 관계.
① 검찰서 발표, 제공한 해설 자료에는 유언비어성 내용이 많으므로 제목에 그대로 옮기지 말 것.
② 박스물을 통해 "이 같은 일에 국민이 현혹, 사기당하지 말라"는

등 교훈적인 내용을 실어 줄 것.

> 해설 박재욱 씨 등 3명이 예비역 장군을 사칭하면서 "미국의 지원을 받
> 아 현 정부를 뒤엎고 집권하면 잘 봐주겠다"고 속여 재벌기업인, 전직
> 국회의원, 국영기업체 임원 등으로부터 거사자금 명목으로 9,000만
> 원을 뜯어냈다는 이른바 정변사기 사건.

• 《워싱턴타임스》지, "전두환과 김일성이 이달 중 어느 날 이미 판문
점에서 비밀리에 접촉, 요담했다"고 보도.
사실무근이므로 일체 보도하지 말 것.

11. 27.

• 국회 운영위에서 오늘 하오 2시부터 개헌특위 안에 대한 찬반토론
예정. 해설, 사설 불가. 1면 스트레이트(사실보도)기사는 3단으로 할
것. 꼭 엄수할 것.

11. 28.

• 국회기사 중
① '운영위'나 '특위안' 등을 1면 톱기사로 세우지 말 것.
② 운영위 찬반토론은 1면 3단으로 쓸 것.
③ 스케치기사 양을 많이 하지 말 것.
오늘은 엄수할 것.

> 해설 집권세력은 개헌특위안에 대한 운영위원회의 단순한 찬반토론에
> 대해서까지 이토록 긴장하면서 해설과 사설은 안 되고 스트레이트 기
> 사는 3단으로, 또 스케치기사량은 많지 않게 하라는 구차스런 주문을
> 하고, 그것도 미덥지 않았던지 "꼭 엄수"하라는 당부와 위협을 잊지
> 않는다.

시외버스 요금 "몇 % 올랐다"고 쓰지 말 것

11. 29.

• 시외버스 요금 등 인상 관계(평균 7.5~7.8% 인상)

제목에 "몇 % 올랐다" 하지 말고 'OO요금 인상' 또는 '액수' 등을 내세울 것.

• 스즈키 전 일본수상, 방한 후 귀국 기자회견 중, "전 대통령이 나에게 일본은 한반도 평화정착을 위해 한·중공 간의 가교 역할을 맡아달라" 운운은 보도하지 말 것.

11. 30.

• 전 대통령 '수출의 날' 치사. 1면 톱기사로 보도할 것.

• 국회 농성 관계

재무위 관계나 전체 기사에서 "여당의 법안 단독 처리 잘못" 식으로 표현하지 말 것.

해설 모든 원내 활동을 개헌투쟁과 연결시킨다는 방침을 세운 신민당은 새해 예산안을 심의하는 예결위원회와 개헌특위안을 다루는 운영위원회의 운영을 둘러싸고 민정당과 충돌을 빚다가 민정당이 개헌특위안의 운영위원회 계류와 예산안의 법정 시한 내 처리를 강행할 뜻을 보이자 29일부터 국회에서 철야농성에 들어갔다. 농성 4일째인 이날 아침 7시 6분 민정당 의원들은 국회의사당 1층 146호실에서 총 13조 8천5억 원 규모의 새해 예산안과 조세감면규제법 등 예산 부수 법안을 포함한 7개 법안을 처리했다. 예결위 전체회의와 국회 본회의를 차례로 열어 예산안을 처리하고 7개 법안을 통과시키는 데 소요된 시간은 총 2분. 그러고도 "변칙 날치기 통과"라고 하지 말고 "여당 단독 처리 강행"으로 기사 제목을 뽑으라는 지침을 내리고 있다. 이때 뒤늦게 알고 달려온 신민당 의원들이 146호실 문을 부수고 들어가 민정당 총무와 예결위 위원장의 멱살을 잡고 격렬한 항의를 한 것이 이른바 '의사당 폭력 사건'으로 규정되어 신민당 의원 7명이 기소되고 다시 KBS는 이 과정을 충실하게 촬영해 신물이 나도록 되풀이 방영한다. 기소 의원 7명 중 6명에 대한 공소 취소는 그로부터 9개월 후인 최근에야 야당에 대한 '큰 선심'으로 이루어졌다.

12월

예산안 변칙 통과, "책임은 야당에 있다"

12. 2.

• 국회, 여당 단독으로 예산안을 통과시킨 점과 관련, 다음과 같은 방향으로 제작 바람.

① 민정당은 예산안을 정상 처리하고 개헌특위 문제는 대폭 양보해서 오늘 새벽 최종안을 냈음에도 불구하고 협상을 외면한 채 야당은 국회를 정쟁(政爭)의 장으로 만들었다. 책임은 야당에……

② 여당은 정치의안과 예산안을 일괄 타결하려 했으나(즉 협상을 제의했으나) 야 측, 특히 김대중 측의 반대로 결렬됐음.

③ 예결위원장과 여당 총무를 야 측이 폭행, 경상을 입힌 것은 불법.

④ 야당으로 하여금 협상 결과를 준수하는 자세를 지키도록 언론이 유도할 것.

⑤ 예산안 처리 관계 기사 제목에 "변칙 날치기 통과"라 하지 말고 "여 단독 처리 강행"식으로 할 것.

- 3일 자와 4일 자 신문에서는 기왕에 북적 대표단도 와 있는 만큼 새해 예산 중 민생·복지 관계 사업 계획의 소개를 시리즈로 해 줄 것.
- 광주 미문화원 농성(난입) 사건은 사회면 톱기사로 쓰지 말 것.

> 해설 이날 오전 11시 50분경 광주시 황금동에 있는 미국문화원에 전남대생 4명과 전북대생 5명이 뛰어들어 문화원장실을 점거하고 "민중생존권 위협하는 수입개방 철회하라!"는 벽보를 써 붙이고 9시간 동안 농성을 벌이다 문화원 측의 공권력 개입 요청에 따라 투입된 경찰에 모두 연행됐다. 이들은 전원 '폭행', '집시법 위반', '방화 음모' 등의 혐의로 구속되어 광주교도소에 수감되었다.

- 북적 대표단 입경, 일정을 개시. 내일부터 회담 등 관련 기사들을 묶어 최소한 1면 사이드 톱기사로 할 것.

'88년 후계자 전망' 기사 쓰지 말 것

12. 12.

- 아래 사항을 연말 및 송년 특집에서 다루지 말 것.
  ① 개헌공방 전말.
  ② 남북대화에 관한 성급한 추측과 전망.
  ③ 재야권 현황.
  ④ 양 김 씨 인터뷰.
  ⑤ 88년 후계자 전망.
  ⑥ 88 올림픽 중계료 시비.
  ⑦ 각종 유언비어.
  ⑧ 농촌경제의 심각성.(소값 파동 등)
  ⑨ 중공기 불시착 사건.

⑩ 주미 대사관 무관 사건.

12. 13.

- 내일부터 지하철 중앙청역에서 실시되는 남북한 물품 비교전시회는 일체 보도하지 말 것.
- 사회정화위원회가 발표한 '겨울철 기강 확립과 검소한 연말연시 보내기' 지침, 잘 취급해 주기 바람.
- 인천 동보전기 근로자 14명, 한때 점거, 농성. 사진 쓰지 말고 사회면에서 조그맣게 취급 바람.
- 민추협, 인사발령 쓰지 말도록.
- '내년 경제운용 계획', 내일 부총리가 기획원에서 기자들에게 브리핑할 예정.(여당 측에서 취재해 사전에 보도하지 말 것).
- 민정연수원 농성 학생 관련 기사를 취급함에 있어, 제목에서 "교육……" 운운하지 말고 "특별선도 절차"식으로 뽑을 것.

국민당 등원, "사쿠라 아닌 독자 등원"이라고 쓰라

12. 17.

- 《워싱턴타임스》지 한국 주재 특파원 지모시 엘러 기자, 지난번 남북 정상회담 기사와 관련, 17일 출국조치. 이 기사를 다룰 때 "전 대통령과 김일성 회담……" 하지 말고 "남북수뇌회담과 관련한 허위보도로……"로 해 줄 것.
- 국회 관계 해설기사에서
  ① 신민당의 등원 거부는 "본분 사보타지, 구시대적 작태"라고 하고
  ② 국민당 등원은 '들러리', '사쿠라'라고 하지 말고 "민생법안을 처

리하기 위해 독자 등원했다"고 할 것.

> 해설 이른바 '의사당 폭력'과 연관된 신민당 의원 및 보좌관에 대한 수
> 사가 착수된 가운데 새해 예산안 날치기 통과와 개헌특위 문제로 민
> 정당과 날카롭게 대립해 온 신민당은 등원거부를 당론으로 확정 짓고
> 민정당은 국민당과 함께 12대 첫 정기 국회의 잔여회기 운영에 들어
> 가 이날 18개 안건을 처리하고 18일 정기 국회를 폐회한다. 신민당의
> 등원거부를 '구시대적 작태'로, 또 국민당 등원에 쏠린 국민들의 따가
> 운 시선을 "민생법안 처리 위해 독자 등원"이란 언론조작 형태로 호
> 도하려는 집권세력의 '구시대적 작태'는 궁색한 입장을 여실히 드러
> 내는 사례가 아닐 수 없다.

- 내외통신 보도, "16일 북한, 일본 사회당 전당대회에 축전." 이 사실
  을 적절히 보도 바람.

> 해설 민정당의 심명보 대변인은 지난 10월 5일 방일 중인 김영삼 민추
> 협 공동의장이 이사바시 일본 사회당 위원장과 만나 신민당과 사회당
> 간의 교류 문제를 협의한 데 대해 강력히 비판하는 장문의 성명을 발
> 표했다. 그 이후 신민당의 이시바시 사회당 위원장의 방한 초청 실현
> 노력은 정부의 비자 발급 거부로 결국 무산되고 만다.

12. 18.

- 신민당 이민우 총재 회견은 2단 이상으로 보도해서는 안 됨.
  제목에서 '군사독재', '유신잔당', '전대미문의 정권' 등의 표현은
  쓰지 말 것.

> 해설 회견요지는 국민의 개헌의사를 직접 확인하는 1,000만 명 서명운
> 동을 전개하겠다는 장외투쟁 선언.

- 민정연수원 점거 학생 석방 관계

① 스케치기사 쓰지 말 것.(버스 안에서의 행동이나 땅굴 등 전방 견학, 부모와 재회 모습 등)

② 사진은 출감 등 단순한 모습만 나오도록.

12. 19.

• 국회 폐회 후, 정국 전망 기사 중 제목에서 '장외대결' '원외공방' 등의 표현을 쓰지 말 것.

특히 '장외정치'를 부추기지 않도록.

• 김근태('민주화운동청년연합' 전 의장)

첫 공판, 김은 정치범이 아닌 보안사범이므로 스케치기사나 사진 쓰지 말고 공판 사실만 1단으로 보도할 것.

해설 이날 첫 공판에서 '민주화운동청년연합'의 김근태 전(前) 의장은 지난 9월 4일부터 9월 26일까지 서울 남영동 소재 치안본부 대공분실에서 겪은 참혹한 고문 사실을 다음과 같이 폭로했다.

"……전기고문을 주로 하고 물고문은 전기고문으로부터 발생하는 쇼크를 완화하기 위해 가했습니다.…… 그리고 비명 때문에 목이 부어서 말을 못 하게 되면 즉각 약을 투여하여 목이 트이게 하였습니다.…… 그리고 25일날 집단적인 폭행을 당했으며 그 후 여러 차례 구타를 당했습니다. 잠을 못 잔 것은 물론이고 밥을 굶긴 것도 대략 절반쯤 됩니다.…… 고문을 할 때는 밥을 주지 않았는데, 고문을 하지 않을 때도 밥을 주지 않아 심리적인 압박과 고문이 다가오고 있다는 두려움에 떨게 만들었습니다.…… 고문을 할 때는 온몸을 발가벗기고 눈을 가렸습니다. 그다음에 고문대 위에 눕히면서 몸의 다섯 군데를 묶었습니다. 발목과 무릎과 허벅지와 배와 가슴을 완전히 동여매고 그 밑에 담요를 깝니다. 머리와 가슴, 사타구니에는 전기고문이 잘

되게 하기 위해서 물을 뿌리고 발에는 전원을 연결시켰습니다.……
처음엔 약하고 짧게, 점차 강하고 길게, 강약을 번갈아 하면서 전기고
문이 진행되는 동안 죽음의 그림자가 코앞에 다가와 이때 마음속으로
'무릎을 꿇고 사느니 서서 죽기를 원한다'는 노래를 뇌까리면서 과연
이것을 지켜 내기 위한 인간적인 결단이 얼마나 어려운 것인가를 절
감했습니다.…… 본인에 대한 고문은 진술 거부 때문이 아니라 미리
계획된 것이었습니다. 그렇기 때문에 그들은 고문을 하면서도 분노와
흥분의 빛이 없이 냉담하게 미소까지 띠우고 있었습니다."

- 민추협 성명, "안기부에서 민추협 직원 1명 연행한 점"을 비난한 성
명은 싣지 말 것.

"88올림픽 남북 분산 개최 용의"는 기사화하지 말 것

12. 20.

- 이상옥 외무차관, 일본에서 아베 외상과 요담한 후 "북한이 88서울
올림픽을 인정하면 경기를 분산 개최할 용의가 있다"는 내용의 외
신 보도는 기사화하지 말 것.
- 민정연수원 점거농성 학생 일부 석방 관계, 속보 쓰지 말 것.
- 불가리아 축구팀 방한 제의, 공산권 보도이므로 불가.
- '민주통일민중운동연합'(문익환)이 안전기획부에서 사무국장 연행
한 점에 항의하는 성명을 발표. 이 내용은 보도하지 말 것.
- 《경향신문》의 1면 톱기사(도서심의 '반국가' 조항 신설), 잘 다뤄 주도록.
  해설 이날 《경향신문》은 '도서심의 '반국가' 조항 신설'이란 1면 톱기
  사에서 '한국도서잡지윤리위원회'(위원장 정원식)가 그동안 음란도서
  를 위주로 해 오던 심의 작업을 확대, 반사회적, 반국가적 이념도서의

영향을 배제하는 작업을 중점적으로 취할 것임을 밝혔다고 보도했다. 이 윤리위원회는 또 일부 아동도서가 폭력을 조장하고 사회계층 간의 갈등을 조성하고 있다고 판단, 아동도서의 역기능적 작용을 예방하는 작업도 강력히 추진해 나갈 방침임을 밝혔다. 이른바 '민간심의기구' 라는 '도서잡지윤리위원회'는 지난 11월 출판물에 대해 '판매 중지' 조치까지 내릴 수 있도록 회칙을 개정하고 심의 대상도 정치, 경제, 사회, 노동, 철학, 종교, 문학, 예술, 도덕, 만화 등 9개 분야로 확대시 킨 바 있는데 이번에 다시 심의 지침에 반국가 조항까지 신설해 반사 회적, 반국가적 이념도서의 영향을 배제하겠다고 나선 것은 정부가 지난 5월 이래 강행해 온 출판 탄압이 국내외로부터 심한 반발과 적 잖은 부작용을 빚은 점과 연관시켜 생각해야 할 것이다. 《경향신문》 이 이 보도에서 "윤리위원회가 반국가적이고 반사회적인 도서·잡지 의 발행에 제동을 걸고 건전한 출판문화 육성에 적극적으로 참여하 게 된 것은 민간 차원의 출판문화 궤도 수정이란 의미를 담고 있다" 고 결론지은 것은 앞으로 정부의 출판 탄압이 어떤 형태로 나타날 것 인가를 충분히 헤아린 것임과 동시에 이 윤리위원회의 성격을 단적으 로 드러낸 것이다. 아동도서의 역기능 예방에 강력하게 대처하겠다 는 윤리위원회의 호언은 그 이후 창비동시선집인 『개구리 울던 마을』 (이오덕 지음)과 『꽃 속에 묻힌 집』 등 6개 아동문학작품의 판금을 가져 왔다.

KBS, 야당 의원이 소란 피운 장면만 되풀이 방영

12. 21.

• 민추협 사무실에서 농성 중이던 대학생들이 기자회견한 내용은 신

지 말 것.

- 박형규 목사 등 반체제 인사들, '고문 추방 및 창작과 비평사 폐간' 등에 항의한 기자회견 내용은 보도하지 말 것.
- 박연순 교사 자살, 보다 정확하고 신중하게 보도하기 바람.(아들 시위, 구속 사실에 쇼크받고 자살했다지만 사실과 다르다는 이야기 있음)
- 신민당 대책회의(오늘), "지난번 여당의 예산안 단독 처리 이후에 신민당원들이 국회에서 소란을 피운 화면을 KBS-TV가 반복해서 방영한 점을 규탄, 고소하기로 한 것"은 보도하지 말 것.
- MBC-TV의 소련 영화 〈전쟁과 평화〉 방영 문제는 방송위원회에서 심의 자체를 유보한 것임. 대소 관계에 미묘한 문제가 있으니 보도에 신중을 기할 것.

12. 23.

- UPI 통신이 보도한 '86 한국 경제 악화 가능성' 기사는 취급하지 말기 바람.
- 신민당 국회의원 보좌관 등 연행, 조사한 내용은 사회면에서 축소 보도하기 바람.
- 신민당, 새해부터 '1,000만 명 서명운동' 개시 기사는 표현에 '장외'라는 문구를 쓰지 말 것.
- 노태우 회견 내용은 제목에서 '대통령선거법 개정 용의'로 뽑지 말 것.("……하자"란 내용은 "……하겠다"로)

12. 24.

- 이민우 총재 회견은
  1면 톱기사로 세우지 말고, 제목에서도 '1,000만 명 서명운동', '개헌', '헌법 논의' 등의 표현을 쓰지 말 것.
- 신민당 의원 보좌관, 비서관 연행, 조사(속보) 취급에서 스케치기사는 쓰지 말 것.
- 홍콩에서 발행되는 《아시안월스트리트저널》지의 23일자 전 대통령 관계 기사는 전재하지 말 것.

12. 25.

- 일본 요미우리 신문이 보도한 올해 세계 100대 지도자 순위 내용, 전 대통령 20위(작년 2위), 김대중 6위. 보도하지 말 것.

12. 26.

- 남북체육회담 대표단의 출발(1월 3일)에 관한 연합통신 보도는 싣지 말 것.
- 문화인들, '창작과 비평사' 복간 건의문과, 안전기획부와 청와대에 진정서 제출한 사실은 쓰지 말 것.

  해설 종교계, 예술계, 대학교수, 언론, 출판계, 법조계, 사회단체 간부 등을 위시한 범지식인 2,853명은 '창작과 비평사'의 등록취소를 재고해 달라는 내용의 건의문에 서명, 이들 중 황순원 씨 등 대표들이 이날 문공부에 직접 전달하는 한편 청와대와 안전기획부에도 발송했다.

- 와다 하루키(반한 일본 지식인)가 이끄는 일본 지식인단체에서 '창비' 복간 건의와 전 대통령에게 탄원서 제출(외신 보도)한 사실은 일체 보도하지 말 것.

86년 1월

1. 4.

- 김일성 신년사 관계,

  일반 외신을 쓰지 말고 내외통신 기사를 쓸 것. 제목도 '남북수뇌회
  담'으로는 뽑지 말 것.
- 북괴군 하사 귀순, 크게 보도 요망.
- 신민당서 12명 의원 탈당 관계 기사, 해설에서 특정 정당에 유리하
  지 않게 다룰 것.
- 일본 황태자 방한 가능(아사히신문 보도). 1단으로 보도할 것.
- 일본 사회당 이사바시 위원장, "3월 방한 때 전 대통령 예방" 운운
  한 발언, 대통령 동정이나 일정은 확정 발표하기 전에는 보도 않는
  것이 관례이므로 싣지 말 것.
- 실천문학사 발행인(이문구 등)이 이원홍 문공부 장관을 상대로 제소
  한 것(정기간행물 등록취소), 보도하지 말 것.

1. 6.

- 대입지원 관계

  ① 눈치작전 과열을 막기 위해 각 대학교별 접수 상황과 도표 등을
  만들어 싣지 말 것.

  ② 접수 관계 스케치나 뒷이야기 등은 싣지 말 것.
- 김일성 신년사에 대한 친공산주의 국가들의 지지 관계 기사는 내외
  통신 보도 이외에는 일체 싣지 말 것.
- 니카라과 내정에 관한 책 앤더슨의 집필 칼럼,

  "대만정부와 통일교에서 반란군 지원"(연합통신)한다는 내용은 싣

지 말 것.

- 윤이상(재독 작곡가)

  최근 들어 아들을 북한에서 결혼식을 올리게 하는 등 북한 편향이 더욱 극심. 앞으로 그가 작곡한 작품이나 그의 동정을 소개하지 말 것.

- 정치 관계

  ① 1월은 정국이 조용해질 전망이므로 일부러 추측보도나 전망보도를 하지 말 것.

  ② 개각 관계는 일체 추측보도하지 말 것.

1. 8.

- 박동진 통일원 장관, 일본 아사히신문과 회견 중 "남북수뇌회담에 대해 북한 측이 전제 조건을 내세우지만 작년 1월부터 긍정적인 반응이 있어 왔다"는 대목은 보도하지 말 것.

- 제2차 로잔 남북체육회담

  ① 합의 전망이 없으므로 가급적 작게 취급할 것.

  ② 해설, 칼럼, 만화, 만평 등은 싣지 말 것.

  ③ 이 회담에 대한 외신 반응 중 "북한 옹호, 한국 비판 내용"은 싣지 말 것.

1. 9.

- 로잔 남북체육회담

  ① 체육면에서 작게 취급할 것

  ② 외신 대신 특파원 기사를 실을 것.

    해설 외신(외국 통신 기자의 취재기사) 대신 국내 신문의 해외 특파원 기사

를 실으라는 거듭된 지시는 곧 특파원 기사는 통제하기가 매우 쉽다
는 점을 드러내는 것이다.

③ 소련 체육차관이 "이번 회담에서 북한 측 주장이 채택되지 않을
경우 소련은 88올림픽에 불참할 터"라는 발언은 보도하지 말 것.

• 8일 자 북한《노동신문》, '김일성 신년사'에 대한 해외 외신반응 보
도, 반드시 내외통신으로 쓸 것.

• 미국의 대 리비아 제재 관계

① 미국 시각으로만 보도하지 말고 우리 건설회사가 진출해 있는
만큼 국익 차원에서 신중하게 보도하기 바람.

② 미국의 제재 이후 현지 한국 건설업체들의 움직임 등을 보도하
지 말 것.

• 북한과 페루 수교설, 보도하지 말 것.

페루 대통령 보좌관 중 친북한 인사가 의식적으로 흘리고 있으나
대통령은 아직 결단을 내리지 못한 상태.

• 김근태 공판

사진과 스케치기사 싣지 말고 사회면에서 크지 않게 취급할 것.

> 해설 '민주화운동청년연합'의 김근태 전 의장에 대한 2차 공판이 이날
> 오전 서울형사지법 118호 법정에서 열렸으나 법정에 들어가려던 김
> 씨의 부인 인재근 씨와 문익환 '민통련' 의장 등 20여 명의 가족, 친지
> 들이 50여 명의 사복경찰관들로부터 제지를 받으면서 법정 입구에서
> 밀고 당기는 심한 몸싸움이 벌어져 인재근 씨가 실신하기까지 했다.
> 이 소동으로 공판은 30분간 지연되었다.

신민당 의원 소환, 톱기사로 쓰지 말 것

1. 10.

- 신민당 의원 소환 관계

  ① 1면 톱기사로 다루지 말 것.

  ② 이와 관련된 신민당 움직임은 해설, 스케치기사에서 다루되 너무 노골적인 표현은 쓰지 말 것.

  ③ 자극적인 사진은 쓰지 말 것.

- 신민당 대변인 성명 중, "대입제도…… 과오를 반성할 줄 모르는 현 정부" "신보수회 탈당의원들……" "공작정치" 등 심한 표현은 걸러낼 것.

- 로스엔젤레스 거주 교포 산악인들, 티베트 거쳐 에베레스트 정찰 계획. 공식 발표 때까지 사전보도하지 말 것.

- 로잔 남북체육회담은 반드시 현지 특파원 기사를 쓸 것.

- 출판사 전예원에서 발간하는 계간 《외국문학》에 동구권 문학과 중공의 대표적 시 작품 등이 소개되어 있는데, 전재나 소개하지 말 것.

FBI 국장 방한, 일체 보도하지 말 것

1. 11.

- 신민당 의원 농성 관계

  ① 1면 톱기사로 쓰지 말 것.

  ② '경찰구인대'란 표현은 오해를 일으킬 소지가 있으므로 그런 표현은 쓰지 말 것.

  > 해설 서울지검 공안부는 이른바 '의사당폭력 사건'과 연관된 신민당 의원 17명이 세 차례의 출두요구에 불응하자 10일 법원으로부터 구인장을 발부받아 강제 수사에 나섰고 신민당은 이에 맞서 10일 밤부터 의사당 내에서 철야농성에 들어갔다. 검찰과 경찰의 '구인대(拘引隊)'

가 의사당 주변에 배치되고 경찰력을 동원해 구인장을 집행하겠다고
검찰이 으름장을 놓는 가운데 40여 명의 신민당 의원들은 "구인장 발
부 백지화"와 "신민당 분열 책동의 즉각 중단"을 요구하면서 이틀째
농성을 벌었다.

- 서울대 전학련 주최 '반파쇼 투쟁 신년 시무식' 관련 기사는 쓰지
  말 것.
- 미국 FBI 국장의 방한(1월 13~16일) 사실은 일체 보도하지 말 것.
- 미국의 대리비아 제재와 관련, 한국에 동조 요청, 이에 대한 대책을
  협의 중이니 이 내용은 일체 보도하지 말 것.

1. 13.

- 국회의사당 농성 타결과 관련한 스케치기사는 3면 등에까지 벌이
  지 말고 한데 모아서 보도할 것.

1. 14.

- 워싱턴 AFP 통신이 보도한 '남북한 인권 상황 비교 분석'은 보도하
  지 말 것.

민정당 의원 검찰 출두는 사진을 쓰지 말라

- 13일 발표된 재야 인사, 교수들의 시국선언은 보도하지 말 것.
- 중공산 호랑이 구입 문제, 확정될 때까지 보도를 자제할 것.
- 미문화원 2심 공판, 사진 없이 공판 사실만 보도할 것.
- '민정당 의원의 검찰 출두'는 사진 쓰지 말 것.
- 여야 의원 조사 관계는 스케치기사량을 너무 많이 하지 말 것.

1. 15.

- 신민 의원 기소 관계

  ① 기사나 제목에서 '협상 정신 위배', '과잉 조치', '의회민주주의 끝장' 등 야당의 극단적인 것 쓰지 말 것.

  ② 스케치기사는 여러 면에 벌이지 말고 가십기사 속에 소화할 것.

  ③ 사진은 자극적인 것 쓰지 말 것.

  ④ 이번 기소 결정이 고위층과 연결된 인상을 주지 말 것.

  해설 민정·신민 양 당 총무는 14일 새벽 극비리에 만나 신민당 의원에 대한 검찰의 기소를 최소화시키는 문제를 협의하고 긍정적인 방향으로의 합의가 이루어진 것으로 전해졌으나 이날 신민당 의원 7명은 공무집행 방해 및 폭력행위 등 처벌에 관한 법률 위반 혐의로 전격적으로 불구속 기소되었다. 지난 12월 2일 아침 7시 국회의사당 146호실에서 문을 걸어 잠근 채 새해 예산안과 예산관계 부수법안들을 단 2분 만에 날치기 통과시킨 사실을 뒤늦게 안 신민당 의원들이 문을 부수고 들어가 민정당 총무와 예결위원장의 멱살을 잡고 거칠게 항의한 '폭력행위'는 KBS-TV를 통해 되풀이 방영되었다. 이 정도의 '의사당 폭력 사건'으로 국회의원 7명이 무더기로 전격 기소된 사태(기소된 후 유죄판결이 날 경우 의원직을 상실할 뿐만 아니라 일정기간 출마조차 불가능하므로 정치생명에 막대한 타격을 받게 된다)에 '고위층'의 '의지'가 개재되었는지 여부는 '신민 의원 10명의 추가 기소 가능성'에 관한 19일 자 지침 내용을 참고하면 분명하게 알 수 있다.

- 민정 창당대회에서 대통령 치사, 1면 톱기사로 보도하기 바람.

- 이원홍 문공부 장관이 발표한 "저작권 관계 자문위원회 구성"은 크게 보도해 주기 바람.

- 문교부 교육정책실장, 14일 "각 대학 학생처장과 비밀회의"중에

"문제학생 휴학 또는 입영 조치" 운운한 내용은 보도하지 말 것.

- 워싱턴에 있는 '아시아인권위원회' 14일 회견, "한국에도 필리핀처럼 렉설트 의원 보내 인권 탄압을 중지하도록 촉구해야……" 하는 내용은 보도하지 말 것.
- 일본 TBS 방송의 '팀스피리트 훈련 중지설' 보도는 사실무근이므로 보도하지 말 것.
- 주한 리비아대사관, 한국 정부에 "한국 신문이 리비아 관계를 보도함에 있어 미국통신에 너무 치중, 즉 편파보도 하고 있다"고 항의. 이 점 참고할 것.

1. 16.

- 대통령 국정연설에 대한 일본 NHK의 논평, 분석 보도 중 "국회 해산설" 운운한 내용은 일체 기사화하지 말 것.

1. 17.

- 정국 관계 기사에서 제목에 "여야 이견 심각", "개헌에 대한 대통령 발언…… 시기, 고유권한이다, 아니다" 등은 뽑지 말 것.

  해설 이른바 '평화적 정권교체의 전통 확립'과 ''88올림픽의 성공적 개최'라는 양 대사를 위해 '개헌 논의 불가'를 "결정적이고도 단호하게" 천명한 국정 연설은 4월 30일 청화대 회담의 "국회 합의 개헌 불반대" 표명으로부터 정확히 3개월 15일 전의 '큰 정치'였다. 이날 신민당은, 개헌 논의는 89년에 가서 논의하는 것이 순서라고 밝힌 국정연설에 대해 "개헌의 시기나 방향이 집권자의 고유권한인 듯이 말한 것은 큰 잘못"이라고 지적했다.

- 신민당의 개헌 1,000만 명 서명운동 관계. 제목에서는 '장외투쟁'으

로 뽑을 것.

- '일본 황태자 방한'(연합통신 보도), 전재하지 말 것.
- '국제육상연맹'의 "서울~평양 마라톤 추진"은 보도하지 말 것.
- "미국 의회, 19일 김대중 사면·복권 촉구 결의안 제기"는 보도하지 말 것.

1. 18.

- 대리다니 요오이치 일·북한 의원연맹 회장, 최근 평양 방문 중 김일성과 요담. 김일성 "올해 안에 남북정상회담 용의…… 전쟁 의사 없다" 운운한 내용은 보도하지 말 것.
- 이 문공 장관이 발표한 '청소년지도 관계' 크게 보도해 주기 바람.
- 민정당연수원 난입 학생 공판은 사진이나 스케치기사를 쓰지 말 것.
- 신민당 창당기념식에서 한 이 총재 치사 중, 대통령 국정연설을 비판한 대목은 제목으로 뽑지 말 것.
- '팀스피리트 86' 실시 발표는 3단 기사로, 이에 관한 남북대화 사무국 논평은 2단으로 실을 것.
- 지난번 이원홍 문공부 장관의 '저작권협정 가입 방침 발표'에 출판인들이 발표한 반박성명은 싣지 말 것.

'신민 의원 10명 추가 기소 가능성'은 일체 보도 말 것

1. 19.

- 북한, 팀스피리트 훈련 기간 중 남북대화 중단 선언
  ① 내외통신 보도 전문을 실어 줄 것.

② 남북대화 사무국에서 자료를 배포하니 사설 등에서 활용할 것.

③ 남북대화 사무국, 각 분야(국회, 적십자 등)의 우리 측 대표가 공동
으로 대북 비판 성명을 발표한 내용은 크게 보도하기 바람.

• 서울시의 아시아경기대회 준비 상황 보고 모임은 눈에 띄게 부각시
켜 주기 바람.

• 서울대 삼민투 공판, 작게 보도하기 바람. 그리고 사진, 스케치기사
없이.

• 중공 피아니스트, 서울, 부산, 인천 등 공연 예정, 이 내용은 보도하
지 말 것.

• 중공 홍콩 여행사에서 북한 관광단 모집한다는 내용은 보도하지 말
것.

• 의사당 폭력 사건과 관련해 나머지 신민 의원 10명도 추가 기소 가
능성. 이것은 18일 낮 대통령과 청와대 출입기자단의 오찬 때 나온
이야기를 확대해석한 것이므로 일체 보도하지 말 것.

• 이민우 총재, "전 대통령 국정연설 영문 텍스트에는 89년에 개헌"
이라고 지적한 것은 사실과 다름. 이 총재가 잘못 오해, 이 내용은
일부 가십에서 다루었으나 쓰지 말 것.

1. 22.

• 노태우 대표 회견 관계

① 꼭 1면 톱기사로 쓸 것.

② 컷에는 '88년 후까지 정쟁 지양', '88 올림픽 거국지원협의회' 등
으로 크게 뽑을 것.

각계 반응 모아서 취급 요망. (각계 원로 등)

<u>해설</u> 이날 모든 신문은 1면 톱기사로 노태우 민정당 대표위원의 회견

기사를 일제히 싣고 컷과 제목에 '88년까지 정쟁 지양 제의', '86~88 거국지원협의회 구성도'라고 뽑았다.

- 고대 삼민투 허인회 등의 3차 공판은 사진이나 스케치기사 없이 공판 사실만 보도할 것.
- 21일, '출판문화협의회' 주최로 산하회원들이 국제저작권 가입 문제를 논의했는데 이는 한미 간 지적소유권 협상에 장애가 되므로 취급하지 않도록.

  [해설] 국내 출판인들은 국제저작권조약 가입이 막대한 외화 유출 외에도 외국의 저질 대중문화의 대량 유입에 따른 문화 종속을 가중시킬 것이란 점에서 국제조약 가입을 통한 저작권 보호를 요구하는 미국의 압력에 강력하게 반발하고 있었다. 흔히 국가 간의 협상에서는 국내 여론을 수렴해 이를 지렛대로 활용하면서 유리한 협상 위치를 차지하려는 것이 일반적인 행태이고 미국 측은 실제로 미국출판협회 저작권 보호대책위원회나 지적소유권연합회를 통해 이러한 방식을 유감없이 활용했다. 그럼에도 우리 측은 오히려 출판계의 저항 움직임이 협상에 장애가 된다 하여 보도조차 하지 못하게 하니 지적소유권 협상에 임하는 정부 측의 자세가 어떤 것인가는 알고도 남음이 있다.

1. 23.

- 김영삼 씨의 '민족문제연구소' 주최 세미나는 정치 집회이므로 보도하지 말 것.
- 대통령 국정연설의 보도 제목에서 가급적 '개헌'이라는 표현을 쓰지 말 것.
- 남북경제회담 북한 측 대표, 오늘 회담 연기 전화 통지를 보내왔는데 보도하지 말 것.

- 국제연맹이 추진하는 '남북한 종단 마라톤' 관계는 보도하지 말 것.
- 이하우 올림픽 조직위원장이 로스엔젤레스에서 UPI 통신과 회견 중, "남북한 올림픽 공동 참여" 운운한 것은 보도하지 말 것.

"고문당했다" 보도하지 말 것

- 김근태 공판
  그가 "고문당하고 변호인 접견을 차단당했다"는 등의 주장은 보도하지 말도록.
  사진이나 스케치기사 쓰지 말 것.

  해설 민청련 전 의장인 김근태 씨는 이날 4차 공판에서 지난해 9월 26일 검찰에 송치된 후 무려 3개월 15일간 변호인 접견을 차단당하다가 첫 공판을 10일 앞둔 12월 9일에야 변호인들과 접견할 수 있었다고 밝히고 이는 자신에게 가해진 처절한 고문의 흔적을 은폐하기 위한 것이라고 지적했다.

- 조순형, 박찬종 의원 공판, 사진, 스케치기사 쓰지 말 것. 피고인 진술도 부드럽게 걸러서 쓰도록.
- 최근 안전기획부와 청와대 사칭 사기 사건 기사에서 기관명이 나오지 않도록 할 것.
- 금일 서울대생 300여 명 시위 중 "야당의 개헌 주장 지지" 부분은 보도하지 말 것.

  해설 이날 서울대생 300여 명은 '헌법철폐 범국민서명운동 추진본부 결성대회'를 갖고 격렬한 시위를 벌였다.

- 신문 제목에 야당이 주장하는 '개헌' 또는 '1,000만 명 서명운동'이라는 표현이 나오지 않도록 할 것.

• 정치 관계 기사에서 '개헌', '헌법'이라는 용어가 들어가지 않도록.

• 홍콩에서 발행되는 《사우스차이나모닝포스트》지에서 남북정상회담 관계 보도한 것은 일체 신지 말 것.

• 소련 올림픽 위원, 88올림픽 참가 시사한 것(프랑스 방송 보도)은 보도하지 말 것.

• 필리핀 대통령 선거전 보도에서 '코라손 여사 이야기'를 부각시키지 말 것.

> [해설] 20년간에 걸친 마르코스 무한 독재의 아성을 위협하는 코라손 선풍은 수만리 바닷길 너머의 일임에도 현 정권은 내심으로 어지간히 캥겼던 모양이다. 마르코스가 '민중의 힘(people power)'에 의해 타도되는 2월 25일까지 필리핀 사태의 극적인 진전을 전하는 외신 보도에 대한 치밀한 통제는 적어도 외신에 관한 한 전례를 찾기 어려운 일이었다.

• 이민우 총재 회견 관계

① 1면 톱기사로 쓰지 말고, 1면 톱기사는 "대통령 서울시 순시 보고 청취"로 할 것.

② 이민우 회견요지를 별도 박스기사로 신지 말 것.

③ 내용 중 "개헌 논의, 88년 이후"를 부정하는 내용은 쓰지 말 것. 큰 정치가 곧 민주화라는 '큰 정치 제창'에 찬물을 끼얹는 내용은 쓰지 말 것. 대통령을 직접 지적, 거명하는 내용은 쓰지 말 것. 단 면담 제의 정도는 써도 무방.

④ 긍정적인 부분이나 여야 공동 타협 등을 부각시킬 것.

- 민정연수원 난입 1차 공판

① 크지 않게 조용히 다룰 것.

② 학생들 주장 중 '헌법 철폐' 등은 너무 부각시키지 말고 또한 정당화시키지 말 것.

③ 사회면 톱기사로 쓰거나 해설기사로 쓰지 말 것.

④ 사진도 '입 틀어막는 장면' 등은 싣지 말 것.

> 해설 지난 11월 18일의 민정당 중앙정치연수원 점거농성 사건과 관련해 구속 기소된 이화여자대학생 4명의 첫 공판도 당국의 예상과는 달리 법정에 들어갈 때까지 "독재타도", "헌법철폐"의 반정부 구호가 터져 나와 교도관들이 입을 틀어막는 소동을 벌였고 입정한 후에도 "정부당국이 학생들을 폭력, 방화범으로 매도한 행위를 사과하기 전에는 재판을 받지 않겠다"는 학생들의 격렬한 재판 거부로 휴정 사태를 빚었다.

- 제목에 '개헌 논의', '헌법 논의' 등의 표현을 쓰지 말 것.

- 필리핀 선거,

  외신, 특히 미국 시각의 보도를 크게 싣지 말 것.

> 해설 레이건 행정부는 마르코스 퇴진이 필리핀의 장래 공산화 방지와 미국의 이익에 매우 중요하다는 데 의견의 일치를 보고 마르코스와 일정한 거리를 두기로 결정했다고 《뉴욕타임스》지가 26일 보도했는데 이러한 보도는 필리핀 내의 사태 진전보다 필리핀 사태에 의한 미국의 대응을 예의 주시하던 현 정권에게는 예사롭지 않은 일이었을 것이다.

1. 28.

- 필리핀 선거 기사, 너무 크게 취급하지 말 것.
- 미문화원 난입 공판 관계, 증인들의 광주사태에 관한 증언 내용은 보도하지 말 것.
- 《워싱턴포스트》지의 대통령 회견 기사는 보도 보류 기간(엠바고)을 엄수할 것.

1. 29.

- 일본《요미우리》,《마이니치》신문 등 보도. 일·조 의원연맹 회장 대리다니 요오이치 귀국 후 나카소네 수상에게 보고한 내용 중 "김일성, 남북정상회담 희망" 운운한 내용은 절대 보도하지 말 것.
- 당국, 신민당 기관지《신민주전선》1월호 배포 중지 건에 대해서는 배포 중지시킨 사실 자체를 보도하지 말 것.

1. 30.

- 김근태, 김병오 공판 관계
  간단하게 취급할 것, 특히 김병오 피고의 주장은 싣지 말 것.
- 김대중, 로이터 통신과 회견한 내용, 일체 보도하지 말 것.
- 법무부 보고 관계 제목에서 "개헌 논의 저지" 운운을 "헌법 논의 저지" 운운으로 할 것.
- 사회정화위원회가 발표한 '검소한 민속의 날 보내기'는 돋보이게 보도해 주기 바람.
- 일본《아사히신문》이 보도한 "중공, 86아시안게임 참가"는 보도하지 말 것.

1. 31.

- 각 대학 데모 점차 가열, 크게 보도하지 말 것. "개헌 찬성, 헌법 철폐" 등 학생들의 주장은 일체 싣지 말 것.
- 레바논에서 납치된 우리 외교관 관계 기사는 톱기사나 사이드 톱기사를 피하고 너무 흥분해서 보도하지 말 것.
- 레바논 납치 사건 관계
  ① 어느 파 소행이라고 추측보도하지 말 것.
  ② "북한의 소행인 듯" 식으로 부각시킬 것.
  ③ 현지 경찰의 수사 상황을 중점 추적하도록 특파원에게 시달할 것.
  ④ 민정당 소식통의 '86대회 방해 책동의 일환'이란 논평은 정부의 분석, 논평이나 정부가 공식으로 할 수 없어 민정당을 빌린 것이니 눈에 띄게 보도할 것.
- 학생 시위는 결정적인 상황 외에는 묵살할 것.

2월

2. 3.

- 레바논 외교관 납치 사건 보도
  ① 전체적으로 톤다운(축소보도) 요망.
  ② 현지에 들어간 한국 특파원 철수 방향.
  ③ 현지 한국 대사관 직원의 말은 인용하지 말 것.
  ④ 외신 보도를 인용한 추측보도를 삼갈 것.
- 일본 《산케이신문》이 기사에서 다룬 "북한, 팀스피리트 비난, 명분 없다"는 내용은 크게 보도할 것.
- 필리핀 선거에 관한 기사를 외신 톱기사로 쓰지 말 것.

필리핀 관련 기사 1면에 싣지 말라

• 필리핀 선거 관련 기사는 1면에 싣지 말고 외신면에 실을 것.
또, '필리핀, 운명 걸린 민주주의 갈림길' 따위의 컷이나 제목은 피
할 것.

> 해설 이날 코라손과 마르코스가 대결하는 필리핀 대통령 선거 실시 관
> 련 기사는 여러 가지 측면에서 집권세력의 심기를 불편하게 했을 것
> 으로 보인다. 구독자들이 제일 먼저 보는 정치면(1면) 대신에 그저 눈
> 길이 스치는 정도의 외신면(4면)에 선거 관련 기사를 싣고 다시 "민주
> 주의의 갈림길"과 같은 컷이나 제목을 피하라는 지시는 이들의 불편
> 한 심중을 여실히 드러내는 것이다.

• 김영삼 신민당 입당 환영식은 1면에 1단 기사로 보도.

• 당국의 학생들 유인물 분석 자료, "좌경 격렬화……"는 박스기사로
취급 바람.

> 해설 이날 조·석간 6개지는 "대학가 유인물 '민주선언' 당국 분석"이
> 라는 제목 아래 정체불명의 '당국'이 제공한 자료를 그대로, 또는 간
> 추려 박스기사로 싣고 "현행 헌법 철폐와 개헌서명운동의 전개 등을
> 주장하고 나선 과격 학생들의 실체는 수권의지까지 갖춘 정치집단이
> 고…… 개헌서명운동을 실천 목표로 들고 나온 것도 헌법 철폐 삼민
> 헌법 제정의 궁극적 목표를 은폐하고 개헌을 주장하는 야권 세력과
> 연계함으로써 야권 세력을 이용하기 위한 기만 술책이다"라고 앵무새
> 처럼 '당국'의 '숨겨진 의도'를 확산시키는 데 앞장서고 있다. 때로는
> '공안당국'으로 지칭되기도 하는 이 '당국'은 특히 학생들의 움직임이
> 격렬해지거나 민감한 사회문제(예를 들면 부천서의 성고문 사건)가 제기될

때면 '분석 자료'라는 괴문서를 들고 거리낌 없이 신문 지면에 불쑥불쑥 나타난다.

2. 8.

- 필리핀 선거 관련 기사, 1면에 나오지 않도록 할 것.
- 김대중 귀국 1주년
  김영삼 초청 회합과 김대중 1주년 회고담은 1단 기사로 취급할 것.
  김대중 '연금(자택)'이라 하지 말고 '보호조치'라고 표현할 것.
- 기자회견에서 이민우 총재가 "20일부터 개헌서명운동할 터"라고 밝힌 내용은 조그맣게 쓸 것.

2. 10.

- 필리핀 선거 관련 기사.
  ① 1면에 내지 말 것.
  ② 가급적 간지의 한 면으로 소화시키되 여러 면으로 확대보도하지 말 것.
  ③ AFP 통신의 '가상 시나리오'와 '미·일·유럽에서 본 필리핀 선거', '정국 전망' 등은 박스기사로 싣지 말 것.
- 민정당 정치연수원 점거 농성 사건 공판은 사진이나 스케치기사는 쓰지 말고 조그맣게 보도할 것.

  해설 이날 주동 학생 6명에 대한 첫 공판은 "어떠한 재판 절차에도 응할 수 없다"는 학생들의 단호한 재판 거부로 학생 6명이 개정 20분 만에 모두 퇴정당한 채 검찰 측의 공소사실 낭독만으로 끝났다.

2. 11.

• 필리핀 관계 기사는 외신면에 축소보도 할 것.

• 민정당 정치연수원 사건 공판보도에서 사진이나 스케치기사는 쓰지 말 것.

• NCC(한국기독교교회협의회)의 KBS 시청료거부운동은 보도하지 말 것.

• 김동완 목사, 개헌서명운동 움직임 관련해 자택보호(연금), 금치된 사실은 보도하지 말 것.

2. 14.

• '한국 정부, 개헌서명에 강경 조치'에 대한 미 국무성 논평은 보도하지 말 것.

• 김 법무 회견(담화 발표), 1면 톱기사로 보도하기 바람.

> [해설] 신민당과 '민추협' 및 재야세력이 곧 개헌서명운동에 착수할 기미를 보이자 대검찰청은 10일 서명운동 유형별 단속 및 처벌지침(옥내외 집회 징역 7년 이하, 유인물 배포 선동 5년 이하, 무단 호별방문 서명 권유 3년 이하, 가두서명 좌판 설치 1년 이하 등)을 시달한 데 이어 11일에는 서명운동을 포함한 일체의 개헌운동을 의법처리하겠다고 으름장을 놓았다. 그럼에도 신민당과 '민추협'이 12일 2·12 총선 기념식 중에 기습적으로 서명운동을 개시하자 검찰과 경찰은 "초기에 철저히 대처해 더 이상의 확산을 막겠다"는 방침 아래 신민당사를 봉쇄, 압수수색영장의 집행에 대비하면서 신민당 당직자와 '민추협' 간부들을 연행하기 시작했고, 14일에는 '경고'와 '엄단'을 곁들인 김성기 법무 장관의 초강경 담화가 이 지침대로 석간신문의 톱기사를 장식했다.

• 신민당 정무회의, 의원총회 관계는 스케치기사나 사진 쓰지 말고

스트레이트기사는 2단으로 할 것.

- '민추협' 의장단 회의와 김대중 동정은 보도하지 말 것.
- 이 외무 장관, 오늘 하오 워커 미 대사 초치 요담(최근 사태 협의)은 1
  단 기사로 보도 요망
- 중공인 FAO(식량농업기구) 직원의 입국 사실은 보도하지 말 것.

학생회 수색 "화염병, 총기 압수"로 제목 뽑을 것

2. 15.

- 일본《군사연구》3월호에 실린 북한군 전력 조사는 크게 보도하기
  바람.
- 16일 김정일 생일 비판
  기사는 연합통신 또는 내외통신 기사로 크게 보도 요망.
- 서울대 시위, 학생 무더기 송치했으나 기소 숫자는 미정이므로 작
  게 보도하기 바람.
- '1,000만 명 이산가족 재회추진위'에서 행한 통일원 장관의 연설은
  크게 보도해 주기 바람.
- 민추협 동정기사 일체 보도하지 말 것.
- 전국 대학의 학생회 사무실 수색 결과 관련 기사는 제목을 "유인물
  압수"보다는 "화염병과 총기 등 압수"로 뽑을 것.

2. 18.

- 서명 관련 야권 인사들에 대한 연행 조사 관계는 사법적 조치이므
  로 사회면에서 다룰 것.

  해설 국민에게 개헌청원권이 있네, 없네 하는 유치한 논쟁에 앞서 개헌

서명운동에 참여했다는 이유만으로 근 100여 명의 신민당 당직자 및 당원과 '민추협' 회원들이 경찰에 끌려가 조사를 받았다. 이런 어이없는 사태는 지금으로부터 불과 6, 7개월 전의 일이었고, 4월 30일의 "국회합의개헌 불반대" 표명으로부터는 2개월 10일 전, 다시 2월 24일 청와대 3당 대표 회담에서 "89년 개헌 용의"가 표명된 시점으로부터는 엿새 전이었다. 검찰과 경찰은 신민당 국회의원은 물론 서명 혐의자까지도 연행, 조사 하겠다고 시퍼런 서슬을 보이면서 신민당 부총재까지 연행했는데, 그러고도 이 사태가 어디까지나 사법적 조치이므로 정치면이 아닌 사회면에서 다루어야 한다는 지침이 떨어졌다.

2. 19.

- 전국 대학 학장회의의 결의문과 문교 장관의 치사 내용은 별도 박스기사 등으로 크게 보도해 주기 바람.

  해설 이날 손제석 문교 장관은 여의도 63빌딩에서 열린 대학교육협의회에서 치사를 통해 "올해에는 어떤 어려움이 있더라도 학원 소요를 기필코 종식시키기 위해 가능한 모든 조치를 강구하겠다"고 밝히고 "특히 헌정질서를 부정하고 사회기강을 흔들어 놓는 '개헌서명 책동'은 대학으로서 단호히 대처해야 한다"고 역설했다. 그의 전례 없는 이같은 강경 발언의 초점이 어디에 있는지는 2월 정국의 흐름 속에서 살펴보면 훤히 드러난다.

- 풍산금속, 서독에 반도체 기술 수출, 크게 보도 요망.
- 미 조지타운 대학의 김영진(金英鎭) 교수가 작년 북한 김영남 외상과 회견, 토론한 내용이 최근 학술지에 발표되었는데 이는 보도하지 말 것.

2. 20.

• 신민당 중앙상임위 개최 불발.

 기사는 신되 제목은 컷을 뜨지 말고 사진(특히 전경들과 실랑이하는 모
 습 등)은 어느 면에서도 쓰지 말 것.

> 해설 개헌서명운동이라면 무차별 탄압과 봉쇄를 서슴지 않던 당국은
> 마침내 신민당 총재를 자택에 연금시키고 당사를 두 차례나 봉쇄해
> 신민당의 중앙상무위원회 개최와 확대간부 회의를 차례로 저지, 무산
> 시켰다. 개헌서명운동에 대한 탄압이 그 절정에 이른 순간이었다. 민
> 정당은 이날 당직자회의를 열고 당국의 저지 조치를 지지한다는 성명
> 을 발표했다. 한편 이날 자 석간과 21일 자 조간신문들은 대부분 이
> 사태를 보도하는 기사 제목에 컷을 뜨지 않고 사진도 싣지 않았다.

• 좌경 학생들 유인물 분석 내용, 가급적 전문을 박스기사로 취급할
 것.

> 해설 지난 2월 4일 '전국학생총연합(전학련)'이 서울대에서 결성한 '헌
> 법철폐투쟁대회 및 개헌서명운동 추진본부'를 겨냥한 예의 '당국분
> 석'은 "과격학생 유인물 분석내용", "서명운동을 폭력투쟁으로 유도
> 기도"라는 제목 아래 이날 자 석간과 21일 자 조간신문의 박스기사(대
> 부분 10면)로 일제히 게재되었다.

• 박찬종 의원 공판 내용은 스케치기사나 사진 없이 다룰 것.

2. 21.

• 신민당 확대간부회의 관계 기사는 "서명운동 확산키로" 등의 제목
 을 뽑지 말 것. '확산' 대신 '계속'으로.

• 신민당의 개헌청원권 문제에 대한 미 국무성 논평은 보도하지 말 것.

• 아테네 발 AFP 통신의 "올림픽 성화 북한 통과" 운운한 기사는 보

도하지 말 것.

- 미국 백악관 부대변인, 브리핑 도중 기자들과 한국의 야당 규제 문제와 관련한 문답 내용은 보도하지 말 것.
- 중공기 불시착 사건과 관련한 해외 반응, 특히 처리 전망에 대한 외신보도는 싣지 말 것.
- 마드리드 발 AFP 통신 보도 "88올림픽 때 남북한 관통 50km 마라톤 코스 검토 중" 사실무근이므로 전재하지 말 것.
- 다음 내용은 보도하지 말 것.
 ① 서명 관계로 연행됐던 목사들, 조사 후 귀가한 내용.
 ② 이을호 '민청련' 정책실장, 구속 후 정신분열증세 일으켜 감호유치기간 연장된 사실.

> 해설 '민주화운동청년연합(민청련)'의 상임위 부위원장인 이을호 씨는 지난해 9월 2일 일단 안전기획부로 연행되어 무차별 구타를 당한 후 다음 날 치안본부 대공수사단(일명 남영동 대공분실)으로 넘겨져 물고문과 폭행을 당하면서 조사를 받다가 9월 26일 검찰에 송치되었다. 그는 안기부에서 구타를 당한 후 자신이 '올빼미'로 생각되며 밤새 옥돌을 갈고 있는 환상 속을 헤매었고 치안본부 대공수사단에서 조사를 받을 때는 지렁이, 뱀이 되고 닭이 두 마리, 돼지 세 마리 등의 계속적인 동물 환각 속에 빠져 있었다.(이는 국립정신병원에 감정 유치된 이을호 씨가 2월 25일 김근태 '민청련' 전 의장의 10차 공판과 관련해 받은 임상신문에서 진술한 내용이다.)
>
> 그는 10월 상순부터 본격적인 정신이상 증세가 나타나 10월 15일 서울시립정신병원에 8주간 감정(관찰)유치되었는데 정신과장은 "증

세가 심각하다. 정신감정이 끝나면 병원에 입원시켜 3~4개월 치료하고 2~3년 동안 통원 치료해야 완치가 가능하다. 잘못하면 폐인이 될 우려가 있다"고 진단했다. 그는 11월 20일 국립정신병원으로 옮겨져 12월 23일까지 2주간 감정 기간이 연장되고 다시 12월 23일 담당의 사가 "감정은 더 이상 필요 없고 치료만이 필요하다"는 진단서를 검찰에 보냈음에도 검찰은 감정 유치 기간을 다시 2개월 연장시켰다. 이날 보도통제된 '감호조치'란 표현은 '감정유치'를 말하는 것으로 이을호 씨는 3차로 2개월간 감정 유치 기간이 연장되었다. 인간의 정신을 파괴한 고문수사의 전형적인 사례이다.

③ 문익환 등 '민통련' 간부 자택보호(연금)된 사실.

2. 24.

• 청와대 여야 영수회담, 1면 톱기사로 싣고, 해설 등에서 정부 여당의 마지막 카드(시국수습)가 확고한 방향임을 인정하고 강조, 부각시킬 것. 그래도 안 되면 신문 책임임.

> 해설 개헌서명운동에 대한 폭압과 이에 대한 저항이 자아낸 2월 정국의 폭풍은 이날 청와대 3당 대표회담에서의 "89년 개헌" 표명으로 진정되지 않았다. "89년 개헌용의"라는 이른바 정부 여당의 '확고한 마지막 카드'로 그 거센 파란을 잠재우려는 욕심은 신문의 책임까지 들먹이면서 '강조'와 '부각'을 강요하고 있다.

• 필리핀 사태, 스트레이트기사는 1면 사이드 톱으로 처리하고 나머지는 간지(間紙)에 취급할 것.

• 미국 하원 아시아·태평양지역 소위원회의 솔라즈 위원장이 전두환 대통령에게 야당 개헌서명을 저지하지 말도록 촉구하는 서한을 보냈는데 보도하지 말 것.

2. 25.

- 필리핀 사태, 1면 톱기사로 올리지 말 것.
- 3당 대표회담서 거론된 89년 개헌 관계 기사를 취급할 때 개헌 내용에 관한(직선제, 이원집정부제 등) 해설기사나 기고, 논쟁 등은 싣지 말 것.
- 오늘 열린 검사장회의 관련 보도는 제목에서 "서명기도…… 엄벌" 운운으로 뽑지 말 것. 대신 "헌정질서 문란……"으로 할 것.

2. 26.

- 이민우 총재가 청와대 회담에서 밝힌 "89년 개헌 반대" 의사는 신민당의 공식 당론이 아니므로 쓰지 말 것.
- 서울대 졸업식 소동은 사회면 2단 정도로 조용하게 보도할 것. "4,000명 참석한 졸업식에서 박봉식 총장이 축사를 하자 2,000여 명의 졸업생이 노래를 부르며 방해하면서 퇴장했고, 이어 손제석 문교 장관이 축사를 하자 1,000여 명이 퇴장……."

2. 27.

- 대통령 유럽 순방 기사는 1면 톱기사로 쓰고 또 해설 등 기획물도 눈에 띄게 보도 바람.

'독재정권의 발자취' 등 시리즈 쓰지 말 것

- 필리핀 사태

  해설 7일의 대통령 선거에서 갖가지 부정행위로 대통령에 재선된 마르코스는 온갖 술책으로 독재권력을 유지하려 했으나 군부의 반란에 힘입은 민중봉기로 25일 밤 마침내 말라카낭 궁에서 허둥지둥 도주했다. 마르코스 독재의 붕괴는 전 세계의 이목을 집중시켰고, 우리나라에서도 적잖은 '충격과 불안', '흥분과 희망'을 자아냈다. 그 '충격과 불안'을 이 지침에서도 여실히 엿볼 수 있다. 그 이후 간간이 미국 관리들의 입에서 흘러나온 "한국은 필리핀과 다르다"는 발언은 '충격과 불안'을 느낀 쪽에서 부지런히 역설된다.

① 1면 3단 정도로 취급하고 나머지는 간지에 싣되, 4면(외신면)과 5면(체육면)에만 한정시킬 것.

② 국내 정치인들의 개별적인 논평은 가급적 보도하지 않도록 하고 대변인 논평만 실을 것.

③ 해설, 좌담 등에서 '시민불복종운동'을 우리 현실과 비교하거나 강조하지 말 것.

④ '세계 독재자 시리즈', '독재정권의 발자취', '마르코스 20년 독재' 등의 시리즈를 싣지 말 것.

• 한국도덕정치연구소 주최 세미나에서 이원홍 문공 장관이 연설한 내용, 눈에 띄게 보도 바람.

• 기독교교회협의회(NCC)가 27일 임원을 개선하고 선언문을 발표했는데 보도하지 말 것.

2. 28.

• 필리핀 사태 관련 기사는 1면에 싣지 말고 외신면에서 취급, 소화할 것.

• 서울대 졸업식 퇴장 소동을 가십 형태로 다루지 말 것.

• 각사 문화부에 돌린 저작권법 시안을 기사화하지 말 것.

• 농어촌 대책, 사전에 보도하지 말 것.

- 팀스피리트 훈련 중 바지선 실종으로 미군 1명 사망, 한국인 수 명 실종한 내용은 사령부가 발표할 때까지 보도하지 말 것.
- 미 국무성 대변인, 정례 브리핑에서 "한국인 개헌서명권리 있다"고 언급한 내용은 보도하지 말 것.

3월

3. 1.

- 대통령 3·1절 경축사 중 '남북정상회담' 언급 부분에 대한 부연 해설 쓰지 말 것.
- 신민당, 파고다공원 3·1절 집회, 스트레이트기사는 좋으나 사진은 사용하지 말 것.
- 천주교 시국기도회는 기사화하지 말 것.
  > [해설] 천주교 서울대교구는 사순절을 맞아 이날부터 9일까지 매일 저녁 8시부터 1시간 동안 교구 내 125개 성당에서 일제히 '정의와 평화를 간구하는 9일기도'를 드리기로 했다.
- 김영삼 3·1절 기념사는 부드럽게 녹여서(순화해서) 보도할 것.

'서명'이란 말 쓰지 말고 '학생 폭력화'라고 쓸 것

3. 3.

- 오늘 학생 시위 중 외대 학생과장이 얻어맞아 중태인데 주 제목을 '학생 폭력화' 등으로 할 것. '서명'이란 말을 뽑지 말 것. 또 입수한 사진을 사용할 것.
  > [해설] 주 제목을 '학생 폭력화' 등으로 뽑되, '서명'이란 표현은 빼고 '폭

력 장면'을 찍은 사진은 사용하라는 이 '보도지침' 내용은 학생 시위
의 폭력성을 부각시키려는 현 정권의 끊임없는 노력의 일환이다.
- 일본《산케이신문》이 3월 3일 자에 전 대통령 취임 5돌을 맞아 사설
을 게재했는데 연합통신 보도로 싣기 바람.

3. 4.

- 천주교 정의평화위원회 회장이 기자회견을 통해 '민주화를 위한 시
대적 요청'이란 성명서를 발표했는데 이 내용은 사회면 1단으로 보
도할 것.
- 전학련 주최 서울대 시위 사건 수사 본격화, 적절히 보도할 것.
- 필리핀 사태는 안팎의 모든 상황을 균형 있게 보도할 것.
예를 들면 신인민군의 정부군 공격, 또는 홀부르크 차관보나 아마
코스트 차관이 발언한 "한국은 필리핀과 다르다" 등.

3. 5.

- F-16기 1차분, 7일(워싱턴 시간) 인수식, 국방부 발표 때까지 보도하
지 말 것.
- 정부 농어촌 대책 발표, 크게 보도해 주기 바람.
- 민통련 의장 문익환, 개헌 서명 관계 기자회견하려다 경찰 차단으
로 불발, 이 사실은 보도하지 말 것.
- 신민당, 개헌 일정 결정(총재단 회의의 확정)은 작게 보도하기 바람.
- 민주화추진협의회(민추협) 동정은 보도하지 말 것.
- 대한교련, 교육제도 개선안 발표, 이 개선안 보도에서 제목을 "정치
적 중립 보장" 등으로 뽑지 말 것.

3. 6.

- 서울대 연합 시위 사건 수사 결과 발표, 1면 톱기사로 취급, 기소장, 발표문, 해설 등은 별도 박스기사로 취급할 것.

  해설 서울대 연합시위 사건이란 지난 2월 4일 정오 서울대에서 개최된 '전국학생총연합(전학련)' 대회에 14개 대생이 참가해 '헌법철폐투쟁대회 및 개헌서명운동 추진본부'를 결성하고 시위를 벌이다 이 중 189명이 구속된 사건을 말하는데, 서울지검은 이날 51명을 기소하고 138명을 기소유예 처분으로 석방했다고 발표했다. 기소유예 처분을 받은 138명은 지난해 11월 18일 민정당 중앙정치연수원 점거농성 사건으로 구속되었다가 기소유예 처분을 받은 학생들과 마찬가지로 의정부교도소에서 1주일간 '특별선도교육'을 받았다. 이날 검찰은 이 사건의 특징을 "학원가 최초의 헌법철폐 서명운동"이라고 밝히고 이들이 "야당, 일부 재야단체 및 문제 종교인들과 연계 투쟁을 꾀한 사실이 드러나 배후 관계를 계속 수사 중"이라고 밝혀 그 같은 대량 구속기소의 의도가 어디에 있는지를 명백하게 드러냈다. 한편 '서울대 연합시위 사건'으로 불리는 2월 4일 '전학련 개헌서명운동 추진본부'가 결성된 이후 '당국'은 2월 7일과 2월 20일 두 차례에 걸쳐 이른바 '대학가 유인물 분석'이란 자료를 각 신문사에 배포해 일체 박스기사로 게재하게 했다.

- 미 국무성 대변인의 브리핑과 월포비츠 차관보의 고별회견에서 언급된 "한국은 필리핀과 다르다"는 내용은 1면과 4단 이상으로 쓸 것.

- 신민당 서명자 명단 발표.

  해설 이날 신민당과 '민추협'은 지난 2월 12일부터 시작한 '대통령 직선제 등 민주개헌 촉진 1천만 인 서명운동'의 1차 서명자 5,941명의 명단을 공개했다.

명단은 물론이고 발표 사실 자체도 보도하지 말 것.

• 중공기 처리 방식 발표, (외무부 대변인) 조용하게 (요란하지 않게) 취급하기 바람.

민정당 '89년 개헌'은 1면 톱으로 크게 보도하라

3. 8.

• 민정당 중앙위원회 전체회의에서 89년 개헌 확인은 1면 톱기사로 크게 보도하기 바람.

> 해설 이날 오전 8시 민정당은 서울 잠실학생체육관에서 당 중앙위원과 당원 등 6,000여 명이 참석한 가운데 당중앙위원회 86년도 정기회의를 개최하고 지난 2월 24일 청와대 3당 대표회담에서 당 총재가 제의한 '89년 개헌' 제의를 150만 당원의 이름으로 전폭 지지하기로 결의했다. 그러나 그로부터 52일 후인 4월 30일의 청와대 3당 대표회담에서 "임기 내의 국회합의개헌 불반대"가 표명됨으로써 전폭적 지지 결의는 무색해졌다.

• 방한 중인 포글리에터 미국 하원의원의 동정은 1단 기사로 취급. 가십기사는 괜찮으나 회견 내용이나 사진은 쓰지 말 것.

• 학생 시위는 소규모 시위를 토막토막 떼어서 보도하지 말 것.
결정적으로 큰 시위만 보도하기 바람

'노동자 석방' 노동부 장관이 건의할 것이 아니다

`3. 10.`

• 김수환 추기경 강론 관계

  ① 1단으로 취급하기 바람.

  ② 내용 중에서 "개헌은 빠를수록 좋다"는 것은 삭제하기 바람.

  ※ 헌법 관계 신경 쓸 것.

• 노동부 장관 회견 중 밝힌 "구속 노동자 사면 건의 검토하겠다"는 내용은 싣지 말 것.

  ※ 노동부 장관이 건의할 성질의 것이 아님.

• 근로자의 날 기념식은 노신영 총리 치사 중 "경제 호기를 맞아"라는 대목을 제목으로 뽑을 것.

• 방한 중인 포글리에터 미국 하원의원이 9일 미사, 기도회 등에 참석하고 김수환 추기경 등과 회담했는데 기도회 참석과 회담 사실은 보도하지 말 것.

  단 내일 한국 떠나는 동정만 1단 기사로 보도할 것.

와인버거 회견 눈에 띄게 쓸 것(문공부 장관 요청)

`3. 11.`

• 신민, 서울 개헌추진본부 결성식 관계.

  해설 이날의 서울대회를 시발로 부산(3월 24일), 광주(3월 30일), 대구 (4월 5일), 대전(4월 19일), 청주(4월 28일)로 이어진 신민당 개헌추진위 결성대회는 모든 신문이 이날의 지침에 따라 일제히 2단기사로 보도했고 스케치기사는 싣지 않았다.

  ① 별도 스케치기사 쓰지 말고 묶어서 2단 기사로 보도할 것.

  ② 제목은 세 줄이나 네 줄씩 뽑지 말고 두 줄로 할 것.

③ 김대중 가택연금 사실은 가급적 보도하지 말도록.

• "서울대, 경찰 투입 자제 촉구"는 사실과 다르니(결정한 것이 아님) 보도하지 말 것.

• 종로구청서 개헌 관계 유인물 돌린 것, 보도하지 말 것.

• 와인버거 미 국방장관의 회견 내용은 반드시 눈에 띄게 1면에 보도할 것(이원홍 문공 장관의 요청임).

> 해설 와인버거 미 국방장관은 10일 국방정책에 관한 브리핑에서 북한은 한국의 경제성장과 88올림픽 개최 등을 방해하기 위한 책동을 할 위험이 증대되고 있으나 미국은 북한의 이 같은 기도를 막기 위해 한국 정부에 최대한의 지원을 할 것이라고 말했다.

3. 13.

• 사정협의회와 대통령 지시 내용은 1면 톱기사로 보도할 것.

• 당국, 전국 서점, 출판사 수색, 불온서적 압수수색.
  금명간 결과 발표 때까지 보도 말 것.

3. 14.

• 조계종 총무원장 메시지, 사회면에 2단 이상으로 보도할 것.

> 해설 이날 조계종 총무원장이 부처님 출가일을 맞아 발표한 메시지의 요지는 "사회 속에 팽배해 있는 극단논리와 국론분열의 문제점 등을 대승적 화합정신으로 극복해 국민의 화해와 단결에 앞장서자"는 것이었다. 이러한 메시지를 사회면에 2단 이상으로 보도하라고 지시한 의도는 '극단논리', '국론분열', '화합', '화해'라는 용어만으로도 쉽사리 알 수 있다.

군 탈영병 사건은 보도하지 말 것

- NCC(기독교교회협의회) 시국선언문 발표. 사회면 1단 이하로 할 것.
  > 해설 이날 NCC는 시국선언문을 통해 "현 헌법을 개정, 대통령직선제
  > 등이 보장되는 민주적 헌법이 되게 하여야 할 것이며 나아가 차기정
  > 권은 새로운 헌법에 의하여 선출돼야 한다"고 밝히고, "우리는 개헌
  > 서명 자체를 불법불순시하는 정부의 처사가 결코 용납될 수 없다고
  > 믿으며 정부당국과 정치 지도자들은 오직 국민의 개헌의지를 수렴할
  > 의무와 책임이 있을 뿐"이라고 지적했다.
- 김대중, UPI 통신과 회견한 내용은 보도하지 말 것.
- 군 탈영병 사건, 충남 조치원 부근, 보도하지 말 것.
- 서울대 학장회의 "학생회 선거운동 자제 촉구" 눈에 띄게 보도 요망.
- 슐츠 미 국무장관과 미 태평양지구 사령관, "한국 안보 중요" 발언,
  눈에 띄게 보도 요망.

3. 17.

- 반체제 목사들 중심으로 오늘 민주헌법실현회 결성식. 보도하지 말
  것.
- 시흥 예비군 훈련장에서 사고(사상자 발생). 보도하지 말 것.

최은희, 신상옥 북한 탈출 동기 추측보도 하지 말 것

- 최은희·신상옥 탈출 관계 보도지침.
  ① 전반적으로 북한 탈출 환영무드를 기사에 반영할 것.

② 발생 기사(일본 교토통신), 미 국무성 논평 등 기사 크기, 면수는 자유재량껏.

③ 당분간 최, 신 두 사람의 앞으로의 결정에 악영향을 줄 우려가 있는 기사는 자제할 것.

④ 사진 관계 △피납 전의 사진을 쓰되 너무 많이 쓰지 말 것. △이들의 재북한 사진은 지난 84년 4월 안전기획부에서 제공한 사진만 쓸 것. △그후 런던, 서베를린 및 동독의 각 영화제 참석과 그 밖의 동정에 관한 사진(예: 일본 잡지에 실린 것 등)은 일체 사용하지 말 것.

⑤ 북한 탈출 관련 △동기, 목적, 경위, 현재의 심경 등을 추측보도하지 말 것. (예) 교토통신 기사 중 신상옥이 말한 "북한에 폐를 끼치고 싶지 않다" 등은 보도하지 말고 인용도 하지 말도록. △그러나 신이 "나는 사회주의자가 아니다" 운운은 보도해도 좋음.

⑥ 신병 처리 관련 미국, 오스트리아 등 각국의 입장을 추측보도하지 말 것.

⑦ 이들 문제의 처리 방향이나 전망은 일체 추측보도하지 말 것.

⑧ (예) "북한 다녀왔으니 국내에 올 경우 형사소추될 것" 운운, "제3국에 가기를 희망", "귀국 희망" 등 일체 성급한 보도 불가.(기사, 해설)

⑨ 신병 처리 관련한 한미 간의 교섭 관계, 내외신 보도 등 일체 싣지 말 것.

⑩ 이들의 재북한 활동 보도에 있어서 △북한에서의 대우, 영화 제작 활동, 유럽에서의 활동, 북측 요인들과 접촉 및 북한 예술인들과의 접촉 등에 관해서는 쓰지 않도록. △그러나 김일성 부자 우상화와 공산주의 선전 영화에 동원, 이용되었다는 식의 보도는 괜찮음.

⑪ 지난번 베를린 영화제에서 우리 영화인들과 재회해 나눈 이야기 중 부정적인 것은 보도하지 말도록.

⑫ 두 사람, 국내 친지와의 연락 관계는 과거 당국의 발표 사항 이외에는 쓰지 말 것.

⑬ 남북 상황 관계 중 △대체로 과거의 당국 발표 내용은 써도 좋음. △그러나 남북 전 양인의 개인적 상황과 문제들(예: 사업 실패, 가정적인 불행, 스캔들)은 쓰지 말 것.

⑭ 컷, 제목, 기사에서 '망명'이란 말을 쓰지 말고 "서방으로 탈출", "북한에서 탈출" 등으로 할 것.

⑮ 양인의 프로필과 예술 활동 실적 등은 보도해도 좋음.

⑯ 해설, 사설에서 "이번 탈출이 보여 주듯이 북한 사회의 자유 부재, 탈출할 수밖에 없었다는 숨 막히는 상황, 자유민주사회의 우월성" 등을 특히 강조할 것.

⑰ 이번 각지 기자들이 국내 가족들 취재 때 일부 경찰 등이 취재를 제지한 상황은 보도하지 말 것.

3. 18.

• 신상옥·최은희 관계

① 현재 그들의 행방에 관해 일체 추측보도하지 말 것. (예) "비엔나에 있는지", "서독으로 갔는지", "미국에 갔는지" 또는 "제3국으로 갔는지"

② 양인의 사진, 78년 납북 후 사진은 가급적 싣지 말 것.

• 일부 대학생들, 오늘 한때 전국경제인연합회 회장실 점거했다가 연행됐음, 일체 보도 불가.

• 신흥정밀 직원, 임금인상 스트라이크 도중 분신기도 1명 사망. 1단

기사로 보도할 것.

해설 구로구 독산동의 신흥정밀(대표 조순길)에서 일하는 노동자 박영진
씨(27세)는 17일 부당해고 철회와 초임 일당을 3,080원에서 4,200원
으로 인상할 것을 요구하며 농성을 벌이다 분신을 결행, 이날 새벽에
숨을 거두었다. 이날 오후 경찰의 철저한 경비와 통제 속에 영등포구
대림동 강남성심병원 영안실에서 치러진 장례식에는 박영진 씨의 아
버지 박창호 씨조차 참석하지 못한 채 나머지 가족 3명만이 참석했다.

3. 19.

• 신상옥·최은희 관계

① 78년 납북 이후의 사진은 일체 쓰지 말 것. 단, 84년 CIA가 배포
한 사진은 써도 좋음.

② 양인 가족의 프라이버시 침해 내용은 어떤 방식이든 쓰지 말 것.

③ 탈출 동기, 목적에 대한 일체의 추측보도나 의문 제기는 안 됨.
내외신 불구.

④ 양인을 파렴치한으로 몰려는 북한 주장에 동조하지 말 것.

⑤ 신상옥 자녀들을 기사에서 다루지 말 것.

3. 20.

• 신상옥·최은희 관계

① 이들의 행방("어디로 갔을 듯", "어디에 있을 듯" 하는 식의)을 일체 추
측보도하지 말 것.

② 78년 납북 후의 사진을 쓸 경우에는 사전에 문공부의 심사를 반
드시 받을 것.

• 이기백 국방장관 회견, 1면 톱으로 하고 해설, 발표문 요지 게재할 것.

- 앞으로 북한 관계 기사는 일반 외신 대신 반드시 내외통신을 쓸 것.
- 김윤환 문공부 차관이, 속리산 '기독교언론인회'에 참석해 치사(致辭)한 내용은 꼭 실어 주기 바람.
- 안기부 요원 사칭한 사기꾼 중부서에 구속 중. 보도하지 말 것.
- 알프스 계획(대통령의 유럽 방문) 관련, 미 CIA 브리핑팀 방한(3월 22일~27일) 사실은 일체 보도하지 말 것.

예비군 훈련장 사망 사고 일체 보도하지 말 것

- 최근 서울 근교 예비군 훈련장에서 사망 사고 발생. 보도하지 말 것.

3. 21.

- 이원홍 문공부 장관, '북한의 대남 선전 경고' 회견. 1면 톱기사로 싣기 바람.
  ※이와 함께 최근(올 들어) 대남 모략 선전과 교란 책동을 벌이고 있는 북한 동향(선전 공세)에 관한 특집기사를 눈에 띄게 다뤄 줄 것.
- 북한 관계 뉴스 보도지침.
  ① 북괴 중앙통신, 방송, 신문 등 선전매체들의 발표, 또는 보도하는 내용은 일체 내외통신 보도만 싣는다.
  ② 북괴 매체들의 보도 또는 논설 내용을 일본 신문 등 외신 보도기관들이 보도한 것을 간접적으로 인용하는 것을 금지한다. 단 긴박한 상황과 관련, 외신 보도를 인용 보도하지 않을 수 없다고 판단될 때는 문공부와 사전에 협의한다.
  ※이를 위반할 경우 모든 책임은 언론기관이 진다.

'일해재단 운영자금' 쓰지 말 것

3. 24.

- 국회 3당 대표 연설(하게 될 경우)

    [해설] 이민우 신민당 총재는 이날 임시국회 본회의 대표연설을 통해 '군
    사쿠데타 재발 방지를 위한 국민행동헌장'의 제정을 제의하면서 이
    헌장의 핵심적 내용으로 ① 군부쿠데타를 통해 집권을 기도하는 집단
    이 나타날 경우 전 국민은 총파업과 총철시로써 음모의 분쇄를 위해
    총궐기하고, ② 공무원을 비롯한 모든 공직자들은 불복종의 권리와
    의무를 가지며, ③ 어떤 경우에도 사후 입법으로 이 저항권의 행사를
    처벌하지 못하고, ④ 이 저항권의 행사로 빚어진 손해에 대해서는 국
    가가 책임지고 보상할 것을 약속하도록 한다는 점을 제시했다.

    ① 이민우 대목 중, "쿠데타 재연 방지", "국민헌장 제정", "일해(日
    海)재단 운영자금 내역 밝혀라"

    ② 이만섭 대목 중, "재임 중 직선제 개헌을" 이상의 내용은 쓰지 말 것.

국방위 회식 관계 기사 쓰지 말라

- 신민당 부산 개헌추진본부 현판식 관계

    ① 2단 기사로 처리하고 제목을 2줄로만.

    ② 사진, 스케치기사 쓰지 말 것.

    ③ 경찰이 추산한 청중 수 옥내 2,500, 옥외 2,000, 계 4,500. 각 신문
    이 양심적으로 알아서 할 것.

    ④ 김영삼, "대통령과 양 김씨 회담 제의"는 별도 기사로 처리하지
    말 것.

• 국방위 회식 관계, 쓰지 않도록

3. 25.

• 대통령 유럽 순방 일정 발표, 1면 톱기사로 처리하고 관련 박스기사
  도 쓰기 바람.
• 국회 대정부 질문 개시. 질의 요지는 4면에 싣되 3분의 1면을 넘지
  않을 크기로 할 것.
    해설 4면은 외신면으로 1면(정치면)이나 11면(사회면)보다 신문 구독자
    의 눈길이 적게 미치는 곳이다. 국회 개회 기간 중 의원의 대정부 질
    의 요지는 3면에 싣는 것이 보통이다.
• 기독교청년회 개헌추진위 발족, 기사화하지 말도록

3. 26.

• 남북회담 재개 촉구 통지문 발송.
  1면 톱기사로 하고 해설기사 써 주기 바람.
• 국회, 의원의 질의 요지를 4면(외신면)에 싣되 양도 4면의 3분의 1정
  도로 줄일 것.
• 지난주 주유엔 북한대표부 성명, "한국에 에이즈(AIDS) 환자 1만
  명" 운운, 오늘 UPI통신에서 "한국 측이 이를 반박하는 내용"을 보
  도했으나 두 기사 모두 보도하지 말 것.

3. 27.

• 국회의원의 질의 요지. 4면에 싣고 양도 3분의 1이 넘지 않도록.
• 공정거래법 개정안. 1면 톱기사로 보도하기 바람.
• 한경직 목사가 주도하는 기독교 교역자협의회에서 시국선언문 발

표, 사회면에 눈에 띄게 보도하기 바람.

3. 31.

• 신민, 광주 개헌 집회 관계.

　[해설] 이 지침 내용 중 시위 군중들이 직할시 승격을 축하하는 아치를 불
　　태우는 사진을 사회면에 쓰라는 점이 눈길을 끈다.

　① 사진, 스케치기사 없이 기사 2단으로(길지 않게).

　② 치안본부장 발표, 눈에 띄게 보도할 것.

　③ 시위 군중들, '축 직할시 승격' 아치 불태우는 것(사진), 사회면에
　　쓸 것.

• 해직 교수들, 고대 교수들의 개헌 지지 성명 관계, 사회면에 크지 않
　게 1단 기사로 할 것.

• 국회 관계

　① 야당 의원 질문 중, '최근 예비군 훈련장서 대통령 사진 훼손으
　　로 조사받다 죽은 (장이기 씨) 진상' 쓰지 않도록.

　② 정동성 의원(민정) 질문 중 △광주사태(개헌 현판식 관계), 신민당이
　　군중 선동. △야당은 각성하고 민주투쟁에 참여하라. △김대중, 김
　　영삼은 대통령직 야욕 버려야. 이상의 내용은 눈에 띄게 보도할 것.

　　• 연합통신의 동경발 기사, '조총련의 대민단(民團) 교란 공작 내용'
　　은 눈에 띄게 보도할 것.

4월

4. 1.

• 6차 5개년 계획 중 중소기업 육성 방안은 크게 보도하기 바람.

• 한미안보회의 관계 기사는 폐막 때까지 눈에 띄게 보도하기 바람.

'KBS 시청료 거부' 보도하지 말 것

• 기독교교회협의회(NCC)

KBS-TV 시청료 납부 거부운동을 4월 초부터 개시하고 세미나 등
도 개최할 예정이라고 발표, 이 사실은 보도하지 말 것.

> 해설 공영방송임을 내세우면서도 정치 권력의 홍보도구로 전락해 온갖
> 왜곡·편파보도를 일삼아 오던 KBS-TV는 지난해부터 시청자들의 짙
> 은 불신을 받다가 마침내 시청료거부운동의 전국적 확산을 자초했다.
> 이 같은 움직임에 따라 NCC는 지난 2월 11일 기독교회관에서 'KBS-
> TV 시청료 거부 기독교 범국민운동본부'를 발족시키고 4월부터 시청
> 료거부운동을 본격적으로 개시할 계획을 세웠다. 이후 시청료거부운
> 동이 활기를 더할수록 이에 대한 당국의 보도통제 또한 날이 갈수록
> 심해진다.

'남북 정상 접촉설' 질문 보도하지 말 것

4. 2.

• 한미안보회의 관계 기사는 폐막 때까지 크게 보도하기 바람.
• 국회 상임위 관계 기사 중 야당 의원들의 '일해(日海)재단의 성격,
용도, 규모 등에 관한 질문'은 보도하지 말 것.
• 한국신학대 시국선언문 중 "조속한 개헌을……"대목과 서명 교수
명단은 빼고 간략하게 사회면에 1단 기사로 보도할 것.

4. 3.

- 한미안보회의 폐막과 공동성명은 1면 톱기사로 쓸 것.
- 일본 시사주간지 《세카이주보(世界週報)》에 실린 전 대통령 특집기사 를 눈에 띄게 전재하기 바람.
- 김종필 씨, 일본 《산케이신문》과 회견한 내용은 옮겨 싣지 말 것.

4. 4.

- 전 대통령 내일 출국 기사는 눈에 띄게 보도하기 바람.
- 국회 외무위에서 야당 의원 질의 중, '남북 정상 접촉설'을 해명하 라는 내용은 보도하지 말 것.
- 성공회 신부들이 발표한 시국선언문 및 명단을 보도하지 말 것.

4. 7.

- 대통령의 유럽 방문 관계.
  ① 각종 연설은 가급적 전문을 게재할 것.
  ② 공동취재 기사와 가십기사를 축소 또는 삭제하지 말고 그대로 보도할 것.
- 신민당의 KBS법 개정 추진 상황은 보도하지 말 것.
- 기독교교회협의회(NCC)가 기독교회관에서 개헌 서명자 2,000명의 명단을 발표한 사실은 보도하지 말 것.
- 전 고대 학생회장 한봉찬, 반성 표현으로 선고유예 받은 사실은 크 게 보도하지 말 것.
- 중공 교포잡지 《장백산》에서 국내 '지식산업사'에 한국문학전집 보 내 달라고 요청한 사실은 보도하지 말 것.

4. 8.

- 대통령 유럽 방문 관계.

  공동취재(풀) 기사, 연설문 등을 계속 충실하게 보도하기 바람.

- KBS-TV 시청료 거부 관계.

  ① 기사를 사회면에서 가급적 작게 취급할 것.

  ② 특히 천주교의 캠페인 참가 사실은 사회면 1단 기사로 취급할 것.

- 성균관대 총장, 집체 훈련 거부 학생 연행에 대해 동대문경찰서에 항의한 사실은 보도하지 말 것.

- 김대중 관계.

  4월 7일 미국 NBC-TV에서 12분간 방영한 정치 상황에 관한 김대중의 회견 사실은 보도하지 말 것.

4. 11.

- KBS-TV 시청료거부운동은 가급적 보도하지 말 것.

- 에티오피아가 북한이 88올림픽에 불참할 경우 자국도 불참하겠다고 밝힌 외신 기사는 보도하지 말 것.

- 일본《산케이신문》이 보도한(동경발 연합통신 기사) "최은희·신상옥, 유엔 난민수용소에 가게 될 듯"이라는 기사는 보도하지 말 것.

4. 15.

- KBS-TV 시청료거부운동 관계 기사는 자제해 주기 바람.

- 리브시 한미연합사령관의 연설에서 언급된 북괴군 동향 발표 내용은 눈에 띄게 보도할 것.

4. 16.

- 대통령 순방 기사, 톱기사 처리할 것. 스케치기사도 3면 앞쪽으로 실을 것.
- KBS 운영 개선 관계 기사. 제목에서 "국민들의 여론을 수렴해서"라는 표현을 쓸 것.
- 미·리비아 관계 기사는 신중하게, 편중 보도하지 말 것. 예를 들어 레이건이 "카다피는 미친 개"라고 한 내용은 보도하지 말 것.

4. 17.

- 대통령 순방 관계 기사는 계속 1면 톱기사로 보도할 것.

민주민중발대식은 보도하지 말라

- 미국 하원 아시아·태평양 소위원회에서 시구어 국무성 동아시아 담당 차관보가 전한 한국 사태 증언 내용 중 거친 표현은 보도하지 말 것.

  해설 이날 시구어 차관보는 증언에서 미국이 한국의 여·야 간 대화와 타협을 계속 촉구하고 동시에 인권 위반과 정치 참여의 제약을 비판해야 할 것이라고 말하고, 그러나 미국의 노력은 특정 개인이나 특정 정파의 견해를 지지하는 것은 아니라고 못박았다.

- 아노크총회 참가국 중 미수교국 대표 등의 경우, 개별 인터뷰 사진은 싣지 말 것. 다만 다른 기사와 섞어서는 보도할 수 있음.
- 기독교청년협의회(EYC)의 민주민중발대식 사실, 보도하지 말 것.

대통령 집무실, "목민심서가 눈길을 끈다"고 쓸 것

4. 19.

- 대통령 기상회견에 대한 스케치기사에서, 기내 임시집무실에 "다산의 목민심서(牧民心書)가 있는 것이 눈길을 끈다"는 식으로 뽑을 것.
- 대전 신민당 개헌 현판식 대회는 전례대로 1면 2단 기사로 처리하되, 길지 않게 보도하고 스케치성 기사는 싣지 말 것.

4. 21.

- 정부·여당의 시청료 개선안 중 "전파료, 텔레비전세 등 검토하겠다"는 내용은 '오프 더 레코드'(보도하지 않는다는 전제 아래 제공하는 정보)로 이원홍 문공부 장관이 브리핑한 내용이니 보도하지 말 것.

4. 23.

- 기독교의 KBS-TV 시청료거부운동 추진본부에서 당국에 공개 질의한 사실은 사회면 1단으로 보도하기 바람.
- 86·88대회 방송결단식 관계 기사에서 이원홍 문공 장관의 치사 등은 눈에 띄게 보도하기 바람.

4. 24.

- 성균관대 사태 기사는 사회면에서 처리하고 1면(정치면)에 나오지 않게 할 것.

  해설 성균관대 학생들은 전방부대 입소 훈련 중 자진 퇴소한 학생들에게 징집영장이 발부된 데 항의, 지난 21일부터 중간고사 거부와 격렬한 교내 시위 및 농성을 벌여 학사 운영은 마비 상태에 빠졌고 이에 대한 책임으로 조좌호 총장이 23일 오후 사의를 표명했다. 대학 측은 이같은 교내 사태를 수습하지 못하고 23일 저녁 총장 명의로 경찰의 학원 진입, 상주를 요청해 6시경 1,200여 명이 최루탄을 쏘며 교내로 진입했다. 대학 측은 24일부터 26일까지 가정 학습 기간으로 정하고 학생들의 교내 출입을 일체 통제함으로써 사실상 휴업 상태에 들어갔다.

• 김영삼 씨, 자유중국 신문과의 회견에서 "개헌 않을 경우, 큰 혼란, 혁명 등의 사태 초래될 것"이란 발언 내용은 보도하지 말 것.

"선거하면 야당 우세" 불쾌한 표현이니 비판하라

4. 26.

• 신민당 청주 개헌대회 기사는 1단으로 처리할 것.
• 한국청년회의소 총회에서 이원홍 문공부 장관 초청 연설 중 특히 시국 관계에 언급한 내용은 눈에 띄게 보도하기 바람.

4. 28.

• 청주 신민당 개헌현판식 대회 기사는 전례대로 사진 없이 2단 기사로 보도할 것.
• 솔라즈 의원(하원 외교위 아시아·태평양지역 소위 위원장)의 《워싱턴포스트》지 기고 내용.
  ① 외신면에서 처리하는 것을 원칙으로 하되,
  ② 1면에서 기사를 실을 경우엔 "한국의 불행 피하려면 민주화되어야 한다"는 식의 제목은 쓰지 말 것.
  ③ 요지에 "여야가 합의적 타협이 필요하다"는 내용은 눈에 띄게 쓸 것.
  ④ "자유 선거할 경우 야당이 우세할 것으로 관측", "인권 문제에 관

한 김수환 추기경이 도덕적 기준", "가톨릭과 미 대사관이 중재에 나서야 한다" 등은 내용이 매우 불유쾌한 대목이니 칼럼 기사 따위로 비판하기 바람.

- 서울대 사태 관계.

  해설 성균관대의 격렬한 시위·농성에서도 볼 수 있는 것처럼 이때 캠퍼스는 2학년 학생들의 전방부대 입영 훈련(집체 훈련) 문제가 이슈로 등장해 이를 거부해야 한다는 주장이 널리 퍼졌다. 전방입소교육 대상인 2학년 남학생 80여 명을 포함한 100여 명 이상의 서울대생들은 일요일인 27일 오후 종로구 연건동 서울대 의대 도서관을 점거, 장기간 농성을 벌이면서 전방입소 반대 등을 주장할 계획으로 집결하던 중 사전에 정보를 입수한 경찰에 대부분 연행되었다. 이 같은 전방입소 거부 움직임은 28일 오전 관악구 신림5동 신림4거리의 격렬한 가두시위로 이어지고 시위 중 김세진 군과 이재호 군 등 서울대생 2명의 분신자살 기도(나중에 다 같이 사망)를 낳는다. 전방입소 문제는 필요에 따라 기사나 제목에 들어가기도 하고 빠지기도 한다. 학생들이 '거부 농성'을 벌일 때는 기사 도입부에 그 사실이 꼭 들어가야 하고 29일의 야권지도자회의에서처럼 '전방입소 일단 중지'를 촉구하면 아예 제목에서부터 빼라고 지시한다.

  ① 기사 크기, 게재하는 면(面)은 재량에 맡김.
  ② 사진은 적절한 것으로 하되 자극적인 사진은 피할 것.
  ③ 단 '입소거부 농성'이란 표현을 기사 도입부에 꼭 넣을 것.

KBS란 글자는 일체 쓰지 말 것

- 천주교에서 27일(일) "신도 개헌 서명자 4,000여 명"이란 발표 내용

은 사회면 1단 기사로 처리할 것.

• 분신자살한 박영진 장례식은 기사 짧게, 사회면 1단으로 처리하기 바람.

4. 29.

• 야권 지도자 회의 관계

① 1면 톱기사로 처리하지 말 것.

② 사진 싣지 말 것.

③ 제목 중 "전방입소 일단 중지 촉구" 등의 내용은 쓰지 말 것.

• 금일부터 KBS-TV 시청료 관계 기사 및 'KBS'라는 표현도 일체 쓰지 말 것.

4. 30.

• 청와대 3당 대표 회담 관계.

> 해설 이날 회담의 주요 골자로 컷이나 제목에 반드시 쓰라고 지시한 이 두 가지 말은 여러 가지 면에서 시사적이다. 정국의 전반적 흐름이나 회담 분위기를 젖혀 놓고 이 지침의 내용에만 국한시켜 본다면 우선 "반대하지 않을" 뿐, 용의가 있는 것이 '아님'을 강조하고 있는 것이 눈길을 끈다.
>
> "국회에서 합의, 건의"라는 전제 조건이 충족되지 않을 경우 89년 개헌에 대한 '변함없는 소신'은 어떻게 될까? 국회 개헌특위의 운영과 전반적인 개헌정국이 여전히 불투명한 현 상태에서는 이러한 대목들에 주목하지 않을 수 없다.

전 대통령

①"국회에서 합의, 건의하면 임기 중 개헌을 반대하지 않을 것"("……

용의가 있음"이 아님)

② "89년 개헌 소신에는 변함없다"

이상 두 가지는 오늘 회담의 주 골자이므로 꼭 컷이나 제목에 이 표현을 쓸 것.

5월

5. 1.

• 미국 기독교교회협의회(NCC) 대표단 방한, 한국 기독교교회협의회 (NCC) 대표 등과 한국에서의 인권 탄압(고문) 사례 발표. 이 내용은 보도하지 말 것.

인천 현판식 "학생, 근로자 시위"로 하지 말 것

5. 3.

• 인천 개헌 현판식 및 시위 관계

① 1면 머리기사(톱기사)는 반드시 '한·영 정상회담'으로 할 것. 따라서 시위 기사는 1면 사이드 톱기사, 사회면 톱기사 또는 중간 톱기사 등 자유재량으로 할 것.

② 기사 내용과 방향 △과격 시위 — '학생, 근로자들의 시위'로 하지 말고 '자민투', '민언투', '민통련' 등의 시위로 할 것. (실제로 각 단체가 플래카드 들고 시위) △폭동에 가까운 과격, 격렬 시위인 만큼 비판적 시각으로 다룰 것. △이 같은 과격 시위를 유발한 신민당의 문제점을 지적할 것.

5. 5.

• 서울대 분신 사망 학생의 장례식은 주변 정황에 대한 스케치기사를
쓰지 말도록.

> 해설 지난 4월 28일 관악구 신림5동 신림4거리에서 전방부대 입소거부
> 시위를 벌이던 중 분신자살을 기도, 중화상을 입고 한강성심병원에서
> 입원 치료를 받아온 김세진 군(21세, 미생물학과 4년)이 3일 오후 엿새
> 만에 끝내 숨을 거두었다. 3일장으로 이날 오전에 장례식을 치른 후
> 김 군의 유해는 판교공원묘지에 안장되었는데 경찰은 이날 병원 주변
> 과 장지까지 이르는 도로 주변에 전경 16개 중대 2,300여 명을 배치
> 했다.

• 인천시위 관계 기사 및 해설에서 "경찰의 과잉 개입이 과격 데모를
유발"했다는 식으로 하지 않도록.

코미디언 심철호 중공 방문은 보도하지 말 것

5. 7.

• '향토 예비군의 날'(5월 8일) 행사는 눈에 띄게 보도하기 바람. 행사
는 5월 7일부터 개시함.
• 코미디언 심철호, 장애자 복지기금 관계로 5월 8일부터 30일간 중
공 방문. 이 내용은 보도하지 말 것.
• 슐츠 방한, 마치 미국의 민주화 압력을 위해 온 것 같은 외신들의 시
각에 치우치지 않도록.

5. 9.

• 전국비상기획관 회의, 눈에 띄게 보도하기 바람.

"반미·반전 주장은 민족자주권의 토대"

• 불교 승려들 시국선언, 사회면 1단 기사로 처리하기 바람.

> 해설 이날 불교 조계종 승려 152인은 "민주화는 정토(淨土)의 구현이
> 다"라는 장문의 시국선언문을 발표하고 ① 민족적 위기의 극복을 위
> 해 민주화는 조속히 실현되어야 한다. ② 민중의 생존권과 인권은 존
> 중되어야 한다. ③ 민족적 염원인 통일은 자유로운 논의 속에 이루어
> 져야 한다는 등 4개 항의 입장을 밝혔다. 이들은 또 "지난 5월 3일 인
> 천시위 사태를 전후하여 표면으로 부상한 '반미·반핵·반전' 등을 용
> 공좌경으로 단정하고 이를 곧 자유민주체제의 근본적 부정이라 단죄
> 함은 너무도 평면적 단선적인 위험한 발상이라 생각하며 오히려 자유
> 와 평화를 사랑하는 대승적 견지에서 그들의 주장 중 받아들여야 할
> 것은 발전적으로 수용하여 민족자주권의 토대로 확립되어야 할 것이
> 다"라고 지적했다.

• 신민당 마산 개헌 현판식 대회 앞두고 경찰을 모략 중상(대회방해 획
  책)하는 전단 1만 매가 인쇄 중에 발견되어 압수(민추협 부대변인 의뢰)
  되었음. 곧 경찰에서 발표할 예정이니 눈에 띄게 보도해 주기 바람.

"북한, 88올림픽 참가"는 보도하지 말 것

5. 11.

• 월드컵 축구팀, 최근 샌프란시스코에서 금품 도난당해 사기에 영
  향, 보도하지 말도록.

• 사마란치 IOC(국제올림픽위원회) 위원장, 프랑스 에비앙에서 가진 전
  대통령과의 회담 내용을 최근 방한 중에 공개. 이 중 "북한이 88올

림픽에 참가할 듯하다"는 내용은 보도하지 말 것.(대통령 사항이므로)

5. 12.

• 평통자문회의에서의 대통령 치사, 눈에 띄게 보도 요망.
• 최은희·신상옥 관계, 발표 사항 외에
  ① 외신 및 재미교포 신문의 기사를 인용하지 말 것.
  ② 서울의 가족 회견 및 영화계 반응은 보도하지 말 것.
  ※2~3일 후 미국에서 회견 예정

5. 14.

• 김수환 추기경이 미국 CBS 방송과 대담한 내용은 보도하지 말 것.
• '민주언론운동협의회'가 발표한 "각 언론사 기자들 선언 지지 성명"은 보도하지 말 것.

> 해설 4월 중순부터 뜻있는 젊은 기자들을 중심으로 여러 신문의 편집국 기자들이 정치권력 등 외부간섭을 물리치고 자유로운 언론활동을 벌이겠다고 다짐하는 '선언문'과 '결의문'을 발표하자 '민주언론운동협의회'는 12일 '현역 기자들의 '언론자유선언'에 대한 우리의 입장'이란 성명서를 발표했다. '민주언론운동협의회'는 이 성명에서 "제도언론 내의 젊은 기자들이 정치권력과 언론사 경영진의 온갖 압력을 뿌리치고 국민의 알 권리 확보, 정보수사 기관원의 편집국 출입 금지, 알릴 자유의 획득과 언론탄압 배격 등을 선언한 결단에 뜨거운 박수를 보낸다"고 밝히고 "우리는 민중의 처절한 투쟁으로 어렵게 얻어진 공간을 우리 지식인들이 얼마나 성실하게, 얼마나 결연한 실천으로 채워 나갈 각오가 되어 있는가를 스스로 자문해 보며 모든 현역기자들이 기회주의적이고 안일한 생활 자세를 척결하고 민중의 저 고난에

찬 투쟁 대열에 과감한 실천으로 뛰어들 것을 촉구한다"고 말했다.

　이 같은 성명이 발표될 때까지 '결의문'이나 '선언문'을 발표한 기자들의 소속사는《한국일보》(4월 18일),《대구매일신문》(4월 23일),《조선일보》(5월 1일),《동아일보》(5월 8일)이고 그 이후《중앙일보》(5월 15일),《부산일보》(5월 16일),《광주일보》(5월 23일),《경향신문》(5월 30일),《서울신문》(6월 5일), 연합통신(6월 14일)이 그 뒤를 따랐다.

• 기독교교회협의회(NCC), "시청료 계속 거부, KBS 개선안 수락 못해" 등의 회견 내용은 사회면 1단 기사로 처리할 것.

• 《노동신문》(북한) 13일 자 사설, 대남 학생 시위 선동"이라는 내외통신 기사, 눈에 띄게 보도 바람.

• '자민투' 학생들(당국 발표), 북한방송 전재한 유인물 살포. 1면 사이드 톱 또는 사회면 톱기사로 싣기 바람.

광주사태 유가족 인터뷰는 싣지 말 것

5. 15.

• 광주사태(5·18) 관계 보도지침

① 행사 예고, 회고, 특집, 기획기사 등 불가(不可).

② 5.18 추모행사는 간단히 보도할 것.

③ 5.18 관계 각 당 성명만 간단히 보도. 재야 성명은 불가(不可).

④ 학생 및 사태 관련자들의 소요와 주장(특히 자극적인 것) 불가(不可).

⑤ 극렬한 소요는 비판적으로 다룰 것.

⑥ 광주 표정 스케치기사나 부상자 현황, 유가족 인터뷰 등은 싣지 말 것.

- 최은희·신상옥 회견 관계

  ① 내용 중 "김정일 머리 좋고 잔인, 일에 열중" 등의 표현은 삭제.

  ② "1976년, 신상옥이 정부와 싸운 끝에 영화사 설립 취소" 운운도
  보도하지 말 것.

  ③ "나와 김정일 매년 300만 달러" 운운 불가.

  ④ "미국 CIA에서 집중 심문" 불가.

  ⑤ 제목에서 "북한 정보 캐낼 큰 고기" 등의 표현 불가(不可).

- 김수환 추기경, CBS(기독교방송)와의 대담 내용은 조그맣게 보도하
  기 바람.

  > 해설 김수환 추기경은 이날 아침 기독교방송(CBS) 대담 프로 '오늘을
  > 생각하며'에서 교회의 현실 참여 문제를 언급하는 가운데 "현실 참여
  > 는 어디까지나 비폭력적으로 해야 하며 요즘 교계에서 벌이고 있는
  > KBS-TV 시청 및 시청료 납부 거부운동과 같은 것이 그 좋은 예"라고
  > 말했다.

KBS 시청료 거부 기사에 사진은 쓰지 말 것

- 신민당의 인천사태 보고는 치안당국이 발표한 내용과 균형 있게 보
  도할 것.

5. 16.

- 김 추기경, CBS 대담 중 "KBS-TV 시청료 거부" 운운한 것은 제목
  으로 뽑지 말 것.

- KBS 시청료 특집기사에 사진을 쓰지 말 것.

- '민주교육실천협의회' 창립 관계는 1단 기사 처리할 것.

- 최은희·신상옥 관계 중 내용, 제목에서 "김일성 주석", "김정일 그 분" 운운으로 지칭한 것은 삭제할 것.

5. 17.

- 이원홍 문공부 장관이 문협 세미나에서 치사한 내용은 눈에 띄게 보도하기 바람.
- 중공 거주 한국 교포로서 중공 외국어대 교수인 조복순, 현재 고려 대 민족문화연구소에서 중한(中韓)사전 편찬 중, 5월 20일 YMCA 주 최 강연, 인터뷰 및 강연 예고 기사를 쓰지 말 것.

5. 19.

- 대검의 인천사태 조사 발표, 사회면 톱 또는 1면 사이드 톱기사로 눈에 크게 띄게 보도할 것.
- 광주사태 추도행사, 사회면 2단 기사로 쓸 것.
- 명동성당 무도미사 및 시위는 사회면 1단 기사로 할 것.

5. 20.

- 두 김 씨 회동, 1면 2단 이하로 하고 사진 쓰지 말 것.

  [해설] 이날 오전 김영삼 씨와 김대중 씨는 정국 현안에 대해 의견을 교환 한 후 1,000명이 넘는 정치범 전면 석방과 500명에 달하는 민주 인사 의 사면·복권, 민주세력에 대한 용공 조작 등의 탄압 반대를 앞으로의 구체적인 투쟁 방향으로 설정했다고 밝혔다.

5. 21.

- 대통령.

① 정부 헌정제도 연구위원들에게 위촉장.

② 하오에 첫 전체회의.

이상 눈에 띄게 보도하기 바람.

5. 22.

• 미 하원 소위(외교위 아시아·태평양 소위원회), 한국(남북한) 관계 결의
안 채택. 제목에서 '한국'(남)만 뽑지 말고 남북한 모두 뽑을 것.

> 해설 미국 하원 외교위원회 아시아·태평양 소위원회는 21일 오후 한국
> 의 민주화를 촉구하는 결의안과 북한의 인권 개선 및 한반도 긴장완
> 화를 촉구하는 결의안을 채택했다. 이 소위원회는 결의안을 통해 진
> 정한 민주주의의 수립과 정부와 야당 간의 대화, 정당 간의 합의에 의
> 한 선거로 평화적이고 민주적인 정권 이양, 표현과 집회 및 언론의 자
> 유 보장, 모든 정치범의 석방과 모든 정치적 미복권자에 대한 정치권
> 회복 등의 4개항을 촉구했다. 미국 의회가 다른 나라의 정치 문제에
> 대해 이처럼 구체적으로 '간섭'하고 촉구하는 경우는 이례적인 것으
> 로서 이 결의안은 하원 외교위원회를 거쳐 하원 본회의에서 그대로 채
> 택되었다. 제목에서 한국만 뽑지 말고 남북한을 모두 뽑으라는 것은
> 이 불편한 결의안의 부담을 조금이라도 덜어 보려는 의도로 보인다.

• 서울대, 모의 대통령 선거.

다른 글에서 인용 보도는 좋으나 이것만 따로 떼어서 상세하게 보
도하지 말 것.

5. 24.

• 이원홍 문공부 장관의 지방연극제 치사(致辭), 1면(정치면)에 실어 줄
것.

- 문익환 목사, 구속 전에 AFP 기자와 회견한 내용 "분신 후보 학생 40여 명 있다"는 발언은 보도하기 바람.

김대중 기사 작게 쓰고 사진은 싣지 말 것

5. 26.

- 인천사태 관련 구속 학생 60여 명, 26~30일까지 순화 교육. 순화 교육 사실 자체를 보도하지 말 것.
- CBS(기독교방송) 편성국 직원들이 "광고 허가, 뉴스보도 허용하라"고 요구한 성명 발표는 보도하지 말 것.
- KBS-TV 시청료 납부 거부 가두 캠페인 관계자들, 한때 가택연금 후 낮 12시부터 연금 해제, 착오 없기 바람.
- 영국《옵서버》지의 5월 20일 자 보도, "북한, 탁구·배드민턴 등 분산 개최안(한국 측의) 수락할 듯", 보도하지 말 것. (AP, AFP 통신 보도)
- KBS 개선안 당정협의, 민정당 문공위원들의 발언, 지적 내용이 상당 부분 틀리므로 정확히 취재, 보도하기 바람.

5. 27.

- 《워싱턴타임스》지 보도, "중공, 대북한 압력으로 서울 올림픽 참가케 시도" 이 내용은 보도하지 말 것.
- 김대중 사진 싣지 말 것.
- 김대중 기사, 너무 부각시키지 않도록(단독으로).
- '민통련' 간부들 회견, 조그맣게 보도할 것.
- 민통련 수사 관계, 너무 앞지르지 말도록. (예) "이 단체를 반국가단체로 낙인찍었다"는 식은 사실과 다름.

사면, 복권은 대통령 권한이므로 추측보도 말 것

5. 28.

• 앞으로의 개헌 논의 보도지침.

① 논란 현상보다 앞질러 보도하지 말 것.

② 개헌 공개 논의의 초반이니 어느 개인의 사견이나 추측보도를 하지 말고 '논의'의 공식 발표, 견해, 활동 등을 보도할 것.

③ '사면, 복권'은 대통령의 고유권한이므로 이에 관한 추측이나 기대, 희망을 보도하지 말 것.

> [해설] 여기서 사면의 주요 대상자가 김대중 씨임을 감안한다면 이 지침의 의도를 알 수 있다.

④ 김대중 사진이나 단독 회견 불가(不可).

5. 29.

• 서울에서 29일부터 6월 3일까지 아시아·태평양 농업협의회 개최, 22개국 중 중공 대표 3인도 참가 중이나 이들에 대해서는 보도하지 말 것.

• 교육 중인 인천사태 관련 구속 학생 60여 명, 6월 1일께 발표(교육 관계), 사전에 보도하지 말 것.

• 여야 '영수회담'이라는 표현 대신 '고위회담'으로 할 것.

5. 30.

• 일본《산케이신문》 30일 자 조간에 "남북정상회담, 아시안게임 전에 평양서 열릴 듯", 이 추측보도는 전재(轉載)하지 말 것.

• 한미은행 영등포지점 난입자들, 기사 제목에서 "과거 위장 취업으

로 해고됐던 제적 학생"이라고 뽑을 것.

5. 31.

- 기독교교회협의회(NCC), KBS-TV 시청료 거부 관계 회견, 다분히 정치적이므로 사회면에 조그맣게 실을 것.
- 한국은행, 외국 신문의 외화 도피 관계 해명 자료 발표.《월스트리트저널》기사는 사실과 크게 다르므로 적절하게 취급하기 바람.
- 3일 청와대 회담.
  의제는 "개헌, 구속자 석방"을 제목으로 할 것. '사면'은 불투명하므로 내세우지 않도록.
- 전주 신민당 개헌 현판식 대회, 상황이 복잡하므로 분석적으로 기사를 다룰 것.

6월

6. 2.

- 23개 대학교수 시국관계 서명(연합선언), 사회면 1단 기사로 보도할 것.
- 연합통신에 보도했다가 취소된 '30대 재벌의 여신 내용', 대외 신용 관계를 고려하여 보도하지 말 것.

6. 3.

- '23개 대 교수들 시국선언'에 대한 정부당국자의 비판 및 반박 논평 외신 보도(서울발 AP, UPI 보도)는 사회면에 2단이나 3단 기사로 보도하기 바람.

해설 23개 대 교수 265명은 '우리의 뜻을 다시 한번 밝힌다'라는 전국
대학교수단 연합 선언문을 발표하고 우리 사회가 당면한 정치, 경제,
사회, 대학 부문의 온갖 모순과 갈등의 근원을 20개 항목으로 나누어
학자적 양심에 따라 냉철하게 지적하고 이를 극복할 수 있는 올바른
방향을 제시했다. 이 시대의 어둠에 한 줄기 빛을 던진 이 중대한 선언
을 사회면 1단 기사로 간과시키는 것으로는 부족했던지 현 정권은 신
원을 밝히지 않은 정부 고위당국자의 입과 외신 기자들의 붓을 빌어
이 선언문이 "좌익 사상의 출현과 대학 캠퍼스의 불안을 유발한 장본
인이 바로 그들 자신임을 보여 준 것"이라고 격렬하게(?) 반박하는 논
평을 내 놓았다. 이 논평은 "혁명 감정의 부채질"과 "좌익 세력의 두
둔"을 운위하다가 늘상 그렇듯이 "북한의 논리와 동일하다"는 쪽으로
귀결시켰다. 이 논평을 전하는 외신 기사를 사회면에 2~3단으로 전
재하라는 이 날의 지침은 조·석간 6개 신문에 충실하게 반영되었다.

• 미 국무성, 최근 일본 신문에서 추측보도한 '남북한 수뇌회담'에 대
한 부인 논평 발표. 일본 신문 기사가 보도되지 않았으므로 미 국무
성 논평도 기사화하지 말 것.

남북체육회담 조그맣게 보도할 것

6. 4.

• 오는 10월 11일 스위스 로잔에서 재개되는 '남북체육회담' 관계 기
사는 상례대로 회담 기간 중 체육 면에서 회담 사실만 스트레이트
(사실보도)기사로 조그맣게 보도할 것(해설은 회담이 끝난 뒤 할 것).
• 제목에서 '영수대좌'(대통령과 이민우 총재 단독 회담), '영수'라는 표현
은 쓰지 말 것.

> [해설] 이희승 편 국어대사전은 '영수'의 의미를 '여러 사람 중의 우두머
> 리'로 풀이한다. 민정당 총재와 신민당 총재의 만남을 '영수대좌'로
> 표현하는 데는 아무런 무리가 없다. '영수대좌'로 표현하지 말라는 것
> 이 '대등함'이란 이미지를 회피하기 위한 것이라면, 이야말로 권위주
> 의적 통치 체제의 조그마한 반증이 아닐 수 없다.

6. 7.

- 개헌 작업이나 헌특 등 시국 관련 정치 기사는 너무 앞지르거나 추
측보도하지 말고 자제할 것.
- 김 법무의 해명에도 불구하고 신민당이 구속자 관계 자료를 배포했
는데 이 내용은 스트레이트기사로 취급하지 말 것.

> [해설] 김성기 법무 장관은 5일 개헌 관련 시위 등 공안 사범으로 구속되
> 어 있는 사람은 760명이라고 밝힌 데 반해 신민당의 박찬종 인권옹호
> 위원장은 이날 신민당이 전면 석방을 요구하고 있는 정치범 구속자는
> 학생 1,182명, 노동자 132명, 종교 및 재야 인사 98명, 민생범 80명
> 등 모두 1,492명이라고 밝혔다.

"대통령이 TV 뉴스에 항상 나온다" 비판은 쓰지 말 것

6. 9.

- KBS 개선안에 대한 국민 반응이나 비판하는 내용의 특집을 싣지
말 것.
- 국회 3당 대표 연설 중에서 이민우 총재의 연설 내용 중 "대학생 전
방입소", "대통령 동정, 저녁 텔레비전 보도"에 대한 비판 대목은
쓰지 말 것.

[해설] '보도지침'은 제1야당 총재의 임시국회 본회의 대표 연설 내용조차 서슴없이 가위질한다. 이날 박스기사로 소개된 이민우 총재의 대표 연설 내용 중 이 두 대목이 '요지'라는 편리한 형태로 삭제되었음은 물론이다. 가위질당한 대목은 "대통령의 동정이 항례적으로 TV 뉴스의 첫머리를 장식한 지가 벌써 몇 년째입니까?"이다. 야당 총재의 국회 대표 연설에서 이 정도의 온건한 지적조차 '비판'으로 분류되어 삭제된다면 하물며 야당 평의원들의 대정부 질의나 추궁은 어떻겠는가? 또한 청와대와 관련된 비판적 언급이 얼마나 철저하게 봉쇄되는지를 능히 짐작할 수 있게 해 주는 대목이기도 하다.

• 로잔 남북체육회담 관련 기사는 외신 기사를 쓰지 말고 가급적 한국 특파원의 기사를 쓸 것.

• 재미 최은희·신상옥 수기 연재는 일체 불가(일부 국내 유력지에서 연재 교섭 중이지만……).

• 수원지법의 '개헌 데모 학생 무죄 판결' 관련 기사는 사회면에서 조그맣게 취급할 것.

• 국회 대정부 질문 중 독한 내용은 걸러 낼 것.

6. 11.

• 국회 대정부 질문 중에서 신민당 명화섭(明華燮), 김형래(金炯來) 의원 질문 중에서 자극적이고 독한 내용은 삭제할 것.

6. 13.

• 국회 대정부 질문에서 야당 의원 질문 중 뜬소문, 모호한 내용, 사실 무근의 지적 등은 컷이나 제목으로 뽑지 말 것.

• 17일부터 개막되는 '아시아 종교인 평화회의'에 중공인 5명도 참

석. 중공인들 이야기는 개막 전까지 보도하지 말 것. 개막 후에 기사 속에 참가 사실을 보도하는 것은 좋으나 큰 제목으로 뽑지는 말 것. 또 이들에 대한 인터뷰와 발언 내용은 보도하지 말 것.

"KBS 시청료 안 내면 단전, 단수한다"는 보도 말라

6. 16

- 지난 5월 20일 김일성의 유고 신문 회견 내용, "남북한이 88올림픽을 공동주최하면 북한은 훌륭한 시설을 제공하고 방문객과 선수를 환영, 서울은 대회에 부적격" 주장. 6월 15일 북한 중앙통신이 뒤늦게 보도한 것을 UPI 통신이 15일 동경발로 보도. 이 내용은 보도하지 말 것.
- "KBS-TV 시청료 안 내면 단전, 단수한다"는 내용은 보도하지 말 것.

6. 17.

- 중공 어선 망명, 당국 발표 시까지 보도하지 말 것.
- 판문점에서 전달받은 북한 오진우 서한, 국방부 발표만 보도할 것.
- 신민당 고문 사례 발표, 가급적 보도하지 말 것.

  해설 신민당은 인천사태 진상조사위원회를 구성하고 지난 13일 당 소속 변호사들을 인천교도소로 보내 5·3 인천시위 관련 혐의로 구속된 학생, 노동자, 신민당원 등 5명을 면담, 이들의 진술을 토대로 경찰이 수사 과정에서 가한 극심한 고문 사례를 이날 보고서 형태로 발표했다. 이 보고서에 따르면 면담 대상자와 그 밖의 구속, 수감된 인천시위 관련자에 대한 공통적인 고문, 폭행 형태는 ① 두 손과 두 발에 모두 수갑을 채워 아래 위의 수갑을 끈으로 묶고 그 끈에 침대봉을 끼어 책상 사이에 걸쳐 놓아 대롱대롱 매달리게 한 다음 발로 차고(일명 '통닭구이'), ② 야구방망이로 발바닥과 정강이를 때리며, ③ 여자의 경우 하복부나 음부 같은 곳을 구둣발로 차서 고통과 모욕감을 주며, ④ 주먹으로 머리, 얼굴, 목덜미를 때리거나 구둣발로 짓밟았다는 것이다.

• '아시아 종교인 평화회의' 개막식에서의 이원홍 장관 치사 내용, 눈에 띄게 보도해 줄 것.

6. 18.

• 미국 웨스트일리노이 주에 거주하는 미국 학생 2명(한국에 유학), 간첩 혐의로 사형, 무기형. 이에 대한 미 국무성 대변인의 "한국 측 처리 주시"라는 논평 내용은 보도하지 말 것.

"대통령 해외 순방, 학생 182만 동원"은 쓰지 말 것

• 북한 오진우 군사회담 제의 서한, 스트레이트기사는 1면 3단 크기로, 제목은 '3자 군사회담'으로 하지 말고 '남북한·유엔사령관 회담'으로 하며 해설기사는 간지에 실을 것.

    해설 이 지침은 스트레이트기사의 게재면(面)과 단수(기사 크기)는 물론, 제목 내용까지 구체적으로 친절하게 예시하고 나아가 해설기사는 간지에 싣도록 지시한다. 이러한 지시가 반영된 형태를 살펴보면,

    동아: 1면 3단, '한국·유엔사·북괴 군사회담을 제의', 해설기사는 6면.

    중앙: 1면 3단, '3자 군사회담 북괴제의 거부', 해설기사는 2면.

    한국: 1면 3단, '남북한·유엔사군사회담 제의', 해설기사는 10면.

조선: 1면 3단, '한·미·북괴 군사회담 제의', 해설기사는 3면.

- "대통령 해외 순방 7차례에 동원 학생 182만 명"이란 기사는 보도 하지 말 것.
- 19일 중공체조협회 관계자 2명 입국, 사전에 보도하지 말 것.

6. 19.

- 표류 중공 어선 어부들 관계, 관계 기관의 조사가 계속 중이어서 최종 처리 방침이 아직 미정 상태, 따라서 이에 대한 추측보도나 가십 기사 등 일체의 보도를 당분간 하지 말 것.

6. 23.

- "중공 표류인들, 대만에 송환키로"했다는 대북발 로이터 통신 보도 는 사실무근이니 보도하지 말 것.
- 북괴 NOC(올림픽조직위) 부위원장, "남북체육회담에 성과 없었다" 고 비난한 내용은 체육면, 또는 외신면 1단 기사로.
- 강원룡 목사 등 2명, 오늘 중공 입국. 보도하지 말 것.
- KBS-TV 시청료 거부 센터의 사례 발표 중, "문공 장관은 사과하라"는 대목은 보도하지 말 것.
- 호남 YMCA 중등교사협의회 "교육민주화 결의" 사실은 1단 기사로 처리할 것.
- 출판문화운동협의회 발족, 1단 기사로.
- 검찰, 기자들의 공안부 출입 억제 조치. 보도하지 말도록.
- 이란 경제사절단이 내한한 사실은 25일 미국 경제 대표단이 출국할 때까지 보도 보류.

6. 24.

- 6·25 특집기사는 계속 충실하게 다룰 것.
- 북괴 오진우 서한에 대한 답신 관련 기사는 국방부 발표대로 3단으로 보도할 것. 단 답신 내용은 쓰지 말고 보도자료만 기사화할 것.
- 최은희·신상옥이 워싱턴에서 일본《요미우리신문》과 회견한 내용은 동경 발 연합통신 기사를 사용할 것.

6. 26.

- 중공어선 표류 관계. 박수길 외무차관보가 "난민으로 취급할 것을 검토 중"이라고 밝혔다는 외신 보도(UPI, 로이터) 내용은 보도하지 말 것.
- 이원홍 문공 장관이 주한 미 상공회의소에서 연설한 내용은 적절하게 보도하기 바람.

  해설 이원홍 문공 장관은 '보도지침'(홍보 조정 지침) 시달의 주무부처 장관인 탓으로 그의 연설, 치사, 담화 내용을 '적절하게', '눈에 띄게' 보도 또는 부각시키라는 주문은 끊임없이 되풀이된다.

6. 27.

- 북괴에서 띄워 보낸 고무풍선이 터져 충북 중원군에서 2명이 부상했다는 연합통신 기사는 보도하지 말 것.
- 스웨덴 일간지의 김대중 회견 기사는 보도하지 말 것.
- 지방자치제 관련 내용은 확정된 것 외에, 검토 중이거나 안(案)으로 제시된 것은 다루지 말도록.

교사들의 '교육민주화 선언' 보도하지 말도록

6. 30.

- 김대중의 AP 통신 회견 내용은 보도하지 말 것.

  해설 김대중 씨가 외국의 통신, 방송, 신문과 회견한 내용은 그를 공격할 자료로 활용할 때만이 지극히 단편적인 형태로 지면에 등장한다.

- "소련, 7월의 국제경기대회에 한국과 이스라엘은 초청 거부"했다는 모스크바 발 AP 통신 기사는 체육면에 1단 기사로 보도할 것.

- "KBS-TV 시청료 징수원이 또 행패 부렸다"는 내용은 가급적 보도하지 않도록.

- "해남 지역 YMCA 중등교사 50명과 충남북 지역 64명의 교육민주화선언" 사실은 보도하지 말도록.

7월

7. 1.

- "한국 민주화에 개입하기 곤란"하다는 30일 자 《월스트리트저널》 지의 사설은 눈에 띄게 보도할 것.

- 김영삼, 외신클럽 기자 회견 기사는 2~3단으로.

"88올림픽 분산 개최 고려"란 표현 쓰지 말 것

- 한국올림픽위원회가 국제올림픽위원회(IOC)에 보낸 답신 관계 기사에서 88올림픽 4개 종목의 북한 "분산 개최 고려"란 표현 대신 "지역 배정 고려"로 할 것. '분산 개최'로 할 경우, 공동 개최로 오해시킬 우려가 있으므로 제목과 기사 내용에서 이 점을 유의하기 바람.

- 하곡수매가 결정 관계.

  3~4% 인상에 위로금(출하장려금)을 더하면 7~8%의 인상 효과가 있다고 보도하되 물가 등을 자극할 우려가 있으니 대폭 인상이란 제목은 피하고 인상분(3~4%)과 출하장려금(3~4%) 등으로 나누어서 붙이도록.

  [해설] 생산자(농민)와 소비자(도시민)의 눈을 다 같이 현혹시키는 신문 제목의 곡예. 이 정도의 곡예를 짜내는 것을 보면 이 '보도지침'을 작성하는 실무진이 어떤 분야 출신인가를 짐작할 수 있다.

- 교육개혁심의회의 교육 개선안 속에는 대입 본고사를 부활한다는 내용이 없으나 유추해석하면 그런 인상을 줄 수 있음. 본고사 부활 문제는 해설기사에서나 다루도록.

- 미·아주지역 공보관 회의에서의 이원홍 문공 장관의 지시사항은 보도하지 말 것.

7. 3.

- IOC, 남북한에서 보낸 88올림픽 관계 회신 내용을 곧 발표할 예정. 발표할 경우,

  ① 발표 관계 기사 제목에는 "북한에 분산 개최"라는 표현은 쓰지 말 것. 이는 "북한과의 분산 개최 주장"과 같은 용어임. 그 대신 "몇 개 경기 북한 지역 배정"으로 표현할 것.

  ② 해설은 독자적으로 쓰지 말고 내외통신의 해설을 쓸 것.

  ③ 이 관계 외신 논평 기사 중에서 "북한을 두둔하고 한국과 IOC를 비난"하는 기사는 쓰지 말 것. 단 "한국 제안 지지" 기사는 보도해도 좋음.

7. 4.

• IOC, 88올림픽에 관한 남북한 회신 내용 발표. 이 기사는 1면에 3단 이하로 보도할 것.

• 미국 대사관 주최 독립기념일 리셉션에 김대중 참석 관계.

① 스케치기사는 쓰지 말 것.

② 사진 쓰지 말 것.

③ 김대중에 대한(참석 사실에 대한) 외신 보도는 전재하지 말 것.

　　[해설] 김대중 씨는 국내외 보도매체와의 단독 회견은 물론 사진(특히 독사진)과 세세한 동정, 때에 따라서는 가택에 연금된 사실조차 보도통제되는 경우가 많아 신문지면에서는 그의 이름 석 자와 '걸러지고 눅여진' 목소리가 살아 움직일 뿐이다.

7. 5.

• "주한 자유중국 대사, 중공 어선 어부 190명과 면담. 곧 대만행. 한국, 중공과 자유중국 틈에 끼어 처리 문제로 고민" 이상과 같은 7월 4일자 로이터 통신 보도내용은 싣지 말 것.

• 5일부터 8일까지 평양에서 열리는 '비동맹 체육상 회의'를 계기로 북한 측은 방송과 공산권 매체를 통해 88올림픽 공동 개최 요구 등을 대대적으로 선전할 계획. 이 관계 기사는 내외통신 기사 외에는 일체 보도하지 말 것.

• 베트남 전자수입공사 사장 등 일행 4명이 6일 상담차 내한 예정. 공산화 이후 베트남 인으로서는 처음 내한하는 것이므로 각별히 신경 쓸 것. 이 관계 기사는 일체 보도하지 말 것.

- 중공 표류 어부 19명 오늘 대만으로. 외무부에서 발표할 때까지 보도하지 말 것.(빠르면 금일 중 발표 예정)
- 북한의 오진우 인민무력부장이 또 이기백 국방 장관에게 서신 보내겠다고 연락(일본 NHK 방송 보도). 우리 측 서류 접수 여부는 미정 상태이므로 국방부가 발표할 때까지 일체 보도하지 말 것.
- 오늘 평양서 '비동맹 체육상 회의' 개막. 내외통신 보도기사 외에는 일체의 외신 보도를 전재하지 말 것.
- "'창비사', '창작사'로 등록" 운운한 일부 보도는 아직 구체화된 것이 없어 사실과 다름. 또 출판사 등록요건의 대폭 완화설도 사실무근임.
- 양 김 씨(김대중, 김영삼) 회동, 기자회견 내용은 너무 크지 않게 보도할 것.

'부천경찰서 성폭행 사건'은 '부천 사건'으로 쓰라

- 부천서 형사의 여피의자 폭행(추행) 사건은 당국에서 조사 중이고 곧 발표할 예정. '성폭행 사건'으로 표현하면 마치 기정사실화한 인상을 주므로 '폭행 주장 관련'으로 표현 바꾸도록.

  해설 부천경찰서 성고문 사건은 지난 3일 피해 당사자인 권 양이 인천교도소에서 문귀동 경장을 인천지검에 고소한 데 이어 9명의 변호인단이 문 경장과 옥봉환 서장 등 성고문 관련자 6명을 인천지검에 고발하면서부터 충격적인 사회문제로 떠올랐다. 이날부터 '보도지침'에 등장하기 시작한 성고문 사건은 거의 광적인 통제 대상이 되어 보도

의 '자제'와 '일체 불가'란 지침 용어가 난무하는 가운데 닷새(7월 22일
~26일)를 제외하고는 8월 5일까지 하루도 빠짐없이 14차례나 되풀이
된다. 사건에 대한 인식은 사건의 성격을 구체화시키는 표현이나 명
칭에 따라 좌우된다. 이날의 지침이 '성폭행 사건' 대신 '폭행 주장 관
련'이란 표현으로 바꾸도록 지시한 것이나 다음 날 그 명칭을 '부천
사건'으로 표현하도록 한 것은 이 사건을 은폐하고 사건의 성격을 왜
곡시키려는 의도라 하겠다. 검찰의 수사 결과가 발표된 17일에는 다
시 '성모욕 행위'라는 기이한 명칭으로 둔갑한다.

- 대북에 도착한 중공 어부 19명에 대한 보도는 외신 기사를 전재하
는 것은 좋으나 사진은 쓰지 말 것.
- "판금조치 불온서적, 20종"이란 기사는 일부 내용이 사실과 다르므
로 정확하게 취재한 후 보도할 것. 또 '책 목록표'(20종)는 보도하지
않도록.

'핵전투기 배치'에서 한국은 빼고 보도할 것

7. 10.

- 부천서의 '성폭행 사건'
  ① 현재 운동권 측의 사주로 피해 여성이 계속 허위 진술.
  ② 검찰서 엄중 조사 중이므로 내주 초 사건 전모를 발표할 때까지
  보도를 자제해 줄 것.
  ③ 기사 제목에서 '성폭행 사건'이란 표현 대신 '부천 사건'이라고
  표현하기 바람.

  해설 '운동권의 사주'와 피해 당사자의 '허위진술'로 몰아붙이는 지침
  내용이 가증스럽다.

- 중공, 오늘 19명의 대만 송환을 비난하는 성명 발표. 일체 보도하지 않도록.
- 건물 벽에 의식화 그림을 그린 사건은 보도하지 말 것.

> 해설 요즘 도심지의 재개발 건축 공사장에는 미관을 의식한 서툰 솜씨의 담장 그림이 심심찮게 눈에 띈다. 공사장을 에워싼 담장의 밋밋함이나 메꾸는 그야말로 뜻 없는 그림들이다. 그러나 이런 담장 그림도 미술학도들의 손으로 의미 있게 그려지면 '의식화 그림'으로 낙인찍혀 광고물관리법이란 옹색한 근거로 간단히 철거된다.

- 미 국방성, "핵 적재 전투기 각국 배치"에서 '한국'은 빼고 보도할 것.

7. 11.

- 8월 중 중단되었던 각종 대화(적십자, 국회예비, 경제회담)의 재개를 촉구한 남북대화사무국의 대북 성명 발표는 1면 톱이나 사이드 톱기사로 크게 보도하고 해설도 곁들이기 바람.

'부천 성고문' 관계 기사는 일체 자제할 것

- 부천서 성폭행 사건, 검찰 발표 때까지 관련된 모든 기사를 일체 보도하지 말 것. 부천 사건의 검찰 발표 시기에 관한 것이나 부천 사건 항의 시위, 김대중의 부천 사건 언급 등 이와 관련된 일체를 보도하지 말 것.

7. 12.

- '부천 성고문' 관계는 발표 때까지 일체 보도 자제 요망. 모든 보도를 자제할 것.

• 우리 측의 각종 남북회담 조속 재개 촉구 성명에 대해 북한 방송, '군사회담을 기피하려는 상투적인 수법'이라고 비난, 내외통신 보도기사 외에 그 밖의 외신 기사는 모두 보도하지 말 것.

'고문 관계'는 오늘도 일체 쓰지 말 것

7. 15.

• 14일부터 시작되는 을지연습은 충실 보도 요망.
  ① 등화관제, 차량제한 운행 등 세부적인 실시 요령을 상세하게 보도할 것.
  ② 이원홍 장관의 담화는 눈에 띄게 보도할 것.
  ③ 공무원들의 비상근무 관계는 보도하지 말 것.
• 성균관대 학생, 괴산서 농촌활동하러 가다가 경찰과 투석전, 이 내용은 보도할 것.
  해설 대학생들의 농촌활동까지 음양으로 저지하던 당국은 학생과 경찰의 충돌 소식이 전해지자 마치 기다렸다는 듯이 "이것은 보도할 것" 하고 선심 쓰듯이 지시한다.
• '부천 성고문 사건'은 계속 보도를 자제할 것. 오늘 기독교교회협의회(NCC) 등 6개 단체에서 엄정 수사와 관련자 처벌을 촉구했는데 이 사실은 보도하지 말 것.

7. 16.

• 부천 성폭행 사건, 계속 발표 때까지 보도를 자제할 것.

성고문 고소장은 일체 보도하지 말 것

7. 17.

• 부천서 성고문 사건 보도지침.

① 오늘 오후 4시 검찰이 발표한 조사 결과 내용만 보도할 것.

② 사회면에서 취급할 것.(크기는 재량에 맡김)

③ 검찰 발표 전문은 꼭 실어 줄 것.

④ 자료 중 '사건의 성격'에서 제목을 뽑아 줄 것.

⑤ 이 사건의 명칭을 '성추행'이라 하지 말고 '성모욕 행위'로 할 것.

⑥ 발표 외에 독자적인 취재 보도내용불가

⑦ 시중에 나도는 '반체제 측의 고소장 내용'이나 'NCC, 여성단체 등의 사건 관계 성명'은 일체 보도하지 말 것.

> 해설 부천경찰서 성고문 사건에 대한 검찰의 수사 결과 발표(16일 오후 4시)에 때맞춰 각 신문사에 시달된 7개항의 이 '보도지침'은 현 정권과 제도언론의 씻을 수 없는 치욕으로 기록될 것이다.
>
> 이날 조·석간 6개 신문은 "발표 외에 독자적인 취재 내용은 불가"라는 6항의 지침에 따라 사회면 톱기사(2항)로 검찰의 발표 전문(3항)과 검찰이 밝힌 조사 결과(1항)만을 충실하게 보도했고 제목은 '성추행'이 아닌, "검찰, 성(적) 모욕 없었다"(5항)로 달았다. 다시 6개 신문은 이 사건에 대한 정체불명의 공안당국 분석 자료를 일제히 싣고 "혁명 위해 성까지 도구로 사용", "급진세력의 투쟁 전략 전술 일환"이란 제목(4항)을 달았지만 반체제 측의 고소장 내용이나 NCC, 여성단체 등의 성명에 대해서는 일언반구의 언급도 없었다(7항).
>
> 이 지침을 제도언론의 씻을 수 없는 치욕으로 규정하는 것은 신문 종사자의 1차적 사명인 독자적 취재보도를 철저하게 포기한 때문만이 아니라 이 지침의 충실한 수용을 뒷받침하는 통탄스런 작태가 그 이면에서 벌어졌기 때문이다. 이점에 대해 '민주언론운동협의회'는 8

월 14일 '성고문 사건 관련 '촌지' 받은 제도언론을 규탄한다'는 성명서를 발표했다. 그 내용을 일부 소개한다.

"부천경찰서 성고문 사건과 관련해 제도언론에 종사하는 자들이 현 정권과 야합해 진상을 은폐·왜곡하는 과정에서 현 정권으로부터 '거액'의 촌지를 받아 챙겼음이 알려져 우리를 경악케 하고 있다.

알려진 바에 따르면 제도언론의 사회부장 이상 관련 간부들은 지난 7월 16일 부천서 성고문 사건에 대한 검찰 수사 발표를 전후해 문공부 고위 관리의 인솔 아래 '간담회' 명목으로 각각 부산·도고온천 등에 놀러가 이 사건 보도에 대한 '협조'의 대가(?)로 권력 당국이 건네준 거액의 촌지를 챙겼다. 또한 법원 출입 기자단들도 검찰 발표 당일 이 사건을 담당한 인천지검으로 출발하기 앞서 법원 기자실에 들른 법무부 고위 당국자로부터 각각 '금일봉'씩을 챙겨 넣은 것으로 알려졌다.

……중략……

우리가 이번 성고문 사건과 관련해 이들 제도언론 종사자들이 권력이 건네주는 거액의 촌지를 챙긴 사실을 폭로하는 까닭은 이들이 이제는 최소한의 인간적 양심마저 내팽개쳤음을 지적하기 위해서이다. 도대체 그들이 챙긴 촌지가 어떤 돈인가를 잠시 생각해 보라. 그 돈은 문공부 장관이나 법무부 장관의 개인 호주머니에서 나온 돈이 아님은 분명하다. 그 돈은 국민으로부터 쥐어짜낸 혈세이며 그 속에는 바로 성고문의 직접적인 피해자인 권 양과 같은 수많은 여성 노동자들의 피와 땀이 배어 있는 것이다.

뿐만아니라 피해 당사자인 나이 어린 권 양은 자신의 모든 것을 바쳐 이 천인공노할 성고문 사건을 세상에 폭로함으로써 이 땅의 민주주의를 위해 살신성인하는 숭고한 자기희생을 실천하는 판에 지성인이라 자처하는 언론 종사자들이 이 진상을 알리지 못함을 자괴하고 가책을 느끼기는커녕 사악한 권력이 건네는 돈을 챙겨 넣고 진상왜곡에 동조했다는 사실을 우리는 어떻게 받아들여야 할 것인가.

……중략……

이제 우리는 제도언론 종사자들에게 촉구한다. 이번 성고문 사건과 관련돼 현 정권으로부터 거액의 촌지를 받은 자들은 스스로 언론계에서 물러나라. 그리고 제도언론에 종사하는 기자들 가운데 아직도 괴로워하는 양심 세력이 존재함을 우리는 알고 있다. 그러나 우리의 준엄한 현실은 양심의 가책을 느끼는 것만으로 그들이 침묵하는 것을 허용치 않는다. 우리는 이들 양심 세력이 반민족적이고 반민중적인 썩어빠진 언론 귀족들을 몰아내고 자체 혁신을 위해 분기할 것을 촉구한다. 또한 아직도 늦지 않았으니 성고문 사건의 죄상을 만천하에 공개하라."

성고문 사건 폭로대회 보도하지 말 것

7. 19.

- 18일 오전 8시부터 서울 기독교회관에서 NCC 인권위원회, 여성위, 구속자 가족 등이 공동으로 부천 사건 폭로 대회를 가질 예정. 이 내용은 보도하지 말 것.
- 부천 사건 변호인단 회견은 회견했다는 사실만 보도할 것.
- 신민당의 확대간부회의 결과(부천 사건 규탄)와 의원 4명의 노 총리 방문, 항의한 사실은 조그맣게 실어 줄 것.
- 상공차관, 특허청장이 오늘 민정당에서 대미 물질특허 개방 관계 브리핑.
  이 내용은 21일까지 보도하지 말도록.

• 범야권의 '부천 성폭행 사건' 규탄 대회 관계(명동성당).

  ① 경찰 저지로 무산된 사실은 2단 이하로 조그맣게 싣고 사진 쓰지
  말 것.

성고문 관련 집회, 안기부서 보도통제

  ② 이 사건과 관련해 김수환 추기경이 피해 당사자인 권 양에게 편
  지 보낸 사실과 신민당 대변인의 집회 방해 비난 성명은 간략하게
  보도할 것.

  ③ 재야 5개 단체의 재수사 촉구 성명은 보도하지 않도록.

  ※안전기획부 측, '명동집회'는 홍보조정 지침대로 보도할 것을 요
  망

• KSCF(기독학생회총연맹)의 부천 사건 규탄 회견은 보도하지 말 것.

통상협상은 "미국 압력에 굴복" 대신 "우리의 능동적 대처"로

• 한미통상협상 일괄 타결 관계.

  ① 주 제목은 "통상 현안 일괄 타결"로 할 것.

  ② 지적소유권, 담배, 보험 등 관계부처에서 발표한 대책(보완 대책)
  을 상세히 보도할 것.

  ③ 야당, 재야 및 각 이해 집단의 논평은 조그맣게 보도할 것.

  ④ 외신 기사에 "미국의 압력에 굴복" 운운으로 나오더라도 기사 제
  목에는 "우리 측의 능동적 대처" 등으로 쓸 것.

⑤ 일부 해설기사의 주 제목에 "저작권, 당초 방침서 후퇴"등으로 나갔으나 "정부 대책"으로 바꾸도록 조정했음.

> 해설 미국의 요구가 거의 관철된 협상 타결 결과는 젖혀 두고라도 이 협상에 임한 현 정권의 자세가 어떠했는가를 이 지침 내용에서 얼마간 헤아려 볼 수 있다.

7. 23.

• 민정당, 덕유산 대회 관계
  ① 대통령 치사는 1면 톱기사로 써 주기 바람.
  ② 노 대표 연설 및 결의문 등도 크게 보도하기 바람.
• 한미통상협상 타결 시리즈 기사에서는 내용이나 제목을 덜 자극적으로 쓰고 긍정적 시각에서 다뤄 주도록.
• 대한변협, 부천 성고문 사건 재조사 요구는 1단 기사로 처리할 것.
• 명동 수녀들의 성고문 규탄 기도회는 1단 기사로 처리하기 바람.
  ※ 일부 신문에 김 추기경 강론 요지가 실렸으나 즉각 삭제시켰음.

7. 24.

• "북한, IOC에 88올림픽 분리 개최에 관한 회신을 내고 회견 통해 내용 공개". 이에 관한 기사는 조그맣게 실을 것.
• 신민당의 당원 연수 관계.
  ① 기사, 크지 않게 쓰기 바람.
  ② 간지에 각 연사들의 강연 내용을 종합 보도하지 않기 바람.

정부의 '헌정제도연구위' 기사 충실하게 보도 바람

7. 25.

- 정부의 헌정제도연구위원회가 오늘 권력 구조 관계 세미나를 열었음. 이에 대해서는 스트레이트기사와 더불어 박스기사로 세미나 요지를 충실하게 보도하기 바람.

  해설 헌정제도연구위원회의 활동, 특히 권력 구조 관계 세미나 내용의 부각을 지시한 이 지침은 이 위원회의 궁극적 역할과 기능에 대한 의혹을 한층 짙게 한다.

- 중공에서 열리는 '국제 에스페란토학회 총회'에 한국 대표 16명이 참가하기 위해 오늘 저녁 출발. 회의 개막, 진행 때까지 보도하지 말 것.

- 《신동아》 8월호에 실린 '유신하의 용공 조작' 기사와 관련, 남시욱 출판국장 등 3명을 당국에서 조사 중. 이 사건과 관련한 신민당의 논평은 기사로 쓰지 말 것.

  해설 '민통련'을 비롯한 여러 민주·민중운동단체와 종교단체, '민추협', 신민당이 지난해 11월 결성한 '고문 및 용공조작 저지 공동대책위원회'가 활발한 활동을 벌이고 있는 판에 현재의 '용공조작' 행태를 유추해 볼 수 있는 '유신하의 용공조작'이 실렸으니 현 정권이 가만있을 리가 없다. 이 기사는 결국 삭제되었다. 제1야당의 성명조차 이 지침 하나로 간단히 깔아뭉개진다.

- 고려대 윤용 교수의 소위 '시국선언서'는 보도하지 않도록.

7. 26.

- 신민당 개헌 공청회에 관한 기사나 공청회 요지 보도(박스기사)는 크지 않게 할 것.

  해설 민정당의 개헌 공청회는 '크게' 보도해야 하지만 신민당의 개헌 공청회는 '크지 않아야' 한다.

- 김대중, 가택연금(신민당 개헌 공청회 참가 못 하도록)은 사회면 1단 기사로 보도하기 바람.
- 김대중이 이끄는 재미 한국인권문제연구소에서 의회에 대한(對韓) 결의안을 낸 미국 의원 2명을 표창한 사실은 보도하지 말 것.
- 이원홍 문공 장관의 경주 토용(土俑) 관계 설명은 눈에 띄게 보도할 것.
- '창비사', '창작사'로. 김윤수 사장의 새 출발 성명은 눈에 띄게 보도하기 바람.

  해설 '창작과 비평사'에 관한 보도는 현 정권의 편의에 따라 통제되기도 하고(등록취소 재고 건의문에 대한 지난해 2월 26일자 '보도지침') 이날처럼 '눈에 띄게' 부각되기도 한다.

광부들 집단 행동 일체 보도 말 것

7. 27.

- 삼척의 '경동탄좌'에서 광부 및 가족이 휴가비와 6월 봉급 지급을 요구하며 집단 행동을 벌이면서 현재 회사 측과 절충 중임. 이 사실은 사회불안 요인이 되므로 일체 보도하지 말도록.

  해설 사회불안 요인을 걱정하는 이 지침에 억눌려 경동탄광의 광부 및 가족들의 격렬한 항의농성 사건(25일 오후 4시부터 26일 오후 1시까지)은 만 이틀 동안 묻혀 있다가 28일에야 신문지상에 나타났다.

- 양 김 씨와 재야인사들, 부천 사건으로 단식농성 중인 권 양에게 위로 편지. 묶어서 사회면에 간략히 보도하되 김대중이 제목에 안 나도록.

- 미 국무성, "성고문 사건에 개탄 표명" 이 내용은 보도하지 말도록.

"총리실 전문위원 양심선언" 일체 쓰지 말 것

7. 29.

- 이민우 기자회견, "김형배 국무총리실 전문위원이 지난번 명동 성고문 규탄 대회 때 양심선언했다"고 밝힌 내용은 일체 보도하지 말 것.

  해설 국무총리 행정조정실 청소년대책전문위원(3급)인 김형배 씨는 28일 오전 신민당 중앙당사에서 내외신 기자회견을 갖고 '성고문 항의하다 강제 사직당한 한 공직자의 양심선언'을 발표했다. 이 사실은 외신에 보도되었으나 28일자 석간과 29일자 조간신문에는 '일체 보도 불가'라는 지침에 따라 단 한 줄도 보도되지 않았다.

- 성공회 주최의 '부천 사건 규탄' 모임은 사회면에 조그맣게 1단 기사로 보도할 것.

- 북경서 현재 진행 중인 '에스페란토 학회 총회'에 김현욱 의원(민정당) 등 한국 대표가 참가했다는 북경 발 AP 통신 기사는 보도를 자제해 주기 바람.

- 이원홍 문공 장관이 27일 독립기념관 부근 목천에서 주민과 대화 중에 언급한 북한 관계(군사 준비), 일본 관계 발언(독립기념관은 그들의 교육장이 될 것 운운) 등의 것은 일체 기사로 쓰지 말 것.

- '몽유도원도' 관계. 한국에 왔다가 "한국에서 돌려주지 말라"는 논의가 나올까 봐 일본 측이 과민 상태. 일본에 불반송(不返送) 등의 시비나 논란을 일체 신문에서 제기하지 않도록.

- 민정당, 국회 상임위 열어 부천 사건 규명하겠다고 제의한 내용을 보도할 때 부천 사건을 '성고문', '성추행'으로 표현하지 말 것.

- 이원홍 문공 장관이 일본《마이니치신문》과 회견한 내용과 경주서 고분 발굴 관계 발언한 내용은 눈에 띄게 보도하기 바람.
- 미 국무성, "부천 성고문 사건에 유감"이라는 논평은 보도하지 않도록.

> 해설 미 국무성은 29일 기자들에 대한 일일브리핑 시간에 "한국의 한 수감자에 대해 성고문이 자행되었다는 주장을 아는가?"라는 질문을 받고 다음과 같이 답변했다.
>
> "그러한 비난의 조사를 담당하고 있는 한국 검사는 이 사건에 관계된 경찰관이 수감자 권 양을 구타하고 욕설을 퍼부은 사실을 확인했다. 그 경찰관과 그의 상사 3명이 해직되었다. 권 양에 대한 경찰의 가혹 행위가 시인된 사실보다 더욱 가혹한 것이었다는 믿을 만한 주장이 있다.
>
> 우리는 이러한 수감자 취급이 개탄할 만한 일일 뿐 아니라, 소름끼치는 일임을 안다. 수감자들의 고문과 학대에 관계되는 모든 사건에서, 우리는 한국 정부가 법률에 규정된 대로 책임 있는 자들을 처벌하고, 이 같은 권력 남용이 다시는 되풀이되지 않도록 조처를 취할 것을 촉구한다."

- 부천 성고문 사건에 대한 각 단체의 항의 움직임은 보도하지 않도록.
- 민추협, 항의단 구성해 각 언론사 순방하면서 항의.(김형배 총리실 전문위원의 "양심선언, 명동성당 데모 참가" 등을 일체 보도하지 않았다고) 이 사실은 보도하지 말 것.
- 일본 후지오 문부상 망언에 관해 일본 측이 우리 정부에 해명 통보. 외무부에서 이 내용을 브리핑하니 자세히 보도하기 바람.

- 방송윤리위원회의 성명과 심의 과정 브리핑 내용은 충실하게 보도하기 바람. 공연윤리위원회에 대한 영화인협회의 성명은 2단 기사로 처리하기 바람.
- 일본《산케이신문》이 보도한 "한·베트남 무역 거래 활발"은 보도 불가.
  (예) 선경, 베트남에 합판공장 설립, 한국은 석탄 수입 등.

"서울, 공해 심해 올림픽 부적합"은 보도하지 말 것.

- 체육의학 전문가, "서울은 공해 심해 88올림픽 부적합"이라는 에든 버러(영국) 발신 AFP 통신 기사는 보도하지 말 것.
- 아시안게임 50일 앞두고 신문협회에서 배포한 표어는 꼭 싣기 바람.

8월

8. 3.

- 공연윤리위원회와 영화인협회 화해 움직임. 따라서 앞으로는 양측의 '대결'보다는 '타협', '화해 방향'으로 기사를 쓸 것.

8. 4.

- 독립기념관 화재 관계
  ① 컷이나 제목에 '전소', '참화', '수십억 피해'(아직 조사 중) 등으로 뽑지 말 것.
  ② 또 '국민 경악' 등 자극적인 내용은 뽑지 말 것.
  ③ 이원홍 문공 장관 담화 중 "책임 통감", "유물 피해는 전무", "관

리 철저히 할 터" 등은 눈에 띠게 부각시켜 주기 바람.

④ 화재에 관한 '각계 의견 청취'는 쓰지 말 것.

• 오늘 국회상임위가 열리나 '부천 사건 문답'은 너무 크게 하지 말 것.

• 외신에 보도된 "유럽 섹스 시장에 한국 아동 등 밀매"는 싣지 않도록.

8. 5.

• 이원홍 문공 장관이 청소년 대책회의에서 치사한 내용은 눈에 띠게 보도하기 바람.

• 4일 저녁, 서울 홍제동 성당에서 '정의구현사제단' 주최로 성고문 규탄 집회. 이 사실은 보도하지 않도록.

• 중공 신화사통신의 체육부장과 차장이 아시안게임을 사전 취재하기 위해 3일 내한. 이 사실은 보도하지 말도록.

8. 7.

• 이 문공 장관이 "사퇴용의를 표명"했다고 일부 신문이 보도했으나 이는 전혀 사실무근이며 문공위원회에서는 그 같은 의사를 표명한 바 없었음.

> 해설 '보도지침' 시달의 주무부처 장관인 이원홍 씨가 바로 자신이 궁극적 책임을 져야 할 독립기념관 화재에 대해 이 같은 지침을 내린다는 것은 후안무치한 일이 아닐 수 없다.

• '신민주전선 호외 압수' 관련 기사에서 "전 국무총리실 사무관 김형배 양심선언이 게재되었다"는 사실은 보도하지 말 것.

• 독립기념관 원형극장의 시설이 모두 일제로 되었다는 사실은 화재
전 담당 기자들에게 사전 브리핑을 통해 양해를 구했던 것이므로
쓰지 말도록.

　　해설 보도통제로 국민의 눈과 귀를 속이면서 만사를 해결해 온 현 정권
의 속성이 이 '보도지침'에서 여실히 드러난다.

제도언론 극복이 민주화의 선결 문제
: 제도언론은 우리 사회의 이성을 마비시킨다

민중언론과 제도언론

이 땅에는 두 부류의 언론이 있다. 권력의 '탄압'을 받는 민중언론과 권력의 '비호'를 받는 제도언론이 그것이다. 한쪽은 끊임없는 압수와 연행, 구금의 대상이지만 다른 쪽은 태평성대를 구가하고 있다.

언론기업들이 권력의 온갖 특혜와 비호 아래 방계 기업까지 거느리고 있는 것은 어제오늘의 일이 아니다. 80년대 들어서는 언론기업 자체도 국민경제의 파탄과는 달리 유례없는 번영을 누리고 있다. 뿐만 아니라 여기에 고용된 기자들도 국내 어느 재벌기업보다도 높은 급료와 두둑한 부수입 때문에 취업 전선에서 선망의 대상이 된 지 오래다. 언론산업의 호황은 민중의 표현수단을 독점하고 있는 소수의 언론기업 사이에 형성된 독점과 카르텔에 의해, 특히 광고시장에 있어서의 수요독점에 의해 확실히 보장되고 있다. 더욱이 국민경제 규모의 팽창과는 거꾸로 80년대 초에 권력에 의해 단행된 언론기업 통폐합 조치가 언론산업의 호황을 부채질했다.

권력은 '비호'의 대가로 권력의 소리와 의지만을 일방적으로 확산시키는 지배도구로서의 역할을 언론에 요구했고, 제도언론은 이를 기꺼이 받아들였다. 이와 같은 권력과 언론의 야합을 제도적으로 확인한 것이 80년대 초에 출현한 언론기본법과 홍보정책실이다. 언론기본법은 한마디로 언론의 편집권을 사실상 권력의 수중으로 넘긴 법적 조치이며 이렇게 양도받은 편집권을 행사하는 기관이 바로 홍보정책실이다.

이러한 제도적 장치에 대해 지금까지 제도언론으로부터 이의가 제기되었다는 소문은 듣지 못했다. 오히려 언론계 밖에서 제기된 이의조차 권력의 지시에 의해 묵살하는 것이 제도언론의 실상이다(1985년 11월 15일 자 '보도지침' 참조). 다시 말하면 오늘의 제도언론은 '언론탄압'의 대상이 아니다. 시키는 대로 한다고 해서 '탄압'을 받는다고 할 수는 없다. 저항과 반발이 없는 탄압은 이미 탄압이 아닌 것이다. 오히려 오늘의 제도언론은 시키는 대로 묵종하는 단계를 넘어 자발적으로 권력의 의지를 실천함으로써 체제의 중요한 요소로 등장했다.

기자들의 '투쟁' 가로챈 제도언론

그럼에도 불구하고 '언론탄압'이라는 말은 제도언론에 의해 참으로 편리하게 이용되고 있다. 언론기업은 기자들에 의해 전개된 저항운동을, 필요하다면 언제든지 자신의 것으로 가로챘다. 제도언론의 뿌리인 《조선일보》와 《동아일보》는 '3·1 운동' 이후 고양된 민족해방투쟁을 무산시키기 위한 일제 '문화정치'에 의해 지주(동아) 및 상공업자(조선)를 중심으로 탄생했다. 지주와 상공업자는 당시 일제 식민통치의 두 기둥이었다. 따라서 두 신문은 일제의 의도를 충실히 실천했다.

두 신문이 간간이 저항적 태도를 보인 것은 오로지 기자들의 지사적인 저항정신의 발로였다. 그때마다 두 신문은 당연히 관련된 기자들을 해고하고(《동아일보》의 소위 '일장기 말살 사건'이 그 단적인 사례이다) 기업적인 번영을 누릴 수 있었다. 해방 후 두 신문은 기자들의 저항을 자신의 '투쟁 경력'으로 날조함으로써 재기의 발판으로 삼았다. 가까이는 언론기업이 1975년과 80년에 기자들을 수백 명씩이나 해고하는 파동을 겪었지만 이것 또한 언젠가는 언론기업의 투쟁 경력 속에 편입될 것이다. 기자, 프로듀서 및 아나운서 등 170여 명의 해고로 막을 내린 '백지광고' 사태(1975년)를 《동아일보》가 자신의 투쟁으로 날조하려는 조짐은 이미 보이고 있다.

　제도언론은 이와 같은 은폐와 날조로써 독자들에게 언론에 대한 허위의식을 심으려 한다. "언론은 항상 권력의 탄압 아래 놓여 있으며, 어떤 때는 이에 항거하고, 탄압이 심하면 굴복하지만 그것은 본심이 아니다. 특히 법(언론기본법)에 의한 통제는 어쩔 수 없는 것이 아니냐"는 변명을 독자들이 믿게 하려는 것이다. 이러한 허위의식은 언론 상품의 수요자인 독자 확보에 중요하다. 그러나 보다 중요한 의미는 그들이 일체가 되어 봉사하고 있는 현재의 권력을 배신할 필요가 있을 때, 그리하여 새로운 권력의 품으로 들어가지 않으면 안 될 때 써먹을 수 있는 비장의 카드라는 데 있다. 상당히 물정에 밝다는 독자들 사이에서도 "이런 기사가 나오는 것을 보면 탄압이 좀 풀렸나?" 또는 "○○일보가 요즘 꽤 세게 나오는데⋯⋯"라는 등의 반응이 일어나는 것을 보면 제도언론이 살포하는 허위의식의 해독이 얼마나 심한가를 알 수 있다.

제도언론의 반민족, 반민중, 반민주성

앞에서 소개한 '보도지침'은 제도언론의 정체에 대한 통렬한 고발장이다. '보도지침'은 제도언론이 얼마나 엄청난 진실을 은폐, 왜곡하고 얼마나 어처구니없는 허위를 날조, 과장함으로써 사회 전체의 인식능력과 이성을 마비시키고 있는가를 스스로 폭로한다. 제도언론이 이같은 '보도지침'을 아무런 주저 없이 준수하고 있음은 '보도지침'이 그날그날의 신문지면에 얼마나 충실히 반영되고 있는가를 보아도 자명해진다.

'보도지침'은 언론인들 사이에도 이미 비밀도 아닌 것이지만 국민들에게만 '비밀'로 해 두고 있던, 제도언론의 정체를 벗기는 데 있어 결정적인 단서인 것이다. 제도언론의 책임자들에게는 이것은 필독서이며 '바이블'이고, 사실상의 '편집국장'이기도 하다. 오랫동안 제도언론의 추악한 모습을 감추고 있던 두터운 가면이 이제 벗겨진 셈이다.

'보도지침'은 한걸음 더 나아가, 권력의 반민족, 반민중, 그리고 반민주성을 제도언론이 얼마나 충실히 반영하고 있는가도 보여 준다.

민족적 언론이라면 민족의 자주와 자존, 그리고 통일에 대한 민족의 열망을 담아낼 뿐만 아니라 이에 대한 사회 전체의 활발한 토론을 유도해야 할 것이다. 그러나 제도언론은 민중의 반미 투쟁을 '좌경 극렬'로 매도하는 데 앞장섰으며 통일 논의를 봉쇄하고 권력의 발표문만 움직일 수 없는 진실인 양 확산시키고 있다. 심지어 한미 무역마찰에서도 권력의 주문대로 민족적 분노를 묵살, 왜곡하여 오히려 정부의 교섭력을 약화시키는 '이적 행위'를 서슴지 않았다.

'보도지침'은 한미 무역마찰의 기사, 제목을 냉정하게 다루고 가급적 1면 톱을 피하라고 지시했으며(85. 10. 26.) 협상이 타결되자 사실과는 다른 "통상 현안 일괄 타결"로 제목을 뽑고(그것이 일괄 타결이 아닌 끝없는 굴복의 시작이란 것은 그 후 미국 측이 계속 새로운 요구를 들고 나오는 것으로도 알 수 있다), 외신 기사에 "미국의 압력에 굴복"이라고 나오더라도 "우리 측의 능동적 대처"라고 쓰라고 지시했다(86. 7. 22.). 뿐만 아니라, 이규호 주일대사가 "일본천황 방한"을 요청했다는 일본 언론의 보도를 묵살하라고 지시했고(85. 10. 31.), 문공부 장관이 발표한 "저작권협정 가입 방침" 운운한 것에 대한 출판인들의 반박 성명을 보도하지 말라고 지시했다(86. 1. 18.).

민중언론이라면 고난받는 민중과 더불어 민중의 현실과 요구를 대변하고 민중의 삶과 고통을 담아내며 이러한 고통의 뿌리를 파헤쳐야 할 것이다. 그러나 제도언론은 과중한 노동과 저임금에 몸부림치는 노동자들의 신음, 저농산물 가격정책으로 생활의 뿌리가 뽑힌 농민들의 절규, 그리고 뿌리 뽑힌 농민과 노동자들이 침전하여 이루어진 도시 빈민들의 참상을 철저히 외면했다. 그 위에서 제도언론은 보랏빛 환상을 조작하여 별일 아닌 것을 아주 달콤한 것으로, 살을 에는 아픔을 별것 아닌 것으로 왜곡시키고 있다.

'보도지침'은 전기, 통신, 우편, 시외버스 요금 등이 인상되자 제목에 "○○% 인상"으로 쓰지 말고 "○○원 인상"으로 씀으로써 높은 인상률에서 오는 심각성을 은폐하도록 지시했고(85. 11. 17. 및 85. 11. 29.), 소값 파동 등 농촌 경제의 심각성을 연말 특집으로 보도하지 말도록 했으며(85. 12. 12.), 탄광 노동자들의 투쟁을 보도하지 말라고 지시했지만(86. 7. 27.) "경상수지 계속 흑자"라는 한국은행 발표는 1면 톱으로 다루라고 지시했다(85. 10. 21.).

뿐만 아니라 여성 노동자에 대한 부천서 형사의 성고문 사건에 대해 '보도지침'은 보도를 자제하고 기사와 제목에서 '성폭행 사건'이란 표현 대신 '부천서 사건'이라고 쓰라고 지시했으며(86. 7. 10.), 검찰의 발표가 있은 후에는 검찰이 발표한 내용만 싣되 검찰 자료 중 '사건의 성격'에서 제목을 뽑으며, 검찰 발표 전문을 꼭 싣고, 발표 외에 독자적인 취재 보도는 불가(不可)라고 지시했다(86. 7. 17.).

민주적 언론이라면 민주화에 대한 온 국민의 열망과 민중의 민주화 투쟁을 올바로 다루고, 민주화투쟁을 무산시키기 위해 권력이 획책하고 있는 '보수대연합'의 정체를 폭로해야 할 것이다. 그러나 제도언론은 국민의 민주화 열망을 오로지 '민주적 정치제도'에 대한 요구라고 왜곡시키고, 학생과 노동자의 민주화투쟁을 '극렬 좌경'으로 조작함으로써 '보수대연합' 추진의 대본영이 되고 있다. 특히 '보수대연합'은 미국 정책과 이 땅의 재벌기업을 포함한 보수 진영의 의도를 미리 감지한 제도언론에 의해 부추겨졌고, 권력이 이제 적극적으로 가담하자 집권 연장이라는 권력의 속셈을 충실히 반영함으로써 이제 '보수대연합'의 진정한 의미조차 왜곡되고 있는 실정이다.

'보도지침'은 '민주화추진위원회 이적 행위'라는 검찰 발표는 1면 톱기사로 다루라고 지시했고(85. 10. 29.), 서울대의 학생 시위는 비판적 시각으로 다루라고 지시했으며(85. 11. 1.), 대학생들의 민정당 연수원 점거 기사는 비판적 시각으로 다루되 격렬한 구호가 실린 플래카드가 사진에 나오지 않도록 하고 치안본부가 발표한 "최근 학생 시위 적군파식 모방"을 크게 다루되 특히 '적군파식 수법'이라는 제목을 붙이라고 지시했다(85. 11. 18.). '보도지침'은 또 당국의 학생들 유인물 분석 자료인 "좌경 극렬화……" 운운하는 자료는 박스기사로 취급하도록 요구하고(86. 2. 7.), 전국 대학 학생회 사무실 수색 결과 관련 기사는 제목을 "유인물 압수"보다는 "화염병 총기 등 압수"로 뽑으라고 지시했으며(86. 2. 15.), 김수환 추기경의 강론 중 "개헌은 빠를수록 좋다"는 것은 삭제하라고 지시했다(86. 3. 10.).

제도언론 극복의 길

앞에서 우리는 제도언론이 현 체제의 핵심적인 요소로서 권력에 맞서기는커녕 권력의 민중탄압에 앞장서고 있음을 살펴보았다. 뿐만 아니라 제도언론의 본질인 반민족, 반민중 및 반민주성도 폭로되었다. 따라서 이러한 제도언론의 극복이 단순히 언론기본법과 같은 제도적 장치의 철폐만으로서는 불가능하다는 사실도 분명하다.

제도언론은 민중언론에 의해서만 극복될 수 있다. 민중언론은 민중의 손으로 건설되는 민중 자신의 표현수단이다. 따라서 민중언론은 필연적으로 민중적인 언론이며 민족적이고 민주적인 언론인 것이다.

민중언론의 건설은 진정한 민주화투쟁과 함께 진행되지 않을 수 없다. 민주화투쟁의 진전이 민중언론의 확산을 불러올 것이고, 민중언론의 확산은 제도언론의 영향력을 약화시켜 체제의 응집력을 허물어뜨림으로써 민주화투쟁을 더욱 진전시키게 될 것이기 때문이다.

마침내 진정한 민주화가 달성되면 제도언론은 설 자리를 잃게 된다. 새로운 체제에서 제도언론이 재기하는 일은 결코 일어나지 않을 것이다.

5부
부록

김주언의 양심선언

지난 9월 초순, 민주언론운동협의회와 천주교정의구현사제단이 이른
바 '보도지침'의 구체적 자료를 『말』특집호로 공개한 이래 나는 시시
각각으로 내게 다가오는 신변에의 위험을 절감하고 있다. 권력이 언
론에게 보내는 일상적이고도 공공연한 비밀지시문이라 할 '보도지
침'이 내 손을 거쳐 만천하에 그 있던 그대로의 모습을 드러내자 "어
찌 이럴 수가……" 하는 국민의 충격과 놀라움이 날로 확산되어 왔다.
현 정권은 문제의 '보도지침'이 폭로되어 "언론통제는 있을 수도 없
고, 있어서도 안 된다"는 이제까지의 그들의 말이 모두가 새빨간 거짓
이었음과 반민주, 반민족, 반민중, 반민생이라는 정권의 본질과 성격
이 세상에 극명하게 드러나게 되자 온갖 정보 수사 능력을 총동원하
여 처음부터 지금에 이르기까지 '보도지침'이 어떠한 경로로 누출되
었는가에 혈안이 되어 있다. 저들은 또한 『말』특집호의 발행 및 배포
와 관련하여 민주언론운동협의회의 사무국장 김태홍 씨를 지명수배
하고 『말』특집호에 게재된 '보도지침'의 내용이 더 이상 국민에게 널
리 알려지지 않게 하기 위하여 이 사실을 알리는 민주·민중운동 단체

· · · · ·
엮은이의 말: 이 글은, 김주언 기자가 '보도지침'이 공개된 이후 11월 초에 작성, 천
    주교정의구현전국사제단에 맡겨 놓았던 것으로, 만약의 사태에 발표하려 했으
    나 미발표되었던 글이다.

에 대한 압수, 수색 등 탄압을 더 한층 강화하고 있다. 나는 단순히 내게 신변의 위험이 다가오고 있기 때문에서가 아니라 '보도지침'과 관련 내 스스로의 판단과 결단으로 내가 한 행위에 대하여 떳떳하게 그 모든 책임을 기꺼이 떠맡아져야 한다고 생각하고 있다.

그러나 솔직히 말해 나는 내게 다가올 사태에 대하여 두려움을 갖고 있다. 이제 막 소시민적 틀을 잡아가고 있는 내 작은 가정에 몰아칠 것이 분명한 어떤 사태에 대한 불길한 상상은 때로 나로 하여금 나의 행위를 스스로 후회하게 하기도 하는 것이다. 더욱이 나는 내가 독재권력의 폭력 앞에서 나의 진실, 나의 양심을 지켜 낼 수 있는지에 대해서도 자신 있게 말할 수가 없다. 군사독재의 홍보부로 전락한 문화공보부 홍보정책실의 '보도지침'을 통한 비열하고도 교활한 언론통제 행위를 은폐, 정당화하기 위하여 당국은 어쩌면 나에게 전혀 엉뚱하게 조작된 죄목을 둘러씌울지도 모른다. 그러한 조짐은 이미 나타나고 있다. 이미 지명 수배되어 현 정권의 정보수사기관이 눈에 불을 켜고 찾고 있는 김태홍 씨에 대해 이른바 국가보안법 위반 혐의 운운의 굴레를 들씌우고 있는 사실이 그것을 말해 주고 있다.

어느 날 나는 그 누군가에 의해 소리 없이 증발되어 사랑하는 모든 사람들로부터 완전히 격리될지 모른다. 그 상태에서 내 목소리는 내 의사에 반해 조작되고 둔갑한 것으로 되어 발표될지도 모른다. 그렇기 때문에 나는 여기에서 피력하는 나의 솔직한 고백 이외에 언제, 어떻게 나에게 닥쳐올지 모를 그 부자유한 상태에서 내 의사와 관계없이 강요되는 어떠한 진술도 나의 진실이 아님을 명백히 해 두고자 한다.

나는 지난 8월 10일, 천주교정의구현전국사제단 앞으로 내가 그때까지 정리하고 있던 '보도지침'이 매일매일 홍보정책실에서 언론사에 전화로 시달되는 그것임과, '보도지침'을 입수·확보하기까지의 과정, 그리고 한 시대의 증거요 사료가 될 그 '보도지침'의 완벽한 보존을 사제단에 호소하는 '양심선언' 비슷한 것을 해 놓은 바 있다. 그러나 거기에 양심선언이라는 이름을 붙이지는 않았다. 이제 나는 현직 언론인으로서의 나 자신과 나의 행위, 그리고 내가 알고 있는 이 시대 언론의 실상에 대하여 그 진실을 나에게 어떤 일이 닥쳐오기 전에 밝혀 두고자 한다.

먼저 나는 나 때문에 곤혹스런 피해를 입을지도 모를 한국일보사와, 그 안에서 나와 함께 몸을 담고 있는 선배, 동료 기자 및 사원 여러분께 미리 개인적으로 용서를 빌고자 한다. 《한국일보》는 참다운 언론에 대한 내 소박한 열정과 함께 내가 선택하여 내 사회생활의 첫발을 내디딘 곳이며 동료들과 인생과 언론이 무엇인가에 대하여 뜨겁게 토론하던 현장이기도 하다. 그렇기 때문에 나는 한국일보사와 선배, 동료 여러분께 대한 죄송스러움을 결코 잊지 않을 것이다. 그리고 언젠가는 나의 행위를 나의 동료들이 이해해 줄 것이며, 또한 우리의 이런 만남과 가까운 시일 안에 있을지도 모르는 헤어짐을 옛말처럼 할 날이 반드시 있으리라고 나는 믿는다. 나는 《한국일보》 동료들을 비롯한 전·현직 언론인과 자유와 정의와 진리를 사랑하는 이 땅의 모든 이들을 생각하면서 '양심선언'이라는 이름으로 이 글을 쓴다.

기자가 되었지만

나는 1980년 4월, 《한국일보》에 기자로 입사했다. 박정희 18년 독재가 궁정동 만찬식장에서의 총성으로 종말을 고하고, '유신철폐'와 '민주화'가 소리높이 외쳐지는 시대의 한가운데서였다. 내가 신문기자로의 직업을 선택한 데는 대학 시절 이과생으로서 교지 편집 일을 보았던 사소한 경험과 인연도 무관하진지는 않았지만, 그보다는 앞으로 전개될 민주화 과정에서 언론이 담당해야 할 역할과 비중에 내 조그만 노력이나마 실어 보자는 소박한 판단이 자리 잡고 있었다. 대학 시절, 나는 이과생으로 학생운동에 한두 차례 가담한 적이 있었고 그 때문에 구류를 살거나 구속되었다가 검찰의 기소유예 처분으로 석방된 적도 있었다. 그때 나는 내가 옳은 일을 하는 편에 서야 한다고는 확신하면서도 내 타고난 기질이나 성격이 남보다 앞장서서 세상을 바로잡거나 개혁하는 데 잘 걸맞지 않는다고 생각하게 되었다. 그러나 나는 꼭 현장에는 있고 싶었다. 어쩌면 그 현장에 있고 싶어 하는 나의 욕망이 나를 신문기자가 되게 만들었는지도 모른다.

70년대에 대학 생활을 보낸 우리 세대는 흔히 유신 세대, 긴급조치 세대라고 불리운다. 유신의 긴 터널을 지나오는 동안, 나는 앞서 말한 바와 같이 유신체제에 반대하는 데모대열의 뒷전이나 한 귀퉁이에서 소리 지르거나 유인물을 뿌리는 것이 고작이었지만, 연행·구류·구속되기도 하였고 강제 입영되는 곤욕도 치렀다. 수난이라고 하기에는 내 동료들이 받았던 상처와 고통에 비기면 아무것도 아닌 개인적 체험을 겪어 나오면서 당시 나는 이런 의문을 갖고 있었다. 유신체제라는 1인의, 1인에 의한, 1인을 위한 어처구니없는 독재적 억압의 구조가 어떻게 가능할 수 있었는가 하는 것이었다. 이 나라, 이 민족의 자존심을 짓밟은 유신체제가 한 독재자의 영구집권욕에서 비롯되었다고는 하지만, 그것이 가능했던 이면에는 일신의 영달과 안일을 위하여 양심을 내팽개친 숱한 들러리 군상, 그 가운데는 나 자신과 같은 지식인 출신으로 독재권력을 분식(扮飾), 미화하고 그 정당성을 궤변하는 기능 집단이 있었기 때문이 아니었던가, 파시즘은 총칼만으로 성립하고 또 유지되는 것은 아닌 것이다.

언론은 어떠했던가. 해를 보고 달이라고 하는 일에 선도적이요 기능적인 역할을 담당하지는 않았던가. 거기에 동원되었던 한 사람, 한 사람에게는 각기의 변명이 있을 것이다. 그러나 총체적으로 언론이 유신체제를 유지하는 기능 중추로서 역할했다는 것은 구태여 70년대 중반의 《동아일보》와 《조선일보》 기자들의 자유언론실천운동과 그 좌절의 언론사를 예로 들지 않아도 명백한 것이다. 유신만이 살 길이라는 데 언론은 막중한 기능을 담당했다. 다만 그것이 자의가 아니며 그럴 수밖에 없는 속사정이 있는 듯한 행간의 표정을 적절히 배합해 보여 주었을 뿐이다. 나 역시 학생 시위의 현장에서 이러한 유신체제의 들러리 언론을 규탄했었다.

1980년 이른바 '서울의 봄'이 오는 줄 착각한 나는 민주화와 함께 새롭게 거듭 태어나야 할 언론 현장에서 고등교육의 혜택을 받은 어설픈 지식인으로서 그 최소한의 몫이나마 감당해 보고자 기자의 길을 선택했던 것이다. 그렇지만 내가 기자 생활을 시작한 지 한 달이 채 안되어서 5·17 계엄 확대 조치가 발표되고 뒤이어 광주민중항쟁이 남녘 땅에서 선혈과 함께 터져 나왔다. 그리고 언론계 정화라는 명목으로, 그리고 언론 통폐합의 과정에서 수많은 선배 기자들이 언론 현장을 떠나는 것을 지켜보아야 했다. 그해 12월 말에는 언론기본법이라는 이름의 사실상 언론의 자유와 자율과 독립을 철저하게 유린할 수 있는 법이 국가보위입법회의라는 데서 제정되는 것을 멀건히 보고만 있어야 했다. 이렇게 나의 언론에 대한 소박한 소망은 내 보는 앞에서 산산이 깨어져 나갔던 것이다.

그것은 순식간의 일이었다. 안개 정국 뒤에 도사리고 있던 실체가 하나씩 하나씩 꺼풀을 벗어 나가면서, 민주화와는 정반대의 예정된 도정(道程)이 시작되고 있었던 것이다. 따라서 언론 내부로서는 얼마

전 유신체제에 방조하고 길들여져 왔던 언론 자신에 대한 철저한 자기부정이나 극복을 되새길 겨를도 없이 이른바 제5공화국에서 규격화된 언론에로의 일방적 순응을 강요받았던 것이다. 이로부터 나의 언론계 생활은 이성과 양심을 가진 멀쩡한 한 인간으로서는 참으로 견디기 어려운 고역이 될 수밖에 없었다.

나는 역사와 민중 앞에 죄인일 뿐이다

5·17 이후 정치권력에 의한 이 나라 언론정책은 정책이라기보다는 하나의 전략이요 공작이었다고 해야 옳을 것이다. 이른바 제5공화국에서 언론이 잘 길들여진 홍보매체로 되기를 요구하는 한편으로 현 정권은 언론인에 대한 유형·무형의 파격적 특혜를 주는 데 인색하지 않았다. 말하자면 우리 언론인들을 철저히 '배부른 돼지'로 타락시킨 것이다. 이것은 제5공화국 언론정책의 중요한 한 측면이라고 할 수가 있는데, 생활 조건의 급격한 향상은 기자들로 하여금 그 풍족한 생활이 결코 깨어져서는 안 된다는 강박관념을 갖게 하여 체제 옹호의 편에 확실하게 서도록 하는 것이었다. 제5공화국이 출범한 이래 기자만큼 사회적 신분이나 경제적 여건이 상승된 집단이나 계층은 드물 것이다. 구차한 양심만 접어 둘 수 있다면 기자만큼 편한 직업도 드물 것이다. 봉급과 촌지는 물론 그들에 대한 사회복지는 완벽하다고 할 만치 보장되어 있는 것이다. 오늘날, 기자는 명백히 실체화된 특권계급이 되었다. 그리하여 현역 기자들의 민중 의식과 반골 정신은 이제 찾아보기 힘들게 되었다.

식민지 시대 이래, 이 나라 민족·민주·민중언론의 명맥을 그나마 유지해 온 주체와 그 정신은 외세와 권력에 야합한 경영주에게서가 아니라 일선 기자들의 민중 의식과 반골 정신에서 찾아져야 함은 물론이다. 그러한 관점에서 본다면 1980년 5·17 이후의 현직 기자들에게서 이러한 민족·민주·민중언론의 전통과 맥락을 찾아 이어가기를 기대한다는 것은 세상 물정 모르는 얘기가 되기 십상이다. 우리는 자유언론을 빼앗긴 것만이 아니라 언론운동의 역사적 명맥마저 지금 끊기고 있는 것이다. 어쩌면 그것이 더 큰 아픔이요 슬픔일지 모른다.

이러한 실정 아래서 오늘의 언론은 자유언론을 탄압하고 통제하는 정치권력으로부터 자신을 지키려고 하기보다는 오히려 정치권력의 요구에 호응, 거기에 일체화되거나 지배 체제 그 자체의 일부분으로 편입하여 남아 있으려는 경향마저 보이고 있다. 그렇지만 나는 현직 언론인으로서 이 땅의 민주 인사나 전직 언론인들이 너무 쉽게 '제도언론'이라는 표현을 쓰는 데 대하여는 강한 거부감을 느끼는 경우가 많다. 솔직하게 말한다면 민중의 이익과 의사를 억압하는 지배 체제 및 권력과 통합되어 억압 구조의 주요 기능으로 작용하는 언론을 제도언론이라고 일컫는다고 해서 절대로 그렇지 않다고 강변할 논리와 명분을 이 나라 언론은 갖고 있지 못하다.

우리 언론이 우리가 살고 있는 이 사회와 세계에서 무엇이 일어나고 있는가에 대한 사실과 진실을 알리지 못함으로 하여, 아무런 표현 수단을 갖지 못한 민중이 스스로 언론매체를 만들어 자신과 이웃의 현실을 알리는 민중언론운동을 전개하다가 압수·수색·폐기·연행 따위의 고난을 당하는 현실 앞에서 우리가 어떻게 얼굴을 들 수 있으며 입이 열 개가 있다 한들 무슨 할 말이 있겠는가. 해명도 없이 돌연 게재 금지 조치를 당하고, 어느 날 우리 신문에서 '두꺼비'가 형체도 없이 사라지고, 그것을 그린 선배 언론인이 곤욕 끝에 우리의 곁을 떠나도 우리는 오직 멀뚱멀뚱 쳐다보기만 할 뿐이지 아니하였는가. 대학생이 노동자와 친구하면 위장이 되고 범죄가 된다는 논리에서 정부 관리가 만들어 붙인 '위장 취업'이라는 용어를 아무 거리낌 없이 신문용어로 써 오고 있는 것이다. 우리는 이렇게 길들여져 있는 것이다.

우리가 우리 자신을 어떻게 변명하건 간에 우리는 우리 자신과 우리가 그 제작에 참여하고 있는 언론에 대한 철저한 자기부정과 그 껍질을 깨는 아픔 없이는 언젠가 이 시대 언론에 대한 역사의 거짓 없는 심판을 면치 못할 것이다. 또한 우리가 이러한 언론 현실이 잘못된 것이라는 사실을 모르고서가 아니라, 알고서도 방치하는 것이 명백히 밝혀진다면 그릇된 언론 상황을 치유하기 위해 우리는 언젠가 언론에의 암적 존재로 도려내짐을 면하지 못할 것이다. 지금 이렇게 말하는 나역시 무슨 자격이 있겠는가. 나 역시 비록 소극적이었다고 정상을 내세울 수 있을는지는 몰라도 보이지 않게 언론이 저지르는 범죄행위에 가담해 왔음을 부인할 수가 없다. 어느 집단이든 조직 사회 속에서 개인이 온존되려면 조직의 관성에 충실해야 한다. 나는 조직이란 톱니바퀴 속의 무력한 개인임을 스스로 자위하며 안주해 왔음을 솔직히 고백하지 않을 수 없다. 나는 적어도 권력이 원하고 요구하는 바에 따라 맹목적으로 추수하지는 않는다는 그것으로 나 자신을 위로받기 위하여 편집 간부진과의 승강이 끝에 어떤 기사를 겨우 1단으로 반영시키려고 노력하였고, 그것이 제한된 조건 속에서 내 자신의 양심을 지키는 행위라고 스스로 만족해하기도 했다. 이렇게 나는 나 자신과 내이웃과 이 사회를 구차한 방법으로 속이면서 살아온 규탄받아 마땅한 이 시대 언론인의 한 사람인 것이다.

언론통제의 장치들

우리가 정말 이럴 수는 없다는 몸부림이 지난 4월 18일《한국일보》기자협회 분회 총회 때 '우리의 결의'라는 것으로 되어 나왔다. 이때 우리는 오늘의 언론이 어느 때보다도 위축되고 외부 압력에 무력하다는 비판을 뼈아프게 받아들이며, 국민의 알 권리와 언론의 알릴 권리가 침해되고 있는 현실에 대해 깊은 책임을 통감하면서 언론의 기능 회복과 자율권의 확보를 위해 기관원의 출입과 홍보지침 등 일체의 외부 간섭을 거부하고, 당시에 열화와 같이 분출되던 민주화에 대한 정당한 의사표시들을 공정하게 보도하여 민주발전의 일익을 담당하겠노라고 했다. 이때부터 우리는 총회 결의에 따라 기관원이 올 때마다 "나가 달라"고 요구했고, 전화를 걸어오면 받지 않으며, 홍보지침은 눈에 띄는 대로 모아 두기로 했다. 나는 그보다 앞서 문화공보부의 홍보조정, 또는 홍보지침의 내용이 어떤 것인지 자세히 살펴보기로 하고 예의 관찰하고 있었다. 그때까지만 해도 소위 정부의 홍보지침은 가끔씩 평기자들도 찾아볼 수 있었고, 정부 홍보 요원의 전화를 받아 편집국 간부들에게 전해 주기도 했던 것이다. 그러나 전체적인 실상을 알아보기에는 힘겨웠다.《한국일보》기자협회 분회의 총회가 있던 때로부터 훨씬 지난 어느 날 나는 우연치 않게 정부의 홍보지침을 모아 둔 철을 찾아내게 되었다. 나는 전후 두 차례에 걸쳐 이것을 복사하였다. 그것이 '보도지침'이라 하여『말』특집호를 통하여 세상에 공개된 것인데, 이 지침은 언론으로 하여금 '있는 것을 없는 것으로, 없는 것을 있는 것으로', '작은 것을 큰 것으로, 큰 것을 작은 것으로' 만들게도 하는 위력을 지니고 있는 것이다. 실제로 "절대로 보도하지 말 것", "1단으로 보도할 것", "…… 표현은 쓰지 말 것" 등으로 명백하고도 단정적인 지시 용어를 쓰고 있다. 현역 기자라면 하나도 새삼스러울 것도 없이 이미 알고 있던 사실임에도 불구하고 이 홍보지침철은 나에게 새로운 충격이었다. 실상 '보도지침'은 현재의 언론계가 받고 있는 정치권력에 의한 유형·무형의 언론통제 또는 간섭 방식 가운데 극히 형식적인 한 부분에 불과한 것이다. '보도지침'을 시달하는 문공부 홍보정책실과 신문사 편집국과의 관계는 실무 차원의 그것에 불과하기 때문에 제도적이고 공식적인 수준을 넘어서지 못하는 것이다. 보다 높은 수준의 언론통제는 정치권력 내부 또는 정부의 핵심 인물과 언론기관 발행인, 편집 간부 사이에 수시로 마련되고 있는 각종 면담이나 집회 또는 회식의 형식을 통해 이루어지고 있음이 거의 공공연한 사실로 알려지고 있다. 이미 민주언론운동협의회가 8월 14일에 성명을 통해 폭로했듯이, 7월 16일의 부천경찰서 성고문 사건에 대한 검찰 수사 결과 발표를 전후하여 당시 정치권력의 핵심에 있던 고위 관리와 문공부 고위 관리가 신문사 사회부장 이상 관련 간부들을 부산 및 도고온천으로 초치하여 이 사건 보도에 대한 협조요청과 함께 그 대가로 거액의 촌지를 주었다는 것 등은 그 한 예라 하겠다. 또한 '보도지침'과 같이 공식적이고도 실무적인 차원에서가 아니라 권력기관이나 부서에서 직접적으로 행사하는 언론통제 방식 또한 많이 애용되는 방식 중의 하나이다. 공개된 '보도지침' 가운데도 '안전기획부 연락'이라는 표현이 서너 차례(1985년 10월 30일, 11월 2일, 86년 7월 20일) 나오는데 이로 미루어 보아서도 유관 기관이 직접·간접으로 언론통제에 관여하고 있는 것을 알 수 있다.

이러저러한 여러 가지 언론통제 방식 가운데 빙산의 일각일 수밖에 없는 '보도지침'의 자료가 구체적으로 세상에 널리 알려졌으면 하는 생각을 가지게 된 것은 무엇보다 통제를 하는 정부나 통제를 받는 언론이 다 같이 언론탄압과 통제라는 그 치욕으로부터 마침내 해방되고 구원되어야 한다는 확신 때문이었다. 마치 당연한 것처럼 시달리고 마땅히 그래야 되는 것처럼 '보도지침'을 받아들이는 정부와 언론사 사이의 분명히 잘못되고, 있어서는 안 될 타성과 관행은 결코 특별한 계기가 주어지지 않는 한 없어지지 않을 것으로 내게는 보였던 것이다. 그리고 그것이 나 자신을 포함하여, 언론계 내부에 종사하고 있는 사람들의 부끄러움을 일깨우고 새로운 각성과 분발의 계기가 되기를 진심으로 바라고 있었던 것이다.

나는 '보도지침'의 공개로 인하여 현 정권 당국은 물론이려니와 나를 포함한 현직 언론인들이 받아야 하는 상처가 얼마나 치명적인가를 잘 알고 있다. 언론계 내부적으로는 이미 관례화되고 숙지되어 있기는 하지만 '보도지침'의 내용을 한자리에 묶어 국민 앞에 공개한다는 것은 그대로 이 나라 언론의 치부를 드러내는 자해 행위이기도 하기 때문이다. 그럼에도 불구하고 나는 그러한 치부는 마침내 드러내야 한다고 생각했다. 자유언론은 어느 날 갑자기 누구에 의해서 주어지는 것은 아니라고 생각한다. 최근 들어 나라의 민주화와 민중의 생존권, 그리고 민족의 존엄과 자주를 외치다가 구속된 수많은 양심수들이 법정에서 의연히 그들의 신념과 의지를 피력하며 일체의 사법적 절차를 거부하고 정권유지의 도식적 기관으로 전락한 사법부를 질타하는 것을 우리는 자주 보아 왔다. 사법부와 마찬가지로 언론에 대해서도 그 자체의 존립 근거에 대한 심각한 불신과 회의가 국민 가운데서 광범위하게 제기되고 있는 것이다. 이것은 지극히 당연한 결과이며, 민주주의의 제3부와 제4부로서 사법과 언론이 본래의 모습을 회복하는 것 또한 어느 날 갑자기 누가 가져다주는 것이 아니라 스스로 찾아 나서서 바르게 일으켜 세우지 않으면 안 되는 것이다. 나는 만신창이가 된

이 나라 언론이 근본적인 자기부정 없이는 국민적 신뢰를 회복할 수 있다고 결코 생각하지 않는다. 껍질을 깨는 아픔이 없이는 언론에 대한 희망은 배양될 수가 없는 것이다. 나는 그렇게 할 수밖에 없는 자신을 안타까워하면서 '보도지침'의 공개를 결심한 것이다.

'보도지침'이라는 이름의 죄악

'보도지침'은 우리가 살고 있는 이 시대, 우리 모두의 삶의 현장에서 일어나고 있는 사실과 진실을 묵살, 은폐, 왜곡, 조작하고 특정한 집단이나 세력에 대한 일방적인 선전을 강요하는 그 구체적 실상을 제시해 주고 있다. 이는 언론에 대해서는 부당한 간섭이요 통제이지만, 그것이 공개되었을 때 국민의 입장에 서는 것을 통하여 언론통제를 하고 있는 정권의 정체와 본질을 또한 꿰뚫어볼 수 있게 하는 것이기도 하다. 한편으로 언론 제작에 있어서의 가치판단이 대다수 민중의 삶이나 그 의사가 수렴되고 그들과 일치된 가운데서 나오는 것이 아니라 언론의 그것 없이 정권의 일방적 독선과 지시에만 추종하는 결과로 되게 하는 것이다.

문공부 홍보정책실은 우리가 익히 아는 바와 같이 1980년 11월 언론 통폐합 조치를 강행한 뒤 12월 말에 언론기본법이라는 언론에 대한 제도적 규제 장치가 마련되었는데, 그 제도적 규제를 위하여 문공부 내에 제도적으로 설치된 공식 기구인 것이다. 당초 홍보조정실이라 이름하던 것을 1985년 10월 11일, 국무회의에서의 문공부 직제개정안이 의결됨에 따라 명칭이 홍보정책실로 바뀐 것이다. 문공부 직제에 의하면 실장 밑에 홍보정책관(1명), 홍보기획관(3명), 홍보심의관(1명), 홍보담당관(7명)이 있는데, 대부분이 별정직 공무원(1~3급 상당)

인 홍보정책실의 핵심 요원들은 상당수가 언론인 출신으로 알려져 있다. 언론인 출신 문공부 장관이 언론을 망친다는 통설을 밑받침하는 스태프라고 할 수 있다. 홍보정책실의 예산 사용이 매우 풍족한 것 또한 널리 알려져 있는데, 1985년 11월 15일 국회예산결산위원회에서의 한 야당 의원의 질의에 의하면 85년 예산이 165억 원이나 되었다고 한다.

　나는 '보도지침'을 통한 언론통제의 실상을 일일이 거론할 필요를 느끼지 않는다. 『말』 특집호를 처음부터 끝까지 훑어보는 것만으로도 누구나 너무나 통절히 그것을 깨닫게 될 것이기 때문이다. 다만 이 나라 언론이 마땅히 추구해야 할 덕목이나 방향에 반하는 지시 내용을 간략히 짚고 넘어가고자 한다. 첫째로 나는 이 나라 언론은 민족의 화해와 국민 내부의 일치와 화합을 지향하는 것이어야 한다고 생각한다. 그러나 문공부의 '보도지침'이 분열과 미움, 그리고 위기의식을 고조시키고 있는 것을 우리는 자주 발견하게 된다. 예컨대 레바논에서 우리 외교관이 납치된 사건이 발생하자 "북한의 소행인 듯"이라고 부각시키고, 그것이 86대회 방해 책동의 일환이라는 민정당 논평은 사실은 정부의 분석 논평이니 눈에 띄게 보도하라(86. 1. 31.)고 한 것 등이 남북관계에서 나타나는 것이라면, 국민 내부의 문제에 있어서 학생과 민주·민중운동 세력에 대해 왜곡과 과장을 통한 미움과 적대를 유발하게 하는 지시가 엄청나게 많다. 즉 학생 시위를 "적군파식 수법"이라고 제목 붙일 것(85. 11. 18.), "유인물 압수"보다는 "화염병과 총기 등 압수"로 뽑을 것(86. 2. 15.) 등 이러한 지침은 이루 열거할 수 없을 정도로 많다.

　둘째로 언론은 그 사회가 불균형으로 비뚤어지거나 부정부패와 권력의 남용으로 타락하는 것을 막는 자정(自淨) 기능을 하여야 함에도 불구하고 '보도지침'은 오히려 이를 제어하고 있는 것이다. 농촌 경제의 심각성(소값 파동 등)은 송년 특집에서 다루지 말라(85. 12. 12.), 30대 재벌의 여신 내용은 보도하지 말라(86. 6. 2.), 군 탈영병 사건(86. 3. 14.)이나 예비군 훈련장에서의 사망사고(3. 17.)는 보도하지 말라, 법정에서 교도관이 입 틀어막는 장면 등은 보도하지 말라(1. 27.), 부천서 성고문 사건은 현재 운동권 측의 사주로 피해 여성이 계속 허위진술을 하고 있으며 성폭행 사건이란 표현 대신 '부천 사건'이라고 표현하기 바란다든지(86. 7. 10.) 하는 것이 바로 그것이다. 권력과 관련한 사항에 있어서도 일해재단의 성격, 운영자금 내역, 규모 등에 관한 질문은 보도하지 말라(86. 3. 24, 4. 2.)고 하고 있는 것이다.

셋째로는 민족정기의 발양이나 민족적 권익의 옹호와 주장을 억지하는 듯한 지침을 시달하고 있는데 독립기념관 원형극장의 시설이 모두 일본제로 되어 있다는 사실을 쓰지 말도록(86. 8. 8.) 한 것을 비롯, 7월 21일의 한·미 통상 협상이 일방적인 양보 또는 굴복임에도 불구하고 외신 기사에 "미국의 압력에 굴복" 운운으로 나오더라도 기사 제목에서는 "우리 측의 능동적 대처"로 쓰고, 저작권 문제에 대한 당초 방침의 후퇴를 '정부 대책'으로 바꾸라고 하는 것 등은 통분할 일이 아닐 수 없는 것이다. 미국의 개방 압력에 대하여는 농민을 비롯, 재야 민주단체, 출판계 등에서 광범하고도 눈물겨운 항의가 있어 왔는데도 이를 통상 협상에서 지렛대로 이용하지도 못한 채, 이런 사실을 왜곡 보도하라는 것은 참으로 안타까운 일이 아닐 수 없다.

다음으로 나는 한 사람의 언론인으로서, 또한 이 나라 국민의 한 사람으로서 민족의 이익과 민중의 인간다운 생존권, 그리고 자신들의 참여까지가 보장되는 참다운 민주주의에 대한 민중적 욕구가 정부와 언론에 의해 용공 좌경으로 매도, 모략되고 있는 데 인간적 비애마저 느끼게 됨을 고백하지 않을 수 없다. 그들은 유신체제 이래 더불어 함께 인간다운 존엄을 가지고 살 수 있는 민주화된 사회에 대한 그들의 오랜 갈망이 좌절을 거듭한 끝에, 그리고 그들의 비조직성 때문에 때로는 거친 구호나 몸짓을 보여 주기도 하고 있다. 인천사태 이후 이들에 대한 탄압이 급격히 강화되고 언론(보도지침)을 통한 이들에 대한 매도는 이루 예거할 수 없을 만큼 날로 가열되고 있는 것이다. 오직 '보도지침'대로만 보도할 뿐《신동아》8월호에 실린 '유신체제하의 용공조작' 기사와 관련, 남시욱 출판국장 등 3명을 조사 중인 사실 등 일체를 보도하지 말라(86. 7. 25.)는 등으로 민주·민중운동 세력에 대한 대대적인 모략을 언론에 요구하고 있는 것이다. 언론이 미움과 적대와 분열을 위해 동원되고, 그러한 것을 위하여 봉사한다는 것은 우리 언론을 위하여 지극히 불행한 일이며 동시에 영원히 씻을 수 없는 오점이 될 것이라고 나는 믿는다.

민족이 당하는 수난에의 동참으로

나는 '보도지침'이 이른바 제5공화국의 성격과 본질, 그리고 바로 그 '보도지침'에 의하여 미처 언론에 보도되지 못한 사실까지를 포함하여 현대사의 귀중한 자료가 될 것이라고 생각한다. 설사 나와 같은 의도에서가 아니라고 하더라도 그 누군가에 의해서도 '보도지침'은 자료로서 빠짐없이 보관되어야 한다고 나는 생각한다. 나는 한 나라의 문화와 언론에 대해 총체적으로 관장하는 문화공보부는 이런 방식으로서가 아니라 오직 언론과 문화의 고유 기능이 올바로 발양되게 하기 위해서만 최소한으로 간섭하고 외부의 간섭에 대해서는 방풍벽이 되어 주기를 충심으로 바라마지 않는다. 문화공보부는 나치즘 치하의 정치보위부가 되어서는 안 된다. 요컨대 문화공보부가 한 나라의 문화와 언론의 수준을 형편없이 끌어내리는 부서로서가 아니라, 오히려 그 존재로 하여 이 나라 언론이 그나마 눈물겹게 지탱되고 있다는 그런 얘기를 듣는 부서로 내외에서 확인되기를 바란다.

나는 오늘의 언론 현실에 일단의 공범 의식과 그로 비롯한 죄책감을 갖고 있는 한 사람으로 나의 동료를 비롯, 현직 언론인에게도 간절히 말씀드리고 싶은 것이 있다. 나는 외부로부터의 따가운 비판의 소리와 시선에도 불구하고, 밖의 사람들이 '제도언론'이라 부르는 이 나라 언론기관에 대하여 누구 못지않은 애정과 미련을 갖고 있다. 우리 언론의 민주화, 바로 그렇게 민주화된 언론에 의한 자유언론의 실천이야말로 이 시대가 바라는 바요, 한국 언론운동상의 획기적 새 장(章)이 될 것이다. 우리들은 지난 4월 중순 이래《한국일보》를 시발로 하여 6개 중앙 일간지와 1개 통신사, 그리고 3개 지방 일간지 언론사에서 정치권력 등 외부간섭을 물리치고, 자유로운 언론활동을 벌이겠다고 다짐하는 결의를 선언했다. 우리의 내면에는 연면히 이 나라 민족·민중·민주언론운동의 혈맥이 흐르고 있으며, 자유언론에의 꺼지지 않는 불꽃이 우리 가슴속에서 타고 있다. 나는 그 불꽃이 밖으로 나와 이 시대, 이 민족에게 암흑 속의 횃불이 되게 해야 한다고 감히 말씀드리고 싶다.

우리가 그러한 노력을 포기할 때 국민은 결코 이제까지처럼 좌시하지만은 아니할 것이다. 1985년 5월,《월간조선》이 광주민중항쟁에 대한 왜곡보도를 하자 그 신문에 대한 구독거부운동이 국민 가운데서 자발적으로 일어났던 일을 우리는 기억하지 않을 수 없다. 또한 1986년 초부터 국민 내부에 요원의 불길처럼 확산되고 있는 KBS-TV 시청료거부운동이란 무엇인가? 바로 제5공화국 언론의 노골적인 한 전형에 대한 민중적 저항인 것이다. 그런 민중적 저항이 또 어떠한 방향으로 언제 어떻게 불똥이 되어 나타날지 아무도 모른다. 다만 분명한 것은 국민의 우리 언론에 대한 질타와 미움이 거의 한계상황에 이르렀다는 사실이다. 우리는 지금 벼랑에 서 있는 것이다.

우리는 먼저 우리 자신과 언론의 현재 모습에 대한 근본적인 자기부정에서부터 출발하지 않으면 안 된다. 우리 각자는 이 어려운 여건에 물꼬를 트는 주체로서 자기를 헌신해야 할 것이다. 우리가 하려고만 한다면, 각 언론사의 편집권 독립에서부터 그 이후의 전반적인 자유언론 쟁취 또는 실천에 이르기까지의 목표와 거기에 이르는 수단과 방법이 창출될 수 있다고 나는 확신한다. 말석이나마 나 역시 같은 자격으로 자리에 함께하고 싶지만, 설사 그렇지 못하더라도 나는 언제나 여러분과 함께 있을 것이다.

자유언론운동을 하다가 언론계에서 쫓겨난 전직 선배 언론인 여러분에게도 감사의 뜻을 전하고자 한다. 지난 10여 년 이래 언론계를 타의에 의해서 떠난 후에도 이 나라 언론의 양심을 대변하는 전직 언론인의 노고와 열정에 경의를 표한다. 특히 최근 전개하고 있는 기존 언론의 반민중성을 타파하고 진정한 민중의 염원을 반영하는 '새 언론 창설운동'은 미래의 이 나라 언론의 전망을 밝혀 주는 뜻깊은 이정표가 될 것이라고 믿는다. 그러나 그것이 현재의 기존 언론에 대한 전면적인 부정과 거부를 전제로 한다는 점에서 현직 언론에 몸담고 있는 나 같은 사람에게는 곤혹스러운 일면이 있는 것도 부인할 수 없다. 나는 다만 현 언론 내부에서도 인간적 고뇌와 양심의 갈등 속에 살면서 자유언론의 실천과 언론의 민주화를 위해서 애쓰고 있는 후배들이 있다는 사실을 잊지 마시고, 그들의 눈물겨운 분투에도 각별한 관심과 애정 어린 성원을 보내 주실 것을 바라마지 않는다. 그리고 엄청난 고난의 시대에 전·현직 언론인 간에 더불어 함께 논의하고 이끌어 주며 서로 격려하는 정의롭고 아름다운 풍토가 언론계 내에 조성되기를 바란다.

나는 선도적인 민주 인사도 아니며, 자신을 내세울 것도 없는 한 사람의 언론인으로서 다만 우리 사회, 국민 내부에서뿐 아니라 민족 전체적으로 갈등과 불신의 언어가 아니라 화해와 사랑의 언어로 충만된 사회가 되기를 바랄 뿐이다. 민주사회는 각기의 단위 사회와 구성원 하나하나의 각성과 노력 없이는 활력을 되찾을 수가 없다. 그 다양한 활력이 강물처럼 이 사회에 흘러넘치기를 바란다. 또한 독재적 억압과 사회경제적 소외 속에 신음하는 사람들이 또 하나의 나, 또는 진정한 내 형제로 보이고 그 고통을 함께하며 더불어 극복하려 할 때 비로소 우리의 민주사회가 올 것이라고 믿는다. 나는 이 땅의 모든 민주 주민과 더불어 내가 언제 어디서나 함께 있다는 믿음을 바탕으로 하여 나에게 닥쳐올지도 모르는 사태에 대하여 의연히 대처하고자 한다. 나를 사랑하고 기억하는 동료와 이웃들에게 끝으로 부탁드리고 싶은 것은 내게 어떤 위험이 닥쳐왔을 때 아무것도 모르는 채 무척이나 당황할 내 가족들을 위로하고 돌봐 달라는 것이다. 이 모든 것을 고백하고 기도하는 심정으로 남기면서 내게 닥쳐올 일을 나는 조용히 기다리고 있다. 이돈명 변호사의 말처럼 민족이 당하는 수난에 나도 동참하는 것으로 기꺼이 받아들이고자 한다.

1986년 11월 20일

김주언

'보도지침' 사건에 관한 국내외 단체 및 인사들의 항의 및 석방촉구운동 자료

이 장(章, 674~733)은 '보도지침' 사건에 관련된 각종 자료를 모은 것이다. '보도지침' 공개와 더불어 민주언론운동협의회와 천주교정의구현전국사제단에서 발표한 자료, 그리고 김태홍·신홍범·김주언 3인의 구속에 항의하는 성명서 및 석방촉구 범국민 서명운동에 관한 자료, 천주교 서울대교구에서 발행되는 《서울주보》에 발표된 '보도지침'에 관한 각종 내용('세계 홍보의 날' 기념 김수환 추기경 강론 등)이 실려 있으며, '보도지침' 사건 재판에 관한 '언협'의 입장과 재판 진행 상황 등이 발표된 《말소식》지의 각종 보도자료, 그리고 마지막으로 구속된 3인의 석방을 촉구하는 앰네스티 인터내셔널 등의 해외 인권단체 및 인권 옹호 인사들의 석방촉구운동 자료들이 모두 수록되어 있다.

그 각각의 내용은 다음과 같다.

'보도지침' 자료 공개 기자회견을 하면서

오늘 우리는 이 나라 언론통제의 구체적 실증이요, 언론 상황의 실상을 증거하는 문화공보부의 언론사에 대한 '보도지침' 자료집을 공개, 발표하는 바이다. 이 '보도지침' 자료집은 현재 언론계에 몸담고 있는 사람들의 결단에 의하여 천주교정의구현전국사제단에 양심선언과 함께 전달된 것을 정리한 것이다. 천주교정의구현전국사제단과 민주언론운동협의회는 문화공보부 홍보정책실의 '보도지침'을 통한 이와 같은 언론통제가 의문의 여지가 없는 사실임을 확인하는 작업을 거쳐 이에 공개하기에 이른 것이다.

우리는 홍보정책실의 이와 같은 언론통제 외에도 유관 기관 또는 보다 고위 기관에서의 직접적인 언론통제의 사실도 확인하였으나, 그 발표는 뒤로 미루기로 하고 일단 이 자료집을 세상에 내놓는 바이다. 이로써 역대의 이 나라 문공부 장관은 국회 또는 공개석상에서 거짓말을 일삼고, 안으로 언론통제를 강화하고 있었음이 만천하에 드러나게 되었다.

최근 문화공보부 책임자의 경질과 함께 이와 같은 비열한 언론통제가 종결되기를 우리는 바라거니와 '보도지침'을 통한 언론통제를 계속할 경우, 제2집, 제3집은 물론, 비공식적으로 행해지는 언론통제의 실상을 낱낱이 공개할 예정으로 있다.

현재 제도언론계에 몸담고 있는 사람들은 부끄러움을 느껴 언론인으로서의 자신의 사명을 되새길 수 있는 계기로 되기를 바라거니와, 국민 일반은 우리가 얼마나 처절한 언론 배급 상황하에 있는가를 깨달아 자유언론 쟁취, 새 언론 창출이 얼마나 절실한 과제인가를 더불어 함께 고민하고 확인하게 되기를 바란다.

이 '보도지침' 자료집은 현 정권의 언론정책은 물론 현 정권의 도덕성을 가름해 주는 귀중한 현대사 자료로서, 그리고 자유언론 쟁취를 위한 획기적 기원으로서 기억되고 평가될 것임을 믿어 의심치 않는다. 이 자료집 발간에 협조해 준 모든 인사들에게 감사와 함께 그들의 안전이 지켜지기를 기도 속에 간구하는 바이다.

1986년 9월 9일

천주교정의구현전국사제단
민주언론운동협의회

성명서

오늘의 언론을 마음대로 조작하고 있는 정부당국의 이른바 '보도지침'의 세부 내용이 밝혀짐으로써 현 언론의 정체가 남김없이 드러나게 되었다. 우리 '민주언론운동협의회'와 '천주교정의구현전국사제단'은 이미 공공연한 비밀이 되어 왔던, 그러나 정부당국이 애써 비밀로 취급고자 했던 이 '보도지침'을 입수하여 자료집으로 간행, 공개한다. 이 '보도지침' 자료집은 1985년 10월 19일부터 86년 8월 8일까지 10개월간 문화공보부 홍보정책실이 거의 매일같이 각 신문사에 내려보내는 보도통제 지시를 모은 것으로, 오늘의 제도언론의 정체와 본질을 드러내는 데 있어서, 그리고 권력과 언론의 관계를 밝히는 데 있어서 움직일 수 없는 결정적 증거가 되는 것이다.

언론통제본부라 할 수 있는 문공부 홍보정책실은 이 '보도지침' 속에서 오직 권력의 이해관계라는 기준에 입각하여 모든 중요한 사건에 대해 보도가(可), 불가(不可), 절대불가의 판정을 내리고 보도의 방향, 내용, 기사의 크기, 기사의 위치 등에 이르기까지 세밀하게 지시를 내리고 있음이 거듭 확인되었다.

'보도지침'은 어떤 기사를 어떤 내용으로 어느 면 어느 위치에 몇 단으로 싣고 제목도 어떤 표현을 사용해야 하며 사진을 사용해서는 안 되고, 또는 사용해야 하고(또는 학생이나 노동자들의 폭력 사용은 사진을 게재하고) 당국의 분석 자료를 어떻게 처리하라는 등 세부 사항까지 구체적으로 지시하고 있다. 이 '보도지침'에서 가장 많이 되풀이되고 있는 말은 "보도하지 말 것"이라는 지시이며 "1단으로 조그맣게 쓸 것", "크지 않게", "사진 게재 불가"

등의 지시 용어이다. 예컨대 "농촌 파멸직전, 보도하지 말 것", "광주사태 유가족 인터뷰 싣지 말 것", "남북 스포츠회담 조그맣게 보도할 것", "한·미 통상협상은 '미국 압력에 굴복' 대신 '우리의 능동적 대처'로 쓸 것", "담배 수입, 미국 압력에 의한 것 아니라고 쓸 것"…… 등과 같은 것이 그것이다.

부천경찰서 성고문 사건은 그 전형적인 한 실례가 될 것이다. 1986년 7월 10일 부천서의 성고문 사건에 대해 기사의 내용과 제목에서 '성폭행'이란 표현 대신 '부천서 사건'으로 쓰도록 지시한 정부당국은 이어 사건 조사 결과를 발표한 7월 17일 다시 지침을 내려보내고 기사를 사회면에 싣되 기자들이 독자적으로 취재한 것은 싣지 말고 검찰의 발표 내용만 게재하여 사건명을 성추행이라 하지 말고 성모욕 행위로 쓰도록 지시했다. 그리고 검찰 발표 내용을 반드시 전문 게재하되 반체제 측의 고소장(변호인단의 고발) 내용이나 NCC, 여성단체 등의 사건 관련 성명은 일체 보도하지 말도록 지시했다.

그러면 이 같은 정부당국의 지시에 대해 현 언론은 어떻게 대응했는가? 그것은 우리 모두가 지난날의 신문에서 이미 본 바와 같이 그들의 지시가 충실히 실현되었을 뿐이다. 언론이 그 언론 당사자에 의해 제작되어야 한다는 기본적인 원칙을 여지없이 유린하는 이 같은 '보도지침'에 대해 우리는 오늘의 언론이 저항했다는 소식을 들어본 바 없다. 이는 언론의 주요 편집권이 정부당국에 넘어가 있다는 것을 말해 주는 것이다.

"하지 말라"는 것 못지않게 "하라"는 것도 큰 비중을 차지하고 있다. 이것은 부정적인 것에서 한 걸음 더 나아가 언론이 적극적으로, 그리고 능동적으로 현 권력과 일체화된 것으로 우리는 주시해야 한다.

21세기를 목전에 둔 오늘날, 민주주의를 지향하는 나라들 가운데 우리 말고 이런 언론이 어디에 있을 것인가? 사실과 진실의 은폐, 왜곡이라는 정치 기능을 담당하는 권력의 일부로 완벽하게 제도언론을 구현하고 있는 나라가 우리 말고 또 있을 것인가? 이 같은 정부, 이 같은 언론은 언론을 오로지 홍보·선전·의식 조작의 수단으로만 삼았던 나치 독일의 파시즘 아래서나 볼 수 있었을 뿐이다. 오늘날 이 같은 언론이 존재하고 있다는 사실 자체가 세계적인 관심을 끌기에 충분한 뉴스라고 보지 않으면 안 될 것이다.

이제 이 땅에는 언론탄압이 아니라 언론과 권력의 일체화가 있을 뿐이다. 언론활동이 아니라 언론의 조작만이 있을 뿐이다. 엄밀한 의미에서의 언론탄압이란 말은 진정한 언론을 실현하고자 하는 노력과 저항이 있을 때에라야만 가능한 것이기 때문이다. 언론과 권력의 일체화, 이것이야말로 이 땅의 언론의 성격을 규정해 주는 본질이다. 오늘의 언론이 마치 언론탄압의 대상이 되어 있는 것처럼 때때로 오인되고 있는 것 역시 언론이 마치 탄압받고 있는 양 가장함으로써 신문기업의 상업성을 높이려는 의식 조작의 결과라고 보지 않으면 안 되는 것이다.

따지고 보면 언론과 권력의 일체화, 다시 말하여 언론 스스로가 지배 체제 그 자체가 된 것은 엄밀한 의미에서 어제오늘에 이루어진 것이 아니다. 일제의 식민 지배 수단으로 주어졌던 이 땅의 근대적 언론은 본질적으로 일제에 협력하여 식민지 지배에 봉사한 언론이었으며, 이 같은 식민 언론의 유산이 조금도 청산되지 못한 채, 민족정기를 한 번도 바로잡아 보지 못한 채 오늘에 이르고 있다. 낡고 그릇된 지난날의 자기를 부정·극복함으로써 새로운 자기를 탄생시켜 본 적이 한 번도 없었다. 이 사회의 다른 모든 분야에서와 마찬가지로 식민 언론의 정신적 유산, 즉 반민족적·반민중적 유산이 그대로 계승된 채, 그리고 식민 언론에 종사한 자들이 그대로 언론기관에 온존된 채 이승만 정권과 유신독재체제를 거쳐 오늘에까지 이어져 이제는 지배 체제의 언론을 그 절정에서 완성해 놓고 있는 것이다. 유신 독재가 무너졌을 때 민주화를 열망했던 국민들은 이 유신 잔재들이 우선 국민적 여론을 다루는 언론기관에서부터 청산되기를 바랐으나 그들은 언제나 그랬던 것처럼 그대로 온존되었으며, 오늘날에도 권력과 일체가 되어 그 어느 때보다 태평성대를 누리고 있다.

국민의 편이 아니라 권력과 일체가 되어 마땅히 알려야 할 사실과 진실을 은폐·왜곡하고, 언론조작에 의해 국민의 민주화 열망을 왜곡·오도한다면, 그리고 고난받는 민중의 편에 서서 그들의 현실과 의사를 알리는 것이 아니라 권력과 더불어 오히려 그들을 박해한다면 그 언론은 민주주의와 민중의 적으로 규정되어야 마땅하다. 우리는 오늘의 언론이 민주화를 저해하는 가장 중요한 권력 장치 가운데 하나, 즉 언론권력으로 작동하고 있다는 점에서 언론을 민주주의의 가장 큰 적으로 규정한다.

'보도지침'에서 폭로된 이 땅의 언론 현실은 우리로 하여금 지체 없이 오늘의 이 사악한 언론을 타파하고 우리가 그토록 오래 열망해 마지않았던 민주적인, 민중적인 언론, 우리들의 참다운 새로운 언론을 탄생시킬 것을 요구하고 있다. 새로운 언론의 건설은 낡고 그릇된 것의 부정, 극복 없이는 불가능한 것이다. 이 '보도지침' 자료집 간행을 계기로 우리는 민중이, 국민이 더 이상 제도언론의 의식 조작, 환상 조작에 기만당하지 않고 현 언론의 정체에 대한 가차없는 인식에 이르게 되기를 바라며, 이를 계기로 대대적인 제도언론 거부운동을 우리와 더불어 전개해 주실 것을 호소하고자 한다. 우리는 언론의 민주화가 사회의 민주화에 선결적 요건이 된다는 언론의 중대성에 비추어 민주화를 열망하는 모든 국민과 더불어 낡고 거짓된 언론을 부수고 새 언론을 건설키 위한 범국민운동을 전개해 나갈 것임을 거듭 밝힌다.

1986년 9월 9일

민주언론운동협의회
천주교정의구현전국사제단

불법적 언론탄압 중지하라!

국가보안법을 민주세력 탄압을 위한 수단으로 전가의 보도처럼 휘둘러 온 현 정권은 지난 12월 10일, 불법 연행한 민주언론운동협의회 사무국장 김태홍 씨를 구속하고 동 협의회 실행위원 신홍범 씨도 12월 12일 불법 연행한 채 신문해 오다가 어젯밤 역시 구속하였다.

김태홍 씨(44세)와 신홍범 씨(46세)에 대하여 터무니없이 국가보안법을 적용해 구속한 것은 민주언론운동협의회가 지난 9월 16일 발행한『말』특집호인 "'보도지침', 권력과 언론의 음모"를 현 정권이 문제 삼은 것으로 보이는데, 만일 그렇다면 언론통제와 조작의 실상을 밝힌 것이 어떻게 국가보안법 적용 대상이 되고 불법 연행의 사유가 되는지 우리는 아연하지 않을 수 없다.

현 정권은 지난 1980년 양심적인 언론인들의 언론자유운동과 관련하여 많은 언론인들을 구속하고 700여 명에 달하는 언론인의 대량 강제 해직 사태를 빚어낸 뒤, 이 해 11월 강제적인 언론사 통폐합 조치에 이어 12월 언론기본법을 제정, 언론에 대한 직접적인 조작 체제를 구축하였다. 이러한 체제의 일환으로 현 정권은 문화공보부 내에 홍보조정실(현 홍보정책실)을 신설, 1960년대 초부터 이른바 권력기관을 중심으로 해 오던 언론통제 간섭을 아예 제도화하여 보도금지 사항과 기사의 제목, 내용, 단수, 사진의 크기와 구성 등을 일일이 지시함으로써 여론을 조작, 국민을 기만하는 데 급급하고 있다. 더구나 오늘날 우리 사회의 민주화 논의가 모든 국민들의 간절한 여망에도 불구하고 정권적 차원의 파쟁으로 전락, 왜곡되어 진정한 민주화를 위한 가장 중요한 실질적 내용이 외면되고 있는 상황을 우리는 누차 우려해 왔으며 만시지탄(晚時之歎)이 있으나 지금부터라도 이 같은 어리석음에서 벗어날 것을 거듭 촉구해 왔다.

그럼에도 불구하고 현 정권은 언론을 오로지 조작 정치의 홍보수단으로 전락시켜 사실과 진실을 왜곡하는 시대착오적인 행태만을 되풀이하고 있다. 이 같은 상황에 처하여 우리는 언론의 사명과 책임을 다할 수 있는 민주언론의 실현에 무엇보다도 큰 관심을 가져 왔으며, 그 일환으로 우리는 현 언론의 기만성과 폭력성을 밝히기 위해 지난해 10월 19일부터 금년 8월 8일까지의 '보도지침' 내용을 언협을 통해 세상에 공개한 바 있다. 이것은 사실과 진실을 수호하고 진정한 민주 역사를 우리 민족이 창조해 가는 데 가장 중요한 출발점이라고 우리는 믿었기 때문이다. 그러나 현 정권이 이 같은 언론통제의 실상을 폭로한 것에 대하여 국가보안법까지 적용한 것은 오늘날 실질적인 민주화의 진전을 갈망하는 모든 국민의 여망을 정면 거부하고 있음에 다름 아니라고 우리는 규탄하지 않을 수 없다. 더구나 이 같은 양심적인 민주화 노력까지 용공으로 조작하는 것은 민주주의 자체를 말살하려는 기도로서 모든 국민의 비판을 받아 마땅할 것이다.

언론은 언론의 독자성과 객관성 그리고 공정성이 보장될 때 비로소 언론 본연의 기능을 발휘하여 민주사회를 이룩하는 데 기여할 수 있다. 그러나 언론이 권력유지를 위한 수단 또는 도구로 전락할 때 그것은 민주적 의사와 입장을 탄압하는 엄청난 해독을 끼친다는 사실을 우리는 지적하지 않을 수 없다.

현 정권이 더 이상 역사와 민족 앞에 죄를 범하지 않기 위한 길은 민주세력에 대한 탄압을 즉각 중단하고 열화와 같이 분출되는 민주화 요구에 순응하여 민주적 기본권을 보장하는 데에서 시작되어야 함을 밝혀 둔다. 이와 함께 우리는 진정한 민주화를 실현함에 있어서 반드시 선행되어야 할

언론자유를 쟁취하기 위하여 모든 수단과 노력을 동원, 강력한 투쟁을 전
개할 것을 천명한다.

Ⅰ. 민주언론운동협의회 김태홍 사무국장, 신홍범 실행위원을 즉각 석
　 방하라!
Ⅰ. 민주언론운동협의회의 정당한 활동에 대한 탄압을 즉각 중단하라!
Ⅰ. 현 정권은 제도언론에 대한 통제를 즉시 중단하라!
Ⅰ. 언론기본법을 철폐하라!

1986년 12월 16일

천주교정의구현전국사제단
전국목회자정의평화실천협의회
민주언론운동협의회

'보도지침'과 관련한 인신구속을 중단하고 관련자를 즉각 석방하라

지난 9월 공개된 『말』 특집호 '보도지침'과 관련하여 당국은 김태홍 민주언론운동협의회 사무국장, 신홍범 실행위원을 국가보안법을 적용, 구속하고 관련자를 수배한 데 이어 12월 15일 오후 《한국일보》의 김주언 기자를 연행, 구속하였다. 정치권력의 언론통제의 실증이요 비밀 통로 신문이라 할 '보도지침'의 자료 공개로 만천하의 웃음거리가 된 보복으로 정권 당국은 비열하게도 국가보안법을 적용하여 '보도지침'이 마치 중요한 국가 기밀사항과 관련이 있는 듯 국민을 기만, 위장하려 하고 있다. 그러나 '보도지침'의 공개가 국가보안법을 위반한 것이라면, '보도지침'을 매일매일 언론사에 전화로 통보, 시달한 행위는 어떻게 평가되고 처단되어야 할 것인가 묻지 않을 수 없다.

우리는 자유언론 압살의 어두운 시대에 살면서, 언론통제라는 범죄행위의 구체적인 증거를 낱낱이 확인하고 증거하여 세상에 공개한 당사자들의 눈물겨운 활동과 결단에 경의를 표해 마지않는다. 특히 김주언 기자의 불법적인 장기간의 구금에도 불구하고 제도언론에서 한 줄도 보도되지 않고 있는 것 역시, '보도지침'의 지시에 따른 것이라고 단정하지 않을 수 없다. '보도지침'과 관련하여서 정치 권력은 그들에게 진정 염치가 있다면 오직 국민 앞에 겸허한 사죄와 함께 '보도지침'의 철폐와 홍보정책실이라는 이름의 정치보위부서를 해체해야 할 것이다.

우리는 또한 구속 또는 연행된 사람에 대하여 불법적인 가혹 행위가 가해지고 있다는 심증을 떨쳐 버릴 수가 없다. 우리는 관련자와 그 가족의 아픔에 동참하면서 그들의 조속한 석방과 정당성을 확인하기 위하여 서명운동 등 가능한 모든 방법으로 성원하고 밑받침할 것을 거듭거듭 다짐하는 바이다. 많은 사람들의 기도와 관심과 동참을 바라마지 않는 바이다.

1986년 12월 20일

천주교정의구현전국사제단
민주언론운동협의회

언론조작 및 탄압은 민주주의를 말살하려는 음모이다

언론자유의 헌신적인 실천 조직인 민주언론운동협의회(약칭 언협)에 대하여 현 정권은 비열하고도 야만적인 탄압을 가하고 있다. 경찰은 1986년 12월 10일부터 15일까지 닷새 동안 언협 사무국장 김태홍 씨, 동 실행위원 신홍범 씨, 그리고 현직《한국일보》기자 김주언 씨를 차례로 구속하고 기관지『말』의 편집진을 수배했다.

경찰은 김태홍, 신홍범, 김주언 씨 등이 언협과 가톨릭정의구현전국사제단의 명의로 지난 1986년 9월에 폭로한 '보도지침'(언협 기관지『말』 특집호)을 제작 배포한 데 대한 보복을 하고 있는 것이다. 도대체 '보도지침'이란 무엇인가?

'보도지침'은 문화공보부 홍보정책실이 하루도 빠짐없이 신문·통신·방송에 대하여 은밀하게 시달하는 보도통제의 구체적 내용이다. 이를테면 1985년 10월 19일에는 신민당의 김한수 의원이 국회에서 경원대학생 송광영 군이 분신자살한 사건을 언급하자 이를 보도하지 말라고 하였고, 11월 4일에는 한국교회협의회(NCC)가 '고문대책위원회'를 구성한 것을 보도하지 말라고 하였으며, 심지어 11월 20일에는 미 하원 소속 전문위원 3명이 F-15 전투기 구매에 얽힌 뇌물공여 사건 조사차 내한하는 사실도 일체 보도하지 말라고 지시하였다.

또 '보도지침'은 시외버스 요금이 인상되자 이 기사의 제목을 "몇 % 올랐다"라고 붙이지 말고 "액수만을 쓰라"고 하는가 하면, 민정당의 1986년 예산안 처리 방식에 대하여는 "변칙 날치기"란 표현을 쓰지 말라고 하는 등 신문사 사장이나 편집국장도 지시하지 못할 구체적 내용까지 시시콜콜하게 간섭하고 있다. 뿐만 아니라 1986년 2월 필리핀에서 마르코스 정권이 붕괴할 즈음하여 "1면에 싣지 말고 가급적 한 면으로 소화시키되 여러 면으로 확대 보도하지 말 것"(2월 10일), "필리핀 사태, 1면 톱기사로 올리지 말 것"(2월 24일 및 28일)이라고 지시하였고, 미 국무성 대변인의 "한국은 필리핀과 다르다"는 논평은 "1면에 4단 이상으로 크게 쓸 것"(3월 6일 자)을 '보도지침'은 강요했다.

이처럼 문공부의 '보도지침'은 있는 사실을 없는 것으로, 중요한 사실을 사소한 것으로, 대수롭지 않은 사실을 튀겨서 보도하도록 제도언론에 시달하였던 것이다. 헌법은 고사하고 어느 법률, 어느 법령에도 행정부가 신문·통신·방송에 '보도지침'을 내보내라는 조항은 없다.

그런데 현 정권은 언협의 『말』 특집호가 '보도지침'을 게재하자 자신들의 불법 행동을 반성하고 시정하기는커녕 적반하장격으로 언협의 간부를 구속까지 하였다. 경찰이 법원에 신청한 구속영장에는 언협 간부들이 국가보안법의 국가기밀누설과 형법상의 국가모독죄의 혐의가 있다고 하였으나 무엇이 국가기밀이며 무엇이 국가모독이란 말인가? 민주국가의 기본권을 유린하는 '보도지침'을 작성하고 시달한 사람들이야말로 법치국가의 체면을 손상하였다는 점에서 법의 준엄한 심판을 받아야 옳을 줄 안다.

언협은 언론의 자유와 나라의 민주화를 위하여 유신 치하에서 부당하게 신문·방송에서 해직된 언론인, 그리고 1980년 봄 현 정권 출범시에 강제로 퇴사당한 언론인들이 주축이 되어 1984년 12월에 창설한 기구로서 지난 2년간 혼신의 힘을 다하여 싸워 왔다. 언협은 기관지 『말』을 통하여 제도언론이 '보도지침'의 위협 때문에 보도하지 못하였거나 왜곡하여 보도한 사실을 사실 그대로, 올바르게 보도·해설·논평하였다. 지난 2년간 『말』이 발간될 때마다 언협의 간부들은 도합 10여 차례에 걸쳐 연행, 구류처분 되었으며 언협의 사무실은 수색되고 도청되었다.

이번의 간부 연행이 처음 알려진 지난 12월 12일, 언협은 성명서를 발표하고 언협에 대한 탄압은 "민주주의의 기본 전제인 언론·출판의 자유를 짓밟는 행위임은 물론이려니와 진실과 인간의 양심마저 말살하려는 정권 말기적 작태"라고 규탄하였다. 이어 12월 16일에는 '천주교정의구현전국사제단', '전국목회자정의평화실천협의회'는 언협과 공동으로 내외신 기자회견을 갖고 "현 정권이 언론통제의 실상을 폭로한 것에 대하여 국가보안법까지 적용한 것은 오늘날 실질적인 민주화의 진전을 갈망하는 모든 국민의 여망을 정면 거부하고 있음에 다름이 아니다"라는 성명을 발표하였다.

언협에 대한 야비한 탄압은 신구교의 성직자들의 분노에 기름을 부은 것에 그치지 않고 진정한 민주화를 위해 일하고 있는 지식인들의 거센 항의를 불러일으켰다. '민중문화운동협의회', '자유실천문인협의회', '민족미술협의회', '한국출판문화운동협의회', '민주교육실천협의회' 등 5개 단체는 12월 22일 마포구 공덕동 언협 사무실에서 언협 간부 구속에 대한 연대항의 농성을 벌이고 "현 정권의 탄압을 받고 있는 민주언론운동협의회에 대하여 뜨거운 격려를 보낸다"고 성명했다. 또 민문협 등 5개 단체는 "수사기관과 사법부의 공무원들에 대해 현 군부독재정권의 언론탄압·용공조작극에 더 이상 놀아나지 말고 작금의 '언론통제 폭로사건'을 취급함에 있어서 국민의 공무원으로 엄정한 입장을 취하라"고 촉구했다.

한편, 재야 민주 단체인 민주화추진협의회는 12월 23일 태윤기 변호사를 위원장으로 한 언론자유 및 보도지침 사건 진상조사위원회를 구성하고 진상 규명에 나섰다. 민추협 소속 국회의원과 변호사 12명으로 구성된 이 위원회는 『말』특집호인 '보도지침'과 관련한 언론 사태를 심각한 정치 현안으로 규정하고, 심각하게 우려되는 고문 여부를 규명하는 한편 가족 면담조차 거부한 경위에 대해 조사에 착수했다.

진상조사위원회 위원은 태윤기 변호사(위원장), 용남진, 김명윤 변호사, 박종태, 신상우 부의장, 조승형 변호사, 문정수, 안동선, 장기욱, 신기하, 조순형, 최훈 의원 등이다.

고문과 성폭행 등 전 국민의 격분을 산 일련의 가혹행위가 끊이지 않고 계속돼 온 상황에서 현 정권은 12월 23일에 이르도록 가족 면담까지 일절 허용하지 않고 있어 또다시 분노를 자아내고 있다. 김태홍 씨와 신홍범 씨의 가족들은 12월 15일과 17일 그리고 20일에 이어 23일에도 가족 면담을 애타게 요구했으나 무참히 거절당하고 말았다. 현 정권이 이처럼 가족들의 눈물 어린 면담 요구조차 잔혹하게 외면하는 이유는 도대체 어디에 있는가? 이는 인간의 양심상 도저히 용납할 수 없는 비인간적 폭력성을 드러낸 것이라고 규탄하지 않을 수 없다.

본 협의회는 현 정권이 사실과 진실 그리고 최소한의 인간적 이성과 양심마저 외면하는 결과는 자멸뿐이라는 사실을 엄중히 경고하지 않을 수 없다. 이와 아울러 본 협의회는 어떠한 탄압에도 불구하고 민주언론의 쟁취를 위한 대도로 더욱 의연하게 매진할 것을 다시 천명하면서 현 정권이 '보도지침'을 통한 언론조작을 스스로 인정하고 공개 사과함은 물론 '보도지침' 폭로와 관련한 구속자들을 즉각 석방할 것을 거듭 촉구한다.

Ⅰ. 김태홍, 신홍범, 김주언 씨를 즉각 석방하라!
Ⅰ. 언론·출판·집회·결사의 자유를 보장하라!
Ⅰ. 언론기본법을 철폐하라!
Ⅰ. 구속된 모든 민주 인사들을 전원 석방하라!

1986년 12월 24일

민주언론운동협의회

신부님께

✝ 축 성탄

안녕하십니까?

즐거운 성탄과 희망에 찬 새해를 기원하며, 최근 구속된 3명의 전·현직 기자에 대한 서명운동을 부탁드립니다. 이미 신부님께서도 잘 알고 계시리라 믿습니다만, 지난 1986년 9월 9일 우리 '정의구현전국사제단'과 '민주언론운동협의회'는 공동으로 '보도지침' 자료 공개를 한 바 있습니다. 이 '보도지침' 자료, 부제 '권력과 언론의 음모'의 공개를 통해 우리는 그동안 풍문으로만 알려졌던 언론통제의 실상을 적나라하게 내외에 알렸던 것입니다. 한편 경찰은 이 '보도지침' 자료집(『말』특집호) 공개를 빌미로 민주언론운동협의회 사무국장 김태홍 씨를 수배하여 오던 중, 지난 12월 10일 체포하기에 이르렀습니다. 이틀 뒤인 12월 12일 신홍범 씨(언협 실행위원)를 자료집 인쇄를 했다는 구실로 연행하였고, 그리고 12월 15일에는 이 '보도지침' 자료를 전달한 한국일보 김주언 기자를 연행, 국가보안법 위반 혐의로 구속하였습니다. 이에 우리 사제단은 12월 20일 명동성당 소성당에서 기자회견을 갖고 "'보도지침'과 관련된 구속자의 석방과 '보도지침'을 통한 언론조작 및 언론탄압을 즉각 중지할 것"을 촉구하는 한편, "구속자의 조속한 석방을 위해 기도하며 서명운동을 전개할 것"을 내외에 밝힌 바 있습니다.

한편 명동성당 청년단체연합회는 지난 12월 20, 21, 24, 3일간에 걸쳐 '보도지침 관련 구속자의 석방 및 자유언론 수호를 위한 범국민 서명운동'을 실시, 2천여 명의 교우들로부터 서명을 받았습니다. 비열한 언론통제의 실증인 '보도지침'을 국민에게 알리기 위해 어려운 결단을 하고 구속당한 3명의 전·현직 기자들을 위해 기도해 주시고, 가능한 한 각 교구내 모든 성당에서 서명을 받을 수 있도록 수고해 주십시오. 감사합니다.

1986. 12. 26.

천주교정의구현전국사제단
김승훈 신부
송진 신부

언론탄압 및 보도지침에 관한 특별 기자회견
민주언론 쟁취를 위한 공동투쟁 다짐

현 정권이 언론조작 및 통제의 수단으로 사용해 온 '보도지침'을 공개했다는 이유로 국가보안법까지 동원, 관련 언론인들을 불법 연행 구속하여 검찰에 송치하는 등 언론탄압을 자행함으로써 재야 민주운동 단체는 물론 국민적 분노를 불러일으키고 있다.

이런 가운데 지난 12월 29일 민주화추진협의회 공동의장 김대중, 김영삼 씨, 천주교정의구현전국사제단 의장인 김승훈 신부, 전국구속학생학부모회 회장인 임기란 씨, 민주언론운동협의회 의장 송건호 씨 등 5개 재야단체 대표가 참석, 언론탄압 및 '보도지침'에 관한 내외신 기자회견을 갖고 민주언론의 쟁취를 위하여 끝까지 공동 투쟁을 전개할 것을 천명했다.

김대중 공동의장은 이 회견에서 언론의 자유가 없는 민주주의는 사실상 생각조차 할 수 없는 일이라고 지적하고 현 언론 현실은 나치하에서나 볼 수 있는 조작·탄압상을 보여 주고 있다고 비난했다.

김 의장은 이번 사건이 조속하게 해결되지 않는다면 이 사건을 국제화시켜 구속자 석방을 위한 모든 노력을 기울일 것이며 현재의 우리 언론 상황을 개선하기 위해 앰네스티, 국제연합 등 국제기구를 통한 노력도 아울러 전개할 것이라고 밝혔다.

김영삼 의장은 언론자유는 모든 자유를 자유케 하는 자유로, 이는 결코 협상이나 타협의 대상이 될 수 없다고 선언하고 용기를 갖고 온 국민과 더불어 싸워 나갈 것을 다짐했다.

송건호 민주언론운동협의회 의장은 언론에 관한 문제는 구속된 세 사람
만의 문제가 아니라 민주주의를 원하는 전 국민의 문제라고 말하고 기자들
은 단순히 기사를 쓰는 데 만족하지 말고 지면 반영 여부에도 관심을 기울
여야 할 것이라고 당부했다.

　　이날 경찰은 기자회견이 시작되자 민추협 사무실을 봉쇄해 구속자 가족
및 일부 인사들이 참석하지 못했다.

《말소식》1986. 12. 31.

민주시민에게 드리는 호소문

언론자유를 지키려는 노력이 어떻게 국가보안법에 저촉되는 행동이 되는 지요. 저희들은 '보도지침' 폭로와 관련하여 지난 12월 국가보안법 위반 혐의로 구속된 김태홍(언협 사무국장), 신홍범(언협 실행위원), 김주언(한국일보 기자)의 가족들입니다.

민주언론운동협의회에서 지난 9월 '보도지침'을 폭로한 이후『말』특집호와 관련된 당사자들은 물론 저희 가족들이 받아 온 고통은 이루 말로 다할 수 없는 것이었습니다. 하루 종일 호구지책으로 운영하고 있는 양품점 앞에 승용차를 대 놓고 감시하는 것을 비롯하여 한밤중에 전화하는 것은 예사이고 허구헌날 형사가 들이닥쳐 집 수색을 해 가는 등 도저히 정상적인 생활을 할 수가 없는 상황이었습니다. 김태홍 씨와 신홍범 씨가 잡혀간 이후 집에 대한 감시는 일단 풀어졌으며 저희는 오히려 두 사람이 잡혀간 것이 차라리 잘 되었다 싶은 심정까지 들었습니다. 아직까지 철도 안 든 어린아이들을 매일 형사와 맞부딪히게 해야 하는 어미의 심정도 심정이려니와 수배된 남편으로 인해 치안본부에 끌려가 혹독한 매질을 당하고 나오던 남편 친구들을 바라볼 면목이 없었기 때문입니다. 그러나 우리의 고통은 여기서 끝난 것이 아니었습니다. 일단 김태홍 씨와 신홍범 씨가 구속되자 저들의 손은 또다시 언협의 다른 실무자들에게 뻗쳐 현재는 홍수원 씨(80년 해직 기자), 박우정 씨(80년 해직 기자), 박성득 씨(80년 해직 기자), 이석원 씨(언협 사무차장) 등을 온갖 수단을 동원하여 찾고 있습니다. 이러한 과정에서 수배자 가족들이 당하는 고통은 구속자 가족들의 고통보다 몇 십 배 더한 것이었습니다.

홍수원 씨 가족은 형사들의 협박과 불안에 떨며 생활하고 있으며 심지어 이웃집에 놀러 가면 그곳까지 찾아와 "내가 안기부 직원이다"라며 의도적으로 불안을 조성함으로써 이웃집과의 친분마저 매우 어렵게 하고 있어 동네에서도 고립된 실정입니다. 심지어 시장에 갈 때는 말할 것도 없고 시내 어디를 가더라도 형사 몇 명이 뒤를 밟아 가족들의 행동은 불편하기 그지없습니다. 그러나 진정한 우리의 고통은 이러한 저들의 물리적인 탄압에 있는 것이 아닙니다. 우리가 받는 고통의 근원은 우리를 둘러싼 서글픈 현실에 있습니다. 우리들의 남편이 왜 '보도지침'을 폭로했으며 언론자유를 지키려는 그들의 노력이 어째서 국가보안법 위반이라는 혐의를 받아야 하는지에 대한 의문 때문입니다. 우리를 둘러싼 조국의 현실이 우리를 무엇보다도 가슴 아프게 하는 것입니다.

오늘도 수사 도중 고문을 받아 숨진 서울대생 박종철 군의 사망 소식을 접하며 가슴은 한없이 떨려 오고 어쩌면 우리 남편에게도 이러한 엄청난 일이 언제 닥칠지 모른다는 불안과 공포가 우리의 가슴을 얼어붙게 합니다. "내 자식은 못돼서 죽었어. 요즘 세상에 똑똑한 놈은 다 못된거야"라고 오열을 터뜨렸던 그 아버지의 슬픔은 우리 모두의 가슴을 한없는 슬픔으로 넘쳐흐르게 하고 있습니다.

지금도 치안본부 대공분실과 안기부, 보안사 등지에 백여 명이 넘는 노동자, 학생들이 잡혀가 있습니다. 그들은 또 얼마나 엄청난 고문을 당하고 매 시간 고통받아야 하며 그 가족은 또 얼마나 애타는 가슴을 안고 울부짖고 있는지⋯⋯. 도대체 우리는 언제까지 이러한 고통을 받아야 한단 말입니까? 남편의 고문 소식이 언협에 의해서 발표되자 집에 연일 괴전화가 걸려 오고 있습니다. 하루하루가 마치 살얼음을 딛는 심정입니다. 그러나 저희들이 바라는 것은 결코 내 남편의 석방만이 아닙니다. 진정한 언론자유가 보장되는 민주사회가 하루빨리 이루어지는 것이 우리들이 바라는 유일한 소망입니다. 그런 사회가 되지 않는 한 내 남편은 어떤 상황에서도 신체의 자유가 허락되는 한 민주언론과 민주주의 실천을 위하여 또 다시 자신의 몸을 아끼지 않고 바칠 것이기 때문입니다.

민주시민 여러분!

제 남편을 위한 걱정보다는 오히려 우리 사회의 민주화를 위한 걱정을 해 주십시오. 우리 사회의 민주화가 실현되는 날 비로소 우리들의 고통도 끝날 수 있기 때문입니다.

1987. 1. 20.

'보도지침' 관련 구속자, 수배자 가족 일동

'보도지침' 관련 구속 언론인 석방서명운동
전 국민적으로 확산

'보도지침'을 폭로했다는 이유로 부당하게 구속된 언론인들의 석방을 위한 범국민서명운동이 각계각층으로 확산되고 있으며 이와 함께 민주언론의 실현을 염원하는 전 국민적 요구가 갈수록 드높아지고 있다. '천주교정의구현전국사제단', '전국목회자정의평화실천협의회', '민주언론운동협의회'가 지난 12월 20일부터 공동으로 전개하고 있는 서명운동은 현재 종교계, 법조계, 학계, 언론계, 문인, 교사, 정치인, 출판인, 그리고 민중·민주운동 단체들이 범국민적 차원에서 참여한 가운데 현재 3천5백여 명에 이르고 있다. 다음은 각 부분에서 전개하고 있는 서명운동 현황이다.

종교계: 천주교, 기독교, 불교계 등이 참여해 종교계에서는 현재 약 2,600여 명이 참여했다. 천주교의 경우 '천주교정의구현전국사제단'의 주도하에 12월 20일부터 '보도지침' 관련 구속자 석방 및 자유언론 수호를 위한 범국민서명운동을 전국 14개 교구가 참여해 범천주교 차원에서 전개, 김승훈 신부(천주교정의구현전국사제단 대표), 함세웅 신부, 오태순 신부를 비롯한 2,400여 명이 서명에 참여했다.

기독교에서는 강성룡 목사(전국목회자정의평화실천협의회 의장), 이길재(한국교회사회선교협의회 총무), 금영균 목사 등 200여 명이 서명에 참여했고, 불교계에서는 성연 스님, 목우 스님, 박진관 씨 등이 참가했다.

언론인: 송건호(민주언론운동협의회 의장), 최장학(민주언론운동협의회 공동대표), 임재경 씨 등 200여 명이 참여했다.

학계: 백낙청(서울대), 변형윤(서울대), 김진균(서울대), 성래운(연세대), 김찬국(연세대), 이영희(한양대), 장을병(성균관대) 교수, 박현채(경제평론가) 씨 등 20여 명이 참가했다.

문인: 이호철(소설가), 고은(시인), 천승세(소설가), 정희성(시인), 양성우(시인), 김춘복(소설가) 씨 등 30여 명이 참여했다.

문화계: 임진택, 유인택 씨 등 16명이 참여했다.

출판계: 정동익(한국출판문화운동협의회 공동대표), 최영희(한국출판문화운동협의회 공동대표), 유대기(한국출판문화운동협의회 사무국장), 김언호(한길사) 씨 등 8명이 참여했다.

정치인: 김대중, 김영삼(민주화추진협의회 공동의장), 이중재(신민당 부총재), 박영록(민추협 부의장), 구자호(민추협 대변인), 태윤기 변호사, 조승형 변호사 등 60여 명이 참가했다.

이 밖에 재야인사로는 함석헌 씨, 최열(한국공해문제연구소 소장), 최종진(한국기독교농민회 사무국장) 씨가 참가했고 법조계에서는 김명윤, 홍성우 변호사, 교육계에서는 심성보(민주교육실천협의회 사무국장), 윤재철 씨와 시민 500여 명이 참가했다.

《말소식》 제3호 1987. 1. 24.

박우정 실행위원 즉각 석방하라!

본 협의회가 지난 1986년 9월, 『말』 특집호 '보도지침'(권력과 언론의 음모)을 발행, 현 정권의 언론조작 실태를 폭로한 이후 저들의 본 협의회에 대한 탄압은 나날이 가중돼, 급기야 87년 3월 6일, 그동안 '보도지침'과 관련되어 수배를 받아 오던 본 협의회 실행위원 박우정 씨(37세, 80년 경향신문 해직 기자)마저 국가보안법으로 구속하기에 이르렀다. 이미 '보도지침' 폭로와 관련, 김태홍 사무국장, 신홍범 실행위원, 김주언 기자가 국가보안법 위반 등으로 구속되었거니와, 오늘 박우정 실행위원마저 구속시킨 저들의 노골적 탄압에 직면하여 우리는 오직 아연할 따름이다.

본 협의회는 지난 2년간, 어떠한 탄압도 이겨 내면서 민주언론운동을 줄기차게 전개해 왔다. 우리의 '보도지침' 폭로는 민주언론사회의 실현이라는 본 협의회에 부여된 역사적인 임무를 수행하는 과정에서 우리가 필연적으로 수행하지 않으면 안 되는 작업이었다. 현 정권의 언론통제, 언론왜곡의 실상을 정확히 범국민 앞에 폭로해 내는 기초적인 노력만이 전 국민과 함께 '언론 부재의 깜깜한 현실'을 극복해 내는 첩경이라고 믿기 때문이었다. 우리는 그때 위정자들과 제도언론의 맹성을 촉구했으나, 저들은 언협에 대한 탄압을 나날이 가중시켜, 현재 3명의 회원을 국가보안법 위반 등으로 구속하는 작태를 보이기에 이르렀다.

그러나 우리는 본 협의회 기관지 『말』에 대한 전 국민의 지지가 얼마나 깊은 것인지를 『말』지가 발간될 때마다 거듭 확인하고 있다. 또 우리는 이러한 『말』에 대한 국민의 지지가 민주언론의 실현을 갈망하는 무언의 표현임을 확신한다. 여기에서 우리는 또다시 우리 언협의 가열찬 민주언론 실현을 위한 노력의 당위를 발견하며, 어떠한 거짓에도 속지 않는 민중의 진실에의 욕구와 만난다.

13번에 걸친 회원 및 실무자의 연행, 구류, 그리고 『말』이 나올 때마다 되풀이되는 압수, 수색, 그리고 오늘에 이르는 저들의 탄압은 역사의 새벽을 감지한 위정자의 단말마적인 탄압에 지나지 않는 것이다. 우리 협의회는 다시 한 번 역사의 진실 앞에서 현 정권이 현명한 선택을 할 것을 강력히 촉구하며 우리의 민주언론 실현을 위한 힘찬 전진을 선언한다!

I. 보도지침 폭로와 관련하여 구속된 김태홍 사무국장, 신홍범 실행위원, 김주언 기자, 박우정 실행위원을 즉각 석방하라!
I. 구속된 민주 인사를 전원 석방하라!
I. 연행해 간 정상모 사무국장을 즉각 석방하라!

1987. 3. 7.

민주언론운동협의회

석방촉구운동 국제적으로 파급

보도지침과 관련, 실행위원 박우정 씨가 추가 구속되고 신임 사무국장 정상모 씨가『말』9월호와《말소식》지 관계로 7일간 구류처분을 받자 언협 탄압 중지와 구속자들의 즉각 석방을 요구하는 국제 여론이 확산되고 있다.

미국의 언론인보호위원회는 3월 20일, 캐나다, 영국, 서독, 벨기에 등 각국의 언론단체와 국제 펜클럽, 유네스코, 미국 출판단체, 신문인협회 등의 국제언론단체에 서한을 발송해 한국의 언론자유 실현과 구속된 언론인들의 석방을 위해 활동하기를 요청했다. 이어 3월 21일 언론인보호위원회는 구속자 즉각 석방과 언협에 대한 탄압 중지를 요구하는 서한을 청와대에 보냈다.

또 지난 3월 19일 미국의 출판인자유위원회와 출판자유를 위한 기금에서는 청와대에 공한을 발송, 4명의 구속자 석방과 한국의 언론자유 실현을 촉구했다.

한편 3월 18일 미 의회 상원에서 열린 한국 관계 청문회에서 국제인권변호인협회 소속 스티븐 시니바움 변호사는 "한국 민주화와 관련, 최우선적으로 조치돼야 할 것은 언기법 폐지 등 언론자유의 보장이다"라고 주장하고,『말』특집호와 관련 3인이 구속된 사실과 이들이 수사 과정에서 가혹 행위를 당했다는 사실, 박우정 씨가 추가 구속된 사실 등을 세밀히 증언했다.

《말소식》 1987. 4. 2.

우리는 왜 재판에 임하는가

검찰과 사법부의 정권의 시녀화, 이것은 어쩌면 현재의 상황에서 불가피한 일일 것이다. 집시법, 언기법, 국가보안법, 노동관계악법, 사회안전법 등 반민주적 제 악법들이 정권유지를 위한 수단으로 엄연히 '실정법'으로 존재하는 한 그 법들을 적용, 판단, 집행해야 할 당사자들인 검찰과 사법부가 자의든 타의든 정권의 이익에 봉사하게 되는 것은 논리적·실질적 조건이 아닐 수 없다.

많은 예가 필요 없다. 표현하기도 주저스러운 동물적 능욕의 성고문을 자신의 수치심을 버리고 폭로한 권 양은 그녀가 범했다고 하는 '실정법' 위반에 대한 기존의 판례와는 달리 엄청난 실형을 선고받아 차가운 감방에 있는 반면, 그 성고문을 자행한 강간범은 이 '정의사회 복지국가'의 대명천지에서 활개를 치며 다니고 있다. 왜 시국·공안사건 관계자들이 이른바 '법정 소란'을 일으키고 재판을 거부하는가 하는 것은 그 이유가 불을 보듯 자명한 것이다.

지난 4월 1일 '보도지침' 폭로와 관련, 구속된 김태홍, 신홍범, 김주언 씨의 공판이 있었다. 이 공판 상황에서 특이한 것이 있다면 종래의 시국 관련 사건과는 달리, 이른바 법정 소란이나 재판 거부가 없이 재판이 순조로이 진행되었다는 것이다. 피고인들과 변호인들은 시종 불꽃 튀는 정당성 주장과 법률 공박을 했다. 우리가 이 점을 지적하고자 하는 것은 지금까지의 시국·공안 관계 사건에서의 재판 거부가 갖는 의미를 과소평가하거나 그 방법의 비정상성을 거론하고자 함이 아니다. 민주화운동의 탄압을 위해 저인망처럼 짜 놓은 반민주적 악법들을 들먹이며, 그 법에 저촉된다 하여 '엄연한 실정법 위반'을 내세우는 데 있어서 그 법의 폐기를 위한 싸움을 하지 않는 한, 애초부터 법률투쟁이나 법적 공박이라는 것은 무의미하기 때문이다.

하지만 이번 사건의 경우 그들이 전가의 보도처럼 내세우는 그들의 '실정법'에서조차 그 법 적용이 논리적 모순 투성이라는 것이다. '보도지침'의 공개와 관련한 그들의 탄압죄목은 국가기밀누설, 외교기밀누설이다. 검찰의 공소장을 보면, "문공부 홍보정책실로부터 동 신문사에 보도협조사항이 전달되자, 그 같은 언론협조사항은 문화공보부 홍보정책실이 통상 국가적 기밀사항에 해당되는 내용이라고 판단해 언론보도에 신중을 기해 줄 것을 언론사에 협조요청할 경우 그 언론사는 독자적으로 판단하여 사실보도에 참고해 오는 것이 국내외 언론계의 관행으로 되어 있음에도 불구하고 피고인은 이를 마치 정부가 언론을 통제하기 위해 시달하는 소위 '홍보지침'이라고 오해하고…… 이를 『말』 특집호로 발행하기로 결정…… 3회에 걸쳐 2만 2천 부를 제작…… 대량 배포함으로써 외교상의 기밀을 누설……"이라고 되어 있다. 공소장의 "협조요청할 경우 그 요청을 받은 언론사는 독자적으로 판단하여"라는 것으로 보아 이는 어디까지나 강제성을 띤 '보도지침'이 아니라 협조요청이어서 법적·행정적 구속성을 갖는 것이 아니라는 것을 알 수 있다. 따라서 "독자적으로 판단하여" 보도하여도 법적 제재를 받지 않는 것임에도 불구하고 '보도지침'을 공개했다 하여 왜 외교상 국가기밀누설죄에 해당하는가?

또한 누설하면 법의 제재를 받을 정도의 국가기밀누설이라면 그야말로 기밀을 유지하면서 헌법상 권한을 위임받은 기관에서 관리해야 할 것이다. 주지의 사실로 문공부 홍보정책실은 헌법상의 기관이 아니다. 또 항시 전파와 지면을 통해 국민과 만나고 그만큼 공개되어 있는 언론사에 국가기밀이 수시로 흘러들어 갔다면 도대체 책임을 누구에게 물어야 할 것인가?

외교상 국가기밀이라면 자국의 국민에게뿐만 아니라 더 중요하게는 외국에 대하여 보안을 유지해야 하는 것이다. 그런데 공소장에 명시된 외교상 기밀누설 부분은 이미 외국의 언론에서 보도했거나 국가기관에서 발표했던 것이다. 그러한 것들이 과연 외교상 기밀로서 존재할 가치가 있는 것인지조차 의심스럽다.

그 외에도 국내외 언론계 관행 운운하는데 그렇다면 도대체 국외란 어디를 말하는가?

민주화운동 탄압을 위한 물샐틈없는 법적·제도적 장치가 되어 있고 사법부의 독립성마저 붕괴된 상황에서도 법적 투쟁이 갖는 의의는 있다. 그것은 공판이라는 공개적이고 합법적인 장을 통해 다시 한번 민주화운동의 정당성을 밝히고 현 정권의 반민주성을 폭로할 수 있다는 것이다.

'보도지침' 폭로와 관련되어 진행되는 현 재판은 그에 덧붙여 저들의 '실정법'조차 얼마나 논리적 모순 투성이이며 자기 정권유지적인 법운용이 이루어지는가를 보여 줄 것이다.

우리는 오히려 이번 공판을 우리의 언론자유를 지키고 민주언론 사회를 이루려는 노력을 국민에게 알리는 장(場)으로 적극적으로 받아들인다. 재판이 진행되면 될수록 현 정권에 의해 자행되는 언론통제의 실상이 낱낱이 국민 앞에 공개되어 민주언론에 대한 국민적 지지는 비등할 것이다.

《말소식》1987. 4. 2.

사법부에 대한 후안무치한 압력을 중단하라
재판부는 결단과 용기를

'보도지침' 사건 재판부가 5월 15일 자로 이미 소환 또는 채택되었던 22명의 증인을 돌연히 그리고 이유 없이 취소 결정한 것은 한국 사법부 독립성의 허구, 더 정확히는 독재권력에 의해 사법부가 지배당하고 있는 현실을 적나라하게 드러낸 또 하나의 사례에 다름 아니다. 동시에 언론자유투쟁의 한 대목이 사법부의 무기력에 의해 다시 한번 좌절당하는 현장을 우리는 목격하였다. '보도지침' 사건의 재판은 당초부터 여타의 정치 사건(소위 시국 관계 사건) 재판들과 외견상 다른 양상을 보여 주었다.

무엇보다도 달랐던 점은 피고인들이 국내의 정치 사건 재판에서 흔히 보여 주던 재판 거부를 하지 않고 변호인 측과 심지어 방청석마저 일치하여 시종일관 차분하게 법적 논박을 전개하여 왔다는 것이다. 우리는 종래의 정치 사건 재판에서 보여지던 재판 거부투쟁을 결코 비판적으로 평가하지는 않는다. 그것은 이 땅의 민주주의를 위해 싸우다 박해받고 있는 피고인들의 상황이나 입장에 따라 적절하게 결정될 문제이다.

1980년 현 정권 출범 시 집시법, 노동관계법 등 허다한 제 악법들이 양산되었음은 주지의 사실이다. 현 정권은 그러한 제 악법을 가지고서 민주 인사들을 잡아 가두며 탄압하여 왔다. 그러한 악법들이 '실정법'으로 엄연히 존재하고, 그 '실정법'에 의해 죄목이 적용되는 이상 애초부터 논리적인 법적 투쟁이라는 것은 무의미하였다. 오히려 법정투쟁을 벌이는 것 자체가 자신에게 적용된 그러한 악법의 실효를 인정해 주는 결과가 되었던 면이 없지 않았다.

그러나 이번 '보도지침' 사건은 당초부터 두 가지 이유에서 재판 거부를 하지 않기로 결정했었다. 그것은 현재의 사법부에 대해 공정한 판결을 기대하였기 때문은 전혀 아니다.

첫째는, 현재의 제도언론이 이미 권력의 중요한 구성 부분으로 편입된 참담한 현실을 폭로하고 입증하려는 것 때문이었다.

둘째는, 이 사건만은 현 정권이 자신들의 그 많은 실정법을 가지고도 사건 관계자들에 대한 탄압 빌미를 잡을 수 없을 것이라고 확신하였기 때문이다. 외국의 언론들에 의해 보도되어 서방세계도 다 알고 있는 사실을 가지고 외교기밀누설이니 하며 일반의 상식으로는 실소할 수밖에 없는 억지를 부리고 있지 아니한가? 우리의 법률 투쟁은 재판이 거듭될수록 효과가 분명하게 드러나, 검찰 측은 공소 내용을 변경하는 등 자신들의 논리적 모순을 스스로 인정하기까지 하였다. 이 재판이 다른 정치 사건 재판과 또 다른 점은 종래에 볼 수 없었던 재판부의 비교적 합리적 재판 진행이었다. 우리는 종래의 시국 관계 재판에서 사법부의 독립과 권위가 상실된 지 이미 오래임을 잘 알고 있었으나, 한편으로는 그 책임을 사법부에게만 돌릴 수 없는 현실을 또한 잘 알고 있었다. 이번 사건의 재판부는 관계적인 정치적 예단에서 벗어나 제5회 공판 시까지 법관의 양심에 입각하여 재판을 진행하였다고 우리는 믿는다. 또 재판부의 그러한 모습은 땅에 떨어진 권위를 회복하기 위한 최소한의 노력일지도 모른다. 물론 재판부의 이러한 노력은 당연한 것이기도 하겠지만, 사법부에 가해지는 현 정권의 극악하고도 비열한 압력에 시달리는 현재의 상황을 고려하면 놀랄 만한 용기와 결단이라고 우리는 평가하지 않을 수 없다. 한국의 언론 현실을 적나라하게 폭로한다는 점 외에도 재판부에게 거는 일말의 기대 때문에 법정은 외신 기자들을 포함하여 많은 방청객들로 꽉 채워졌다.

하지만 이번의 증인 소환 취소 결정은 우리로 하여금 지금까지의 모든 희망을 물거품으로 만들고 말았다. 변호인 측의 말대로 이 재판은 "이 땅의 인권과 사법부의 독립을 시험하는 장"이었다.

증인의 소환을 포함한 공평한 진행이야말로 법의 지배를 구성하는 최소한의 요건이다. 사법부에 대한 후안무치한 압력 책동을 즉각 중단하는 것이 더 이상의 국가적 수치를 막을 수 있는 유일한 길임을 현 정권은 알아야 한다. 그리고 우리는 다시 한번 재판부에게 결단과 용기를 촉구한다. 법의 운용은 언제나 만인이 납득할 수 있는 상식에 근거해야 한다.

비록 법정에 서서 진실을 증언할 기회는 잃어버렸지만 현직 언론인들은 그들의 일상적 보도와 논평에서 사실을 밝혀 주기를 바란다.

《말소식》1987. 5. 26.

현역 기자들의 민주화 요구 및 언론자유 선언을 지지한다!

우리는 《동아일보》 기자 133명이 5월 25일 "민주화를 위한 우리의 주장"이라는 선언문을 발표한 사실을 접하고 그 취지에 전폭적인 지지를 보내며 언론계의 중요한 움직임으로서 진심으로 환영한다. 이 같은 양심적인 현역 언론인들의 움직임을 현 정권의 4·13 조치 이후 학계, 종교계, 문화계를 중심으로 열화같이 일고 있는 이 조치에 대한 반대운동과 민주화투쟁과 맥락을 같이하는 당연한 움직임으로 본다. 그러나 우리가 이 같은 언론계의 움직임을 특히 주목하고자 하는 것은 우리의 민주화투쟁에서 언론이 결정적인 역할을 할 수 있고 또 그러한 역할을 해야 한다고 믿기 때문이다.

돌이켜보건대 역사 발전의 결정적 갈림길에서 언론이 제 역할을 충실히 하지 않았기 때문에, 아니 오히려 역기능적인 역할을 했기 때문에 역사 발전이 저해되고 후퇴하는 사례를 우리는 최근 20년간의 역사에서 수없이 겪어 온 것이 사실이다. 그동안 언론은 때로는 엄청난 권력의 압력에 못 이겨 곡필을 휘두르며 민중의 열망을 왜곡하거나 찬물을 끼얹었으며, 때로는 '객관 보도'라는 미명 아래 스스로 전 민중의 민주화 요구를 외면하면서 역사 발전과 민주화투쟁의 대열에서 국외자 역할을 해 왔다.

그러나 이제 역사의 대세는 더 이상 언론인들의 나약함을 허용하지 않으며 민주화투쟁에서의 국외자 노릇을 하는 것을 용서치 않음을 분명히 보여주고 있다.

우리는 만약 현역 언론인들이 그동안 의식적으로든 부지불식간이든 저질러 온 역사적 과오를 청산하기 위해서는 최근 절정을 향해 치닫고 있는 민주화투쟁의 대열에 동참하는 결단을 내려야 한다고 생각하고 이 같은 뜻을 공식적으로 수차 표명한 바 있다.

이제 언론계 일각에서나마 양심적인 언론인들이 이 같은 엄중한 사명을 깨닫고 이를 실천에 옮긴 용기를 우리는 다시 한번 높이 평가한다. 우리는 또한 이 같은 움직임이 전 언론계에 확산되어 전 언론인이 언론의 자유를 제약하는 모든 정치적, 제도적 장애를 철폐하고 나아가 언론활동을 통해 명실공히 민주화운동에 공헌하기를 간곡히 촉구하는 바이다.

1987년 5월 27일

민주언론운동협의회

진리·정의의 홍보로 이룩될 일치와 평화
'세계 홍보의 날' 정오 미사 ─ 김수환 추기경 강론

역사의 주인임을 나타낸 예수 승천

친애하는 형제자매 여러분,

1. 오늘은 예수님의 승천 대축일입니다. 우리를 위해서 수난하시고 부활하신 예수께서 오늘 제1독서인 사도행전의 말씀과 같이 제자들이 보는 앞에서 하늘에 오르셨음을 기리는 날입니다. 그러나 이 승천의 의미는 예수님이 우리가 보는 저 하늘 위에 어딘가 올라가셨다는 데 있는 것은 아닙니다. 오늘날 우리가 아는 과학지식으로 볼 때 우리 눈에 보이는 저 하늘은 우주의 넓고 넓은 공간입니다. 그럼에도 불구하고 저 높고 푸른 하늘은 우리에게 언제나 세상을 초월하는 그 드높은 무엇, 영원하고 아름다운 하느님이 계시는 곳을 연상시켜 줍니다. 예수님의 승천에 있어서 하늘은 우리가 바치는 '주의 기도'에서 "하늘에 계신 우리 아버지"할 때의 하늘과 같이 우주만물을 초월하고 동시에 그 모든 것을 감싸는 의미의 하늘입니다. 따라서 예수님의 승천은 이런 의미의, 하늘에 계시는 영원하시고 전능하시며 만물을 창조하시고 다스리시는 그 하느님께로 예수님이 오르시고 그 하느님과 같이 되셨다는 뜻입니다. 바로 부활하신 예수님이 하느님과 같이 우리 인간 모두와 우주만물을 다스리는 주님이 되신 것을 뜻하는 것입니다.

그 때문에 오늘 제2독서인 에페소서에서도 사도 바오로는 "하느님께서는 그 능력을 떨치시어 그리스도를 죽은 자들 가운데서 다시 살려내시고 하늘나라에 불러 올리셔서 당신의 오른편에 앉히시고 권세와 세력과 능력과 주권의 여러 천신들을 지배하게 하시고, 또 현세와 미래의 모든 권력자들 위에 올려놓으셨습니다"라고 하셨습니다. 하느님께서는 만물을 그리스도의 발아래 굴복시키셨으며, 그분 스스로를 교회의 머리로 삼으셔서 모든 것을 지배하게 하셨습니다. 때문에 우리는 사도신경에서도 이런 뜻으로서 "하늘에 오르사 전능하신 천주성부 오른편에 앉으시며……"라고 고백하고 있는 것입니다. 예수님의 승천의 의미는 그 분께서 이렇게 우주만물과 인생과 역사를 다스리시는 주님이 되셨다는 것을 뜻합니다. 실로 예수님은 묵시록의 말씀대로 알파요 오메가이시고, 만물의 시작이시고 마침이시며, 또한 그 목적과 완성이십니다. 우리의 삶과 죽음, 인생의 의미, 그 모든 것이 이 그리스도께 달려 있습니다. 그분을 떠나서는 우리는 달리 어디서도 인생의 참된 의미를 찾을 수 없습니다. 그리스도는 진정 당신 친히 말씀하신 대로 우리의 길이요 진리요 생명이십니다. 그리고 부활이시고 또한 빛이십니다.

온 천하에 선포할 자유와 구원의 말씀

2. 이 예수님은 당신의 생명과 당신의 모든 것을 우리에게 주시기를 간절히 원하십니다. 물론 그것 때문에 오셨고 그것 때문에 죽으셨고 또한 그것을 위해서 승천하셨습니다. 우리도 당신처럼 우리의 끝 날이 죽음과 부패로써 멸망으로 끝나는 것이 아니라 당신과 함께 승천하여 영원한 생명을 얻으며 하느님 나라를 상속받음으로써 당신이 누리시는 그 모든 영광과 권위를 함께 누리기를 원합니다. 그래서 사도행전에서도 말씀하신 대로 당신의 얼인 성령을 우리에게 약속하셨고, 그 성령을 통해서 우리는 주님과 함께 살 수 있고 또 주님과 같이 될 수 있습니다. 이것이 복음의 내용입니다. 바로 이

때문에 예수님은 이 복음을, 이 기쁜 소식을, 즉 당신을 믿음으로써 당신의 성령 안에 새로운 생명을 받아서 영원히 살 수 있는 그 복음을 온 천하에 가서 전하라고 제자들에게 말씀하셨습니다. 당신의 말씀이 진리요 생명이 며 모든 인간에게 참된 해방과 자유, 구원을 주기 때문입니다. 우리는 오늘 예수님의 승천을 기리면서 이렇게 우리의 주님이 되시고 생명이 되시는 예 수님을, 또 그분의 복음을 우리 자신이 먼저 깊이 묵상하고 실천하면서 동 시에 우리 이웃에게, 또한 이 사회에 전하는 사람들이 되어야 하겠습니다.

홍보 통한 정의·평화에 대한 참된 가치관

3. 바로 이런 뜻에서 오늘 승천주일을 우리 교회에서는 '세계 홍보의 날' 로 정했습니다. 그 까닭은 홍보수단을 통하여 주님의 구원의 말씀과 진리 와 정의가 온 세상에 널리 전파되어서 인류 세계가 서로 형제적인 사랑으 로 그리스도 안에 하나 되고 평화를 누릴 수 있도록 하기 위해서입니다. 교 황님은 이런 뜻이 담긴 말씀을 메시지로 발표하셨습니다. 그 주된 내용은, 복음전파를 비롯해서 신문 방송 등 모든 홍보수단을 통하여 진실과 정의가 전달됨으로써 오늘의 인류 세계가 당면하고 있는 전쟁의 위험을 벗어나 평 화를 얻도록 모든 홍보수단의 종사자들과 그 수혜자들, 즉 언론인과 독자 와 시청자들이 함께 노력해야 한다는 것입니다. 여기서 교황님은 이 목적 을 달성하기 위해서, 즉 정의와 평화를 이룩하기 위해서 언론인과 독자 모 두가 언제나 정의와 평화의 시각을 가져야 된다고 말씀하셨습니다. 다시 말해서 우리 모두가 정의와 평화의 가치관으로써 의식화되어 깨어 있어야 한다는 뜻으로 강조하고 계십니다. 참으로 우리나라의 현실에 적절한 말씀 이라고 생각합니다.

실직과 구속 등 탄압받는 언론 현실

우리나라의 언론 상황은 대단히 어둡고 어렵습니다. 얼핏 보면 어느 정도 자유가 있어 보이지만, 내용으로는 '언론기본법'과 이른바 '보도지침'의 통제를 받고 있는 제도언론이며, 거기다가 기관원들의 감시와 협박 등이 늘 있고, 또한 사실상 사법적 소추를 받고 옥고를 치를지도 모르는 그런 위험 속에 놓여 있습니다. 교회가 볼 때, 언론인들이야말로 우리 성직자들과 마찬가지로 진리와 정의의 말씀을 사람들에게 전해야 할 사명을 지닌 분들입니다. 왜냐하면 언론이 참된 것을 보도하느냐, 보도하지 않느냐에 따라서 한 사회가 참으로 올바른 사회로서 서느냐, 서지 못하느냐가 달려 있기 때문입니다. 그런데 우리나라에서 언론인들이 진리의 말씀을 전한다든지 진실을 진실대로 보도한다는 것은 일신상에 미치는 수난, 즉 직장에서의 실직은 물론이고, 아까도 언급한 대로 '감옥살이'라는 엄청난 대가를 치르지 않고서는 불가능합니다.

상찬(賞讚) 받아 마땅한 '보도지침' 공개

4. 지금 바로 이른바 『말』지 사건—문화공보부 홍보정책실에서 내고 있는 '보도지침'을 공개한 사건—으로 말미암아 구속되어 재판을 받고 있으며, 지난 5월 27일 구형결심공판에서는 3년 징역형을 받고, 지금 언도를 기다리고 있는 '민주언론운동협의회' 실행위원 신홍범 씨, 사무국장 김태홍 씨, 한국일보 기자 김주언 씨 이 세 분의 경우가 우리나라의 언론의 실상을 말해 주는 대표적인 사례가 될 수 있겠습니다. 이 분들에 대해서 많은 사람들이 지금 염려하고 있습니다.

이 나라의 언론자유 창달이 시급하다고 생각하는 많은 이들은 이분들이 언론자유를 제약하며 진실을 진실대로 보도하지 못하게 하는 '보도지침'을 공개한 것은 참으로 용기 있는 행동일망정, 결코 사법적 소추를 받아야 할 일은 못된다고 생각하면서 그 재판 진행을 주목하고 있습니다. 우리 교회는 이분들이야말로 이 시대에 우리나라의 인간화와 민주화를 위해서 참으로 필요한 언론자유의 수호를 위해서 헌신적인 일을 하신 분들이라고 보고, 또한 오늘 홍보주일의 취지에도 부합한다고 판단해서 우리가 그분들에게 지니고 있는 감사의 뜻을 공로패를 드림으로써 표시하기로 했습니다. 오늘 미사 끝에 전달하는 예식이 있겠습니다. 본인들은 지금 감옥에 있기 때문에 그 가족 분들에게 전달되겠습니다.

우리는 다시 한번 '세계 홍보의 날', 예수님의 승천일, 복음이시고 진리와 구원의 말씀이신 그분이 온 세계의 모든 이에게 전달되기를 간절히 기도하는 바로 이날에, 역시 진실을 보도하기 위해서 자기희생을 각오함으로써 결국 옥중에 계신 이분들이 부디 영육 간에 건강하시기를 기도하고, 우리나라에 언론자유가 창달될 수 있도록 기도합시다. 감사합니다.

《서울주보》1987. 6. 7.

『말』지 사건 언론인 3명, '가톨릭자유언론상' 수상

『말』지 사건─'보도지침' 공개와 관련, 구속되어 옥고 중이던 신홍범(민주언론운동협의회 실행위원), 김태홍(동 사무국장), 김주언(한국일보 기자) 씨 등 전·현직 언론인 3명에게 '가톨릭자유언론상'이 수여됐다. 제21회 '세계 홍보의 날'을 기념하여 있은 5월 31일 정오 미사 후의 시상식에서 김수환 추기경은 "참언론은 정의와 평화를 증진시키고 사람들을 자유롭게 하며, 그것은 그리스도의 '기쁜 소식'이자 민주주의의 요체"라고 말한 후, "이들은 시대의 고난 속에서도 참 언론인상을 구현한 사람들"이라고 시상 이유를 밝혔다.

한편 수상자 3명은 모두 징역 3년을 구형받고 서울구치소에 수감 중이어서 부인들이 대신 시상식에 참석했다. 이들은 지난 6월 3일 선고공판에서 신홍범 씨 선고유예, 김태홍 씨 징역 10월 집행유예 2년, 김주언 씨 징역 8월 집행유예 1년 자격정지 1년을 언도받고 이날 저녁 모두 가족의 품으로 돌아왔다.

'보도지침'은 문화공보부 홍보정책실에서 매일매일 각 언론사에 보내어 사건의 취급 여부, 기사의 방향, 크기, 어느 면에 배치할 것인가 등에 관해 구체적으로 명령하는 '비밀통신문'으로, 지난해 9월 '민주언론운동협의회'와 '천주교정의구현전국사제단'이 최초로 공개, 발간했었다.

《서울주보》1987. 6. 7.

앰네스티 인터내셔널이
민주언론운동협의회에 통보해 온 내용

언론인이자 널리 알려진 한국의 언론자유운동가인 김태홍 씨와 신홍범 씨가 1986년 12월 10일과 12일에 각각 구속영장 없이 경찰에 연행됐으며 김주언 기자도 이와 관련 경찰의 수배를 받다 12월 15일 연행됐다. 이들은 민주언론운동협의회가 1986년 9월 6일 한국 정부의 언론통제 사실을 수록한 『말』 특집호를 발행한 것과 관련하여 구속됐다. 앰네스티 인터내셔널은 이들의 언론자유운동이 비폭력적인 것임에도 불구하고 연행된 사실에 대하여 유감스럽게 생각하고 있으며 이들의 즉각적이고 무조건적인 석방을 요구하고 있다.

이들은 현재 북한을 고무, 찬양, 동조한 경우 최고 7년의 징역에 처하도록 규정한 국가보안법 위반 혐의를 받고 있다.

1985년 봄에 창간되어 두 달에 한 번 정도로 발행되고 있는 간행물 『말』은 언론기관이 다루지 않는, 논란이 되고 있는 문제들을 취급해 왔다. 1986년 9월 6일 발행된 『말』 특집호에는 1985년 10월 19일부터 1986년 8월 8일까지의 기간 중 정부의 '보도지침' 사례들이 게재됐는데, 특정 보도에 관해 당국이 언론매체에 대하여 내린 지시사항들이다. 이에 따르면 양심수 김근태 씨에게 가한 고문, 반정부 데모 중 학생과 노동자의 희생적 자결, 농민들의 시위에 관한 기사, 구금 기간 중 여학생에 대한 성폭행과 이와 관련하여 미 국무성이 우려를 표명한 성명서에 관한 기사 등이 당국에 의하여 보도가 금지됐다.

자유기고가인 김태홍 씨는 한국기자협회 회장이었으며 현재는 민주언론
운동협의회의 사무국장이다. 앰네스티 인터내셔널은 그가 1980년 8월부터
1981년 11월까지 구속됐을 때 그를 양심수로 간주한 바 있다.《한국일보》
기자인 김주언 씨는 한국일보사에 보관된 정부의 보도지침서를 제공한 것
으로 알려졌다.

1987. 1. 5.

*오른쪽 이미지는 본 서한의 원본임.

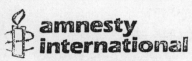

amnesty
international

INTERNATIONAL SECRETARIAT
1 Easton Street London WC1X 8DJ
United Kingdom

URGENT ACTION

EXTERNAL (for general distribution)

AI Index: ASA 25/01/87
Distr: UA/SC

UA 03/87   Legal Concern   5 January 1987

REPUBLIC OF KOREA (South Korea): KIM Tae-hong, aged 44, journalist
                                  SHIN Hong-bom, aged 45, journalist
                                  KIM Ju-eon, aged 32, journalist
===

Two journalists and prominent campaigners for the freedom of the South
Korean press, Kim Tae-hong and Shin Hong-bom, were arrested on 10 and 12
December 1986 respectively, without warrant of arrest, by the National
Police. A third journalist, Kim Ju-eon, was arrested on 15 December during
a police search in connection with the previous arrests. They have been
arrested for the publication of an article in the 6 September 1986 edition
of Mal (Lit. Words), a Council for Democratic Press Movement publication,
which documented government censorship of the press. Amnesty International
is concerned that they are detained for their non-violent freedom of
expression and is calling for their immediate and unconditional release.

They face charges under the National Security Law (NSL) which provides
for imprisonment of up to seven years for "praising, encouraging or siding
with" North Korea.

Mal, a bi-monthly magazine, launched in the late spring of 1985,
covers controversial issues usually not covered by the press. This special
edition of Mal, entitled "Conspiracy of Power and the Press", was issued on
6 September 1986 and contained an article on government press guidelines
between 19 October 1985 to 8 August 1986. The article included a report on
the authorities' reported daily instructions to the media on the reportage
of certain news items. Restrictions on such subjects as the torture of
prisoner of conscience Kim Keun-tae, the deaths by self-immolation of a
worker and a student in anti-government protests and the coverage of
demonstrations by farmers were also said to have been outlined in the
article. Also said, in this article, to have been restricted by the South
Korean authorities was the press coverage of the sexual abuse of a female
student while in pre-trial detention and a statement by the US State
Department expressing concern about this case.

Kim Tae-hong, a free-lance journalist, is the secretary general of the
Council for Democratic Press and a former president of the Korean
Journalists Association. Amnesty Inernational adopted him as a prisoner of
conscience when he was detained from August 1980 until November 1981. Shin
Hong-bom is a member of the Council for Democratic Press steering
committee. Kim Ju-eon is a journalist with the major Korean language daily
Hankuk Ilbo, and is reportedly the person who passed on the daily
government press guidelines, filed at the Hankuk Ilbo offices, to various
opposition groups.

미국 언론인보호위원회가
미국 언론인들에게 보내는 글

존경하는 동료 언론인 여러분!

3명의 한국 언론인 구속에 관한 앰네스티 인터내셔널의 '긴급 행동 보고서(Urgent Action Bulletin)'를 동봉하여 드립니다.

여러분이 읽어 보면 아시겠지만 김태홍, 신홍범, 김주언 씨 등 3명은 특정 문제들의 취급 방법과 보도금지를 지시하는 한국 정부의 신문에 대한 '보도지침' 실태를 폭로한 1986년 9월 6일 발행한 『말』지와 관련하여 구속되었습니다.

1985년 봄에 창간된 『말』지는 언론의 자유를 요구했다는 이유 때문에 1975년과 1980년에 해직된 수백 명의 언론인들로 조직된 단체인 민주언론운동협의회가 격월로 발행하는 잡지입니다. 『말』지는 제도언론에서 공개하지 않는 문제들과 뉴스를 보도하는 데에 각별한 관심을 기울이고 있습니다.

9월 6일 자로 보도한 기사는 민주언론운동협의회와, 그리고 야당의 지도자인 김대중, 김영삼 씨가 주도하는 민주화추진협의회에 의해 재인쇄되어 광범위하게 배포되었습니다.

김태홍 씨와 신홍범 씨는 1980년 한국 정부가 인수하기 전에 존재했던 합동통신사에서 일한 적이 있으며 신홍범 씨는 70년대 중반 해직당하기 전에는 주요 일간지인 조선일보에서도 근무하였습니다.

김태홍 씨, 신홍범 씨 양인은 민주언론운동협의회를 주도해 왔으며 『말』

지에서 일하고 있습니다. 김주언 씨는 다른 주요 일간지인 한국일보의 기자로서 한국일보에 하달된 '보도지침'을 다른 재야단체에 제공하였습니다.

『말』지의 기사 내용을 설명한《뉴욕타임스》지 기사와 신홍범 씨의 최근 일을 특집으로 게재한《파이스턴이코노믹리뷰》지 기사를 동봉합니다.

이들 3명의 언론인들의 즉각 석방을 촉구하는 서한과 전보를 전두환 대통령, 김성기 법무부 장관, 이웅희 문화공보부 장관에게 보냅시다.

미국에서는 여러분의 항의를 사본으로 만들어 김경원 주미 한국대사에게 보냅시다.

의문이 있으시면 주저하지 마시고 저를 찾아 주십시오. 감사합니다.

1987년 1월 9일

사무국장 캐롤라인 드레이크

*다음쪽 이미지는 본 서한의 원본임.

Committee To Protect Journalists

36 West 44th Street, Room 911, New York, N.Y. 10036 • 212/944-7216

January 9, 1987

Dear Colleague,

Enclosed is Amnesty International's Urgent Action Bulletin about the detention of three journalists in South Korea.

As you will read, the three -- Kim Tae-Hong, Shin Hong-Bom and Kim Ju-Eon -- were arrested in connection with the publication of a September 6 article in <u>Mal</u> magazine that exposed the government's practice of issuing "guidance" to newspapers, advising editors how to cover certain issues or refrain from reporting on them.

<u>Mal</u> magazine, launched in the spring of 1985, is the bi-monthly publication of the Council for Democratic Press Movement (CDPM), an organization composed of several hundred journalists who lost their jobs in 1975 and 1980 because of their demands for press freedom. <u>Mal</u> specializes in reporting issues and news not covered in the mainstream press.

The September 6 article was reprinted and widely distributed by CDPM and the Council for the Promotion of Democracy led by opposition leaders Kim Dae-Jung and Kim Young-Sam.

Kim Tae-Hong and Shin Hong-Bom both worked for the Hap Dong News Service before the government took it over in 1980. Shin also worked at <u>Chosun Ilbo</u>, a leading daily, before he was fired in the mid-70s. Both Shin and Kim Tae-Hong are leaders of the CDPM and work on <u>Mal</u> magazine. Kim Ju-Eon is an editor with <u>Hankook Ilbo</u>, another leading daily, and apparently leaked the press guidance issued to his newspaper to various opposition groups.

.../...

국제출판자유위원회 의장이
김경원 주미 한국대사에게 보내는 서한

본인은 미국발행인협회의 국제출판자유위원회를 대표하여 귀국의 언론인
이며 자유언론운동가들인 김태홍, 신홍범, 김주언 씨 등을 지난 12월 구속
한 데 대하여 깊은 우려를 표시하고자 합니다.

본 위원회에서 입수한 정보에 따르면, 이들 3명은 민주언론운동협의회
기관지인 『말』지의 특집호를 통해 귀국 정부의 언론에 대한 제재를 입증하
는 기사를 수록, 발행했다는 이유로 구속되었다는 것이었습니다. 문제의
특집호는 감옥수들에 대한 고문의 사용, 구속 기소 전에 있는 여학생에 대
한 성폭행, 반정부 항의 등의 문제들을 포함, 1985년 10월부터 1986년 8월
까지 언론에 대한 제재 목록을 게재하였습니다.

국제출판자유위원회 회원들인 우리 미국 발행인들은 이들 3명을 즉각 석
방할 것을 촉구합니다. 감사합니다.

1987년 1월 12일

국제출판자유위원회 의장 롤란드 알그란트(Roland Algrant)

*다음쪽 이미지는 본 서한의 원본임.

January 12, 1986

Ambassador Kyung-Won Kim
Embassy of Korea
2370 Massachusetts Ave. NW
Washington, D.C. 20008

Dear Mr. Ambassador,

On behalf of the International Freedom to Publish Committee
of the Association of American Publishers I wish to express
profound concern over the arrests in December of journalists and
campaigners for the freedom of the press in your country, Kim Tae-
Hong, Shin Hong-Bom, and Kim Ju-Eon.

According to the information made available to our
Committee, the three men were arrested for publication of an
article documenting your government's restrictions on the press in
a special issue of the Mal magazine, an organ of the Council for
Democratic Press Movement. The issue in question contained a list
of restrictions against the press between October 1985 and August
1986, including subjects like the use of torture against
prisoners, sexual abuse of a female student in pre-trial
detention, and anti-government protests.

We American publishers, members of the International Freedom
to Publish Committee, urge you to release the three men
immediately.

Sincerely,

Roland Algrant

Roland Algrant
Chairman, International
Freedom to Publish Committee

미국·캐나다 신문협회가
전두환 대통령, 이웅희 문공부 장관, 김성기 법무부 장관
등에게 보내는 서한

미국과 캐나다 언론계의 종사원 4만 명을 대표하는 더 뉴스페이퍼 길드(신문협회)는 자신들의 언론활동과 관련하여 구속된 뛰어난 한국의 언론인 3명에 대하여 심각한 우려를 하고 있습니다.

우리는 민주언론운동협의회 사무국장이며 전 한국기자협회 회장이었던 김태홍 씨, 이 협의회 실행위원인 신홍범 씨, 그리고 한국일보 기자인 김주언 씨가 이 협의회에서 발행하는 『말』지를 통해 정부의 언론검열을 입증했다는 이유로 지난 12월 구속됐다는 사실을 접했습니다. 이들은 국가보안법 위반 혐의를 받고 있습니다.

표현의 자유는 세계인권선언에 보장되어 있습니다. 그러므로 본인은 이들 구속 언론인들에 대한 모든 혐의를 풀어 주고 즉각 석방하도록 지시하여 줄 것을 강력히 촉구합니다. 감사합니다.

1987년 1월 14일

의장, 찰스 페릭(Charles A. Perlik. Jr.)

*다음쪽 이미지는 본 서한의 원본임.

THE
NEWSPAPER
GUILD   1125 FIFTEENTH STREET, N.W., ROOM 550

WASHINGTON, D.C. 20005   202/296-2990

Jan. 14, 1987

President Chun Doo-Hwan
The Blue House
1 Sejong-no
Chongno-gu
Seoul   .
Republic of Korea

Your Excellency:

The Newspaper Guild, representing 40,000 news-industry employees in the United
States and Canada, is seriously concerned at the arrest of three distinguished
Korean journalists in connection with their journalistic work.

We are informed that Kim Tae-Hong, secretary general of the Council for
Democratic Press and former president of the Journalists' Association of
Korea; Shin Hong-Bom, a member of the Council's steering committee, and Kim
Ju-Eon, an editor of Hankook Ilbo, were arrested in December as the result of
an article printed in Mal, a magazine published by the Council, documenting
government censorship of the press. They face charges under the National
Security Law.

Since freedom of expression is guaranteed under the Universal Declaration of
Human Rights, I strongly urge you to order the immediate release of these
detained journalists and the dropping of all charges against them.

Sincerely,

Charles A. Perlik, Jr.
President

바버라 복서 미국 하원의원이
동료 의원들에게 보내는 서한

존경하는 동료 의원 여러분!

본 의원은 한국에서 언론의 자유 추구를 기도했다는 이유로 김태홍, 신홍범, 김주언 씨 등 3명의 언론인들이 구속된 데 대하여 의원 여러분들이 관심을 기울여 주기 바랍니다.

김태홍, 신홍범 씨는 한국에서 1984년 말 객관적이고 민주적인 자유언론을 창달하기 위하여 결성된 단체인 민주언론운동협의회 회원들입니다. 이 단체의 많은 회원들은 해직된 언론인들입니다. 민주언론운동협의회는 『말』지를 발간하는데, 『말』지는 논평과 함께 광범위한 뉴스 그리고 정부당국이 검열한 언론에서 왜곡한 뉴스 등을 보도합니다.

1986년 9월 6일 특집호로 발간된 『말』지는 사건의 취급 여부, 뉴스의 내용과 방향, 크기, 제목, 심지어는 어떤 면에 실어야 할 것인가 등에 관한 매일매일의 지시를 통해 한국 정부가 언론을 통제하고 있다고 보도했습니다. 이 같은 보도를 한 김태홍 씨와 신홍범 씨는 지난 12월 중순 국가보안법 위반 혐의로 구속됐습니다. 국가보안법은 북한에 대한 고무, 찬양, 동조에 대하여 최대 7년의 징역형을 규정하고 있습니다.

『말』지의 기사와 관련하여 《한국일보》의 김주언 기자 역시 국가보안법으로 구속됐습니다. 김주언 기자는 정부의 '보도지침' 사본을 입수하여 그것을 다른 단체에 전달한 것으로 알려졌습니다.

이 글의 다음에 인쇄되어 있는 전두환 대통령에게 보낼 서한에 서명하고

자 하는 의원께서는 X5-5161에 있는 다니엘 씨를 만나 주십시오. 감사합니다.

1987년 1월 22일

바버라 복서(Babara Boxer)

*오른쪽 이미지는 본 서한의 원본임.

BARBARA BOXER
6TH DISTRICT, CALIFORNIA

COMMITTEE ON THE BUDGET

COMMITTEE ON
GOVERNMENT OPERATIONS

SELECT COMMITTEE ON CHILDREN,
YOUTH, AND FAMILIES

WHIP AT LARGE

Congress of the United States
House of Representatives
Washington, DC 20515

315 CANNON BUILDING
WASHINGTON, DC 20515
(202) 225-5161

DISTRICT OFFICES:
450 GOLDEN GATE AVENUE
SAN FRANCISCO, CA 94102
(415) 626-6943

88 BELVEDERE STREET
SAN RAFAEL, CA 94901
(415) 457-7272

421 STARR AVENUE
VALLEJO, CA 94590
(707) 552-0720

SONOMA
(707) 763-6033

January 22, 1987

Dear Colleague:

I would like to draw your attention to the arrest of three journalists in South Korea, Kim Tae-Hong, Shin Hong-Bom and Kim Ju-Eon, for their attempts to pursue press freedom in that country.

Kim Tae-Hong and Shin Hong-Bom are both members of the democratic press movement in South Korea, an organization formed in late 1984 to promote a free, nonpartisan and democratic press. Many members are banned journalists. CDPM publishes Mahl magazine, which often reports wide-ranging news stories with comments and cases of abuses in the government-sanctioned press.

On September 6, Mahl published a special edition which reported that the South Korean government controls the press with daily instructions on whether to cover a story or not, its content, direction, size, title and even on which page it should appear. Mr. Kim and Mr. Shin, the authors of the report, were arrested in mid-December on charges of violating the National Security Law, which provides for imprisonment of up to seven years for "praising, encouraging or siding with" North Korea.

In connection with the Mahl article, Kim Ju-Eon, a reporter for the Hankuk Daily Newspaper, was also arrested under the National Security Law. It is believed that Mr. Kim obtained copies of the government press guidelines and circulated them to other organizations.

It is imperative that we, as Members of Congress, express to President Chun our concern about these human rights abuses.

Please contact Daniel at x5-5161 if you would like to sign the letter, reprinted on the back, to President Chun.

Sincerely,

BARBARA BOXER

미국 하원의원 48명이
전두환 대통령에게 보내는 서한

인권과 언론의 자유에 대한 깊은 우려를 하고 있는 미국의 국회의원으로서 우리는 투옥되어 있는 한국의 3명의 언론인 김태홍, 신홍범, 김주언 씨의 석방을 촉구합니다.

이 3명의 언론인들은 아시다시피 지난 9월 6일 자의 『말』지에 귀 정부의 '보도지침'에 관한 정보를 실었다는 이유로 국가보안법으로 구속되어 있습니다. 우리는 귀 정부가 그 언론인들을 구속하는 것은 언론의 자유에 대한 명백한 탄압을 드러내는 것이라 믿습니다.

김수환 추기경은 최근 민주화 논의 선행조건으로서 자유언론의 중요성과 계속적인 경제성장, 국가안보를 강조해 오고 있습니다. 우리는 국민들의 권리와 자유에 대해 깊은 우려를 하고 있다는 표시로써 이 3명의 언론인들의 조속한 석방을 촉구합니다.

이 절박한 호소에 대해 조속한 회답을 기대합니다. 감사합니다.

1987. 1. 23.

미국 언론인보호위원회가
전두환 대통령에게 보낸 서한

Committee To Protect Journalists

36 West 44th Street. Room 911. New York. N.Y. 10036 • 212/944-7216

January 23, 1987

His Excellency President Chun Doo-Hwan
The Blue House
1 Sejong-no
Chongno-gu
Seoul
Republic of Korea

Dear President Chun:

The Committee To Protect Journalists continues to be deeply concerned about the detention of three of our colleagues, Kim Tae-Hong and Shin Hong-Bom of <u>Mal</u> magazine, and Kim Ju-Eon of <u>Hankook Ilbo</u>.

According to our information, all three journalists were arrested in mid-December as a result of the publication of an article in <u>Mal</u> magazine detailing the government's practice of issuing "guidance" to newspapers, advising editors how to cover certain issues or refrain from reporting on them. The three reportedly face charges under the National Security Law and could be sentenced to up to seven years' imprisonment if convicted.

We are particularly distressed by recent reports that Kim Tae-Hong has been mistreated while in prison; specifically, that he was made to kneel with his hands on his head and deprived of sleep for three full days.

We again urge that Kim Tae-Hong, Shin Hong-Bom and Kim Ju-Eon, arrested only for exercising their right to freedom of expression as guaranteed under Article 19 of the Universal Declaration of Human Rights, be immediately and unconditionally released.

.../...

*본 서한은 미국 '언론인보호위원회'가 전두환 대통령에게 '보도지침' 관련 구속 언론인들의 즉각적 석방을 촉구하는 공한이다.

미국 언론인보호위원회 회원들에게도
석방촉구 서한 발송 호소

뉴욕에 본부를 두고 있는 '언론인보호위원회(Committee to Protect Journalists)' 는 지난 1월 23일 자로 전두환 대통령에게 공한을 보내 '보도지침'과 관련 구속된 언론인들의 문제에 대하여 심각한 우려를 나타내고 이들의 즉각적 이고도 무조건적인 석방을 촉구했다. 이 위원회는 이들이 '세계인권선언' 에서도 보장된 표현의 자유에 따라 자신들의 권리를 행사한 것이므로 이들 을 즉각 석방해야 한다고 주장했다. 특히, 이 위원회는 이들에게 국가보안 법이 적용된 것을 우려했고 가혹 행위를 개탄했다.

'언론인보호위원회'는 이에 앞서 지난 1월 9일, 캐롤라인 드레이크 조합 국장의 명의로 회원들에게 서한을 발송했다. 이 서한은 김태홍 씨 등 3명의 구속 사유와 약력을 소개하면서 이들의 즉각적인 석방을 촉구하는 편지와 전보를 전두환 대통령과 김성기 법무부 장관, 이웅희 문공부 장관에게 보 냈고, 특히 미국에 있는 언론인들은 김경원 주미 한국대사에게 보내 줄 것 을 호소했다. 또한 이 서한은 '보도지침'과 관련한 구속이 인간의 기본권인 언론의 자유에 대한 탄압임을 주장한 앰네스티 인터내셔널의 '긴급 행동 보고서'를 동봉했다.

미국과 캐나다 신문협회 더 뉴스페이퍼 길드도 지난 1월 9일 전두환 대 통령과 이웅희 문공부 장관, 김성기 법무부 장관에게 공한을 보내 즉각적 인 석방을 강력하게 촉구했다.

'미국발행인협회'의 '국제출판자유위원회' 역시 '보도지침' 폭로와 관련한 3명의 언론인 구속 문제에 대하여 김경원 주미대사에게 공한을 보냈다.
이 위원회는 1월 12일 롤란드 알그란트 의장 명의로 된 서한에서 국제출판
위원회의 회원들인 미국의 발행인들은 구속된 3인의 문제에 대하여 깊은
우려를 표시하고 있으며, 이들을 즉각적으로 석방할 것을 촉구하고 있다고
밝혔다. 특히 이 서한은 '보도지침'의 구체적 내용들을 들어 한국의 언론통
제 실태를 간접적으로 비난하였다.

《말소식》제4호 1987. 2. 16.

언론인보호위원회 사무국장 B. 코펠 여사가
전두환 대통령에게 보내는 전문

언론인보호위원회는 『말』지와 관련하여 3월 6일과 10일에 언론인 박우정 씨와 정상모 씨가 구속되었다는 소식에 커다란 충격을 받았습니다. 원컨대 그들의 즉각적 석방을 촉구함과 아울러 작년 12월에 구속된 김태홍, 신홍범, 김주언 3인의 석방을 다시 한 번 촉구하는 바입니다.

본위원회는 전 세계의 동료 언론인들의 이익을 위해 일하는, 언론인들의 비당파적 조직입니다.

1987. 3. 18.

언론인보호위원회 사무국장 B. 코펠

*오른쪽 이미지는 본 서한의 원본임.

MAILGRAM SERVICE CENTER
MIDDLETOWN, VA. 22645
18AM

4-0261438077002 03/18/87 ICS IPMMTZZ CSP NYAB
SUSPECTED DUPLICATE
1 2129447216 MGM TDMT NEW YORK NY 03-18 0414P EST

► COMMITTEE TO PROTECT JOURNALISTS B KEOPPELL
36 WEST 44 ST
NEW YORK NY 10036

THIS IS A CONFIRMATION COPY OF THE FOLLOWING MESSAGE:

 TDMT NEW YORK NY 91/85 03-18 0414P EST
INT HIS EXCELLENCY PRESIDENT CHUN DOO-HWAN
THE BLUE HOUSE
SEOUL (KOREA)
COMMITTEE TO PROTECT JOURNALISTS DISTURBED TO LEARN OF ARREST OF
JOURNALISTS PARK WOO-JEONG AND JUNG SANG-MO, ON MARCH 6 AND 10,
REPORTEDLY IN CONNECTION WITH ARTICLE IN MAL MAGAZINE. RESPECTFULLY
URGE THEIR IMMEDIATE RELEASE AND AGAIN URGE RELEASE OF JOURNALISTS
KIM TAE-HONG, SHIN HONG-BOM AND KIM JU-EON, ARRESTED IN DECEMBER.
COMMITTEE IS A NON PARTISAN ORGANIZATON OF JOURNALISTS WORKING ON
BEHALF OF COLLEAGUES WORLDWIDE.
 BARBARA KEOPPEL EXECUTIVE DIRECTOR 36 WEST 44 ST NEW YORK NY 10036

COL 6 10, 36 44 10036

16:16 EST

MGHCONF

Clarification: Park Woo-Jeong was picked up by police on March
4, not March 6; he was formally arrested on March 6. CPJ

'보도지침' 관련 사건일지

1986년

9월 6일: '민주언론운동협의회(이하 '언협')', 『말』 특집호를 통해 '보도지침' 폭로. 이와 관련 본 협의회 사무국장 김태홍 씨(44세) 수배.

12월 10일: 김태홍 씨 치안본부 남영동 대공분실로 연행.

12월 12일: 김태홍 씨 국가보안법 위한 혐의로 구속. 본 협의회 실행위원 신홍범 씨(46세) 남영동 대공분실로 연행. 이에 대한 항의로 언협은, 언협에 대한 탄압이 "민주주의의 기본 전제인 언론·출판의 자유를 짓밟은 행위임은 물론이려니와 진실과 인간의 양심마저 말살하려는 정권 말기적 작태"라고 규탄하는 성명 발표. 언협 회원 농성에 돌입.

12월 15일: 한국일보 기자 김주언 씨(32세) 남영동 대공분실로 연행. 신홍범 씨 국가보안법 위반 혐의 및 국가모독죄로 구속. 한국출판문화운동협의회 항의 성명 발표.

12월 16일: '천주교정의구현전국사제단', '전국목회자정의평화실천협의회'는 언협과 공동으로 내외신 기자회견을 갖고 "현 정권이 언론통제의 실상을 폭로한 것에 대하여 국가보안법까지 적용한 것은 실질적인 민주화의 진전을 갈망하는 모든 국민의 여망을 정면 거부하고 있음에 다름이 아니다"라는 성명을 발표.

12월 17일: 한국일보 기자 김주언 씨 국가보안법, 외교상 기밀누설 혐의로 구속.

12월 20일: '천주교정의구현전국사제단', '언협'은 김주언 씨 구속에 대해 "'보도지침'과 관련된 구속자의 석방"을 요구하는 공동기자회견 및 성명을 발표하고 민주언론 쟁취 및 구속자 석방을 요구하는 서명운동에 돌입.

12월 22일: '민중문화운동협의회', '자유실천문인협의회', '민족미술협의회', '한국출판문화운동협의회', '민주교육실천협의회' 등 문화 5단체는 "현 정권의 탄압을 받고 있는 '민주언론운동협의회'에 대하여 뜨거운 격려를 보낸다"는 내용의 성명을 발표하고 연대항의 농성을 벌임.

12월 23일: '민주화추진협의회'는 태윤기 변호사를 위원장으로 언론자유 및 '보도지침' 사건 진상조사위원회를 구성하고 진상 규명에 나섬.《동아일보》는 사설에서 "'보도지침' 관련 보도로 관련자들이 구속된 마당에서 우리는 또 표현의 자유가 얼마나 극렬하게 구속되고 있는가를 실감한다" 고 논평

12월 24일: 언협, '보도지침' 관련《말소식》1호 발행. '보도지침' 관련 사건 경위와 구속자 석방 및 언론·출판·집회·결사의 자유 보장 요구.

12월 24일: 김수환 추기경《동아일보》기자와의 대담에서 '보도지침'에 대해 언급하고 정부에 언론자유 보장 촉구.

12월 26일: 김태홍 씨와 신홍범 씨, 연행된 지 16일 만에 가족과 첫 면회.

12월 29일: '민주화추진협의회', '신민당', '천주교정의구현전국사제단', '민주화실천가족운동협의회', '민주언론운동협의회'는 공동으로 언론탄압 및 '보도지침'에 관한 특별 기자회견을 갖고 구속자 석방 및 언론·출판·집회·결사의 자유 보장을 요구하는 성명 발표. 김태홍, 신홍범, 김주언 씨 서대문구치소로 송치됨.

12월 30일: 마포경찰서, 언협 사무실 수색.《말소식》1호 등 각종 유인물 200여 매 압수.

1987년

1월 5일: 앰네스티 인터내셔널, 김태홍, 신홍범, 김주언 3인의 구속에 대한 항의와 더불어 이들의 즉각적 석방을 촉구하는 공한을 언협에 보내 옴.

1월 9일: 미국언론인보호위원회(Committee to Protect Journalists)는 캐롤라인 드레이크 사무국장 명의로 된 서한을 미국 언론인들에게 발송하여 '보도지침' 관련 구속자 3인의 석방을 촉구하는 운동을 벌이자고 호소함.

1월 12일: 국제출판자유위원회 의장 롤란드 알그란트, 한국의 언론 현실을 비난하고 구속된 3인의 석방을 촉구하는 공한을 김경원 주미 한국대사에게 보냄.

1월 14일: 미국·캐나다 신문협회는 찰스 페릭 의장 명의로 전두환 대통령과 이웅희 문공 장관, 김성기 법무 장관에게 공한을 보내 이들의 즉각 석방을 촉구.

1월 20일: '보도지침' 관련 구속자, 수배자 가족 일동, "민주 시민에게 드리는 호소문"을 발표하여 그 가족들이 기관원들에게 당하는 고통을 호소.

1월 22일: 미국 하원의 바버라 복서 의원, 동료 의원들에게 공개서한을 발송하여 전두환 대통령에게 보낼 석방촉구 서한에 서명해 줄 것을 호소.

1월 23일: 바버라 복서 의원을 비롯한 48인의 미국 의원들, 전두환 대통령에게 3인의 석방을 촉구하는 서한 발송.

1월 27일: 김태홍, 신홍범, 김주언 3인, 외교상 기밀누설, 국가모독죄, 국가보안법 위반, 집회와 시위에 관한 법률 위반으로 기소.

3월 6일: 수배 중이던 언협 실행위원 박우정 씨, 국가보안법 위반으로 구속. 언협, 즉각 항의성명 발표.

3월 6~8일: 언협, 박우정 씨 구속에 대한 항의 농성.

3월 10일: 언협 사무국장 정상모 씨(39세), 《말소식》 1, 2, 3, 4호와 관련 유언비어 유포 혐의로 구류 7일 받음. 언협, 성명 발표와 함께 농성 돌입.

3월 18일: 미국 상원, 한국 관계 청문회 개최. 국제인권변호인협회 스티븐 시니바움 변호사, '보도지침' 사건을 세밀히 증언.

3월 19일: 미국 출판자유위원회와 출판 자유를 위한 기금에서 청와대에 공한 발송, 구속자 석방과 언론자유 실현 촉구

3월 20일: 미국 언론인보호위원회(CPJ), 각국의 언론단체에 서한 발송, 한국의 언론자유 실현과 구속 언론인 석방을 위한 활동을 요청.

3월 21일: 언론인보호위원회, 구속자 석방과 언론탄압 중지를 요구하는 서한을 청와대로 발송.

4월 1일: 서울형사지법 113호 법정에서 제1차 공판 열림. 공소장 낭독. 모두진술, 변호인들의 석명요구 등이 있었음.

4월 13일: 구속 중이던 박우정 씨 기소유예로 석방.

4월 15일: 제2차 공판. 석명요구사항에 대한 검찰 측 답변과 검사의 직접신문.

4월 27일: 제3차 공판. 김태홍, 김주언 씨에 대한 변호인 반대신문. 3차 공판 이전에 검찰 측의 공소장 변경이 있었음. (4개 항목 철회)

5월 6일: 제4차 공판. 김주언, 신홍범 씨에 대한 변호인 반대신문, 검사 보충신문, 변호인 측의 증인신청과 증거자료, 참고자료 제출.

5월 11일: 압수 서적 『혁명 영화의 창조』에 대해 "영화와 민족문화운동에 관심이 있는 사람은 꼭 읽어야 할 필독서"라는 서울대 박명진 교수의 소견서 도착.

5월 13일: 제5차 공판. 전 《동아일보》 편집국장을 역임한 송건호 민주언론운동협의회 의장과 전 《동아일보》 논설주간 박권상 씨에 대한 증인 신문.

5월 14일: 재판부, 증인 소환장 발송. 압수된 3권의 책 『현대 사실주의』, 『역사와 계급의식』, 『사회학과 발전』에 대해 "압수 서적들이 북괴를 이롭게 한다고 볼 수는 없다"는 반성완 교수, 차인석 교수, 임현진 교수의 감정 의

견서 도착.

5월 15일: 재판부, 변호인 측과 검찰 측의 모든 증인 신청을 취소, 기각 조치 함. (취소된 변호인 측 증인은 동아·조선·중앙·한국일보의 편집국장·편집부장·정치부 장·외신부장·사회부장 20명과 문공부 홍보정책실장,《파이스턴이코노믹리뷰》지의 존 맥베드 기자, 미국 ABC 방송국의 마이클 웽거트 기자 등 23명이었고, 한양대 리영희 교 수와 서울대 최대권 교수는 증인 신청이 기각되었다.)

5월 20일: 제6차 공판. 증인 취소와 증인 신청 기각 결정에 대한 격렬한 논 란이 있었음.

5월 25일:《동아일보》기자 133명, "민주화를 위한 우리의 주장"을 발표, 『말』지 사건 관련 구속자들 3인의 석방을 요구.

5월 27일: 결심(구형) 공판. 김태홍 씨에게 징역 3년, 신홍범, 김주언 씨에게 각각 징역 3년에 자격정지 2년이 구형됨.
언협, "현역 기자들의 민주화 요구 및 언론자유 선언을 지지한다"라는 제 하의 성명을 발표,《동아일보》기자들의 성명 발표에 지지를 표명.

5월 29일:《한국일보》기자 150명, "현 언론 상황에 대한 우리의 견해" 발 표. 구속 언론인의 석방을 요구.

5월 31일: 『말』지 사건 관련 김태홍, 신홍범, 김주언 3명 '가톨릭자유언론 상' 수상. 김수환 추기경, '세계 홍보의 날'을 기념하여 "진리·정의의 홍보 로 이룩될 일치와 평화"라는 강론을 통해 '보도지침' 공개가 정당한 일이 었다고 선언.

6월 3일: 선고공판. 김태홍 씨에게 징역 10월에 집행유예 2년, 신홍범 씨에 게 선고유예, 김주언 씨에게 징역 8월에 자격정지 1년, 집행유예 1년을 선 고. 3명 모두 석방됨.

1994년

7월 5일: 서울형사지법(2심), 무죄 선고.

1995년

12월 5일: 대법원 형사 3부(주심 신성택 대법관), 보도지침 사건 상고심 선고
　공판에서 검찰의 상고를 "이유 없다"며 기각하고 무죄 판결.

2016년

12월 16일: 민주언론시민연합, 서울 중구 프란치스코교육회관 4층에서 '보
　도지침 폭로 30주년 기념식' 개최.

2017년

12월: 민주언론시민연합, 『보도지침 1986 그리고 2016』 발간.

엮은이
민주언론시민연합

민주언론시민연합(민언련)은 1984년 12월, 군사정권 시절 자유언론을 외치다
쫓겨난 '해직 언론인'과 진보적 출판인이 창립한 언론시민단체다. 1986년 기관
지『말』을 통해 전두환 정권의 '보도지침'을 폭로했다. 보도지침 폭로는 언론통
제를 일상적으로 자행해 온 전두환 정권의 비민주성을 적나라하게 고발해, 다
음 해인 1987년 6월 민주항쟁의 도화선 역할을 톡톡히 했다는 평가를 받았다. 6
월 항쟁 이후에는 보도지침 폭로를 통해 쌓은 국민적 신뢰를 바탕으로 권력과
자본으로부터 독립된 언론을 꿈꾸며 국민주 모금운동을 전개해 국민주 신문 한
겨레 창간을 주도했다.
민주언론시민연합은 1990년대에 시민들이 활동의 주축이 되는 '언론시민단체'
로 전환했다. 신문과 방송 보도를 꾸준하게 모니터하면서, 안티조선운동과 같
이 언론권력을 견제·감시하는 활동에 앞장서 왔다. 또한, 이명박 정부가 변칙적
으로 허가한 종합편성채널 감시 활동과 같이 우리 사회의 기울어진 여론 지형
을 바로잡아 민주주의를 지키기 위해 노력하고 있다. 2017년에는 'KBS·MBC
정상화시민행동' 구성을 제안하고, 정치권력에 장악되어 시민들에게 버림받았
던 공영방송을 시민의 품으로 돌리기 위해 노력하고 있다.
홈페이지 www.ccdm.or.kr

보도지침 1986 그리고 2016

1판 1쇄 발행 1988년 2월 20일
개정증보판 1쇄 발행 2017년 12월 15일

엮은이 민주언론시민연합 펴낸이 조추자 | 펴낸곳 도서출판 두레
등록 1978년 8월 17일 제1-101호
주소 서울시 마포구 마포대로 14가길 4-11
전화 02)702-2119, 703-8781 | 팩스 02)715-9420
이메일 dourei@chol.com 블로그 blog.naver.com/dourei

* 이 도서의 국립중앙도서관 출판예정도서목록(CIP)은 서지정보유통지원시스템 홈페이지(http://seoji.nl.go.
kr)와 국가자료공동목록시스템(http://www.nl.go.kr/kolisnet)에서 이용하실 수 있습니다.(CIP제어번호:
CIP2017029928)

ISBN 978-89-7443-113-6 03300

문화공보부로부터 받은 '보도지침'을 받아 적어 보관했던 '보도지침' 원본의 사진.
'취재보도 불가(不可)' '일절 보도 불가' 등의 말이 보인다.